Unsere Erde

www.merian.de
bietet weitere Informationen über Reiseziele in der ganzen Welt. Versäumen Sie nicht das MERIAN-Gewinnspiel!

Meine Lieblingsplätze

◆

Vatikanische Museen
Nicht nur wegen der Galerie der Landkarten: Wann könnte man sich hier je sattsehen? S. 112

◆

Jerusalem
Die Klagemauer, die Kirchen und Moscheen – nirgends ist Gott so nah S. 180

◆

Tristan da Cunha
Der abgelegenste bewohnte Ort der Erde S. 192

Liebe Leserin, lieber Leser,

zu unserem 60. Geburtstag möchten wir Ihnen ein MERIAN-Heft über die ganze Erde präsentieren. Ein Solitär in der Reihe der 720 Monatsausgaben, die seit 1948 erschienen sind, und die Gelegenheit, über Regionen oder übergreifende Phänomene zu berichten, die sonst nie in MERIAN Platz finden würden (so die Berichte über Tristan da Cunha und das immaterielle Kulturerbe der Unesco). Zum anderen haben wir bedeutende Autoren – Wissenschaftler, Literaten und Politiker – gebeten, uns ihre Sicht zur Lage der Welt zu schildern.

Wir schauen auf die Schönheit des Planeten, nehmen Sie mit zu exotischen Reisezielen, stellen Ihnen besondere Menschen vor und zeigen wichtige Kulturschätze. Zur besseren Übersicht haben wir alles das von A bis Z geordnet – wobei ein Phänomen wie der Klimawandel nicht unter K, sondern in mehreren Beiträgen behandelt wird. Diese Ausgabe soll so vielseitig und facettenreich sein, wie Sie es von unserem MERIAN-Programm seit Jahren gewohnt sind.

Dazu zähle ich auch das Poster der 750 Jahre alten Ebstorfer Weltkarte in diesem MERIAN-Heft. Nehmen Sie sich ein wenig Zeit und genießen Sie diesen Blick auf die Welt.

Herzlich, Ihr

Andreas Hallaschka
MERIAN-Chefredakteur

In dieser MERIAN-Ausgabe:

Alfred Grosser über Demokratie S. 48

Günter Grass über MERIAN S. 53

Erhard Eppler über den Frieden S. 70

Heiner Geißler über Globalisierung S. 92

Ilija Trojanow über das Reisen S. 174

Jakob von Uexküll über Zukunft S. 224

BITTE BEACHTEN SIE IN DIESER MERIAN-AUSGABE:

LEBEN IM STURM

Im rauen Südatlantik zu überleben, ist nicht einfach. Wer sich nicht ständig unter Wasser aufhält, muss rund ums Jahr mit Eis, Schnee und extremem Wind rechnen. Dennoch sind die wenigen Plätze über Wasser gut besucht. Zügelpinguine reiten auf einem alten und wie ein Schmuckstück aus Jade geschliffenen Eisberg vor den Südlichen Sandwichinseln. Dort, zwischen Gletschern und Vulkanen, leben rund drei Millionen Artgenossen, außerdem Millionen Seelöwen, -leoparden und -elefanten.

49 SÜDLICHE SANDWICHINSELN, SÜDATLANTIK

Die Inselgruppe gehört zum britischen Südgeorgien, wo wenige Menschen auf einer Forschungsstation leben. Einzige Attraktion ist das Grab des Polarforschers Ernest Shackletons. Anreise – obwohl EU-Gebiet – nur mit Genehmigung. www.sgisland.gs

LAGE 56° S, 32° W

Die Verortung
Alle Fotos, die ein Reiseziel abbilden, tragen eine farbige Ordnungsnummer (Beispiel links: 49), die auf die Poster-Weltkarte verweist. Angegeben ist auch der nächste Längen- und Breitengrad

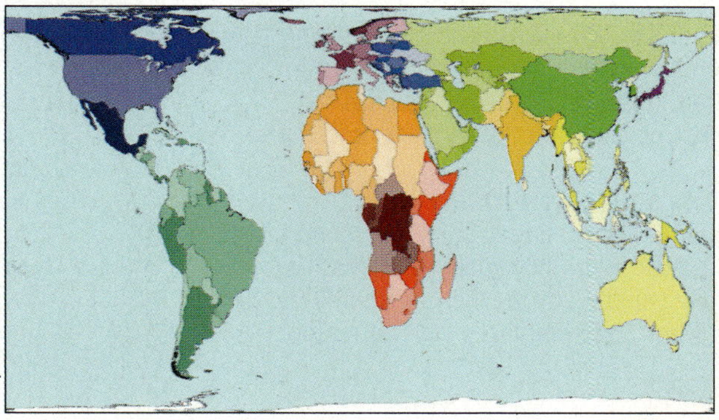

Die Worldmapper-Karten zeigen die Größe der Länder relativ zu ihrer Relevanz für ein Thema. So wäre Deutschland beim Thema Autoproduktion größer als Russland. Mehr dazu unter www.worldmapper.org

AM ANFANG

Die Welt wie zu Beginn der Zeiten
Der Meteor-Krater bei Winslow in Arizona gehört zu den Landschaften, denen der Mensch nichts anhaben konnte. Seit Urzeiten steht unser Planet unter kosmischem Beschuss. Vor ungefähr 50 000 Jahren traf hier ein Meteorit mit 50 000 Stundenkilometern auf die Erde. Der Krater, der entstand, ist 170 Meter tief und hat einen Durchmesser von gut einem Kilometer. Mehr spektakuläre Landschaftsbilder ab **Seite 10**

UNSERE ERDE VON A

ERBE DER MENSCHHEIT

Schutz für das Vergängliche
Der Ausdruck einer Tänzerin, die Sprache eines Volkes, der Gesang eines Chores: All dies ist im Wortsinn unfassbar wertvoll. Die Unesco will Immaterielles jetzt schützen **Seite 54**

GLOBALER WANDEL

Ein Planet wird umgebaut
Wüstenstädte im Wasser wie hier in Dubai; Fischfarmen, wo einst Mangroven wuchsen und Weideland statt Regenwald: Der Blick aus dem All zeigt, was wir der Erde antun **Seite 74**

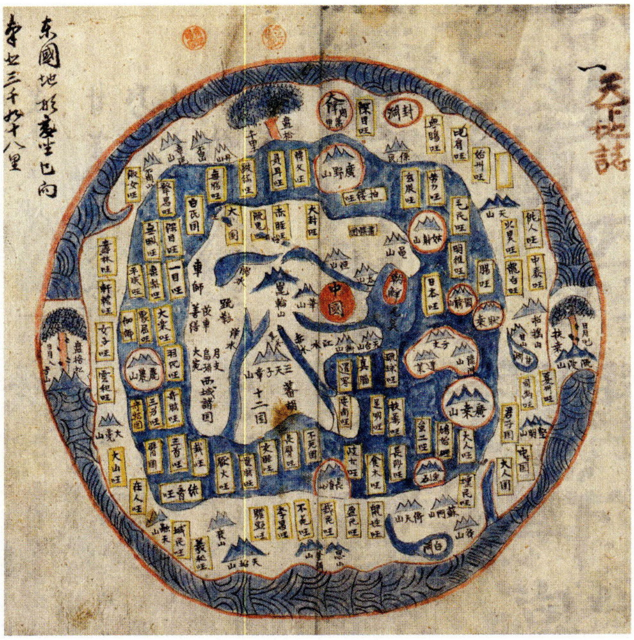

KARTOGRAFIE

Der Blick auf die Welt

Diese koreanische Karte vermittelt ein sinozentrisches Weltbild. Die Welt erscheint als Scheibe, der viereckige Kontinent im Zentrum steht für das „Reich der Mitte“ **Seite 104**

OZEANE

Wunder unter Wasser

Mehr als zwei Drittel der Erde sind von Wasser bedeckt. Kaum erforscht, droht vielen Spezies das Aus. Auch die Seeschildkröte an Birmas Küste gehört zu den letzten ihrer Art **Seite 142**

REISEN

Orte der Sehnsucht

Ob Calatravas Bauten in Valencia (oben) oder der Truck in der Sahara: Reisende halten gerne fest, was sie fasziniert. Ein Portfolio vom Ölgemälde bis zum Schnappschuss **Seite 162**

WISSEN

Der Schatz der Menschheit

Fast jede Kultur sorgt sich um den Erhalt ihrer alten Schriften. In der Nationalbibliothek von Bhutan im Himalaja werden sie als lose Blätter zwischen Holzdeckeln abgelegt **Seite 208**

BIS Z

Vorsprung durch Technik www.audi.de
system
B RC 7369
3.0TDI
Audi

AM ANFANG

DIE ERDE – EIN KIND DES KOSMOS

Ein kleiner Himmelskörper in einem Nebenarm der Milchstraße, der seit 4600 Millionen Jahren um die Sonne kreist – das ist die Erde. Erst im letzten Augenblick dieses langen Daseins brachte sie den Menschen hervor, der heute ihr Gesicht bestimmt. Aber noch immer finden sich Orte, Landschaften und Spuren, die von ihrer uralten Geschichte Kunde geben

FEUER AUS DER TIEFE

Indonesien ist eine der geologisch aktivsten Regionen der Erde. Hier schieben sich Kontinentalplatten untereinander, versinkt Meeresboden in der Glut des Erdmantels, während sich das flüssige Gestein Wege nach oben sucht. Die Insel Java wird gekrönt vom 3676 Meter hohen und ständig hochaktiven Semeru, umgeben von ruhigeren Vulkanen wie dem ebenmäßigen Bromo.

01 JAVA, INDONESIEN

Der Nationalpark Bromo Tengger Semeru liegt etwa 70 Kilometer südlich von Surabaya und ist leicht mit dem Auto zu erreichen. www.my-indonesia.info

LAGE **8° S, 112° O**

Foto: Bruno Morandi

BESUCH AUS DEM WELTALL

Ununterbrochen geht Materie aus dem Weltall auf die Erde nieder, jährlich eine Million Tonnen. Das meiste davon ist feiner Staub, den wir nicht wahrnehmen, weil er beim Eintritt in die Atmosphäre verglimmt. Partikel zwischen einem und zehn Millimetern Durchmesser verglühen als Sternschnuppen. Schon Geschosse im Dezimeterbereich schaffen es manchmal bis zum Erdboden. Der Meteor Crater bei Winslow in Arizona (USA) hat einen Durchmesser von gut einem Kilometer und ist 170 Meter tief. Hier traf vor etwa 50 000 Jahren ein Meteorit mit 50 000 Stundenkilometern Geschwindigkeit auf die Erde. Er hatte etwa 45 Meter Durchmesser und wog 300 000 Tonnen.

02 WINSLOW, ARIZONA

Der Krater liegt etwa fünf Kilometer südlich des Interstate Highways 40 zwischen Flagstaff und Winslow. Ein Informationszentrum dokumentiert seine Entstehung. www.meteorcrater.com

LAGE 35° N, 111° W

Foto: Bryan Allen

Foto: Tom Till

HITZE AUS DER WÜSTE

Was wie aus einer anderen Welt erscheint, ist indirekt Menschenwerk. Dieser Geysir erhebt sich auf dem Land der Fly Ranch in der Black Rock Desert in Nevada (USA). Im Jahr 1916 wurde in der Nähe nach Wasser gebohrt, es sprudelte eine heiße Quelle. In den Sechzigern versiegte sie, als einige hundert Meter weiter aus einer neuen Quelle heißes Wasser zu sprühen begann. Seitdem wuchsen dort sieben bis acht Meter hohe Kalkpyramiden, grüne und rote Algen fanden hier ein einzigartiges Habitat.

03 BLACK ROCK DESERT, NEVADA

Der Geysir liegt auf privatem Grund. Wer ihn sehen will, muss die Telefonnummer des Farmers der Fly Ranch in dem Dorf Gerlach-Empire an der Staatsstraße 447 erfragen und einen Termin vereinbaren. Die Black Rock Desert ist einmal im Jahr Schauplatz des Festivals „Burning Man". www.burningman.com

LAGE **40° N, 119° W**

Foto: Patrick Loertscher

LEBEN IN DER WÜSTE

Die Namib zieht sich 1500 Kilometer an der Küste Namibias entlang und gilt als älteste Wüste der Welt. Ihr Name bedeutet „Ort, wo nichts ist“. Die Grasbüschel auf den roten Dünen um die Salz-Ton-Pfanne Sossusvlei halten sich nur kurze Zeit. Diese Sandberge gehören zu den höchsten der Welt, sie türmen sich bis zu 350 Meter auf. Ihre rote Farbe ist schlichter Rost – oxidiertes Eisen. Die Dünen wandern äußerst langsam und begraben alles Leben unter sich.

04 SOSSUSVLEI, NAMIBIA

Luxuriöse Lodges bieten nahe Sossusvlei viel Komfort und feine Küche in der Wüste. Gäste können von hier aus weitere Sehenswürdigkeiten der Namib wie etwa die Skelettküste im Norden besuchen. www.ccafrica.com

LAGE **24°S, 15°O**

Foto: G. Simeone

HÜGEL IM URWALD

Wer auf die Philippineninsel Bohol kommt, mag glauben, dass Bergleute ein riesiges Feld von Abraumhalden hinterlassen haben. Aber Bergbau gab es hier nie. Niemand kann bisher vollständig erklären, was auf der Insel vor sich gegangen ist. 1268 Hügel aus Kalkstein stehen dicht an dicht, alle völlig regelmäßig geformt und zwischen 40 und 120 Meter hoch. Sie tragen kaum fruchtbare Erdschichten, so dass auf ihnen nur eine Grassorte gedeiht. Die färbt sich in der Trockenzeit braun, daher der Name „Chocolate Hills". Geologen nennen das Gebiet einen „Kegelkarst", die Topographie soll durch Ablagerungen auf einem früheren Meeresboden entstanden sein. Ähnliche Erscheinungen findet man auch in anderen tropischen Regionen – aber nur auf Bohol stehen Hügel von solcher Gleichförmigkeit.

05 BOHOL, PHILIPPINEN

Die zehntgrößte Insel der Philippinen misst über 4000 Quadratkilometer, ist aber touristisch wenig erschlossen. Die Chocolate Hills liegen im Inneren, man kann sie von einem Aussichtspunkt überschauen. www.bohol.ph

LAGE **10° N, 119° O**

LEBEN AUS DEM EIS

Gefrorenes Wasser kann weiß sein, blaugrün oder im Abendlicht sogar golden wie dieser Eisberg vor Grönland. Heute beklagen wir das Schmelzen von Gletscher- und Arktiseis, dabei ist die Erde schon fast eisfrei, verglichen mit ihrem Zustand vor 600 Millionen Jahren. Damals vereiste der Planet fast bis zum Äquator. Sämtliches Wasser an der Erdoberfläche war gefroren, es gab keine Flüsse, keine Seen, keinen Regen und keinen Schnee.
Das Leben hatte sich unter die Erde zurückgezogen oder überwinterte in wenigen Höhlen. Geologen nennen diese Zeit „Schneeball Erde". Nach einigen Millionen Jahren nahm die Vulkantätigkeit auf der Erde zu, es kam zu einem Treibhauseffekt, das Eis schmolz, und es geschah etwas, was Biologen wohl nie erklären werden können: Das Leben explodierte förmlich. Als habe es nur darauf gewartet, erschien es in einer Fülle an Formen und Varianten.

06 DISKOBUCHT, GRÖNLAND

In der Diskobucht liegt Qasigiannguit, das sich „Wiege der grönländischen Kultur" nennt. Der Ort hat 1500 Einwohner und wird oft von Kreuzfahrtschiffen angelaufen. www.greenland-guide.gl

LAGE **69° N, 52° W**

ALGEN IN DER LAUGE

Durch Tansania verläuft der Ostafrikanische Grabenbruch. Dort, am Fuße des Vulkans Ol Doinyo Lengai, liegt ein See, der auf den ersten Blick äußerst lebensfeindlich erscheint. Er ist 1000 Quadratkilometer groß und nur zwei Meter tief. Er hat keinen Abfluss. Die Niederschläge waschen die ungewöhnlich basischen Eruptivgesteine aus und machen ihn extrem salzig und alkalisch. Daher heißt er schlicht Natronsee. Sein Wasser ist fast so aggressiv wie Natronlauge, dennoch wimmelt es in ihm vor Leben. Die Biomasse, die er birgt, ist so groß, dass sie den See bis auf wenige Zentimeter Sichtweite eintrübt. Es sind zwar nur wenige spezialisierte Bakterien und Algen, die hier leben, diese aber vermehren sich massenhaft und geben dem See seine Farbe. Sie bilden außerdem die Nahrungsgrundlage für Millionen Flamingos.

07 LAKE NATRON, TANSANIA

Der Lake Natron liegt in einem kaum besiedelten Gebiet. Wer ihn vom Flugzeug aus sieht, erlebt ihn in seiner ganzen Pracht. Es gibt aber auch ein Camp direkt am Ufer des Sees.
www.ngare-sero-lodge.com

LAGE **2° S, 36° O**

Foto: Gerry Ellis

Foto: Ripani Massimo

RELIKTE AM STRAND

Die „Boulder" geben Anlass zu allerlei Sagen und Spekulationen: Steinerne Kugeln finden sich an etlichen Stellen der südlichen Hemisphäre und häufen sich an den Stränden von Moeraki in Neuseeland. Ihr Ursprung ist aber bekannt: Sie entstanden vor 65 Millionen Jahren in tiefen Meeressedimenten. Kalzium und Karbonate bildeten Kristalle um ein Fossil und gaben den Steinen binnen Millionen von Jahren ihre Form. Geologische Hebungen brachten die bis zu drei Meter großen Kugeln an die Erdoberfläche, wo sie von Wind und Wellen frei gewaschen wurden.

08 MOERAKI, NEUSEELAND

Die meisten Boulder finden sich an der Küste südlich des Ortes Hampden auf der Südinsel, leicht zu entdecken von der Staatsstraße 1. www.moerakiboulders.com

LAGE **45° S, 170° O**

BESIEDLUNG

WIE DER MENSCH DIE ERDE EROBERTE

Vor einigen zehntausend Jahren verließ der Homo sapiens Afrika und wanderte nach Asien. Dort traf er seine Vorfahren TEXT: ROLAND BENN

Vor 2,8 Millionen Jahren hinterließ ein früher Hominide Spuren in Afrika. Seine Nachfahren waren die ersten Menschen

1969 setzte der Mensch seinen Fuß in den Staub des Mondes: Er verlässt seinen Heimatplaneten

Menschen neigen dazu, auf Hügel zu steigen. Beim Spaziergang zieht es sie auf die nächste Anhöhe, wo sie die Aussicht genießen. Meist sind es die Männer, die sich so verhalten, die Frauen warten solange, unterhalten sich, dann kommen die Herren zurück und berichten: „Von da oben kann man bis nach unten gucken!“ Die Damen rollen verstohlen mit den Augen, und dann kann es weitergehen.

Aber wohin? Zum nächsten Hügel, um die nächste Biegung, zum nächsten Horizont. Auf den Mount Everest und zum Südpol. *Across the borderline*. Wir gehen immer weiter. So haben wir es weit gebracht. Menschen sind die einzigen Lebewesen, die es an jedem Ort der Erde gibt, mag er noch so kalt, so trocken, so heiß oder so feucht sein. Kein Wirbeltier, kein Baum, kein Insekt hat sich derart erfolgreich auf dem Planeten ausgebreitet wie der Mensch. Und das nicht erst, seit er über ausgefeilte technische Mittel verfügt, sondern schon vor langer Zeit. Was er dazu brauchte, war Feuer zum Wärmen und um Ungenießbares essbar zu machen, er musste Wasser überqueren können, und er brauchte den Zusammenhang einer Gemeinschaft.

Den modernen Menschen, Homo sapiens, gibt es seit etwa 200 000 Jahren, er trat zuerst in Afrika auf, einige Vertreter dieser neuen Art siedelten schon vor 100 000 Jahren im heutigen Israel. Erst viel später, laut neueren Untersuchungen vor 60 000 Jahren, brachen unsere Vorfahren auf und gelangten in wenigen Jahrtausenden nach Asien, Australien und Europa.

Nichts davon geschah planmäßig. Wahrscheinlich zogen sie dem wandernden Jagdwild hinterher, siedelten, wo die Gazellen sich zur Tränke trafen, wo es Wasser und Beute gab und Pflanzen, die der Körper braucht. Auch als sie, wie man heute annimmt, vom Horn von Afrika zur Arabischen Halbinsel übersetzten, wussten sie nicht, was für ein Schritt dies in den Augen der Heutigen war. Sie überquerten nur ein Gewässer, wie es viele entlang der ostafrikanischen Grabenbruchzone gibt, sie gingen nur weiter durch die Savanne und lebten weiter in ihrem „Paradies“ – das persische Wort bezeichnet ein Wildgehege.

So besiedelten die neuen Menschen Küsten und Ebenen, vor 50 000 Jahren waren sie in China, vor 45 000 in Australien, vor 35 000 in Europa. Amerika war zu dieser Zeit durch eine Eisbarriere von Asien getrennt, erst sehr viel später zogen die ersten Indianer über die damals trockene Beringsee.

Bei dieser langen Wanderung muss es zu Begegnungen gekommen sein, die für uns heute unvorstellbar sind: mit

In der Evolution gibt es keine Brüche, sie ist ein Kontinuum. Jede Art ist an jedem Punkt ihrer Entwicklung perfekt ihrem Lebensraum angepasst. Sonst stirbt sie aus

Menschen der anderen Art. Denn Menschen – die Gattung Homo – gab es schon seit langem. Sie waren kleiner als die heutigen und hatten ein kleineres Hirn, auch sie hatten sich in Afrika entwickelt und gingen aufrecht. Wahrscheinlich unterschieden sich ihre Fähigkeiten gar nicht so sehr von denen der modernen Menschen. Auch sie stiegen gern auf Hügel, schauten zum Horizont und wollten wissen, was dahinter war. Bereits vor knapp zwei Millionen Jahren hatten sich diese frühen Vorfahren auf den Weg gemacht, ebenfalls aus Afrika, ebenfalls nach Asien und Europa. Und dort lebten sie noch immer, hatten sich weiterentwickelt, angepasst, in Asien hatten sie einen zierlichen Menschentyp hervorgebracht, Homo erectus genannt und besser bekannt als Pekingmensch, in Europa den kräftigen Neandertaler. Einige ihrer Vorfahren aber waren in Afrika geblieben und hatten sich zum Homo sapiens weiterentwickelt, der nun – vor 60 000 Jahren – zu ihnen vordrang.

Erkannte Homo sapiens im Homo erectus den Mitmenschen, oder war er für ihn ein Tier? Nahmen die Neandertaler Europas die etwas schlankeren und größeren Fremdlinge als Artgenossen wahr, oder waren die Neuen für sie so etwas, wie es für uns Außerirdische wären? Aus Europa sind einige Plätze bekannt, die abwechselnd von Neandertalern und Modernen besiedelt wurden, in Israel gibt es Siedlungsplätze in unmittelbarer Nachbarschaft. Die beiden haben sich jedenfalls in Europa die Jagdgründe etwa 8000 Jahre lang geteilt. In Asien muss es ähnlich gewesen sein; noch 20 000 Jahre nach der Ankunft der ersten Homines sapientes lebten in China Pekingmenschen. In mindestens einem Rückzugsgebiet, auf der kleinen Insel Flores in Indonesien, haben die Altmenschen sogar bis vor 13 000 Jahren überlebt. Sie waren kaum einen Meter groß, und ihr Hirn hatte die Größe einer Orange. Sie müssen den Neumenschen begegnet sein, aber was dann mit ihnen geschah, ist unbekannt, denn die Altmenschen, die seit 1,8 Millionen Jahren in Eurasien gelebt hatten, sind lange verschwunden. Sie hinterließen Faustkeile, Speere, Siedlungsplätze, aber sie hinterließen keine Nachkommen.

Was die alten von den neuen Menschen entscheidend trennte, war ihr Genom. Die Neuen aus Afrika trafen auf Menschen, die sich genetisch so stark von ihnen unterschieden, dass sie offenbar keine gemeinsamen Nachkommen zeugen konnten. Denn wie wir den Menschen kennen: Versucht hat er es sicher, aber die Knochen und Artefakte, die aus jener Zeit gefunden wurden, geben keinerlei Hinweis auf eine Vermischung der beiden Arten. Was nichts beweist. „The absence of evidence is no evidence of absence", heißt es unter Anthropologen: Dass wir nichts finden, heißt nicht, dass dort nichts war. Tatsächlich können Entwicklung und Wanderung des Menschen auch ganz anders verlaufen sein, als es sich uns heute darstellt. Denn wir finden nur dann Überreste unserer Vorfahren, wenn sie in Sedimente eingebettet die Zeiten überstanden haben. Alles andere ist verloren gegangen. Das beste Beispiel hierfür sind unsere nahen Verwandten im Tierreich, die Schimpansen und Gorillas. Es gibt aus den letzten fünf Millionen Jahren nicht einen einzigen fossilen Beleg ihrer Vorfahren – und dennoch muss es sie gegeben haben. Da aber jene Altprimaten im Regenwald gelebt haben, ist von ihnen nicht der kleinste Knochen übrig geblieben.

Dabei waren sie auch Vettern unserer Vorfahren, Tiere noch, aber auf dem Weg zum Menschen. Irgendwann vor vielleicht sieben Millionen Jahren trennten sich die Wege von Mensch und Tier. Und wo ist der Unterschied? Der aufrechte Gang? Es gab ihn schon lange, bevor es Menschen gab. Der Werkzeuggebrauch? Ist im Tierreich weit verbreitet. Die Herstellung von Werkzeugen? Selbst manche Vögel beißen sich die Zweige zurecht, mit denen sie nach Nahrung bohren. Deshalb trieben es die Anthropologen auf die Spitze: Der Gebrauch von Werkzeugen zur Herstellung von anderen Werkzeugen – das schafft tatsächlich nur der Mensch. Ist es das? Die „Krone der Schöpfung" ein begabter Klempner? Vielleicht müssen wir die Suche nach einer klaren Grenze aufgeben. Es gibt in der Evolution keine Brüche, sie ist ein Kontinuum. Jede Art ist an jedem Punkt ihrer Entwicklung perfekt an ihren Lebensraum angepasst. Wenn nicht, stirbt sie aus. Die Menschen, die vor den heutigen die Erde bevölkerten, der Neandertaler, der Pekingmensch, die frühen Menschen Afrikas, sie alle waren nur in zeitlichem Sinn Vorformen des modernen Menschen. Es gibt kein Ziel der Evolution, es gibt nur Anpassung, Reaktion, Optimierung. Unsere Vorfahren waren keine Versuchsstadien für die Verwirklichung des heutigen Menschen, und sie waren erfolgreicher, als wir es bislang sind – zumindest, wenn man die Zeit ihrer Existenz zugrunde legt. Die Gattung Mensch gibt es seit 2,5 Millionen Jahren, sie hat etliche Arten hervorgebracht. Die unsere, Homo sapiens, gibt es noch nicht einmal seit einem Zehntel dieser Zeit.

Unsere Vorfahren waren keine Versuchsstadien für den Homo sapiens. Nimmt man die Dauer ihrer Existenz zum Maßstab, waren sie erfolgreicher, als wir es bislang sind

Von unseren frühen Vorfahren ist wenig bekannt, aus den ersten sechs Millionen Hominidenjahren sind uns nur die Reste von etwa zwei Dutzend Individuen geblieben. Darunter das gut erhaltene Skelett von Lucy, 3,2 Millionen Jahre

CUVÉE
Riesling Sekt
TROCKEN
WERDEN SIE
FÜRST & FÜRSTIN
FÜR EINE BALLNACHT.
P.A. METTERNICH. REST. ET. EXST. MDCCCXXVI.
Fürst von Metternich
FÜRSTLICH GENIESSEN AUF SCHLOSS JOHANNISBERG.
NÄHERE INFORMATIONEN UNTER WWW.FUERST-VON-METTERNICH.COM ODER UNTER 040-373737.
FÜRST VON METTERNICH GIBT ES ALS RIESLING SEKT IN DEN CUVÉES TROCKEN, EXTRA TROCKEN, BRUT JAHRGANG UND ALS ROSÉ SEKT TROCKEN.

Wir alle stammen von einer kleinen Gruppe von Afrikanern ab. Vielleicht waren es ein paar Tausend Menschen, womöglich nur wenige Hundert

alt. Sie wurde 1974 in Äthiopien gefunden. Die Plätze und Routen, die wir heute rekonstruieren können, geben nur den kleinen Teil des Geschehens wieder, der durch günstige Fundbedingungen gesichert ist. Alles, was sonst geschah – verloren.

Allerdings bekommt die Anthropologie seit einigen Jahren Hilfestellung durch die Analyse der menschlichen Gene. Auch sie sind eine Art Gedächtnis unserer Entwicklung, in ihnen sind Merkmale gespeichert, die wir vor langer Zeit erworben haben. Zwar haben die Genetiker das menschliche Genom aufgelistet, das heißt aber noch lange nicht, dass sie es verstehen. Es ist, als habe man die Dokumente einer alten Kultur vollständig zusammengefasst und abgeschrieben – aber ohne die Sprache übersetzen zu können. Wir kennen die Buchstaben, aber wissen nur in wenigen Fällen, was die Wörter bedeuten, welcher Genabschnitt welche Eigenschaft bewirkt.

Dennoch kann man verschiedene Genome und Genabschnitte miteinander vergleichen und daran ablesen, wie nahe Menschengruppen miteinander verwandt sind und wann sie sich voneinander trennten und keinen Genaustausch mehr untereinander hatten. Das Ergebnis solcher Analysen deckt sich in überraschender Genauigkeit mit den Erkenntnissen, die Archäologen und Anthropologen aus den Erdschichten gewonnen haben.

In den letzten Jahren haben diese Untersuchungen aber auch ein Ergebnis untermauert, das die Vorstellung von unserer frühen Geschichte dramatisch verändert hat: Die genetische Vielfalt der Menschen ist viel geringer, als sie nach 200000 Jahren des modernen Homo sapiens sein müsste. In dieser Zeit müssten sich eigentlich größere genetische Unterschiede herausgebildet haben, aber 99,9 Prozent der Gene sind bei allen Menschen identisch. Wir alle, vom Norweger bis zum Tibeter, vom Inuit bis zum Zulu, sind derart eng miteinander verwandt, dass dies nur einen Schluss zulässt: Die Gruppe, die vor etwa 60000 Jahren Afrika verließ, bestand nur aus wenigen Tausend, vielleicht nur Hunderten von Menschen. Und sie gingen immer weiter. Als Neil Armstrong 1969 den Mond betrat, tat er es im Namen der ganzen Menschheit, und wer, wo auch immer auf diesem Planeten, Zeuge dieses Ereignisses war, empfand es auch so.

Heute sind wir Milliarden, aber wir sind allein. Von den vielen Menschenarten, die es gab, ist nur unsere übrig geblieben: Homo sapiens. Wir alle, Eskimo oder Berliner, haben eine lange gemeinsame Geschichte, die viel nachhaltiger in uns wirkt als die wenigen Jahrtausende, in denen wir uns auseinander entwickelt haben in Profiteure und Opfer einer globalen Industriekultur. Wir sind so eng miteinander verwandt wie Nachbarn eines Dorfes, wir alle verstehen unser Lachen und Weinen, wir alle haben einen Sinn für Poesie und Musik, und wir alle können miteinander reden. Vielleicht ist dies die tröstlichste Erkenntnis, die die Naturwissenschaften je hervorgebracht haben.

Roland Benn *ist* MERIAN-*Redakteur und Paläanthropologe.*

BEVÖLKERUNG

WIE VIELE MENSCHEN ERTRÄGT DIE WELT?

Von einer Million auf neun Milliarden: In Asien und Afrika steigt die Zahl der Einwohner ungebremst. Noch. Experten erwarten 2050 das Ende des Wachstums

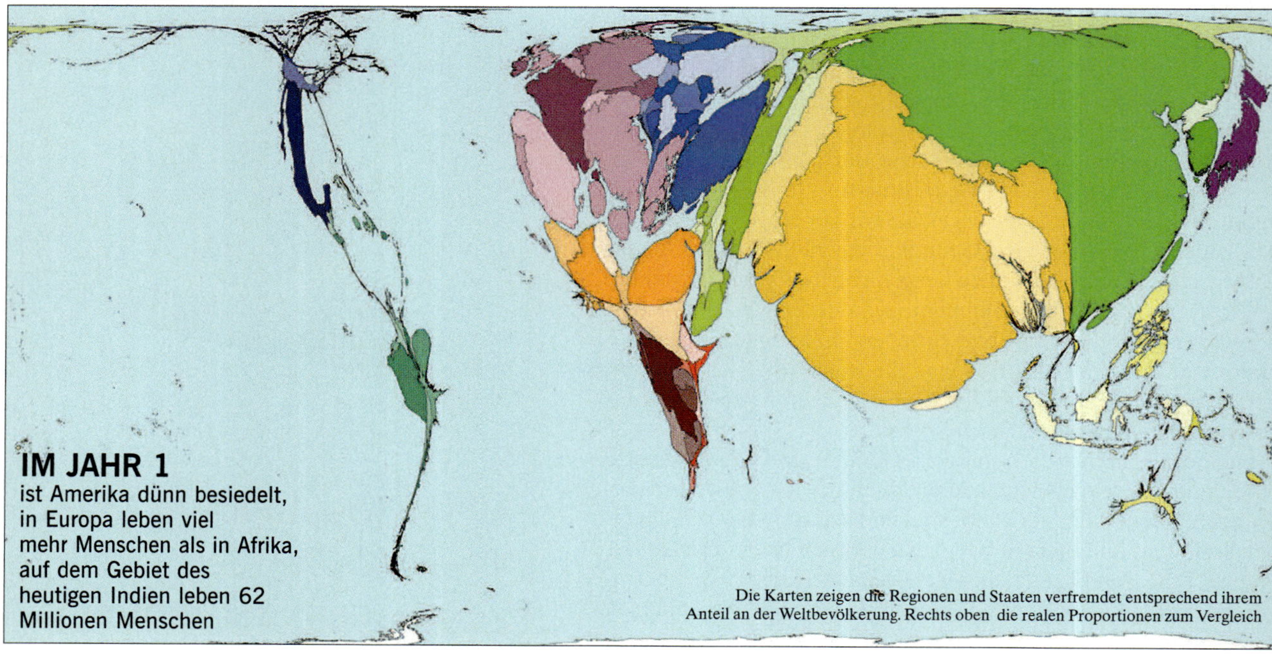

IM JAHR 1 ist Amerika dünn besiedelt, in Europa leben viel mehr Menschen als in Afrika, auf dem Gebiet des heutigen Indien leben 62 Millionen Menschen

Die Karten zeigen die Regionen und Staaten verfremdet entsprechend ihrem Anteil an der Weltbevölkerung. Rechts oben die realen Proportionen zum Vergleich

Bis zum Ende der letzten Eiszeit vor 10 000 Jahren leben wahrscheinlich nie mehr als eine Million Menschen auf der Erde. Ihre Zahl schwankt stark, wahrscheinlich ist auch Homo sapiens mehr als einmal vom Aussterben bedroht. Eine lange Dürreperiode in Afrika, die 70 000 Jahre vor unserer Zeitrechnung endet, und ein gewaltiger Ausbruch des Vulkans Toba im heutigen Indonesien vor 75 000 Jahren verschlechtern die Lebensverhältnisse der Menschen dramatisch. Dies sind wohl die Gründe, warum eine kleine Gruppe moderner Menschen nach Eurasien aufbricht.

Jedoch auch in Europa ist die Lage extrem schwierig. Die Neandertaler hatten sich bereits der Eiszeit angepasst, als Homo sapiens vor 35 000 Jahren in der Zwischenphase einer kurzen Warmzeit auch diesen unwirtlichen Teil der Erde betritt. Vor 22 000 Jahren aber, als die Eiszeit einen neuen Höhepunkt erreicht, ist zumindest Mitteleuropa für 2000 Jahre menschenleer.

Erst mit Ende der Eiszeit und der Entwicklung von Landwirtschaft und Viehzucht vor ca. 9000 Jahren nimmt die Zahl der Menschen schnell zu. Allein zwischen 7000 und 4500 v. Chr., als sich diese Neuerungen im Nahen Osten und Europa durchsetzen, verdoppelt sich die Weltbevölkerung. Der Aufbau von Großstaaten und die Erfindung des Geldes zwischen 4500 und 2500 spielen bei der nächsten Verdoppelung eine große Rolle. Um Christi Geburt leben die meisten der 160 Millionen Menschen in den entwickelten, etwa gleich großen Gebieten des Römischen Reiches, Indiens und Chinas.

Der Zusammenbruch Roms, die Völkerwanderung, die geringe ökonomische Produktivität des Mittelalters und schließlich die Pest verlangsamen die Zunahme der Weltbevölkerung ein wenig. Mit dem Beginn der Neuzeit,

DIE VERTEILUNG DER BEVÖLKERUNG IM JAHR 2050

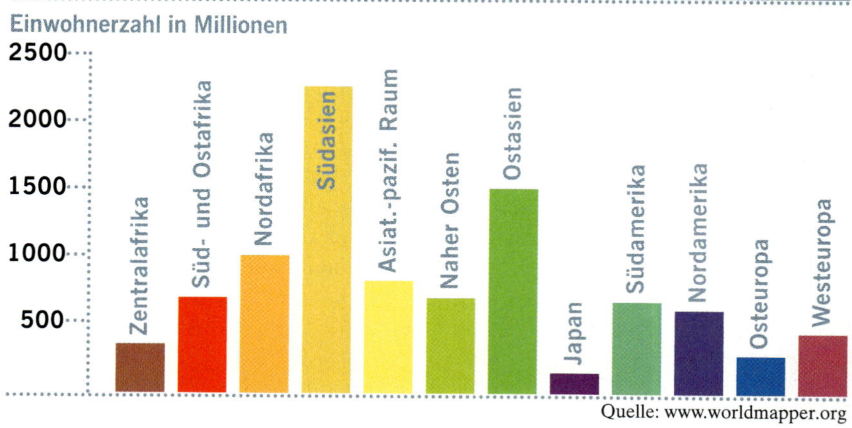

Quelle: www.worldmapper.org

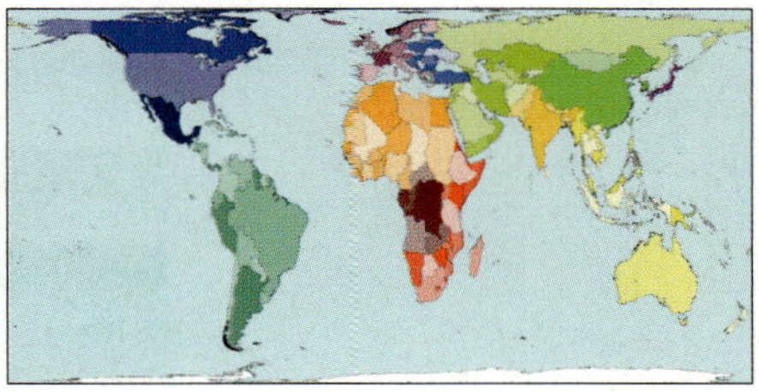

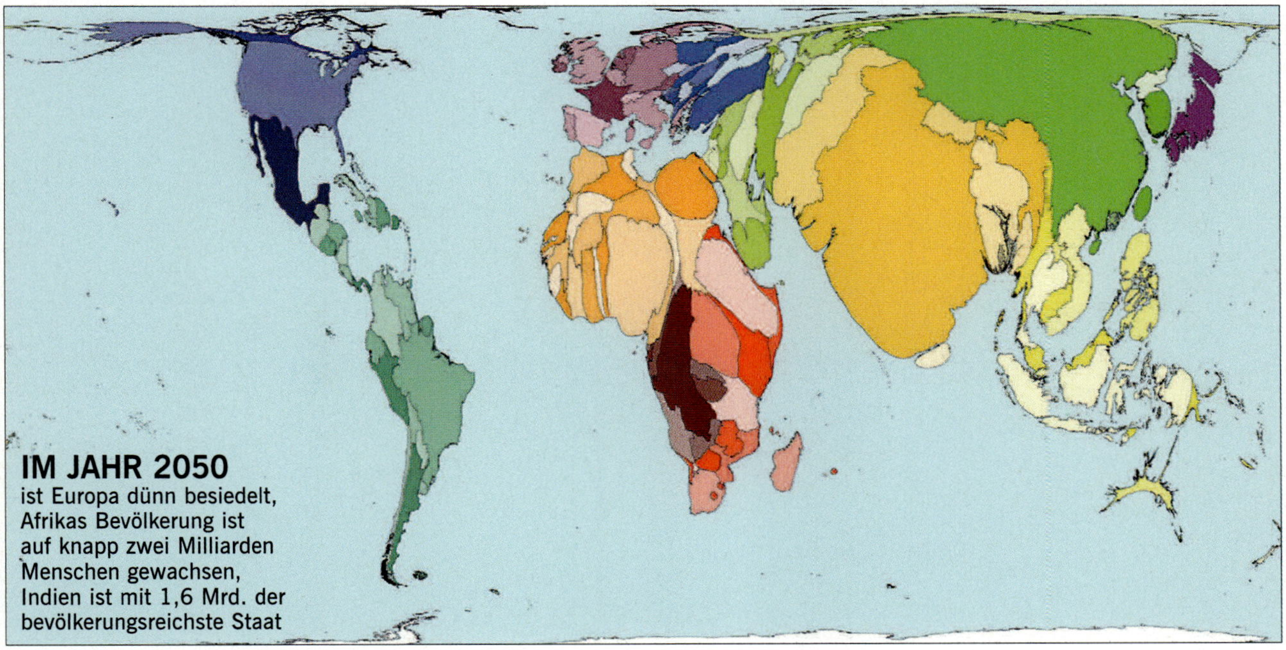

IM JAHR 2050
ist Europa dünn besiedelt, Afrikas Bevölkerung ist auf knapp zwei Milliarden Menschen gewachsen, Indien ist mit 1,6 Mrd. der bevölkerungsreichste Staat

der Kolonialisierung und schließlich der industriellen Produktion beginnt das rasante Wachstum. Zur Zeit Johann Sebastian Bachs trägt die Welt weniger Menschen, als heute allein in Europa leben; als Humboldt die Welt bereist, gibt es weltweit weniger Menschen als derzeit in China.

China und Indien sind auch die Staaten, die für das weitere Wachstum entscheidend sein werden. Im bevölkerungsreichsten Land der Erde wirkt sich jetzt die Politik aus, die jedem Ehepaar nur ein Kind gestattet. In Indien hingegen gibt es keine Geburtenregulierung, der Subkontinent wird daher bereits 2025 mehr Einwohner haben als China.

Am stärksten wächst die Zahl der Menschen nach wie vor in Afrika. Wo heute 967 Millionen Menschen leben, werden es 2050 etwa 1,8 Milliarden sein. Auf dem Schwarzen Kontinent wird die Entwicklung lediglich durch die Aids-Epidemie gebremst. Ohne die Krankheit läge die Zahl der Afrikaner 2050 bereits bei 2,1 Milliarden.

Jedes Jahr werden allein in den Entwicklungsländern etwa 76 Millionen Frauen ungewollt schwanger. Um ungefähr diese Zahl wächst die Menschheit jährlich. Könnte man diese Schwangerschaften verhindern, gäbe es kaum ein Bevölkerungswachstum.

In einigen Regionen nimmt die Zahl der Menschen ab, etwa in Japan, Russland und den Industriestaaten Nordamerikas und Europas. Japan hat heute die älteste Bevölkerung der Erde, da kaum Migranten zuziehen, schrumpft die Gesellschaft schnell. Auch Russlands Bevölkerung wird abnehmen, von heute 142 Millionen Menschen auf 112 Millionen im Jahr 2050.

Forscher schätzen, dass mit rund 9 Milliarden Einwohnern die Höchstzahl erreicht ist, die Bevölkerung wird danach, wenn auch langsam, zurückgehen. Aus ernüchternden Gründen: einerseits höherer Lebensstandard mit weniger Geburten in den reicheren Staaten, auf der anderen Seite erhöhte Sterblichkeit in den Ländern Afrikas und Südamerikas. *Roland Benn*

DIE ENTWICKLUNG DER WELTBEVÖLKERUNG

Jahr	Menschen
7000 v. Chr.	10 Mio.
4500 v. Chr.	20 Mio.
2500 v. Chr.	40 Mio.
1000 v. Chr.	80 Mio.
0	160 Mio.
900	320 Mio.
1700	600 Mio.
1850	1200 Mio.
1950	2500 Mio.
1987	5000 Mio.
HEUTE	6700 Mio.
2050	9000 Mio.

MEGACITYS

DER GANZ ALLTÄGLICHE WAHNSINN

Jede Woche ziehen weltweit mehr als eine Million Menschen vom Land in die Stadt. Schon in 20 Jahren werden zwei Drittel der Menschheit in städtischen Ballungsräumen leben. Diese Megacities werden wenig gemein haben mit den gewachsenen Städten Mitteleuropas. Ob Sao Paulo, New York oder Seoul – es entstehen urbane Albtäume, würfelförmige Hochhausplantagen, in denen vor allem um eins gekämpft wird: Platz

STAU IN DER STADT DER ENGEL

Auf stattlichen 1200 Quadratkilometern erstreckt sich das Stadtgebiet von Los Angeles. Ein System von Schnellstraßen zieht sich wie ein Raster durch die Stadt. Hochgerechnet zwei Arbeitswochen pro Jahr stehen Autofahrer im Stau. In den USA werden jährlich 20 Milliarden Liter Benzin von nicht von der Stelle kommenden Kraftfahrzeugen verbrannt, am meisten in L.A. Seit 2008 gilt in der Stadt der Engel, in der 12,5 Millionen Menschen leben, das „Green Building Program" – die strikteste Umweltnorm aller größeren US-Städte. Ziel: Die alltägliche Smog- und Rußbelastung soll bis 2030 um 35 Prozent reduziert werden.

09 LOS ANGELES, USA

L.A. mit dem Leihwagen – eine Tortur. Eine garantiert staufreie Alternative ist eine knapp einstündige Helicopter-Tour über Downtown, Hollywood und Beverly Hills. www.alllosangelestours.com

LAGE **34° N, 118° W**

Foto: Michael Lange

WACHSTUM IM REKORDTEMPO

In „Ville panique" beschreibt der französische Philosoph Paul Virilio die Auflösung des abendländischen Stadtkonzepts: reine Geschäftswelt in den Innenstädten, soziale Brennpunkte an den Rändern. Realität ist dies in São Paulo, dem größten industriellen Ballungsraum Lateinamerikas. Luxus und Bettelverbot im mondänen Zentrum um die Avenida Paulista, Selbstjustiz und Grauen in den Randbezirken, in denen einige tausend Morde pro Jahr geschehen.

10 SÃO PAULO, BRASILIEN

Diese Stadt ist nicht nur Moloch: Sonntags im Parque do Ibirapuera ist das andere São Paulo zu sehen. 300 000 Menschen strömen jede Woche in die grüne Lunge der Stadt, das Ibirapuera-Auditorium hat Oscar Niemeyer entworfen.
www.auditorioibirapuera.com.br

LAGE **23° S, 46° W**

Foto: Jeremy Woodhouse

Foto: Felipe Rodriguez Fernandez

DER KLASSIKER: BIG APPLE

Der Blick aus 320 Meter Höhe vom Empire State Building auf Manhattan ist für viele Sinnbild einer pulsierenden Millionenstadt. Dabei ist das Städtemonster New York eines vom alten Schlag: mit viel Flair und klaren Regeln. Die Stadt der Wolkenkratzer wuchert nicht wild, sondern hat fünf Boroughs, Stadtbezirke, denen jeweils ein Borough President vorsteht. In der Amtszeit von Bürgermeister Rudolph W. Giuliani (1994-2001) wurde die Kriminalität in der 19 Millionen Einwohner zählenden Region mittels strikter „Zero Tolerance"-Politik eingedämmt. Noch immer gilt New York City als erstaunlich sichere Großstadt.

11 NEW YORK CITY, USA

Schlangestehen am Empire State Building – das ist die Regel. Wer den Express Pass kauft, verkürzt die Wartezeit. Security-Check und Fahrstuhlfahren sind jedoch unumgänglich. Weiterer Tipp: die Audiotour buchen! www.esbnyc.com

LAGE **40° N, 74° W**

KEIN PLATZ FÜRS GESTERN

An Seoul lässt sich studieren, wie schwer es für Megacitys ist, die eigene Vergangenheit vor der Gegenwart zu retten: In diesem Talkessel leben knapp zehn Millionen Menschen, in der gesamten Metropolregion (zu ihr gehören die Millionenstädte Incheon, Goyang und Seongnam) 13 Millionen weitere – aber es gibt nur noch wenige Gebäude, die älter sind als 40 Jahre. Dabei wurde die erste Vorgängerstadt Seouls bereits im Jahr 18 vor Christus gegründet. 70 Prozent der Menschen leben in Apartmentblöcken, sehr häufig in Single-Haushalten. Die Scheidungsrate ist in die Höhe geschnellt, die Geburtenrate gesunken, die Großfamilie ausquartiert.

12 SEOUL, SÜDKOREA

Einer der seltenen Orte der Ruhe ist der Changdeokgung-Palast. Wegen ihrer besonderen Architektur gehört die Anlage aus dem frühen 15. Jahrhundert zum Weltkulturerbe der UNESCO. Bei einer Führung sind rund vier Kilometer Fußweg zu bewältigen. http://eng.cdg.go.kr

LAGE **37° N, 127° O**

Foto: Jose Fuste Raga

LOTTE
LOTTE

GIGANTEN AUSSER KONTROLLE

Bombay, Lagos oder Kairo sind viel zu schnell gewachsen und wuchern planlos weiter. An Städten, in denen das Chaos regiert, hängt das Schicksal ganzer Nationen TEXT: ALEX RÜHLE

Seit 2007 lebt die Hälfte der Weltbevölkerung in Städten. Schon 2015 wird es 60 Megacitys mit insgesamt mehr als 700 Millionen Bewohnern geben, und bis 2030 werden nach Schätzungen der Vereinten Nationen fast zwei Drittel der dann auf knapp neun Milliarden Menschen prognostizierten Weltbevölkerung in Ballungsräumen leben. So sind die heutigen Megacitys so etwas wie urbanistische Zukunftslabors – mit dem Unterschied, dass man jedes Labor, in dem es derart chaotisch, gewaltsam und dreckig zuginge wie etwa in Lagos oder Kairo, sofort schließen würde.

Was kann man lernen aus diesen Labors? Wie ist das, wenn sich viele Millionen Menschen um sehr wenige Ressourcen streiten? Muss das Gemeinwesen, wie man bei einem oberflächlichen Blick auf ein Stadtmonster wie Bombay annehmen könnte, in solchen zum Zerplatzen dicht gepackten Städten nicht automatisch zerfallen? Andererseits liefert die größte Stadt der Welt, der hervorragend funktionierende Großraum Tokio mit seinen 36 Millionen Bewohnern, das beste Gegenbeispiel, um solche endzeitlichen urbanistischen Albtraumphantasien zu zerstreuen.

Was man mit Sicherheit schon sagen kann: Die Städte der Zukunft liegen in Asien, Afrika und Lateinamerika, und sie alle haben wenig zu tun mit dem geordneten Stadtbild europäischer Prägung: Stadt, das bedeutet uns Europäern noch immer ein Wachsen des Stadtraums in konzentrischen Kreisen, Wohnblöcke des 20. Jahrhunderts, Stuckfassaden der Belle Époque, während es für viele Menschen des Südens eher selbst gebaute Hütten, metastasierendes Wuchern und alltägliche Gewalt bedeutet.

Eine Milliarde Menschen lebt in großstädtischen Slums, Tendenz steigend. In China schießen quasi über Nacht Millionenstädte aus dem Boden. Schon heute gibt es in Asien dreimal mehr Städte als in der westlichen Welt. Dabei interessiert man sich kaum für qualitativ hochwertige, langfristige Bauprojekte oder die historische Identität der Städte. Peking und Seoul begreifen sich eher als kontinuierliche Umwälzpumpen, permanent entstehen irgendwo neue Viertel, von denen man schon im Moment ihrer Entstehung weiß, dass sie in 20 Jahren wieder abgerissen werden.

Gäbe es einen Arzt, der Städte therapiert, die Diagnose für viele dieser Megacitys würde lauten: kurzzeitige Amnesie. Wie Alzheimer-Patienten leiden diese Städte an einer Krankheit, durch die sie all ihre jüngsten Erinnerungen verlieren. „In Seoul zu leben, heißt vor allem zu vergessen und sich an dieses Vergessen zu gewöhnen", sagt denn auch der südkoreanische Schriftsteller Kim Young-ha.

Man kann an Wohnblöcken in Seoul Transparente finden, auf denen Sätze stehen wie „Lasst uns schnell die Wohnungen räumen, auf dass der Neubau beginnen kann!" Alle traditionelle Architektur wird dort in atemberaubendem Tempo abgeräumt, als Namen der Wohnblöcke übernimmt man Namen von Bauunternehmen: Überall gibt es Samsung-Apartments oder Hyundai-Blöcke. Und die Stadtregierung von Peking, die aus der chinesischen Hauptstadt eine „internationale Marke" machen möchte, plant, dass 2020 nur noch knapp zwei Millionen Menschen in den traditionellen Wohnvierteln der Innenstadt leben, der Rest soll sich eine Bleibe am Stadtrand suchen. Dabei sagen die Verantwortlichen ganz offen, wer bleiben und wer gehen soll: Ren Zhiqiang, Chef der Immobilienfirma Huayuan, verlangte, oberstes stadtplanerisches Ziel müsse es sein, „den Reichen zu ermöglichen, in die Stadt zu kommen und die Armen nach draußen abzudrängen".

Momentan wachsen die meisten Megacitys zu gleichen Teilen von innen heraus und durch den Zuzug aus ländlichen Gebieten: Mehr als eine Million Menschen ziehen weltweit jede Woche in Städte. Allein nach Bombay kommen rund 1500 Menschen am Tag – und das bei einer Stadt, die, da sie auf einer Halbinsel liegt, flächenmäßig kaum wachsen kann. So werden Menschen auf diese dünne Halbinsel gestopft wie in eine Wursthaut. In Dharavi, dem wohl größten Slum der Erde, mitten in Bombay gelegen, leben 400 000 Menschen auf einem Quadratkilometer.

Kein Wunder, dass es in diesen demographischen Überdruckkammern vor allem um eines geht: Platz. Wie viel hat man? Wie weit gelingt es einem, den Überdruck der Stadt aus seinem Leben auszuschließen? Die Mittelschicht, die Reichen und die Touristen bewegen sich in Blasen, in beweglichen Modulen durch ihren Alltag: vom Haus ins Auto, damit durchs Menschenmeer, ins Büro, und dann zurück nach Hause oder ins Hotel.

In Tokio werden selbst auf schmalsten Bürgersteigstreifen Neubauten errichtet, die so genannten „Bleistifthäuser"; auf Friedhöfen gibt es unterirdische Rotationsanlagen, um mehr Urnen lagern zu können, und Fahrschulen auf Hausdächern sind keine Seltenheit. Die Kanamachi-Fahrschule, auf einer Filiale des Ito-Yokado-Supermarkts gelegen, bietet seit einiger Zeit keine Kurse mehr für Motorradfahrer an, weil die bei Unfällen immer zehn Meter tief fielen.

London ist die einzige Stadt, die auch als Megacity auf eine lange Vergangenheit zurückblickt: Schon im Spätmittelalter lebten hier 100 000 Menschen, 1851 war die britische Hauptstadt laut Volkszählung mit 2 651 939 Einwohnern die größte Metropole der Welt. Die meisten anderen Megacitys sind quasi über

13 TOKIO 35° N, 139° O

Das Gegenmodell zur unberechenbar wachsenden Megalopolis: Dank vorausschauender Stadtplanung funktioniert der Großraum Tokio mit 36 Millionen Menschen, die Kriminalität ist gering, der Lebensstandard hoch

Nacht viel zu schnell viel zu groß geworden und ächzen unter der Entwicklung der vergangenen Jahrzehnte wie ein alterskranker, hoffnungslos überladener Laster. Da, wo heute Johannesburg wuchert, war noch vor 150 Jahren weite Steppe, über die wilde Vögel zogen. Die Stadt wurde erst 1886 als Goldgräber-Zeltlager inmitten der Transvaal-Steppe gegründet – heute wohnen in der Region acht Millionen Menschen. Lagos zählte 1960 rund 600 000 Einwohner, heute drängen sich hier zwischen zehn und 15 Millionen Menschen, ohne dass die Stadt auch nur ansatzweise für so viele Einwohner ausgelegt wäre. Für den Architekten und Stadttheoretiker Rem Koolhaas ist die chaotische Entwicklung von Lagos beispielhaft für die Metropolen des 21. Jahrhunderts: Obwohl sie jedem grundlegenden Merkmal einer „modernen" Stadt widersprechen, funktionieren sie doch irgendwie. Fragt sich bloß wie.

Städte bedecken zwar nur zwei Prozent der Erdoberfläche, aber in ihnen werden 75 Prozent der Ressourcen verbraucht. Ein Sprichwort besagt, ganz Korea existiere allein in den Stadtgrenzen Seouls; tatsächlich leben rund 23 Millionen Menschen, nahezu die Hälfte der Bevölkerung Südkoreas, in Seoul und Umgebung, zu der zwei weitere Millionenstädte gehören. Das Sprichwort stimmt aber auch im übertragenen Sinne. Wie Seoul sind auch andere Megacitys so groß geworden, dass die Entwicklung eines ganzen Landes von ihnen abhängt. In Lima oder Buenos Aires konzentriert sich die Hälfte der Wirtschafts-

50 % DER MENSCHEN…

STADT DER ZUKUNFT: VIELE IDEEN, KEIN PLAN

Architekten, Ökologen, Visionäre warten mit neuen Lösungen für unser überholtes Stadtmodell auf. Doch was allen fehlt, ist eine starke politische Lobby

Norman Foster schuf in Astana, der Hauptstadt Kasachstans, einen ersten Prototyp für unterirdisch angelegte Stadtviertel. Andere Architekten entwerfen Städte in Pyramidenform mit einer Seitenlänge von 2800 Metern wie TRY 2004 vor der Küste Japans. Dort soll nach dem Willen mancher Architekten auch die Ocean-City X-Seed 4000 entstehen: 800 Etagen über der Erde, Platz für eine Million Menschen. Gefeiert werden Wohnutopien wie die des Südkoreaners Cho Minsuk, dessen „Seoul Commune 2026" eine Symbiose von Natur und Hochhaus ist, die an eine Kakteengruppe erinnert. Ökologen kaprizieren sich auf nachhaltigen Städtebau, Revolutionäre träumen von Niederlassungen im All oder gründen wie der Ökocity-Pionier Paolo Soleri in den 1970ern Kommunen in Arizona. Sie alle wissen: Unsere Städte funktionieren nicht mehr, sie brauchen zu viel Fläche, ersticken im Verkehr, belasten die Umwelt, und ihre Zentren sterben aus. Lösungen müssen her.

In Holland, wo schon lange viele Menschen auf wenig Raum leben, schuf das Architekturbüro MVRDV Ende der 1990er Jahre die „hängenden Wohnungen von Amsterdam" – die Eroberung der vertikalen Fläche. „Nicht in der Stadterweiterung, sondern in der Erneuerung der bestehenden Stadt" sieht auch der Berliner Stadtplaner Hans Stimmann die Zukunft der europäischen Großstädte.

Das größte Problem ist der Verkehr. Das Auto sichert Mobilität, beansprucht aber viel zu viel Platz. In seinem Buch „Carfree Cities" beschreibt der Sozialwissenschaftler J. H. Crawford, wie eine flächendeckende Grundversorgung ohne Autoverkehr funktioniert. An der Ruhr-Universität Bochum glaubt man, einen alternativen Transportweg gefunden zu haben: CargoCap. In unterirdischen Rohrleitungen erledigen unbemannte Frachtdrohnen den Gütertransport und beliefern größere Industrieunternehmen direkt – leise und umweltfreundlich. Ohne Kraftfahrzeuge würden Straßen schrumpfen, Grünflächen wachsen.

Am Ende des Ecocity World Summit 2008 ist mit der „San Francisco Ecocity Declaration" ein Zehn-Punkte-Aktionsprogramm verabschiedet worden. Punkt 10 postuliert: Initiiere eine internationale, städteübergreifende Kooperation. Das ist das Kardinalproblem. Fürs politische Establishment ist das Thema nachrangig. Al Gore, übernehmen Sie!

Stadt und Natur verschmelzen: Im Entwurf der „Seoul Commune 2026" überziehen Pflanzen die organisch geformten, gläsernen Türme

kraft der ganzen Nation, und man kann die Tatsache, dass es in einigen Megacitys durch die dichte Bebauung und die vielen versiegelten Flächen bis zu zehn Grad wärmer ist als im umliegenden Land auch als Bild dafür sehen, dass sie als Wachstumsmotoren heißlaufen. Die Region um São Paulo etwa ist der größte industrielle Ballungsraum Lateinamerikas, 100 Kilometer bebaute Fläche von Osten nach Westen, 80 Kilometer von Norden nach Süden, die Stadt verbraucht 60 Prozent der gesamten Energie Brasiliens; nirgendwo auf der Welt gibt es mehr Helikopterlandeplätze.

Die Megacitys sind sich ihrer Bedeutung bewusst. Wer aus Bombay weggeht, sei es in eine andere indische Stadt, nach Dubai oder Toronto, der geht „upar goan", ins Dorf. Wer diese Stadt kennt, für den ist der Rest der Welt ein Dorf.

Bombay. Dieser Moloch ist ein wahres Babel. In der Nacht, wenn ihre 19 Millionen Bewohner endlich zur Ruhe kommen, muss die Stadt in einem wirren Mix aus Hindi, Marathi, Englisch, Gujarati und Urdu träumen; nicht zu vergessen das Bombay-Rotwelsch, der Slang der Gangster, bei dem das Wort „kaam" für Sex, Arbeit und Tod zugleich steht. Ob man also mit jemandem geschlafen, ihn umgebracht oder für ihn gearbeitet hat, ist erst aus dem Kontext des Satzes zu erschließen.

Indiens Regierung hat eine Art Achtpunkteplan der Firma McKinsey abgesegnet, ein stadtplanerisches Projekt mit dem Titel „Vision Mumbai", das die Stadt bis zum Jahr 2013 in die modernste Hypermetropole des Planeten verwandeln soll. „Da hat McKinsey", sagt der Autor und Journalist Darryl D'Monte, „Visionen mit

...LEBEN AUF 2 % DER ERDOBERFLÄCHE...

Halluzinationen verwechselt." Die ganze „Vision" klinge nur nach psychischer Verdrängung. Anders als Shanghai, das mit ausländischem Kapital völlig neu aufgebaut wurde und zehnmal mehr Fläche hat, ist Bombay eine alte Stadt, die am offenen Herzen operiert wird. D'Monte, der ein furioses Buch über den Niedergang der Baumwollindustrie in Bombay und damit auch den Verlust der eigenen Geschichte geschrieben hat, könnte explodieren, wenn er hört, dass die arme Landbevölkerung vom Reichtum und naiven Tellerwäscherträumen in die Stadt gezogen werde. „They aren't pulled, they're pushed", sagt der drahtige alte Mann, sie werden nicht angezogen, sondern vertrieben. Und sie alle wissen seiner Meinung nach genau, was auf sie wartet: ein Leben in den Slums, mit viel Glück ein Job als Erdnussverkäufer auf einer Straße, auf der der Verkehr sich dahinwälzt wie eine Schlammlawine.

In den fünfziger Jahren wünschte sich der mexikanische Präsident Miguel Alemán, dass alle Mexikaner einen Cadillac, eine Zigarre und ein Ticket für den Stierkampf besäßen. Der Traum von der generellen Mobilität hat sich in nahezu allen Megacitys in einen Alptraum verkehrt: Heute haben zumindest vier Millionen Bewohner von Mexico City ein Auto, die Straßen freilich sind großteils dieselben wie vor 50 Jahren. Kürzlich hat in Neu-Delhi der Großindustrielle Ratan Tata den Nano vorgestellt, das langerwartete „People's Car", das nur 1700 Euro kosten soll. Nicht auszudenken, was passiert, wenn alle, die jetzt noch auf Mopeds durch Indiens rettungslos überfüllte Straßen kurven, auf dieses Auto umsteigen sollten.

Aber nicht jede Megacity ist ein Synonym für Chaos und Anarchie. Im Großraum Tokio, der weltweit größ-

BEVÖLKERUNGSDICHTE: JE ÄRMER, DESTO ENGER

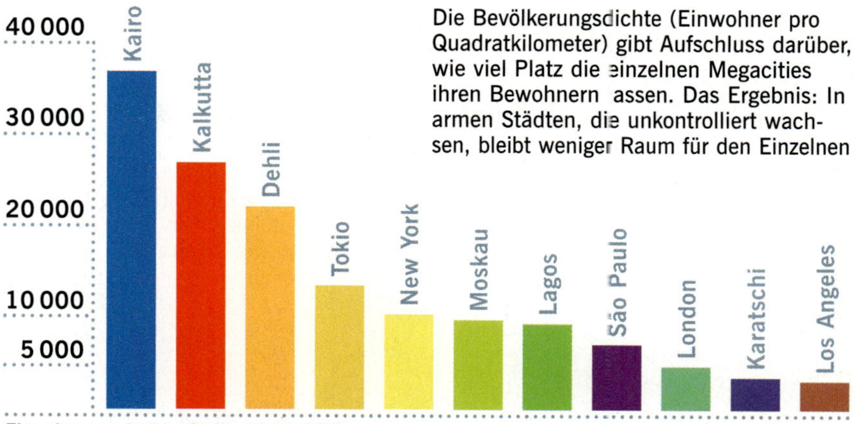

Einwohner pro km² im Stadtgebiet (2008)

Im Stadtgebiet von Chongqing am Zusammenfluss von Jangtse und Jialing, leben 4 Millionen Menschen. Der Verwaltungsbezirk der chinesischen Stadt hat 32 Millionen Einwohner und ist flächenmäßig fast so groß wie Österreich

DIE TOP TEN DER MEGACITYS

	Einwohner In Millionen
TOKIO	35,7
MEXIKO-STADT	19,0
NEW YORK	19,0
BOMBAY	19,0
SÃO PAULO	18,8
DEHLI	15,9
SHANGHAI	15,0
KALKUTTA	14,8
DHAKA	13,5
BUENOS AIRES	12,8

Quelle: Berechnungen der United Nations

ten städtischen Zusammenballung, verschmelzen Tokio, Yokohama, Kawasaki und Chiba, als habe es nie Stadtgrenzen und eigenständige Verwaltungen gegeben. 35 Millionen Menschen leben hier, dennoch ist es nicht unerträglich voll. Im Gegenteil, Tokio hat eine Stadtkultur entwickelt, die die Anonymität der Millionenagglomeration mit der Vertrautheit der Nachbarschaft verbindet. Der enormen Enge und dem hohen Tempo zum Trotz hat sich die Stadt ein großes Maß an Zivilisiertheit bewahrt. Die Kriminalitätsrate ist niedrig, der Verkehr läuft reibungslos: In der U-Bahn werden nicht nur die Richtung, in die man fährt, die folgende Station und die Umsteigemöglichkeiten angesagt. Die Fahrgäste werden auch gewarnt, dass es beim Anfahren leichte Erschütterungen geben könnte und gebeten, nicht mit eingeschaltetem Mobiltelefon in der Nähe von Vorzugsplätzen zu stehen, um die sich dort möglicherweise befindenden Herzschrittmacher nicht aus dem Takt zu bringen. Hält der Zug nur wenige Sekunden länger als erwartet, werden sie über die Ursache umgehend aufgeklärt. Verspätungen des Gesamtfahrplans bemessen sich nur in Minuten pro Tag. Häufigster Grund für Verspätungen: Selbstmord.

Was hier bis jetzt viel zu kurz kam: die unglaubliche Schönheit der Megacitys, das Meereslicht über den Häusern von Lagos, die japanischen Märkte von São Paulo, auf denen man rosa Pfeffer und Algentee probieren kann, um am Ende heimzugehen mit einer Frucht in der Hand, die an eine Artischocke erinnert, aber im Inneren rosafarben ist und nach Kiwi schmeckt. Oder der Strand von Bombay, an dem sich abends, wenn die Stadt den Dreck des Tages ausatmet, ihre Bewohner treffen. Und was die ambivalente Liebe des Homo megalopoliensis zu seiner Heimatstadt betrifft, so sei Amir Hassan Cheheltan zitiert: „Lieben?!“, fragt der Schriftsteller am Telefon, im Hintergrund hört man den hysterischen Verkehr Teherans. Der Iraner wurde wegen seiner kritischen Romane schon oft mit dem Tod bedroht, trotzdem bleibt er seiner Heimatstadt treu. Jetzt echauffiert er sich aber geradezu über die Frage, ob er Teheran liebe. „Lieben?! Hören Sie nicht den Lärm da draußen?! Sagen wir es so: Es ist sehr schwer, das Kind einer Prostituierten zu sein. Ich hasse sie, aber trotz allem ist sie meine Mutter. Ich kann hier nicht weg.“

Alex Rühle *ist Redakteur im Feuilleton der* Süddeutschen Zeitung *in München und Herausgeber des Buchs „Megacitys – Die Zukunft der Städte“ (Verlag C. H. Beck, 2008).*

...UND VERBRAUCHEN 75 % DER RESSOURCEN

DEMOKRATIE

SIND WIR DAS VOLK?

MERIAN fragte den französischen Intellektuellen Alfred Grosser nach der Zukunft der Demokratie in Zeiten bürgerlichen Überdrusses und politischer Radikalisierung

Sehr geehrter Professor Grosser,
vor zwei Jahren schrieb der iranische Präsident Achmadinedschad an US-Präsident Bush, die Demokratie westlichen Stils sei gescheitert. Der chinesische Regisseur Zhang Yimou hat die Menschenrechte als dummes Zeug deklariert. China sei mit seinem autoritären System viel erfolgreicher. Gleichzeitig wächst bei uns der Verdruss am repräsentativen System, und überall in Deutschland entstehen Initiativen für mehr direkte Demokratie.
Wie beurteilen Sie die Lage? Wie sehen Sie die Zukunft der Demokratie in der globalisierten Welt?
Herzliche Grüße,
Ihr Andreas Hallaschka

Lieber Andreas Hallaschka,
ich bin Politologe, also jemand, der nachher sagen kann, wieso man es hätte voraussehen und voraussagen können. Also beschäftige ich mich lieber mit Vergangenheit und Gegenwart. Das erlaubt mir bereits, schlicht festzustellen, dass nur diejenigen, die nie in einem demokratielosen System gelebt haben, Freiheit und Unfreiheit gleichsetzen oder die Freiheit als eigentliche Unfreiheit bezeichnen. Der berühmte Satz: „Wenn es um sieben Uhr morgens an der Tür schellt, ist es der Milchmann und nicht mehr die Polizei" gilt heute noch für damals bewusst lebende Bürger des ehemaligen Sowjetimperiums und hätte jahrzehntelang von all den jungen Bürgern der Bundesrepublik bedacht werden sollen, die den Adenauer- oder den Kohl-Staat als faschistoid bekämpften. Und wenn ständig betont wird, die Grundwerte seien doch nicht auf der ganzen Welt die gleichen, so sollte auf die Menschenrechtserklärung der UNO von 1948 verwiesen werden, die theoretisch von allen als ethische Grundlage anerkannt wird. Dazu kommt, dass die mutigen chinesischen Opponenten sich gerade auf die Werte berufen, die von manchen als „nicht asiatisch" bezeichnet werden.

Allerdings ist der Beginn der Präambel der französischen Verfassung von 1946 nicht klar: „Nach dem Sieg der freien Völker über die Regime, die versucht haben, die Menschen zu versklaven und zu entwürdigen…" Gewiss, die Formulierung bedeutete, dass man nicht ein Volk oder eine Nation besiegt hatte und dass die deutschen Hitler-Gegner Kampfgenossen gewesen waren, aber die Verfassungsväter waren sich zweierlei Realitäten nicht bewusst. Einerseits, dass ein unfreies Volk andere Völker befreien kann: ohne die Rote Armee keine westeuropäische Freiheit. Andererseits, dass ein freies Volk andere Völker in Unfreiheit unterdrücken mag. Das entdeckten die meisten Franzosen erst bei der Entkolonialisierung.

Wenn Demokratie freie Mitbeteiligung aller an der politischen Entscheidung bedeuten soll, so hat es eben in der Vergangenheit wenige, vielleicht gar keine Demokratien gegeben. Athen? Ohne die Sklaven hätten die Bürger keine Zeit zur Beratung gehabt. Die USA? Ja, aber die Schwarzen? Frankreich unter der Dritten Republik, nach Napoleon III.? Ja, aber die Hälfte der Bevölkerung, nämlich die Frauen, durfte erst im Herbst 1944 zum ersten Mal wählen. Großbritannien im 19. Jahrhundert? Wo war dort die Demokratie für die Arbeiter im Bergwerk und in den Fabriken, für die Kinder, die – wie auch in Deutschland – mit zehn oder zwölf Jahren schuften mussten? Gerhart Hauptmanns „Die Weber" sollte Pflichtlektüre in den deutschen Schulen sein.

Unser heutiger Begriff der Demokratie macht Toleranz zur Grundlage. Die Gedankenfreiheit, die Posa von König Philipp in Schillers „Don Carlos" fordert, sie ist insbesondere von der katholischen Kirche den Andersgläubigen bis 1965 nicht zugestanden worden, also bis zum Zweiten Vatikanischen Konzil mit seinem Dokument „Dignitatis humanae" zur religiösen Freiheit. Bis dahin hat die Kirche so gesprochen wie die islamischen Staaten heute: „Ich verlange die Freiheit im Namen eurer Prinzipien, und ich verweigere sie euch im Namen der meinen." Überhaupt ist die Bekehrung der Kirchen zur Demokratie ein Novum. Die evangelischen Kirchen haben allzu lange im Namen von Kapitel 12 des Briefs des Apostels Paulus an die Römer den Gehorsam der Obrigkeit gegenüber als Tugend dargestellt.

Der Fall der Berliner Mauer ebnete den Weg für die allmähliche Demokratisierung Mittel- und Osteuropas. Die Hamburger Modelleisenbahn-Schau Miniatur Wunderland hat die deutsch-deutsche Grenzöffnung nachgestellt

Nun, da die Kirchen bekehrt sind und die ehemaligen Maoisten und Stamokapisten auch, und selbst unsere französischen Revolutionäre die Demokratie nicht mehr umstürzen wollen, ist eine neue Gefahr entstanden durch eine Umdeutung des Begriffs „Toleranz". Nicht mehr „Ich erkenne dich als ebenbürtig an", sondern „Mir ist gleichgültig, was du tust, vorausgesetzt, dir ist gleichgültig, was ich tue". Der als wertfrei verkündete und praktizierte Individualismus ist insofern demokratiezerstörend, als die Identität als Bürger verloren geht. Und was ist eine Demokratie ohne Bürger?

Erst wenn man sich diese Frage gestellt hat, sollte man eine doppelte Problematik in Betracht ziehen: Was bedeutet Demokratie heute in unseren „westlichen" Ländern? Und wie steht es mit der Demokratie in der weiten Welt?

Doch, wir dürfen, wir sollten uns darüber freuen, dass wir in einer Demokratie der freien, pluralistischen Wahlen leben. Trotz aller Politik- und Parteienverdrossenheit ist sogar Stolz angebracht. Dennoch bleiben Fragen offen, und dass die Demokratie an ihre Grenzen kommt, ist nicht zu verleugnen. Schwindet nicht die Wahlbeteiligung? Gewiss, aber sie ist kein sicheres Zeichen der Demokratie, denn sonst wären die Schweiz und die USA keine Demokratien. Es fehlt an direkter Demokratie, das Volk wird nicht in ausreichendem Maße befragt? Mag sein, aber halten wir doch an der – zweckmäßigen – repräsentativen Demokratie fest. Oder lassen wir die Menschen über klare, von einem Gericht wie dem Bundesverfassungsgericht auf ihre Aufrichtigkeit kontrollierte Fragen abstimmen, statt ihnen einen langen, unverständlichen, jedoch notwendigen Text zur Ratifizierung vorzulegen. Und dürfen demokratisch gewählte Vertreter nicht mutig sein? Hätte man 1981 ein Referendum über die Todesstrafe in Frankreich organisiert, so wäre sie damals nicht abgeschafft worden. Heute würde die Wiedereinführung von einer erdrückenden Mehrheit abgelehnt. Dabei darf man nicht vergessen, dass der Wähler bei einer geografisch begrenzten Frage alles ablehnen wird, was ihn stören würde, nach dem Prinzip NIMBY („Not in my backyard").

Wer bestimmt, welche Bevölkerung über die Flughafen-Startbahn, über den Bau der psychiatrischen Anstalt, über den Standort des geplanten Atomreaktors zu entscheiden hat? Auf keiner Ebene sollte die Umfrage mit der Abstimmung verwechselt werden. Unsere Demokratien kranken an den methodisch oft skandalösen Formulierungen wie „Die Deutschen wollen…", „Die Berliner glauben…", „Die katholischen Frauen zwischen 30 und 40 wünschen…".

Und wie steht es um den „freien Willen" des Wählers? Ist er frei, wenn er im Unwissen lebt, etwa über die positiven Errungenschaften der EU, weil Politiker und Medien sie nicht wahrhaben wollen? Ist er frei, wenn es die Medien nicht sind? Ist in diesem Sinn Berlusconis Italien noch eine Demokratie? Sarkozys Frankreich beginnt, diesem Italien etwas zu ähneln. Beide Staatsmänner vergessen zu leicht, dass, um zur Formel von Willy Brandt zu greifen, sie Ge-

STOLZ – TROTZ ALLER POLITIKVERDROSSENHEIT

ENTWICKLUNG DER DEMOKRATIE

Schon vor der **Unabhängigkeitserklärung der Vereinigten Staaten** von Amerika vom 4. Juli 1776 gab es Staatsformen, die dem ähnelten, was wir heute unter Demokratie verstehen. Der Grundgedanke der Herrschaft des Volkes (aus dem Griechischen *demos* für „Volk" und *kratein* für „herrschen") entstand im **antiken Griechenland**. Entscheiden durften damals alle freien männlichen Bürger, aber nur Angehörige der höchsten Klasse konnten zu Archonten, in deren Händen die Regierung lag, gewählt werden. Obwohl 1776 bis 1809 in den USA nur Grundbesitzer wählen durften, gelten sie als erstes neuzeitliches Land mit demokratischem System. Frankreich hatte zwar bald nach der Revolution 1789 ein allgemeines Wahlrecht für Männer, allerdings waren diese Wahlen oft von der Terrorsituation überschattet. Auch in den USA konnte lange nicht von einer Herrschaft des ganzen Volkes gesprochen werden, denn abgesehen von der **schwarzen Bevölkerung**, die erst seit 1965 ohne Einschränkungen wählen darf, gab es lange auch kein Wahlrecht für Frauen. Hier übernahmen skandinavische Länder die Vorreiterrolle: Frauen durften in Finnland 1906, in Norwegen 1913 und in Dänemark 1915 wählen. In Deutschland war das **Frauenwahlrecht** 1918 erkämpft. Die Schweizerinnen konnten sogar erst ab 1971 auf Bundesebene mitbestimmen – obwohl die Schweiz mit ihrer Bundesverfassung aus dem Jahr 1848 eines der ersten demokratischen Länder war. Nach 1848 hatte sich das demokratische System erst zögerlich ausgebreitet. Bis **1926 gab es gerade einmal 21 Demokratien**, mit dem aufstrebenden Faschismus in der ersten Hälfte des 20. Jahrhunderts schrumpfte die Zahl auf nur neun Länder. Doch **nach dem Zweiten Weltkrieg** fand eine neue Demokratisierungswelle statt: In den 60er Jahren bildeten sich – meist aus ehemaligen Kolonien – 36 demokratisch regierte Staaten, zwischen 1974 und 1990 entstanden etwa 30 weitere. Nicht zuletzt die **friedliche Revolution 1989/90** in Mittel- und Osteuropa hat zu der heute großen Zahl an Demokratien beigetragen. Allerdings ist die Demokratie als Staatsform heute immer noch gefährdet: Von 2006 bis 2008 sank die Zahl der demokratisch regierten Staaten von 95 auf 90.

Katharina Zimmermann

Anzahl der demokratisch regierten Staaten

Quelle: Polity IV Project, George Mason University, Colorado State University and University of Maryland

wählte und nicht Erwählte sind. Die Medien sind aber nicht nur von politischen Machthabern kontrolliert. Wie groß ist die Freiheit des *Bild*-Gläubigen? Wäre die harte Rechte in Österreich so stark geworden, wenn nicht die dortige Boulevardpresse so fremden- und europafeindlich agiert hätte?

Die westlichen Staaten geben sich nach außen gern als musterhafte Demokratien aus. Um das wirklich zu dürfen, müssten sie vorbildlich sein. Aber was spricht für die amerikanische Demokratie – mit Guantanamo, mit den Hinrichtungen vor allem von armen Schwarzen, was für die französische mit ihren Menschen verachtenden Gefängnissen? Wie passt die Jagd auf illegale Immigranten zur Demokratie der gesamten Europäischen Union? Was bedeutet in Afghanistan der Anspruch, Demokratie herstellen zu wollen, wenn wir nicht wirklich helfen, die Voraussetzungen dafür zu schaffen, Schulen zu bauen, für ausreichende Nahrung der Bevölkerung zu sorgen? Haben die Europäer im ehemaligen Jugoslawien Demokratie gefördert, indem sie ethnische Zugehörigkeiten anstatt Bürgersinn zum Hauptkriterium gemacht haben? Ist dabei für das Kosovo eine Grundfrage richtig beantwortet worden, nämlich in welchen Grenzen das Prinzip der Selbstbestimmung gelten soll? Überall in der Welt gibt es Ansprüche auf staatliche Neugründungen, wobei die Nebenfrage vernachlässigt wird, ob dann der im Namen der Demokratie entstandene Staat auch in seinem Inneren demokratisch sein wird.

Bei uns in Europa ist der Pessimismus alt, der behauptet, in der weiten Welt sei das Autoritäre wirksamer als das Demokratische. Doch vergleicht man heute Indien und China miteinander, lässt sich fragen, ob die wirtschaftliche Entwicklung des demokratisch regierten Indien wirklich so viel schlechter ist als die des autoritären China. Und hat China nicht schon einige Schritte hin zur Demokratie gemacht? Es führt dort kein Weg zurück zu den Millionen Toten der Industrie-, später der Kulturpolitik Maos. Wo sind die wirtschaftlichen Erfolge Kubas? Und heute kann man klar erkennen, wie weniger schlecht es den armen Schichten Brasiliens geht, seitdem das Land demokratischer regiert wird. Also bitte keinen systematischen Demokratie-Pessimismus nach außen. Aber eine ständige Sorge um den Zustand der Demokratie bei uns. Und der ständige Wille, diese immer aufs Neue, immer genauer zu definieren, um festzustellen, wo alte Mängel zu beseitigen, neue einzudämmen sind.

Ich wäre froh, wenn wir das so halten könnten.
Herzlich,
Ihr Grosser

Alfred Grosser, *geboren 1925 in Frankfurt, ist Politologe mit deutsch-jüdischen Wurzeln und Emeritus des Institut d'Études Politiques de Paris (Sciences Po).*

Ein paar Ideen für die kalten Tage: die türkische Ägäis
Auftanken in sprudelnden Thermalquellen.
Eintauchen in die Antike.
Einkaufen wie im Märchen.
Türkische Ägäis.
Hier überwintert der Sommer.
Wohlfühlen
Das Wellness-Erlebnis Çeşme
Kultur
Ausflug ins antike Reich der Lyder, Perser, Griechen und Römer
İzmir
Die Perle der türkischen Ägäis
TEKNETURLARI VE SUSPORLARI
Türkei
macht einfach Spaß
www.goturkey.com
Nur zweieinhalb Flugstunden
Angebot im Badeort Çeşme
alte Efes mit seinen einzigart
auf Schnäppchenjagd, da ist
SunExpress-Direktflügen na
Türkei
macht einfach Spaß
www.goturkey.com
SunExpress
www.sunexpress.com

DICHTER

DIE KLEINE UND GROSSE REISEWELT DER LITERATEN

MERIAN fragte prominente Autoren, wohin sie gern reisen würden, hätten sie Beförderung und Aufenthalt gratis. Einige der genannten Wunschziele sind überraschend unspektakulär

„Mein dringlichster Wunsch wäre, Israel wiederzusehen, er wird sich aber nicht erfüllen lassen. Ich kann durch eine NS-verursachte Klaustrophobie schon lange nicht mehr fliegen, hatte meine erste Israel-Reise damals per Auto zurückgelegt: Köln – Bari, mit dem Schiff von Bari nach Patras, Patras – Athen, von Piräus mit dem Schiff über Rhodos und Zypern nach Haifa und denselben Weg zurück. Das traue ich mir mit meinen 85 jedoch nicht mehr zu. Nach Ostpreußen ging es, und geht es – dieses Jahr war ich wieder in Masuren, das nächste Jahr ist geplant."

Ralph Giordano, Jahrgang 1923, ist vielfach ausgezeichneter Buch- und Zeitschriftenautor sowie Dokumentarfilmer. Sein bekanntestes Buch ist „Die Bertinis" (1982), in dem er seine Familiengeschichte unter den Nazis beschreibt, sein jüngstes sind die „Erinnerungen eines Davongekommenen" (2007). Als Reiseschriftsteller schrieb Giordano „Sizilien, Sizilien! Eine Heimkehr" (2002, siehe auch MERIAN *8/2007). Lebt in Frankfurt.*

RALPH GIORDANO

Nein, nach Taka-Tuka-Land, Atlantis oder Mittelerde zieht es mich nicht, das schaffe ich auch ganz gut alleine. Aber einmal per pedes, Muli, Karawane, Floß oder Überlandbus von West nach Ost quer durch Schwarzafrika, abseits all dessen, was es bei einer gebuchten Tour zu erleben gibt – davor habe ich schon lange Angst. Wenn's allerdings die MERIAN-Redaktion organisieren würde, wäre die Sache wohl immerhin kein 100%iges Vabanque-Projekt … Also sagen wir: von der Elfenbeinküste bis nach Kenia? Wiedersehen würde ich auf dieser Reise garantiert nichts, das wäre es ja gerade.

Matthias Politycki, Jahrgang 1955, wurde mit seinem „Weiberroman" zu einem der meistdiskutierten Autoren der deutschen Gegenwartsliteratur. Lebt in Hamburg und München.

MATTHIAS POLITYCKI

Ich würde gern nach Japan reisen. Warum? Wir waren überall, aber noch nie in Japan!

Wladimir Kaminer, geb. 1967 in Moskau, erzielte mit „Russendisko" (2000) seinen literarischen Durchbruch. Lebt in Berlin.

WLADIMIR KAMINER

Wladimir Kaminer mit Ehefrau Olga

Vor sieben Jahren erlebte ich etwas für mich Grundlegendes. Mit einem Freund namens Peter fuhr ich auf der Ladefläche eines Kleinlastwagens einen Tag lang quer durch das ostbolivianische Tiefland. Purer Zufall, kein Plan – jedenfalls keiner, den wir geschmiedet hätten. Abgesehen von den Stätten der Kindheit, kann ich mich nicht erinnern, je eine Gegend so intensiv erlebt zu haben wie diese. Auch ist mir nie wieder ein Landstrich wahrer und schöner vorgekommen – nie wieder einer mir so nahegekommen. Könnte man diese Reise wiederholen …

Reinhard Kaiser-Mühlecker, Jahrgang 1982, wuchs auf dem elterlichen Bauernhof in Oberösterreich auf. Für seinen 2008 bei Hoffmann und Campe erschienenen Debütroman „Der lange Gang über die Stationen" erhielt er den Jürgen-Ponto-Literaturpreis. Lebt in Österreich.

REINHARD KAISER-MÜHLECKER

MERIAN-Hefte sind Wertanlagen in Sehnsucht. Was für ein Erlebnis, mit den ehrenvoll gealterten Ausgaben zurückzureisen: auf die unentdeckten Ionischen Inseln der Sechziger, ins pauschalfreie Andalusien der Fünfziger, aufs karge Sylt Ende der Vierziger. Wie entrückt ist das alles, wie romantisch und friedlich! In Vergangenheit getauchte Fotos, liebenswert ergrauten Texte und die herrlich unraffinierte Werbung – es sind diese Reisen, zurück in der Zeit, die wahrhaft glücklich machen.

Dietmar Bittrich wurde 1958 als Kind Hamburger Auswanderer in Triest geboren und lernte Kaufmann. Mit Büchern wie „Altersglück", „Der bitterböse Weihnachtsmann" und „Nicht ohne meine Katze!" gewann der Schriftsteller den Hamburger Satirikerpreis und den Preis des Hamburger Senats. Lebt in Hamburg.

DIETMAR BITTRICH

Meine Frau und ich, wir sind neugierige "Merian"-Leser. So können wir uns auf Reisen begeben, ohne Haus und Garten verlassen zu müssen. Vielen Dank,

Günter Grass.

Meine Frau und ich, wir sind neugierige MERIAN-Leser. So können wir uns auf Reisen begeben, ohne Haus und Garten verlassen zu müssen.
Günter Grass, 1927 in Danzig geboren, ist einer der bedeutendsten deutschen Gegenwartsautoren. Literaturnobelpreisträger 1999. Lebt bei Lübeck.

GÜNTER GRASS

Früher, als mir zehn Stunden Flug nicht noch Tage später einen fahlen Teint bescherten, hätte ich sofort an Hongkong gedacht. Unterdessen mag ich es ruhig und leise und gehe nach Ascona. Und zwar ausschließlich ins Castello del Sole, wo man von Ascona nichts sieht, nur umgeben ist von Perfektion und See und Park, durch den sich greise Milliardäre schieben, wie in Zeitlupe. Da will ich hin, auf einer Korbliege abwarten, bis der Tod eintritt.
Sibylle Berg, 1962 in Weimar geboren, lässt ihre Erfahrungen als Lexikonverkäuferin, Puppenspielerin und Tierpräparatorin in ihre die Leser polarisierenden Romane einfließen. Die „Meisterin der Extreme" schrieb u.a. „Ein paar Leute suchen das Glück und lachen sich tot" (1997) und „Die Fahrt" (2007). Lebt in Zürich.

SIBYLLE BERG

Der Strand von St. Peter-Ording, am besten im Januar, wenn dort nur einige wenige Ehepaare in identischen Allwetterjacken unterwegs sind oder der Jeep, mit dem die Seehundjäger vom Nationalpark Wattenmeer eine erschöpfte Robbe aufsammeln. Es ist der perfekte Ort, um über das kommende Jahr nachzudenken, diese Landschaft, zu dieser Zeit, wo draußen so wenig passiert und drinnen so viel.
Kristof Magnusson, 1976 in Hamburg geboren, writer in residence an der University of Iowa, schrieb den vielbeachteten Roman „Zuhause". Lebt in Berlin und Iowa.

KRISTOF MAGNUSSON

Wen wir älter werden, zieht es uns in Gegenden, die uns vertraut sind. Also lassen Sie mich zur Kurischen Nehrung reisen, von Cranz nach Memel wandern, am Ostseestrand hinauf, am Haffufer zurück, unterwegs Bernstein sammeln, in den Dünen liegen, die Segelboote auf dem Haff zählen, den Wolken und Vögeln nachschauen. Es muss Sommer sein.
Arno Surminski, geb. 1934 in Jäglack (Ostpreußen), schrieb u.a. Romane und Erzählungen über seine Heimat und das Schicksal der Vertriebenen, viele bei HoCa. Im heute polnischen Jegławski ist er ein stets gern gesehener Gast. Lebt in Hamburg.

ARNO SURMINSKI

Ich habe im vergangenen Jahr ein paar Tage in Damaskus verbracht, und seitdem geht mir der Ort nicht mehr aus dem Sinn: Es ist eine schöne Stadt, sicherlich, oder zumindest erinnere ich sie als solche. Ich war nämlich krank, und ein Teil der Anziehungskraft rührt wohl daher, dass meine Erinnerungen vom Fieber wie durch eine viel zu starke Brille verzerrt sind. Ich bin einen ganzen Tag durch die Altstadt gelaufen und glaubte jeden Moment zusammenbrechen zu müssen, aber es gab so viel zu sehen und kaum eine Chance, dies alles zu erfassen und zu verstehen, so dass ich nicht aufgeben und zum Hotel zurückkehren wollte. Am Ende war es wohl diese Überdosis an Sinneseindrücken, die mich wieder hat genesen lassen. Ganz gewiss.
Daniel Alarcón wurde 1977 in Lima geboren, seine Familie emigrierte in die USA. Alarcóns erster Roman „Lost City Radio" wurde 2007 in die „best fiction"-Listen zahlreicher renommierter Zeitungen aufgenommen. Schon heute wird Alarcón mit großen Autoren wie William Faulkner und John Steinbeck verglichen. Lebt im kalifornischen Oakland.

DANIEL ALARCÓN

ERBE DER MENSCHHEIT

DIE UNFASSBAREN SCHÄTZE

Die Unesco schützt nicht nur bedeutende Bauten, sondern neuerdings auch das materiell nicht greifbare Erbe der Menschheit: Gesänge, Tänze, Feste, auch Sprachen und Handwerkskunst. In ihnen manifestiert sich uraltes Kulturgut, für viele Völker die einzige Verbindung zu ihrer Vergangenheit

Foto: Ken Cedeno

TÜRKISCHE TRANCE

Der arabisch geprägte Islam kennt keine geistliche Musik, wohl aber der türkische. Der im 13. Jahrhundert in Konya gegründete Mevlevi-Orden betrachtet den Tanz der wirbelnden Sufi-Derwische als Gebet, als direkte Kontaktaufnahme mit Gott. Die Zeremonie, die langjähriger Übung bedarf und bei der die Tänzer (und neuerdings auch Tänzerinnen) in tiefe Trance sinken, ist begleitet von Instrumentalmusik und Gesang, die auch schon mehrere Jahrhunderte alt sind. Unter Atatürk war der Orden verboten, seit den fünfziger Jahren ist er nur geduldet, erfreut sich aber wachsender Mitgliederzahlen.

14 ISTANBUL, TÜRKEI

Das 1491 erbaute Mevlevi-Haus im Istanbuler Stadtteil Galata ist heute Museum. Man kann dort jeden Sonntag einer Sufi-Zeremonie beiwohnen. www.mekder.org

LAGE 41° N, 28° O

Foto: Thierry Roge

BELGISCHE MASKERADE

Die „Gilles" sind los: Rund 1000 von ihnen ziehen am Faschingsdienstag zum Bahnhof von Binche, genießen Austern und Champagner und feiern bis zum Sonnenaufgang am Aschermittwoch. Die Figur des „Gille" mit Gesichtsmaske, riesigem Kragen und aufwendigem Kostüm ist seit über 450 Jahren Teil der Karnevalstradition im wallonischen Binche. 1549 veranstaltete Maria von Ungarn hier ein siebentägiges Gelage mit Bällen, Banketten, Paraden und Feuerwerken, um ihren Bruder, Spaniens Herrscher Karl, zu beeindrucken. Der „Gille", der durch die Straßen tanzt und die Rückkehr des Frühlings feiert, leitet sich vom spanischen Vornamen „Gil" ab, der im 16. Jahrhundert äußerst populär war.

15 BINCHE, BELGIEN

Die belgische Stadt ist auf den Besucheransturm zum Karneval gut vorbereitet. Unterkünfte aller Klassen stehen zur Verfügung. www.carnavaldebinche.be

LAGE **50° N, 4° O**

MONGOLISCHE MEISTERSINGER

Musik ist für Mongolen essenziell; sie singen nicht nur für sich, sondern auch für ihre Tiere: Schlaflieder für Schafe und Lieder für Kamele, die ihre Jungen säugen sollen. Ihr Instrument ist die Pferdekopfgeige *morin khuur*. Sie wird wie ein Cello im Sitzen gespielt, die Saiten sind aus Pferdehaar; der *morin khuur* gilt als Verkörperung des für die Nomaden wichtigsten Tieres. Allerdings ist sein Gebrauch in den letzten Jahren stark zurückgegangen. Die Mongolei hat deshalb die Pferdekopfgeige zum „Nationalinstrument" erklärt, das in jeden Haushalt gehöre.

16 ULAN BATOR, MONGOLEI

Die traditionelle Musik ist noch nicht zur Touristenshow verkommen. Wer sie erleben will, kann nicht auf animierende Hotelabende hoffen, sondern muss das Land bereisen. Etwa mit www.nomadstours.com

LAGE 47° N, 106° O

Foto: Heidi & Hans-Jürgen Koch

Foto: Aizar Raldes

BOLIVIANISCHE LEGENDEN

Wenn 30 000 Menschen zehn Tage lang tanzen, kommt das einem Erdbeben gleich. Bei der *diablada* auf der Hochebene von Oruro wird der Kampf des Guten gegen das Böse dargestellt, als Kampf Gottes gegen den Teufel. Oder sollte man doch besser sagen: der Götter gegen die Teufel? Denn der reiche Pantheon der Inkas ist hier, unter christlicher Oberfläche, noch sehr lebendig. Zwar geht es bei dem ekstatischen Spektakel um die Verehrung der Jungfrau von Socavon, aber auch um ein Opfer an die *pachamama*, die Mutter Erde. Und viele der Gruppen, die hier auftreten, stellen in Ausdruck und Kostüm Legenden aus der bolivianischen Vergangenheit nach.

17 ORURO, BOLIVIEN

Hunderttausende kommen jedes Jahr zum Karneval in die 3700 Meter hoch gelegene Industriestadt. Die Busfahrt von La Paz dauert dreieinhalb Stunden.
www.mioruro.com (spanisch)
www.lateinamerika.de

LAGE **17° S, 67° W**

AUF DEM WEG ZUM WELTKITSCH?

Das immaterielle Welterbe der Unesco wird vielen bedrohten Kulturtechniken helfen können. Offen ist noch, was schützenswert ist und was nicht TEXT: THOMAS GEBHARDT

Wenn es nach Sylk Schneider geht, Chef des Kloßmuseums in Heichelheim bei Weimar, dann muss der Thüringer Kloß Weltkulturerbe werden. Er will den kleinen Thüringer von der Unesco schützen lassen und ihn zum Weltstar machen. Ein Thüringer Kloß, wohl bekomm's! Aber Denkmalschutz? Weltkulturerbe? Der Kloß zwischen Goethe und Schiller vor dem Nationaltheater?

Immerhin fahndet die Unesco seit 1972 nach Kultur- und Naturschätzen, schützenswerten und schutzbedürftigen. War der statusträchtige Begriff „Welterbe" vormals Gebäuden, Denkmälern und Naturräumen vorbehalten, so ist er in den neunziger Jahren neu definiert worden. Seither hebt die Staatengemeinschaft auch Schätze, die weder zu betasten noch zu besichtigen, allenfalls zu erleben und zu bestaunen sind – *intangible cultural heritage* heißen sie, immaterielles Kulturerbe (IKE).

2003 hat die Unesco eine entsprechende Konvention verabschiedet und parallel dazu eine „Liste der Meisterwerke des mündlich überlieferten und immateriellen Erbes der Menschheit" ins Leben gerufen. Dazu zählen Traditionen und Ausdrucksformen, einschließlich der Sprache; darstellende Kunst wie Musik, Tanz und Theater; gesellschaftliche Bräuche, Rituale und Feste; Wissen und Praktiken im Umgang mit der Natur sowie traditionelle Handwerkstechniken. Das Bemalen und Dekorieren von Ochsenkarren in Costa Rica gehört ebenso dazu wie die Mysterienspiele von Elche in Spanien oder die Bistritsa Babi, die Großmütter aus Bulgarien mit ihren polyphonen Gesängen, Tänzen und Riten.

Es geht der Unesco um die Bewahrung althergebrachter Lebensweisen, um ethnisches Wissen, um Praktiken wie Heilmedizin, Gartenbau oder auch regional geprägte Kulinaria. Wie etwa den Thüringer Kloß.

18 SAN ANTONIO DE ESCAZU, COSTA RICA LAGE 9° N, 84° W

Das Bemalen der Ochsenkarren kam im 19. Jh. in Mode, als das Vehikel mit den speichenlosen Rädern in Costa Rica Hauptverkehrsmittel war

Die Erwartungen an die neue Institution sind enorm, besonders in Ländern der Dritten Welt, denn deren Kulturerbe manifestiert sich meist nicht in Jahrhunderte überdauernden Sakralbauten, Residenzen oder historischen Innenstädten. „Kultur zeigt sich in Südostasien oder Afrika oft in Märchen und Gesängen, Theater und Musik", sagt Dieter Offenhäußer von der Deutschen Unesco-Kommission (DUK).

90 Kulturschätze standen bereits auf der Liste, als mit Rumänien das 30. Land unterschrieb und die Konvention im April 2006 in Kraft treten konnte. Seither wird in vielen Ländern IKE-Inventur gemacht, werden Kandidaten für Listenplätze bestimmt. Zunächst auf nationaler Ebene, lautet doch eine der Bedingungen der Konvention, dass dem Vorschlags- und Nominierungsprozess eine nationale Bestandsaufnahme vorausgehen muss. „Buch des Wissens" nennt Brasilien sein Register und hat schon ein gutes Dutzend Trouvaillen beisammen. Auf Provinzebene stellte China bis zum Spätsommer 2008 immerhin 4155 immaterielle Kulturgüter zusammen. 104 Länder haben die Konvention bis zum Herbst 2008 ratifiziert, das sind zwei Drittel der UN-Mitgliedsstaaten.

Deutschland hat noch nicht unterschrieben. Als „konstruktives Abwarten" beschreibt Dieter Offenhäußer die Haltung der Bundesregierung. Man ist sehr diplomatisch bei der Kommission. Man ist aber auch ein bisschen skeptisch und ahnt die Gefahr, Welterbe-Kitsch zu produzieren. Als Marke ist der Begriff „Welterbe" unschlagbar, wie die öffentliche Aufmerksamkeit für die 878 Schätze auf der Liste der materiellen Erbstätten belegen.

Wie aber wird die Öffentlichkeit über den Begriff denken, wenn erst mal Häkeln und Stricken einen Listenplatz erobert haben? Oder der

Jemals gelernt, „Hallo" auf Eisbärisch zu sagen?
www.meinkanada.com
Canada
keep exploring

19 RIGA, LETTLAND LAGE 56° N, 24° O
Beim großen Lieder- und Tanzfestival im lettischen Riga treten alle fünf Jahre Abertausende auf – allein mehr als 500 Tanzgruppen

Thüringer Kloß? Ja, was ist überhaupt immaterielles Kulturerbe?

Während beim materiellen Kultur- oder Naturerbe ein greifbares Gotteshaus, ein Schloss oder ein Canyon geschützt werden, ist das immaterielle Kulturerbe wandelbar, fragil und flüchtig. Außerdem täuscht der Begriff ein reines Gedankenprodukt vor, dabei ist natürlich auch dieses Erbe an Materie gebunden, an Menschen, an Meister ihres Fachs, die oft auch Hilfsmittel brauchen: Instrumente, Masken, Bücher.

Der Unesco geht es aber gerade nicht um musealen Schutz dieser Dinge. Vielmehr soll lebendiges Kulturerbe in seinem gewachsenen Umfeld erhalten werden. Wenn der Kulturraum von Kihnu, einem winzigen Eiland vor der Insel Saaremaa (Ösel) in Estland, mit seinen Menschen, deren Kleidung, deren Handwerk, deren Musik und Spielen als immaterielles Kulturerbe geschützt ist, dann bedeutet das für die Leute auf Kihnu, dass sie weiterhin wie ihre Vorfahren leben können. Sie müssen ihre Traditionen nicht an Touristen verramschen, weil die Unesco sie über Jahre unterstützen wird – mit Geld und Beratern.

Und wenn der Djemaa el Fna, der große, alte Markt Marrakeschs in Marokko, einen Platz unter den Meisterwerken hat, dann bedeutet das nicht, dass sich die Einwohner Marrakeschs die Zähne bis in alle Ewigkeit unter freiem Himmel richten lassen sollen, sondern dass der Platz der Quacksalber, Schlangenbeschwörer und Märchenerzähler seinen einzigartigen Charakter behält.

Wer aber entscheidet, was vergehen darf und was erhalten bleibt? Weshalb wird das mongolische Volkslied „Urtiin Duu" geschützt und „Hänschen klein" nicht? Man muss gar nicht in die Ferne schauen, um über Vergehen, Bewahren und Erneuern nachzudenken. Es genügt, sich zu fragen, was die eigenen Großeltern noch über Vorratshaltung, Gartenbautechniken oder Handarbeit, Volksweisen und -weisheiten wussten und es mit dem eigenen Können und Wissen vergleichen.

Seit die IKE-Konvention 2006 bindenden Charakter bekam, ruht die Meisterwerke-Liste der Unesco. Alles, was dort verzeichnet war, wird automatisch von der Unesco geschützt und auf die „Repräsentative Liste des immateriellen Kulturerbes der Menschheit" gesetzt oder auf die „Liste des immateriellen Kulturerbes mit dringendem Schutzbedarf", die so genannte Rote Liste. Die ersten Einschreibungen sollen 2009 erfolgen, danach werden alle zwei Jahre neue nicht zu fassende Kostbarkeiten als Kulturerbe von der Vollversammlung der Vertragsstaaten proklamiert.

Was so einfach klingt, ist alles andere als schnell gemacht und zugleich ein Wettlauf gegen die Zeit. Gerade die nicht zu fassenden Kulturschätze sind vom Verschwinden bedroht. Was ihr Schutz bringen wird, ist offen. Schließlich geht der Verlust von Kulturschätzen oft auf Ignoranz und Habgier, auf weltanschaulichen oder nationalistischen Eifer zurück.

Ein Eintrag auf der Welterbeliste hinderte die Taliban nicht, im afghanischen Bamiyan-Tal die jahrhundertealten Buddhastatuen zu sprengen, und ließ die Dresdner nicht davor zurückschrecken, noch eine Autobrücke durchs Elbtal zu betonieren. Daher wird ein Eintrag auf der Liste des *intangible heritage* auch keine Wunderwaffe der Denkmalschützer werden. Aber doch ein mächtiges Geschütz. Immerhin führte die Drohung der Unesco, den Kölner Dom von der Welterbe-Liste zu streichen, sofern nahebei Hochhäuser gebaut werden, zu einem Umdenken am Rhein.

Wer teilhaben will, muss teilnehmen, sprich ratifizieren. Das weiß auch die Bundesregierung. Die Deutsche Unesco-Kommission hat bereits Beispiele fürs immaterielle Erbe vorgelegt: Neben der Augsburger Puppenkiste und Sprachen wie Sorbisch und Friesisch werden Bräuche wie das Bremer Schaffermahl, die norddeutschen Grünkohl-und-Pinkel-Fahrten, Almbewirtschaftung, Bauernwissen, Heilkunde und Hausrezepte genannt.

Da hat auch der Thüringer Kloß eine Chance. Immerhin erfüllt er gleich mehrere Unesco-Kriterien. Er hat eine mehr als 200-jährige Tradition als Sonn- und Festtagsgericht, ist regional verankert, und bei seiner Herstellung kommen spezielle Handwerkstechniken wie der Umgang mit der Kloßpresse zum Einsatz. Wird der Kloß zum Welterbe, will Sylk Schneider ein Fest feiern. Mit Klößen.

Costa
Die Nr. 1 in Europa.
Entdecken Sie die Welt mit Costa Kreuzfahrten!
Willkommen an Bord!
Costa – Kreuzfahrten aus Leidenschaft. Seit 60 Jahren stehen wir für Zuverlässigkeit und Kompetenz und haben nur ein einziges Ziel: Ihren perfekten Urlaubstraum wahr werden lassen.
14 moderne Schiffe
250 Reiseziele weltweit
Deutschsprachiger Service
Vollpension an Bord
Costa
KREUZFAHRTEN 2009
2009
NEUAUFLAGE
Mittelmeer, Nordeuropa, Karibik & Amerika, Asien, Transozean, Dubai, Mauritius
Alle Traumreisen auf 355 Seiten im Costa Katalog 2009!
Beratung und Buchung in Ihrem Reisebüro.
www.costakreuzfahrten.de

ENERGIE

GEHT AUF DER ERDE DAS LICHT AUS?

Noch ist die Menschheit auf fossile Brennstoffe angewiesen, alternative Energielieferanten können Erdöl nicht überall ersetzen. Algen könnten die Rettung sein TEXT: CHRISTIANE OPPERMANN

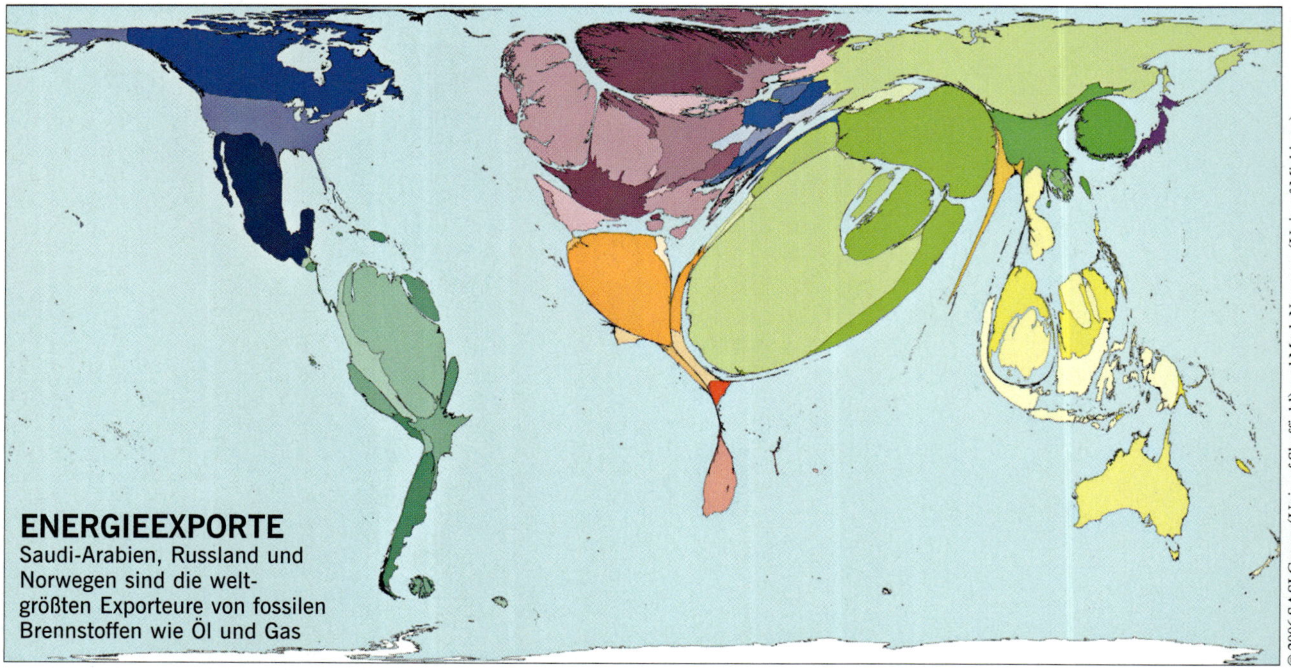

ENERGIEEXPORTE
Saudi-Arabien, Russland und Norwegen sind die weltgrößten Exporteure von fossilen Brennstoffen wie Öl und Gas

Ohne Energie aus fossilen Brennstoffen ist das Leben des modernen Menschen kaum vorstellbar. Ob es sich um die Mobilität zu Lande, zu Wasser oder in der Luft, um den Komfort trockener und beheizter Wohnungen, um den Dünger für die Agrarwirtschaft, die Verpackung von Lebensmitteln oder um die Produkte der kosmetischen oder pharmazeutischen Industrie handelt, ohne Erdöl, Kohle oder Erdgas läuft fast nichts in Wirtschaft und Gesellschaft. Vom Auto bis zur Zahnpasta, was immer hergestellt oder konsumiert wird, hat irgendwie mit petrochemischen Prozessen zu tun.

Weltweit werden pro Tag 86 Millionen Barrel Öl verbraucht. Der Anteil fossiler Energieträger macht etwa 80 Prozent aus. Mehr als 50 Prozent der Weltenergiemenge verbrauchen die Industriestaaten, den kleineren Rest die Entwicklungs- und Schwellenländer. Allerdings haben dort noch immer zwei Milliarden Menschen keinen Zugang zur Stromversorgung.

Die Vorräte an Gas, Öl und Kohle werden in Zukunft knapp. Bei den bisher bekannten förderbaren Reserven wird Öl noch schätzungsweise über 45 Jahre, Gas noch rund 60 Jahre und Kohle bis zu 200 Jahre reichen. Selbst der US-amerikanische Energieriese Chevron, der Profite mit dem Handel von Öl und Gas macht, rief die Bürger 2005 in einer Anzeigenkampagne zum sparsamen Umgang mit den Ressourcen auf. Die Botschaft lautete: „Es dauerte 125 Jahre, die erste Billion Barrel Öl zu verbrauchen. Die nächste Billion werden wir in 30 Jahren konsumieren."

Die Nachfrage nach Energie wird in den kommenden Jahrzehnten drastisch steigen: Heute verbraucht die Welt gut 17 Millionen Tonnen Steinkohleeinheiten (SKE) pro Jahr, um 2030 werden es bereits über 23 Millionen Tonnen SKE sein. Den Prognosen zufolge werden die Schwellen- und Entwicklungsländer mehr als 50 Prozent der jährlichen Förderung beanspruchen. Auf China und Indien wird der größte Teil davon entfallen. **Der Nachholbedarf der aufstrebenden Volkswirtschaften beunruhigt die Experten. Die rasant zunehmende Nachfrage wird zu Engpässen bei der Versorgung mit Öl führen. Vor allem die Entwicklungen in China bereiten große Sorgen. Dort wurde in den vergangenen beiden Jahren alle zwei bis drei Tage ein neues Kohlekraftwerk der 500-Megawatt-Klasse in Betrieb genommen.**

Weltweit werden zur Stromerzeugung vorwiegend Stein- und Braunkohle sowie Gas eingesetzt. Mit Kernenergie werden etwa 15 Prozent des globalen Stroms produziert. Der voraussichtlich stark ansteigende Verbrauch hat schwerwiegende Folgen für das Klima unseres Planeten. Der erhöhte Ausstoß von CO_2 beschleunigt

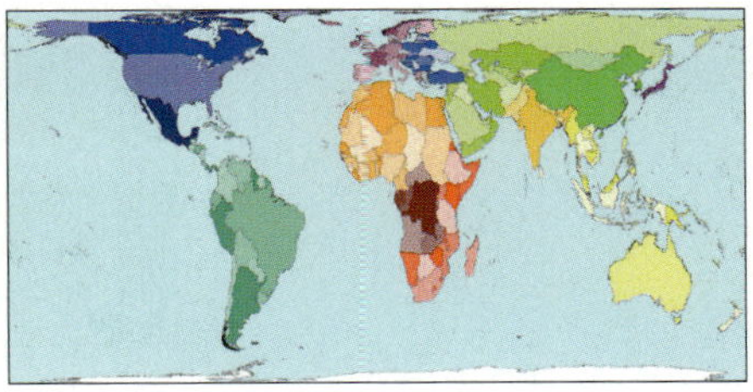

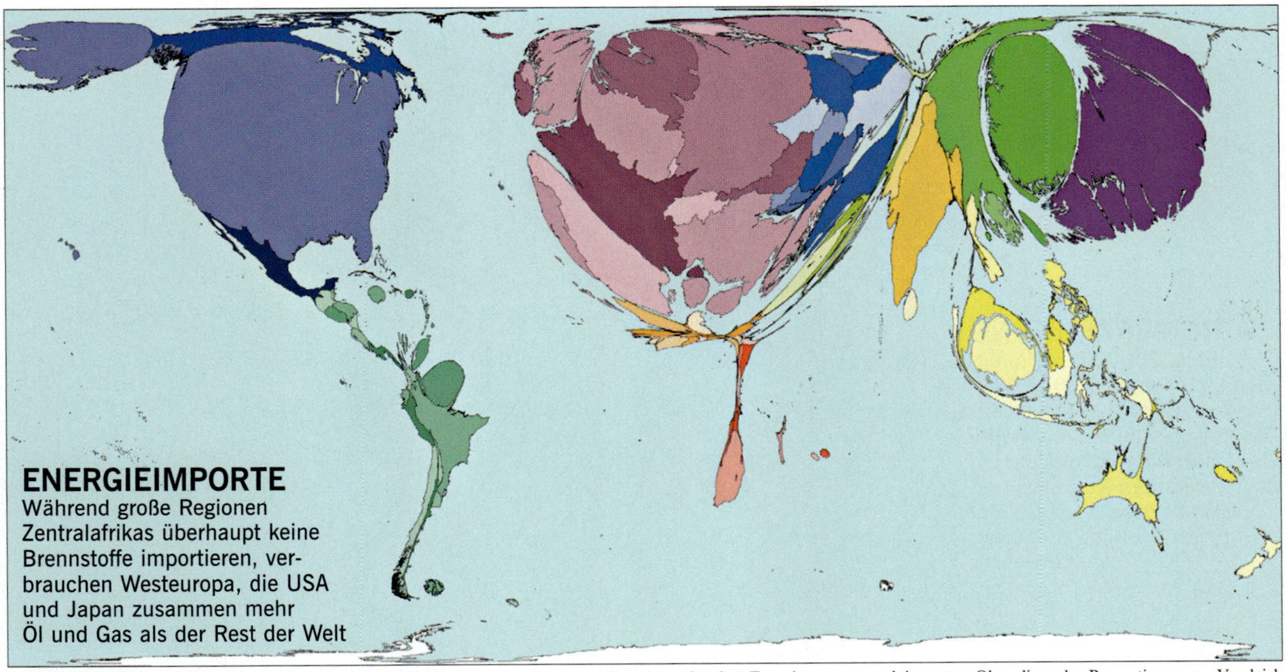

Die Karten zeigen die Regionen und Staaten verfremdet entsprechend ihrem Anteil an den weltweiten Energieexporten und -importen. Oben die realen Proportionen zum Vergleich

den Klimawandel. Die Folgen werden verheerend sein – katastrophale Überflutungen der Küstenregionen, Stürme und Dürren überall auf der Erde.

Erneuerbare Energiequellen sind bisher noch nicht in der Lage, die fossilen Brennstoffe weltweit zu ersetzen oder auch nur die rapide steigende Nachfrage aufzufangen. Wind- und Wasserkraft sowie Sonnenenergie sind zwar die Energiequellen der Zukunft, aber durch ihren noch immer riesigen Flächenverbrauch kein Ersatz für Kohle, Gas und Öl.

Ein Ausbau der Produktion von Biokraftstoff ist ebenfalls keine Lösung, solange die Spritherstellung mit dem Getreideanbau zur Erzeugung von Nahrungsmitteln konkurriert (siehe Seite 86). Dieser Wettbewerb um die Anbauflächen führt schon heute zu hohen Preisen für Grundnahrungsmittel. Vor allem in den Entwicklungsländern leiden immer mehr Menschen Hunger, weil die Anbauflächen knapper und die Lebensmittel damit so teuer werden, dass sie für die Menschen nicht mehr erschwinglich sind. Außerdem verschlingt der Anbau von Raps und Mais ungeheure Wassermengen: Um einen Liter Bioethanol zu produzieren, benötigt man 4500 Liter Wasser.

Neue Forschungen sehen in den Faulgasen organischer Abfälle eine neue Energiequelle. Auch die riesigen Müllberge können durch ihre Verbrennung zur Erzeugung von Strom und Wärme beitragen.

Große Hoffnungen setzen Umweltschützer und Wissenschaftler allerdings auf kleinste Organismen, die in Wasser jeder Qualität überleben können. Algen können wichtige Energielieferanten der Zukunft werden. Sie brauchen neben Wasser lediglich Kohlendioxid und Sonnenlicht. Züchtet man sie in geschlossenen Tanks, könnte man letzteres sogar durch Zucker ersetzen. Aus ihnen kann Biodiesel hergestellt werden. Algen sind nachwachsenden Rohstoffen wie Raps, Mais und Palmen überlegen. Sie sind bescheiden und beanspruchen wenig Platz. Aus einem Hektar Raps können etwa 1800 Liter Diesel, aus Palmen rund 6000 Liter gewonnen werden – eine vergleichbare Menge Algen bringt zwischen 10 000 und 25 000 Liter.

Für den deutschen Dieselbedarf eines Jahres müssten nur zwei Prozent der gesamten Ackerfläche mit Algentanks bebaut werden. Mit Raps könnte diese Spritmenge in Deutschland gar nicht hergestellt werden, weil nicht genügend Anbauflächen zur Verfügung stünden.

Ein weiterer Vorteil der Algen: Sie binden Kohlendioxid. Die kleinen Organismen betreiben Photosynthese, sie verwandeln CO_2 in Sauerstoff. Erst wenn der Kraftstoff durch Verbrennung in Energie umgesetzt wird, entsteht wieder Kohlendioxid. Die Algen-

ÖLIMPORTE

Nordamerika und Westeuropa sind die Regionen mit den höchsten Netto-Importen an Öl. Einer der Staaten, der pro Kopf das wenigste Geld für Netto-Ölimporte aufwendet, liegt in Mitteleuropa: Ungarn gab im Jahr 2002 ganze 0,15 Dollar pro Einwohner für raffiniertes Mineralöl aus

STROMERZEUGUNG

Etwa 2600 Kilowattstunden Strom wurden 2002 weltweit pro Kopf produziert. Das afrikanische Benin schaffte zehn Kilowattstunden, die Hauptlieferanten Norwegen und Island erzeugten 3000 Mal mehr: 30 000 Kilowattstunden pro Einwohner

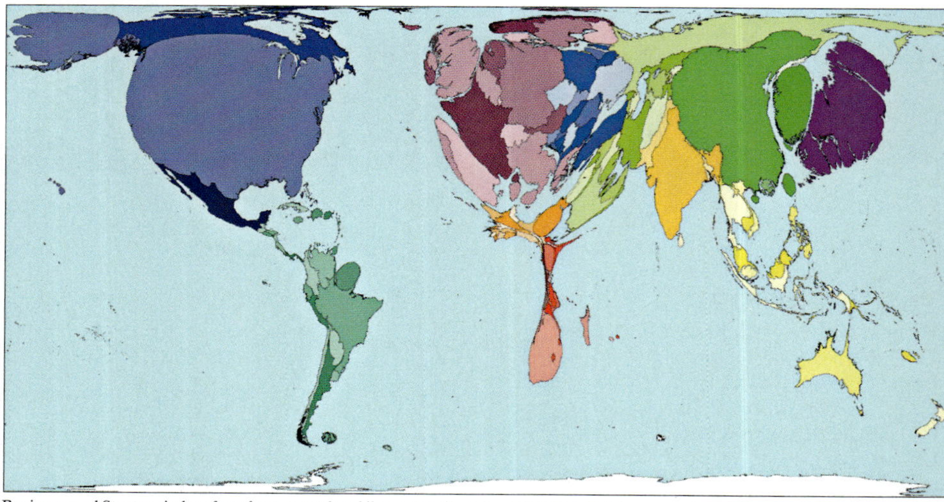

Regionen und Staaten sind verfremdet entsprechend ihrem Anteil an den weltweiten Erdölimporten bzw. der weltweiten Stromerzeugung

zucht beschäftigt längst auch die Mineralölkonzerne. So betreibt Shell bereits eine Zusammenarbeit mit einem Forschungsinstitut in den USA. Selbst in Texas, dem bedeutenden ölgewinnenden Bundesstaat der USA, werden entsprechende Forschungsanlagen betrieben. Bislang scheiterte der kommerzielle Einsatz der kleinen Wunderwesen an den Spritpreisen. Solange Rohöl deutlich unter dem Preis von 100 Dollar pro Barrel gehandelt wurde, lohnte sich die Exploration des neuen Rohstoffs nicht. Der Aufbau von Algenfarmen und die Gewinnung des Algenöls erfordern hohe Investitionen. 300 Milliarden US-Dollar würde es nach Berechnungen von Wissenschaftlern der Universität in New Hampshire kosten, in den USA alle nötigen Vorrichtungen zu schaffen, um das Land mit Algendiesel zu versorgen. Die Unterhaltung der Algenfarmen und der weiteren notwendigen Anlagen würde mit zusätzlich 46 Milliarden Dollar pro Jahr zu Buche schlagen.

Zweifellos gigantische Summen. Die Scheu vor solchen Riesenprojekten dürfte sich aber schnell verlieren, wenn der Rohölpreis in den nächsten Jahren neue Höhen erklimmt und auf die 200-Dollar-Marke zustrebt.

BRUTTONATIONALEINKOMMEN UND ENERGIEVERBRAUCH

Quelle: DEBRIV

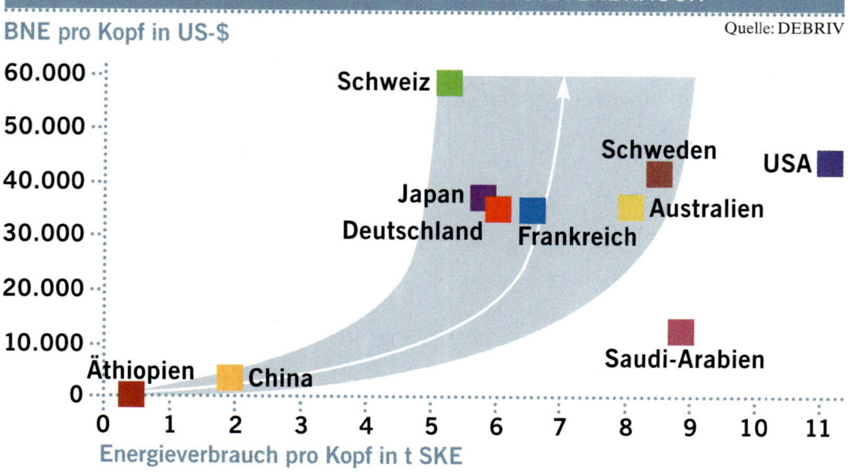

Noch ist China gemessen am Pro-Kopf-Einkommen und -Energieverbrauch ein Zwerg. Doch mit steigenden Einkommen wird auch der Energiekonsum steigen

FRIEDEN

DIE NEUE GEFAHR IST DIE PRIVATISIERTE GEWALT

Die Bedrohung des Friedens kommt heute eher von innen als von außen. Die Sicherheit bleibt auf der Strecke, wenn der Staat käuflich, hilflos oder erpressbar wird TEXT: ERHARD EPPLER

Noch vor 20 Jahren bedeutete Krieg Tod, und Friede bedeutete Leben. Krieg, zumal in Mitteleuropa, musste früher oder später zum Atomkrieg werden. Frieden hieß für Europäer, dass der Kalte Krieg zwischen Ost und West, Warschauer Pakt und Nato nicht zum heißen Krieg wird. Die Friedensbewegung hatte unüberhörbar klargemacht: Wir wollen leben, nicht Opfer eines Rüstungswettlaufs werden, der irgendwann außer Kontrolle geraten muss.

Im 21. Jahrhundert streiten wir darüber, was ein Krieg ist. Herrscht zwischen Israel und den Palästinensern Krieg? Doch wohl nicht. Schließlich haben die Palästinenser weder einen Staat noch eine Armee, die Krieg führen könnte. Also Friede? Nein, Friede ist doch etwas anderes. Führen deutsche Soldaten in Afghanistan Krieg? Oder schützen sie nur den Aufbau? Ist es Krieg, wenn Selbstmordattentäter sich vor einer deutschen Fahrzeugkolonne oder vor einem pakistanischen Hotel in die Luft jagen in der Hoffnung, möglichst viele Menschen mit in den Tod zu reißen? Wenn im Westen des Sudan, in Darfur, Reitermilizen Dörfer überfallen und anzünden, Frauen vergewaltigen, ist das Krieg? Friede ist es nicht. Aber Krieg?

Überall da, wo Staaten zerfallen, wo das staatliche Gewaltmonopol zerbröselt, wo mit entstaatlichter, privatisierter und meist auch kommerzialisierter Gewalt die Herrschaft der Kalaschnikow und damit das Recht des Stärkeren Einzug hält, haben wir Verhältnisse, die weder dem entsprechen, was wir bislang Krieg genannt haben, noch dem, was wir uns unter Frieden vorstellen.

Kriege zwischen Staaten werden im 21. Jahrhundert seltener. In Europa wären sie vermutlich nur noch möglich, wenn sich die Europäische Union von den USA gegen Russland instrumentalisieren ließe. Ein Krieg zwischen Indien und Pakistan bleibt möglich, aber er wird nicht wahrscheinlicher, dasselbe gilt für Nord- und Südkorea. Sind die Politiker vernünftiger, friedfertiger geworden als im 20. Jahrhundert? Wahrscheinlich nicht. Aber spätestens der Irakkrieg hat gezeigt, dass Krieg sich nicht mehr auszahlt, nicht einmal wenn man ihn gewinnt. Im 20. Jahrhundert, noch nach dem Zweiten Weltkrieg, hatten die Armeen der Sieger das letzte Wort. Im Irak hat das letzte Wort die entstaatlichte Gewalt im Lande des Besiegten, und die Sieger können von Glück sagen, wenn sie mit heiler Haut wieder nach Hause kommen.

Krieg zwischen Staaten ist nach wie vor möglich, zumal dann, wenn neokonservative Ideologen die Chance bekommen, ihre Träume von der unangreifbaren Hegemonie zu verwirklichen. Aber es zeigt sich, dass im 21. Jahrhundert kein Volk auf Dauer ein anderes beherrschen kann. Das Maß an Unvernunft und ideologischer Verblendung, das für die Auslösung eines Krieges zwischen Staaten nötig ist, verdoppelt oder verdreifacht sich. Aber was den

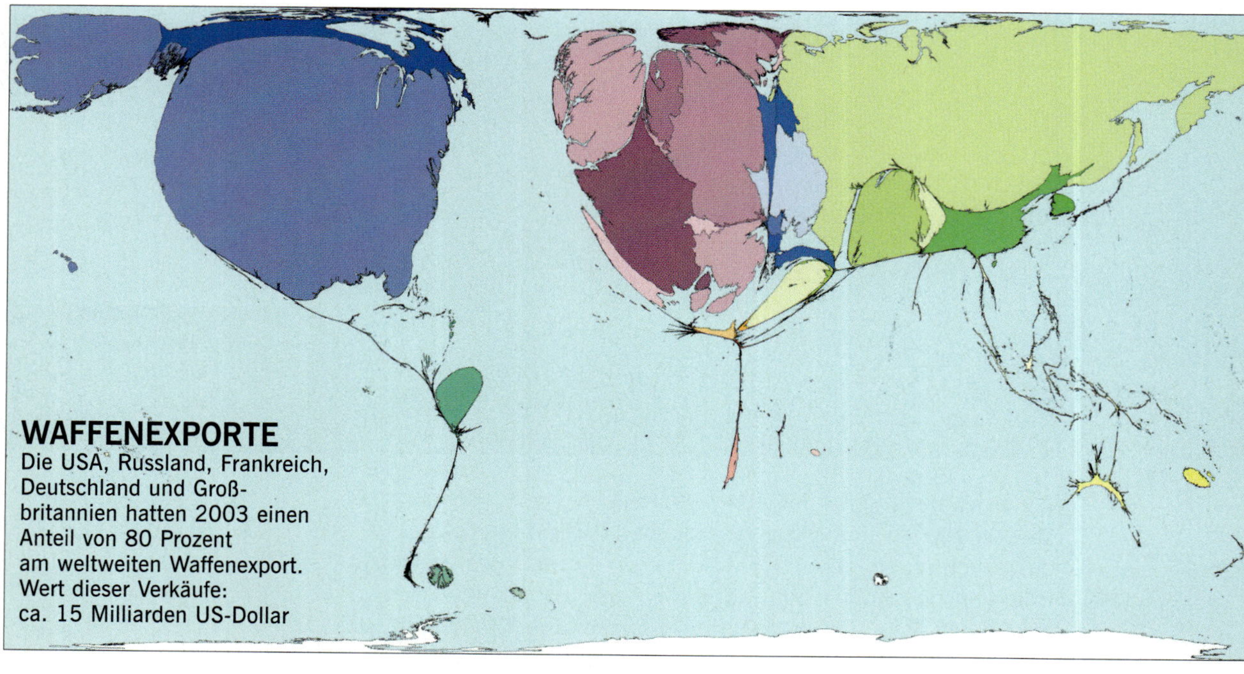

WAFFENEXPORTE
Die USA, Russland, Frankreich, Deutschland und Großbritannien hatten 2003 einen Anteil von 80 Prozent am weltweiten Waffenexport. Wert dieser Verkäufe: ca. 15 Milliarden US-Dollar

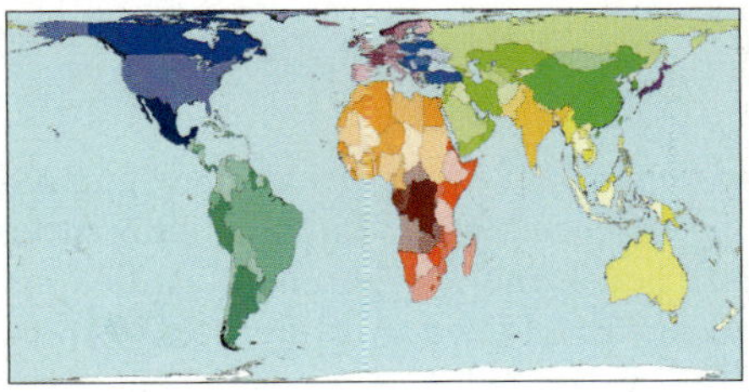

Krieg zwischen Staaten nutzloser und unsinniger macht, beschert der Welt noch keinen Frieden.

Im 20. Jahrhundert musste man um den Frieden bangen, wenn Staaten sich militarisierten, wenn sie aufrüsteten, wenn die Freiheit im Innern in dem Maße abnahm wie die Freiheit der Diktatoren, andere Staaten zu überfallen, zunahm. Im 21. Jahrhundert sind Frieden und Sicherheit vor allem dann in Gefahr, wenn in einem Staat sogar die Gerichtsurteile käuflich werden. Wenn Milizen und Todesschwadronen, von privaten Geldgebern rekrutiert und dafür bezahlt, gegen kriminelle Banden oder auch gegen aufmüpfige Personen vorzugehen, sich ihre Gefechte liefern. Und wenn eine miserabel bezahlte Polizei keine Lust und schließlich auch keine Chance mehr hat, Verbrecher zu verfolgen und zu stellen.

Gefährdete der allmächtige, totale oder totalitäre Staat Frieden und Sicherheit des 20. Jahrhunderts, so ist es im 21. Jahrhundert der hilflose, erpressbare, der zerfallende und schließlich der völlig zerfallene Staat. Mussten die Menschen des 20. Jahrhunderts erfahren, wie das staatliche Gewaltmonopol zum Mordmonopol verkam, so werden sie im 21. Jahrhundert Opfer privatisierter Gewalt, wo das staatliche Gewaltmonopol einem Gewaltmarkt weichen muss. Ist der demokratische Rechts- und Sozialstaat die einzige Methode, jede Gewalt, auch die eigene, dem Recht zu unterwerfen, so gebiert der Marktstaat eine kommerzialisierte Gewalt, die schließlich nur noch das Recht des Stärkeren kennt.

War im 20. Jahrhundert der Gegensatz zum Frieden der Krieg, so ist es im 21. Jahrhundert die Gewalt. Die verletzende, verletzen wollende, gesetzlose Gewalt, die in romanischen Sprachen und im Englischen – nach dem lateinischen *violare* = verletzen – *violencia, Violence* genannt wird. Sicher, auch der Krieg entbindet gewaltige Mengen von Violence, und das ist auch im 21. Jahrhundert möglich. Aber häufiger werden wir es zu tun haben mit einer entstaatlichten Violence. Ihre spektakulärste, nicht ihre häufigste Form ist der Terror.

Von der Violence, die im Osten des Kongo, in Somalia, in Mexiko, in den Slums von Johannesburg oder den Favelas von São Paolo wütet und ein Vielfaches der Opfer fordert, die am 11. 9. 2001 in New York zu beklagen waren, werden ungleich mehr Menschen bedroht als durch islamistische Selbstmordattentäter.

Es mag nahe liegen, dass Politiker, die ihre Prägung im 20. Jahrhundert bekommen haben, an Krieg denken, wenn die Türme des Welthandelszentrums in sich zusammenfallen. Und gerade in Amerika, wo das Wort *war* ohnehin inflationär gebraucht wird, waren die Proteste kaum zu vernehmen, als George W. Bush den *War on Terrorism* ausrief. Trotzdem war dies eine fatale Fehlentscheidung. Die Passagierflugzeuge, die in die Türme des Welthandelszentrums

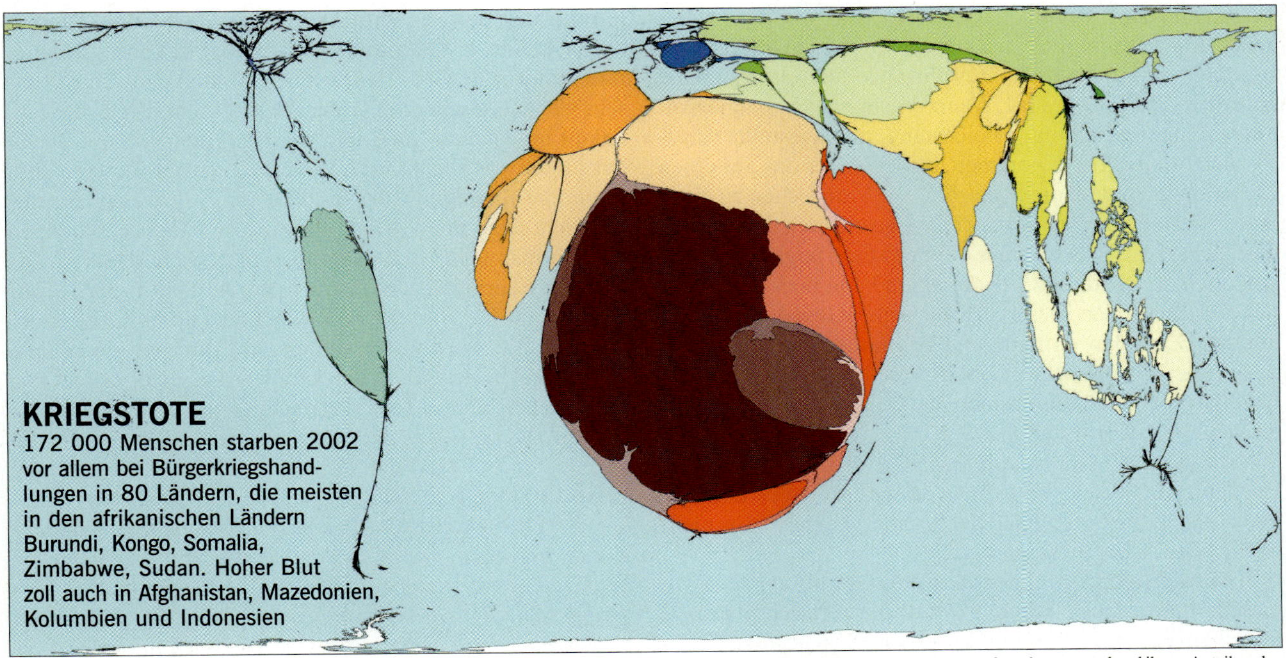

KRIEGSTOTE
172 000 Menschen starben 2002 vor allem bei Bürgerkriegshandlungen in 80 Ländern, die meisten in den afrikanischen Ländern Burundi, Kongo, Somalia, Zimbabwe, Sudan. Hoher Blutzoll auch in Afghanistan, Mazedonien, Kolumbien und Indonesien

Die Karten zeigen die Regionen und Staaten verfremdet entsprechend ihrem Anteil an den weltweiten Waffenexporten (li.) bzw. an der Zahl der Kriegstoten auf der Erde. Oben die realen Proportionen zum Vergleich rasten, waren Instrumente eines grandiosen Verbrechens, die Drahtzieher und ihre Selbstmordattentäter waren Verbrecher, keine Krieger. Nun wurden sie zu Kriegern ernannt. Bin Laden, Anstifter des Verbrechens, wurde zum Gegenspieler des amerikanischen Präsidenten. Seine Videoansprachen fanden mehr Interesse als Bushs Reden. Für Krieg ist in den USA das Pentagon zuständig. Also fand das Verbrechen eine militärische Antwort, auch im Irak, obwohl Saddam Hussein mit Bin Laden nichts im Sinn hatte. Amerika war, wie der Präsident unentwegt versicherte, *at war*. Also kam es auf ein bisschen mehr Krieg nicht an

So haben die meisten Amerikaner gar nicht begriffen, dass im Irak ein Staat überfallen und das Völkerrecht gebrochen wurde. Wer Verbrecherjagd zum Krieg erhöht, muss den Krieg auch als Verbrecherjagd inszenieren, mit Fahndungsliste, Kopfgeld, Gericht und Galgen. So geschehen im Irak. Das herkömmliche Kriegsrecht passt nicht für Verbrecherjagd, es ist überholt. Der Krieg gegen den Terror hat daher den Terror gefördert, ihn zur weltweiten Gefahr gemacht. Der Selbstmordattentäter, den es im Kalten Krieg noch nicht gegeben hatte, der im wehrlosen Palästina sich opferte, um andere zu töten, wurde zur alltäglichen Erscheinung rund um den Globus.

Wer entstaatlichter Gewalt den Krieg erklärt, wird nie zum Frieden kommen. Der War on Terrorism ist eine unendliche Geschichte. Wir müssen lernen: Frieden ist im 21. Jahrhundert zuerst eine Aufgabe der Innenpolitik. Natürlich: die Außenpolitik muss Krieg zwischen Staaten verhindern. Aber die Violence, die alle Staaten – in sehr unterschiedlichem Maße – bedroht, kann nur innerhalb der Staaten bekämpft werden. Sicher, dazu braucht man ausreichend Polizei. Eine Polizei, die nicht jeden Bewerber nimmt und ihre Beamten gut ausbildet und ausrüstet. Man braucht auch Nachrichtendienste.

Aber noch wichtiger ist eine Politik, die der Privatisierung und Kommerzialisierung der Gewalt entgegenwirkt. Das kann damit beginnen, dass alles, was mit dem staatlichen Gewaltmonopol zusammenhängt, nicht privatisiert werden darf: Gefängnisse, Bewährungs- und Gerichtshilfe, natürlich die Polizei selbst. Wenn, wie in manchen amerikanischen Städten, auf einen Polizisten fünf Angestellte privater Sicherheitsdienste kommen, bewegen wir uns auf einen Zustand hin, in dem die Sicherheit vor Verbrechen zu einer Ware wie jede andere wird, die einige sich leisten können und viele nicht. Das ist dann die Privatisierung der Gewalt von oben. In Ländern wie Kolumbien kann man sehen, wie sich die Methoden dieser privatisierten Gewalt von oben mit der Zeit den Mitteln und Methoden anpassen, mit denen die entstaatlichte Gewalt von unten arbeitet. Das Ergebnis ist ein undurchsichtiges Gewaltchaos mit einer der höchsten Mordraten der Welt.

Natürlich ist es naiv, von Polizei und Geheimdiensten Frieden zu erwarten. Sie können allenfalls Gewalt eindämmen, Gesetzesbrecher dem Richter übergeben. Das ist nicht wenig, aber sicher nicht genug.

Privatisierte und kommerzialisierte Gewalt entsteht, wo Gesellschaften sich spalten, wo die Reichen sich in Gated Communities einigeln, sich von privaten Sicherheitsdiensten gegen die Kriminalität abschirmen lassen, die sich in den Slums zusammenballt. Was Slums und Gated Communities verbindet, ist nur noch die Furcht. In beiden gilt kein staatliches Gewaltmonopol mehr. In den Slums haben kriminelle Banden das Sagen, in den Gated Communities die privatisierte Gewalt von oben. Das Gewaltmonopol gilt noch in einer schrumpfenden Mitte.

Die Kluft zwischen Arm und Reich, die in den marktradikalen Jahrzehnten immer tiefer geworden ist, und zwar innerhalb und zwischen den Gesellschaften, führt schließlich zur Privatisierung der Gewalt von unten und von oben. Sie gefährdet den Frieden.

Friede und Gerechtigkeit lassen sich nicht trennen. Es stimmt zwar nicht, dass die Voraussetzung für Frieden immer die Gerechtigkeit ist. Gerecht wäre es sicher gewesen, wenn die Sudetendeutschen, so sie wollten, wieder in ihre böhmische oder mährische Heimat hätten zurückkehren dürfen. Doch der Friede in Europa war nur zu erreichen, wenn sie die Ungerechtigkeit ihrer Vertreibung hinzunehmen bereit waren. Aber es gibt ein Maß an Ungerechtigkeit, das Frieden gefährdet, indem es Gewalt entbindet. Demokratie ist, neben vielem anderen, auch eine Methode, Konflikte – und die gibt es immer – ohne Gewalt zu lösen oder doch zu entschärfen.

Auch die perfekteste Demokratie wird keine absolute Gerechtigkeit erreichen, zumal wir uns nie darüber einigen werden, was dies denn sei. Aber Demokratie muss nach Gerechtigkeit streben, sie muss gerechtigkeitswillig und gerechtigkeitsfähig sein. Die Vorstellung, in einer Demokratie könne man soziale Gerechtigkeit dem Markt überlassen, ist letztlich naiv. Denn wo der Markt die Kluft zwischen Reich und Arm bis zur Spaltung der Gesellschaft treibt, entsteht Gewalt. Und diese Gewalt verschont schließlich auch den Markt nicht.

Im 21. Jahrhundert wird es keine Kriege zwischen Deutschland und Frankreich oder Deutschland und Polen mehr geben. Es wird nicht mehr jede Generation in einen anderen Krieg ziehen. Aber damit künftige Generationen wirklich im Frieden leben können, müssen wir uns sehr viel energischer um Gerechtigkeit mühen. Um Gerechtigkeit im eigenen Land und zwischen den Völkern. Wenn der Friede vor allem durch Violence bedroht ist, dann geht es um die Bändigung, die Eindämmung, die Verhinderung, vielleicht sogar die Überwindung dieser Violence. Bändigen und Eindämmen sind Aufgaben der Sicherheitsorgane. Gewalt zu verhindern ist die Aufgabe der Politik, der Verteilungspolitik, der Bildungspolitik, der Sozialpolitik, der Kommunalpolitik. Sie zu überwinden wird dort, wo sie gelingt, von der Zivilgesellschaft geleistet werden, nicht zuletzt von den Kirchen. Damit Friede erreichbar wird, müssen sie alle wissen, dass sie aufeinander angewiesen sind.

Erhard Eppler, *geb. 1926, ist einer der prominentesten Politiker der SPD. Er war u. a. Bundesminister für wirtschaftliche Zusammenarbeit und als Mitglied des Bundesvorstandes, der Grundwertekommission und Programmkommission Vordenker seiner Partei. Als Exponent des linken Flügels stimmte er aber auch dem Einsatz deutscher Soldaten im Kosovo zu.*

GLOBALER WANDEL

DER BLICK AUS DEM ALL AUF DIE ERDE

Satellitenbilder zeigen unbequeme Wahrheiten. Die Folgen unseres Eingreifens in die Ökosysteme werden offenbar: In der Wüste wächst Obst und auf dürrem Land Weizen, gleichzeitig verschwinden Wälder und verdursten Seen. In nie dagewesener Geschwindigkeit drückt der Mensch der Erde seinen Stempel auf – mit unabsehbaren Folgen

WEIZEN AUF TROCKENEM BODEN

Satellitenaufnahmen wie diese nennen sich „Falschfarbendarstellung“. Intensiv rot leuchten auf diesem Ackerlandschaftsbild in Kansas grüne und gesunde, also ausreichend bewässerte Weizenpflanzen. Nur durch ein ausgeklügeltes System der künstlichen Bewässerung ist im trockenen Mittleren Westen eine erfolgreiche Landwirtschaft möglich. Dazu fährt ein bis zu 400 Meter langer Arm mit Wasserdüsen im Kreis um eine zentrale Wasserquelle und beregnet den Boden. Das Wasser stammt aus einem Speicher. Mit solchen Aufnahmen kann man die Ernteerträge abschätzen.

20 GOVE COUNTY, KANSAS

In Kansas gibt es mehr zu sehen als Getreidefelder. Monumentale Kalkfelsen, Monument Rocks und Castle Rock, unterbrechen die Ackerlandschaft im Westen des Bundesstaates. Sie sind gut zu erreichen über den Interstate Highway 70. www.kansastravel.org

LAGE **38° N, 100° W**

PALMENHAINE IN DER WÜSTE

In sattem, dunklen Grün zeigen sich die Dattelpalmenhaine der Liwa-Oasen. 760 000 Tonnen Datteln werden in den Vereinigten Arabischen Emiraten (VAE), zu denen auch Abu Dhabi gehört, jedes Jahr geerntet. Das macht die VAE zu einem der weltweit größten Dattelproduzenten. Die Palme gilt als Pflanze, die auch auf salzigen, extrem trockenen Böden anspruchslos gedeiht, dennoch braucht auch sie Wasser. Nur durch eine systematische und effektive Bewässerung sind die ausgedehnten Plantagen am Leben zu erhalten. Sie liegen am Rande der Rub al-Khali, der größten Sandwüste der Erde, in der sich gewaltige Sanddünen auftürmen.

21 LIWA-OASEN, ABU DHABI

Die Liwa-Oasen reihen sich mit ihren 50 Siedlungen etwa 100 Kilometer an der nach Abu Dhabi Stadt führenden Schnellstraße. Im Vier-Sterne-Hotel „Liwa“ in Muzayri gibt es luxuriöse Unterkünfte. www.ncth.com/hotel-detail.php?nHotId=8

LAGE **23° N, 53° O**

Datenquelle: Space Imaging Middle East (SIME)

Datenquelle: NASA

WEIDELAND STATT REGENWALD

80 Prozent des brasilianischen Rindfleisches kommen aus dem Amazonasgebiet. Wiederum 80 Prozent der europäischen Rindfleischimporte stammen aus Brasilien. Damit ist klar: Regenwald zu roden, um an Weideland zu gelangen, ist eine lohnenswerte Sache für Rinderzüchter. Noch Anfang der 1970er Jahre war der Bundesstaat Rondônia von intaktem Regenwald bedeckt. Zehn Jahre später zogen jährlich bis zu 160000 Siedler in dieses Gebiet. 30 Jahre später wurde diese Satellitenaufnahme gemacht. Sie zeigt: Rondônias Regenwald ist um ein Drittel geschrumpft.

22 RONDÔNIA, BRASILIEN

Rondônia ist eine Übergangsregion zwischen Buschsteppe und tropischem Regenwald. Das Gebiet war früher kaum bekannt und wurde von den Guaporé-Indianern bewohnt. Die Siedler kamen erst nach dem Bau der Bundesstraße BR-364 zwischen Cuiabá und Rondônias Hauptstadt Porto Velho.

LAGE **11° S, 63° W**

Der Größenvergleich mit Deutschland hilft, das Ausmaß der Rodungen zu begreifen: Zwischen Hannover und Ingolstadt wären alle Wälder abgeholzt und in Weideland verwandelt

Datenquellen: Global Landcover Facility (GLCF); USGS; NASA; DigitalGlobe Inc.

EIN VERDURSTENDER SEE

Der Aralsee war einmal das viertgrößte Binnengewässer der Erde. In den 1960er und 1970er Jahren plante die UdSSR, Baumwolle im Süden und Nordosten des Sees anzubauen (linke Aufnahme 1973, rote Flächen) und leitete deswegen die den See speisenden Flüsse Amudarja und Syrdarja zu 95 Prozent ab. Seither verlandet der Aralsee. Heute ist er zweigeteilt und ökologisch tot – in seiner Mitte lagert eine Salzschicht (rechtes Foto, 2007). Mit dem Ende der Fischerei fielen fast 60 000 Arbeitsplätze weg. Die UNO erklärte die Region zum ökologischen Notstandsgebiet.

23 ARALSEE, USBEKISTAN/KASACHSTAN

Die Einwohner von Muynak in Usbekistan sind in den Zynismus geflüchtet: Wenn jeder Diplomat und jeder Journalist, der vorbeikommt, einen Eimer Wasser mitbrächte, sagen sie, wäre der See wieder voll. Einst zählte der große Aralseehafen zum Stadtgebiet, heute ist das Ufer 150 Kilometer entfernt.

LAGE **45° N, 60° O**

EIN MEER AUS PLASTIK

Tomaten, Gurken, Paprika und Erdbeeren wachsen in der Gegend um Almería in Andalusien auf 270 Quadratkilometern. Seit den 1960er Jahren entwickelte sich die Region zu einem riesigen Gewächshaus. 3000 Sonnenstunden im Jahr machen es möglich, dass hier fünf Mal in zwölf Monaten geerntet wird. Ohne künstliche Bewässerung wäre das unmöglich. Da die Süßwasserquellen versiegt sind, muss das Wasser aus dem Meer gewonnen und entsalzt werden.
Das Bild zeigt die Felder um die Ortschaft San Agustin, von den Einheimischen „El Mar de Plastico" genannt, das Plastikmeer.

24 SAN AGUSTIN, SPANIEN

Südlich der Treibhäuser liegt der Naturpark Punta Entinas-Sabinar. Da er unter Naturschutz steht, konnte sich der Obst- und Gemüseanbau nicht bis hierher ausweiten. www.andalucia.com

LAGE **36° N, 2° W**

Datenquelle: European Space Imaging (EUS)

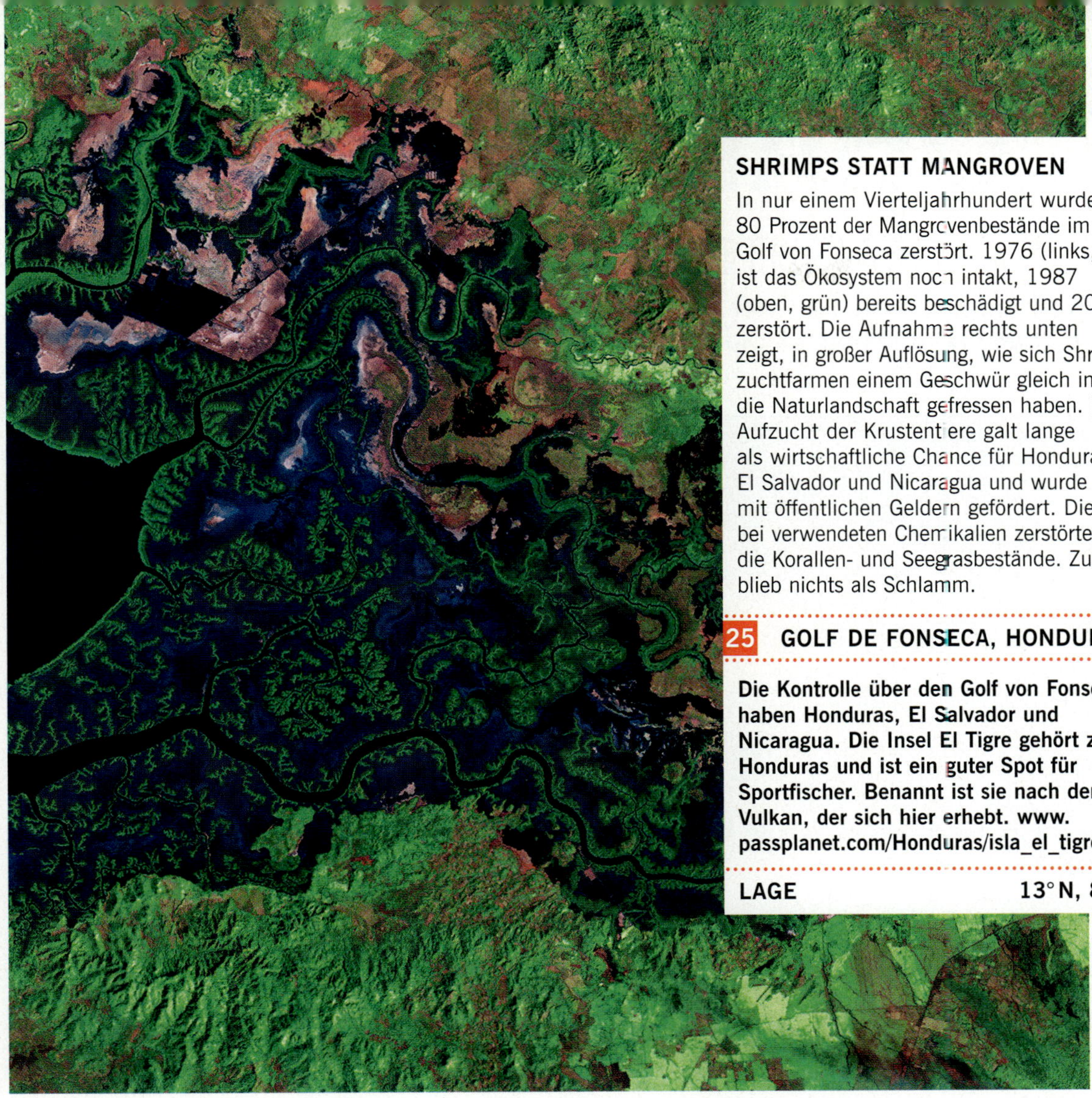

SHRIMPS STATT MANGROVEN

In nur einem Vierteljahrhundert wurden 80 Prozent der Mangrovenbestände im Golf von Fonseca zerstört. 1976 (links, rot) ist das Ökosystem noch intakt, 1987 (oben, grün) bereits beschädigt und 2002 zerstört. Die Aufnahme rechts unten zeigt, in großer Auflösung, wie sich Shrimpszuchtfarmen einem Geschwür gleich in die Naturlandschaft gefressen haben. Die Aufzucht der Krustentiere galt lange als wirtschaftliche Chance für Honduras, El Salvador und Nicaragua und wurde mit öffentlichen Geldern gefördert. Die dabei verwendeten Chemikalien zerstörten die Korallen- und Seegrasbestände. Zurück blieb nichts als Schlamm.

25 GOLF DE FONSECA, HONDURAS

Die Kontrolle über den Golf von Fonseca haben Honduras, El Salvador und Nicaragua. Die Insel El Tigre gehört zu Honduras und ist ein guter Spot für Sportfischer. Benannt ist sie nach dem Vulkan, der sich hier erhebt. www.passplanet.com/Honduras/isla_el_tigre.htm

LAGE **13° N, 87° W**

Datenquelle: University of Maryland, Global Land Cover Facility (GLCF); GeoEye

Die Satellitenaufnahmen auf diesen Seiten sind uns vom Deutschen Zentrum für Luft- und Raumfahrt (DLR), Köln, zur Verfügung gestellt worden. Das Buch „Globaler Wandel" ist aktuell im Verlag Frederking & Thaler, München, erschienen (ISBN 978-3-89405-701-5). www.dlr.de, www.frederking-thaler.de

GLOBALER WANDEL

ES IST ANGERICHTET: GENUG ESSEN FÜR ALLE...

Doch weil die einen sich zu viel genehmigen, gehen andere leer aus. Der Aufstand der Hungrigen ist in einigen Ländern schon Realität TEXT: CHRISTIANE OPPERMANN

GETREIDEEXPORTE
Die drei größten Kornkammern der Erde sind die USA, Frankreich und Australien – zumindest gemessen an dem, was die Staaten an Getreidenettoexporten verdienen

Der Tisch ist reich gedeckt. 600 Millionen Tonnen Weizen, 700 Millionen Tonnen Mais, 600 Millionen Tonnen Reis, 300 Millionen Tonnen Kartoffeln, 600 Millionen Tonnen Milch, je über 200 Millionen Tonnen Fleisch und Soja und mehr als 140 Millionen Tonnen Fisch: Soviel Nahrung bietet die Erde ihrer Bevölkerung jedes Jahr. Diese Mengen müssten eigentlich für alle ausreichen.

Doch die Realität sieht anders aus. Mehr als eine Milliarde Menschen auf der Welt genehmigen sich viel zu viel: Sie sind übergewichtig. 923 Millionen Menschen hingegen können sich nicht satt essen. Zwei Drittel der Menschen, die Hunger leiden, leben auf dem Land, rund eine halbe Milliarde in Asien und im pazifischen Raum. Allein in Indien haben über 200 Millionen und in China rund 150 Millionen Menschen nicht genug zu essen. In Afrika hungern mehr als 206 Millionen Menschen. Gerade südlich der Sahara steigt der Anteil extremer Armut immer mehr.

Von dem, was die Landwirtschaft produziert, müssen sich nicht nur die Menschen ernähren, auch die Tiere werden davon versorgt. Die Hälfte der Kartoffelernten, 80 Prozent der Sojaerzeugung sowie ein großer Teil der Weizen- und Maisproduktion fließen in die Viehzucht.

Der Anteil der pflanzlichen Nahrungsmittel, der für die Zucht von Mast- und Milchvieh beansprucht wird, ist in den vergangenen Jahren deutlich gestiegen. In den Industriestaaten und vor allem in den Schwellenländern hat der Fleischkonsum deutlich zugenommen. Wohlstand weckt den Appetit auf Steaks, Hühnchenbrust und Schweinefilets.

Gleichzeitig wächst weltweit die Nachfrage nach Milchprodukten. Der Konsum von Käse, Joghurt und Latte Macchiato ist gerade in den einkommensstärkeren Bevölkerungsschichten der asiatischen Schwellenländer zum Statussymbol geworden.

Die neuen Essgewohnheiten haben schwerwiegende Folgen für Landwirtschaft, Bodennutzung und Klimawandel. Rindermast und Milchviehhaltung beanspruchen viel mehr Fläche als der Anbau von pflanzlichen Nahrungsmitteln. **Davon müssen für ein Kilo Rindfleisch vorher sieben Kilo verfüttert werden. Um für den Anbau von Soja als Futtermittel neue Flächen zu erschließen, werden Regenwälder gerodet und die Soja-Erträge nach Europa exportiert.**

Das hat weitere nachteilige Auswirkungen auf das Klima und die Erderwärmung: Die wachsenden Rinderherden produzieren große Mengen Methan und Lachgas. Diese Treibhausgase sind bis zu 310 Mal schädlicher als Kohlendioxid.

In Australien, einem der in der Welt großen Zuchtgebiete für Schafe und Rinder, fordern Umweltschützer, dass

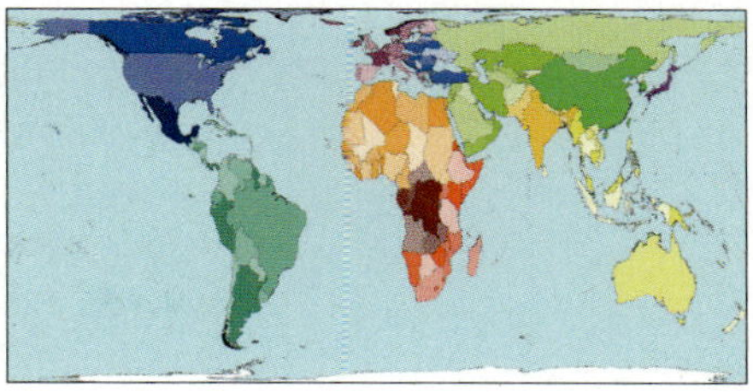

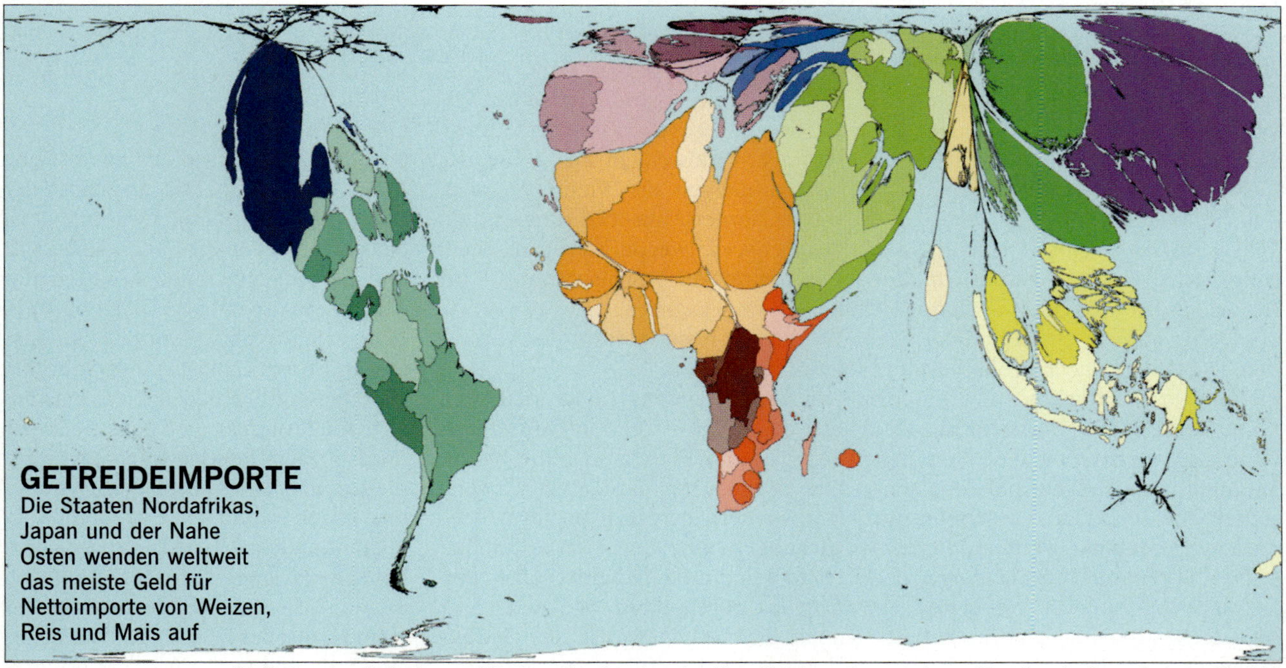

Die Karten zeigen die Regionen und Staaten verfremdet entsprechend ihren Nettoim- und -exportvolumen. Oben die realen Proportionen zum Vergleich

die Haltung dieser Tiere reduziert und die freien Flächen den heimischen Kängurus überlassen werden. Die Australier sollen künftig nicht mehr Steaks und Lammkoteletts verzehren, sondern das Fleisch der freilebenden Beuteltiere, deren Verdauung klimaschonender abläuft.

Zusätzlich verschärft wird die Lage dadurch, dass der Anteil der Ackerbauerträge, der für die Ernährung gedacht ist, zusehends schrumpft. Immer mehr pflanzliche Nahrungsmittel werden entweder an Tiere verfüttert oder angebaut, um sie zu Biosprit weiterzuverarbeiten. Bis zum Jahr 2020 werden jährlich 400 Millionen Tonnen Getreide für die Herstellung von Bioethanol erzeugt werden.

Schon heute beeinflusst die wachsende Produktion von alternativen Treibstoffen die Nahrungsmittelpreise: Mais und Raps, aber auch Weizen und andere Getreidesorten, die zur Energiegewinnung genutzt werden können, haben sich in den vergangenen Jahren um ein Vielfaches verteuert. Viele Menschen in den Entwicklungs- und selbst in den aufstrebenden Schwellenländern können sich ihr täglich Brot, ihre Tortilla und Fladen nicht mehr leisten. In Mexiko und Haiti gab es bereits erste Aufstände der hungernden Bevölkerung.

Bedrückend sind die Aussichten für die Zukunft: Der prognostizierte Anstieg der Weltbevölkerung auf rund neun Milliarden Menschen bis zum Jahr 2050 stellt besonders die Landwirtschaft vor große Herausforderungen. Denn die Erdbewohner werden zur Mitte dieses Jahrhunderts nicht etwa genügsamer, sondern größer, schwerer und anspruchsvoller sein.

Gemessen am heutigen Konsum werden diese neun Milliarden Menschen dann Nahrungsmittelmengen verspeisen, die 13 Milliarden Menschen ernähren könnten. Sie werden vor allem in Megacitys leben, ohne Garten oder Acker, so dass die Selbstversorgung für den Großteil von ihnen gar nicht infrage kommt.

40 Prozent der Landflächen auf der Erde werden heute landwirtschaftlich genutzt, das sind sechs Milliarden Hektar. Doch durch intensive Bewirtschaftung und die Erosion der Böden werden zehn Prozent davon zunehmend unfruchtbar: Auf 300 Millionen Hektar wächst nichts mehr, das lässt die Erträge schrumpfen.

Der Klimawandel wird zu weiteren Einbußen führen: Allein in China, so sagen Wissenschaftler voraus, wird die Lebensmittelproduktion bis zum Jahr 2050 um etwa 20 Prozent zurückgehen. Und nicht nur dort wird der Klimawandel Auswirkungen haben: Heftigere Stürme, Hochwasser oder Dürreperioden werden die Erträge schmälern. Denn Landwirtschaft, so technisiert sie auch sein mag, ist noch immer abhängig von der Natur.

„FLEISCH IST ZU BILLIG!“

Thilo Bode, Chef der Verbraucherschutzorganisation „foodwatch“, über Hunger, Verschwendung und den Irrsinn der Agrarpolitik INTERVIEW: CHRISTIANE OPPERMANN

MERIAN Die Weltbevölkerung steigt, gleichzeitig werden Mais, Reis und auch Brotgetreide zunehmend zu Sprit verarbeitet, statt Menschen zu ernähren. In vielen Teilen der Erde können sich die Menschen Grundnahrungsmittel nicht mehr leisten. Wovon werden wir uns in Zukunft ernähren?

THILO BODE Es gibt genügend Nahrungsmittel. Große Produktivitätsreserven sind in den Entwicklungsländern, aber auch in Osteuropa vorhanden. Dort gibt es noch große Flächen, die landwirtschaftlich genutzt werden können. Wenn wir weiter in die Zukunft denken, werden die Menschen allerdings ihre Essgewohnheiten umstellen müssen. Der Fleischkonsum muss eingeschränkt werden. Um dieselbe Kalorienmenge zu erzeugen, beansprucht die Aufzucht von Tieren ein Mehrfaches der Flächen, die zur Erzeugung pflanzlicher Nahrungsmittel erforderlich sind. Auch aus ökologischen Gründen ist eine geringere Fleischproduktion erforderlich. Intensive Tierhaltung erzeugt erhebliche Mengen an Treibhausgasen und beschleunigt die globale Erwärmung.

Sie fordern weniger Fleischverbrauch. Aber in China und anderen Regionen in Fernost fangen die Menschen gerade an, Appetit auf Steaks und Koteletts zu entwickeln. Mit steigendem Wohlstand wird dort der Konsum tierischer Lebensmittel erheblich steigen.

Das ist richtig. In den Schwellen- und Entwicklungsländern wird mehr Fleisch gegessen werden. Aber da nur eine bestimmte Fläche für den Anbau von Futtermitteln für die Rindfleisch- und Milchwirtschaft zur Verfügung steht, werden sich diese Produkte so stark verteuern, dass die Nachfrage sinken wird. Es gibt auch Unterschiede in der Flächennutzung: Die Rinderhaltung ist am intensivsten, gefolgt von der Schweine- und Geflügelaufzucht. In China steigt zunächst die Geflügelproduktion, die die geringste Fläche beansprucht. Wenn wir künftig auch die Menschen, die weniger Geld haben, ausreichend und gut ernähren wollen, muss es eine Umverteilung geben: Wir werden unsere Rindfleischerzeugung verringern müssen. In den Industriestaaten müssen die Menschen auch wieder lernen, mit Nahrungsmitteln weniger verschwenderisch umzugehen. Ein Drittel jedes Schlachttieres wird bei uns weggeworfen.

Wie könnte denn dieser Anteil verwertet werden?

Die Verschwendung findet statt, weil Fleisch zu billig ist, und sie wird weitergehen, wenn Fleisch so billig bleibt. Das ist nicht nur ökologisch verwerflich, sondern hat auch negative Auswirkungen auf den internationalen Handel und die Landwirtschaft in den Entwicklungsländern. Wir essen nur noch die Geflügelbrust. Die Hühnchenschenkel aus Europa dagegen landen zu Dumpingpreisen auf den Märkten in Westafrika und machen dort die heimischen Produzenten kaputt.

Reichen die Vorschläge aus, um den Hunger in den Entwicklungsländern zu besiegen? Zumal es auch in den Industrienationen immer mehr Menschen gibt, die nicht genug Geld haben, um sich ausreichend und vernünftig zu ernähren.

THILO BODE gründete 2002 die Verbraucherschutzorganisation „foodwatch“. Bis 2001 war er Geschäftsführer von Greenpeace International

Ob die Menschen, die wenig Geld haben, genug zu essen haben, ist eine Frage der Sozialpolitik und nicht der Landwirtschaftspolitik. Der Hunger ist eine Folge der mangelnden Kaufkraft und der ungenügenden Produktivität der Landwirtschaft in der Dritten Welt. Hunger hat nichts damit zu tun, dass in den Entwicklungsländern zu wenig Nahrungsmittel produziert werden können, sondern dass die Industrieländer diese armen Länder mit subventionierten und dadurch billigen Produkten überschwemmen und damit die lokale Landwirtschaft kaputt machen. Im Senegal kann man heute auf den lokalen Märkten Hühnerfleisch und Gemüse aus der EU billiger kaufen als die Erzeugnisse der lokalen Bauern. Die Industrieländer geben pro Tag fast eine Milliarde Dollar aus, um die Landwirtschaft zu subventionieren. Das ist das Dreifache oder Vierfache der Ausgaben für die Entwicklungshilfe.

Um die Nutzung der landwirtschaftlichen Flächen ist ein heftiger Wettbewerb entbrannt. Jetzt konkurriert Brotgetreide nicht mehr nur mit Futterpflanzen, sondern auch mit Raps, Soja oder anderen Pflanzen für die Treibstoffgewinnung.

Das ist eine globale Schande, dass wir unsere Tanks füllen und damit Hunger produzieren. Das darf nicht sein. Aus moralischen Gründen nicht, aber auch nicht wegen der mangelnden Effizienz dieses Treibstoffs für die Einsparung von Treibhausgasen. Wenn dafür Regenwälder gerodet werden, heizt das den Klimawandel noch weiter an.

Welche Rolle wird in der Landwirtschaft künftig die Gentechnik spielen? Ist es möglich, ohne gentechnisch veränderte Pflanzen die Welt zu ernähren?

Ja. Das Problem ist die zu geringe Kaufkraft. Die verfügbare Menge an

FREU DICH!
DU BIST IN
SPANIEN
ESPAÑA
Wo die Kultur einen
Trinkspruch verdient
www.spain.info

FLEISCHEXPORTE

Schweinespeck aus Dänemark und Lammkeulen aus Neuseeland – die beiden Staaten gehören zu den größten Fleischnettoexporteuren der Welt

Die Karten zeigen Regionen und Staaten verfremdet entsprechend ihrem Anteil an den Nettoim- und -exporten

FLEISCHIMPORTE

Japan ist der größte Nettoimporteur von Steaks, Geflügel und anderen Fleischerzeugnissen. Aber auch Europa und die Staaten im Nahen Osten sind wichtige Abnehmer

Saatgut reicht völlig aus, wenn die anderen Kriterien erfüllt sind. Bei dem gentechnisch veränderten Saatgut werden die Pflanzen so verändert, dass das Saatgut resistent gegen Unkrautvernichtungsmittel ist, mit denen Schädlinge wie Bakterien und Pilze bekämpft werden. Diese Technologie ist für industrielle große Betriebe wirtschaftlich. Für die kleinen Bauern mit geringen Flächen hat das gentechnisch veränderte Saatgut erhebliche Nachteile: Sie müssen jedes Jahr das Saatgut bei den Agrarchemie-Konzernen kaufen und können nicht mehr ihr selbst erzeugtes einsetzen. Das hilft nur der agrochemischen Industrie.

Sie haben keine Einwände gegen den Einsatz von gentechnisch verändertem Saatgut? Die Auswirkungen auf Tiere und Menschen spielen keine Rolle?

Die gegenwärtig eingesetzte Technologie nutzt nur den Produzenten. Die Verbraucher haben nichts davon. Schlimm ist, dass Verbraucher keine echte Wahlfreiheit haben, also sich nicht wirklich gegen die Gentechnik entscheiden können. Denn beim Kauf von Fleisch, Milch oder anderen tierischen Produkten kann der Verbraucher nicht erkennen, ob diese mit Gentechnik hergestellt wurden. Dies ist jedoch meistens der Fall. Denn 80 Prozent aller gentechnisch veränderten Pflanzen sind Futtermittel, die für die Herstellung tierischer Produkte verwendet werden.

Müsste die Landwirtschaft wieder stärker regionalisiert werden? Es erscheint angesichts des Klimawandels wenig vernünftig, Äpfel, Soja und andere Agrarprodukte Tausende von Kilometern rund um den Globus zu fahren.

In dieser Absolutheit halte ich die Forderung für falsch. Transportkosten, beziehungsweise der Energieaufwand für Transporte, fallen generell nicht so stark ins Gewicht. Auch regionale Nahrungsmittel können schlecht und umweltschädlich sein. Entscheidend ist, die Landwirtschaft so zu organisieren, dass sie die Umweltkosten nicht auf Dritte abladen kann. Beispielsweise die Wasserverschmutzung: Es kann nicht sein, dass die Verbraucher die steigenden Kosten für die Reinigung des Wassers von Pflanzenschutzmitteln mittragen müssen. Die Kosten des Energieaufwands müssen im Preis enthalten sein, dann wird regionale Produktion auch wettbewerbsfähiger sein. Aber nur auf regionale Erzeugung zu setzen, halte ich für falsch, denn es ist ja überhaupt nichts dagegen zu sagen, dass die Leute hier auch Kiwis und Mangos essen, das ist ja auch ein Vorteil der neuen international verflochtenen Welt. Die Preise müssen aber nach dem Verursacherprinzip kalkuliert werden: Sie müssen alle Kosten widerspiegeln.

Leisten Fische und andere Meerestiere einen wesentlichen Beitrag zur Sicherung der Ernährung?

Die Höhe der Subventionen ist irrsinnig. Sie führt zu einer gnadenlosen Überfischung. Wenn wir nichts machen, wird sich das Problem mit unabsehbaren Folgen von selber lösen. Die Ausbeutung der Meere ist mindestens so gefährlich wie die Ausbeutung des Bodens durch intensive Landwirtschaft, und sie wird ebenso durch Subventionen forciert.

Im vergangenen Jahrhundert wurde prophezeit, dass wir uns in der Zukunft nur noch von industriell aufbereiteten Lebensmitteln, von Astronautenkost und Proteinpillen ernähren würden.

Ich halte das für hirnrissig. Nahrungsmittel werden über Photosynthese hergestellt. Die Sonne leistet den großen Energieaufwand, der zur Erzeugung von Pflanzen nötig ist. Wenn wir sie in der Retorte herstellen, müssen wir diesen enormen kostenlosen Energieinput durch künstlich erzeugte Energie herstellen, das heißt, Nahrungsmittel würden unbezahlbar.

GLOBALISIERUNG

„WIR BRAUCHEN EINE WELTUNION"

Heiner Geißler erklärt im Gespräch mit MERIAN, warum Kapitalismus der falsche Weg und für die Welt eine neue Ordnung vonnöten ist INTERVIEW: CHRISTIANE OPPERMANN

MERIAN Wie wird sich die Globalisierung in den nächsten zehn Jahren entwickeln?

GEISSLER Die Globalisierung ist ein unaufhaltsamer Prozess. Er kann uns ins Chaos führen oder zum Glück der Menschen beitragen. Das hängt von den politischen Entscheidungen ab, die in den nächsten Monaten und Jahren von den Regierungen der Staaten getroffen werden.

Welche Entscheidung könnte denn ins Glück führen?

Zuallererst müssen wir endlich diese marktradikale Ideologie aufgeben. Die Zeit des Kapitalismus, der alle Menschen zwingt, sich seinen Interessen und Idealen unterzuordnen, ist vorbei. Wir müssen aufhören, alles – Gesundheitswesen, Bildung, Kultur, aber auch Medien – zu ökonomisieren und den Menschen auf einen Kostenfaktor zu reduzieren. Wir brauchen eine Humanisierung des Globalisierungsprozesses. Der Mensch muss wieder in den Mittelpunkt rücken. Das Kapital hat dem Menschen zu dienen und nicht die Menschen zu beherrschen.

Sehen Sie einen Gegenentwurf zum Kapitalismus? Der Kommunismus ist ja auch gescheitert ...

Ja, aber natürlich. Das Gegenmodell ist nicht der Kommunismus. Das ist ja das große Missverständnis unserer Zeit. 1989/90 haben viele geglaubt, mit der Wiedervereinigung und dem Zusammenbruch der Sowjetunion habe der Kapitalismus über den Kommunismus gesiegt. Schon der Soziologe Niklas Luhmann hat das zu Recht für falsch gehalten. Man könne allenfalls sagen, Kommunismus und Sozialismus seien früher gescheitert als der Kapitalismus. Der Kapitalismus ist genauso falsch wie der Kommunismus. Der richtige Weg der Mitte ist die soziale Marktwirtschaft. Wir brauchen eine internationale ökosoziale Marktwirtschaft. Das ist etwas völlig anderes als Kapitalismus.

Dr. HEINER GEISSLER war 1977-1989 Generalsekretär der CDU. Als Bundestagsabgeordneter vertrat er 1965-67 Reutlingen, 1980-2002 die Südpfalz. 1982-85 war er Familien- und Gesundheitsminister. Der Jurist und Schriftsteller ist seit 2007 Mitglied der globalisierungskritischen Organisation Attac

Aber um dieses Konzept durchzusetzen, muss eine weltweite Kontrolle etabliert werden.

Zunächst geht es doch erstmal um die Inhalte, die einen geordneten Markt und geordneten Wettbewerb schaffen. Der Kapitalismus kennt keine Ordnung und keine Regeln oder sozialen Übereinkünfte. Es gilt nur ein Interesse: das des Kapitals, dem sich alles andere unterzuordnen hat. Das muss sich grundlegend ändern. Wir können nicht den Markt abschaffen, der ist unverzichtbar. Aber wir brauchen einen geordneten Markt.

Wer soll die Regeln aufstellen und ihre Einhaltung kontrollieren?

Das muss die Politik machen. Die hat die übergeordnete Verantwortung.

„Die Politik", das klingt sehr abstrakt. Muss es nicht eine Instanz geben, die den Markt kontrolliert und bei Regelverletzungen einschreitet?

Die Kontrollinstanz ist in einer Demokratie das Volk. Das Volk muss auch aufwachen und sich nicht alles vorsetzen lassen oder alles glauben, was Professoren sagen und in der Presse berichtet wird. Wir brauchen wieder einen Wettbewerb der Gedanken und Ideen sowie viel mehr Transparenz auch in den Medien. Man muss wissen, wo die Leute herkommen, die als Experten Ratschläge erteilen, und von wem sie finanziert werden. Die Medien müssen unabhängiger werden.

Wer kann einen globalen, geordneten Markt überwachen? Die Regierungen der Staaten sind ja selber auch Wettbewerber.

Solange wir noch keine Weltregierung haben, brauchen wir multilaterale Abkommen zwischen den Industriestaaten sowie Indien, China und Brasilien, die diese Regeln enthalten und die in einer erweiterten G-8-Konferenz, die in diesem Jahr ja stattfinden soll, festgelegt werden. Dann müssen die schon vorhandenen globalen Institutionen demokratisiert und in ihrer Autorität gestärkt werden.

An welche Institutionen denken Sie?

An die Weltbank, den Internationalen Währungsfonds und die WTO, die Welthandelsorganisation. Diese Institutionen müssen demokratisiert und in ihrer Verantwortung gestärkt werden. Wenn das gelingt, wird eines Tages auch eine Weltregierung gebildet werden können.

Seit die USA nicht mehr die Rolle einer Supermacht ausfüllen können, wächst aber die Gefahr, dass eine andere große Nation dieses Vakuum nutzen und diese Position beanspruchen wird.

Nein. Das sehe ich nicht. Die Hegemonie, wie sie die USA ausgeübt haben, ist kein Modell für die Zukunft. Die Amerikaner versuchen zwar noch immer, aus ihrer früheren wirtschaftlichen Stärke heraus den Lauf der Welt zu bestimmen, aber das gelingt ihnen nicht mehr. Auch die Zeiten der Bipolarität, als die Rivalität zwischen der Sowjetunion und den USA die Geschicke der

Welt bestimmt hat, sind längst vorbei. Künftig wird es eher multipolare Strukturen geben, denn auch andere Länder wollen künftig mitbestimmen. Die EU hat dabei eine besondere Bedeutung, denn sie hat den größten Markt. China spielt eine Rolle, Indien ist von Bedeutung, Brasilien und natürlich auch die USA, Kanada sowie Australien. Das heißt, die Verantwortung wird sich auf mehrere Schwerpunkte verteilen.

Aber wird nicht China mehr als nur ein Global Player unter mehreren sein wollen? Immerhin ist die Volksrepublik das bevölkerungsreichste Land der Welt und der größte Markt mit den höchsten Wachstumsraten.

Die Chinesen sind jetzt schon mit im Boot. Sie müssen aber erst einmal ihr eigenes Haus in Ordnung bringen und sich an internationale Regeln und Standards halten. Diese Verpflichtungen müssen Inhalt eines multilateralen Pakets sein. Die Europäer haben die größte Verantwortung, weil sie auch das ethische Fundament für einen gemeinsamen Weltmarkt und eine geordnete Weltwirtschaft besitzen und deshalb auch entsprechende Regeln und Standards einfordern und durchsetzen können. Die Europäische Union ist ein Beispiel für die neue Weltordnung.

Aber auch in der EU gibt es viele Schattenseiten, zum Beispiel den Wettbewerb der einzelnen Mitgliedsstaaten um Industrieansiedlungen.

Das darf nicht mehr passieren. Unternehmen wie Nokia dürfen nicht mehr in einem Land 10 000 Arbeitsplätze abbauen und sie in einem anderen Land mit Finanzhilfen der EU wieder einrichten. Es kann nicht sein, dass die Arbeitnehmer in Bochum mit ihren Steuern die Vernichtung ihrer Jobs finanzieren. Neue Arbeitsplätze dürfen nicht auf Kosten und zu Lasten der bestehenden geschaffen werden. Deshalb fordere ich ja ein Umdenken in der Wirtschaftspolitik, wir müssen uns entschieden vom Neoliberalismus verabschieden.

Sind große Staatengebilde wirklich ein Modell für die Zukunft? Sie können auf die besonderen Bedingungen einzelner Regionen nicht eingehen und werden von den Bürgern als bürokratische Monster empfunden. Viele Europäer haben das Gefühl, dass ihre Belange und Anliegen in Brüssel nicht beachtet werden.

Wir haben keine Alternative. Wir brauchen eine Weltunion und Europa ist das beste Beispiel. Mein Wahlkreis liegt in der Südpfalz und grenzt an das Elsass. Da haben die Menschen vor 65 Jahren noch aufeinander geschossen. Europa war Jahrhunderte lang der größte Kriegsherd der Weltgeschichte. Heute kann sich das keiner mehr vorstellen. Innerhalb von wenigen Jahrzehnten ist es gelungen, eine friedliche, demokratische Union zu gründen, die vor 100 Jahren noch völlig undenkbar schien. Warum soll das nicht auch weltweit möglich sein? Man muss anfangen, darüber reden. Europa ist auch nicht in einem Jahr entstanden.

Die Zukunft gehört einer neuen Form des Föderalismus. Der Nationalstaat ist für die großen Aufgaben wie Wirtschaft, Umwelt und Bekämpfung der Armut zu klein

Die Bildung einer Weltregierung und eines Verbunds aller Staaten müsste aber große kulturelle, soziale und ethnische Barrieren und Konflikte überwinden. Im Vergleich dazu war die Gründung der EU eher ein Spaziergang. Fördern solche großen politischen Konstrukte nicht den Separatismus, weil sich Minderheiten nicht oder zu wenig beachtet fühlen?

Die Zukunft gehört einer neuen Form des Föderalismus: Der Nationalstaat wird an Bedeutung verlieren, weil er für die großen Aufgaben wie Frieden, Wirtschaft, Umwelt und Bekämpfung der Armut zu klein und für die nicht minder wichtigen Aufgaben wie Kultur, Bildung, Religion zu groß ist.

Können angesichts der großen und fundamentalen Differenzen überhaupt regierungsfähige, demokratische Parteien gebildet werden?

Internationale, staatenübergreifende Parteiorganisationen gibt es längst: beispielsweise die Sozialistische Internationale. Wir haben aber auch eine Christlich-Demokratische Internationale, der ich jahrelang als Vizepräsident gedient habe.

Fühlen Sie sich eigentlich in der CDU noch wohl?

In meiner Partei fühle ich mich sehr gut aufgehoben. Ich kenne keine bessere Partei vom Inhalt und von den Grundsätzen her. Sicher, die Verantwortlichen halten sich nicht immer an die Grundsätze. Aber das ist ja nichts Neues. Deswegen arbeite ich in der Christlich Demokratischen Union daran, dass die Grundsätze wieder in der Politik Beachtung finden und Konzepte zur Humanisierung dieses gigantischen Globalisierungsprozesses entwickelt werden. Das hat ja auch Früchte getragen. Zum ersten Mal spricht die Führung der CDU von dem, was ich schon seit zehn Jahren fordere, dass wir eine internationale soziale Marktwirtschaft brauchen.

Welche Rolle werden in der von Ihnen geforderten Weltregierung Globalisierungskritiker wie Attac spielen?

In unseren demokratischen Systemen sind die Parteien unverzichtbar. Aber sie allein können die Probleme der Gesellschaft nicht bewältigen. Deshalb braucht die Politik unterstützende, zivilgesellschaftliche Kräfte. Dazu zählen etwa die Kirchen, aber auch Gewerkschaften und Arbeitgeberverbände sowie Nichtregierungsorganisationen wie Attac, Greenpeace und Amnesty International.

Sie sind 2007 Attac beigetreten. Ärgert es Sie, dass Attac-Mitglieder oft als gesellschaftliche Außenseiter, notorische Protestler und schräge Vögel dargestellt werden?

Ich lasse mich von niemandem ärgern, auch nicht von der konservativen Presse, die das verschuldet hat. Die Attac-Leute haben den Finger auf die Wunde gelegt und werden als Gefahr für das Finanz-Establishment angesehen, weil sie sich für die Besteuerung internationaler Finanztransaktionen, für eine Börsenumsatzsteuer, einsetzen.

Was passiert, wenn die Pläne von einer Weltregierung und einer großen globalen Union nicht realisiert werden?

Dann werden wir wohl mit einem Weltbürgerkrieg rechnen müssen, mit Hungersnöten und mörderischen Kämpfen um knappe Ressourcen wie Wasser und Energie. Das würde zum Dritten Weltkrieg führen.

Christiane Oppermann *ist freie Wirtschaftsjournalistin und Buchautorin. Als* MERIAN-*Mitarbeiterin sprach sie ebenfalls mit Jakob von Uexküll, dem Begründer des „Alternativen Nobelpreises“ (s. S. 224).*

HANDEL

DER FREIE MARKT HAT SEINEN PREIS

Seit die Industriestaaten nicht nur Waren und Kapital, sondern auch Jobs in alle Welt exportieren, wächst dort der Widerstand gegen die ungebremste Macht des globalen Marktes

TEXT: CHRISTIANE OPPERMANN

COMPUTEREXPORTE
Etwa jeder zehnte Dollar im Exportmarkt wird mit Computern erzielt. Die meisten PCs stammen aus Asien, aber auch Irland und andere westeuropäische Staaten sind gut im Geschäft

Ob es nun Autos, Bananen, Computer, Fernseher, Spielzeug, T-Shirts, Öl oder Gas sind – ohne den internationalen Handel wäre unser Leben um vieles ärmer, farbloser und vermutlich auch kälter. Exporte und Importe sorgen nicht nur dafür, dass die Regale in den Supermärkten der Welt gefüllt sind, sie tragen auch zum Wohlstand der Bevölkerung bei. Gerade in Deutschland, dem Exportweltmeister, hängen zwei von drei Arbeitsplätzen vom Verkauf der Güter und Dienstleistungen auf den Weltmärkten ab. Weltweit hat 2007 der grenzüberschreitende Handel ein Volumen von 13,6 Billionen Dollar erreicht. So viel wie nie zuvor. 1950 betrugen die weltweiten Exporte gerade einmal 62 Milliarden Dollar.

Durch den Abbau von Zöllen und Handelshemmnissen im Laufe der vergangenen 60 Jahre ist das Volumen des Welthandels explodiert. Noch nie konnte die Menschheit unter einem so vielfältigen Warenangebot wählen wie im 21. Jahrhundert. Auf den ersten Blick eine ungeheure Erfolgsgeschichte, die in Europa vor mehr als 500 Jahren begann, als der portugiesische Seefahrer Vasco da Gama sich auf dem Seeweg nach Indien wagte. Seitdem vermochten die Europäer ihre Pfefferkörner und Seidenstoffe unabhängig von Zwischenhändlern selbst aus Asien zu importieren.

Die Entwicklung der Dampfschifffahrt im 19. Jahrhundert verkürzte die Transportzeiten, die Industrialisierung Westeuropas und der USA brachte eine Fülle neuer Produkte, die schneller und billiger hergestellt werden konnten. Gleichzeitig stieg die Nachfrage nach Rohstoffen, die aus Asien, Amerika und Afrika importiert wurden. Die industriellen Webereien in Großbritannien und Deutschland kauften Baumwolle vor allem im Süden der USA und in Ägypten. Die Einführung der Telegrafie und die Verlegung von Transatlantikkabeln verkürzte die Transferzeit einer Nachricht von 14 Tagen auf wenige Minuten. Der Bau der Eisenbahnnetze sorgte für den schnellen Transport in die entlegenen Regionen und schuf neue Märkte.

Die Ökonomen Adam Smith und Davis Ricardo predigten im 18. und beginnenden 19. Jahrhundert, dass freie Märkte und unregulierter Handel automatisch zu einer gerechten Verteilung der Güter und des allgemeinen Wohlstands führten. Ricardos Theorie der komparativen Kosten war bis spät ins 20. Jahrhundert das Mantra der Wirtschaftsliberalen und Kaufleute: Jedes Land sollte die Produkte exportieren, die es am besten und kostengünstigsten herstellen konnte, und die anderen sollten importieren. Von den preiswerten Produkten würde jeder Staat gleichermaßen profitieren.

Das klang großartig, sorgte allerdings bald für politischen Sprengstoff. Als in der zweiten Hälfte des 19. Jahr-

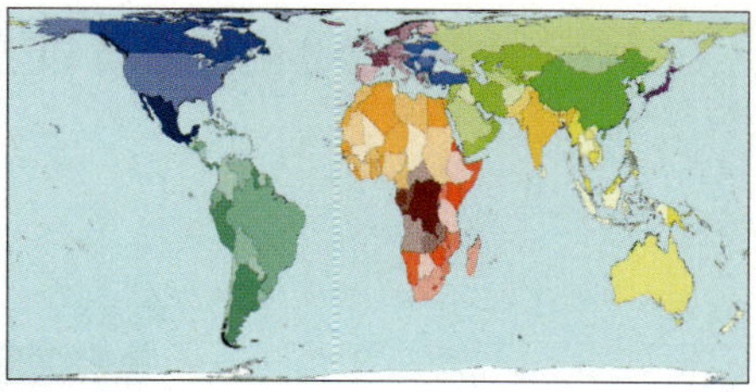

Staaten und Regionen sind verfremdet entsprechend ihrem Anteil an den weltweiten Computer-Nettoim- und -exporten (Stand: 2002). Oben die realen Proportionen zum Vergleich

hunderts Russland und die USA den europäischen Gutsbesitzern mit billigem Getreide die Preise verdarben, war es mit der Freihandelseuphorie vorbei. Hohe Schutzzölle wurden als Handelsbarrieren errichtet und lähmten den grenzüberschreitenden Güteraustausch. Mit dem Ersten Weltkrieg endete die erste Globalisierungsphase.

Erst in den fünfziger Jahren des 20. Jahrhunderts, auf den Trümmerfeldern des Zweiten Weltkriegs, wurde die Basis für die zweite Globalisierungswelle geschaffen. Bilaterale Handelsabkommen und neue Freihandelszonen ebneten den Weg. Diesmal allerdings wollte man klüger sein. Die Nachteile, die der Handel in einzelnen Staaten für die Produzenten mit sich bringen würden, sollten durch soziale Maßnahmen aufgefangen werden. Das ist längst nicht überall gelungen.

In den sechziger und siebziger Jahren überschwemmten Mengen preiswerter Elektrogeräte aus Japan und Taiwan die europäischen und amerikanischen Märkte – ein Schock, der für viele Fabriken dort das Aus bedeutete. Als sich japanische Autohersteller anschickten, mit ihren Fahrzeugen die USA zu erobern, gingen die Arbeiter in Amerikas Motown Detroit auf die Straße und demolierten Wagen japanischer Provenienz. Die Angst vor Jobverlust und sozialem Abstieg mündete in Appelle an die Bürger, amerikanische Produkte zu kaufen. „Buy American" war jahrelang patriotische Pflicht. Die Japaner halfen sich durch den Bau eigener Fabriken in den USA oder gründeten Gemeinschaftsunternehmen mit den US-Herstellern.

Innerhalb weniger Jahrzehnte wurden die Volkswirtschaften in den Industriestaaten umgekrempelt: Fabriken in Indien und China lieferten billige Textilien, aus Südkorea kamen Lederwaren und Tanker. Massive weltweite Proteste gegen den schnell wachsenden internationalen Güteraustausch, dessen eindrucksvolle Wachstumsraten nur von den Steigerungen des globalen Kapitalverkehrs übertroffen wurden, formierten sich erst in den neunziger Jahren – und halten bis heute an.

Der Welthandel hat eine neue Dimension erreicht. Nach Maschinen, Autos und Konsumartikeln werden aus den Industriestaaten nun in großem Stil Arbeitsplätze exportiert. Die weltweiten Verkehrs- und Kommunikationsnetze sorgen für schnellen Transport von Waren und Wissen, Transferkosten fallen kaum ins Gewicht. Viele Unternehmen in den hochentwickelten Industriestaaten gründen Werke in Ländern, in denen die Löhne und Arbeitsbedingungen weit unter dem Niveau ihrer Heimatländer liegen. Hochqualifizierte Entwicklungsarbeit wird an indische Ingenieure vergeben, die bestens ausgebildet sind, aber nur einen Bruchteil der im reichen Westen üblichen Löhne fordern. Die Stellen in den teuren heimischen

DER GROSSE VERLIERER DES WELTHANDELS: AFRIKA

AUTOEXPORTE

Vor allem deutsche und japanische Konzerne beliefern den Weltautomarkt. Auf sie entfallen netto 60 Prozent der dort erzielten Erlöse

AUTOIMPORTE

Mehr als die Hälfte der Importwagen landet in den USA. Mit großem Abstand folgen Italien und Großbritannien auf dem zweiten und dritten Platz

Werken werden verringert, die Belegschaften zu Lohnverzicht genötigt, Sozialleistungen abgebaut.

Die Menschen in den Industriestaaten spüren die Schattenseiten der Globalisierung, dabei sind sie längst nicht die Hauptleidtragenden. Das sind vielmehr die Bürger vieler afrikanischer Staaten und der Entwicklungsländer in Fernost. Unfaire Handelsabkommen versperren ihnen den Zugang zu den Märkten der Ersten Welt, gleichzeitig sind ihre Volkswirtschaften schutzlos den Importen von überschüssigen Lebensmitteln aus der EU oder den USA ausgeliefert. Ihre Rohstoffvorkommen werden von Weltkonzernen ausgebeutet, für Importe wichtigster Güter zum Aufbau eigener Volkswirtschaften fehlt das Geld.

Erst wenn es gelingt, diese dramatische Schieflage zu korrigieren, kann die Globalisierung des Marktes wohltuende Folgen haben: die knappen Ressourcen der Erde möglichst gerecht verteilen und so bessere Lebensbedingungen für alle schaffen.

TEXTILEXPORTE

China zieht die Welt an: Kein anderes Land exportiert so viel Kleidung, Schuhe und Taschen wie die Volksrepublik

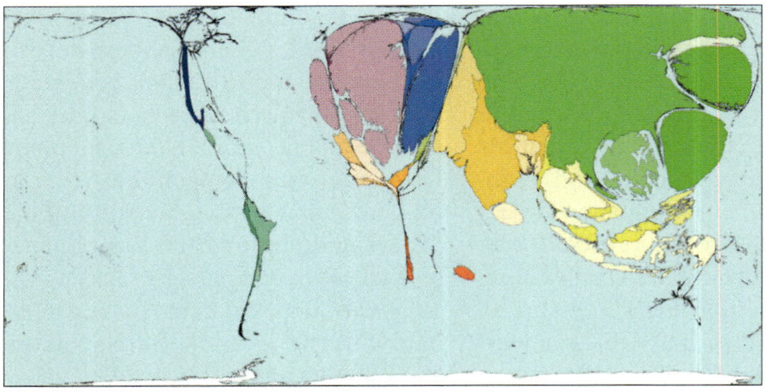

TEXTILIMPORTE

Die in Asien kostengünstig hergestellten Kleidungsstücke und Accessoires landen vor allem in den Geschäften der USA, Westeuropas und Japans

Die Karten zeigen die Staaten und Regionen verfremdet entsprechend ihrem Anteil am jeweiligen Nettoim- bzw. -exportvolumen. Stand: 2002

Geschichte der Gegenwart trifft 8.500 km
Strand mit Sonne satt das ganze Jahr.
In Brasilien - einem sensationellen Land.
An den Stränden Bahias liegt der Ursprung Brasiliens. Hier wurde ein Land voller Freude und Kultur geboren. Und mit ihm einige der weltberühmten brasilianischen Rhythmen. Der Geist Bahias spiegelt sich noch heute im historischen Zentrum von Salvador wider – dem Pelourinho. Einem der Bezugspunkte für die vielen kulturellen Aktivitäten des Landes. Besuchen Sie Bahia. Einen der vielen sensationellen Orte in Brasilien.
www.braziltour.com
Salvador, Bahia
Praia do Forte, Bahia
BRASIL
Sensationell!

Die spezielle, mehrfache Lackierung bringt die Hochglanz-Vitrine der **LILAC-Reihe** erst so richtig zum Strahlen. Innen glänzt sie mit edlem Nussbaumholz.
Ein Stuhl für jeden Geschmack. Wählen Sie aus drei Gestellformen sowie drei Sitzkomforts. Ob mit oder ohne Armlehnen, der Stuhl D13 lässt keine Wünsche offen.
hülsta

INTERNET

DER ACHTE KONTINENT

Im Jahr 2010 wird sich das globale Datenvolumen alle elf Stunden verdoppeln. Google und Ebay, Chats und Blogs prägen den Alltag, die Wirtschaft – und den Umgang der Menschen miteinander

TEXT: PETER GLASER

Die Zahlen klingen beeindruckend. In den zurückliegenden 300 000 Jahren bis zur Wende ins 21. Jahrhundert hat der Mensch zwölf Exabyte an Information angesammelt – ein Exabyte entspricht mehr als einer Milliarde Milliarden Byte. Bereits 2007 umfasste die weltweit verfügbare Datenmenge 281 Exabyte. Derzeit verdoppelt sich das Datenvolumen alle elf Monate. Im Jahr 2010 soll sich das bereits alle elf Stunden vollziehen.

Aber bloße Daten, auch wenn es viele sind, nützen niemandem etwas. Erst wenn Daten sich zu einer Information formieren und in einem nächsten Schritt zu Wissen werden, sind sie für Menschen von Bedeutung. Vor allem führt der Begriff Datenverarbeitung in die Irre, denn Computer erzeugen immer mehr Daten. Die Informationsgesellschaft hat in dem Moment begonnen, in dem klar war, dass zu viel Information da ist. Aus der Zivilisation wird eine Zuvielisation – Überinformation ist der Smog des 21. Jahrhunderts. Je kompakter und intelligenter jemand Ideen oder Wissen heute aufbereitet, desto wertvoller wird sein Beitrag. Mit Informationen ist es wie mit Uhren. Wer eine Uhr hat, weiß immer, wie spät es ist. Wer viele Uhren hat, ist sich nie sicher.

Eine friedliche technologische Revolution hat in den vergangenen 15 Jahren unseren Planeten verändert. Das Problem: Viele sind überfordert von zu viel Wissen und Information

Information soll die Welt retten, das war die Hoffnung zu Beginn des Internet-Zeitalters. Tatsächlich hat eine friedliche technologische Revolution in den zurückliegenden 15 Jahren den Planeten auf ebenso tief greifende wie vielfältige Weise verändert. Die neuen Möglichkeiten, mit den verschiedensten Formen von Wissen zu jonglieren, empfinden aber nicht alle Menschen als Zugewinn. Zu viel scheint unausgesetzt und gleichzeitig zu geschehen.

Sinnbild der alten Zeit ist der Schiedsrichter bei einem Fußballspiel. Er ist mit seiner Sicht, die auf einen einzelnen Standpunkt beschränkt ist, hoffnungslos der elektronischen Multiperspektive unterlegen. Er weiß zu wenig. In kritischen Situationen muss er aus seiner subjektiven Position auf dem Spielfeld entscheiden. Der auf seinem Sofa vor dem Bildschirm lungernde Zuschauer bekommt währenddessen die Situation aus einem halben Dutzend unterschiedlicher Kamerapositionen vorgeführt und kann sich ein viel umfassenderes Bild machen. Er ist der Mensch der neuen Zeit.

Folgendes Zukunftsszenario ist denkbar: Menschen könnten eines Tages mit Informationen umgehen wie mit Noten. Ähnlich wie manche Menschen komponieren und Partituren verfassen können, in denen beschrieben steht, wie hundert Instrumente gleichzeitig klingen, könnten sie Informationen virtuos zusammenspielen lassen. Kein Lebewesen wäre von der Natur dazu besser ausgestattet als der Mensch.

Durch die Vernetzung und die immer vielfältigere Verteilung der Wissensströme entstehen völlig neue wirtschaftliche, kulturelle und soziale Lebensformen. Eine eigene Google-Ökonomie hat sich um die vorderen Plätze der Suchmaschinen-Ergebnislisten gebildet. Die Existenz zahlloser Kleinunternehmer und Freiberufler hängt heute am seidenen Faden ihrer Sortierposition in der Suchmaschine. Mit Ebay lassen sich die Keller und Dachböden des Planeten erschließen. Gemeinschaftsprojekte wie das Online-Lexikon Wikipedia haben altehrwürdigen Institutionen wie der Encyclopedia Britannica oder dem Brockhaus das Heft aus der Hand genommen. Jeder Netznutzer verfügt heute über Nachrichtenquellen, wie sie vor ein paar Jahren nur großen Zeitungsredaktionen zugänglich waren; dazu kommt das Informationsrauschen von vielleicht 100 Millionen Blogs, Datenbanken, offenen Archiven, Wissensportalen, Spezialsuchmaschinen für jedes erdenkliche Thema und Foren mit auskunftsbereiten Experten. Zwei, drei Worte eingetippt, und ein Füllhorn an Auskünften ergießt sich innerhalb von Sekunden über den Bildschirm.

Das Zeitalter der Eroberungen ist zu Ende. Es gibt keine weißen Flecken mehr auf der Landkarte. Wir dringen jetzt vor in eine weitere, digitale Welt. Wir besiedeln den achten Kontinent – das Netz.

Jahrtausendelang waren Nachrichtenverbindungen von Boten abhängig gewesen, vom Marathonläufer bis zum Pony-Express. Mittels des Buchdrucks waren große Mengen alter Manuskripte vervielfältigt worden und hatten die Renaissance mit der Vergangenheit des Altertums und des Mittelalters überflutet. In jener Zeit wurde die Zukunft erfunden: Mit Hilfe von Büchern begann der menschliche Geist zum ersten Mal, sich frei in Vergangenheit und Zukunft zu bewegen. Bernhard von Chartres war Anfang des 12. Jahrhunderts einer der Ersten, die erkannten, dass „moderne Menschen" über ein größeres Wissen verfügen als die alten. Wenn auch nur als „Zwerge, die auf den Schultern von Riesen sitzen, um mehr und Entfernteres als diese sehen zu können".

Heute lässt die Vernetzung uns eintauchen in alle Kulturen, die je auf dieser Welt existierten. Sie hat uns mehr

Informationen bereitgestellt als in all den Jahrtausenden zuvor. Schon ein einziges Exemplar der Sonntagsausgabe der *New York Times* enthält mehr Informationen, als ein Europäer des 17. Jahrhunderts in seinem ganzen Leben zusammentragen konnte.

Die Bibliothek von Alexandria war ein legendärer Versuch, das Wissen der Menschheit in der Antike an einem Ort zusammenzuführen. Die Version der Gegenwart heißt Google. Innerhalb weniger Jahre ist aus dem Suchen im Netz eine überall verstandene Methode geworden, durch das Informations-Universum zu navigieren. Wenn man irgendwo auf der Welt jemandem am Bildschirm ein Suchfeld zeigt, weiß er sofort, was man damit macht. Da ist diese ungeheure Menge an Information, die auf unseren Bildschirmen fast zu explodieren droht, und die Suchmaschinen ordnen sie und erfüllen sie mit Sinn. Bisweilen hat das Suchen bereits religiösen Charakter angenommen. Viele Leute wollen gar nicht mehr finden. Sie wollen suchen.

Die digitalen Wissensinstrumente verändern die Art, wie wir miteinander umgehen, und die Art, wie wir unsere Ziele erreichen. Ross Mayfield etwa startete vor einiger Zeit in der Foto-Community flickr.com einen Bilder-Pool für Fotos, auf denen Firmenparkplätze im Silicon Valley zu sehen sind. „Mein Onkel war einer der Gurus an der Wall Street", sagt Mayfield, „und als Junge habe ich ihn mal gefragt, wo ich das Geld anlegen kann, das ich als Zeitungsausträger verdiene. Er sagte, ich solle mir am Wochenende die Parkplätze der Firmen im Silicon Valley ansehen." Ist der Parkplatz voll, steht die Firma möglicherweise gerade vor einem entscheidenden Durchbruch – Kandidatin für ein Investment. Früher bedeutete das für Mayfield, ziemlich weite Strecken mit dem Fahrrad abzuradeln. Heute hat er einen Freundeskreis aus mobilen Bloggern mit Videohandys oder Digitalkameras. Sie tragen ihre Erkenntnisse in einem gemeinsamen Pool im Netz zusammen.

Die erste E-Mail in Deutschland wurde 1984 in Karlsruhe empfangen. Heute laufen allein über die Server des dort ansässigen Freemail-Anbieters Web.de täglich 60 Millionen Mails

Beruflich und privat bereiten sich inzwischen viele Menschen auf ein Treffen vor, indem sie zuvor erst mal nachsehen, was Google zur jeweiligen Person alles zu bieten hat. Amateur-Ahnenforscher suchen über Kontinente hinweg und bis in die Tiefe vergangener Jahrhunderte nach Familienmitgliedern. Und statt sich für den Aufenthalt in einer fremden Stadt Tipps aus dem Reiseführer zu erblättern, lässt man sich die Placemarks schicken, mit denen Freunde ihre Lieblingsplätze auf Google Earth markiert haben.

Ein dichtes Netz aus Fakten und Ideen überzieht die Erde, und der Nutzer ist längst nicht mehr nur passiv. Er mischt mit, beeinflusst Inhalte nach seinen Interessen und Vorlieben

Die Entwicklung des Internets ist an einem Punkt angelangt, an dem die weitere Verbreitung bloßer Computernetze und Datensammelstellen nicht mehr genügt. Mit der Entwicklung der Dampfmaschine war das Eisenbahnnetz gebaut worden, danach das Stromnetz, das Telefonnetz und die modernen Straßensysteme. Heute überzieht ein Netz aus Wissen und Ideen die Erde, und mehr und mehr bestimmen nun soziale Netze die Entwicklung des Internets. Anders als im alten Internet, das einer endlosen Schaufensterreihe glich, kann man heute nicht mehr nur bereitgestellte Inhalte abrufen, sondern selber mitmischen. Massenmedien verwandeln sich in Medienmassen – durch Menschen, die bloggen, die ihre Interessen, Ideen, Bookmarks teilen und die Berge an roher Information, die sich überall im Netz stapeln, zu kleinen und größeren Köstlichkeiten veredeln.

Wir leben nicht im Informationszeitalter, sondern im Kommunikationszeitalter. Und das bedeutet nicht zuletzt: Menschen interessieren sich nicht für Maschinen – Menschen interessieren sich für Menschen.

Peter Glaser *beobachtet als Schriftsteller und Journalist seit vielen Jahren die Entwicklungen in der digitalen Welt. Er ist Ehrenmitglied der Hacker-Vereinigung Chaos-Computer-Club und war lange auch* MERIAN-*Kolumnist.*

NICHT ARM SEIN, SONDERN UNTERNEHMER

Die Mikrokredite des Muhammad Yunus haben den Kampf gegen die Armut in der Dritten Welt revolutioniert – mit Mitteln des freien Marktes TEXT: BENNO STIEBER

Alles begann mit Sufiya Begum. Die junge Frau saß jeden Tag in einem schmutzigen Hinterhof und flocht Stühle aus Bast und Bambus. Sufiya versuchte damit ihre Familie zu ernähren. Ihr Mann arbeitete als Tagelöhner für ein paar Cent am Tag. Die Stühle hätte die Frau zu guten Preisen auf dem Dorfmarkt verkaufen können. Doch Sufiya Begum hatte keine Chance, der Armut zu entfliehen. Um sich ihr Arbeitsmaterial überhaupt leisten zu können, hatte sie bei einem Geldverleiher einen Kredit zu Wucherzinsen bekommen: Für das Darlehen musste sie ihm die fertigen Stühle zu einem Preis anbieten, den er selbst bestimmte. Mit dem Verdienst konnte sie kaum ihre Familie ernähren, geschweige denn, den Kredit jemals zurückbezahlen.

Die Flechterin aus dem Dorf Jobra und der Wirtschaftsprofessor begegneten sich zum ersten Mal 1974 während der großen Hungerkatastrophe in Bangladesh. Muhammad Yunus war erst seit kurzem aus Amerika in seine Heimat zurückgekehrt. Der Sohn einer der wohlhabenden Familien hatte mit einem Stipendium in Tennessee studiert und gesehen, wie der freie Markt anscheinend für alle sorgt.

Muhammad Yunus wurde Professor an der Universität von Chittagong. Aber die verheerende Hungersnot brachte den Lehrplan des Professors durcheinander. „Es fiel mir immer schwerer, im Hörsaal elegante ökonomische Theorien zu unterrichten, während überall in Bangladesh ungezählte Menschen einen unnötigen Tod fanden", schreibt Yunus in seinem Buch „Die Armut besiegen".

Der Wissenschaftler ging mit seinen Studenten in die Dörfer. Dort traf er auf Frauen wie Sufiya Begum und auf die bittere Realität. In Jobra waren 42 Familien Opfer von Wucherern, insgesamt hatten sie sich gerade mal 27 Dollar geliehen. Diese kümmerliche Summe war es, die sie in der Armut gefangen hielt. „Was für eine Lektion für einen Wirtschaftsprofessor!", schreibt Yunus in seinem Buch.

Die Idee, Menschen mit Kleinstkrediten die Möglichkeit zu geben, ihren Lebensunterhalt selbst zu verdienen, war geboren. Yunus fungierte zunächst als Bürge für Bankkredite. Dann gründete er gegen alle Widerstände eine Bank, die Geld an Menschen verlieh, denen sonst nur Wucherer etwas leihen wollten. Und kehrte dabei einige Regeln des Bankgeschäfts um, die bis dahin als unumstößlich galten.

- Wer viel Vermögen hat, gilt als besonders kreditwürdig, so sieht es jede Bank der Welt. Doch die Grameen-Bank vergibt Kredite an Menschen, die nichts haben, ohne dass sie Sicherheiten vorweisen müssen.
- Grameen erhebt relativ hohe Zinsen: 20 Prozent pro Jahr, allerdings darf die Zinssumme nie den geliehenen Betrag überschreiten.
- Nach ersten Erfahrungen vergab Yunus' Bank die Kredite fast nur noch an Frauen. Es hat sich gezeigt, dass sie zuverlässiger und geschickter darin waren, das Geld zum Wohle ihrer Familien einzusetzen. Dies veränderte die Machtverhältnisse in den Familien des islamisch geprägten Landes grundlegend.
- Die Kreditnehmer müssen sich zu einer Gruppe von fünf Frauen zusammenfinden. Der soziale Druck in der Gruppe sorgt dafür, dass die Kredite pünktlich zurückgezahlt werden.
- Die Kunden der Grameen-Bank verpflichten sich, Hygiene-Regeln einzuhalten und zur Geburtenbeschränkung. So wird das Kreditprogramm auch zur Bildungskampagne.
- Jeder, der einen Kredit bei der Bank nimmt, erwirbt gleichzeitig Anteile an ihr. Im Jahr 2006 wurde erstmals eine Dividende ausbezahlt.

Fast allen Kreditnehmern gelang es, ein eigenes Geschäft aufzubauen, wie etwa mit dem Verkauf von Gemüse ihren Lebensunterhalt zu bestreiten. 64 Prozent der Kreditnehmer, die fünf oder mehr Jahre von Grameen betreut wurden, haben so dauerhaft die Armut hinter sich gelassen.

Die Grameen-Bank hat inzwischen an 6,6 Millionen Kreditnehmer in Bangladesh Geld ausbezahlt. Die Zahl der Kreditausfälle liegt bei rund einem Prozent, eine Quote, von der jede andere Bank – vor allem in Amerika – nur träumen kann.

Muhammad Yunus unter Bewunderern und Freunden nach Bekanntgabe der Friedensnobelpreiswürde im Oktober 2006 in Dhaka

Aber Yunus widerlegte nicht nur die Finanzwelt. Er stellte auch einige Regeln auf den Kopf, die bisher bei der Bekämpfung des Welthungers galten. Yunus hat gezeigt, dass es oft keiner milliardenschweren Programme bedarf, um Not zu lindern. Und dass man den Menschen helfen kann, ohne ihnen Almosen zu geben. Er hat bewiesen, dass sich ein Wohlfahrtsunternehmen selbst tragen kann. Das Unternehmen benötigt keine staatlichen Hilfsprogramme. 2006 machte es 20 Millionen Dollar Gewinn.

Yunus wurde im Jahr 2006 der Friedensnobelpreis verliehen. Aber der Banker der Armen taugt nicht zur Galionsfigur von Globalisierungsgegnern und Sozialromantikern. Sein Verbündeter im Kampf gegen die Armut ist der freie Markt. Yunus begrüßt die Globalisierung, wendet sich gegen einen bedingungslosen Schuldenerlass der Entwicklungsländer, weil er glaubt, dass man die Regierungen der Dritten Welt nicht aus ihrer Verantwortung entlassen dürfe. Er glaubt an den Kapitalismus als funktionierendes System und akzeptiert, dass Unternehmen vor allem ein Ziel haben: Gewinne zu steigern. Niemand anders als der Markt dürfe etwa Managergehälter festlegen, findet er und hält auch wenig davon, bedingungslos Almosen unter Armen zu verteilen. Yunus setzt auf Angebot und Nachfrage und sagt: „Barmherzigkeit ist immer begrenzt. Business ist grenzenlos.“

Die Idee der Mikrokredite ist zum Exportschlager geworden. In Afrika und Südamerika werden Kleinbauern und Kleinstunternehmer nach seinem Vorbild mit geringen Krediten unterstützt. Entwicklungsexperten der Deutschen Gesellschaft für Technische Zusammenarbeit (GTZ) sprechen von einer Revolution in den Entwicklungsprogrammen, die durch die Mikrokredite ausgelöst worden sei. Selbst in Deutschland und der Schweiz haben Banken den Markt für Mikrokredite entdeckt. Hier sind die Kunden freilich eher Kleinunternehmer, deren Finanzbedarf von Banken bisher übergangen wurde.

Grameen ist derweil zu einem Imperium der Armen in Bangladesh gewachsen. Die Bank vergibt Wohnbaukredite, mit deren Hilfe in den letzten 24 Jahren 650000 Häuser gebaut werden konnten. Sie vergibt Stipendien für Kinder armer Familien und hat Altersvorsorge-Programme. Yunus hat auch auf seine Kritiker reagiert, die ihm vorwarfen, dass seine Kredite nicht den Ärmsten der Armen zugute kommen, sondern nur jenen, die eine Möglichkeit haben, ihren Lebensunterhalt selbst zu bestreiten: Seit kurzem vergibt die Grameen-Bank zinslose Kredite an Obdachlose, damit sie die Möglichkeit bekommen, kleine Waren zu verkaufen, statt Almosen zu sammeln.

Doch Grameen hat längst den klassischen Bankensektor verlassen. Yunus hat eine Telefongesellschaft für Arme gegründet, damit sie am Fortschritt teilhaben können. Vor allem aber hat er ein Joint Venture mit Danone eingefädelt, das der Bevölkerung hochwertige Lebensmittel zu einem angemessenen Preis liefern soll. Die Gewinne aus diesem Unternehmen werden nicht ausgeschüttet. Wie bei der Grameen-Bank dienen sie dem Kampf gegen die Armut. „Sozialunternehmen“ nennt das Yunus und hält es für den Königsweg, wie sich Weltkonzerne gesellschaftlich engagieren können. Denn „Kapitalismus per se ist nur eine halbe Sache“, sagt Yunus. „Sozialen Unternehmen gehört die Zukunft.“

Benno Stieber *ist Korrespondent der* Financial Times Deutschland (FTD) *in Karlsruhe.*

KARTOGRAFIE

DIE VERMESSUNG DER WELT

Anfangs orientierte sich der Mensch an der Topografie und den Gestirnen. Doch schon in der Jungsteinzeit malt er kartografische Wandbilder. Dabei lernt man vom Bild der Karten auch immer etwas über das Weltbild einer Zeit

STADTPLAN VON NIPPUR

Der Plan verzeichnete schon 1500 v. Chr. Stadtmauern, Lagerhäuser, Kanäle und ganz rechts den Tempelbezirk. Er war so genau, dass er bei Ausgrabungen rund 3500 Jahre später zur Orientierung dienen konnte.

26 NIPPUR, IRAK

Das Ausgrabungsfeld von Nippur liegt südöstlich von Bagdad an einem ausgetrockneten Arm des Euphrat. Der Stadtplan ist im Besitz der Hilprecht-Sammlung an der Universität Jena und wird nur selten in der Öffentlichkeit präsentiert.
www.uni-jena.de/hilprecht-sammlung.html

LAGE **32° N, 45° O**

INDIA

EBSTORFER WELTKARTE

Die größte und meisterlichste Weltkarte des Mittelalters, wurde 1830 im Kloster Ebstorf bei Uelzen in einer Abstellkammer entdeckt. Sie hatte ein Format von ca. 3,5 Metern im Durchmesser und stellt die damals bekannte Welt als Leib Christi dar: der Kopf im Osten (oben – daneben das Paradies), im Süden und Norden die Hände, die Füße im Westen. Unten links befindet sich Europa mit Städten wie Lüneburg, Braunschweig, Meißen, Köln und Aachen. Auch der Turm zu Babel und die Arche Noah sind verzeichnet. Das Original verbrannte 1943 bei einem Luftangriff auf Hannover und wurde ab 1950 anhand alter Faksimileausgaben rekonstruiert. Die vier heutigen Exemplare befinden sich im Kloster Ebstorf, in Museen in Lüneburg und Kulmbach und im Besitz der griechischen Königsfamilie.

Als MERIAN-Poster befindet sich das Ebstorfer Meisterstück auf der Rückseite der beigehefteten Weltkarte

27 KLOSTER EBSTORF

Die Karte ist im Kloster von April bis Oktober zu besichtigen. Eine digitale Version zum Anklicken findet sich unter http://weblab.uni-lueneburg.de/kulturinformatik/projekte/ebskart/content/start.html

LAGE **53° N, 10° O**

CLAVDII PTHOLOMEI ALEX
ANDRINI COSMOGRAPH
OCCEANVS OCCIDENTALIS
MARE GLACIALE SIVE CONGELA
TOTA ISTA PROVINCIA INVENTA EST PER MANDATVM REGIS CASTELLE
AMERICA
AFFRICA
LYBONOTH
VNIVERSALIS COSMOGRAPHIA SECVNDVM PTHOLOMÆI TRA DITIONEM

WALDSEEMÜLLER-KARTE

Schon 1507 veröffentlichte der Freiburger Martin Waldseemüller als erster eine Karte mit den Umrissen des wenige Jahre zuvor entdeckten Kontinents, der hier erstmals „Amerika" genannt wurde. Ebenfalls zum ersten Mal erschien hier vollständig ein Bild der westlichen Hemisphäre und der Pazifik als separater Ozean.

28 LIBRARY OF CONGRESS

2003 kaufte die Bibliothek in Washington das einzig erhaltene Exemplar von den Fürsten zu Waldburg-Wolfegg für die Rekordsumme von zehn Millionen Dollar.

LAGE 38° N, 77° W

BEHAIM-GLOBUS

Um 1492 initiierte der Kaufmann Martin Behaim, der in Portugal zum Ritter geschlagen worden und mindestens einmal nach Westafrika mitgesegelt war, in seiner Heimatstadt Nürnberg maßgeblich den Bau des ältesten heute erhaltenen Globus', der das geographische Wissen dieser Zeit zusammenfasste. Er zeigt drei Kontinente – und im Westen Euopas Cipangu (Japan). Da zahlreiche Inschriften auf dem Globus einen wirtschaftlichen Inhalt haben, wird vermutet, der Patriziersohn Behaim habe damit Kapital für deutsch-portugiesische Handelsfahrten – etwa nach Indien auf der Westroute – einwerben wollen. Durch die Entdeckung Amerikas war die Darstellung des Behaim'schen „Erdapfels" („Apfel" als Metapher für die Erde) allerdings schnell überholt.

29 GERMANISCHES NATIONALMUSEUM, NÜRNBERG

1937 kam der „Erdapfel" als Geschenk Hitlers, der den Globus der Familie Behaim abgekauft hatte, in das Germanische Nationalmuseum in Nürnberg, wo er schon einmal als Leihgabe gewesen war.

LAGE **49° N, 11° O**

GOTTORFER GLOBUS

Der Globus entstand um 1664 am Hof der Gottorfer Herzöge und war ein europaweit berühmtes Unikat. Bei einem Durchmesser von 3,11 Metern war er begehbar, stellte außen die Weltkugel und innen den Sternenhimmel und den Sonnenlauf dar, so wie er von der Erde aus zu sehen war. Zar Peter der Große ließ sich den Globus 1713 „schenken". Der Transport nach St. Petersburg dauerte fast vier Jahre. 1747 verbrannte der Globus, wurde zwar rasch wieder repariert, aber noch einige Male schwer beschädigt. Seit 2005 steht eine weitgehend originalgetreue Kopie als vielbestauntes Wunderwerk in Schleswig.

30 SCHLOSS GOTTORF, SCHLESWIG

Nicht nur wegen des Globushauses sind die Schleswig-Holsteinischen Landesmuseen auf Schloss Gottorf sehenswert. Einen ersten Eindruck bekommt man unter www.schloss-gottorf.de/gh/index.php

LAGE **54° N, 9° O**

GALERIE DER LANDKARTEN

Gregor XIII. war ein Kind der Renaissance. Er reformierte den Kalender (der bis heute gilt) und richtete ein astronomisch-metereologisches Observatorium im Vatikan ein. Das augenfälligste Produkt des Reformpapstes aber ist ein 120 Meter langer, sechs Meter breiter und acht Meter hoher Gang, den er als drittes Stockwerk auf den päpstlichen Palast aufsetzen ließ. An der Decke findet sich ein biblisches Bildprogramm, an den Wänden ein einzigartiges geografisches Werk: 32 großformatige Fresken, Karten der Regionen Italiens, angereichert mit historischen Ereignissen. Ihnen verdankt diese eindrucksvolle Galerie ihren Namen.

31 **VATIKANISCHE MUSEEN**

Die „Galleria delle Carte Geografiche" ist Teil der Vatikanischen Museen

LAGE **41° N, 12° O**

Foto: Bob Sacha

WETTLAUF AUF NEUEN WEGEN

Im 15. Jahrhundert begann das Rennen der Mächte um die Entdeckung unbekannter Regionen. Seekarten waren Staatsgeheimnisse; auf ihren Raub stand der Tod TEXT: MATHIAS MESENHÖLLER

Draußen, am Horizont jenseits des Korallenriffs, zieht eine Sturmfront auf. Hastig bringen die Fischer von Malindi ihre Boote ans Ufer. Die seltsame Formation kommt näher – die Einwohner der ostafrikanischen Hafenstadt erstarren: Die Wolken sind Schiffe. Gigantische Schiffe. Unzählige. Eine schwimmende Stadt. Bald ankern sie vor dem Riff.

Die größten der schwimmenden Monster sind mehr als 120 Meter lang, neun Masten ragen von ihnen auf, riesige Schlangenaugen verzieren den Bug. 28 000 Seeleute und Soldaten kommen an Land, sie haben kostbares Porzellan, Seide und Lackwaren dabei: Die Schatzflotte Kaiser Zhu Dis hat die Ostküste Afrikas erreicht. Man schreibt das Jahr 1418, und China ist eine Weltmacht zur See.

Admiral der Flotte ist der Großeunuch Zheng He. Er gehört zur Führungselite des Kaisers, ist einer von denen, die Chinas Expansionspolitik vorantreiben. Sieben Expeditionen unternimmt Zheng He zwischen 1405 und 1433 durch die asiatischen Ozeane, um Perlen, Edelsteine, Gewürze heimzubringen, Macht zu demonstrieren, Tribute zu fordern. Es ist nicht ganz auszuschließen, dass Teile seiner Armada bis nach Amerika gelangen. Einen Erdteil jedoch steuern die Chinesen auf keinen Fall an: Europa. Außer Wein und Wolle hat es nichts zu bieten. Für die technologisch führende Macht des beginnenden 15. Jahrhunderts ist der Kontinent schlicht uninteressant.

Doch auch das Ausgreifen Richtung Indonesien, Indien, Arabien, Afrika ist in China nicht unumstritten. Die Flotte verschlingt enorme Mittel, die im Norden, im Kampf gegen die Mongolen, fehlen. Der konfuzianischen Bürokratie ist die Macht Zheng Hes ein Dorn im Auge.

Kaiser Zhu Dis Nachfolger schwenken auf den Kurs der Beamten ein. Die Eunuchenelite wird entmachtet, die Flotte abgewrackt, der Bau mehrmastiger Schiffe mit dem Tod bestraft. Das größte Landimperium der Welt zieht sich vom Meer zurück.

Dieser Kurswechsel ist entscheidend für die weitere Entdeckung der Welt. Am Ende werden es nicht die Chinesen sein, die den Planeten bis in den letzten Winkel durchspüren, ihn kartieren, sich allerorten in die alten Handelsrouten einklinken und neue öffnen. Sondern die vergleichsweise rückständigen Europäer.

Zwei Generationen nach Chinas Abkehr von den Ozeanen stechen vom südspanischen Palos aus drei Schiffe in See, mit insgesamt etwa 90 Mann: kümmerlich im Vergleich zu Zheng Hes Flotte. Kommandant ist der Genueser Cristoforo Colombo, Christoph Kolumbus. Sein Ziel ist Ostasien, die Wunderwelt, aus der seit dem Altertum die erlesensten Kostbarkeiten nach Europa gelangen – von der die Europäer aber so gut wie nichts wissen. Das wenige, das ihnen bekannt ist, haben sie aus zweiter Hand – und aus dem Bericht eines anderen Italieners, der im späten 13. Jahrhundert nach China aufgebrochen ist, in die Dienste des mongolischen Großkhans trat und halb Asien durchreiste. Marco Polos Bericht fasziniert Generationen von Europäern.

Doch die ferne Welt scheint verschlossen, denn zwischen der Christenheit und den Zivilisationen des Ostens liegen die islamischen Reiche wie ein Sperrblock. Sie kontrollieren die Verkehrswege; Luxusgüter wie Seide und Brokat, Duftstoffe und Gewürze kommen über zahllose Zwischenstationen – zu schmerzhaft teuren Preisen. Da die Europäer sonst nichts anzubieten haben, müssen sie in Edelmetallen zahlen. Doch Gold und Silber sind knapp – während es am anderen Ende der Welt, so Marco Polo, eine Insel geben soll, auf der selbst Dächer mit Gold gedeckt werden: Cipangu, darunter verstanden sie das heutige Japan.

Die ersten, die sich aufs Wasser begeben, um den Riegel des Vorderen Orients zu umgehen, sind die Portugiesen. Seit 1415 tasten sie sich die afrikanische Westküste nach Süden voran. Dass es lukrative Fahrten sind, davon zeugen schon die Namen der Landstriche, die sie erreichen: „Goldküste", „Pfefferküste", „Elfenbeinküste", „Sklavenküste". 1488 endlich umrundet Bartolomeu Dias die Südspitze des Nachbarkontinents. Das Tor nach Asien ist gefunden.

Doch in Spanien wirbt Kolumbus für eine andere, günstigere Route nach Asien: westwärts über den Atlantik – direkt zum sagenhaften Cipangu. Die Reise ist denkbar, das streitet kaum jemand ab. Kein ernstzunehmender Gelehrter bezweifelt Ende des 15. Jahrhunderts die Kugelgestalt der Erde. Bloß sind die damaligen Fachleute einig, dass Kolumbus sich in einer für Autodidakten typischen Verbohrtheit die Fakten zurechtreimt, den Erdumfang zu niedrig, die Ausdehnung Asiens zu groß ansetzt: Cipangu wäre beim damaligen Stand der Seefahrtstechnik unerreichbar gewesen.

Schließlich überwiegt der Neid der Spanier auf die westlichen Nachbarn, die die lukrative Afrikafahrt monopolisiert haben. Isabella von Kastilien stimmt zu: Drei Schiffe, zum Teil privat finanziert, das ist nicht viel. Umso größer wäre der Gewinn, sollte der sture Italiener sich durchschlagen.

Am 12. Oktober 1492, nach gut vier Wochen Fahrt, ankern Kolumbus' Schiffe vor einem Strand, der ihrer Ansicht nach zu einer der Inseln um Cipangu gehören muss. Die Menschen am Ufer sind nackt, dabei freundlich und im Einklang mit Marco Polos Bericht offenkundig keine Untertanen des Großkhans. In vollem Ornat stapft der spanische Generalkapitän an Land, entrollt in pompöser Zeremonie

NEUE ROUTEN MACHEN EUROPA REICH

Banner und Flaggen und nimmt Besitz von ihrer Insel. Von Palästen mit goldenen Dächern und Fußböden, von Seide und Nelken freilich ist nichts zu sehen.

Kolumbus hat sich in der Tat verrechnet, und nur ein unbekannter Kontinent auf nicht einmal einem Drittel des Weges nach Japan hat ihn gerettet. Er will es bis zu seinem Tod 1506 nicht wahrhaben. So fällt auch der Ruhm zunächst an einen anderen. Der Florentiner Amerigo Vespucci kommt publikumswirksam zu dem Schluss, man müsse von einer „Neuen Welt" sprechen. Als daraufhin im fernen Lothringen Matthias Ringmann und Martin Waldseemüller 1507 eine Erdbeschreibung entwerfen, nennen sie diese Welt nach ihrem vermeintlichen Entdecker: America.

Das große Wettsegeln zu den Schätzen der Welt nimmt Fahrt auf. Vorerst haben die Portugiesen die Nase vorn, 1498 landet Vasco da Gama in Indien. Allein als er die in Westafrika bewährten Glöckchen und Glasperlen auspacken lässt, brechen die Kaufleute in schallendes Gelächter aus: Im hochentwickelten Handelsnetz Asiens müssen die Neuankömmlinge schon mehr bieten, wollen sie ins Geschäft kommen. Die Welt, die die Portugiesen „entdeckt" haben, ist unendlich komplexer und reicher als die ihnen bekannte.

Es bleibt dabei, Gold und Silber müssen her. Auf der Suche danach machen sich zahllose Abenteurer auf die von den Pionieren gewiesenen Wege. Sie dringen in die Dschungel Südamerikas vor, auf die Kämme der Anden, in die Wüsten des späteren Mexiko. Sie zerstören die Stammesgesellschaften der karibischen Inselwelt und die Hochkulturen der Inkas und Azteken. Und werden fündig: Bald fließt Gold, vor allem aber Silber aus den Minen Amerikas in die Kassen Spaniens, das darüber zur Weltmacht aufsteigt.

Die Macht der spanischen Krone gründet wesentlich auf geografischen Kenntnissen – und sie bringt immer neue hervor. In den Ateliers von Lissabon und Sevilla setzt sich die Konkurrenz der Entdecker im Wettstreit um die besseren Seekarten fort. Prinzipiell handelt es sich um Staatsgeheimnisse, wie seit jeher: Auf Kartenraub steht vielerorts der Tod. Doch Gier macht mutig, und so wechselt mancher Spezialist den Dienstherrn, einige werden schlicht entführt. Das zunehmende Wissen um die Welt lässt sich nicht geheim halten. Es wird verraten, verkauft, geraubt, von kommerziellen Druckern verbreitet.

Teile davon wirken heute frappierend vertraut, anderes erstaunlich phantasievoll: Kolumbus war nicht der letzte, der sich verschätzte, verrechnete, Bruchstücke schief arrangierte – stur seinen Hoffnungen und Träumen glaubte.

Hoffnungen und Träume, die nun den ganzen Kontinent erfassen. Engländer und Franzosen, deren Fischer schon lange bis weit in den Atlantik hinaussegeln, erkunden die nordamerikanische Küste. Die Niederländer dringen in das asiatische Handelssystem vor, und im 17. Jahrhundert unterhält selbst der Kurfürst von Brandenburg eine Überseeflotte. Andere machen sich auf den Landweg: Russische Zobeljäger, Kosaken und Händler überqueren die sibirischen Flüsse, überwinden die Taiga und erreichen 1639 den Pazifik.

Mit jeder Reise wächst das Wissen um die Welt – das selbst erworbene und jenes, das man bei den „Entdeckten" ausforscht und sich aneignet. Schiffbau- und Waffentechnik, nautische und medizinische Kenntnisse machen Fortschritte. Allmählich wird das Vorgehen systematischer, vollends, als im 18. Jahrhundert die Aufklärung ein neues Ziel ins Spiel bringt: Wissen um des Wissens willen.

Im Frühjahr 1733 bricht von St. Petersburg eine der teuersten Expeditionen auf, die jemals von einer Regierung entsandt wurde. Unter Leitung des Dänen Vitus Bering soll sie die gesamte russische Küste von Archangelsk am Weißen Meer bis zur Nordostspitze Asiens und hinab nach Japan erkunden und vermessen, endlich das auf der anderen Seite des Nordpazifiks gelegene Alaska erreichen. Ein Monumentalunternehmen, auf das die russische Akademie der Wissenschaften noch eine Forschergruppe aufsattelt, von der eine vollständige historische, physische, botanische und ethnographische Beschreibung Sibiriens erwartet wird. Die „Große Nordische Expedition" zieht sich bis in die 1740er Jahre hin – ihre wissenschaftliche Ausbeute übertrifft alle Erwartungen.

Zum Programm der Aufklärung zählt indes nicht nur die Vermehrung von Wissen, sie wird auch getragen von der Sehnsucht nach einer besseren Welt. Als der britische Weltumsegler James Cook in den 1770ern den Pazifik durchstreift, um die verbreitete These von einem riesigen Südkontinent zu widerlegen, befindet sich an Bord auch ein junger Deutscher, der in der Südsee nicht weniger sucht als das Paradies: Georg Forster. Die Reise endet für ihn mit einer bitteren Enttäuschung. Wie die ersten Entdecker schmerzhaft erfuhren, dass nicht hinter jeder fremden Küste ein Dorado liegt, muss Forster erkennen, dass das Ideal seiner Zeit, eine von der Zivilisation unverdorbene, gerechte Gesellschaft im Naturzustand, dort ebenso wenig zu finden ist: Ausbeutung, Rohheit und Gewalt allerorten. Was ihm als Trost bleibt, ist eine beeindruckende Sammlung von Zeichnungen exotischer Tiere und Pflanzen.

Keine Utopie, sondern ein unstillbarer Hunger auf neue Erkenntnisse aus der Natur, eine Gier nach Wissen ist es schließlich, die 1799 einen anderen Deutschen in die Wildnis Südamerikas treibt. Auf eigene Faust und Kosten lässt der preußische Offizierssohn Alexander von Humboldt in tagelanger Schinderei ein Flussschiff durch wucherndes Unterholz, lähmende Hitze, dichte Moskitoschwärme über einen Berg wuchten, ernährt sich von Alligatorenfett, Ameisen und Affenfleisch, erklimmt Andenberge, um zu sammeln, zu erfassen, zu bestimmen und vermessen, was der fremde Kontinent hergibt: Gestein, Pflanzen, Käfer, Fische, Meeresströmungen, Höhenprofile. Fünf Jahre lang. Am Ende hat er einen guten Teil seines Familienerbes in ein Erbe für die ganze Menschheit umgesetzt.

Doch Humboldt ist eine Ausnahme. Zum größten Teil sorgt das Machtstreben von Regierungen dafür, dass um 1800 vier Fünftel der Erdoberfläche „entdeckt“ sind, die Erkundung sich verstärkt dem Binnenland zuwendet – immer noch geht es um Einflusssphären. So erwerben 1803 die USA für 15 Millionen Dollar die Kolonien der Franzosen westlich des Mississippi; der jungen Republik steht der Halbkontinent offen – wenn es gelingt, die Weiten zu erkunden und in Besitz zu nehmen. Also schickt Präsident Jefferson den studierten Mathematiker und Lateiner Meriwether Lewis und den Indianer-Haudegen William Clark los, den neuen Besitz bis zum Pazifik zu durchmessen. Dreieinhalb Jahre sind Lewis und Clark unterwegs. Dann ist der Auftakt zur Eroberung des Westens, die später zum Mythos wird, gemacht.

Auf blutige Kosten der Ureinwohner Nordamerikas, Südafrikas, Australiens entstehen im 19. Jahrhundert die großen Siedlungskolonien der Europäer. Andernorts reißen sie „nur“ die Herrschaft an sich: Mit ihren Kenntnissen ist ihre Macht ins Konkurrenzlose gewachsen. Musste sich die erste portugiesische Delegation nach China 1517/20 noch einen langwierigen Unterricht in chinesischer Etikette gefallen lassen, bevor den langnasigen Barbaren die Weiterreise nach Nanking und Peking gestattet wurde, so schießen sich die Briten um 1840 schlicht den Weg frei.

Das Zeitalter des Hochimperialismus setzt ein, mit ihm die weitere Erforschung und Kartierung Afrikas, des Himalajas, Indiens. Als es in der ersten Hälfte des 20. Jahrhunderts endet, weisen die Karten des Planeten kaum mehr weiße Flecken auf. Die Rivalität des Entdeckens jedoch dauert fort, wendet sich über die Erde hinaus, dem All zu. Auch in China, das alles tut, die koloniale Demütigung abzuschütteln. Längst auf dem Rückweg zu seiner einstigen Position, ist es wieder im Besitz einer mächtigen Flotte und macht sich auch auf den Weg in den Kosmos. 2003 schickt die Volksrepublik ihren ersten „Taikonauten“ ins All.

Mathias Mesenhöller *arbeitet am Geisteswissenschaftlichen Zentrum Geschichte und Kultur Ostmitteleuropas an der Universität Leipzig.*

KÜNSTLICHE WEL

32 KREMLIN PALACE HOTEL, TÜRKEI
Von der St.-Basilius-Kathedrale über den Roten Platz zum Strand sind es nur ein paar Meter – vorbei an Kreml-Palast und Bolschoi-Theater. „Süper Ürlaub" mag dieser Held in Gummistiefeln rufen. Denn das Ensemble ist ein Hotel 30 Kilometer vor Antalya an der Türkischen Riviera. **LAGE 36° N, 30° O**

TEN

WIE DER MENSCH DIE ERDE FORMTE

Wellenbaden in der Großstadt und Skifahren in der Wüste: Nichts ist unmöglich. Aber ist es auch sinnvoll? TEXT: ANDREAS HALLASCHKA, FOTOS: REINER RIEDLER

33 TROPICAL ISLANDS, BRANDENBURG

Wie eine Szene aus dem Film „Truman Show" wirkt dieses Bild aus der überdachten Badelandschaft in Krausnick, 70 Kilometer südlich des Alexanderplatzes. In der riesigen Halle, in der einst Fracht-Zeppeline montiert werden sollten, hat ein asiatischer Investor 2004 eine tropische Kunstlandschaft inklusive Regenwald, Lagune und Zeltdorf zum Übernachten eingerichtet. Und einem Himmel, der zumindest auf dem Foto sehr echt wirkt… **LAGE 52° N, 13° O**

34 SKI DUBAI RESORT, DUBAI
Weiße Pracht am Persischen Golf: im luxuriösen Einkaufszentrum „Mall of the Emirates" könnten nun auch die weißgewandeten Herren Skifahren – auf fünf bis zu 400 Meter langen Pisten und über zwei Hektar Fläche. **LAGE 25° N, 55° O**

PARALLELWELTEN ERLEBEN – ZUHAUSE!

35 ALPINCENTER, BOTTROP
Mit 640 Metern Länge ist die Anlage die längste Skihalle der Welt. Wie ein erschlagener Lindwurm liegt das Ungetüm auf der Halde Prosperstraße. Auch innen geht's animalisch zu. **LAGE 51° N, 6° O**

36 WALT DISNEY WORLD, FLORIDA

Stilechte Nachbauten einer altamerikanischen Pyramide und eines Vulkans gaukeln den Besuchern des mexikanischen Restaurants in Disneys Epcot Park exotische Ferne vor. Gemütliches Gruseln ohne Gefahr… **LAGE 28° N, 81° W**

37 WESTERN CITY, DASING

Östlich von Augsburg beginnt der Wilde Westen – in der „Western City" nahe der Autobahn, wo auch Karl-May-Spiele geboten werden. Ein Tribut an das unerschöpfliche Verlangen des Deutschen nach Indianerromantik. **LAGE 48° N, 11° O**

38 THE VENETIAN, LAS VEGAS
Die Gondolieri hauen einen nicht übers Ohr, sprechen perfekt englisch, der Kanal riecht nicht. Das ist Venedig à l'américaine – zu sehen in einem Hotel in Las Vegas LAGE 36° N, 115° W

39 MOVIE PARK, BOTTROP
Solche Reisegefährten trifft man vorerst nur dank moderner Filmtechnik: In Bottrop-Kirchhellen begegnen dem Reisenden unversehens Astronauten. LAGE 51° N, 6° O

Alle Fotos: fine arts prints über www.anzenbergergallery.com

40 WINDOW OF THE WORLD, SHENZHEN
Warum denn in die Ferne reisen? Auch in China liebt man detailgetreue Nachbildungen von Sehenswertem aus aller Welt – wie dieses afrikanische Dorf. **LAGE 22° N, 114° O**

AUFBRUCH IN DIE SCHÖNEN, FALSCHEN FERIEN

Gott schuf in sechs Tagen die Erde, sah, dass es gut war und legte einen Ruhetag ein. Dann kam der Mensch und dachte, man könne die ganze Angelegenheit optimieren. Mexiko ohne Kakerlaken wäre angenehmer als Mexiko mit. Und wie ärgerlich sind Winterferien, wenn am Urlaubsort kein Schnee liegt?

Der Mensch hat nachgebessert. Er hat die Welt nach seinem Bild geformt. Vor der Küste Dubais hat er sie als Inselgruppe künstlich noch einmal angelegt, in Arizona ein sich selbst erhaltendes Ökosystem „Biosphere 2" und in Zürich ein Stück madagassischen Regenwald etabliert, da jener auf Madagaskar selbst sukzessive abgeholzt wird.

Der Mensch kann jetzt auch ganzjährig Skifahren – in Bottrop auf einer Abraumhalde in der mit 640 Metern längsten Skihalle der Welt. Und wenn der Soziologe Erwin K. Scheuch recht hatte, als er feststellte: „Auf Reisen suchen viele Deutsche eigentlich nicht das fremde Land, sondern Deutschland mit Sonne", so ist auch das Erlebnisbad „Tropical Islands" ein Zugewinn im Sinne der menschlichen Nachbesserungsarbeiten. Hier hat, in der Werfthalle der „CargoLifter"-Zeppeline, ein malaysischer Konzern eine „tropische Erlebniswelt" eingerichtet – mit Pool, Sandstrand und einem veritablen Regenwald. Vom Flugzeug sieht die riesige Anlage aus, als habe der liebe Gott eine Schneekugel in der brandenburgischen Pampa abgelegt und vergessen.

Der österreichische Fotograf Reiner Riedler ist ein Experte für Parallelwelten. Der 40-Jährige, der ein Ethnologiestudium abbrach, um sich ganz der Fotografie zu widmen, erforschte mit der Kamera in europäischen Städten ethnische und religiöse Gruppen, die dort nach den Terroranschlägen vom 11. September nach eigenen Regeln und Werten leben. Mit sicherem Auge für das Absurde stieß Riedler auch auf die kommerziellen Parallelwelten der Tourismusindustrie (die Arbeiten erscheinen 2009 als Buch im Moser Verlag, München): Das Luxushotel in der Türkei mit einem Nachbau des Kreml, der vor allem die große Klientel vermögender Russen beeindrucken soll; Disney World in Florida mit seinen verkitschten Plastiknachbauten ganzer Kulturräume; die Themenhotels in Las Vegas, wo Venedigs Kanäle samt Gondolieri nachempfunden wurden, oder eine Westernstadt nahe Augsburg.

Das fast blasphemische, auf jeden Fall aber befremdliche und manchmal komische Verlangen des Menschen, mithilfe von Plastikpalmen und Überdachungen tropische Lebensräume in den Industrieländern nachzubauen, afrikanische Wildtiere in der niedersächsischen Heide in abgezäunten Arealen herumlaufen zu lassen, und in der Tiefebene Wasserfälle anzulegen, hat immer auch etwas Trauriges, Armseliges. Aber, so lehren uns Riedlers Bilder, auch der Chinese hat dieses Bedürfnis, wenn er in Shenzhen ein afrikanisches Dorf nachbaut. Und in Dubai kann der Araber erzgebirgische Schnitzfiguren auf einem Markt mit Fachwerkhäusern aus Pappmaché kaufen.

Vielleicht also ist das Bedürfnis, fremde Welten in domestizierter Form bei sich daheim zu erleben, ein menschliches, allzu menschliches. Nur wie ordnet sich Riedlers Bild von den Weltraumfahrern in Bottrop-Kirchhellen in dieses fotografische Projekt ein?

LIEBE UND LUST

WENN HIRTEN ZU VIEL FLÖTE SPIELEN

Der Umgang mit Sex ist voller Andeutungen und immer gut für Missverständnisse. Seit der Antike ist die Gesellschaft keineswegs immer liberaler geworden TEXT: THEO VAN DER MEER

Von der Antike bis heute verleiht Venus der Liebe göttliche Gestalt. Ob damit Liebe, Eros oder Sex gemeint ist – dargestellt ist die Stammmutter des römischen Volkes fast immer reizvoll nackt. Der Venustempel im Wörlitzer Park wurde 1794-97 errichtet, er ersetzte einen hölzernen Vorgängerbau. Es handelt sich um einen dorischen Monopteros, in dessen Zentrum ein Abguss der Venus von Medici steht

Wird sie die Auster schlürfen? Frauen galten im 17. Jh. als völlig zügellos, Beherrschung war Männersache. Gemälde von Frans van Mieris 1661

Eine Frau greift genüsslich zu ein paar Austern. Hinter ihr steht ein lächelnder Mann, der ihr gerade diese Köstlichkeit kredenzt hat. Eine harmlose, häusliche Szene – denken Sie!

Ein Zeitgenosse des Holländers Frans van Mieris, der diese Szenerie 1661 malte, hätte sofort verstanden, dass dies keine Runde von „Das perfekte Dinner" im 17. Jahrhundert ist, sondern eine Anspielung auf das weibliche, als unersättlich geltende Geschlecht. Der Zeitgenosse von einst würde nur schmunzeln und wüsste noch mehr zu berichten: Von der Fortzucht, von Karten- und Würfelspielen und von weiblichen Samen – Sie würden kein Wort verstehen.

Doch langsam dämmert es: Fortzucht bedeutet Fortpflanzung. Traditionelle Biologen würden heute immer noch sagen, dass Sexualität mit Trieben zu tun hat und mit dem Fortbestand der Art. Doch Sexualität beinhaltet auch Freude, Genuss, Zärtlichkeit und Liebe, genauso wie sie von Macht, Ungleichheit und Gewalt geprägt sein kann. So sehen wir es heute.

Der Mensch aus dem 17. Jahrhundert wiederum versteht nicht, wovon Sie reden, den Begriff Sexualität gab es noch nicht. Peinlich wird es, wenn Sie versuchen über sexuelle Minderheiten zu sprechen. Sie deuten etwas von femininen Männern an. Der Mann aus dem 17. Jahrhundert ereifert sich. Er sei kein Schürzenjäger und mit Florenzen habe er nichts zu tun, und Tiere ließe er schon gleich in Ruhe. Er ist außer sich und geht – Sie verstehen nichts.

Dass „Florenzen" widernatürlicher Verkehr bedeutet, und dass mit Schürzenjäger damals ein völlig zügelloser weibischer Mann bezeichnet wurde, kann ja keiner ahnen. Die Unterschiede zwischen damals und heute sind enorm. In einem Menschen aus dem 18. Jahrhundert würde man sich aufgrund der moralischen Vorstellungen vielleicht eher wiedererkennen als in einem aus dem 14. Jahrhundert. Wobei beim Thema Onanie einem wiederum der Mensch aus dem Spätmittelalter näher stehen würde.

Der aus dem 18. Jahrhundert würde hyperventilieren, der festen Überzeugung, dass Onanie körperliche und geistige Schäden hervorruft – eine Ansicht, die übrigens noch bis nach dem Zweiten Weltkrieg in westlichen Ländern vertreten wurde. Der Mann aus dem 14. Jahrhundert würde Onanie dagegen als etwas ganz Natürliches ansehen, als ein Mittel, Druck vom Kessel zu lassen.

Ein klassischer Grieche würde die Aufregung erst gar nicht verstehen, zum Trinkgefäß greifen, auf dem kopulierende Paare und ein Phallus zu sehen sind, und zum Feiern auffordern. An Onanie würde er auch keinen Anstoß nehmen. Er kannte keine Scham, keine Verbote, keine durch christliche Moralvorstellungen geprägte Sünde oder Strafe. Griechische Männer befriedigten ihre Gelüste auch außer Haus, gingen ins Bordell und feierten ausschweifende Feste mit Knaben und Prostituierten. Sex war bei den Griechen keine Privatangelegenheit, sondern etwas, was man mit seinen Freunden teilte.

Die Gottheiten verhielten sich ja auch nicht anders. Zeus hatte nicht weniger als 63 Geliebte und Herakles, der Sohn des Zeus, schwängerte in einer Nacht angeblich 50 Frauen. Doch für Sexualität gilt eine andere Geschichtsschreibung. Sie lässt sich nicht so einfach in Perioden einteilen. Die größten Unterschiede liegen zwischen dem Altertum und der frühen Neuzeit, seit der alle körperlichen Aspekte der Liebe von Schamgefühl geprägt wurden. Man übte sich in Mäßigung und Selbstbe-

1

1 Muttergottheit oder Stimulans vor 25 000 Jahren: die „Venus von Willendorf“
2 Wer die Schale leert, erblickt den Porno: griechisches Trinkgefäß um 470 v. Chr.
3 Rein wissenschaftlich: Leonardo da Vincis Kopulationsstudie von 1492
4 Schutz vor Krankheit: Kondom um 1800
5 Auf und ab zu jeder vollen Stunde: Taschenuhr mit Mechanik um 1820

2

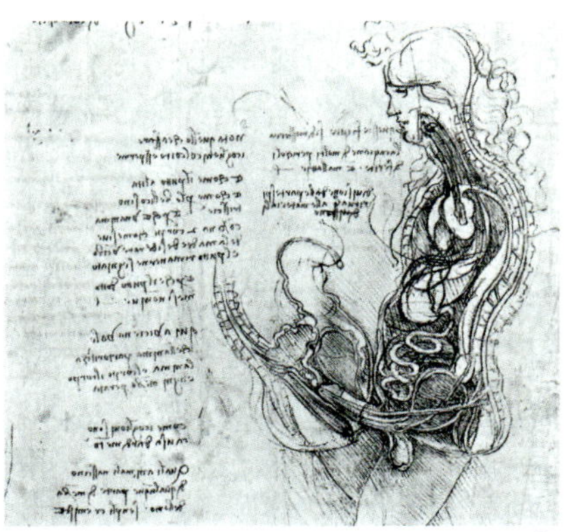

3

4

5

herrschung. Männer galten von Natur aus als dessen fähig, auch wenn sie die Selbstbeherrschung gelegentlich verlieren konnten. Frauen dagegen – so glaubte man – besäßen keine und galten als fast unersättlich. Ein Mann, der die Selbstbeherrschung verlor, war moralisch gesehen wie eine unersättliche Frau und wurde deshalb als Schürzenjäger bezeichnet.

Mäßigung und Lust waren auch ein beliebtes Thema in der Malerei. Häufig finden sich im Bild Symbole wie ein Hündchen, das Treue bedeutet oder ein Vogel im Käfig, der für Jungfräulichkeit steht oder eben die schon erwähnte Auster.

Das Motiv des Flötespielens, das alles andere als nur ein harmloses Musizieren meint, sondern vielmehr auf Fellatio verweist, wurde dagegen auch schon bei den Griechen in diesem Zusammenhang verwandt und auch im 17. Jahrhundert noch so verstanden. Zudem gibt es unzählige Szenen, in denen ein Hirte ungeniert mit einer Flöte im Schoß oder unter dem Rock seiner Freundin stochert. Eine Schar herumflatternder Vögel war schon in der Literatur und in der Kunst des Mittelalters als Andeutung für das Liebemachen bekannt. Das Repertoire an Zweideutigem, Scherzen und schmutzigen Bildern schien gerade im 16. und 17. Jahrhundert fast unerschöpflich.

Der Geschlechtsakt, den Leonardo da Vinci bereits 1492 in einem Querschnitt festhielt, war dagegen eine rein anatomische Zeichnung im traditionellen Sinne. Die erste Darstellung eines Koitus geht auf die Jahre zwischen 14 000 und 12 000 vor Chr. zurück. Die Felszeichnung aus La Marche in Mittelfrankreich zeigt zum ersten Mal eindeutig einen erigierten Penis innerhalb eines weiblichen Körpers. Vorher wurden Männer und Frauen nur sehr skizzenhaft dargestellt. In der Altsteinzeit war vor allem die Frau als Urmutter mit großen Brüsten, Po und Vulva immer wieder dargestellt, vom Manne fehlt da noch jede Spur.

Eine Ausnahme, denn die Frau wurde in den darauf folgenden Epochen immer vom Manne dominiert. Was sich auch im Wissen über Körper und Fortpflanzung niederschlägt. Bis ins 18. Jahrhundert hinein wurde das weibliche Geschlecht noch als umgestülpte Version des männlichen Geschlechtsteils geschildert. Zudem galt es zugleich als eine minderwertige Version des männlichen. Seit dem Altertum stand es so in medizinischen Büchern. Einher ging damit die Annahme, dass Frauen Samen hatten und ein weiblicher Orgasmus für die Fortpflanzung nötig war. Dennoch gab es im 17. Jahrhundert schon ein Verhütungsmittel: die Frauenspritze, die in Form eines Penis daherkam. Sie wurde mit einer heute unbekannten Flüssigkeit gefüllt und zum Spülen der Scheide nach dem Geschlechtsverkehr benutzt.

Auch das Kondom war bereits Ende des 17. Jahrhunderts bekannt. Es war aus Schafs- oder Schweinsdarm gefertigt und am offenen Ende gab es einen Baumwollfaden zur Befestigung. Zudem wurde geraten, es vor der Benutzung in warmer Milch zu tränken. Der Legende nach soll es Oberst Condom, der Leibarzt Königs Karl II. von England (1630-1685) erfunden haben, denn Seine Majestät war dafür bekannt, ganze Heerscharen von Bastardkindern gezeugt zu haben, und dem wollte der Arzt angeblich ein Ende setzen.

Übermaß war schließlich verpönt. Für unseren Zeitgenossen aus dem 17. Jahrhundert gab es keine Trennung der Sexualität von anderen Bereichen, wie wir sie heute kennen. Wer viel aß und trank, wer viel rauchte und tanzte, sich dem Karten- und Würfelspiel hingab und keine Ruhe nach der Arbeit suchte, der, so war es damals landläufige Meinung, gab sich auch dem Ehebruch, der Hurerei und anderen Ausschweifungen hin. Die Ansicht, dass der Körper es mit dem Geist nicht mehr aufnehmen konnte, wenn er schon allerlei Genüsse gewohnt war, war weit verbreitet. Ein einmal gekostetes Vergnügen lechzte nach Wiederholung, nach mehr – und auch nach Schlimmerem. Der Körper war ein verräterisches Ding, das es mit langen Perioden des Fastens und der sexuellen Enthaltsamkeit zu besiegen galt.

Die Regeln für die Selbstbeherrschung wurden von der Religion vorgeschrieben. Was uns auch die älteste Literaturbeschreibung eines Dildos von 1000 n. Chr. bescherte. Im Bußebuch des Bischofs Burchard von Worms wird die Anwendung eines „Gerätes, das einem männlichen Glied gleicht" mit fünf Jahren Fasten an festgesetzten Tagen geahndet. Natürlich diktiert die Religion dabei auch immer die Sicht auf die Welt. Die körperliche Vereinigung diente nur zur Fortpflanzung, und selbst in der Ehe wurde sie von manchen Theologen als Sünde angesehen.

Die Reformation im 16. Jahrhundert entwickelte jedoch ein positiveres Denken über Sex in der Ehe. Protestanten sahen Lust als Teil der Schöpfung und nicht als Sünde. Es ist nicht zu leugnen, dass schon Adam und Eva es gemacht haben, denn wie wären sonst Kain und Abel entstanden? Aber Vorsicht, mahnte der Pfaffe: Wer Lust zulässt, muss gleichzeitig die Grenzen abstecken.

Die Realität sah so aus, dass Prostituierte bereits im Mittelalter in bestimmten Vierteln untergebracht wurden und selbst von den Sittenwächtern als notwendiges Übel angesehen wurden. Zudem gab es genaue Anleitungen für ein anständiges Geschlechtsleben. Was so viel bedeutet, dass außer der Missionarsstellung in der frühen Neuzeit eigentlich nichts erlaubt war. Dennoch werden die Leser ihre Freude bei der Lektüre gehabt haben, denn die unerlaubten Handlungen wurden detailliert geschildert. So kam es, dass ein Kunde von Prostituierten angezeigt wurde, weil er den Wunsch geäußert hatte, mit der Hand befriedigt zu werden. Auch erotische Abbildungen waren für jene erhältlich, die es sich leisten konnten. Trinkgläser in Form eines Phallus oder später die beliebten Tabakdosen und Taschenuhren, die pikante Szenen sexueller Phantasien zeigten, waren ebenso zu haben wie Dramen oder Prosa über Liebestriumphe. Natürlich versuchten kirchliche und weltliche Autoritäten gegen all das vorzugehen und erließen strikte Gesetze, wie die Hinrichtung von Mensch und Tier bei Verdacht auf Sodomie. Trotzdem gab es immer Menschen, die sich nicht um Regeln scherten.

Wie der niederländische Dichter Mathijs van der Merwede, der zwischen 1648 und 1650 in Sachen Bildung und Erziehung in Italien unterwegs war – was so viel hieß, dass der junge Mann eine Schönheit nach der anderen beglückte und das alles zu Papier brachte. Die Gedichte über seine römischen Liebesabenteuer wurden verboten, sie waren zu frivol für das 17. Jahrhundert. Schon der Rat, den der Dichter erhielt, als er wegen einer Geschlechtskrankheit zum Arzt ging, erweckt heute bloßes Schaudern: Er solle sich ein jungfräuliches Mädchen nehmen, um sich der Plage zu entledigen. Bis weit ins 20. Jahrhundert hinein missbilligten Literaturhistoriker van der Merwede für seine ordinären Gedichte. Gleichwohl würden viele die Ansicht des Dichter heute noch teilen, dass Sex etwas ist: „Den ein Mann so wenig kann missen, wie nicht jeden Tag zu pissen."

Theo van der Meer *ist Sexualforscher in Amsterdam. Seine Bücher über die Geschichte der Homosexualität wurden vielfach ausgezeichnet.*

BILDNACHWEIS

Anordnung im Layout: o=oben, u=unten, r=rechts, l=links, m=Mitte.

Titel: AITCH/Gettyimages; S. 3 lo Michael Müller, r.lo Rolf Zoellner, r.ro Peter Peitsch, lm Marco Urban, rm r.e.m/Hans-Georg Gaul, lu Thomas Dorn, ru Christian Kaiser, lu Maria Stenzel/National Geographic Image Collection; S. 4 Bryan Allen/Corbis; S. 5 l Pascal Deloche/picture alliance, r Deutsches Zentrum für Luft und Raumfahrt (DLR) Space Imaging Middle East (SIME); S. 6 l BPK, r Nicolas Reynard/National Geographic Stock; S. 7 lo Marc-Oliver Schulz, ro Mikkel Ostergaard/Visum; S. 11 Bruno Morandi/gettyimages; S. 12/13 Bryan Allen/Corbis; S. 14/15 Tom Till/ drr.net; S. 16/17 Patrick Loertscher; S. 18/19 Bildagentur Huber/ G. Simeone; S. 20/21 Philippe Bourseiller; S. 22/23 Gerry Ellis/Minden Pictures/Picture Press; S. 24/25 Bildagentur Huber/Ripani Massimo; S. 25 l John Reader/Science Photo Library/AgenturFocus, r picture-alliance/dpa; S. 34/35 Michael Lange/laif; S. 36/37 Jeremy Woodhouse/gettyimages; S. 38/39 Felipe Rodrigues Fernandes/gettyimages; S. 40/41 age Fotostock/Look-foto; S. 43 Engel & Gielen/Look-foto; S. 44 Mass Studies, Seoul, Korea; S. 46 China Foto Press/laif; S. 48/49 AP Photo/Axel Heimken; S. 52 o Marcus Gloger/Joker, m Sven Paustian, u Julian Röcker/Ostkreuz; S. 53 lo Peter Peitsch, rm Katja Hoffmann, lm Martin Hossbach, u Christopher Peterson; S. 55 Ken Cedeno/drr.net; S. 56/57 Reuters/Thierry Roge; S. 58/59 Heidi & Hans-Jürgen Koch/drr.net; S. 60/61 Aizar Raldes/ Gettyimages; S.62 Bildagentur Huber/R.Schmid; S. 64 Janis Pipars/Anzenberger Agency; Die Aufnahmen auf den Seiten 75 bis 86 stammen aus dem Bildband: GLOBALER WANDEL – DIE ERDE AUS DEM ALL – HRSG: DEUTSCHES ZENTRUM FÜR LUFT- UND RAUMFAHRT (DLR), STEFAN DECH, RÜDIGER GLASER, ROBERT MEISNER, FREDERKING & THALER VERLAG. Die jeweiligen Datenquellen sind: S. 75 University of Maryland,Global Land Cover Facility (GLCF); S. 76/77 Space Imaging Middle East (SIME); S. 78/79 NASA; S. 80/81 Global Land Cover Facility (GLCF), USGS; NASA; Digital Globe Inc. S. 82/83 European Space Imaging (EUS); S. 84/85 University of Maryland,Global Land Cover Facility (GLCF); Geo Eye; S. 88 Jörg Müller/Visum; S. 92 Thorsten Leukert; S. 101 1 & 1 /Andrea Fabry; S. 103 ShehabUddin/Images.de/ Majority World; S. 104/105 Sammlung Hilbrecht, Friedrich-Schiller-Universität, Jena; S. 106-109 BPK/SBB/Ruth Schacht; S. 110 J. Musolf/GNM, Nürnberg; S. 111 Henrik Matzen; S. 112 Bob Sacha/Corbis; S. 116-121 Reiner Riedler/Anzenberger Agency/Fine Art Prints sind zu erwerben unter: www.anzenberger-gallery.com; S. 122 Isadora Tast/laif; S. 123 Mauritshuis, Den Haag; S. 124 2. Abb.v.o.: Museo Nazionale, Tarquina, 3. Abb. v. o.: Royal Library, Windsor, 4. Abb. v. o. Lunds Universitets Historiska Museum, Lund, 5. Abb. v. o. National Museum van Speelkok tot Pierement, Utrecht; S. 128 ASU Planungsbüro Dratz, Oberhausen; S. 132 Shaun Higson/drr.net; S. 133 l Britta Jaschinski/laif, r National Maritime Museum, London; S. 134 AP Photo/Sang Tan; S. 135 National Maritime Museum, London; S. 136 l David R. Frazier, drr.net, r F. Jaenicke/laif; S. 137 i-publish; S. 138/139 Hapag Lloyd Kreuzfahrten; S. 143 Bob Barbour/Minden Pictures/ Picture Press, S. 144/145 Chris Newbert/Minden Pictures/Picture Press; S. 146/147 Gary Bell/oceanwideimages.com; S. 148 Ingo Arndt/Minden Pictures/Picture Press; S. 149 Norbert Wu/Minden Pictures/Picture Press; S. 150/151 Guido Alberto Rossi/Tips/ Picture Press; S. 152/153 Maria Stenzel/National Geographic Image Collection; S. 154 Arnulf Husmo/Gettyimages; S. 156 Gary Cranitch, Queensland Museum; S. 156/157 David Doubilet/ National Geographic Stock; S. 159 Stefan Becker; S. 163 o BpK, u NASA IMAGES/ Eugene A. Cernan; S. 164 Hamburger Kunsthalle; S. 165 Martin Schulte Kellinghaus; S. 166 o Museé d´Orsay, u BPK/RMN/Herve Lewandowski; S. 167 o Archiv Rotel Tours, u Jodi Cobb/National Geographic Image Collection; S.168/169 Staatliche Museum Schwerin; S. 170/171 Per Eide; S. 172 Privatsammlung, mit freundlicher Genehmigung Thole Rotermund Kunsthandel, Hamburg; S. 173 Marc-Oliver Schulz; S. 181 James L. Stanfield/National Geographic Image Collection; S. 183/184 Tom Jacobi; S. 185/186 Christian Richters; S. 187/188 Kazuyoshi Nomachi/Corbis; S. 189 Reporters/laif; 190 o TUNS/Arco Images, m www.sanalfonso.cl, S. 191 o Piotr Malecki, m The Associated Press, S. 190/191 Caro/Kruppa; S. 192/193, 194 lo Manuel Bauer/Focus; S. 194 rm David Morley, S. 194 lm, lu, ro, ru, S. 195, S. 196 o, m, u, rm, ru, S. 199 Chris Bates, S. 196 ro Tristan d Cunha Photo Portfolio/www.tristandc.com; S. 201 o Korth/Caro, u Stiftung Menschen für Menschen; S. 206 Sepp Spiegl; S. 209 Reto Guntli/Zapa Images; S. 210 age fotostock/Look-foto; S. 211 lo The New York times/Redux/laif, ro H &D Zielske/Look-foto, lu age fotostock/Look-foto, ru Massimo Siragusa/Contrasto/Agentur Focus; S. 212/213 Pierre Adenis/Gaff/laif; S. 214 Gerhard Hagen/artur, S. 215 Caro/Muhs; S. 216 Grossmann/laif; S. 219, 221 lu ETH-Bibliothek Zürich, Bild-Archiv/Heim, Arnold, S. 220 bis 222 Augusto Gansser/Mit freundlicher Genehmigung des AS Verlag & Buchkonzept AG, Zürich; S. 225 Christian Kaiser; S. 226 o Fautre/ Le Figaro Magazine/laif, lu, ru Klaus Bossemeyer. Wir bedanken uns für die zur Verfügung gestellten Worldmapper auf den Seiten 3 ru, S. 32/33, 66-71, 86-88,90, 94-96, 129, 202-205, Copyright 2006 SASI Group (University of Sheffield) and Mark Newman (University of Michigan) http://www.worldmapper.org, Herausnehmbare Karte: Vorderseite: Planetobserver.com, Rückseite BPK/SBB

MERIAN

Heft 12/2008, Dezember, Erstverkaufstag dieser Ausgabe ist der 04. 12. 2008
MERIAN erscheint monatlich im Jahreszeiten Verlag GmbH, Poßmoorweg 2, 22301 Hamburg
Telefon 040/27 17-0 **Anschrift der Redaktion:** Postfach 601728, 22217 Hamburg
Telefon 040/27 17-26 00, Fax 040/27 17-26 28, E-Mail: redaktion@merian.de
Leser-und Aboservice: Postfach 601220, 22212 Hamburg, Tel. 040/87 97 35 40, Fax 040/27 17-20 79
Syndication: www.jalag-syndication.de
GourmetPictureGuide: Stefanie Lüken, Telefon 040/27 17-20 02,
Fax 040/27 17-20 89, www.gourmetpictureguide.de
Internet: www.merian.de

Herausgeber: Manfred Bissinger
Chefredakteur: Andreas Hallaschka **Stellvertretender Chefredakteur:** Hansjörg Falz
Art Directorin: Sabine Lehmann **Chef vom Dienst:** Tibor M. Ridegh **Textchefin:** Kathrin Sander
Redakteure: Charlotte von Saurma, Roland Benn (freie Mitarbeit), Thorsten Kolle (freie Mitarbeit), Christiane Oppermann (freie Mitarbeit) **Schlussredaktion:** Tibor M. Ridegh, Jasmin Wolf **Layout:** Cornelia Böhling, Helga Damm (freie Mitarbeit), Beke Jürgensen (freie Mitarbeit), Ingrid Koltermann (Schlussgrafik) Dorothee Schweizer (stellv. Art Directorin) **Bildredaktion:** Hanni Rapp, Eva M. Ohms **Redakteur dieses Heftes:** Andreas Hallaschka
Bildredakteurinnen dieses Heftes: Eva Ohms, freie Mitarbeit: Petra Becker, Katrin Kaldenberg
Kartographie: Peter Münch **Dokumentation:** Jasmin Wolf, freie Mitarbeit: Stefanie Plarre, Sebastian Schulin, Andrea Wolf **Mitarbeit:** Helmut Golinger, Jonas Morgenthaler, Thomas Gebhardt, Julia Braune, Lisa Fröhling, Katharina Zimmermann **Herstellung:** Karin Harder **Redaktionsassistenz:** Sabine Birnbach, Katrin Eggers
Geschäftsführung: Joachim Herbst, Dr. Jan Pierre Klage, Peter Rensmann, Hermann Schmidt
Verlagsleitung Premium Magazine: Oliver Voß **Group Head Anzeigen Premium Magazine:** Roberto Sprengel
Anzeigenleitung: Christel Janßen **Anzeigenstruktur:** Patricia Hoffnauer **Marketing:** Kenny Machaczek, Justus Hertle, Sonja Wünkhaus **Vertrieb:** PSG PREMIUM SALES GERMANY, Poßmoorweg 6, 22301 Hamburg
Vertriebsleitung: Jörg-Michael Westerkamp (Zeitschriftenhandel), Frank H. Häger (Buchhandel)
Verantwortlich für den redaktionellen Inhalt: Andreas Hallaschka
Verantwortlich für Anzeigen: Roberto Sprengel

Verlagsbüros Inland: Hamburg: Tel. 040/27 17-25 95, Fax -25 20, E-Mail: vb-hamburg@jalag.de
Berlin + Hannover: Tel. 0511/85 61 42-0, Fax -19, E-Mail: vb-hannover@jalag.de
Düsseldorf: Tel. 0211/901 90-0, Fax -19, E-Mail: vb-duesseldorf@jalag.de
Frankfurt: Tel. 069/97 06 11-0, Fax -44, E-Mail: vb-frankfurt@jalag.de
Stuttgart: Tel. 07 11/966 66-520, Fax -22, E-Mail: vb-stuttgart@jalag.de
München: Tel. 089/99 73 89-30, Fax -44, E-Mail: vb-muenchen@jalag.de

Repräsentanzen Ausland:
Basel: Intermag AG, Tel. +41 61/275 46-09, Fax -10, E-Mail: info@intermag.ch
London: The Powers Turner Group, Tel. +44 20/7630 99 66, Fax 76 30 99 22, E-Mail: cweiss@publicitas.com
Mailand: Media & Service International Srl, Tel. +39 02/48 00 61 93, Fax 48 19 32 74,
E-Mail: info@it-mediaservice.com
Paris: International Magazine Company, Tel. +331/53 64 88 91, Fax 45 00 25 81, E-Mail: imc@international.fr
Madrid: Alcála Media International Media Representation, Tel. +34 91/326 91 06, Fax -07,
E-Mail: alcalamedia@retemail.es
Wien: Publimedia Internationale Verlagsvertretungen GmbH, Tel. +431/215 30, Fax 212 16 02
E-Mail: ppn-vienna@publicitas.com
New York: The Russell Group Ltd., Tel. +12 12/213 11-55, Fax -60, E-Mail: info@russellgroupltd.com

Die Premium Magazin Gruppe im Jahreszeiten Verlag

A&W Architektur & Wohnen · COUNTRY · DER FEINSCHMECKER · WEIN Gourmet · MERIAN

Gültige Anzeigenpreisliste: Nr. 40
Das vorliegende Heft Dezember 2008 ist die 12. Nummer des 61. Jahrgangs.

Preis im Abonnement im Inland monatlich 6,79 € inklusive Zustellung frei Haus. Der Bezugspreis enthält 7% Mehrwertsteuer.
Auslandspreise auf Nachfrage. Postgirokonto Hamburg 132 58 42 01 (BLZ 200 100 20)
Commerzbank AG, Hamburg, Konto-Nr. 611657800 (BLZ 200 400 00)
Führen in Lesemappen nur mit Genehmigung des Verlages. Printed in Germany

Weitere Titel im Jahreszeiten Verlag: Für Sie, petra, vital, PRINZ, A&W Architektur & Wohnen, COUNTRY, DER FEINSCHMECKER, WEINGourmet, schöner reisen, Zuhause Wohnen, selber machen
Litho: Alphabeta Druckformdienst GmbH, Hamburg. Druck und Verarbeitung: heckel GmbH, Nürnberg,
ISBN: 978-3-8342-0812-5, ISSN 0026-0029 MERIAN (USPS No. 011-458) is published monthly.
The subscription price for the USA is $ 110 per annum. K.O.P.: German Language Publications, Inc., 153 South Dean Street, Englewood NJ 07631. Periodicals postage is paid at Englewood NJ 07631, and at additional mailing offices. Postmaster: send address changes to: MERIAN, German Language Publications, Inc. 153 South Dean Street, Englewood NJ 07631.

JAHRES ZEITEN VERLAG
Ein Unternehmen der
GANSKE VERLAGSGRUPPE

MÜLL

DIE ILLUSION DES ENTSORGENS

Lästiger Unrat wird oft in arme Länder verschifft, wo er Gesundheit und Umwelt der Menschen schädigt. Dabei ist Abfall ein Rohstoff der Zukunft TEXT: CHRISTIANE OPPERMANN

Tag für Tag hinterlassen die Menschen auf der Erde einen Abfallberg von 130 Millionen Tonnen. Hausmüll macht davon weniger als zehn Prozent aus. Der größte Teil entsteht bei der Produktion von Industriegütern, beim Abbau von Rohstoffen, beim Bau von Straßen und Gebäuden und der Verpackung von Waren aller Art.

Vor allem der Schrott der Elektro- und Automobilindustrie ist zum globalen Problem geworden. Vor allem durch die Einführung neuer Betriebssysteme wachsen die E-Schrott-Berge, weil die alten PCs mit der neuen Software überfordert sind und ausgemustert werden. Die Lebensdauer eines Computers betrug 1997 noch durchschnittlich sieben Jahre, heute liegt sie bei gerade noch zwei Jahren. Umweltexperten der UN schätzen die Menge an weltweitem Elektromüll auf 45 Millionen Tonnen.

Ausgediente Computer, Fernseher, Kühlschränke und Autos werden oft als gebrauchte, aber noch funktionsfähige Geräte von den Industriestaaten in die Entwicklungsländer exportiert und dort ausgeschlachtet. Immer wieder wird E-Schrott illegal nach Übersee verschifft. Ware, die noch als funktionsfähig deklariert ist, erweist sich am Zielort als unbrauchbar. Unternehmen in den Industriestaaten umgehen so die teure Entsorgung auf Sondermülldeponien.

Die Gesundheitsrisiken und Umweltschäden sind verheerend. In Nigeria, Indien und China hat der Schrott der reichen Staaten das Grund- und Flusswasser mit Schwermetallen verseucht, zulässige Höchstgrenzen werden um das 100- bis 1000-fache überschritten. **Millionen Menschen leben in diesen Ländern auf Mülldeponien, ernähren sich von Küchenabfällen und atmen die durch Schwelbrände stickige Luft. Kinder und Jugendliche suchen im Schrott nach Kabeln, schmelzen deren Kunststoffisolierung über dem Feuer und verhökern das Kupfer weiter.** Sie zerlegen die mit Schwermetallen wie Blei, Cadmium und Antimon stark belasteten Bauelemente der Elektrogeräte und werden dabei krank.

Auch die Meere werden als Kloake missbraucht. Neben dem Abwasser und dem Hausmüll der Küstenbewohner und den Abfällen der Schiffbesatzungen landen in den Weltmeeren komplette Industrieanlagen, Maschinen, Autos, Chemikalien aller Art, Schweröl, Düngemittel und anderer gefährlicher Sondermüll. Jede Stunde werden weltweit 675 Tonnen Abfall in der See entsorgt, schätzt die Meeresschutzorganisation „Oceana“. Etwa 50 Prozent davon ist aus Plastik. Zwischen Kalifornien und dem Südseeparadies Hawaii bewegt sich ein Müllteppich von der Größe Mitteleuropas.

Wie sich der leichte, schwimmende Kunststoff-Müll in den Weltmeeren verteilt, zeigte ein Schwarm von 29000 kleinen Plastiktieren, die 1992 während eines Sturms im Pazifik auf der Fahrt von Hongkong an die Westküste der USA aus ihrem Container befreit wur-

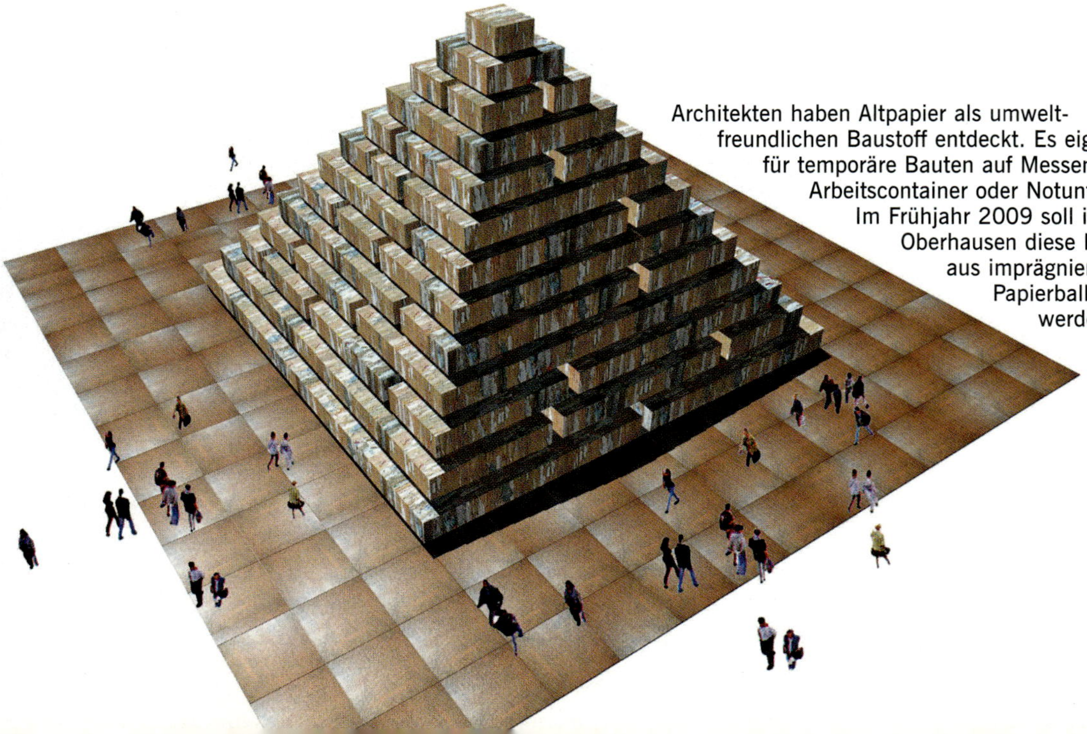

Architekten haben Altpapier als umweltfreundlichen Baustoff entdeckt. Es eignet sich für temporäre Bauten auf Messen, Arbeitscontainer oder Notunterkünfte. Im Frühjahr 2009 soll in Oberhausen diese Pyramide aus imprägnierten Papierballen errichtet werden

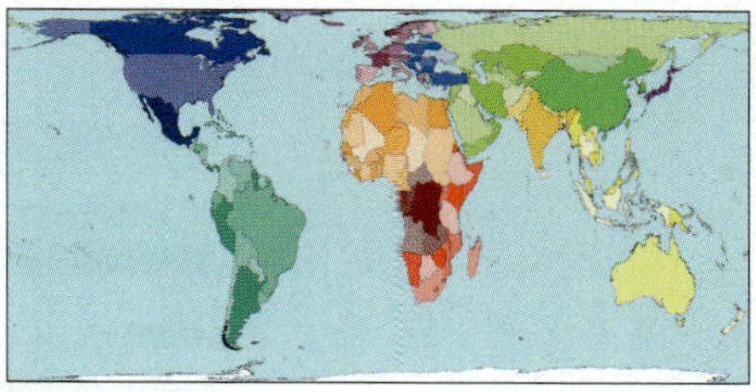

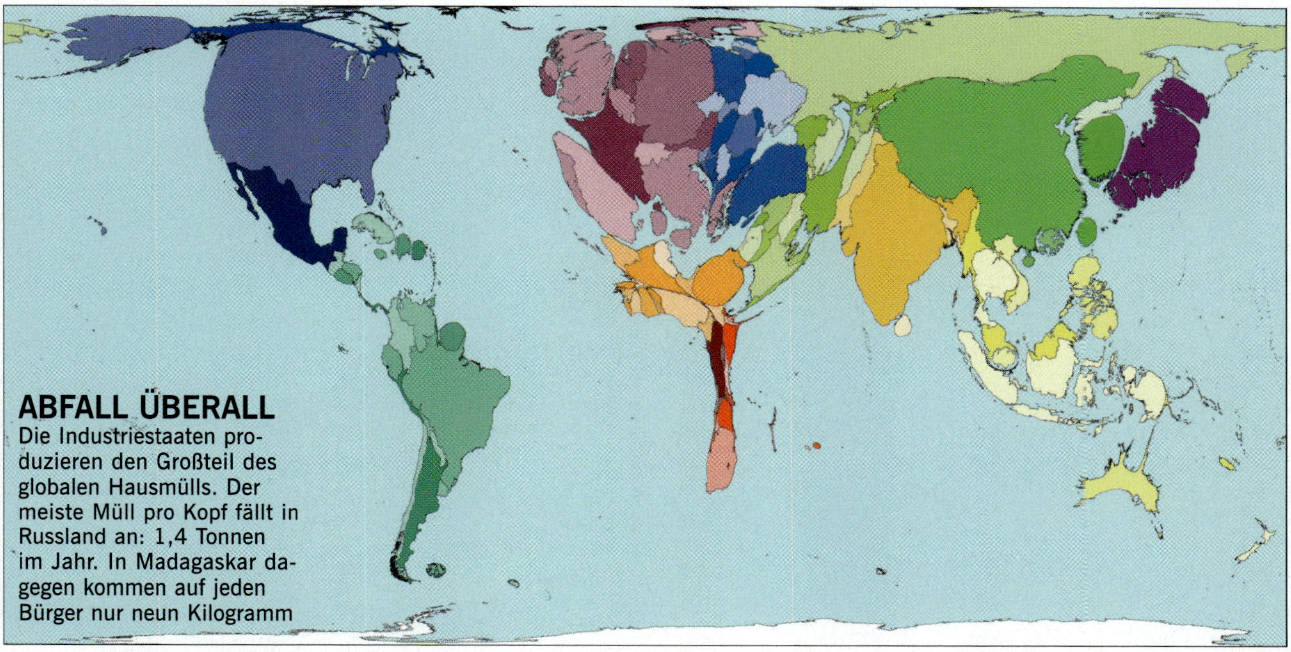

Die Karten zeigen die Regionen und Staaten verfremdet entsprechend ihrem Anteil an dem auf der Welt erzeugten Hausmüll. Oben die realen Proportionen zum Vergleich

den. Das Badewannenspielzeug landete an den Stränden Hawaiis und an den Küsten Alaskas. Sogar die Durchquerung der Beringstraße gelang einem kleinen Schwarm. Über die Arktis gelangten sie in den Atlantik und strandeten an den Küsten Kanadas und im Osten der USA. 15 Jahre lang wurden immer wieder Plastiktiere dieser Ladung gefunden. Für die Wissenschaftler und Meeresbiologen lieferten die Wege der Gummitierchen wichtige Erkenntnisse über die Strömungen in den Ozeanen und die Zugrichtungen des Mülls.

Vor allem die entsorgten Kunststoffe, die aus unterschiedlichsten, giftigen und oft hoch Krebs erregenden Verbundstoffen bestehen, zersetzen sich nur langsam, werden von Sonne und Wellen in kleinste Partikel aufgerieben und landen im Verdauungstrakt von Vögeln und Meerestieren. Viele Fische gehen an Plastiktüten, PET-Flaschen und anderem industriell produziertem Unrat zu Grunde.

Dabei ist Müll ein Rohstoff der Zukunft. In den Industriestaaten gibt es mittlerweile viele Projekte und Unternehmen, die den Abfall einsammeln, aufbereiten, verkaufen oder selbst weiterverarbeiten – und daran gut verdienen. Immer häufiger wird Müll als neue Quelle zur Energiegewinnung genutzt.

Eine Tonne Restmüll liefert den gleichen Brennwert wie 200 Liter Öl. Allerdings ließe sich auch dieser Müll noch weiter trennen und so besser aufbereiten. Ziel der Zukunft ist die vollständige Wiederverwertung von Abfällen jeder Art. Moderne Müllverwerter nutzen schon heute Verfahren aus der Goldgewinnung, um die Materialien unterschiedlicher Dichte zu trennen.

Forscher der Technischen Universität Wien arbeiten an einem Projekt, dessen Ziel es ist, die Abfälle in der Bauwirtschaft drastisch zu reduzieren. Beim Bau neuer Häuser sollen recycelbare Materialien Verwendung finden, die auch Jahrzehnte später noch – nach dem Abriss der Häuser – wieder verwendet werden können.

Bislang wird an solchen und ähnlichen Projekten nur in wenigen Industriestaaten geforscht. Entwicklungs- und Schwellenländer haben bisher kaum Kapazitäten, um ihren eigenen Abfall umweltschonend zu recyceln, geschweige den die importierten Müllberge abzutragen.

Wie wenig verbreitet die umweltschonende Entsorgung von Abfall selbst in manchen Regionen Europas noch ist, zeigte sich 2008 während des Müll-Desasters in Neapel, als die italienische Hafenstadt über viele Monate im Unrat fast versank. Ein Teil der gigantischen Berge von Plastiksäcken, die sich in den Straßen türmten, wurde schließlich mit der Bahn nach Deutschland transportiert und dann zu einem Preis von bis zu 200 Euro pro Tonne fachgerecht verbrannt.

NAVIGATION

BRITANNIENS „LINE“ GEHT UM DIE WELT

Null Grad, null Minuten, null Sekunden: Vom Royal Observatory in Greenwich aus umrundet der Urmeridian die Erde

TEXT: BURKHARD STRASSMANN

Das alte Empire lebt – zumindest im Ensemble des Royal Naval College, das sich am Themse-Ufer erstreckt. Dahinter liegt das National Maritime Museum mit dem königlichen Observatorium

Aufbruch in ferne Gefilde: Das Erbe von Navy und Nelson wird in der Gemäldegalerie des National Maritime Museum sorgsam gepflegt

Leuchtend ist der nullte Längengrad am Boden markiert. Sein Ursprung: das Okular des Teleskops, mit dem ab 1850 der königliche Astronom Sir George Airy arbeitete

Unter dem Beifall seiner Klassenkameraden springt ein Junge von der westlichen in die östliche Hemisphäre. Dann ist die indische Großfamilie an der Reihe. Japaner, Niederländer, ein kanadisches Pärchen warten geduldig. Einer nach dem anderen lässt sich fotografieren, ein Bein im Osten, eins im Westen. So geht's den ganzen Tag am Strich, der die Welt bestimmt. Vom Royal Observatory geht er aus, genauer gesagt von der Mitte eines gespaltenen Häuschens und darin vom Okular des Teleskops des königlichen Astronomen Sir George Biddell Airy. Hier beobachtete Airy ab 1850 den Durchgang von Sonne und Sternen durch den Meridian.

Mehr als eine Million Besucher locken Greenwich und sein National Maritime Museum, zu dem das Observatorium gehört, Jahr für Jahr vor die Tore Londons. Und obgleich in dem Themsestädtchen noch weit mehr zu entdecken ist, suchen alle nur eins: einen Strich auf dem Boden, den Strich, eigentlich nur eine gedachte Linie, eine Konvention – „The Line". Am Nullmeridian wollen die Menschen die geografische Länge null Grad, null Minuten, null Sekunden erleben.

Der Breitengrad – ein Witz dagegen! Der Äquator bietet sich als natürliche Nulllinie an. Anders der Meridian: Die Nullmarke in der Länge kann, weil lediglich an den Polen aufgehängt, nach Belieben definiert werden. Insofern ist irgendeine von Pol zu Pol gezogene Linie so gut wie jede andere.

Dass ausgerechnet Greenwich der Ort des Urmeridians wurde, verdankt es nicht zuletzt den Jahrhunderte währenden Forschungen der britischen königlichen Astronomen. Deren erster, John Flamsteed, arbeitete seit 1675 im Auftrag König Karls II. im Royal Observatory. Dort sollte nach dem Willen des Regenten an der „Bestimmung der Länge von Orten" gearbeitet werden, „um Navigation und Astronomie zu vervollkommnen".

Von Perfektion war die Navigationskunst damals weit entfernt. Fast jedes große Land hatte seinen eigenen Nullmeridian. Der Ferro-Meridian auf der damals gleichnamigen, westlichsten Insel der Kanaren (heute El Hierro) hatte die längste Tradition und teilte zugleich Alte und Neue Welt; andere wurden durch Hauptstädte gezogen: Jerusalem, Rom, St. Petersburg, Paris oder Washington. Erst 1884 legte sich eine internationale Konferenz in Washington auf Greenwich fest. Nicht zuletzt, weil die meisten Seekarten sich ohnehin auf den Ort an der Themse bezogen. Mit dem weltweit verbindlichen nullten Längengrad war gleichzeitig die Weltzeit definiert. Die Greenwich Mean Time, die mittlere (von Abweichungen bereinigte) Sonnenzeit über der Sternwarte Greenwich, war bereits seit 1880 Standardzeit in Großbritannien. Weil die meisten Navigatoren aber mit englischen astronomischen Tabellen arbeiteten und sich diese auf die Ortszeit von Greenwich bezogen, war die Weltzeit GMT eine logische Konsequenz der Meridiankonferenz.

Wohl dem Navigator, der eine exakte Uhrzeit an Bord hatte. Und wehe dem, der im Indischen Ozean unterwegs war und nicht wusste, wie spät es gerade in Greenwich ist. Denn dann blieb auch unklar, wo genau sein Schiff durchs Wasser pflügte. Mittags, kurz vor ein Uhr, vollzieht sich deshalb seit 175 Jahren in Greenwich das immer gleiche Ritual: An einer Stange auf dem Dach von Flamsteeds erstem Observatorium rutscht, automatisch gesteuert, eine große rote Kugel hoch. Schlag eins fällt sie herunter. Einst war dieses Signal ein Zeitzeichen,

Ein nationales Heiligtum: Der „Marine Timekeeper H1“ ist der Prototyp einer Serie von extrem genauen, widerstandsfähigen Uhren. Britische Segler nahmen sie mit an Bord, um auf See die exakte Zeit in Greenwich zu wissen und damit ihre Position zu bestimmen

Eleganz mit kleinem Fehler: Im Queen's House zieren Lilien die „Tulpentreppe". Sie gilt als älteste selbsttragende Wendeltreppe Britanniens

Ein Raum für die Zeit: In der „Time and Society"-Galerie des Observatoriums bekommen Besucher einen neuen Blick auf den Umgang der Menschen mit Uhren und Zeit

nach dem vorbeifahrende Seeleute ihre Schiffschronometer mit GMT synchronisieren konnten.

Uhren spielen eine große Rolle in Greenwich: Streng bewacht und unter Sicherheitsglas tickt im Museum ein nationales Heiligtum erster Güte. Genauer: Es sollte ticken, leider ist eine Feder gebrochen. „Die H1 hat mich immer frustriert. Ich bin fast 30 Jahre hier, und sie ist kaum einmal stehen geblieben", sagt Jonathan Betts. Der Chefkurator der Uhrmacherei im Royal Observatory gibt sich erst gar keine Mühe, seine Freude über die geborstene Feder in der Harrison-Uhr H1 zu verbergen. Endlich einmal darf er das Kunstwerk zerlegen. Sorge, es zu beschädigen, hat er nicht, liegt doch die wahre Herausforderung in der Wartung kleinerer Uhren wie der Harrison-Uhr H4 mit ihren winzigen mechanischen Teilen. Viermal musste er dieses Modell schon auseinandernehmen, das waren jedesmal Angstprojekte, erzählt er mit leuchtenden Augen und sieht in seinem weißen Kittel wie ein Chefarzt aus.

Konstrukteur von H1, H4 und anderen Uhren war John Harrison, nordenglischer Tischler aus bescheidenen Verhältnissen. Seine rund 84 Zentimeter hohe H1 war Voraussetzung für den britischen Zugriff auf die Weltmeere. 1735 fertiggestellt, war sie die erste Schiffsuhr der Welt, die auch bei Seegang, unterschiedlichsten Temperaturen und über Monate hinweg die exakte Zeit in Greenwich anzeigen konnte. Mit ihr ließ sich der Längengrad genau bestimmen. Dennoch musste Harrison zu Lebzeiten unentwegt um Anerkennung kämpfen. Es ging schließlich um nichts weniger als die Lösung des damals heiß diskutierten „longitude problem".

Schon seit dem 15. Jahrhundert wagten sich Schiffe vermehrt auf die hohe See hinaus. Bar jeder Landsicht mussten die Navigatoren die Position ohne Landmarken bestimmen. Kein Kirchturm, kein Leuchtfeuer, kein Kliff wiesen den Weg. Konnte der Navigator die geografische Breite noch durch Sonnen- und Sternbeobachtungen ermitteln, musste er die Länge schätzen, nachdem Geschwindigkeit und Kurs des Schiffes sowie die Strömungen im Meer gemessen waren.

Das führte zu grandiosen Fehleinschätzungen. 1707 starben mehr als 800 britische Marinesoldaten, als vier Schiffe der königlichen Flotte unter Sir Clowdisley Shovell bei den Scilly-Inseln vor Cornwall auf Grund liefen und sanken. Nach der Tragödie lobte das britische Parlament 20000 Pfund Sterling – nach heutigen Maßstäben zwei bis drei Millionen Euro – für die Lösung des Längengradproblems aus.

Die Kardinalfrage lautete: Wie bekommt man an jedem Ort der Erde GMT, und zwar auf die Sekunde genau? Denn hatte man die Uhrzeit in Greenwich und – etwa durch den Sonnenstand – die Ortszeit, war die geografische Länge bezogen auf den Nullmeridian bestimmt. Jede Stunde Differenz zu GMT bedeutet 15 Grad Länge. Wusste man allerdings die Zeit von Greenwich nicht genau und berechnete sie um nur eine Minute falsch, so bedeutete das zum Beispiel am Äquator, wo der Abstand der Längengrade am größten ist, eine Abweichung von 15 Seemeilen, also 28 Kilometern.

Die Astronomen in Greenwich versuchten, GMT an jedem Ort der Welt mit ihrem Wissen über die spezifische Konstellation von Mond und Sternen zu bestimmen. Sie erstellten jedes Jahr einen Almanach voller Mondtabellen, mit dem an Bord der Schiffe fleißig gerechnet werden musste. John Harrison dagegen hatte einen beste-

Eine Uhr für die Welt: Am Royal Observatory wird die Greenwich Mean Time angezeigt

Tee-Clipper im Trockendock: Die „Cutty Sark" liegt heute als Museumsschiff am Ufer der Themse. 1869 brach sie zu ihrer Jungfernfahrt auf und kreuzte danach achtmal zwischen China und England

chend einfachen Plan: Er wollte GMT einfach mitnehmen.

Für Harrison wurde die Zeitfrage ein fast lebenslanges zähes Ringen um das Preisgeld. Immer wieder musste er neue, bessere und praktischere Uhren bauen, bis er schließlich eine etwa handgroße Uhr, die H4, gefertigt hatte. Sie wies 1761/62 nach einer 62-tägigen Seereise mit HMS „Deptford" nach Jamaika nur fünf Sekunden Abweichung zur GMT auf, woraus sich eine falsche Berechnung der Position von etwa einer Seemeile ergab.

Harrisons wichtigste Ideen waren der Einsatz von extrem hartem, auf natürliche Weise schmierendem Tropenholz für die Kugellager und die Verwendung von Bimetallen beim Pendel. Ein Schiffschronometer musste schließlich von Frost bis 40 Grad Hitze funktionieren und dabei noch genau gehen. Das Pendel durfte sich weder ausdehnen noch verkürzen. Harrison wählte Metalle, die sich in ihren Reaktionen auf Temperaturschwankungen gegenseitig ausgleichen, ein Verfahren, das auch heute noch angewendet wird.

In Jonathan Betts' Uhrmacherwerkstatt stapeln sich alte Schiffschronometer. „In diesem Raum haben wir zwischen 1850 und 1950 für jedes Schiff der Royal Navy die Uhren gereinigt und getestet", sagt Betts. Sein Respekt gegenüber der Arbeit seiner Vorgänger in der Haute Horlogerie geht so weit, dass er defekte Teile nur überarbeitet, aber nie durch Neuteile ersetzt. „Lieber entscheide ich, dass die Uhr dann eben nicht geht", beschreibt er seine „konservative" Haltung.

Ein wenig konservativ aber ist ganz „Maritime Greenwich". Das National Maritime Museum (NMM), zu dem das Observatorium gehört, ist ein Ensemble aus schneeweißen Palazzi, Kolonnaden, Türmen und zugleich ein wunderbar surreal wirkendes Stück des alten, ruhmreichen, seefahrenden Britannien.

Das NMM gibt sich dennoch alle Mühe, wenigstens ein bisschen modern zu wirken. Das Schifffahrtsmuseum empfängt den Besucher mit Meeresrauschen vom Band. Kinder begeistert hier nicht nur das komplette Heck eines Trafalgar-Veteranen oder die aus der Tiefsee gefischten „Titanic"-Trouvaillen, sondern auch eine simulierte Schiffsbrücke und eine „Hands on"-Abteilung, in der man alles anfassen darf.

Doch wirklich zu sich kommt das nationale Schifffahrtsmuseum in einem schummrigen Flügel des Hauses. Dort rauscht leise die Klimaanlage, die Menschen flüstern. „Brustumfang: 38 Zoll, Taille: 33 Zoll, Größe: 5 Fuß 6 Zoll", raunt Ann Stampe. „Das weiß kaum jemand!" Und die ältere Dame weiß noch mehr: „Innen an der Einschussstelle ist Blut. Aber", sagt sie, nach vielen Jahren als Museumsführerin immer noch erstaunt: „nur ganz wenig!"

Hätte es dieses Weltentdecken, Weltvermessen und Weltverstehen gegeben ohne Expansionsgier, Navy und Nelson? Admiral Horatio Nelson, um dessen durchschossenen Waffenrock sich Mrs. Stamp sorgt, gab für sein Land zuerst ein Auge, später einen Arm und schließlich das Leben. Wäre Großbritannien ein anderes Land ohne ihn? Das ist in Greenwich, wo an jeder Ecke immer noch Kanonenrohre stehen und das schönste Restaurant selbstverständlich „Trafalgar Tavern" heißt, gar keine Frage.

Burkhard Straßmann *ist freier Journalist in Bremen. Er schreibt für* Die Zeit, NZZ Folio *und* mare.

41 NATIONAL MARITIME MUSEUM

Das Museum umfasst drei Teile: das Royal Observatory, die Maritime Galleries und das Queen's House. Für die Anreise von London bieten sich verschiedene Möglichkeiten: Schnell ist die Verbindung mit der Light Railway (von Bank bis Cutty Sark: 20 Minuten). Wer's gemütlicher mag, geht am Westminster Pier an Bord eines Themseschiffes und erreicht den Anleger in Greenwich nach einer Stunde. Besonders schön ist es, sich Greenwich von Süden her zu nähern: Nehmen Sie ab Cannon Street den Zug nach Blackheath.
National Maritime Museum mit Royal Observatory und Queen's House. Tgl. 10-17 Uhr, der Park und der Hof des Royal Observatory mit dem Nullmeridian sind im Sommer länger geöffnet. www.nmm.ac.uk

LAGE **51° N, 0°**

INFO: DER MERIAN scout NAVIGATOR

Unser intelligenter Personal Travel Assistant kann mehr, als Sie von einem Punkt zum anderen zu führen. Er ist der erste Multimedia-Reisebegleiter mit TÜV-Zertifikat

Nie in der Sackgasse enden: MERIAN scout NAVIGATOR

Ein Highlight des im MERIAN scout NAVIGATOR integrierten Reiseführers sind unter anderem die DriveBy-AudioGuides. Der intelligente Reisebegleiter identifiziert mittels GPS-Technologie die touristischen Hinweisschilder entlang der Autobahn, die Autofahrer auf Sehenswürdigkeiten, Naturschutzgebiete oder Besonderheiten in der Nähe aufmerksam machen. Für Literatur-Liebhaber finden sich auf dem MsN zudem literarische „Zeitreisen" als GPS-AudioGuides. In diesen Hörstücken werden Texte von Schriftstellern wie Heine und Kafka zu Städten oder Regionen vorgetragen. Die Informationen zu über 30 000 Reisezielen sind wie in einem Print-Reiseführer übersichtlich in Rubriken abgebildet. **Die zweite Generation des MERIAN scout NAVIGATOR gibt es ab 400 € im Fachhandel in drei Varianten: von Compact über Individual bis Premium. www.merianscout.de**

„ALTES EIS IST HART WIE

Als erster Kapitän eines Kreuzfahrtschiffs durchfuhr Mark Behrend auf Amundsens Route die Nordwestpassage. MERIAN sprach mit ihm über den Klimawandel am Polarkreis, die Kunst der Navigation und sein Gespür für Eis INTERVIEW: HANSJÖRG FALZ

Er hat schon Öltanker und Containerschiffe gesteuert, fährt seit über 25 Jahren zur See. 1994 habe man ihn gefragt, erzählt der Südhesse Mark Behrend, ob er es nicht mal mit einem anderen Typ gefährlicher Ladung probieren wolle, und so kam er auf die Brücke eines Passagierschiffs. Am 28. August 2006 gelang es ihm als erstem Kapitän eines Kreuzfahrtschiffs, die Nordwestpassage auf der Route der „Gjöa" zu durchqueren – exakt 100 Jahre nach Amundsen. Unter seinem Kommando fuhr die MS „Bremen" die James-Ross-Straße. Dabei entdeckte die Besatzung am King Point das Grab von Amundsens Expeditionsmitglied Gustav Wiik. MERIAN sprach mit Kapitän Behrend in Yokohama, von wo er zu seiner nächsten Kreuzfahrt durch den Pazifik aufbricht.

MERIAN: Kapitän Behrend, Navigation ist Steuermannskunst. Wie oft nehmen Sie selbst noch das Ruder in die Hand?

BEHREND: Relativ selten. Auf der Brücke setzen wir auf Teamwork. Dadurch kontrollieren wir uns gegenseitig. Und je anspruchsvoller es wird, desto genauer müssen wir uns kontrollieren. Wenn wir, zum Beispiel, unsere Zodiacs im Eis ausgesetzt haben ...

Sie haben zwölf bordeigene Zodiac-Schlauchboote, um an unzugänglichen Stellen anzulanden ...

... dann habe ich auch schon mal das Ruder in der Hand. Aber sonst läuft vieles an Navigation parallel und ist schon im Vorfeld ausgearbeitet worden. Der Navigationsoffizier bestellt schon drei Monate vor Reisebeginn die entsprechenden Seekarten. Je nachdem wie expeditionsreich die Reise angelegt ist, wird dann ein Kurs festgelegt, dem wir grob folgen. Bei drei von vier Reisen werfen wir die Planung aber teilweise über den Haufen. Mal wetterbedingt, mal, weil sich spontan andere Möglichkeiten, etwa zur Walbeobachtung, ergeben.

Polarfuchs: Mark Behrend, Kapitän der MS „Bremen"

Funktioniert das Navigationssystem am Ende der Welt zuverlässig?

Wir haben auch zu den Polen hin eine stabile Verbindung zu den GPS-Satelliten, allerdings in den nördlichsten Polarregionen keine mehr für die Telefon-Kommunikation oder für einen ununterbrochenen E-Mail-Verkehr. Die Nordwestpassage ist sehr genau vermessen, in der Antarktis ist das in weiten Gebieten anders. Wenn man dort eine argentinische, eine chilenische, eine amerikanische und eine britische Karte nebeneinanderlegt, dann glaubt man manchmal nicht, dass man sich dieselben Inseln anschaut. Dort muss man alle Navigationstechniken nutzen. Von alten wie Lotliniensuchen über terrestrische mit Peildiopter-Auf-

42 ABENTEUER NORDWESTPASSAGE
Mehr als 400 Jahre lang suchten Seefahrer vergeblich nach einem Weg, der im Norden den Atlantik mit dem Pazifik verbindet. Der Norweger Roald Amundsen war von 1903 bis 1906 auf seinem Forschungsschiff „Gjöa" unterwegs, ehe er einen Durchschlupf fand. An Bord der MS „Bremen" kann man die spektakuläre Route nacherleben. www.hlkf.de

STAHL"

satz am Kompass bis hin zur Satelliten-Navigation.

Welche Reise ist navigatorisch die größte Herausforderung?

Die Nordwestpassage. Man kann sie aber nicht bezwingen, man kann von der Natur die Erlaubnis bekommen, sie zu durchfahren. Lücken öffnen und schließen sich jedes Jahr an anderen Stellen, die Einflüsse der Tiefdruckgebiete verändern die Eisdrift kurzfristig. Wir reden hier von einer Expedition im Eis! Jedem Teilnehmer muss klar sein, dass die Reise womöglich nicht nach Fahrplan läuft – gerade weil die Sicherheit oberste Priorität hat. Selbst die kanadische Küstenwache rechnet damit, dass jede elfte Passage ihrer Eisbrecher nicht gelingt. Norman Thomas, unser Eismeister an Bord, hat selbst erlebt, dass er nicht mehr zur Heimatbasis zurückgekommen ist – dann musste er mit seinem Eisbrecher durch den Panamakanal zurückfahren.

Wie gehen Ihre Passagiere damit um?

Das sage ich von vornherein – und bin bislang gut damit gefahren. Ich zähle einfach alle limitierenden Faktoren auf: das Wetter, den Brennstoff, selbst den Proviant – und ich sage immer mit einem Schmunzeln, dass ich kein schlechtes Gewissen haben werde, wenn uns nach der Hälfte der Strecke die Papaya ausgehen. Denn so schlimm, dass wir, wie einst John Franklin, Schuhsohlen essen müssen, wird es garantiert nicht werden (lacht). Ein weiterer limitierender Faktor ist das Frischwasser – wir verbrauchen 85 Tonnen am Tag. Als ich beispielsweise darüber aufgeklärt habe, ging der Verbrauch auf 60 Tonnen zurück.

Die MS „Bremen" hat Eisklasse 4. Was bedeutet das?

Das ist die höchste und damit sicherste Eisklasse, die es für Passagierschiffe gibt. Konkret: Im Eisgürtel – das ist der Bereich von 3,5 Meter unter und 1,5 Meter über der Wasserlinie – ist die Dicke des Stahls auf über 30 Millimeter erhöht, das ist zum Teil mehr als das Doppelte normaler Kreuzfahrtschiffe. Der Abstand zwischen den Spanten, den Rippen des Schiffes, liegt bei nur 35 Zentimetern. Das finden Sie sonst nur bei Eisbrechern. Ich habe die alte Dame gerade in unserer Werft in Yokohama von oben bis unten gesehen – die große Stärke der „Bremen" ist ihr stabiler Rumpf. Sie hat zwar mit der Zeit ein paar Beulen bekommen, aber die trägt sie mit Stolz, weil sie schon das eine oder andere mitgemacht hat.

Wie ist das, wenn der Schiffsrumpf sich durchs Eis schneidet?

Das knallt schon ziemlich am Rumpf. Die „Bremen" schneidet sich sicher durch einen halben Meter dickes Eis. Aber trotzdem muss man gehörig aufpassen: Das Schiff ist in der Rinne nicht mehr richtig manövrierfähig, da erziele ich kaum noch eine Ruderwirkung. In der Antarktis oder den Regionen an der Westküste Grönlands hat man es dagegen zusätzlich mit einer anderen Art Eis zu tun – den Eisbergen. Bei bis zu 250 Metern Tiefgang kommen da schnell Millionen Tonnen an Masse zusammen. Dieses zigtausend Jahre alte Eis ist hart wie Stahl. Wenn Sie das wissen, bringen Sie dieser Form von gefrorenem Wasser den richtigen Respekt entgegen.

In den letzten 100 Jahren ist laut WWF die durchschnittliche Lufttemperatur in der Arktis um fünf Grad gestiegen. Die Eisfläche hatte 2007 laut ESA die geringste Ausdehnung seit Beginn der Satellitenbeobachtungen vor 30 Jahren. Was davon merkt man vor Ort?

Ich erkenne das zunächst nur in den Darstellungen alter Seekarten. Mit eigenen Augen sieht man es in den norwegischen Fjorden. Durch die Schmelze verschärft sich in der Arktis und Antarktis mitunter sogar die Lage, weil durch das Verschwinden des weicheren, einjährigen Eises das harte, mehrjährige Eis durch Strömungen und Winde an die Küste und in die schiffbaren Wege driftet.

Im Sommer 2008 waren die Nordwest- und die Nordostpassage zum ersten Mal gleichzeitig eisfrei und damit befahrbar. Manche Reedereien wollen das möglichst schnell nutzen, weil die Schiffsroute von Europa nach Asien so 4000 bis 5000 Seemeilen kürzer wäre als durch Panama- oder Suezkanal.

Ja, die Claims werden derzeit abgesteckt. Russland, die USA, Kanada, Dänemark und Norwegen melden Ansprüche an, und bislang unbedeutende Inselchen werden hoheitlich markiert. Ich war 2007 im Weißen Meer. In Murmansk liegen die wohl leistungsstärksten Eisbrecher der Welt und warten auf Einsätze. Ich habe unseren russischen Lotsen gefragt, wie das aussehe mit einer Nordostpassage mit Eisbrecherunterstützung, da antwortete er grinsend: „Captain, you pay the money and we play Rock'n Roll."

Und wie weit ist die Schifffahrt?

Im Moment liegen viele Reedereien in Lauerstellung. Alle wissen: Je früher wir einsteigen, desto mehr müssen wir investieren. Ich warne aber davor, nur die Meilenersparnis zu sehen. Ich kann nicht die 20 Knoten, die ein Schiff durchs Mittelmeer oder den Indischen Ozean fährt, auf diese Passagen projizieren. Im Eis bin ich ganz schnell auf Geschwindigkeiten um drei Knoten, der Distanzvorteil wird also nicht eins zu eins zum Zeitvorteil.

Gibt es eistaugliche Tanker?

Ja, da muss man nur mal nach Finnland schauen. Und wenn solche Schiffe auch noch mit drehbaren Antriebsgondeln, den Azipods, ausgerüstet wären, würde man mit einem verstärkten Achtersteven ins Eis gehen. Also rückwärts hinein. Anders geht das nicht. Wenn ich als Kapitän 200 Meter Schiff vor mir habe, habe ich überhaupt kein Gefühl mehr, wie ich das Schiff im Eis manövrieren soll. Eine Katastrophe da oben im Eis würde zudem gravierend andere Auswirkungen haben als in gemäßigten Breiten, wo das Meer eher die Chance hat, sich zu regenerieren.

Diskutieren die Menschen, die in Nordpolnähe leben, auch den Klimawandel?

Sie haben einen besonderen Bezug zur Natur, aber es geht ihnen in erster Linie ums eigene Überleben. Wir reden gern von Umwelt, weil wir einen Wohlstand erreicht haben, der uns dies er-

möglicht. Wenn wir ehrlich sind, kümmern wir uns um unseren Vorgarten auch erst, wenn die Wohnung aufgeräumt ist. Insofern sehen das die Menschen, die unter äußerst kargen Bedingungen leben, pragmatischer.

Befahren Sie das Eismeer am liebsten?

Ich bin tatsächlich nicht so gern in der Wärme. Aber entscheidend ist für mich, dass ich Neuland entdecke. Ich freue mich sehr auf die nächsten Wochen. Wir werden als erstes Kreuzfahrtschiff Beacon Island der westaustralischen Abrolhos-Gruppe ansteuern, wo vor 400 Jahren die „Batavia" gesunken ist, ein holländisches Handelsschiff mit einem legendären Goldschatz. Ich hoffe, dass wir für unsere Gäste auch bei dieser Expedition wieder Geschichte anschaubar machen.

Schlussfrage: Wie schmeckt jahrtausendealtes Eiswasser?

Nach Meer. Und auch nach mehr.

Hansjörg Falz, MERIAN-*Redakteur, träumt jetzt von der Nordwestpassage.*

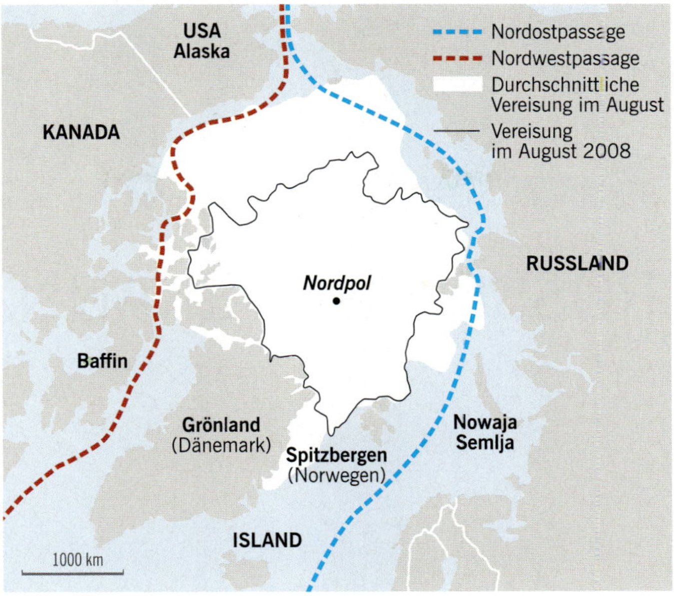

VON EUROPA AUF DIE ANDERE SEITE DER ERDE

Die kommerzielle Schifffahrt steht durch die immer stärker tauende Arktis vor einem Wandel. Das Eis ging im August 2008 so weit zurück, dass Nordost- und Nordwestpassage erstmals gleichzeitig eisfrei waren. Laut WWF ist es wahrscheinlich, dass das sommerliche Packeis bis 2040 völlig abschmilzt. www.wwf.de

OZEANE

DIE GROSSEN UNBEKANNTEN

Das Meer beherrscht die Erde. Über zwei Drittel der Oberfläche sind von Wasser bedeckt, 99 Prozent allen Lebensraumes liegen unter Wasser. Der größte Teil davon ist unerforscht: mare incognitum. Wir verstehen erst in Ansätzen, wie die Ozeane den Planeten regieren, und haben sie dennoch schon derart geschädigt, dass die Folgen irreversibel zu sein scheinen

Foto: Bob Barbour

RITT AUF DEM WASSER

Kai nui heißt in der Sprache der Hawaiianer eine große Welle, einer von Dutzenden Ausdrücken, mit denen sie die Wasserberge bezeichnen, je nach Größe, Farbe, Geschwindigkeit und Verlauf. Darin spiegelt sich ihr Respekt vor den Meeresgewalten wider, die die Inselwelt auf allen Seiten umgeben. Sie zu ehren und auch zu bändigen, haben die Ureinwohner Hawaiis schon in grauer Vorzeit das *he'e nalu* erfunden, das Wellenreiten.

43 HAWAII, PAZIFIK

Der Archipel ist Heimat und Hotspot des Surfens, vor allem auf der Insel Oahu treffen sich Wellenreiter aus aller Welt. www.hawaii4you.de

LAGE **21° N, 157° W**

KORALLEN IN GEFAHR

Im Westen Wüste, im Osten Wüste und dazwischen reiches, buntes Leben. Das Rote Meer birgt Korallenriffe, die in ihrer Vielfalt einzig sind. Darin lebt eine Fülle von Arten, vom Rotfeuerfisch (Bildmitte) bis zum Weißspitzen-Riffhai und den seltenen Gabelschwanz-Seekühen. Erst kürzlich wurde hier eine bisher unbekannte Riesenmuschel entdeckt. Das gesamte System aber ist in Gefahr: Massentourismus, Abwässer und Versauerung des Wassers schädigen die Korallen und damit die Lebensgrundlage der Unterwasserwelt. Durch illegale Fischerei droht Seekühen und Haien die Ausrottung.

44 ROTES MEER

An der Rotmeerküste gibt es einen hochentwickelten und von großen Anbietern getragenen Bade- und Tauchtourismus. Wer dorthin reisen will, sollte sich unbedingt über ökologische Konsequenzen informieren. www.hepca.com

LAGE **20° N, 38° O**

Foto: Chris Newbert

RIESE IN DER TIEFE

Der größte Fisch der Welt wird 14 Meter lang, manche Beobachter berichten von 18 Metern. Genau weiß man das nicht, denn obwohl der Walhai in allen tropischen Meeren vorkommt, ist wenig über ihn bekannt. Bis vor einigen Jahren wusste man noch nicht einmal, ob er lebende Junge zur Welt bringt oder Eier ablegt – die Nachkommen werden in dunkler Tiefe geboren, was noch nie beobachtet wurde. Nur so viel ist sicher: Der Gigant ist für Menschen völlig harmlos, er ernährt sich von Plankton, das er durch die Kiemen aus dem Wasser filtert.

45 NINGALOO REEF, AUSTRALIEN

Das westaustralische Korallenriff ist einer der wenigen Orte, an denen Walhaie regelmäßig das flache Wasser aufsuchen. www.coralbay.org

LAGE **21°S, 113°O**

Foto: Gary Bell

SCHÖN IN SCHALE

Eines der phantastischen Lebewesen der Tiefsee ist Clio pyramidata. Die Flügelschnecke wird zwar nur zwei Zentimeter groß, aber ihr Anteil am Meeresplankton ist erheblich. Auch sie wird Opfer menschlichen Wirkens. Denn das Kohlendioxid, das den Treibhauseffekt bewirkt, hat eine zweite böse Folge: Es löst sich im Wasser und versauert es. Die fast durchsichtigen Kalkschalen der Schnecken werden dünn und brüchig. Ein großer Teil des Planktons, das am Anfang wichtiger mariner Nahrungsketten steht, ist dadurch bedroht.

46 WEDDELLMEER, ANTARKTIS

Diese Aufnahme entstand im Weddellmeer östlich der antarktischen Halbinsel. Das Gebiet wird von Forschungsschiffen angefahren, die auch Passagiere mitnehmen. www.arktis-reisen-schehle.de

LAGE **70° S, 45° W**

MONSTER IM ANGRIFF

Kaum jemand hat ihn je gesehen, dabei ist der Fangzahnfisch ausgesprochen häufig, jedoch lebt er in bis zu 5000 Meter Tiefe. Das auf den ersten Blick Furcht erregende Tier ist allerdings nur 15 Zentimeter lang. Für kleine Fische und Kalmare ist das noch immer gefährlich: Der Räuber kann Beute verschlingen, die fast so groß ist wie er selbst.

47 HAMBURG

Anoplogaster cornuta lebt in allen tropischen Meeren in großer Tiefe. Wer ihn als Taucher erleben will, braucht künstliches Licht. Oder er besucht das Internationale Maritime Museum in Hamburg, Deck 7. www.internationales-maritimes-museum.de

LAGE **53° N, 10° O**

Fotos: Ingo Arndt, Norbert Wu

Foto: Guido Alberto Rossi

PERLEN IM BLAU

Sie wecken bei Millionen Sehnsüchte nach Sonne, Strand und Luxus. Zum Archipel der Malediven gehören 1087 Inseln, und längst nicht auf allen werden Urlaubsträume wahr. Die Hauptstadt Malé ist die vielleicht am dichtesten besiedelte Stadt der Welt, hier drängen sich 100 000 Menschen auf zwei Quadratkilometern. Keine natürliche Erhebung der Koralleninseln ist höher als ein Meter. Sollte der Meeresspiegel weiterhin so steigen, wie es Klimaforscher voraussagen, ist der Untergang der Malediven nur eine Frage der Zeit.

48 SÜDL. MALÉ-ATOLL, MALEDIVEN

87 der Malediven-Inseln sind ausschließlich für touristische Zwecke bebaut. Hier finden sich einige der luxuriösesten Lodges und Hotels der Welt. www.malediven.net

LAGE **3° N, 73° O**

Foto: Maria Stenzel

LEBEN IM STURM

Im rauen Südatlantik zu überleben, ist nicht einfach. Wer sich nicht ständig unter Wasser aufhält, muss rund ums Jahr mit Eis, Schnee und extremem Wind rechnen. Dennoch sind die wenigen Plätze über Wasser gut besucht. Zügelpinguine reiten auf einem alten und wie ein Schmuckstück aus Jade geschliffenen Eisberg vor den Südlichen Sandwichinseln. Dort, zwischen Gletschern und Vulkanen, leben rund drei Millionen Artgenossen, außerdem Millionen Seelöwen, -leoparden und -elefanten.

49 SÜDLICHE SANDWICHINSELN, SÜDATLANTIK

Die Inselgruppe gehört zum britischen Südgeorgien, wo wenige Menschen auf einer Forschungsstation leben. Einzige Attraktion ist das Grab des Polarforschers Ernest Shackletons. Anreise – obwohl EU-Gebiet – nur mit Genehmigung. www.sgisland.gs

LAGE **56° S, 32° W**

DAS MEER IST KRANK

In wenigen Jahren werden die Weltmeere leer gefischt sein, die Fülle ihrer Lebensformen ist, kaum erforscht, schon bedroht. Kann der Ozean überleben? TEXT: ANDREAS WEBER

Die See ändert sich nie, und ihre Werke, so sehr der Mensch sie auch ergründen mag, sind in Geheimnis gehüllt", schrieb der Schiffsoffizier und Dichter Joseph Conrad vor mehr als hundert Jahren. Hat er nicht noch immer Recht? Vom dünnen Streifen eines Strandes gesehen, an dem die Brandung gierig leckt, symbolisiert die See nach wie vor Unendlichkeit. Die See, das sind 1,3 Milliarden Kubikkilometer Wasser, ein im Schnitt 3000 Meter tiefer Abgrund, der sieben Zehntel der Erdfläche ausfüllt. Die See, das ist ein unfassbar großer chemischer Puffer, der einst das Kohlendioxid vergangener Jahrmilliarden aus der Atmosphäre saugte und dadurch überhaupt erst Leben ermöglichte. Ihr System von gewaltigen untermeerischen Strömen verteilt Wärme und Feuchtigkeit und bestimmt dadurch das Klima auch auf dem Land. Die Meere bergen 99 Prozent des bewohnten Raums unseres Planeten. Eigentlich müsste man sagen: Die See, das ist das Leben selbst.

Und doch scheint es, als habe Conrad sich geirrt. Wir verändern die Ozeane schneller als die meisten anderen Lebensräume. „Die Weltmeere waren einst eine Serengeti – und nun ist sie verschwunden", klagte der Meeresforscher Ransom Myers von der kanadischen Dalhousie University. Seit Beginn der industriellen Fischerei in den 1950er Jahren haben wir mehr als 90 Prozent aller großen Arten wie Tunfisch oder Kabeljau verloren. Dabei waren bereits die Fischmassen zu Beginn systematischer Aufzeichnungen nur noch Restbestände einer einstigen Fülle, die das Meer vor Leben überborden ließ – so sehr, dass etwa norwegische Fischer früher nicht von Kabeljau-Schwärmen, sondern von Bergen sprachen.

Forscher gehen heute davon aus, dass spätestens zur Jahrhundertmitte aller Fischfang zusammenbricht – dann ist nichts mehr übrig. Neue Spezies, die Fabriktrawlerflotten als Ersatz für verschwundene Speisefische ernten, wie etwa den in tieferen Wasserschichten lebenden Kaiserbarsch, sind im Schnitt bereits nach 10 bis 15 Jahren vernutzt, frisch entdeckte vereinzelte Populationen verwandeln sich manchmal schon nach Wochen gänzlich zu Filets in den Kühlräumen der anstürmenden Fabrikdampfer.

Die große Leere hat nicht nur die Meere befallen, sondern auch die Küsten: Ein Viertel aller 845 riffbildenden Korallen ist vom Aussterben bedroht. Forscher nennen deren Gärten auch „Regenwälder der Meere". Sie beherbergen 25 Prozent aller Fischarten und sind Heimat für mehr als zwei Millionen Tier- und Pflanzenspezies, sie ernähren eine Milliarde Menschen weltweit und erwirtschaften so jährlich 30 Milliarden Dollar.

Auch in den kalten Meeren gedeihen Korallen, wie Biologen erst seit wenigen Jahren wissen. So erstreckt sich etwa zwischen Norwegen und Nordafrika eine unterseeische Formation von der doppelten Länge des australischen Great Barrier Reef. Wenn Schleppnetze solche uralten Ökosysteme abrasieren, können diese sich kaum erholen: Manche wachsen nur einen Millimeter im Jahr. Auf den Decks der Trawler kullern 500 Jahre alte Korallenbruchstücke hin und her.

Das vielleicht drängendste Problem aber ist noch immer nicht wirklich auf den Agenden der Forscher aufgetaucht: Mit zunehmendem CO_2-Gehalt der Luft drohen die Meere zu versauern. Muscheln, Krebse, am Grund kriechende und im Wasser frei schwebende Schnecken können sich nur deshalb mit harten Kalkschalen schützen, weil deren Baumaterial im Meerwasser im Überfluss verfügbar ist. Steigt aber der Säuregrad der See, das zeigen Laborexperimente, beginnen die Schalen sich aufzulösen. Der Fall könnte bereits im Jahr 2100 im Südpolarmeer eintreten – mit unbekannten Folgen für die dortigen Lebensgemeinschaften.

Ende des Überflusses: Einst sprachen die Hochseefischer von Fischbergen, dann von Schwärmen, heute müssen sie die Tiere suchen

Das Leben im Meer ist noch kaum erforscht. Selbst direkt an der Oberfläche finden Biologen ständig unbekannte Arten, wie hier am Great Barrier Reef

Korallenriffe sind die „Regenwälder der Meere". Ein Viertel aller Fischarten lebt hier, sie bieten einer Milliarde Menschen Nahrung

Das Schwinden einer einst makellosen Unendlichkeit signalisiert: Der Mensch besitzt längst die Macht, die Bedingungen des Lebens selbst umzudefinieren. Die Tragik dabei ist, dass wir dieses Leben erst zu einem Bruchteil verstehen. Wie aus keinem anderen Raum erreichen die Forscher aus der Dunkelheit der Wassersäule beständig neue Erkenntnisse und werfen sicher geglaubte Wahrheiten über den Haufen.

So haben Meeresbiologen in den letzten 30 Jahren auf unterseeischen Quellen eine Welt seltsamer Lebensformen entdeckt, die ihre Energie nicht durch die Sonne, sondern aus der heißen Chemie des Erdinneren gewinnen. Die Tierwelt der Tiefe beginnt sich heute erst in Bruchteilen den Beobachtern zu enthüllen. Lange etwa wussten Meereskundler nichts von den Völkern durchsichtiger Planktonwesen, die durch die mittleren Wasser der dunklen See schweben. Herkömmliche Netze hatten die driftenden Gestalten mit ihren filigranen Körperfortsätzen stets zu Schleim zermatscht. Erst als Ozeanografen begannen, mit Glasgefäßen im blauen Weltraum auf Jagd zu gehen, erkannten sie, dass ihr Schiff nicht über eine Wüste schaukelte, sondern durch Oasen unbekannter Vielfalt.

Schwärme transparenter Salpen, entfernter Verwandter der Wirbeltiere, erfüllen hier die Wassertiefen, meterlange Staatsquallen geben bläuliche Lichtpulse ab, fluoreszierende Rippenquallen treiben mit dem Flirren ihrer glitzernden Ruderkämme Beute zusammen. Fast all diese Wesen und ihr Verhalten waren der Wissenschaft bis vor wenigen Jahren unbekannt. „Wenn Sie unterhalb von 3000 Metern Wassertiefe ein Tier finden, stehen die Chancen, dass es zu einer neuen Art gehört, fünfzig zu fünfzig", sagt Ronald O'Dor. Er leitet in Washington das „Census of Marine Life"-Projekt, einen Zusammenschluss von Forschern aus 80 Nationen, die bis 2010 einen ersten groben Überblick über die Artenfülle der See präsentieren wollen.

Je genauer Forscher hinschauen, desto mehr müssen sie das alte Bild zur Seite schieben, das die Hochsee als spärlich besiedelte Wüste zeigt. Selbst der Meeresboden bebt vor Leben. Besonders wimmelt es um die Kadaver großer Tiere. Forscher schätzen, dass fast 850 000 tote Wale auf dem Boden von kleineren Organismen zerfressen werden. Etwa von den wenige Zentimeter langen „Zombie-Würmern", die mit ihren Saugtentakeln das Knochengewebe der Kadaver auflösen und an einem solchen Festmahl bis zu 100 Jahre lang sitzen können.

Aber nicht nur im Finstersten schwillt ungeahntes Leben, auch im Kleinsten. Der amerikanische Biologe Farooq Azam etwa entdeckte, dass jeder Tropfen Seewasser so etwas wie ein geschlossenes Ökosystem darstellt. Dieses teilt sich eine einzellige Alge mit Tausenden von Bakterien. Sie ernähren sich vom Zucker, den die Alge absondert, und scheiden dabei für die Pflanze lebenswichtige Stoffe aus – ein autonomer Kreislauf, der nur CO_2 und Licht benötigt. 10^{22} Sterne gibt es im Universum, aber im Ozean leben milliardenmal so viele Planktonzellen, schätzt der Biologe Victor Smetacek vom Alfred-Wegener-Institut. Anders als das Wasser aus

dem Hahn ist die Flüssigkeit der Meere also nicht rein. Wer die Hand hineintaucht, spürt eine leicht schleimige Konsistenz, die nicht nur dem Salz – im Schnitt 3,5 Prozent – geschuldet ist, sondern all den winzigen organischen Wesen und ihren Ausscheidungen.

In mancher Hinsicht lässt sich die See fast als ein einziger großer Organismus betrachten. Dafür spricht der Umstand, dass sich der Salzgehalt der Ozeane seit Jahrmillionen nicht geändert hat. Die komplizierte Gewebsflüssigkeit mit ihrer Mischung aus Mineralen, Kohlenhydraten und Zuckern vermag sich selbst in der Balance zu halten, als wäre sie das Produkt eines gigantischen Stoffwechsels.

Letztlich wird der Lebensraum Ozean darum auch in der Lage sein, sich vor zu vielen störenden Einflüssen zu schützen, so stark die Menschheit derzeit auch sein Gleichgewicht verbiegt. Dieser Lebenskraft kann vermutlich auch der Klimawandel langfristig wenig anhaben. In hunderttausend Jahren haben die abgesunkenen Kalkschalen von Muscheln und Krebsen die durch unsere fossile Brennstofforgie ins Meer eingeschwemmte Kohlensäure wieder neutralisiert.

Das Meer wird weiter seinen rhythmischen Atem an die Küsten hauchen, und mit ihm das Geheimnis des Lebens, das sich immer wieder selbst hervorbringt. Mit oder ohne Miesmuscheln und Makrelen, mit oder ohne den Menschen und seine Hochkultur. Vielleicht war es das, was Conrad, meinte, der sturmerprobte Dichter, der im elementaren Aufruhr der See gewiss öfter an der Schwelle des Nichts stand. Hatte er dann letztlich nicht doch Recht?

Dr. Andreas Weber *ist Meeresbiologe und freier Autor. Sein jüngstes Buch „Biokapital“ (Berlin Verlag, 2008) beschäftigt sich mit der „Versöhnung von Ökonomie, Natur und Menschlichkeit“.*

ATLANTISCHER OFEN

Versiegt der Golfstrom, geht Europas Klima in den Eiskeller. Weil sich die Indizien dafür mehren, schlagen Forscher Alarm. Eine Expedition auf der MS „MERIAN“ TEXT: PETER MAYER

Ein 95 Meter langes Labor, benannt nach der Forscherin Maria Sibylla Merian

Im Atlantik zwischen Kanada und Grönland sinkt kaltes Wasser auf den Meeresgrund und bewegt sich nach Süden. Darüber strömt zum Ausgleich warmes Wasser nach Norden: der Golfstrom. Er reicht bis nach Nordeuropa, hält den Nordatlantik warm und setzt jährlich so viel Energie frei wie eine Million Atomkraftwerke. Ohne ihn wäre es im Winter in Deutschland so kalt wie im kanadischen Ontario – beide Länder liegen auf gleicher geografischer Breite.

Doch seit einiger Zeit mehren sich die Anzeichen, dass die Warmwasserleitung erlahmt. Höchste Zeit, die Sache von Nahem zu erkunden. Für solche Vorhaben gibt es eine erste Adresse: das Forschungsschiff „MARIA S. MERIAN“, auf dem sich Ozeanografen, Geologen und Biologen die Reling in die Hand geben.

Monika Rhein vom Bremer Institut für Umweltphysik und ihr Team schleppten im April 2007 Seesäcke und Gerät auf einen der schönsten Studienplätze der Welt, Kurs Kanada, Labradorsee. Vier Tage dauerte die Fahrt bis Position 47° 40' N, 31° 10' W, ein Punkt in grauer Endlosigkeit. Fast 4000 Meter unter der Oberfläche steht dort ein Echolot, das die Forscher im Jahr zuvor in der Tiefe verankert haben. Seitdem hat es alle halbe Stunde ein Schallsignal zur Oberfläche geschickt. Es wird reflektiert, das Gerät misst die Dauer bis zum Eintreffen des Echos. Denn die ist abhängig vom Druck, vom Salzgehalt und der Temperatur des Wassers. Vier derartige Apparate haben die Wissenschaftler um Monika Rhein südlich von Grönland in ihrer Obhut, sie sind Teil des *World Ocean Circulation Experiment*, an dem sich 30 Nationen beteiligten.

Wissenschaftler vom Leibniz-Institut für Meereswissenschaften der Universität Kiel enterten die „MERIAN“ im Mai. In der tiefen Labradorsee sowie an deren Rändern konnten die Kieler messen, dass sich das Wasser erwärmt hat – um etwa 0,05 Grad Celsius pro Jahr. Das ist für die Ozeandetektive ein Indiz des Klimawandels.

Auf der dritten Etappe der monatelangen Exkursion der „MERIAN“ ging eine internationale Mannschaft von Bodenspezialisten der Sache auf den Grund. Im Uummannaq-Fjord an der grönländischen Westküste hievten die Forscher eine Sedimentprobe aus der Tiefe, in der sie wie in einem Tagebuch über 10 000 Jahre Klimageschichte lesen können. Die Geologen, Paläozeanografen und Geodäten wollen aus der Vergangenheit lernen, welche Auswirkungen es hat, wenn Menschen weiter das globale Klimageschehen beeinträchtigen. Dabei hat die Klimaerwärmung diese Art der Forschung erst möglich gemacht: Keine Eisdecke verwehrte im Uummannaq-Fjord die Passage. Der „MERIAN“ gelang eine Erstbefahrung.

Die vierte Tour des Seelabors führte vom grönländischen Nuuk nach Island. Dort hatten die Forscher Glück: Fünf von sechs Messstationen konnten geborgen werden. Bei einem fehlte jedoch das wichtigste Mess-Element. Ein guter Schnitt für diese Region voller Eisberge und Fischerei.

Auf dem letzten Teil der Expedition konnte ein Team des Alfred-Wegener-Instituts Bremerhaven vier Sonden absetzen. Sie können 2000 Meter tief tauchen und messen beim Wiederaufstieg Temperatur, Sauerstoff-, Salz- und Chlorophyllgehalt.

Damit endete die Forschungsreise zur Untersuchung des nordatlantischen Klimasystems. Die Crew um Monika Rhein aus Bremen hat mittlerweile ihre ersten Ergebnissse vorgelegt: Die Menge des gebildeten Tiefenwassers im Golfstrom hat sich seit 1997 um volle 70 Prozent verringert. Und das bedeutet Forschungsalarm. Wir müssen den Golfstrom verstehen, um das Klima zu begreifen. Die Forschungsplätze in der Kälte sind heiß begehrt. Monika Rhein hat für 2008 erneut eine Passage bekommen.

Peter Mayer *ist freier Wissenschaftsjournalist in Hamburg.*

VON EINHEIMISCHEN EMPFOHLEN!
MERIAN
Reiseführer
Hamburg
Hamburg
ÜBERALL, WO ES BÜCHER GIBT
UND UNTER WWW.MERIAN.DE
MERIAN
Reiseführer
Die Lust am Reisen

PROPHETEN

UND PROGNOSEN: VORHER IST MAN IMMER KLÜGER

Vorhersagen lässt sich alles, prognostizieren schon weniger, und ganz eng wird es bei den Ausagen der Futurologie: Was wird schon sein? TEXT: SEBASTIAN SCHOLZ

Kein Donner grollt, doch die Kleinen wimmern, mit blassen Gesichtern stehen die Großen in Grüppchen zusammen, und obwohl der Schulgong längst ertönt ist, bleibt die Tür des Lehrerzimmers geschlossen. Dumpfes Gemurmel, dazwischen einzelne schrille Stimmen. Dann verstummen sie, mit ernsten Mienen kommen die Lehrer heraus, vornweg der Rektor. In seiner Hand knüllt sich ein Zettel – einer von denen, die am frühen Morgen von kurzhaarigen Herren in grauen Anzügen an uns alle verteilt wurden. Gewohnt ist man damals, 1972, jüngere und buntere Flugblattverteiler, aber unheimlicher als die sonderbaren Gestalten der „Aktionsgemeinschaft Unabhängiger Deutscher" ist der Inhalt ihrer Botschaft. Er lautet: Bald sind Boden und Luft vergiftet. Pflanzen und Tiere verreckt. Kohle, Öl, Uran verschwunden. Einzig die Zahl der Menschen nimmt zu, immer und immer schneller. Bis auch sie vergiftet, verreckt, verschwunden sind. In 50 Jahren ist alles vorbei.

Wir waren im Sommer 1969 Augenzeugen gewesen, wie aus Science fiction Realität wurde: Menschen auf dem Mond. Unsere Diskussionen drehten sich darum, dass man wohl leider erst die übernächste günstige Marsopposition im Jahre 1988 werde nutzen können, um auf dem Roten Planeten zu landen. Wenn Katastrophen prognostiziert wurden, dann etwa solche: Von 1975 bis 1984 werde es eine „Raumfahrer-Dichte in Erdnähe (Menschen × Tage)" von 73 000 geben, zu erwarten seien jährlich „4,19 Rettungsaktionen aus Weltraum-Notfällen". So die Berechnung in einem Sonderband der Zeitschrift *hobby,* des vierzehntäglichen Zentralorgans für angewandte Science fiction. Die großen Würfe Jules Vernes, des Zukunftsschriftstellers des 19. Jahrhunderts, verstaubten zur Vergangenheit. Entweder waren seine Hochrechnungen längst eingetreten – oder wir Schüler erwischten ihn bei stümperhaften Fehlern: Mondraketenstart mit einer Kanone, ha! Dass er zum Namenspaten eines Weltraummülltransporters herabsinken sollte, der im Herbst 2008 planmäßig in der Erdatmosphäre verglühte, haben allerdings weder er noch wir vorausgesehen.

Die Weissagungskraft, Divination, ist eine göttliche Gabe: In Gesichten, durch akustische Übermittlung (so meist bei Mohammed) oder gar – wie beim Mormonen Joseph Smith – mittels Schriftstücken wird auserwählten Menschen gezeigt, wie ihre Gottheiten die Zukunft zu gestalten gedenken. Immer sind Religionsstifter Propheten gewesen. Das bedeutet freilich, dass konkurrierende Weissager umso eifersüchtiger verfolgt werden: Seien es jene Alltags-Hellseher, die aus den Handlinien oder dem Stand von Gestirnen, mit Pendeln, Ruten, Karten, Kaffeesatz, ausgeworfenen Würfeln, Münzen oder Knochen, aus dem Flug, dem Pickverhalten oder den Eingeweiden von Vögeln Schlussfolgerungen für das zukünftige Liebesleben oder Einkommen ihrer Klienten ziehen. Oder seien es Künder wie der Franzose Nostradamus (1503-56), dem ein „subtiler Geist der Flamme" Hunderte von Vierzeilern diktierte: die Weltgeschichte bis ins Jahr 3797.

Nur die wenigsten Propheten waren mutig genug, eine überprüfbare Prophezeiung auszusprechen, wie Charles T. Russell von den Ernsten Bibelforschern (heute: Jehovas Zeugen), der den Beginn des Tausendjährigen Reiches Christi auf 1914 festlegte und 1916 in einer eher noch hoffnungsloser gewordenen Welt starb. Denn für jede Religion gilt: Um Anhänger zu gewinnen und zu halten, die sich auf post mortem fällige Versprechen einlassen, muss jede Offenbarung eines Propheten düster für das Diesseits sein und erst fürs Nachleben (und exklusiv für treue Gläubige) verheißungsvoll: Der neutestamentarische Johannes etwa schildert in seiner „Offenbarung" die Vision, wie nur 144 000 „Reine" vorm Throne des Gottes stehen – die anderen werden „auf ewig" mit Feuer und Schwefel gepeinigt (Kap. 14).

Doch seit Mitte des 20. Jahrhunderts wurden ähnlich apokalyptische Phantasien nicht mehr nur von Kanzeln verkündet, sondern von abgeklärt wirkenden Forschern verbreitet. Sie versuchten, die Zukunft mit wissenschaftlichem Instrumentarium in den Griff zu bekommen. Der Hauptunterschied zu den Science-fiction-Schriftstellern bestand darin, dass die „Futurologen" nicht ein einzelnes Modell konsequent durchspielten, sondern Szenarien für möglichst alle Eventualitäten entwickelten. In denen unterzogen sie die „Standardwelt" diversen „überraschungsfreien kanonischen Variationen" und nannten mögliche „überraschende Veränderungen" – zum Beispiel „Zusammenbruch der Moral der freien Welt – oder das Gegenteil" oder „Entwicklung ‚billiger' Weltuntergangsmaschinen".

Der Physiker Herman Kahn und der Soziologe Anthony J. Wiener waren ihre Hauptpropheten, ihr zentrales Werk, erschienen 1967, nannten sie: „Ihr werdet es erleben". Selten war ein Titel so irrig. Wohl wird im Kapitel „Elektronik" die Voraussage gewagt, wie bis zum Jahr 2000 „einzelne Computer" für „Wohnungen, Schulen, Betrieb und ganz allgemein für das Berufsleben Verwendung finden" könnten; anderes, etwa ein Untergang der Sowjetunion, fehlt in all den zahllosen Zukunftsszenarien. Und auf den gesamten 430 Seiten kommt nicht ein einziges Mal das Wort „Islam" vor. Gemütlich lassen Kahn und Wiener die Erde so weiterrumpeln, wie man sie Mitte der Sechziger kennt; Umweltverschmutzung spielt kaum eine Rolle.

Ganz anders fünf Jahre später: Der Ingenieurswissenschaftler Dennis

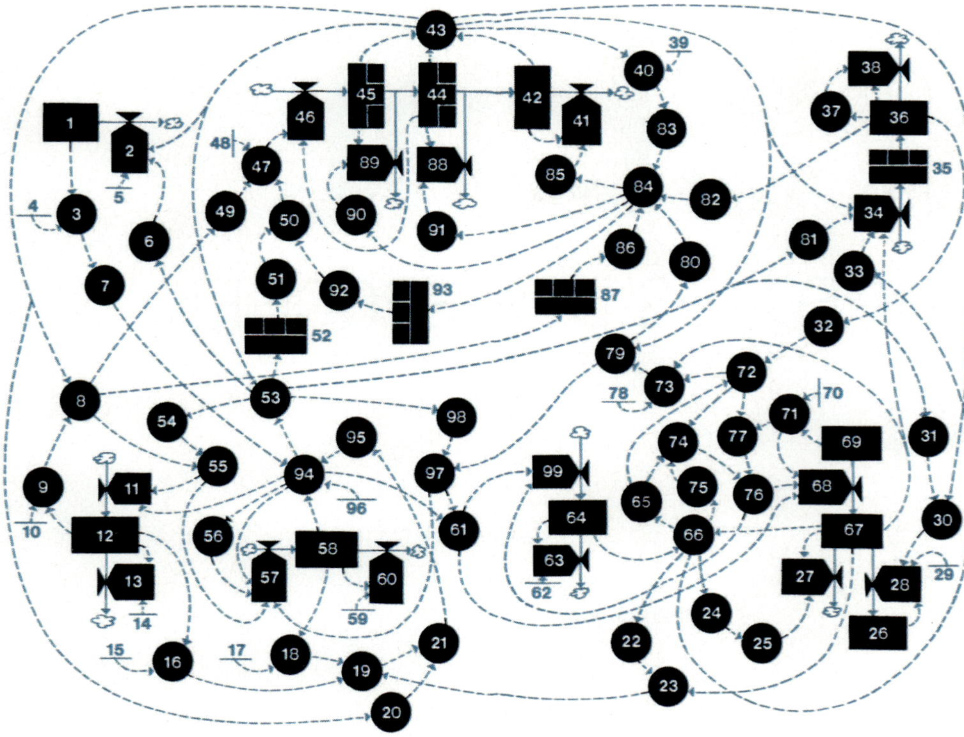

Die Welt, Gesamtdarstellung: Was wie ein heilloses Durcheinander wirkt, ist ein so genanntes Flussdiagramm. Damit versuchte der „Club of Rome" 1972 die Dynamik von Menschen, Gütern, Geld zu fassen. Messbare Größen sind als Rechtecke dargestellt. Sie werden von Quotienten beeinflusst, die durch die kreisförmigen Variablen bestimmt sind. Trotz des beängstigenden Wirrwarrs gelangen dem Club präzise Voraussagen

Meadows und 16 Kollegen des Massachusetts Institute of Technology erstellten für den „Club of Rome", einen Zusammenschluss engagierter Wissenschaftler, den „Bericht zur Lage der Menschheit", Titel: „Die Grenzen des Wachstums". In ihrer Analyse kamen sie zu einem Schluss, der das genaue Gegenteil der bunten *hobby*-Zukunftsbilder malte: Wenn die gegenwärtige Zunahme der Weltbevölkerung anhält, mit Umweltverschmutzung und Ausbeutung der natürlichen Rohstoffe im Gefolge, „werden die absoluten Wachstumsgrenzen auf der Erde im Laufe der nächsten hundert Jahre erreicht".

1975 legte der CDU-Bundestagsabgeordnete Herbert Gruhl nach. Auf dem Titel ein schwarzes Baumskelett vor einem Atomreaktor, der Schnitt leuchtend rot, als quelle Blut aus den Seiten, zeigte sein Buch „Ein Planet wird geplündert" akribisch die künftigen Gefahren auf. Auch hier ging es nicht um einzelne Groß-Unglücke – Harrisburg, Seveso und Tschernobyl waren noch unbekannt. Gruhl führte umbarmherzig die weniger spektakuläre, dafür umso durchgreifendere „normale", zwangsläufige Zerstörung der Erde vor, die der Mensch verursacht: die „Selbstausrottung durch Geburten".

Gruhl beließ es nicht beim Schreiben. Der CDUler initiierte „Die Grünen" (dass seine neue Partei dereinst, um „nicht in der sektiererischen Ecke" zu stehen, flott beim Bau von Kohlekraftwerken mitmachen würde, sah er nicht voraus). Mit zu den Gründern gehörte 1979 die Rechtspartei AUD, deren Flugblätter mit ihrer Quintessenz des „Club of Rome"-Berichts sieben Jahre zuvor uns Schüler in größte Unruhe versetzt hatten – die Götter erwählen sich zuweilen seltsame Künder.

1972 hat sich die von der Flugblattaktion überrumpelte Lehrerschaft hastig aufs Abwiegeln verständigt. Heute ist es umgekehrt: Der Donner dröhnt pausenlos. Und der Schock, den die Botschaft des „Club of Rome" in den Siebzigern auslöste, ist einer Medien-Routine gewichen.

Mechanisch werden uns in regelmäßiger Abfolge portionierte Teilkatastrophen serviert, seien es Polschmelze, Ozonloch oder -übermaß, Seuchen, konkrete Hungersnöte oder Klimawandel allgemein. Zur Abwechslung gibt es zwischendurch Hohn zu schmecken: Die gleichen Medien, die eine Hiobsbotschaft nach der anderen verkünden, mokieren sich dann über unsere „Lust an Katastrophen".

Dass uns manches angekündigte Schreckensszenario in der Realität bislang erspart geblieben ist, heißt nicht, dass die Prognose falsch war. Aus der Virusinfektion Sars wäre unweigerlich eine schreckliche globale Epidemie geworden, wenn nicht schnell und weltweit rigide seuchenhygienische Maßnahmen ergriffen worden wären. Und auch die drastischen Bilder aus den achtziger Jahren, die den deutschen Wald als eine öde Landschaft von Baumskeletten zeichneten, sind nur deshalb noch nicht Wirklichkeit geworden, weil man etwa durch den Einbau von Schwefelfiltern die Geschwindigkeit des Waldsterbens hierzulande drosseln konnte.

Auch für die meisten heutigen Prognosen zu Klimawandel, Energieressourcen oder Welternährung könnte es bei entsprechendem politischen Willen eine gelungene Widerlegung geben, wenn sie denn auf die Lösung des Kernproblems abzielten: das Eindämmen der Überbevölkerung. Ein mühsames, undankbares Unterfangen, dass Jahrzehnte in Anspruch nehmen wird. Selbst wenn sich die Welt sofort auf eine einheitliche effektive Bevölkerungspolitik verständigte (etwa ein vernünftiges Analogon zur chinesischen „Ein-Kind-Politik"), nähme die Weltbevölkerung noch viele Jahre lang zu, bis sie endlich gnädig zurückginge. Aber eine alternative, ernsthaft nachhaltige Politik gibt es nicht.

Sebastian Scholz *ist Literaturwissenschaftler und arbeitet als freier Autor in Hamburg.*

REISEN

DIE WELT IM FOKUS DER EPOCHEN

Entdecker und Künstler, Pioniere und Globetrotter, Vielflieger und Pauschaltouristen: Eines vereint sie alle, aus welchen Zeiten oder Jahrhunderten sie auch stammen mögen – und das ist der Drang, Sehnsuchtsziele und ferne Orte festzuhalten. Aus ganz eigener Perspektive. Früher bannten Maler ihre Impressionen auf Leinwände und eröffneten Welten. Heute kann jeder seine eigene Sichtweise auf Hochglanzpapier und Computerchips projizieren. Geblieben ist allen Visionen eines: der Traum vom Reisen

50 HUMBOLDT UND BONPLAND AM FUSS DES CHIMBORAZO

Eine Szene, die den Pioniergeist Alexander von Humboldts unterstreicht, von Friedrich Georg Weitsch in Öl festgehalten. Sie zeigt den Deutschen und seinen französischen Kompagnon 1802 vor ihrem Anstieg auf den 6310 Meter hohen Berg im heutigen Ecuador. **2° S, 78° W**

TAURUS-LITTROW-KRATER, MOND

1972 landete die Mondfähre von Apollo 17 auf dem Erdtrabanten. Der Astronaut Harrison Schmitt ist der 12. und bislang letzte Mensch auf dem Mond. Der Geologe und sein Begleiter sammelten 110,4 Kilo Gestein. Der Traum lebt: 2020 wollen die Amerikaner erneut landen.

DER WANDERER ÜBER DEM NEBELMEER

Skizzen vom Elbsandsteingebirge dienten Caspar David Friedrich als Inspiration für diese Ideallandschaft (1818). In der Sächsischen Schweiz gibt es für Wanderer einen Caspar-David-Friedrich-Weg, das Ölgemälde hängt in der Hamburger Kunsthalle.

51 KJERAGBOLTEN, NORWEGEN

Dieser Felsbrocken ist so bekannt, dass er einen Namen hat: Kjeragbolten. Das Erklimmen gilt als Mutprobe, die fotografiert werden muss. Der „Bolzen" klemmt zwischen den Wänden des Kjeragplateaus, 1000 Meter über dem Lysefjord. **59° N, 6° O**

Foto: Martin Schulte-Kellinghaus

MEKKAPILGER

Diese „Wüstenszene mit Arabern und Dromedaren" malte Léon Belly im Jahr 1861 nach seiner dritten Orientreise. Sie zeigt Pilger, die in 37 Tagen den Weg von Kairo bis Mekka zurücklegen. Das Bild gilt als Schlüsselwerk des französischen Orientalismus.

AREAREA (ZEITVERTREIBE)

Paul Gauguin traf 1891 in Tahiti ein. Er bezog eine Hütte im Dorf Maiatea, lebte mit den Einheimischen und porträtierte sie. So farbenfroh die Bilder sind, spürt man doch eine melancholische Stimmung. Als fürchteten die Tahitianer um ihr Paradies.

52 SAHARA BEI HASSI MESSAOUD, ALGERIEN
Die Wüste sehen, riechen, hören und schmecken – das geht mit diesem rollenden Hotel. Die 25-tägige Tour führt vom Mittelmeer zum Golf von Guinea. Allein vier Tage dauert die Fahrt durch die Dünen des östlichen Großen Erg. **31° N, 6° O**

53 TAHITI, FRANZÖSISCH-POLYNESIEN
Die Südsee – Endstation Sehnsucht vieler Kreuzfahrttouristen! Von zwei kräftig zupackenden Einheimischen werden diese beiden gewichtigen Urlauber über den Strand an Land getragen. Ein echtes All-Inclusive-Angebot… **17° S, 149° W**

54 DIE „AUGUSTE VICTORIA“ IM NÆRØYFJORD

Mit Beibooten schwärmen die Touristen aus, im Hintergrund ankert der deutsche Luxus-Schnelldampfer. Das Gemälde von Karl P. Themistokles von Eckenbrecher bedient 1900 den Geschmack des wilhelminischen Reisepublikums. **60° N, 6° O**

54 GEIRANGERFJORD, NORWEGEN

Er wird der „König der Fjorde" genannt und ist von solch malerischer Schönheit, dass er in keinem „Best of"-Programm einer Kreuzfahrtreederei fehlen darf. Seit 2005 zählt er gemeinsam mit dem Nærøyfjord zum Unesco-Welterbe. **62° N, 7° O**

Foto: Per Eide

MARKT IN TUNIS

Auf Details verzichtet August Macke bei diesem berühmten Aquarell. Gemeinsam mit Paul Klee und Louis Moilliet reiste er 1914 für 14 Tage nach Tunesien und schuf in nie gekannter Schaffensfreude mehr als 30 Aquarelle und 160 Zeichnungen.

55 VALENCIA, SPANIEN

Der Architekt Santiago Calatrava hat seiner Heimatstadt mit der Ciudad de las Artes y de las Ciencias ein meisterhaftes Gebäudeensemble geschenkt. Schneeweiße, extravagante, oft besuchte und vielfotografierte Konstruktionen. **39° N, 0° 22' W**

Foto: Marc-Oliver Schulz

SETZT EUCH DER FREMDE AUS!

Statt sich im Unbekannten zu finden, zahlen Urlauber Geld, um Überraschungen aus dem Weg zu gehen. Der Sinn des Reisens bleibt so auf der Strecke TEXT: ILIJA TROJANOW

Ein jeder ist unterwegs. Wir suchen das Unbekannte und landen oft im schmerzlich Vertrauten: Blechlawinen auf Autobahnen und Ringstraßen; Parkplätze, dichter besetzt als je ein Friedhof; Flughäfen, auf denen im Minutentakt Flugzeuge landen; kilometerlange Warteschlangen vor Seilbahnen und Museen. Kaum ein Fleck der Erde ist vor unserer Mobilität sicher. Wo die Sonne hinscheint, steht schon eine Liege bereit. Wie die Heuschrecken schwärmen wir über jedem Schlaraffenort aus. Und wenn es uns abenteuert, tauchen wir zu Schiffswracks hinab, schweben in Heißluftballons über die Savanne oder brechen uns einen Weg durch das nicht mehr ganz so ewige Eis. Wahrlich, wir sind viel unterwegs, aber reisen wir überhaupt noch? Wir fahren durch die Welt, aber wie viel erfahren wir von ihr? Sollte Reisen nicht über die Veränderung der Lokalität hinausgehen? Sollte Reisen nicht ein metaphysischer Akt des Erkennens sein? Wie sehr gilt für uns noch das maurische Sprichwort, nur der Reisende kenne den wahren Wert des Menschen?

Einst beinhaltete die Reise – als Metapher wie auch als Realität – ein hohes Maß an Läuterung und Wandlung. In den meisten Religionen galt das Reisen als rechte Lebensführung, als Instrument der Katharsis, als Mittel zur Erleuchtung.

In dem hinduistischen Lehrbuch „Aitareya-Brahmana" etwa steht geschrieben: „Es gibt kein Glück für den Menschen, der nicht reist. In Gesellschaft von Menschen wird auch der Beste zum Sünder … also brich auf. Des Wanderers Füße sind wie eine Blume: seine Seele wächst, erntet Früchte; seine Mühen verbrennen seine Sünden. Also brich auf! Wenn du rastest, rasten auch deine Segnungen; sie stehen auf, wenn du aufstehst, sie schlafen, wenn du schläfst, sie regen sich, wenn du dich regst. Gott ist der Freund der Reisenden. Also brich auf." Ähnlich den christlichen Wandermönchen von einst ziehen noch heute indische Asketen, *sadhus* genannt, durch das Land. Die orthodoxeren unter ihnen verbringen keine zwei Nächte am selben Lagerplatz. Denn die Seßhaftigkeit berge alle Sünden in sich, ob Gier, Egoismus oder Gewalt. Wer aber in die Seßhaftigkeit hineingeboren ist, wer von ihr geprägt und geschult worden ist, kann das Reisen nur als einen seltenen Ausstieg erleben, als Auszeit von seinem All- und Eintag.

Reisen solcher Art sind keineswegs ein Luxus. Traditionell haben Pilger sie unternommen, ob auf Hadsch nach Mekka, zu Gipfeln des Himalaja oder auf dem Jakobsweg. Sie waren oft Suchende ohne finanzielle Mittel, die sich manchmal ein Leben lang auf die eine große Reise vorbereiteten. Eine andere althergebrachte Form des Reisens verdankt sich dem Handel. Zu großen regionalen Märkten, wie etwa dem Montagsmarkt in Djenné im Herzen Malis, strömen Händler aus mehreren hundert Kilometern Entfernung, manche auf Kamelen, andere zu Fuß, die meisten aber in klapprigen Peugeots, die so überladen sind, dass ihre Ankunft wie ein Wunder erscheint. In Afrika oder Asien existieren noch vielerorts solche Kreuzungspunkte; die Händler müssen große Widerstände und Entfernungen überwinden.

Das höchste Ideal des Reisens ist wohl die profunde Veränderung des Reisenden. Reisen, die solchen Ansprüchen genügen, sind aufwändig und anstrengend, sie erfordern Zeit und Mühsal, sie fordern den Einzelnen heraus – wenig haben sie gemein mit dem modernen, komfortablen Tourismus. Was die touristische Branche als pauschale oder individuelle Reise verkauft, ist oft die Vermeidung von wahrem Reisen. Der Sinn des Reisens ist auf den Kopf gestellt: anstatt sich der Fremde auszusetzen, zahlt man Geld, um ihr aus dem Wege zu gehen. Die Vermeidungstouren beginnen auf Prospekten und Landkarten, wo die ganze Welt verführerisch übersichtlich dargestellt ist, in kleinstem Maßstab, auf jedem Quadratzentimeter Informationen über Informationen, so verdichtet, dass man gar nicht durch das gespannte Netz fallen kann. Bevor man aufbricht, weiß man schon, wie die Fremde heißt und welche Ausfahrt zu ihr führt. Wir trauen uns in jede Fremde, weil uns dort nichts passieren kann. Eine gewaltige Industrie garantiert, dass man von all jenen Irritationen, Verwirrungen und Überraschungen verschont wird, weswegen allein es sich lohnt, sein Zuhause – das Vertraute – zu verlassen. So bleibt das Gefühl der Befremdung auf der Strecke, das Gefühl, sich zu verlieren, das Gefühl, nicht zu verstehen, das Gefühl, nackt zu sein. Es entschwindet die existentielle Überraschung.

Irgendwo zwischen Tonka und Timbuktu steuern wir unsere Pinasse ans Ufer und spazieren in ein nahes Dorf. *Grundlos, ohne Absicht. Die Sonne rollt über die Dünen davon. Die Männer des Dorfes sitzen auf Matten im Sand und lauschen – ermattet nach einem langen Arbeitstag – einem Lehrer, der mit einem Bambusstock auf eine Schiefertafel zeigt. Der Lehrer bedeutet, wir mögen uns dazusetzen. Die Männer, darunter einige mit spitzen weißen Bärten, sprechen das angeschriebene Wort nach, zerlegen es in seine Silben, sprechen die Silben nach, zerlegen sie in die einzelnen Buchstaben, sprechen die Buchstaben nach, bevor sie diese wieder zu Silben und Wörtern zusammenzusetzen. Die Männer, allesamt Bauern, bestimmen selbst, wann und wo sie Lesen und Schreiben lernen wollen. Sie geben sich einige Male in der Woche, in der Stunde des Sonnenuntergangs, alle Mühe. Ihre Kinder schicken sie aber nicht in die Schule, aus Angst, dass sie eines Tages in die Stadt ziehen. Vor Jahren bin ich den Niger entlanggereist, von der Quelle bis zur*

Zart ist noch jener, der die Heimat liebt; stark schon der, für den das gesamte Erdreich Heimat ist; vollkommen aber der, dem die ganze Welt ein Exil ist.

Hugo von Sankt Viktor, christlicher Theologe (1096 - 1141)

Mündung, und keine Begegnung und keine Erfahrung hat mich mehr berührt als jene zufällige mit den alten Männern im letzten Tageslicht, dem Zauber der Buchstaben, Silben und Wörter ausgesetzt.

Es ist das Unerwartete, das betört. Die meisten Reisenden kehren mit eigenwilligen Schätzen heim – mit scheinbaren Nebensächlichkeiten. … *In einer Gasse, wir hatten uns verlaufen, da war diese Kneipe, in der ein paar Minenarbeiter gegessen haben, sie haben uns hereingewinkt, wir haben einen Bohneneintopf gegessen …* Und plötzlich ist ein Zauber spürbar, den keine Planung und kein Angebot bereithalten können. Es ist auch heute, selbst in unserer globalisierten Welt, nicht so schwierig, für sich selbst ein anderes Reisen zu entdecken. Wie wäre es, wenn wir unsere unergiebige Rastlosigkeit an drei Maximen ausrichteten, die vielleicht banal klingen und doch nur selten von Reisenden beherzigt werden? In einem Satz: Reise allein, reise ohne Gepäck und reise langsam, möglichst zu Fuß. Wer so reist, durchwandert die Schatten des Offensichtlichen.

Kaum beginnt die Reise, ist gemeinhin das eigene Gepäck in Gefahr. Aber wenn die Fremde dem Reisenden nach dem Gepäck trachtet, liegt es da nicht nahe, sich des Gepäcks zu entledigen? Ist nicht die Gefährdung des Gepäcks gerade eine Chance bei der Begegnung mit der Fremde? Damit ist nicht nur der meist überflüssige Inhalt unserer Koffer und Taschen gemeint, sondern im übertragenen Sinne auch unsere Vorurteile und Besserwissereien, die wir unterwegs in Gefahr bringen wollen, je heftiger, desto besser. Aber auch die Kleidungsstücke, die wir mitschleppen, stören in der Fremde. Sie stellen alle möglichen Behauptungen auf, gegen die man sich nicht wehren kann, da man selten die Gelegenheit hat, der allgemeinen oberflächlichen Einordnung etwas Persönlicheres, Differenzierteres entgegenzuhalten. Man bekommt fast überall auf der Welt all das, was man – zumindest für das jeweilige Land – zum Überleben braucht. Wer mit leichtem Gepäck reist, der verringert das Maß der Sorgen, der Vorurteile, der Erwartungen.

Überladen sind auch die Reisen in der Gruppe. *In Mopti, einem weiteren Ort am Niger, streune ich stundenlang durch die Gassen und sauge Flüchtigkeiten auf, lausche den vielen mir unbekannten Geräuschen. Dann biege ich um eine Ecke, und bevor ich mich versehen kann, falle ich in eine Reisegruppe hinein, der es aufgrund ihrer Größe schwerfällt, durch die Gassen zu schlüpfen. Diese Gruppe erzeugt so viel unvermeidbaren Lärm – das Klicken der Fotoapparate, die Rufe des Führers, die Erregung der vielen Stimmen –, dass die Teilnehmer nicht hören können, wie der Schmuck an den Ohren und Armen der Fulbe-Frauen klirrt, wie der Harmattan durch alle Ritzen rauscht, wie die Sandalen über den lehmigen Boden kratzen.*

Jede Gruppe neigt zur Blindheit und Taubheit, und sie zieht Gefahr an. Mungo Park, der junge Schotte, der vor mehr als 200 Jahren alle Geheimnisse des Nigers lüften wollte, unternahm seine erste Expedition fast allein, es begleiteten ihn nur ein Dolmetscher und ein Diener. Es war eine erlebnisreiche Reise, über die er einen spannenden Bericht verfasste. Bei seiner zweiten Expedition führte er 38 britische Soldaten ins westafrikanische Binnenland. Von dieser Reise kehrte er nicht heim.

Besonders schwer fällt es uns Beschleunigten, langsamer zu treten. Das fatale Diktat, das in dem Wort „Sehenswürdigkeit" steckt, treibt uns zu immer dichteren Reiserouten. Es gilt geradezu als verschroben, wer sich in seinem Urlaub nur mit einem Fleck, einer Altstadt oder einem See etwa beschäftigt. Und als völlig verrückt muss jener gelten, der zu Fuß aufbricht. Dabei fördert die Fußreise eine Wachheit, die den Reisenden wie eine Bogensehne spannt. Er ist einer Wirklichkeit ausgesetzt, die sich mit kleinen spitzen Steinen durch die Sohlen drückt, die schwer an den Riemen des Rucksacks hängt, die sich durch schmerzende Glieder, Schweiß und Dreck bei jedem Schritt aufdrängt. Wer mit dem Auto, dem Bus, dem Zug oder dem Motorrad durch die Landschaft fährt, sieht mit den Augen – mehr oder weniger. Wer sie aber zu Fuß durchstreift, der sieht mit dem ganzen Körper. Und er ist den Einheimischen gleichgestellt, er fällt in die tradierte Kategorie des müden Wanderers, dem Menschen weltweit mit den Mitteln der vertrauten Gastfreundschaft begegnen. Durch die Windschutzscheibe betrachtet, schaut die Fremde aus, als sei sie schlecht in die eigene Sprache übersetzt.

Keiner von uns kann sich bei jeder Reise völlig nackt machen, und es ist nicht vorstellbar, dass Milliarden von Menschen Eigenwege nehmen. Aber es lohnt sich, seine Aufbrüche zu hinterfragen, um das Schöne am Reisen zu entdecken oder wiederzuentdecken. Dazu muss man nur das Risiko eingehen, die eigene Wahrnehmungen und Prägungen über den Haufen zu werfen. Denn wahre Reisen führen nicht von der Heimat in die Fremde und wieder zurück, sondern verwandeln Fremde in Heimat. Unternimm eine Reise, mein Freund, sang einst der Sufi-Dichter Rumi, vom Ich zum Selbst. So eine Reise verwandelt die Welt in eine Goldmine. Und sie folgt niemals vorgegebenen Wegen, sondern unserem jeweils eigenen Weg.

Ilija Trojanow, *1965 in Bulgarien geboren, gehört zu den profiliertesten Reiseschriftstellern der Gegenwart und ist – als Autor deutscher Zunge – auf der ganzen Welt zu Hause. Seine Bücher werden in viele Sprachen übersetzt, sein Roman „Der Weltensammler" (Hanser) stand monatelang auf den Bestsellerlisten.*

WELT GRUPPE
Jetzt in der WELT am SONNTAG:
Gewinnen Sie eine unvergessliche Reise mit der Königin der Meere.
QUEEN MARY 2 verlost exklusiv in der WELT am SONNTAG eine Transatlantik-Kreuzfahrt für zwei Personen von Hamburg nach New York. Nehmen Sie jetzt am Gewinnspiel teil! Einfach drei Gratis-Exemplare der WELT am SONNTAG bestellen und mitspielen: Tel. 0800/9267537. Mehr Informationen auf www.wams.de/gewinnspiel.
Hauptgewinn: eine Luxuskreuzfahrt auf der QUEEN MARY 2.
Für zwei Personen, von Hamburg nach New York. 8 Nächte inkl. Unterbringung in einer luxuriösen Zweibettkabine mit Balkon, exquisiten Mahlzeiten an Bord sowie Rückreise mit Linienflug.
Lebenshilfe
Nicht ohne meinen Lifestyle-Manager
Nobelmuseum
In Stockholm gibt es Genies zum Anfassen
Winzer-Serie
Tollkühner Champagner von Frau Pommery
Stilfrage
Wie benimmt man sich im Restaurant
WELT am SONNTAG
Deutschlands große Sonntagszeitung · Gegründet 1948
WELT.DE
DIE WELT GEHÖRT DENEN, DIE NEU DENKEN.

RELIGONEN

MONOTHEISMUS: WO GOTT WOHNT

Judentum, Christentum und Islam schöpfen aus den gleichen Quellen, sie sind enge Verwandte. Doch an ihren Gotteshäusern und heiligen Stätten erkennt man, was die drei monotheistischen Religionen im Charakter unterscheidet: das archaisch anmutende Gebet an der Klagemauer, das mittelalterliche Gepränge in Mekka, die moderne Nüchternheit einer ökumenischen Kirche in Freiburg. Allen Orten ist gemein: Hier lebt der Geist desselben einen Gottes

JUDENTUM

Der Tempelberg in Jerusalem ist wichtig für Juden, Christen und Moslems. Hier sollte Abraham Isaak opfern und Mohammed zum Himmel gefahren sein. Vor 3000 Jahren baute Salomo nach der Überlieferung einen Tempel, „Gottes Heimstatt auf Erden" und Hort der Bundeslade. Nach der Zerstörung des jüdischen Gotteshauses standen hier ein römischer Tempel, eine christliche Kirche und heute der muslimische Felsendom und die Al-Aqsa-Moschee. Für die Juden ist die westliche Stützmauer des Tempelplateaus heute ein Ort des Gebets – nicht etwa der Klage. Sie verheißt Nähe zum zerstörten Allerheiligsten im Tempel Salomos.

56 KLAGEMAUER, JERUSALEM

Seit dem Sechstagekrieg 1967 ist die Mauer von Israel aus wieder zugänglich. Männer müssen hier eine Kopfbedeckung tragen.

LAGE **31° N, 35° O**

Foto: James L. Stanfield

Foto: Tom Jacobi

CHRISTENTUM

Schon die ersten Einsiedler und Mönche im 3. und 4. Jahrhundert gingen in die Wüste, um sich den harten Lebensbedingungen auszusetzen und asketisch in der Nachfolge Christi zu leben. Dabei spielte auch der Gedanke eine Rolle, dass in der Bibel der Teufel Jesus auf einen sehr hohen Berg in der Wüste führt und ihn dort versucht.
Ein wenig dieses frühchristlichen Geistes vermeint man in den Meteora-Klöstern in Thessalien zu spüren, die hier ab dem 14. Jahrhundert, gegen Ende des byzantinischen Reichs, entstanden. Hier kann man einiges vom Wesen der orthodoxen Kirchen verstehen, die in manchem ursprünglicher erscheinen und einen mystischen Zugang zum Glauben bewahrt haben, der in den westlichen Kirchen verloren gegangen ist.

57 METEORA-KLÖSTER, GRIECHENLAND

Die 24 Meteora-Klöster gehören zum Unesco-Welterbe. Sie liegen auf bis zu 300 Meter hohen Felsen, die sich in der thessalischen Ebene, 350 Kilometer nordwestlich von Athen, erheben.

LAGE **39° N, 21° O**

CHRISTENTUM

Auch wenn Papst Benedikt XVI. festgestellt hat, die Kirchen der Reformation seien keine Kirchen im Sinne des Vatikans, so ist man an der Basis mitunter pragmatischer, als sich das mancher Funktionär im Vatikan wohl vorstellt. In Deutschland, wo sich immer weniger Menschen zu einer der beiden großen Konfessionen bekennen, sind Kirchenneubauten selten geworden. Im Freiburger Neubauviertel Rieselfeld weihten die evangelische Maria-Magdalena- und die katholische St.-Maria-Magdalena-Gemeinde 2004 eine ökumenische Doppelkirche. Der monumentale Baukörper aus Leichtbeton hat zwei getrennte Gottesdiensträume. Wenn aber die acht Meter hohen Beton-Schiebewände zur Seite gefahren sind, bietet sich ein großer Kirchensaal mit Tageslicht von der Decke und einem Taufbecken in der Mitte. Man möchte glauben, so viel Gemeinsamkeit würde Jesus gefallen.

58 FREIBURG, DEUTSCHLAND

1993 begannen die Arbeiten zum neuen Stadtteil Rieselfeld im Westen Freiburgs. Bis 2010 sollen hier bis zu 12 000 Menschen wohnen. Die Kirche steht am Maria-von-Rudloff-Platz. www.kirche-im-rieselfeld.de (im Aufbau)

LAGE **47° N, 7° O**

Foto: Christian Richters

Foto: Kazuyoshi Noma…

ISLAM

Der Islam ist nicht die monolithische Religion, als die viele ihn sehen wollen. Er ist so vielgestaltig wie das Christentum, mit fortschrittlichen und liberalen oder esoterischen Strömungen. Im Westen wird aber meist nur der konservative Puritanismus Saudi-Arabiens oder der mittelalterliche Rigorismus etwa der Taliban wahrgenommen. So sehr sich die unterschiedlichen Richtungen des Islam mitunter befehden, allen gemein ist die Wertschätzung der Kaaba, des Hauses Gottes. Jeder Moslem sollte einmal zum zentralen Heiligtum des Islam nach Mekka gepilgert sein, wo die Kaaba allerdings schon in vorislamischer Zeit eine Kultstätte war. Siebenmal muss der gläubige Moslem den brokatbehängten Kubus gegen den Uhrzeigersinn umrunden – dann darf er sich Hadschi, Mekka-Pilger nennen. War früher vor allem der Hadsch, die lange Pilgerfahrt, voller Gefahren, so kommen heute immer wieder Pilger im Massengedränge um.

59 MEKKA, SAUDI-ARABIEN

Nicht-Muslime dürfen nicht nach Mekka. Sie müssten vorher zum Islam konvertieren. Nur selten gelang es verkleideten Europäern, zur Kaaba vorzudringen

LAGE **21° N, 39° O**

DER ISLAM – EIN KIND DES CHRISTENTUMS?

Die gemeinsamen Wurzeln von Islam, Judentum und Christentum könnten weiter reichen als geahnt. Manchen Forscher bringen solche Erkenntnisse in Lebensgefahr TEXT: PETER MAYER

Kaum ist Moses mal nicht da, schlägt das Volk Israel über die Stränge. Stellt sich ein goldenes Kalb auf den Altar und betet es an. So steht es in der jüdischen Thora und somit auch in der christlichen Bibel. In Sure 20 des Korans ist ebenfalls davon die Rede. Ein gewisser Samiri sei schuld daran, dass die Israeliten ihrem Gott abtrünnig wurden. Der Allmächtige versöhnt sich wieder mit den Irregeleiteten. Und mit einem Lobpreis Gottes endet die Episode.

Der Koran ist das Buch der Bücher für religiöse Gemeinschaften, welche sich aus der Anhängerschaft Mohammeds entwickelten und heute weltweit über eine Milliarde Menschen zählen. Es entstand zwischen 25 und 60 Jahre nach Mohammeds Tod im Jahr 632. Das heilige Buch des Islam ist für niemanden leicht zu lesen. Außerdem eignen sich die 114 Suren, die nach ihrer Länge geordnet wurden, nicht zu kontinuierlicher Lektüre. Sie folgen ohne Rücksicht auf Chronologie und Sinnzusammenhang aufeinander, keine gibt einen Gedanken weiter oder nimmt einen aus der vorherigen auf.

Experten wie Angelika Neuwirth, Professorin für Arabistik an der FU Berlin, nehmen an, dass die Redakteure des Korans gleichsam eine heilige Scheu vor Eingriffen in den Text gehabt haben. „Die heterogenen Textmassen, die sie aus dem Gedächtnis und aus Mitschriften der Zeitgenossen des Propheten zusammentrugen, muss man sich als einen ungeordneten Nachlass vorstellen, den es möglichst unberührt zu publizieren galt."

Für strenggläubige Muslime gilt jedoch: Wort für Wort hat der Erzengel Gabriel Allahs Offenbarung an Mohammed weitergegeben. Und auch wenn Sure 54 verkündet, wie leicht der Koran von jedermann zu verstehen sei, haben schon früh islamische Kommentatoren von zahlreichen „dunklen Stellen" gesprochen. Sie halfen sich mit der Erklärung aus der Bredouille, Gott allein würde den tiefen Sinn dieser Passagen verstehen.

Nun hat sich ein deutscher Sprachforscher an die Übersetzerarbeit gemacht. Christoph Luxenberg zog dabei das Aramäische zu Rate. In dieser Sprache haben sich im westasiatischen Raum die Menschen unterschiedlicher Muttersprache in Wort oder Schrift verständigen können wie heute weltweit auf Englisch.

Mohammed, der als Händler viel unterwegs war und Karawanen bis Damaskus geleitete, muss diese Sprache gekannt haben, selbst wenn er sie vielleicht nicht lesen und schreiben konnte. Auch im Hedschas, seiner Heimat, war das Aramäische kein exotisch fremdes Idiom: Selbst der Name „Mekka" ist aramäisch, bezeichnet eine Senke. Und nicht nur Händler, sondern auch christliche Syrer kamen auf die Arabische Halbinsel und kauderwelschten arabische Dialekte und Aramäisch. Mohammed muss mit diesem Mix vertraut gewesen sein.

Verheißt das Paradies Weintrauben statt Jungfrauen? Im heiligen Buch des Islam hat ein deutscher Sprachforscher Übersetzungsfehler gefunden. Für einige Gläubige ist das Ketzerei

„Die syro-aramäische Lesart des Koran" lautet der spröde Titel der Forschungsarbeit von Luxenberg – dahinter verbergen sich sprachwissenschaftliche Erkenntnisse, die über 1300 Jahre islamischer Exegese des heiligen Buches in ein neues Licht rücken.

In Sure 24 gibt es eine Passage, die zu der Vorschrift geführt hat, dass Frauen Kopftücher tragen. Luxenberg hat den Text unter die aramäische Lupe genommen und einen schlichten Übersetzungsfehler festgestellt. Demnach ist der Schal überm Kopf ein Gürtel. Der Text lautet: „Sie sollen sich ihre Gürtel um die Lenden schlagen." Das „islamische Kopftuch" hat nach dieser Lesart als Bekleidungsorder nichts mit dem Koran zu tun.

Auch die Glaubensvorstellung von den *huris*, den Paradiesjungfrauen mit den großen Augen, die im Jenseits als huldreiches Empfangskomitee auf die Gottesfürchtigen warten, entstand Luxenberg zufolge nur durch einen Lesefehler. Der Koran spreche nämlich gar nicht von schönen Frauen, sondern – syro-aramäisch – von weißen Weintrauben. Solche Früchte sind im Orient seit altersher Sinnbild von Wohlleben und Behaglichkeit.

Christoph Luxenberg beschäftigt sich auch mit der Frage nach der religiösen Herkunft Mohammeds. Lebte der Prophet in Mekka etwa in einer Gemeinde christlicher Araber? Ein Indiz dafür könnte die Sure 97 sein. Der kurze Text spricht von der Nacht „al-Qadr", der so genannten Nacht „der Bestimmung". In ihr, heißt es, sei der Koran auf die Erde niedergekommen. Luxenberg versucht in seinem Text nachzuweisen, dass es sich hier ursprünglich um die Weihnacht handelt, in der durch die Geburt Jesu das Wort Gottes Gestalt angenommen habe. Diese christliche Tradition, die dem Propheten vertraut gewesen sein muss, habe er uminterpretiert: Nicht in Christus hat das Wort Gottes Gestalt angenommen, sondern im Koran.

Der Koran beruft sich immer wieder auf die Bibel. Zugespitzt heißt das, er verkörpert teilweise eine orientalische Strömung des Christentums. Luxenbergs Buch wirkt provokant, weshalb es der Autor im gegenwärtigen Klima unter Pseudonym veröffentlicht hat, um nicht als Ketzer in Lebensgefahr zu geraten. Zwar hat der Nicht-Moslem keine Angst, wie etwa Rushdie mit einer Fatwa belegt zu werden. Dennoch hält er seine Identität auf Anraten muslimischer Freunde geheim. Aufgebrachte Fundamentalisten, so deren Meinung, bedürften keiner Fatwa, um auf eigene Faust tätig zu werden.

Von der Hand zu weisen ist die Furcht um Leib und Leben nicht. In Pakistan etwa ist eine Ausgabe der Zeitschrift *Newsweek* eingezogen worden, weil sie in einem Artikel über die Arbeit von Christoph Luxenberg berichtet hatte. Und Muhammad Sven Kalisch, Professor für Islamische Theologie in Münster, muss um sein Leben fürchten, weil er sich für eine wissenschaftliche, kritische Auslegung des Korans stark macht. Der Forscher, der mit 15 Jahren zum Islam konvertierte, stellt sogar die Existenz des Propheten in Frage.

Eine historisch-kritische Koranforschung ist nicht zulässig – obwohl das längst nicht immer so war. Anfang des 16. Jahrhunderts schrieb etwa der Ägypter as-Sujuti ein Buch, in dem er 25 Sprachen aufzählt, die im Koran ihre Spuren hinterlassen haben, auch Griechisch, Latein und die Sprachen der afrikanischen Bantu-Völker. Für den Autor war das ein stolzer Beleg für die universelle Botschaft des Korans. Dagegen kam es in Kairo 1924 zu wütenden Demonstrationen, als eine Koranausgabe veröffentlicht wurde, in der statt der üblichen kleinen Blüten oder Kreise fortlaufende Ziffern die Verse trennten.

Der Islam hat um den Propheten und den Koran einen breiten Schutzwall gebaut. Ihn anzutasten ist ein Tabu. Die christliche Auseinandersetzung mit dem Islam wiederum war über Jahrhunderte geprägt von Ignoranz und Verachtung. In seiner „Göttlichen Komödie“ begegnet Dante Alighieri bei seiner Wanderung durch die Hölle auch Mohammed. „Die Därme hingen zwischen seinen Beinen / Und das Gekröse nebst dem schnöden Sacke / Der Kot aus Nahrung macht, sah man erscheinen.“ Mohammeds Schwiegersohn Ali ist „vom Kinn zum Scheitel das Gesicht gespalten“. Um Menschen als solche Ekelgestalten zu beschreiben, müssen sie einem schon höllenabgrundtief zuwider sein.

Dabei ist belegt, dass Christentum, Judentum und Islam weitreichende gemeinsame Wurzeln haben. Mohammed, der als Enddreißiger in einer Daseinskrise gerät und sich angewidert vom Materialismus der Mekkaner in die Einsamkeit der Wüste zurückzieht, empfängt in der Höhle Hira Botschaften von jemandem, den er später als den Erzengel Gabriel identifiziert.

Später verkündet er Gottes Wort vor Menschen, die aus vielerlei Traditionen kommen, auch arabische Christen und Juden hören ihm zu. So fließen viele Anspielungen ein, die auf Dinge hinweisen, die in der jüdisch-christlichen Tradition vorkommen. Mohammed kennt sie, und er hat sie als Verständigungsbrücken zu seinen Zuhörern benutzt. Namen tauchen auf, biblische Geschichten, die aber doch immer etwas anders erzählt werden, als sie die jüdischen und christlichen Quellen vermitteln.

Der Koran ist für niemanden leicht zu begreifen. Selbst strenggläubige Kommentatoren sprechen seit langem von „dunklen Stellen“, deren Sinn nur Gott selbst verstehe

Kopftuch: Im Koran vorgeschrieben?

WER WAR MOHAMMED?

Geboren um 570 in Mekka, wird er früh Waise und kommt in die Dienste der wohlhabenden Witwe Chadidscha, die er später heiratet. Mohammed ist erfolgreich als Karawanenführer und Kaufmann, bevor er sich in die Einsamkeit zurückzieht und Botschaften Allahs empfängt. Der Prophet vertraut sich zunächst nur seiner Familie an. Mit der Zahl seiner Zuhörer wächst auch die Zahl der Widersacher, die in ihm einen Unruhestifter sehen, der ihre Art zu leben verdammt. Mohammed flieht aus Mekka. Mit dieser „Hedschra“ beginnt die islamische Zeitrechnung: Am 24. September 622 erreicht er Medina. Dort stirbt er zehn Jahre später.

Der Koran bezeichnet etwa Jesus als „Isâ ibn Maryam“, „Jesus, Sohn Marias“. Damit ist programmatisch der Unterschied zum christlichen „Sohn Gottes“ ausgedrückt, der im neuen und strikten islamischen Monotheismus keinen Platz hat. Zugleich kann Jesus dadurch ohne große theologische Verrenkung in die Reihe der Propheten und Vorläufer Mohammeds eingereiht werden.

Im Koran wie im apokryphen Kindheitsevangelium des Thomas wird die Geschichte vom Vogelwunder erzählt – allerdings in unterschiedlichen Versionen: Jesus formt aus Ton kleine Vögel und lässt sie dann lebendig werden. Im Koran aber vollbringt Jesus das Wunder nicht selbst, es geschieht mit Gottes Erlaubnis. Aus Erde Leben schaffen, das kann nur der Allmächtige.

Ibn Abbas, ein Neffe Mohammeds, berichtet, die Ankunft des aus Mekka geflüchteten Propheten in Medina sei genau auf Yom Kippur gefallen, den wichtigsten jüdischen Festtag. Die Juden fasteten und taten Buße. Mohammed wollte etwas über den Ursprung ihres Festes wissen und erfuhr, dass die Befreiung des Volkes Israel aus Ägypten gefeiert werde. Daraufhin habe auch der Prophet den Tag als Fastenfest für seine Gemeinde festgelegt. Die in Sure 2 beschriebene Fastenregeln zum Ramadan lehnen sich eng an die Yom-Kippur-Liturgie an.

Zu jener Zeit verneigten sich die Anhänger Mohammeds im Gebet nach Jerusalem. Der Tempel, der dort fast 600 Jahre zuvor zerstört worden war, galt immer noch als Erinnerungsort jüdisch-christlichen Heilsgeschehens. Damit war Mohammeds Gemeinde vertraut. Später erst verneigten sich die Muslime im Gebet nach Mekka – vielleicht ein erstes Zeichen für eine scharfe Abgrenzung zwischen den Glaubensgemeinschaften.

Luxenberg will mit seinen Forschungen keinen wissenschaftlichen Religionskrieg anfeuern. Er will im Gegenteil den Dialog der drei monotheistischen Religionen – und eines Tages seinen wahren Namen preisgeben.

SUPERLATIVE

ALT, GROSS UND HEISS: CHAMPIONS ALLER KLASSEN

Ein Tier stellt Rekorde auf, ohne sich darum zu bemühen, andere streben nach Höchstleistungen, erreichen sie und werden – typisch Mensch – doch schon morgen überboten. Hier eine kleine Auswahl der erstaunlichsten Spitzenreiter des Erdballs

Ihr Name war **Tui Malila**, sie war eine **Strahlenschildkröte** aus Madagaskar. Die Bühne der Weltgeschichte betrat sie 1773 oder 1777, als kein Geringerer als James Cook sie dem damaligen Herrscher von Tonga schenkte. Sie starb 1965. Ihr exaktes Alter zu bestimmen, war leider nicht möglich; sicher ist jedoch, dass sie zum Zeitpunkt der Übergabe ausgewachsen war und daher sicher mehr als **188**, eventuell sogar **200** Jahre alt wurde. Auch eine im Jahr 2006 verstorbene Galapagos-Riesenschildkröte (Bild) hatte einiges auf dem Buckel: **Harriet** wurde 1835 nach London gebracht – angeblich von Charles Darwin persönlich.

DAS ÄLTESTE TIER

Beinahe **so groß wie zehn Fußballfelder** ist dieser lagunenförmige Pool der Ferienanlage San Alfonso del Mar bei Algarrobo in Chile. Mit einem Fassungsvermögen von 250 Millionen Litern Wasser und mehr als einem Kilometer Länge ist dies **der größte Pool der Welt.** Einer der Hauptgründe für das millionenschwere Projekt war das verschmutzte Meerwasser an der Pazifikküste. Das wird jetzt gefiltert und erst dann dem künstlichen See zugeführt, auf dem sogar kleine Segelboote verkehren. Der Pool ist auf angenehme 26 Grad erwärmt und eignet sich gefahrlos zum Plantschen, Haie gibt es hier garantiert nicht. Glaspyramiden sorgen auch während der seltenen Regentage für ungetrübtes Badevergnügen im tropisch türkisfarbenen Wasser.

DER GRÖSSTE SWIMMINGPOOL

Der größte Organismus der Welt ist **2400 Jahre alt** und erstreckt sich auf einer Fläche von rund **890 Hektar,** das ist etwa das 20-fache des Vatikans. Entdeckt wurde er erst im Jahr 2007, denn der **Hallimasch** aus der Klasse der Ständerpilze wächst unterirdisch. Das riesige Myzel lebt im Malheur National Forest im US-Bundesstaat Oregon. Dass es sich tatsächlich um einen einzigen Pilz handelt, bewies die Forscherin Catherine Parks mit DNA-Tests.

DAS GRÖSSTE LEBEWESEN

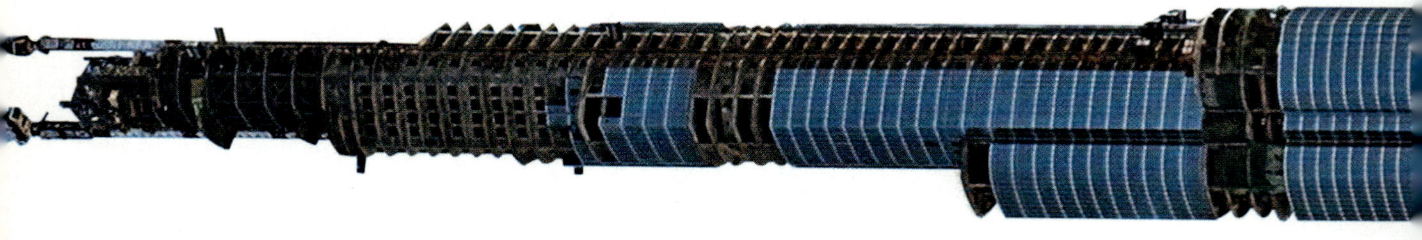

Unglaubliche Ausmaße hat die Verbotene Stadt im Herzen von Peking. Auf 72 Hektar erstreckt sich die riesige Palastanlage mit 890 Toren und 8707 Räumen. Der Legende nach sollten es sogar 9999 sein, ein Raum weniger als im Palast des Himmels. Die Neun spielt auch sonst eine große Rolle, da sie, als höchste einstellige Zahl, dem Kaiser vorbehalten war. Auch die für den Palast typischen Farben Rot und Gelb haben eine tiefere Bedeutung: Gelb stand für die chinesischen Kaiser, während Rot als Farbe des unbeweglichen Polarsterns galt. Nach nur 15-jähriger Bauzeit wurde der heute noch größte Palast der Welt 1421 fertiggestellt. Bis 1912 lebten und herrschten hier 24 Kaiser der Ming- und Qing-Dynastien. Jährlich neun Millionen Besucher stellen ihren eigenen Rekord auf.

DER GRÖSSTE PALAST

Ein **Lauf über 217 Kilometer bei 50 Grad Celsius** lockt jährlich rund 90 Extremsportler aus aller Welt in eine der heißesten Regionen der Erde. Im **Death Valley**, so benannt, weil viele der Goldsucher des 19. Jahrhunderts bei seiner Durchquerung starben, wurden 1913 unglaubliche **56,7 Grad** gemessen: nur 1,2 Grad weniger als im libyschen El Azizia, dem heißesten Ort der Welt. Neben den extremen Temperaturen ist auch die Strecke des Badwater-Ultramarathons eine Herausforderung. Der Start findet 85 Meter unter dem Meeresspiegel statt, während das Ziel auf 2533 Höhenmetern liegt. Der Rekord beträgt knapp 23 Stunden, mehr als 60 Stunden sollte man nicht brauchen, denn sonst gibt's kein Finisher-T-Shirt.

DER HEISSESTE LANGSTRECKENLAUF

Das **höchste Gebäude** entsteht derzeit in den Vereinigten Arabischen Emiraten. Der **Burj Dubai** (Turm von Dubai) soll im **August 2009 fertig gestellt** sein, die Arbeiten begannen 2004 auf einer künstlichen Insel. Die endgültige Höhe wurde bisher nicht bekannt gegeben, sie soll zwischen **800 und 950 Metern** liegen. Den 2004 eröffneten „Taipei 101" (508 m, in der Grafik zweiter von links) in Taiwan stellt der Burj Dubai heute schon in den Schatten. Selbst der Eiffelturm (324 m, zweiter von rechts) und das Empire State Builduing (381 m, Mitte) wären aufeinandergestellt nicht so hoch wie der neue Gigant. Die Cheopspyramide (136 m) wirkt im Vergleich wie eine Abraumhalde. Auf 7000 Quadratmetern wächst eine gigantische „Stadt in der Stadt" mit Wohnungen, Hotels, Büros und dem größten Einkaufszentrum der Welt. Die Kosten für das Riesenprojekt werden allein von der Königsfamilie getragen.

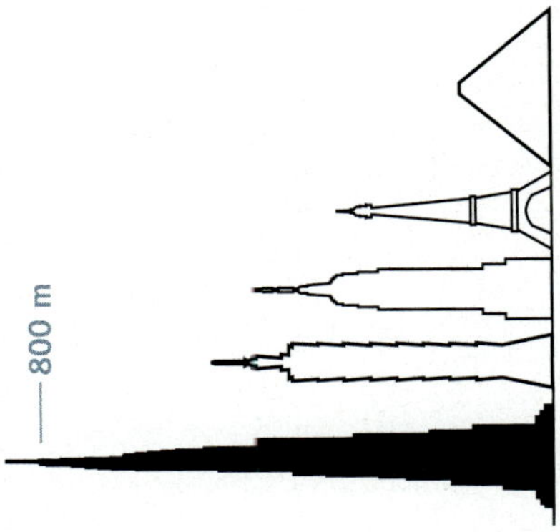

DER GRÖSSTE TURM DER WELT

TRISTAN DA CUN

Foto: Manuel Bauer

HA

200 JAHRE EINSAMKEIT

Im abgelegensten Ort der Welt leben 279 Menschen, Schiffe legen hier nur wenige Male im Jahr an. MERIAN sprach mit Conrad Glass, einem Nachfahren des ersten, 1816 hier angekommenen Siedlers, über das harte, einfache und offenbar glückliche Dasein der Insulaner

Fernab vom Rest der Welt: ein Vulkan im Südatlantik, 2060 Meter hoch, zwölf Kilometer im Durchmesser. Als er 1961 ausbrach, wurden die Tristanier nach Großbritannien evakuiert – und kehrten nach zwei Jahren zurück. Der nächste bewohnte Ort ist Kapstadt, knapp 3000 Kilometer entfernt

WIR HABEN ESSEN UND WASSER. WIR HABEN EIN

1 Albatrosse brüten auf Tristan da Cunha zu Tausenden **2** Eines von 96 Fahrzeugen auf der Insel: der Land Rover der Polizei **3** Neunmal im Jahr legen die Schiffe der Fischereifirma an, sie bringen Waren und bis zu 14 Passagiere pro Fahrt **4** Der Inselvulkan vertrieb 1961 die Bewohner. Sie kamen zurück, er ruht seitdem **5** Jedem Tristanier steht die gleiche Menge Land und Vieh zu: zwei Kühe pro Familie **6** Das reiche Meer ernährt die Insulaner mit Fisch – als Speise und als Handelsware

1

2

3

4

5

6

Weideland ist Staatsbesitz auf Tristan da Cunha, und das bedeutet hier Gemeineigentum. Die Schafe zu hüten, ist Aufgabe aller, auch des Inselchefs Conrad Glass

Foto: Chris Bates

WENN ES STREIT GIBT, KANN KEINER WEGLAUFEN.

1 Das Inseldorf ist bescheiden, doch sein Name hat Format: Edinburgh of the Seven Seas **2** Conrad Glass, Polizist und „Chief Islander“, stammt in siebter Generation vom Gründer der Gemeinde ab **3** Wellblechhütten voller Vorräte: Tristans Supermarkt. Die Versorgungsschiffe können sich um Wochen verspäten **4** Kliffs umgeben Tristan, den Entdeckern gelang es nicht, hier anzulegen **5** Wirtschaftswachstum: Ein Traktor bringt Baumaterial **6** So oft wie Weihnachten: Einmal im Jahr landet ein Schiffshubschrauber

1

2

3

4

6

MAN MUSS SICH VERSÖHNEN

Mindestens acht Wochen muss man einplanen, um die Insel Tristan da Cunha von Deutschland aus zu besuchen. Deshalb führte MERIAN-Reporter Thomas Gebhardt das Interview mit Conrad Glass per E-Mail.

MERIAN: Mr. Glass, ist Tristan da Cunha eine Insel am Rand der Welt oder eine Welt für sich?

Conrad Glass: Tristan da Cunha ist der abgelegenste bewohnte Ort der Welt, aber es ist unser Zuhause. Alle 279 Tristanier leben in einem Dorf, wir sagen Siedlung, Edinburgh of the Seven Seas, auf dem größten Plateau.

Wie kann ich mir das tägliche Leben auf Tristan vorstellen?

Wir arbeiten 40 Stunden in der Woche als Lehrer, Maurer, Bürokraft, Krankenschwester, Fischer oder Polizist, als Naturschutzbeauftragte oder im Supermarkt. Viele Tristanier haben mehrere Jobs. Nach der Arbeit gehen wir fischen, bestellen den Boden, um Kartoffeln zu ernten, füttern das Vieh oder machen irgendwelche Basteleien, helfen in der eigenen Familie oder Freunden bei Arbeiten.

Bei Ihnen gibt es alles: Schule, Supermarkt, Krankenhaus?

Ja, wir haben eine Schule, ein Vier-Betten-Hospital und einen Supermarkt, der uns mit allem versorgt. Zudem einen Pub, ein Café, eine Badeanstalt, eine Turnhalle, eine Poststation, eine Fischfabrik. Und zwei Kirchen, eine anglikanische und eine katholische.

Wenn jemand einen Unfall oder starke Zahnschmerzen hat, kann ihm geholfen werden?

Wir haben zwar einen Arzt auf der Insel, der Notoperationen vornehmen kann, aber bei ernsthaften Erkrankungen müssen wir ein vorbeifahrendes Schiff bitten, den Patienten nach Kapstadt zu bringen.

Das sind fast 3000 Kilometer!

Ja, das Schiff braucht sieben Tage. Bei stürmischem Wetter können es schnell ein paar mehr werden.

Wie ist Tristan mit dem Rest der Welt verbunden?

Neunmal im Jahr laufen Fischfangschiffe von Kapstadt die Insel an, die zugleich unsere Frachtschiffe sind. Sie bringen alles: Passagiere, Lebensmittel, Medikamente, Haushalts- und Gartengeräte, Früchte, Vieh, Textilien, Maschinen, Möbel, Bauholz, Gas in Flaschen, Benzin, Diesel.

Auch Süßwasser?

Nein, unser Wasser bekommen wir aus natürlichen Quellen in den Bergen. Es wird in einem Reservoir gesammelt, und dann zur Siedlung gepumpt.

Und wenn ein Versorgungsschiff Verspätung hat oder ganz ausfällt?

Wenn die Vorräte knapp werden, rationieren wir die Waren, sodass jeder den gleichen Anteil kriegt. Außerdem sorgt jede Familie vor, baut Kartoffeln, Gemüse und etwas Obst selbst an und besitzt Schafe, Kühe und anderes Vieh. Wir haben Essen, wir haben Wasser, wir führen ein gutes Leben.

Wie nennen Sie den Rest der Welt – haben Sie dafür spezielle Namen?

Ja, wir nennen sie „the outside world" oder einfach „abroad".

Woher bezieht Tristan da Cunha Strom?

Die Fischfabrik versorgt das Dorf mit Elektrizität aus Generatoren. Ein Teil kommt auch vom Generator der seismischen Beobachtungsstation.

Wovon lebt Ihre Wirtschaft?

Vom Hummer- und Langustenfang. Wir legen Fangquoten fest und vergeben Lizenzen an Schiffe, die in unseren Gewässern fischen wollen. Unsere Fischfabrik gehört einem südafrikanischen Unternehmen, das ebenfalls in unseren Gewässern fischt. Die vermarkten und verkaufen unseren Hummer, hauptsächlich in die USA. Viele Tristanier arbeiten in der Fischfabrik. Außerdem verdienen wir am Verkauf von Briefmarken und Münzen an Sammler in der „outside world".

Weiß auf der Insel jeder alles vom anderen?

Klatsch und Tratsch spielen eine Rolle wie in jeder kleinen Gemeinschaft. Aber die Leute respektieren die Privatsphäre des anderen.

Es wird doch auch mal Streit geben.

Auf Tristan zu leben, heißt auch, dass man mit 278 Nachbarn auskommen muss. Wenn es Streit gibt, hat man keine Möglichkeit, wegzulaufen. Man muss einen Kompromiss finden, sich wieder versöhnen.

1961 wurden alle Tristanier evakuiert. Was war passiert?

Der Vulkan brach aus, und die Tristanier flohen in ihren Booten auf die Insel Nightingale. Am nächsten Tag gingen alle an Bord eines Schiffs, das uns nach Kapstadt brachte. Später reisten wir nach Großbritannien und lebten dort in einer ehemaligen Militärkaserne als Gemeinschaft zusammen. Da blieben wir zwei Jahre. Die britische Regierung wollte uns überzeugen, für immer in Großbritannien zu bleiben. Aber 99,5 Prozent der Insulaner wollten zurück nach Tristan.

Wie oft waren Sie schon in der „outside world"?

Ich war viermal im Ausland: auf St. Helena, in Südafrika, in Frankreich und in Großbritannien.

Und wie war es?

Ich habe damals meine Familie und Freunde vermisst, die Sicherheit und Geborgenheit, die Tristan bietet. Außerdem fehlte es mir, mein eigener Herr zu sein und meine Angelegenheiten selbst zu regeln.

Wie meinen Sie das?

Das Leben in der „outside world" ist viel mehr reglementiert als bei uns. Gesetze und Regeln diktieren das ganze Leben.

Haben Sie Anfragen von Menschen, die aus der „outside world" nach Tristan da Cunha ziehen und dort leben wollen?

Ja, viele Menschen melden sich bei uns und wollen auf Tristan leben. Aber wir

EIN SHUTTLE-SERVICE ZUM KARTOFFELACKER

wollen die Gemeinschaft nicht auf mehr als 300 Personen wachsen lassen. Unsere Ressourcen würden für mehr Menschen nicht ausreichen. Außerdem würden wir unsere Lebensart aufgeben müssen, die wir seit Generationen pflegen. Und das wollen wir nicht.

Einer Ihrer Vorfahren schrieb, wenn man so will, die Verfassung von Tristan da Cunha, die heute im Royal History Museum in London liegt.

Die Insel folgt bis heute den Regeln, die William Glass, mein Vorfahr vor sieben Generationen, festgeschrieben hat. Er kam 1816 nach Tristan da Cunha, war der Gründer und erste Gouverneur unserer Gemeinschaft, so wie sie bis heute existiert. Der wichtigste Artikel unserer Verfassung, die William damals schrieb, lautet: „Auf Tristan sind alle Menschen gleich, unabhängig von ihrem Rang, ihrem Ansehen, ihrer Stellung, ihrer Hautfarbe oder ihrem Glauben. Niemand soll sich auf Kosten anderer Insulaner begünstigen oder persönlich bereichern."

Aber der Archipel gehört doch zu Großbritannien, wie kann da für Tristan ein eigenes Regelwerk gelten?

Tristan da Cunha ist Kronkolonie. Aber die Verfassung von William lebt dennoch fort: Zum Beispiel teilen wir vieles miteinander, arbeiten für das Gemeinwohl. Das Land gehört den Tristaniern, so lange sie hier leben.

Wie geht das praktisch?

Ein Tristanier zäunt Land ein, baut darauf oder bestellt den Boden. Dieses Land wird damit sein privater Besitz. Alles eingezäunte Land ist Privateigentum, alles Weideland ist Besitz der Regierung von Tristan. Allen steht ein gleich großes Stück Land zu.

Was ist Ihre Aufgabe als Inselpolizist?

Ich beginne meine Arbeit meist auf der Polizeiwache, beantworte E-Mails oder schreibe Berichte. Danach gehe oder fahre ich Streife: Ich kontrolliere zum Beispiel, ob Hunde Vieh ins Dorfgebiet gejagt haben, unterrichte Verkehrssicherheit in der Schule, steuere das Polizei- und Rettungsboot oder gehe an Bord eines Schiffs, um Zollabfertigung und Einreiseformalitäten zu erledigen. Und es gibt immerhin 96 Fahrzeuge auf der Insel.

Wie viele Kreuzfahrtschiffe laufen Tristan pro Jahr an?

Es sind fünf bis acht im Jahr; dann verdoppelt bis verdreifacht sich kurzzeitig die Bevölkerung Tristans.

Wie gehen die Tristanier mit dieser Invasion um? Bleiben Sie Herr im Hause?

Ob 180 oder 1000 Passagiere, wir führen immer Regie: Während der Besuche wird Kunsthandwerk verkauft, das Café, der Pub, der Supermarkt, die Post und das Museum sind die ganze Zeit geöffnet. Es gibt Führungen zum Vulkan und einen Shuttle zu den Kartoffelfeldern.

Wie kommen Touristen auf die Insel, die nicht mit dem Kreuzfahrtschiff anreisen?

Die Frachtschiffe, die Tristan ansteuern, können jeweils 14 Passagiere befördern. Je Schiff kommen vielleicht fünf, sechs Touristen auf die Insel.

Welche Voraussetzungen muss ein Tourist erfüllen, um Tristan zu besuchen?

Man sollte beim Inselrat eine Besuchserlaubnis beantragen. Auf unserer Website (www.tristandc.com) gibt es die nötigen Informationen. Erst wenn der Besuch bewilligt ist, sollten Interessenten sich um einen Platz auf einem der Schiffe kümmern. Aber selbst wenn man alles beisammen hat, kann es jederzeit passieren, dass einem medizinischen Notfall oder einem dringend benötigten Spezialisten der Vorrang gegeben wird – dann bleiben die Touristen zurück, egal ob am Kai in Kapstadt oder auf Tristan.

Und wenn man die Insel einmal erreicht hat, findet man Unterkunft?

Tristan hat private Gästehäuser, man kann aber auch Vollpension buchen und bei einer Familie mit im Haus wohnen. Die Gastfreundschaft der Tristanier ist legendär. Insulaner bringen den Gästen oft selbst gebackene Kuchen vorbei oder die traditionellen Insel-Puddings aus Beeren und Kartoffeln – die sind sehr lecker. Und wenn Gäste über die Insel wandern, dann werden sie von den Tristaniern oft auf einen Pott Tee oder einen „Tristan tot" eingeladen, einen ordentlichen Schluck Brandy. Das hält einem den Wind vom Hals.

Wo finden die Tristanier ihre Partner?

Einige Tristanier haben Ausländer geheiratet und leben glücklich in Europa. Vielleicht kommen sie eines Tages zurück. Wieder andere haben andere „fellow islanders" geheiratet; einige hoffen noch darauf, den richtigen Partner zu finden.

Wo haben Sie Ihre Frau kennen gelernt?

Ich bin mit einer Frau unserer Insel verheiratet; wir haben einen Sohn.

Vermissen Sie etwas auf Tristan?

Ich vermisse es, beim Einkaufen von persönlichen Dingen eine Auswahl zu haben, zum Beispiel meine Kleidung selbst auszusuchen und zu kaufen. Als Tristanier bin ich immer auf andere Leute angewiesen, meine Wünsche zu interpretieren und beim Einkauf für mich eine Wahl zu treffen.

Wenn Sie morgens aus dem Fenster schauen, was sehen Sie?

Wenn ich nach dem Aufstehen aus dem Fenster schaue, sehe ich aufs Meer. Das Wasser schimmert meist grünblau, und der Himmel spiegelt sich darin. Oft treiben weiße Wolken am Himmel, und über den Bergen, die dann noch dunkle, grüne Schatten sind, geht die Sonne auf.

Conrad Glass *ist Polizeiinspektor und „Chief Islander", der gewählte Vorsitzende des Inselrats.*

Thomas Gebhardt, *Reporter aus Kiel und Zidderich, sieht das kleine mecklenburgische Dorf, in dem er zeitweise lebt, seit dem Interview mit anderen Augen – es scheint ihm weniger weltfern.*

60 TRISTAN DA CUNHA

Mit Union Jack und Kanone: der Sitz der britischen Krone, vertreten durch den „Administrator“

Zu der britischen Kronkolonie gehören die Vulkaninseln Tristan, Nightingale, Inaccessible sowie das gut 400 km entfernte Gough. Die 98 km^2 große Hauptinsel wurde 1506 vom portugiesischen Seefahrer Tristão da Cunha entdeckt. 1767 wurde Tristan von einer französischen Fregatte vermessen, 1816 nahm Großbritannien die Insel in Besitz und gründete eine Militärbasis. Als sie 1817 aufgegeben wurde, blieb der Gefreite William Glass mit Frau und Kindern. Bald kamen weitere Siedler: Schiffbrüchige und Abenteurer. Tristan war Station für Walfänger und Fernostfrachter. Nach Eröffnung des Suezkanals (1869), kamen immer seltener Schiffe vorbei. Um 1890 hatte Tristan nur noch wenige Dutzend Einwohner. Im Zweiten Weltkrieg wurde der erste Administrator (Regierungschef) eingesetzt, seit 2002 besitzen die Tristanier die volle britische Staatsbürgerschaft. Von Jules Verne über Arno Schmidt bis zu Raoul Schrott haben sich Literaten mit Tristan da Cunha beschäftigt. Auch Conrad Glass hat ein Buch über seine Heimat geschrieben, es heißt „Rockhopper Copper“, kostet 15 Pfund inkl. Postversand an jeden Ort der Welt. Wer es haben möchte, schickt einen undatierten Scheck (in Pfund Sterling) oder Banknoten in Pfund, Euro, Rand oder US-Dollar per Einschreiben an: **Conrad J. Glass, Thompson Street, Edinburgh of the Seven Seas, Tristan da Cunha, South Atlantic Ocean, TDCU1ZZ.** Die Lieferung kann bis zu drei Monate dauern.

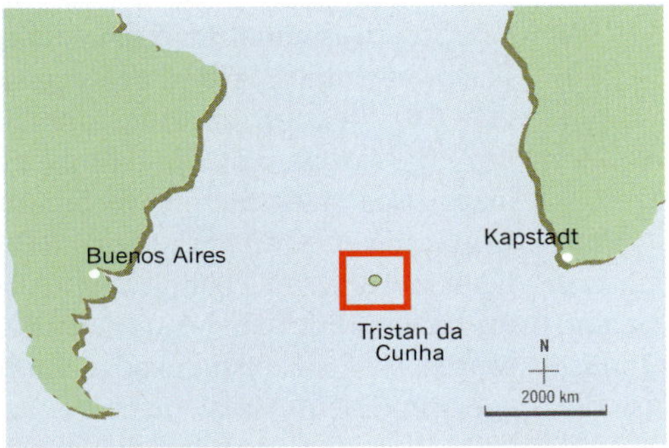

2800 Kilometer bis Kapstadt, 4100 bis Buenos Aires: Einsamer geht's nicht

LAGE **37° S, 12° W**

UMFRAGE

WAS IST DAS GRÖSSTE PROBLEM,

das die Menschheit in den nächsten zehn und in den nächsten hundert Jahren lösen muss? Fünf Umwelt- und Menschenrechtsaktivisten antworten

Prof. Dr. Mojib Latif, Klimaforscher, Universität Kiel: Die großen Probleme der Menschheit sind eng miteinander verzahnt und nur Symptome eines übergeordneten Problems: Wir leben auf unserer Erde nicht nachhaltig. Wir verbrauchen die natürlichen Ressourcen mit einer Geschwindigkeit, welche deren Erholung nicht erlaubt. Wir verunreinigen sauberes Trinkwasser, wir verschmutzen die Weltmeere und überfischen sie, wir roden Wälder und fördern die Erosion der Böden. Die Zerstörung der tropischen Regenwälder verdeutlicht das Nachhaltigkeitsproblem auf besonders erschreckende Weise. Durch die Brandrodungen gelangen große Mengen Kohlendioxid in die Atmosphäre, ein Grund für die globale Erwärmung. Auf den gerodeten Flächen werden zur Befriedigung unseres enormen Fleischkonsums Pflanzen angebaut, die an Rinder verfüttert werden. Gleichzeitig baut man dort Pflanzen für die Gewinnung von Biokraftstoffen an, damit wir immer größere Autos fahren können. Die Folge: Täglich sterben viele Arten in den Regenwäldern aus. Man könnte sehr viel mehr Menschen satt bekommen, wenn man den Fleischkonsum auf ein Mindestmaß reduziert. Man kann mit Hilfe der Sonne Energie viel effektiver erzeugen als durch die Verbrennung fossiler Brennstoffe und Energie für alle Menschen garantieren. Die Artenvielfalt würde vom Schutz der Regenwälder profitieren, und saubere Energie würde die Umwelt nicht über Gebühr belasten, und das Klimaproblem würde sich in Wohlgefallen auflösen.

Barbara Lochbihler, Generalsekretärin der deutschen Sektion von Amnesty International: Armut bleibt der größte menschliche Skandal in unserer heutigen Welt des Überflusses. Deshalb steht die Halbierung der absoluten Armut und der Zahl der Hungernden zu Recht ganz oben auf der Liste der UN-Millenniumsziele. Armut versperrt Kindern und Erwachsenen den Zugang zu Bildung, zu ausreichender Gesundheitsversorgung, zu angemessenem Wohnraum und zu menschengerechter Nahrung – alles Menschenrechte. Viele große Herausforderungen unserer Zeit hängen mit Armut zusammen. HIV/Aids gehört dazu, die großen Migrationsbewegungen etwa von Afrika in die EU ebenfalls. Mit Blick auf die nächsten hundert Jahre ist wohl die Fähigkeit, Konflikte friedlich zu lösen, die Aufgabe, an der die Menschheit wachsen muss.

Karlheinz Böhm, Schauspieler und Initiator der Aktion „Menschen für Menschen": Uns muss in den nächsten zehn Jahren die Frage beschäftigen, wann Politik und Wirtschaft der Industrieländer endlich begreifen, dass die wirtschaftliche Entwicklung des Kontinents Afrika von immenser Bedeutung für uns alle ist. Wir müssen lernen, zu teilen, um die enorme Diskrepanz zwischen Arm und Reich zu verändern.

Prof. Dr. Detlev Drenckhahn, Präsident des World Wide Fund For Nature (WWF) Deutschland: Der WWF zeigt in seinem Living Planet Index deutlich, dass der menschliche Fußabdruck viel zu tief ist: Würde der Lebensstandard eines Durchschnittsdeutschen auf alle Erdenbürger übertragen, bräuchten wir schon jetzt fast zwei Planeten. Das kann auf Dauer nicht gut gehen. Wenn wir in den nächsten Jahrzehnten nicht lernen, nachhaltig zu wirtschaften, ist zu befürchten, dass nachfolgende Generationen nicht erst in hundert Jahren vor albtraumartigen Verteilungskämpfen um die verbliebenen Ressourcen stehen.

Brigitte Behrens, Geschäftsführerin von Greenpeace Deutschland: Schneller denn je steigen die Emissionskurven. Die zwei Grad Celsius Temperaturanstieg, von Wissenschaftlern eben noch als äußerste Grenze markiert, sind inzwischen Makulatur. Doch jetzt ist Finanzkrise. Da macht sich Bundeskanzlerin Merkel für die deutsche Autoindustrie stark und gibt Brüssel klar zu verstehen, dass das EU-Klimapaket keine Arbeitsplätze kosten darf. Bundesumweltminister Gabriel will beim Emissionshandel Sonderkonditionen herausholen. Damit die schmutzigsten Industriezweige in unserem Lande nicht für ihren Dreck bezahlen müssen. So etwas nennt man schizophren. Denn eigentlich will die Regierung den CO_2-Ausstoß bis zum Jahr 2020 um 40 Prozent senken. Gabriel aber macht sich stark für die Verfeuerung von Kohle. 25 Kraftwerke sind im Plan, neun werden seit 2006 gebaut. Allein die beiden Blöcke in Neurath bei Köln werden so viel Kohlendioxid ausstoßen wie ganz Neuseeland in einem Jahr. 500 Milliarden Euro hat die Bundesregierung innerhalb weniger Tage zur Rettung unserer Konten zusammengetragen. Warum aber hilft sie nicht, unsere Erde zu retten?

VERKEHR

GEHT ES AUCH EIN BISSCHEN LANGSAMER?

Erdöl wird langfristig immer teurer. Zu Lande, zu Wasser und in der Luft will man deshalb sparen. Das Rezept: kürzere Wege und weniger Tempo TEXT: BENNO STIEBER

Die Welt ist flach", verkündete vor wenigen Jahren der amerikanische Journalist Thomas L. Friedman in seinem gleichnamigen Buch. Die globalisierte Welt rücke zusammen, Entfernungen spielten eine immer geringere Rolle, sagt der Wirtschaftsjournalist. Wer die Containerhäfen in Hamburg, Rotterdam, Singapur oder Shanghai besucht, in denen Tag und Nacht Waren umgeschlagen werden, sieht, was Friedman damit meint. Fernseher aus Korea, Maschinen aus Deutschland, Oberhemden aus Bangladesh: Sieben Milliarden Tonnen Güter wurden im Jahr 2006 per Schiff um die Welt geschickt. Hinzu kommt: Fast 900 Millionen Touristen und Geschäftsreisende waren 2007 auf dem Globus unterwegs. Knotenpunkte werden dabei immer wichtiger. Ein kleines Scheichtum will zum Drehkreuz zwischen West und Ost werden – 2009 soll in Dubai der größte Flughafen der Welt mit acht Start- und Landebahnen, sechs Terminals und einer Kapazität von jährlich 120 Millionen Reisenden eröffnen. Auch der Verkehr auf europäischen Autobahnen soll in den nächsten Jahrzehnten laut den Trendforschern des Schweizer Instituts Prognos trotz schrumpfender Bevölkerung und steigenden Spritpreisen weiter anschwellen.

Verkehrswachstum, wohin man schaut. Seit der Erfindung der Eisenbahn sind die Kosten für Mobilität von Generation zu Generation immer weiter gesunken. Wir haben uns längst daran gewöhnt, für ein paar Euro zum Shopping nach London zu fliegen. Transportkosten galten unter Ökonomen lange als eine vernachlässigbare Größe.

Doch das ändert sich jetzt, die Treibstoffkosten sind explodiert und das Erdöl wird knapp. Schon drosseln Containerschiffe und Flugzeuge ihre Geschwindigkeit. Speditionen schulen ihre Fahrer, spritsparend zu fahren. Dazu kommen unübersehbare Umweltschäden und die Klimaveränderung, die vom Verkehr mitverursacht wird. Durch die Emissionsabgaben der EU werden die Verursacher zunehmend zur Verantwortung gezogen.

Der Dresdner Verkehrsökologe Udo Becker sieht erste Anzeichen einer Trendumkehr. „In den vergangenen Jahrzehnten waren Transport und Verkehr deshalb so günstig, weil die Verkehrswirtschaft die Kosten und Folgekosten dafür nicht voll bezahlen musste." Oft sei der Staat eingesprungen. Bei den steigenden Energiepreisen sei das aber nicht durchzuhalten.

LAND Auf Europas Straßen wächst der Verkehr, die Autos werden immer älter

Experten sagen für die nächsten zehn Jahre eine Zunahme des Straßenverkehrs in Europa voraus. In Deutschland soll er bis 2020 sogar um 37 Prozent anwachsen. „Der Benzinpreis ist noch nicht in dem Maße gestiegen, dass Menschen ihr Fahrverhalten fundamental ändern würden", sagt Stephan Kritzinger vom Verkehrsforschungsinstitut Progtrans. Dazu seien die Spritkosten gemessen am Durchschnittseinkommen immer noch „zu gering". Allerdings sind die Autofahrer in Deutschland immer seltener bereit, viel Geld für Neuwagen auszugeben. Das Alter der privaten Fahrzeugflotte steigt seit Jahren. Wenn das Auto als Statussymbol abdankt, könnte das die Carsharing-Unternehmen beflügeln. Solche Modelle gibt es bereits in nahezu allen deutschen Städten. Auch die Deutsche Bahn hat ein entsprechendes Angebot für Kunden, die stundenweise Autos leihen können. Doch der Durchbruch für die Idee des Teilzeit-Autos steht noch aus. Dem steigenden Verkehr auf den wichtigen Verkehrsadern und Ballungszentren steht der Bevölkerungsschwund der nächsten Jahrzehnte vor allem auf dem Land gegenüber. Fachleute wie der Verkehrs-wissenschaftler Hartmut Topp von der Technischen Universität Kaiserslautern gehen davon aus, dass der öffentliche Nahverkehr bis 2050 um ein Drittel zurückgehen wird und Bahnstrecken weiterhin in großem Maß stillgelegt werden. Der Güterverkehr auf der Schiene dagegen profitiert im Moment stark vom weltweiten Handelsboom. Vor allem die Strecken zu den Seehäfen sind so stark frequentiert, dass der Gütertransport in Deutschland mittelfristig an seine Kapazitätsgrenzen gelangen wird.

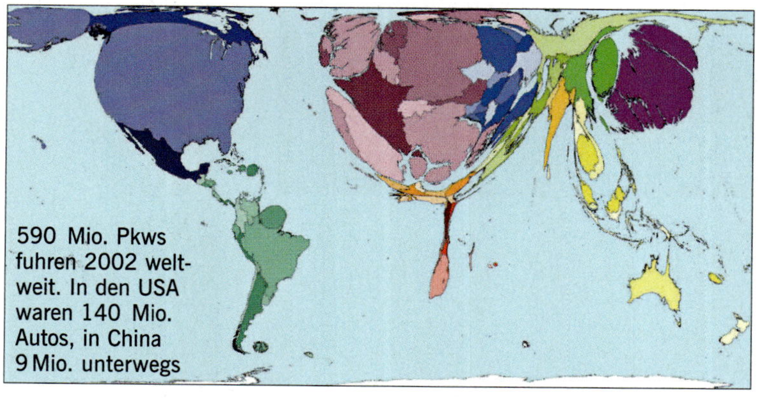

Die Karten zeigen die Staaten verfremdet nach ihrem Anteil an Pkws (o.), der Tragfähigkeit der Handelsschiffe ohne Öltanker (r.o.) und den Flugkilometern (r.u.).
Die kleine Karte rechts oben zeigt die realen Proportionen

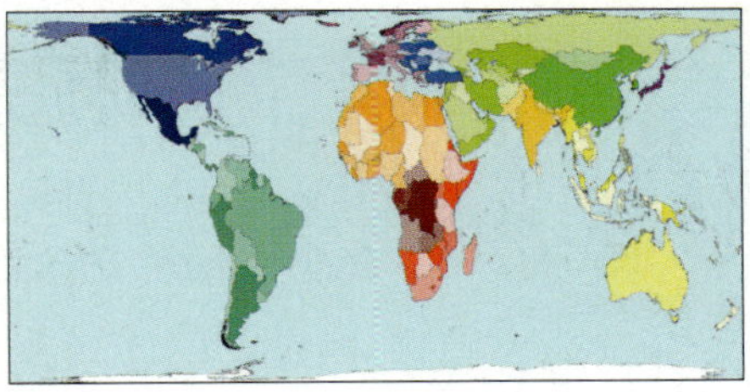

WASSER Reedereien profitieren von der Globalisierung, Ozeanriesen drosseln die Geschwindigkeit

470 Mio. tdw (Tonnen Tragfähigkeit) haben Handelsschiffe weltweit, 93 % sind in Panama und Liberia registriert

98 Prozent des Welthandels werden über das Meer abgewickelt. Der Handel mit Fernost boomt, dort entstehen derzeit die größten Containerhäfen der Welt. Über 90 Prozent der Handelsschiffe sind unter Billigflaggen in Ländern wie Panama, Liberia oder Tonga registriert. Damit nutzen Reeder steuerliche Vorteile und umgehen sozialrechtliche Standards. Die Überseeschifffahrt profitiert von der Globalisierung, in den letzten Jahren wurden Wachstumsraten von 20 Prozent verzeichnet. Mit keinem anderen Verkehrsmittel kann eine vergleichbare Menge an Gütern mit so geringem Energie- und Personalaufwand so große Entfernungen zurücklegen. Das Schweröl, das Tanker und Containerschiffe antreibt, ist ein Abfallprodukt aus der Ölraffinerie. Dennoch drosseln auch die Ozeanriesen ihre Geschwindigkeit, um Treibstoff zu sparen. Technologien wie ein Lenkdrache, den die Hamburger Firma Skysail entwickelt hat, helfen dabei. Der Drache, der die Schiffsmaschinen mit Windkraft unterstützt, soll bis zu 50 Prozent des Treibstoffs einsparen.

Becker glaubt, dass sich die Globalisierung ein Stück zurückdrehen wird und regionale Wirtschaftskreisläufe wieder an Bedeutung gewinnen.

Die ersten Konzerne reagieren. Bis 2015 hat sich etwa Tchibo auferlegt, seinen CO_2-Ausstoß beim Warentransport um 30 Prozent zu verringern. Zusammen mit der Technischen Universität Hamburg-Harburg und dem Bundesumweltministerium hat die Firma die Lieferrouten zu ihren 1300 europäischen Filialen optimiert und versucht, mehr Transport auf Schiene und Wasser zu verlagern. „Das ist ein Projekt, das der Umwelt gut tut und uns hilft, Ressourcen zu sparen“, sagt Tchibo-Manager Stefan Dierks.

Einstweilen können Ölpreise und Klimakatastrophe den Verkehrsboom noch nicht aufhalten. Die meisten Prognosen gehen in den nächsten Jahren weltweit von steigendem Verkehrsaufkommen aus. Eher schon könnten Wirtschafts- und Finanzkrisen den pulsierenden Kreislauf von Waren und Menschen ins Stocken bringen. „Verkehr ist wie der Blutkreislauf in einem Organismus“, sagt Claus Friedrich Laaser vom Institut für Weltwirtschaft in Kiel: „Der Zustand der Weltwirtschaft schlägt sich immer darin nieder.“

LUFT Billigflieger werden teurer, neue Technik nicht in Sicht

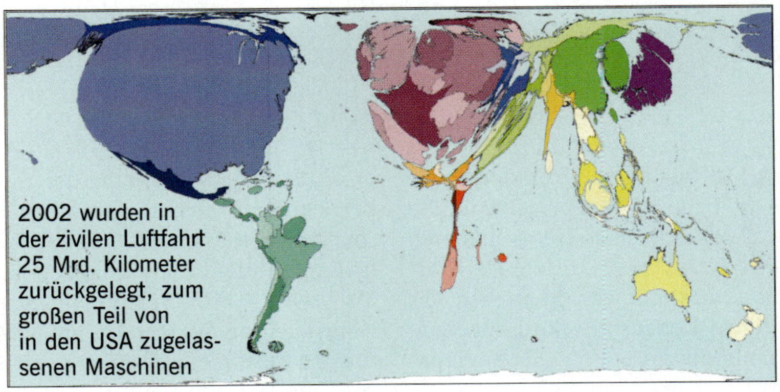

2002 wurden in der zivilen Luftfahrt 25 Mrd. Kilometer zurückgelegt, zum großen Teil von in den USA zugelassenen Maschinen

Für 19 Euro nach Rom? Abgesehen von ein paar werbewirksamen Schnäppchen beträgt der Preis für einen durchschnittlichen Passagierflug in Europa heute selbst bei Anbietern wie Ryanair rund 180 Euro. Das liegt auch an den steigenden Preisen für Kerosin, das aus Erdöl hergestellt wird. Ab 2012 müssen die europäischen Fluggesellschaften Emissionsabgaben zahlen, die die Preise zusätzlich nach oben treiben. Doch die wenigsten Gesellschaften trauen sich bislang, die wahren Kosten an die Fluggäste weiterzugeben. So tobt derzeit ein ruinöser Preiskampf zwischen den Anbietern, denen schon Unternehmen wie Swissair oder LTU zum Opfer gefallen sind. Manche Fluggesellschaften haben die Notbremse gezogen und unrentable Verbindungen gestrichen. Fliegen wird langfristig wieder teurer, da sind sich Experten einig. Das neue Modell von Boeing, der „Dreamliner“, soll 20 Prozent weniger Treibstoff pro Passagier verbrauchen, ist aber technisch noch nicht einsatzfähig. Hoffen lässt sich auf Experimente wie den „HyFish“, ein Flugzeug, dessen Turbinen mit Wasserstoff angetrieben werden, entwickelt im Deutschen Luft- und Raumfahrtzentrum. Der HyFish startete Anfang 2007 zu seinem Jungfernflug. Mit Erfolg. Allerdings ist er bisher nur ein Modellflugzeug, Spannweite: ein Meter.

WASSER

BIS ZUM LETZTEN TROPFEN

Immer mehr Menschen verbrauchen immer mehr Wasser. Sparsamer Umgang mit unserer wichtigsten Ressource wird oberste Weltbürgerpflicht TEXT: CHRISTIANE OPPERMANN

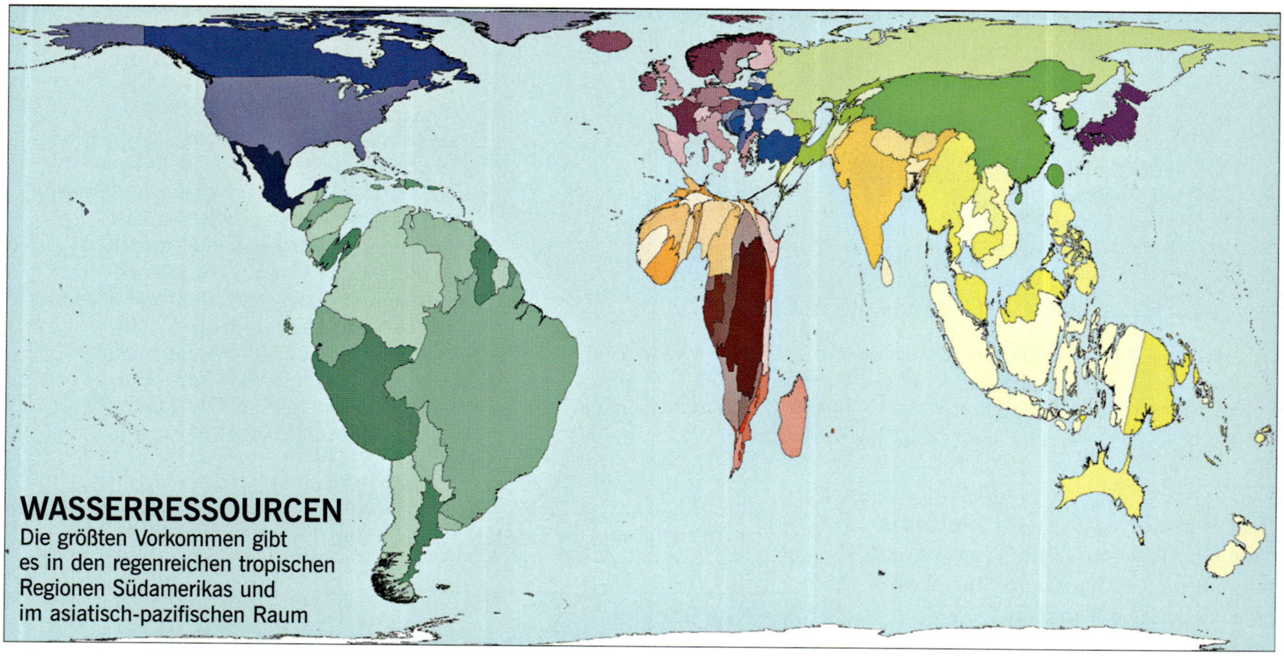

WASSERRESSOURCEN
Die größten Vorkommen gibt es in den regenreichen tropischen Regionen Südamerikas und im asiatisch-pazifischen Raum

Die kostbarste Ressource der Erde ist Wasser. Obwohl die Oberfläche unseres Planeten zu gut zwei Dritteln aus Wasser besteht, droht den Menschen das wichtigste Lebensmittel auszugehen. Denn nur etwa drei Prozent der globalen Wassermenge von 1400 Millionen Kubikkilometern sind Süßwasser, und das meiste davon ist als Eis in Polkappen und Gletschern eingefroren oder in Seen und Flüssen, in der Atmosphäre und im Boden gebunden. Allein 30 Prozent der globalen Süßwasservorräte sind als Grundwasser unter der Erde eingelagert.

Diese Reservoirs leeren sich mit Besorgnis erregender Geschwindigkeit. Durch Klimawandel und lange Dürreperioden führen viele Flüsse während der Hitzeperioden weniger Wasser oder sind bereits ausgetrocknet. Deshalb werden in vielen Gegenden der Erde die fossilen Wasserreserven angezapft, um Felder zu bewässern und eine minimale Versorgung der Bevölkerung zu erreichen. In Indien beispielsweise werden die Getreidefelder im Punjab mit Grundwasser gewässert. Vor zehn Jahren reichte noch eine Bohrtiefe von 90 Metern, um Wasser für die Bewässerungsanlagen zu fördern, mittlerweile muss man 270 Meter in die Tiefe gehen. In Küstenregionen droht Salzwasser in die Grundwasser-Reservoirs einzubrechen.

Gleichzeitig wird aus den Grundwasserspeichern wesentlich mehr Wasser entnommen, als in sie zurückfließt. Etwa 12 000 Kubikkilometer des Oberflächenwassers tragen jährlich weltweit zur Grundwasserneubildung bei.

Seit 1940 hat sich der globale Wasserkonsum vervierfacht. UNDP, das Entwicklungsprogramm der vereinten Nationen, fordert ein Grundrecht auf 20 Liter sauberes Trinkwasser pro Person pro Tag. Doch mehr als eine Milliarde Menschen hat schon heute keinen Zugang zu sauberem Trinkwasser. **Rund 2,6 Milliarden Menschen fehlen Sanitäreinrichtungen, nach UN-Angaben sterben jährlich mehr als drei Millionen Menschen an verseuchtem Trinkwasser infolge katastrophaler hygienischer Bedingungen. Selbst in der Europäischen Union leiden noch mehr als 20 Millionen Menschen unter mangelhafter sanitärer Grundversorgung.**

Bis zum Jahr 2025 werden mehr als fünf Milliarden Menschen in Regionen mit knappem Trinkwasservorkommen leben, und der Pro-Kopf-Verbrauch wird doppelt so schnell wachsen wie die Bevölkerung selbst. Die Bewohner in den Industrienationen genehmigen sich schon jetzt ein Vielfaches des Minimalkontingents: Ein Europäer z. B. verbraucht durchschnittlich 50 Liter Wasser pro Tag zum Trinken, Waschen und für die Körperpflege. Wird allerdings der gesamte Wasserverbrauch in der Ersten Welt bilanziert, sind es bis zu 8 000 Liter pro Kopf, der größte Teil

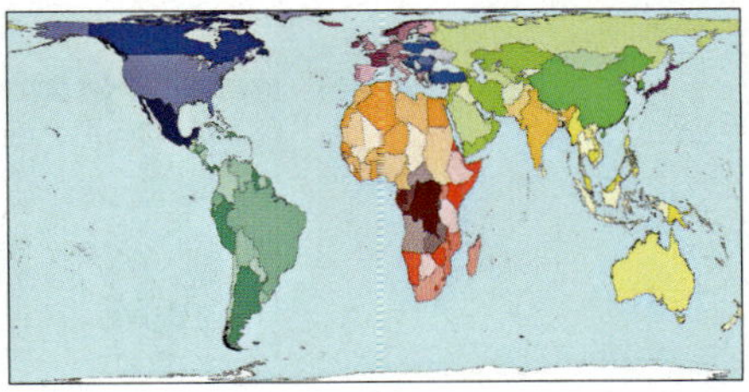

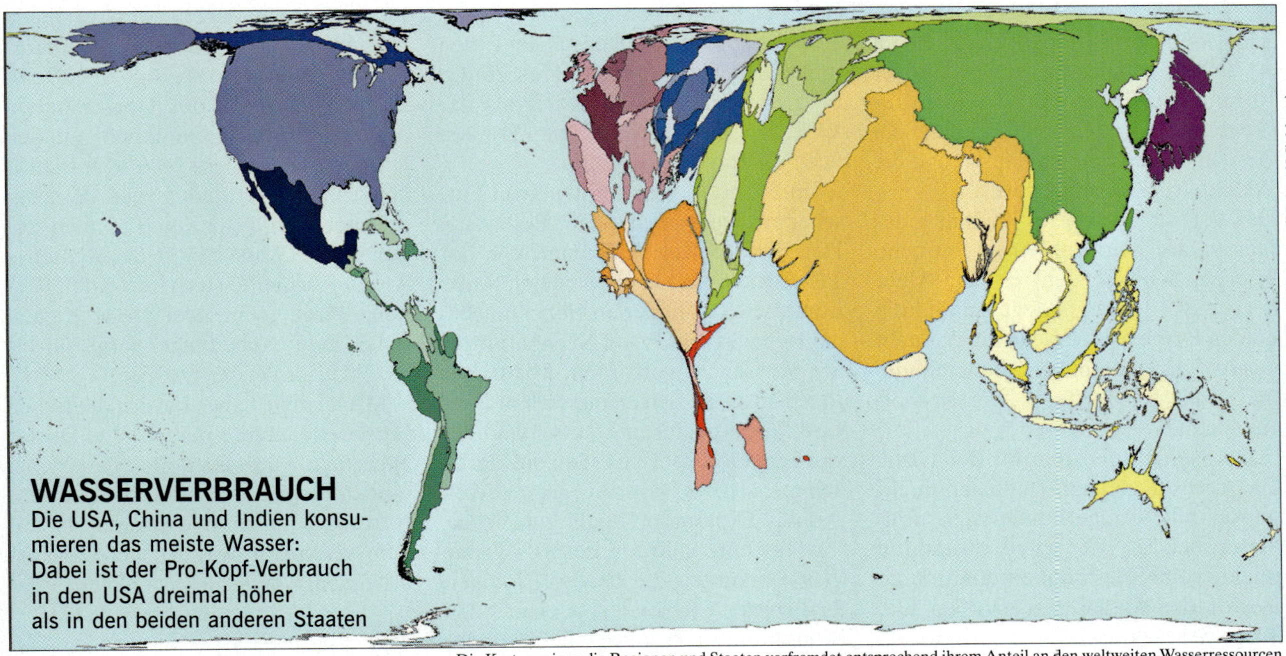

© 2006 SASI Group (Univ. of Sheffield) and Mark Newman (Univ. of Michigan)

Die Karten zeigen die Regionen und Staaten verfremdet entsprechend ihrem Anteil an den weltweiten Wasserressourcen und am weltweiten Wasserverbrauch. Oben die realen Proportionen zum Vergleich

entfällt auf die wasserverbrauchsintensive Produktion von Fleisch und Milcherzeugnissen.

Gerade die Produktion von Steaks und Joghurt wirkt sich besonders stark auf den weltweiten Wasserhaushalt aus. Um eine Kalorie aus tierischer Nahrung zu produzieren, sind zehn Liter Wasser erforderlich, für eine Kalorie aus pflanzlicher Nahrung nur ein Liter.

Insgesamt schluckt die Landwirtschaft rund 70 Prozent des gesamten Trinkwasservorrats. Gut die Hälfte davon wird verschwendet, durch falsche Bewässerungsmaßnahmen und undichte Leitungen. Die Agrarwirtschaft ist auch einer der größten Wasserverschmutzer: Düngemittel und Pestizide verseuchen Flüsse und Grundwasser.

Klaus Töpfer, der frühere Direktor des UN-Umweltprogramms, warnte bereits Ende der neunziger Jahre, dass „die Frage, wie wir auf der Welt mit dem Wasser umgehen, an vielen Orten über Krieg und Frieden mitentscheiden“ wird. Konflikte sind programmiert: Gerade in trockenen Gebieten liegen viele unterirdische Wasserreservoirs im Grenzgebiet mehrerer Staaten, jeder einzelne könnte sich einen Zugang dazu verschaffen. Die Frage, wer wie viel entnehmen darf, kann über Krieg und Frieden entscheiden. Schon heute ist die Lage zwischen Ägypten und den übrigen Nil-Anrainerstaaten gespannt – sie streiten über die Nutzung des Nilwassers.

Verschärft wird der Kampf ums tägliche Wasser durch die Interessen multinationaler Konzerne an einer Privatisierung der Wasserversorgung. Vor allem Großstädte in den Entwicklungs- und Schwellenländern gelten den Multis als lukrative Betätigungsfelder, zumal die notwendigen Investitionen in Leitungsnetze und Kläranlagen von der Weltbank mitfinanziert werden. In Buenos Aires, Manila und Jakarta haben bereits private Konzerne die Wasserversorgung übernommen, ohne dass sich die Versorgung der Menschen in ärmeren Vierteln verbessert hätte.

Dabei gibt es längst technische Lösungen, die helfen könnten, die Wasserversorgung der Welt grundlegend zu verbessern: Durch solare Wasserdestillation lässt sich Salzwasser oder verseuchtes Süßwasser zu Trinkwasser aufbereiten. Neue Leitungen und Bewässerungsmethoden könnten den Verbrauch reduzieren und die Versorgung entlegener Trockengebiete über geschlossene Pipelines sicherstellen. So wird durch das Trinkwasser-Pipeline-Projekt „Great Man-Made River“ in Libyen Grundwasser aus fossilen tiefliegenden Speichern unter der Sahara nach Tripolis, Bengasi und an die Küstenregionen geführt.

Die Installation einer weltweit sicheren und effizienten Wasserversorgung verlangt Investitionen in mehrstelliger Milliardenhöhe. So viel Kapital stand bisher nicht zur Verfügung.

RETTUNG IM NEBEL

Mehr als einer Milliarde Menschen auf der Welt fehlt es an Süßwasser. In den Bergen bei Lima helfen deutsche Forscher mit einer so genialen wie simplen Idee: Sie schöpfen Wasser aus Nebel

Nahe der Küste Perus, in dem kleinen Dorf Bellavista, fallen im Jahr gerade mal zehn Millimeter Regen. Die Region gehört zu den trockensten der Welt. Trotzdem schimmeln die Wände der kleinen Häuser, und die Wäsche trocknet nur schwer.

Das liegt am Nebel: Er kommt jedes Jahr im Juni, wenn der Winter einbricht. Wie ein Schleier zieht er vom Meer herauf aufs Land und legt sich auf die kahlen Berge. Bis zum November geht das so. Dann kommt der Sommer, und die Sonne scheint jedes Wassertröpfchen in nichts aufzulösen.

Der Nebel ist kostbar für Bellavista: ein Aerosol, dessen Tröpfchendurchmesser nur wenige hundertstel Millimeter beträgt. Vor rund 80 Jahren reichte seine Feuchtigkeit aus, um die Region mit Wasser zu versorgen. Die Tröpfchen schlugen sich an Blättern, Ästen und Kräutern nieder, fielen schließlich zu Boden. Die Pflanzen gossen sich selbst.

Dann kam die Industrialisierung. Die Städte wuchsen, Straßen entstanden, und ganze Wälder fielen dem Eisenbahnbau zum Opfer oder wurden für Bauholz gerodet. Schließlich waren die küstennahen Hügel, die *lomas*, vollständig kahl. Kein Wald – das hieß aber auch: kein Wasser. Denn woran sollte sich der Nebel niederschlagen? Die Bewohner von Bellavista und den umliegenden Dörfern gehören zu der über eine Milliarde Menschen auf der Welt, denen es an Wasser zum Trinken und zum Bewässern fehlt.

Im Frühjahr 2006 kamen zwei Forscher aus Deutschland nach Bellavista. Der Biologe Kai Tiedemann von der TH Aachen und seine Kollegin Anne Lummerich wollten den Nebel fangen, um Bellavista und zwei Nachbardörfer mit Wasser zu versorgen. Mit dieser Idee hatten sie sich erfolgreich um private Fördergelder in Deutschland beworben. Gefördert werden sie durch den u. a. von der Bayer AG gegründeten „Global Exploration Fund" zum Trinkwasserschutz. „Green desert", grüne Wüste, nannten die beiden Biologen ihr Projekt. Das Ziel: Aus einer öden Mondlandschaft sollte wieder ein intaktes Ökosystem werden – bewaldete Hügel sollten entstehen, damit der Nebel wieder an Ästen und Blättern kondensieren kann.

Bereits mehr als 800 Bäume haben die beiden gemeinsam mit den Dorfbewohnern gepflanzt. Doch es wird noch Jahre dauern, bis sie groß genug sind, um ihre Aufgabe zu erfüllen. Zu lange für die Menschen in Bellavista: Sie brauchen Wasser so schnell wie möglich, denn derzeit wird es ihnen in Tankwagen geliefert – zu einem horrenden „Marktpreis". Auf den Bergkuppen oberhalb der Dörfer haben Tiedemann und Lummerich mit den Einheimischen deswegen Kunststoff-Netze installiert, jedes rund 30 Quadratmeter groß. An ihnen kondensiert der Nebel, Wasser läuft nach unten – wie an Küchenfenstern im Winter. Rinnen führen es in zwei große Ziegeltanks. Jeder Nebelfänger sorgt für bis zu 600 Liter Wasser pro Tag.

Mittlerweile haben bei den deutschen Forschern andere peruanische Dörfer angefragt. Auch sie wollen den Nebel fangen, denn sie wissen, dass er ihre Rettung sein kann. Er kann sie mit dem versorgen, was sie am nötigsten brauchen: Wasser.

61 LIMA, PERU

Bellavista liegt 90 Autominuten von Lima entfernt und ist touristisch nicht erschlossen. Darum: ein Quartier in Lima beziehen! Sehenswert dort ist die schachbrettartig angelegte Altstadt und die Kathedrale an der Plaza Mayor.
www.peru-travel-adventures.com

LAGE **12° S, 77° W**

1 Die Biologen Kai Tiedemann und Anne Lummerich vor ihren Nebelfängern. Jedes Netz sammelt bis zu 600 Liter pro Tag. 2 Aufforstung ist Teil des Projekts, an den Zweigen der Kasuarinen schlägt sich der Nebel nieder 3 Das gewonnene Wasser hält die neu gesetzten Pflanzen am Leben

WISSEN

BIBLIOTHEKEN – GEDÄCHTNIS DER WELT

„Das Paradies habe ich mir immer als eine Art Bibliothek vorgestellt“, schrieb der argentinische Dichter Jorge Luis Borges. Die kulturelle Entwicklung des Menschen ist ohne Büchersammlungen kaum vorstellbar. Wird das so bleiben im Zeitalter des Internets? Natürlich – schließlich ist das World Wide Web nichts anderes als eine riesige, moderne Bibliothek

STIFTSBIBLIOTHEK

Nur auf Filzpantoffeln dürfen Besucher über das Parkett der ältesten Schweizer Bibliothek gleiten. Vom 8. bis ins 18. Jahrhundert verwahrten hier Benediktinermönche kostbare Handschriften. Der aufwendig verzierte Barocksaal entstand 1758-67. Kriege und Feuersbrünste überstand die heute rund 2000 Handschriften und 150 000 Bücher umfassende Sammlung auch deshalb, weil in Krisenzeiten die wertvollsten Manuskripte in der Umgebung in Sicherheit gebracht wurden.

62 ST. GALLEN, SCHWEIZ

Öffentliche Führungen durch die Stiftsbibliothek finden täglich statt, sie sind schon aufgrund der Pracht der Räumlichkeiten ein Erlebnis. Unser Tipp: Spezialführungen, etwa zum Thema „Geheimschriften". www.stibi.ch

LAGE 47° N, 9° O

Foto: Reto Guntli

NEUE BIBLIOTHECA ALEXANDRINA

2002 öffnete die mit Unterstützung der Unesco für mehr als 200 Millionen Dollar erbaute Neue Bibliothek ihre Pforten. Damit hat die ägyptische Stadt, die in der Antike die berühmteste Büchersammlung der Welt beherbergte, wieder ein Archiv der Extraklasse. Allerdings wird in dem modernen Bau heute mehr mit Mikrochips als mit Papyrusrollen oder Büchern gearbeitet: So wächst das Internetarchiv, in dem Webseiten gespeichert werden, jeden Monat um viele Terabyte.

63 ALEXANDRIA, ÄGYPTEN

Mehr als nur eine Bücherhalle: In dem 40 000 Quadratmeter großen Komplex sind unter anderem drei Museen, Kunstgalerien und ein Planetarium untergebracht. www.bibalex.org

LAGE **31° N, 29° O**

Foto: Sylvain Grandadam

64 **FONDO KATI, TIMBUKTU (MALI)**
In Ledertaschen werden Handschriften aus der Blütezeit der Stadt im 15. Jh. verwahrt. Der Zahn der Zeit nagt an den Schätzen: Sie zerfallen allmählich zu Staub. **16° N, 3° W**

65 **BRITISH MUSEUM, LONDON**
Das gesammelte Wissen des Empire: Der 1857 eröffnete Lesesaal der Bibliothek im Kuppelbau des British Museum ist nur ein Teil der riesigen British Library. **51° N, 0°**

66 **NATIONALBIBLIOTHEK, THIMPHU (BHUTAN)**
Im dem kleinen Himalaja-Königreich werden lose, einseitig beschriftete Blätter zwischen Holzbuchdeckel gelegt und in bunte Tücher eingeschlagen und verschnürt. **27° N, 89° O**

67 **BIBLIOTECA APOSTOLICA, VATIKAN**
Mehr als eine Million Bücher und Manuskripte lagern in der Biblioteca Apostolica Vaticana, die zu den wertvollsten der Welt gehört. Gesammelt wird seit dem 4. Jh. **41° N, 12° O**

Foto: Pierre Adenis

BIBLIOTHÈQUE NATIONALE

Die Sammlung der alten französischen Nationalbibliothek war einst die wichtigste Europas – und eine der ersten, die auch für das gemeine Volk geöffnet war, ab 1720 einmal in der Woche für zwei Stunden. Der Lesesaal in der alten Nationalbibliothek wird zurzeit renoviert. Hier in der Rue de Richelieu werden nach wie vor die kostbarsten Manuskripte, Kupferstiche und Karten Frankreichs aufbewahrt. Der Hauptteil der riesigen, rund 30 Millionen Bücher umfassenden Sammlung befindet sich in dem 1996 eröffneten „Site François Mitterrand" der Bibliothèque nationale.

68 PARIS

Einen hervorragend gemachten virtuellen Rundgang durch den alten und den neuen Standort der Bibliothèque nationale de France bieten deren Websites.
www.bnf.fr/visiterichelieu
www.bnf.fr/visitefmitterrand

LAGE **48° N, 2° O**

HERZOGIN-ANNA-AMALIA-BIBLIOTHEK

Auferstanden aus Ruinen – nach dem Brand im September 2004 wurde die berühmte Bibliothek, die einst Goethe über 30 Jahre lang leitete, Ende 2007 wieder eröffnet. Der Freihandbereich mit 100 000 Bänden neuerer Fachliteratur ist im modernen Bücher-Quader untergebracht. Der über drei Geschosse reichende Rokokosaal erstrahlt seit der Sanierung im neuen, alten Glanz. 1691 gegründet, wurde die wachsende Sammlung 1766 von der Namensgeberin Herzogin Anna Amalia von Sachsen-Weimar-Eisenach in das Grüne Schlösschen überführt. Besonders in der Goethezeit entwickelte sie sich zu einer der bedeutendsten Bibliotheken Deutschlands.

69 WEIMAR

Rund 50 000 Druckschriften gingen durch den Brand 2004 verloren. Auch die Musikaliensammlung wurde ein Opfer der Flammen. Jetzt stehen 600 zuvor auf Film gesicherte Musikalien (etwa 15 Prozent der Sammlung) auf der Website der Klassik-Stiftung wieder zur Verfügung. www.klassik-stiftung.de/einrichtungen/herzogin-anna-amalia-bibliothek

LAGE **50° N, 11° O**

Fotos: Gerhard Hagen, Andreas Muns

DIE SPRACHLOSE SUPERMACHT

Indien will an die Weltspitze, aber sein Bildungssystem ist desolat. Analphabetismus, Sprachenwirrwarr und Kastensystem machen Bildung für alle unmöglich TEXT: SWANTJE STRIEDER

Auf dem Weg zur Supermacht will Indien keine Sekunde verlieren, das Land mit über 1,1 Milliarden Menschen schießt Satelliten ins All und ist gerade in den Club der Atommächte aufgenommen worden. Die „größte Demokratie der Welt", wie sich Indien stolz nennt, hat hohe Ziele: Sie will die Supermacht China wirtschaftlich einholen und bis 2030 auch Deutschland überflügeln. Die Glaspaläste von Infosys und SAP in Bangalore sind Wegmarken der boomenden Computerindustrie, die mehr als eine Million Inder beschäftigt, und die Callcenter von Haiderabad, Pune (Poona) oder Ahmedabad bedienen fast die ganze Welt. In der Biotechnikbranche, vor allem in der Produktion neuer, preiswerter Arzneimittel, arbeiten zwei Millionen Menschen. Im glitzernden Finanzzentrum Bombay sind die Mieten so hoch wie in Manhattan. Zu den zehn reichsten Männern der Welt zählen allein vier Inder, so das US-Magazin *Forbes*.

Aber „in Indien gilt stets auch das Gegenteil", wie die 1984 ermordete Premierministerin Indira Gandhi sagte. Das nach China bevölkerungsreichste Land der Erde ist ein Gigant, in dem Hightech und Ochsenkarren, Callcenter und Kastensystem, Global Player und Straßenbettler koexistieren und jede Fischverkäuferin ein Handy besitzt. Während die Hochtechnologie zur Weltspitze aufgeschlossen hat, sieht es bei der breiten Bildung im Volk erschreckend aus. Trotz zahlreicher Regierungskampagnen liegt die zukünftige Weltmacht laut Unesco bei der Alphabetisierung weit abgeschlagen auf Platz 105 von 127 Staaten. Knapp 35 Prozent aller Inder über 15 Jahre, also etwa 260 Millionen Menschen, können weder lesen noch schreiben und haben so gut wie keine Chance auf Bildung und Beruf.

Dabei sind die Unterschiede innerhalb Indiens drastisch. Während der südindische Bundesstaat Kerala, der über Jahre kommunistisch regiert wurde, sich mit einer 90-prozentigen Alphabetisierungsrate als Musterländle präsentiert, können im nordindischen Armenhaus Bihar weniger als 50 Prozent lesen und schreiben. Nicht nur der Unterschied zwischen Stadt und Land, sondern auch die Diskriminierung von Mädchen schlägt sich im Bildungssystem nieder. Selbst im touristisch gut erschlossenen Rajasthan, wo immerhin drei Viertel aller Jungen die Schule besuchen, ist jede zweite Frau Analphabetin.

Doch es gibt auch Erfolgsgeschichten. In der Megastadt Bombay sieht man abends wissensdurstige Mädchen unter den Straßenlaternen auf dem Gehsteig hocken und lernen – sie wohnen in den Slums, und die Eltern haben keinen Strom in der Wellblechhütte oder unter der Plastikplane, die ihr Zuhause ist. Manche der Mädchen bringen es weit. „Alle drei Töchter meiner Putzfrau haben Abitur und verdienen heute im IT-Bereich eine Vielfaches vom Lohn ihrer Eltern", erzählt Rajni Ullal aus Bombays Promi-Vorort Juhu. Allerdings hätten die Mädchen wohl kaum Karriere gemacht, wenn ihnen Mäzenin Ullal nicht eine gute Privatschule mit vernünftigem Englischunterricht bezahlt hätte. Denn die öffentlichen Lehranstalten haben einen schlechten Ruf.

In den staatlichen Schulen schwänzen die Lehrer öfter als ihre Schüler. Die Unterrichtsbedingungen sind für beide Gruppen an der Grenze des Erträglichen, weshalb viele Pädagogen ihren Job gar nicht erst antreten. Gehälter zwischen 80 und 150 Euro pro Monat erhöhen nicht gerade die Motivation. Selbst Schätzungen der Schulbehörden gehen von einem „Kranken"-Stand von 25 Prozent des Kollegiums aus, in der Praxis sieht es noch schlechter aus. Jeder weiß, dass viele Lehrer ihren Unterricht an der öffentlichen Schule regelmäßig ausfallen lassen, um sich an einer Privatschule ein gutes Zubrot zu verdienen.

Die niedrigen Lehrergehälter sorgen außerdem dafür, dass kaum noch jemand an öffentlichen Schulen arbeiten will. „Die IT-Branche bietet viel bessere Verdienstmöglichkeiten", sagt Professor Poonam Batra vom Institut für Bildung und Erziehung der Universität Neu-Delhi. Die Folge daraus: Gute Fachkräfte sind nicht mehr zu bekommen. Tatsächlich sind viele Lehrer schlecht oder gar nicht auf ihren Job vorbereitet: 60 Prozent aller Pädagogen, so die *Times of India,* haben nie eine Hochschule von innen gesehen. Kein Wunder, dass die Hälfte aller Schüler bis zur 10. Klasse die Schule abbricht. Nur vier Prozent eines Jahrgangs schaffen den Sprung auf die Universität. Das Ziel einer „Bildung für alle" bleibt ein ferner Traum, von Qualitätsbildung gar nicht zu reden.

260 Millionen Inder können nicht lesen oder schreiben, nur vier Prozent der Schüler schaffen es auf die Hochschule, 6 000 Studenten wählen jährlich den Freitod

Andererseits steht Indiens akademische Jugend unter Druck wie nie zuvor. Wer kein Einserkandidat ist, hat kaum Chancen auf einen Studienplatz, es sei denn, er gehört zu den Unberührbaren. Denn an den Universitäten des Landes herrscht ein gut gemeintes, aber leistungsfeindliches Quotensystem, das in den meisten indischen Bundesstaaten die Hälfte, in Rajasthan 68 und Tamil Nadu sogar 69 Prozent aller Plätze an niedere Kasten vergibt, um den nichtprivilegierten Kindern Aufstiegschancen zu sichern. Eine Schocktherapie, die das desolate staatliche Bildungssystem nicht kuriert, sondern zu neuen Verzerrungen führt. Kein Wunder, dass manche Eltern ihr Kasten-Zertifikat nach unten fälschen, zu den früher so geschmähten Unberührbaren, um ihren Kindern bessere Chancen auf einen Studienplatz zu verschaffen.

Unsere einzige Chance ist Bildung", weiß auch Studentin und Einserkandidatin Megha Swamy, Tochter einer Brahmanin, „aber dafür zahlen wir einen hohen Preis." Und meint damit nicht nur die vergleichsweise hohen Studiengebühren, die korrupte Bildungsbürokratie, die veralteten Lehrpläne, sondern auch Indiens Sprachengewirr. Denn bei weitem nicht alle Inder beherrschen Englisch oder Hindi, die zwei offiziellen Amtssprachen. Sie können nur eine der 21 anderen offiziellen Landessprachen. Natürlich wird in der IT- und Finanzwelt, in Bollywood und in den großen Hotels Oxfordenglish gesprochen, aber der Motorrikschafahrer, der fließend „left" und „right" sagen kann, gilt schon als polyglott.

Die bösen Folgen lassen nicht auf sich warten: Anil Pal war kein schlechter Schüler, aber weil sein Englisch zu kläglich war, um dem Bio- und Chemie-Unterricht zu folgen, hängte sich der 18-jährige in seiner Bombayer Studentenbude am Deckenventilator auf.

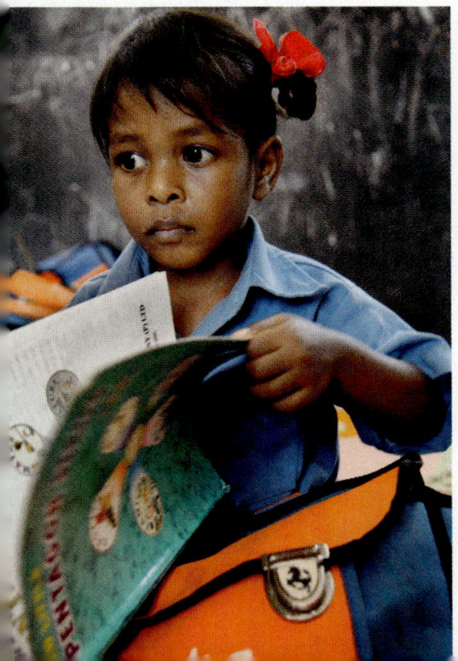

Jedes Jahr um die Examenszeit im März und April schnellen die Schüler- und Studenten-Selbstmord-Zahlen hoch, fast 6000 junge Akademiker haben allein 2006 wegen schlechter oder nur mittelprächtiger Noten verzweifelt und einsam den Freitod gesucht. „Die Jugendlichen wissen, dass ihre Eltern sich oft bei der ganzen Großfamilie verschulden müssen, um ihrem Nachwuchs das Studium zu finanzieren", sagt Megha Swamy, „wenn sie dann versagen, bringen sie sich lieber um, als die Schmach einzugestehen."

„Was haben wir unseren Kindern angetan?", donnerten jüngst zwei engagierte Abgeordnete der regierenden Kongresspartei in Neu-Delhi im Parlament, „der ausufernde Stress zwingt unsere Schüler und Studenten zu Drogen oder Selbstmord." Und forderten eine ausgiebige Studienreform.

Getan hat sich seitdem nichts im Parlament, doch Sympathie für die gestressten Studenten kommt von einer ganz anderen Seite – aus Bollywood: „Ich war faul, ich war schlecht und habe nach der zwölften Klasse abgebrochen", sagt TV-Soap-Star Manish Goel, 32, der in Talkshows, Schulforen und neuerdings auch in seinem Bollywood-Blog gegen Studenten-Selbstmorde kämpft. „Man muss doch erst herauskriegen, was man wirklich im Leben machen will", sagt er und hofft, dass ihm viele verzweifelte Examenskandidaten zuhören: „Noten sind wirklich nicht alles!"

Swantje Strieder, *freie Journalistin und langjährige* MERIAN-*Autorin, lebt seit 2007 in Bombay.*

Noch immer viel zu selten: junge Inderin im Englischunterricht

WELTERKUNDER

AUGUSTO GANSSER: EIN LEBEN AUF REISEN

Kein Berg war ihm zu hoch, kein Weg zu mühsam, keine Gefahr zu groß. Der Geologe Augusto Gansser (98) forschte im Himalaja, suchte Öl im Iran und kartografierte als Erster Bhutan. Warum? – „Wir hatten einfach großes Interesse“ TEXT: JONAS MORGENTHALER, FOTOS: AUGUSTO GANSSER

Als Pilger verkleidet gelingt es dem 25-jährigen Augusto Gansser 1936, in das für Ausländer nicht zugängliche Tibet zu reisen. Der Entschluss dazu fällt spontan: Auf einer Expedition in den indischen Teil des Himalaja entdeckt der Geologe merkwürdige Steine, deren Spur er nicht verlieren will. Seine Hartnäckigkeit wird belohnt: In Tibet entdeckt er die Nahtstelle zwischen dem indischen Subkontinent und dem restlichen Asien

Seine erste Exkursion führt den jungen Gansser 1934 in die Arktis. An der Ostküste Grönlands steckt sein Schiff wochenlang im Packeis fest. Gansser sitzt hoch oben im Mastkorb und skizziert. Diese Landschaft, notiert er, „ist zu atemberaubend, um beschrieben zu werden". Später geraten die Forscher in schwere Herbststürme, nur mit Mühe erreicht die erschöpfte Mannschaft Island

Ganssers Ehefrau Toti 1944 im kolumbianischen Dschungel. Sie begleitete ihren Mann auf vielen Reisen. Im Boot steht die älteste Tochter Ursula. Geboren ist sie in Kolumbien, aufgewachsen in Trinidad, im Iran und in der Schweiz

Die Karawanserei Chehel Payeh in der Wüste Lut: Herberge für Gansser während seiner Expeditionen im Iran. Von 1950 bis 1957 arbeitet er dort als Chefgeologe der staatlichen Ölgesellschaft und sucht für den Schah nach Erdöl

Noch ahnt der 25-jährige Geologe Augusto Gansser nicht, was für eine sensationelle Entdeckung er in Tibet machen wird. Der Abstecher ist weder geplant noch erlaubt. Die erste schweizerische Himalaja-Expedition ist in Indien unterwegs, Nepal und Tibet gewähren zu dieser Zeit, 1936, Ausländern keinen Einlass. Doch Ganssers Neugierde ist zu groß, nachdem er eigenartige Steine gefunden hat, die wohl aus dem tibetischen Norden stammen und irgendwann gegen die indische Grenze geschoben wurden. Er verkleidet sich als tibetischer Pilger und verlässt so getarnt mit seinem Sherpa und zwei Einheimischen die Forschergruppe Richtung Kailash, dem für Hindus und Buddhisten heiligen Berg im tibetischen Transhimalaja. Die Gruppe kämpft sich über den 5600 Meter hohen Grenzpass Mana, übernachtet unter freiem Himmel, durchquert Geröllhalden, die vom Regen durchnässten Kleider gefrieren im Schneesturm. Die Taschen füllen sich mit Gesteinsproben. Die vier erreichen den Kailash, umrunden ihn. Und dort stößt der Geologe auf Steine, die im Laufe der Zeit tief aus der Erde angehoben wurden – Gansser entdeckt die Grenzzone zwischen dem Indischen Subkontinent und dem restlichen Asien.

Augusto Gansser: Geologe, Forscher, Abenteurer aus Leidenschaft. Von großem Wissensdrang getrieben, will er die Welt entdecken, erfassen, verstehen. Deswegen bereist er sie, nimmt Mühsal, Strapazen und Gefahren gern in Kauf, wenn es darum geht, Neues zu erforschen.

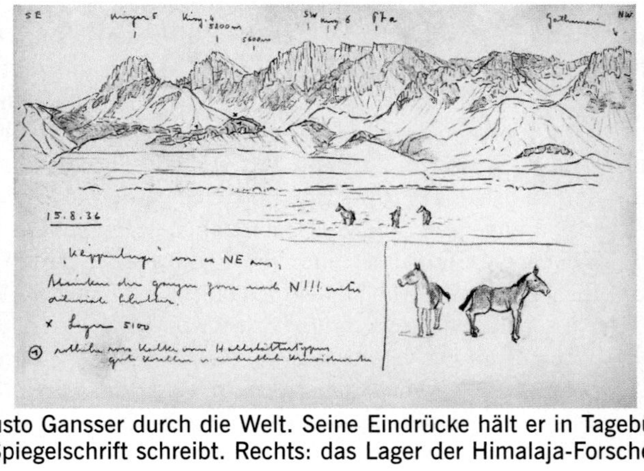

Bis ins hohe Alter reist Augusto Gansser durch die Welt. Seine Eindrücke hält er in Tagebüchern fest – in Zeichnungen und Notizen, die er mitunter in Spiegelschrift schreibt. Rechts: das Lager der Himalaja-Forscher Gansser (li.) und Arnold Heim

Mit dem Häuptling der Putumayo-Indianer freundet sich Gansser um 1940 während seiner Zeit in Kolumbien an. Bei allen Expeditionen legt er großen Wert auf einen guten Kontakt zu den Einheimischen

Angekommen: Heute lebt der 98-Jährige in seinem Haus bei Lugano, umgeben von Büchern, Aufzeichnungen und Mitbringseln aus aller Welt. „Für mich ist Heimat dort, wo ich gerade lebe", sagt Gansser

Die Steine, die er in Tibet findet, versteckt er in Säcken und schmuggelt sie mit einer Schafskarawane zurück über die Grenze nach Indien. „Das war das erste Mal, dass eine geologische Sammlung auf Schafsrücken transportiert wurde", erzählt der heute 98-Jährige vergnügt. Nein, schminken musste er sich damals zur Tarnung nicht: „Ich war mit der Zeit so schmutzig und von der Sonne verbrannt, da war das gar nicht nötig."

Heute lebt Gansser in einem alten Haus oberhalb von Lugano, das Zimmer ist gefüllt mit Tagebüchern, Steinen, Stickereien, Dolchen und Speeren. Der weißhaarige Mann mit dem schick um den Hals gebundenen schwarzen Tuch und dem gefütterten Ledergilet wirkt trotz seines hohen Alters noch immer ein bisschen wie ein Draufgänger. Gansser war ein Freund des Königs von Bhutan, hat mit Kaiserin Soraya Volleyball gespielt und mit Deng Xiaoping diskutiert – er könnte prahlen mit all seinen Erlebnissen und Erfolgen, aber er tut das Gegenteil. Mit großer Bescheidenheit und in wenigen Worten erzählt er aus seinem Leben. Sein linkes Auge ist erblindet, doch er beschwert sich nicht. „Mit dem rechten Auge sehe ich nur Schönes", sagt er.

Einige Male muss er um sein Leben fürchten, damals zum Beispiel, als er im Himalaja fast an Malaria gestorben wäre. „Da habe ich gedacht: Das war's jetzt", sagt er und gewinnt selbst dieser Erinnerung noch Positives ab: „Die Malaria hatte einen großen Vorteil – ich war später komplett immun gegen sie, die Erreger konnten mir selbst in Hochrisikogebieten nichts mehr anhaben." Manchmal richtet sich der alte Mann auf, zeigt sein neugieriges, verschmitztes Gesicht. Würde er heute wieder zu einer Expedition aufbrechen, falls es möglich wäre? „Natürlich, selbstverständlich."

Mit 23 Jahren geht er auf seine erste Expedition. Über den Schweizer Alpen-Club sucht der dänische Polarforscher und Geologe Lauge Koch damals nach zähen Kollegen – Gansser ist einer von ihnen. Im September 1934 bleibt das mit einem Wasserflugzeug ausgestattete Schiff wochenlang im Packeis stecken, die Besatzung denkt schon ans Überwintern, als sich die Strömungen ändern und die „Gustav Holm" wieder frei kommt. Kurz darauf gerät sie in tobende Herbststürme. In sein Tagebuch schreibt Gansser: „Das Schiff schwankt immer stärker. Am besten legt man sich hin. Addio Hunger. Der Wind pfeift. Man liegt in der Koje. Nachdenken, Schlafen." Und am nächsten Tag: „Riesige Wellen. Sie hauen übers Deck. Liegen, Schlafen, Essen aufgegeben." Trotz der zertrümmerten Kommandobrücke erreicht die Crew die Küste Islands.

„Ein Geologe, der aktiv auf dem Feld ist, heiratet nicht und hat keine Kinder". Das ist Ganssers feste Überzeugung, bis er Linda Biaggi aus Lugano, genannt Toti, trifft. Sie heiraten 1937. Toti begleitet ihren Gatten rund um die Welt, ist der sichere Halt in seinem abenteuerlichen Leben. Ihr Tod im Jahr 2000 nimmt Gansser sehr mit. Vier Töchter und zwei Söhne haben die beiden, Tochter Ursula arbeitet als Fotografin und hat 2008 einen Bildband über ihren Vater herausgegeben.

Auch 1938, als Gansser für den Ölkonzern Shell nach Kolumbien reist, ist Toti an seiner Seite. Eigentlich sollen die geologischen Untersuchungen über drei Jahre laufen, doch der Zweite Weltkrieg verzögert die Rückreise. Heimweh hat der Geologe nie: „Für mich ist Heimat dort, wo ich gerade lebe." Fasziniert ist er von den Indianern, die er auf seinen Reisen trifft: „Da hat man gemerkt, dass sie viel sympathischere und zum Teil vernünftigere Menschen sind als wir Europäer."

Erst 1946 fahren Augusto und Toti mit ihren mittlerweile drei Kindern auf einem Flugzeugträger zurück nach Europa. In die Windeln des jüngsten Sohnes eingewickelt reist auch ein Smaragdkristall mit, den Gansser in Kolumbien geschenkt bekommen hat. Der seltene Stein darf eigentlich nicht ausgeführt werden – eine unmögliche Bedingung für einen Geologen, der Smaragde besonders liebt. Heute strahlt er aus einer Vitrine in seinem Arbeitszimmer.

Nach zwei Jahren in Trinidad arbeitet Gansser von 1950 bis 1957 als Chefgeologe der staatlichen iranischen Ölgesellschaft. Für den Schah von Persien sucht er nach Öl. Der Druck in einer gefundenen Quelle ist so hoch, dass die Experten die Fontäne schließlich anzünden und abwarten müssen, bis sich das Loch von selbst schließt. Es sei wahrscheinlich bis dato das größte von Menschen gemachte Feuer gewesen, sagt Gansser.

1958 wird er Professor für Geologie an der Eidgenössischen Technischen Hochschule (ETH) und zugleich an der Universität Zürich. Sein Entdeckungsdrang hält an: Der Geologe forscht in Nepal, Afghanistan, in Patagonien und dem Ural, kartografiert als Erster Bhutan. Zweimal lädt ihn der chinesische Machthaber Deng Xiaoping zu Exkursionen durch Tibet ein. Die Universität von Peshawar (Pakistan) ehrt ihn 1983 mit dem Titel „Baba Himalaja", Vater des Himalaja. Noch als 85-Jähriger unternimmt er eine Asienreise und zeichnet detaillierte Skizzen der kambodschanischen Tempelanlage Angkor Wat in sein Tagebuch. „Einfach ein großes Interesse" habe ihn auf seinen Expeditionen und Reisen angetrieben. In seiner knappen, sachlichen Art fasst er zusammen: „Es gab immer einen Haufen Fragen. Was man lösen konnte, hat man gelöst. Wir mussten aber auch erkennen, dass das nicht immer möglich war."

Mit zunehmendem Alter, sagt er, werde die Erinnerung immer wichtiger. Oft taucht er in Gedanken ein in vergangene Episoden seines eigenen aufregenden Lebens. Noch als 98-Jähriger ist Augusto Gansser so andauernd auf Reisen.

Jonas Morgenthaler, MERIAN-*Mitarbeiter aus Bern, konnte Augusto Gansser nur zustimmen, als der sagte, er finde „die Ebene langweilig und die Berge spannend".*

AUGUSTO GANSSER

1910 in Mailand geboren, wächst Gansser in der Nähe von Lugano auf. Er studiert Geologie in Zürich und bereist 1934 die Arktis, 1936 den Himalaja. Im Jahr darauf heiratet er Linda Biaggi, die von ihm sechs Kinder bekommt. Die wachsende Familie begleitet ihn zu Studien nach Kolumbien und Trinidad und zieht 1950 in den Iran, wo Gansser Chefgeologe der staatlichen Ölgesellschaft ist. Als Geologie-Professor in Zürich führt er ab 1958 Expeditionen nach Nepal, Bhutan und Afghanistan. Stationen seines Lebens zeigt der eindrucksvolle Bildband:
Augusto Gansser. Aus dem Leben eines Welt-Erkunders
Ursula Eichenberger
Ursula Markus
AS-Verlag 2008, 49,80 €

ZUKUNFT

„WIR MÜSSEN UNS BEEILEN!"

Können wir den Klimawandel noch bremsen? Umweltschützer Jakob von Uexküll glaubt an eine letzte Chance und fordert radikale Maßnahmen INTERVIEW: CHRISTIANE OPPERMANN

MERIAN Herr von Uexküll, wie würden Sie den gegenwärtigen Zustand der Erde diagnostizieren?

JAKOB VON UEXKÜLL Die Erderwärmung ist viel schneller vorangeschritten, als Wissenschaftler und Klimaforscher vor zehn oder 20 Jahren prognostiziert haben. Obwohl ich mich seit Jahrzehnten mit dem Zustand der Erde beschäftige, haben mich diese Erkenntnisse schockiert. Ich hätte nicht gedacht, dass sich das Klimachaos so stark und so schnell ausbreiten würde.

Sie beziehen sich auf die jüngsten Berichte über die weit fortgeschrittene Eisschmelze an den beiden Polen, vor allem der Arktis. Kann das Klima unseres Planeten noch stabilisiert werden?

Ja. Aber wir müssen uns wirklich beeilen. Die Entscheidung über die Zukunft der Erde und der Menschen wird Ende 2009 auf der Klimawandelkonferenz in Kopenhagen fallen. Wenn es dann nicht gelingt, mutige und verbindliche Beschlüsse zum Klimaschutz und gegen die von Menschen verursachte Erderwärmung zu verabschieden, wird das Leben auf unserem Planeten für viele Menschen unmöglich, dann steuern wir auf eine Apokalypse zu.

Der wirkliche Skandal wäre aber, dass wir unsere Erde durch Unachtsamkeit und Gleichgültigkeit auf sehr, sehr lange Zeit zerstört hätten. Seit 1972, also mehr als 35 Jahren, seit dem Bericht des Club of Rome, haben wir die Warnungen von Klimaforschern ignoriert. Wir wissen genau, was wir tun müssen, aber es ist noch immer nicht gelungen, die fossilen Brennstoffe, deren hoher CO_2-Ausstoß erheblich zur Bildung von Treibhausgasen beiträgt, durch den Einsatz erneuerbarer Energien zu ersetzen. Das ist die eigentliche Katastrophe.

Welche Gefahren sehen Sie konkret und was bedeutet das für die Zukunft der Erde?

Wenn die Erderwärmung im gleichen Tempo fortschreitet, werden die Permafrostregionen in Sibirien und den Hochgebirgen auftauen und riesige Methangasmengen, die in den Tiefen der Ozeane gelagert sind, an die Oberfläche steigen und sich entzünden. Die Gaswolken werden wie Feuerbälle umherschießen. Unsere freundliche Erde wird zu einem feindlichen Planeten, auf dem nur noch ein kleiner Teil der Weltbevölkerung überleben kann. Durch die steigenden Meeresspiegel werden große Uferregionen überschwemmt und unbewohnbar. In anderen Gebieten wird Wassermangel für die Versteppung einst fruchtbarer Böden sorgen.

Diese Schreckensvisionen werden von den Wissenschaftlern bereits seit Jahren aufgestellt. Wie real ist die Bedrohung? Kann die Katastrophe noch verhindert werden?

Ja. Wenn es gelingt, in den nächsten zehn Jahren radikal umzusteuern, können wir den Temperaturanstieg nach Meinung von Klimaforschern auf zwei bis drei Grad begrenzen. Selbst diese Erwärmung wird noch zu großen regionalen Problemen führen. Riesige Ströme von Klimaflüchtlingen werden die Überschwemmungsgebiete oder Dürreregionen verlassen und sich in höher gelegenen oder fruchtbareren Gegenden eine Bleibe suchen.

Was ist die wichtigste Maßnahme? Was muss sofort getan werden?

Die Zukunft der Erde hängt von der Lösung der Energieprobleme ab. Wir müssen die Entwicklung und Nutzung der erneuerbaren Energien radikal beschleunigen, weltweit und entschlossen. Das ist der Schlüssel zur Lösung aller anderen Probleme, wie Wasserversorgung, Ernährung und soziale Ungerechtigkeit.

Die größte Kapitalvernichtung findet derzeit nicht auf den Finanzmärkten statt, sondern durch die tagtägliche Verschwendung von Naturkapital. Die Sonne, die heute scheint, der Wind, der heute weht, und die Erdwärme sind morgen für immer verloren, wenn sie nicht genutzt werden. Das sind Energien, die ständig verfügbar sind. Es ist völlig hirnrissig, diese Energiequellen nicht einzusetzen. Wer heute meint, dass es billiger sei, weiter nach Öl zu suchen und auch noch aus Schiefervorkommen den letzten Tropfen Öl auszupressen, weil die Extraktionskosten günstiger erscheinen, rechnet einfach falsch.

Die Regierungen der Industriestaaten haben Milliarden Dollar und Euro für die Rettung des internationalen Finanzsystems zur Verfügung gestellt. Bleibt da noch etwas für die Entwicklung erneuerbarer Energien?

Das ist ein oberflächliches Argument. Der große Ökonom John Maynard Keynes hat einmal gesagt, dass sich eine Gesellschaft das, was sie wirklich will, auch leisten kann. Ich sehe die staatlichen Maßnahmen zur Bewältigung der Finanzkrise eher als große Chance für den Umweltschutz. Nun wissen wir nämlich, dass Geld da ist, wenn die Regierungen es wollen.

Das heißt, die Rettung der Banken wird jetzt den Weg freimachen für die Finanzierung von Klimaschutzprogrammen?

Ja, ich hoffe, dass die Menschen jetzt die Scheinheiligkeit der Regierungen durchschauen, die mit ihrer Politik vor allem den Interessen der Finanzwirtschaft gedient haben. Wenn an einem Tag Milliarden Euro, Dollar und Pfund für die Rettung der Banken, die sich selbst in diese schwierige Lage gebracht haben, bereitgestellt werden können, warum können dann am nächsten Tag nicht genauso große Beträge für den Klimaschutz lockergemacht werden?

Geldschulden können gestundet oder umgeschuldet werden, Umweltschulden nicht. Was wir da versäumen oder zerstören, ist unwiederbringlich verloren. Auf der politischen und wirtschaftlichen Ebene kann man Probleme durch

Gespräche verschieben und vertagen, man kann mit Banken, sogar mit politischen Gegnern und militärischen Feinden verhandeln, aber nicht mit schmelzenden Gletschern.

Bislang galt als politische Richtschnur, eine Balance zwischen den Erfordernissen für den Umweltschutz und den Belangen der Wirtschaft zu finden, um nicht auch die Arbeitsplätze in energieintensiven Branchen zu gefährden.

Das ist ideologischer Schwachsinn. Wir können doch nicht die Ansprüche einiger Unternehmen auf die gleiche Stufe stellen wie die Rettung des Weltklimas! Wir müssen wieder lernen, die Naturgesetze über die Wirtschaftsgesetze zu stellen. Die Wirtschaft ist nicht der Maßstab allen Handelns, auch wenn sich Politiker in aller Welt noch immer gern an den Interessen der Wirtschaft orientieren. Nur wenn es der Umwelt gut geht, kann auch die Wirtschaft gedeihen. Allein durch den Bau von Anlagen zur Nutzung der erneuerbaren Energien können weltweit zig Millionen von Arbeitsplätzen geschaffen werden.

Fehlt wirklich nur der politische Wille? Oder liegt das Problem nicht auch in der Ignoranz vieler Menschen, die den Klimawandel sogar heute noch als natürliches Phänomen betrachten? In den USA sind weite Teile der Bevölkerung noch immer nicht davon überzeugt, dass ihr Spritverbrauch, ihre Klimaanlagen und Swimmingpools die Erderwärmung beschleunigen. Wer soll also den Anstoß für eine globale energiepolitische Wende geben?

JAKOB VON UEXKÜLL ist Stifter des Right Livelihood Award („Alternativer Nobelpreis") und Initiator des Weltzukunftsrats. Der Enkel des deutschbaltischen Biologen Jakob Johann von Uexküll war für die Grünen im Europa-Parlament und gehörte dem Vorstand von Greenpeace Deutschland an

Geldschulden können gestundet werden, Umweltschulden nicht. Man kann mit Banken, sogar mit politischen Gegnern verhandeln, aber nicht mit schmelzenden Gletschern

Das Hauptproblem unserer Weltordnung ist, dass wir darauf warten, dass einer mit einem großen Plan kommt und dann alles daran ausgerichtet werden kann – Beispiel „Globalisierung". Es gibt aber keine Generallösung, wir brauchen vielfältige Ansätze, die die unterschiedlichen ökologischen, sozialen und kulturellen Bedingungen berücksichtigen. Man muss den Menschen in erster Linie dort neue Chancen eröffnen, wo sie leben, das heißt lokal und regional. Kleine Projekte sind überschaubar, und kleine Fehler können schneller korrigiert werden. Große Fehler, das sehen wir ja gerade an der weltweiten Finanzkrise, wiegen schwerer und sind auch nur mit großem Einsatz zu beheben. Wir müssen die Skepsis der Menschen durch viele kleine Projekte brechen und ihre Situation spürbar verbessern.

Ist es dafür nicht zu spät?

Nein, es gibt Maßnahmen, die vorbildlich sind und überall greifen wie das deutsche Gesetz zur Einspeisung von alternativen Energien oder die Erzeugung von Solarstrom auf den Dächern von Barcelona, solche Programme können überall dort eingesetzt werden, wo es Stromnetze gibt. Das betrifft etwa 50 Prozent der Weltbevölkerung, die anderen müssen mit kleinen, dezentralen Anlagen versorgt werden. Das ist alles machbar.

Welche Rolle spielen bei Ihren Überlegungen die Prognosen zur Bevölkerungsentwicklung? Eine Zunahme auf rund neun Milliarden Menschen im Jahr 2050 erzeugt doch auch Druck, jetzt zu handeln. Die Menschen brauchen Energie, aber auch Wasser und Nahrungsmittel.

Das Problem ist doch nicht, ob wir die Menschen künftig ernähren können. Die Erde kann sogar zwölf Milliarden Menschen ernähren, wenn wir vernünftig mit unseren Ressourcen umgehen. Die Erde kann sich aber kein weiteres Land wie die USA leisten oder eine Region wie Westeuropa, in der wichtige und knappe Ressourcen wie Energie und Wasser verschwendet werden. Die entscheidende Frage ist vielmehr, unter welchen Bedingungen die Menschheit leben wird, wie die sozialen Umstände aussehen, wie gerecht die Verteilung der wichtigen Ressourcen ist.

Der beste Weg, das Bevölkerungswachstum zu entschleunigen, sind Programme zur besseren Ausbildung von Frauen. Je besser Frauen qualifiziert sind, umso weniger Kinder haben sie. Das zeigt eine Studie in Brasilien: Im Norden des Landes bekommen Frauen, die keine Schulausbildung erhalten haben, im Schnitt sechs Kinder. In Regionen, in denen die Ausbildung von Frauen gefördert wurde, sinkt die Geburtenrate auf 1,5 Kinder. Solange Menschen sehr arm und ungebildet sind, werden Kinder als Alterssicherung betrachtet. Da müssen wir ansetzen. Staatlich verordnete Programme wie die Ein-Kind-Politik in China halte ich für unmenschlich.

Besteht nicht trotzdem die Gefahr, dass die Gesellschaft in eine Art Öko-Fanatismus abgleitet und Umweltfundamentalisten die Bürger mit radikalen Verboten terrorisieren?

Jetzt haben wir einen Konsumfanatismus. Wir können den Klimaschäden und der Erderwärmung aber nicht entkommen. Wenn sich nur fünf Prozent der Menschheit für Maßnahmen zum Umweltschutz einsetzen, dann sind wir schon einen guten Schritt weiter. Wenn es gelingt, 15 Prozent zu überzeugen und zur aktiven Mitarbeit zu animieren, ist die Bewegung nicht mehr aufzuhalten. Dann werden die Aktiven alle anderen mitreißen. Die meisten Menschen wollen keine Dissidenten sein.

Gehen wir freudlosen Zeiten entgegen, die von uns nur Verzicht, Sparen und Beschränkung verlangen?

Wir können sicher nicht in allen Bereichen unseren heutigen Lebensstandard aufrechterhalten. Aber dennoch wird auch Überfluss herrschen, und wir werden nicht nur sparen müssen. Es gibt zum Beispiel mehr als genug Sonnenenergie für alle Menschen. Wenn wir die nutzen, können wir uns auch ein wenig Verschwendung leisten.

Freuen Sie sich auf das nächste Heft | Im Handel ab 18. Dezember 2008

Berauschende Natur: die Wasserfälle von Iguazú

Pochendes Herz: die Metropole Buenos Aires

Betörende Töne: Wo der Tango wirklich herkommt

Zuletzt erschienen:

November 2008

Oktober 2008

September 2008

August 2008

Juli 2008

Juni 2008

Argentinien Zwischen Weite, Geschichte und Aufbruch

Traumpfade in Patagonien, Zauberfußball, die besten Steaks der Welt. So weit die Klischees und bekannten Exporte. Doch damit würde sich das zweitgrößte Land Lateinamerikas niemals zufrieden geben. MERIAN weist den Weg durch das moderne Argentinien, das sich immer wieder neu erprobt und zelebriert

> Patagonien: Unterwegs am einsamsten und schönsten Ende der Welt
> Buenos Aires: Die Hauptstadt als Schmelztiegel und eigenwilliger Vorposten Europas
> Dinos: Wo man den 170 Millionen Jahre alten Lieblingstieren ganz nah kommt
> Gauchos: Aus dem wahren Leben der argentinischen Cowboys, Arbeiter und Helden

Verpassen Sie nicht die nächsten MERIAN-Ausgaben: Linz, Oberösterreich | Cornwall und Englands Süden | Allgäu | Mallorca | Düsseldorf Abotel. (040) 87 97 35 40 oder www.merian.de

Bilder
im Geschichtsunterricht

Michael Sauer

Bilder im Geschichtsunterricht

Klett | Kallmeyer

Bibliografische Information der Deutschen Nationalbibliothek
Die Deutsche Nationalbibliothek verzeichnet diese Publikation in der Deutschen Nationalbibliografie; detaillierte bibliografische Daten sind im Internet über http://dnb.d-nb.de abrufbar.

Impressum

Michael Sauer
Bilder im Geschichtsunterricht

4. Auflage 2012

Druck: BELTZ Bad Langensalza GmbH
Printed in Germany

ISBN: 978-3-7800-4923-0

Einführung

Wir leben in einer Zeit der Bilder. Film, Fernsehen und Printmedien offerieren wahre Fluten davon. Mit ihrer Zahl wachsen auch Schnelligkeit und Flüchtigkeit der Wahrnehmung: Während die Jugendlichen von heute ganz selbstverständlich mit jener Ästhetik der schnellen Schnitte heranwachsen, wie sie in Video-Clips und Werbefilmen üblich ist, fühlt sich leicht überfordert, wer eine ältere Sozialisation langsamerer Bildwahrnehmung erlebt hat.

MASSENHAFTER BILDGEBRAUCH

Opulente Bildausstattung ist auch bei der Präsentation von Geschichte längst zum Standard geworden. Das gilt nicht nur für moderne Ausstellungen mit ihren Multimedia-Inszenierungen, sondern auch für Bücher und Zeitschriften zu historischen Themen, die sich an ein breiteres Publikum wenden. In den meisten Fällen werden historische Bilder dort als Illustrationen verwendet: Sie sollen Geschichte konkreter, anschaulicher und attraktiver werden lassen.[1] Dahinter steht allerdings oft genug ein naives Verständnis vom Charakter historischer Bilder. Sie gelten – zumindest unter der Hand – als direkte und wirklichkeitsgetreue Wiedergabe der Realität, die in einem kleinen Ausschnitt erkennen lässt, wie „es wirklich gewesen" (Leopold von Ranke). Und genau so werden sie auch oft vom Publikum wahrgenommen: Es erliegt der „Macht der Bilder" (Abb. 1.1).

BILDER WERDEN ALS HISTORISCHE QUELLEN NICHT ERNST GENOMMEN

Bilder werden also längst nicht mit jener Selbstverständlichkeit als historische Quellen betrachtet und behandelt, wie das Historiker bei Texten gewohnt sind. Dies hat gewiss damit zu tun, dass Bilder erst „auf den Begriff gebracht" werden müssen. Aber die Unsicherheit im Umgang mit Bildern rührt wohl auch daher, dass Historiker zwar in den Methoden der Text-, aber nicht der Bildinterpretation ausgebildet werden. Dies wiederum liegt begründet in der Geschichte der Geschichtswissenschaft, die ihr modernes methodisches Rüstzeug im 19. Jahrhundert von den Philologien übernommen hat – und damit auch ihre primäre Ausrichtung auf Textquellen.

Auch die Schulbücher für das Fach Geschichte haben sich den modernen Sehgewohnheiten angepasst und sind reich mit historischen Bildern ausgestattet (zur Kritik an der Bildverwendung in Geschichtsschulbüchern vgl. Hinkel 1978 (weitgehend überholt), Hannig 1989 (Fotos), Kaufmann 1997 und 2000). Für das Schulbuch ist eine klare Trennung von Quellen und Darstellungen fundamental; sie gehört zu jenen methodischen Grundlagen der Geschichtswissenschaft, die Schülerinnen und Schülern vermittelt werden sollen. Historische Bilder sollen deshalb heute im Schulbuch nicht mehr als Illustrationen, sondern als Quellen fungieren. Schülerinnen und Schüler zu einem sinnvollen Umgang damit zu befähigen ist besonders wichtig und schwierig. Denn stärker noch als bei Erwachsenen sind es bei ihnen wohl die Bilder, die in den Köpfen bleiben und historische Vorstellungen prägen – dies umso eher, als ein vorwiegend auf Textquellen gestützter Unterricht seinerseits kaum in der

BILDER PRÄGEN VORSTELLUNGEN

[1] So werden etwa auch in der opulent aufgemachten „Millenniums"-Reihe des Stern historische Bilder völlig ohne Angaben zum Künstler und zum Entstehungszeitpunkt abgedruckt und entsprechend zeitgenössische und Historienbilder vermischt.

Karls Erben

Das Ostreich geht eigene Wege

Reich der Deutschen

Die gemeinsame Vergangenheit machte das Verhältnis zwischen West- und Ostreich nicht einfacher: Vertrag zwischen Heinrich I. und Karl III., 921.

Als die ostfränkischen Adeligen zur Jahrhundertwende mit Ludwig dem Kind noch einmal einen Karolinger wählten, da geschah dies nicht aus Liebe zum alten Herrschergeschlecht.

Man hätte sich ja auch dem einfältigen Karl und damit dem Westreich unterstellen können, aber das war nicht im Sinne der aufstrebenden Adelsgeschlechter des Ostens. Nein, diese »Stammesherzöge« wollten eine schwache Zentralgewalt, und sie sahen auch nicht, wie ein im fernen Westen regierender König sie bei ihrem Hauptproblem unterstützen sollte, den immer häufigeren Einfällen der räuberischen Ungarn. Eigentlich waren Stammesherzöge in der karolingischen Reichsordnung gar nicht vorgesehen, ja sie widersprachen der Vorstellung von einem von Gott gesalbten, nur dem Allerhöchsten und sonst niemandem verantwortlichen König.

Aber die neuen Zwischengewalten hatten sich aus den Markgrafschaften im Kampf gegen äußere Feinde entwickelt. Im unwirtlichen Osten konnte nur der herrschen, der schnell auf innere Wirren und äußere Gefahren reagierte. So hatten sich in Bayern die Luitpoldinger und in Sachsen die Luidolfinger nach teils harten Kämpfen durchgesetzt, in Lotharingien die Reginare. Franken schließlich kam 906 in die Hände der Konradiner, die immerhin noch ein wenig karolingisches Blut in ihrer Linie vorweisen konnten. Lediglich in Schwaben blieb die Lage lange unklar, rivalisierende Adelsgeschlechter kämpften um die führende Position und schlossen wechselnde Bündnisse mit den benachbarten Herzögen. Irgendwo dazwischen standen die Kirchenfürsten, die für ihre vermittelnde Teilnahme am Machtspiel einen Platz als dritte Gewalt im Reiche forderten.

Nach dem Tod Ludwig des Kindes – damit war die ostfränkische Linie der Karolinger erloschen – kam es zunächst zu einem Kompromiß: Während die Lothringer sich mit der Anerkennung des einfältigen Karl Richtung Westen absetzten, wählten die rechtsrheinischen Herzöge das Oberhaupt der Konradiner als Konrad I. zu ihrem König – noch ein Franke, aber eben auch nur ein Her-

Bildnachweis: JMSV (3), A. A. & A. Coll.

Abb. 1.1: Eine Seite aus dem populären Magazin „Geschichte mit Pfiff" (Heft 12/1998, S. 25). Ein Historienbild aus dem 19. Jahrhundert wird ohne weiteren Hinweis präsentiert, als handele es sich um eine Abbildung aus der dargestellten Zeit. Nachgemachte Frakturschrift – die natürlich nicht zum Thema „Karolinger" passt – soll für historisches Ambiente sorgen.

Lage ist, Vorstellungswelten in Schülerköpfen entstehen zu lassen (zur Psychologie der Bildwahrnehmung Weidenmann 1991). Welche Wirkung Bilder dabei auf uns ausüben, kann man leicht bei sich selber feststellen: Die Zeit des Nationalsozialismus oder die Nachkriegszeit stehen in Schwarz-Weiß vor unserem inneren Auge – unsere Vorstellung ist durch Schwarz-Weiß-Fotos und -Filme als Bildquellen geprägt. Dagegen sehen wir die Welt des späten Mittelalters – vor der Entwicklung des Holzschnitts – farbig vor uns, wie sie uns Miniaturen oder Altarbilder vermitteln.

Umgang mit Bildern lernen

Bilder erschließen sich nicht von selber, man muss sie befragen, um sie zum Sprechen zu bringen; das will gelernt sein. Aber längst nicht in allen Fällen werden die Abbildungen in Geschichtsbüchern unter diesem Gesichtspunkt sinnvoll ausgewählt oder in ihrem Quellenwert durch die Bearbeitungsvorschläge tatsächlich ausgeschöpft. Noch immer finden sich – von spezifischen Methodenkapiteln abgesehen – recht selten Hinweise zu einer genaueren Interpretation von Bildquellen. Und kaum einmal werden diese im Sinne eines Methodenlehrgangs systematisiert, der Schülerinnen und Schülern an exemplarischen Beispielen Grundfertigkeiten im Umgang mit den verschiedenen Arten von Bildquellen vermittelt.

Ziel und Aufbau des Buches

Dieser Band soll eine systematische Einführung in die Bildinterpretation für die Belange des Geschichtsunterrichts bieten. Sie richtet sich an Lehrerinnen und Lehrer. Der Begriff „Bild“ ist weit gefasst. Er umschließt alle Arten von Malerei, Plastik, Grafik oder Fotografie. Er beschränkt sich freilich auf „stehende Bilder“: Der Film mit seinen bewegten Bildern, die dem Betrachter die Geschwindigkeit der Rezeption vorgeben, zumal der Tonfilm als audiovisuelles Medium, bleibt ausgeschlossen – das ist ein Thema für sich. Kapitel 1 beschreibt, mit welchen grundsätzlichen Fragestellungen sich der Historiker Bildern nähern kann, stellt Analyseraster für die Bildinterpretation vor und macht Methodenvorschläge für die Unterrichtspraxis. Kapitel 2 gibt einen Überblick über die Einsatz- und Kombinationsmöglichkeiten von Bildern und vergleicht Möglichkeiten der Bildpräsentation. Kapitel 3 unterscheidet die wichtigsten Bildtypen unter thematischem Aspekt und erörtert an Beispielen die besonderen Erkenntnismöglichkeiten, aber auch Verständnisschwierigkeiten, die sie bieten. Kapitel 4 nimmt abermals eine Differenzierung nach Bildtypen vor, diesmal jedoch unter materiellem Aspekt: Mit welcher Technik wird welche Art von Bildern hergestellt, was bedeutet das für ihre Verbreitung und für ihre Wahrnehmung? Dass es bei der Erläuterung der Bildtypen in Kapitel 4 und 5 zuweilen Überschneidungen gibt, ist gewollt: Jedes Kapitel soll auch für sich gelesen werden können. Kapitel 5 schließlich gibt eine knappe Einführung in die „visuellen Handschriften“ verschiedener Zeiten und Kulturen und skizziert die wichtigsten darstellerischen Mittel und Merkmale, die Schülerinnen und Schüler kennen sollten. Damit wird zugleich auch der Horizont der zeitgenössischen Rezeption umrissen: Welche „Handschriften“ konnten die Zeitgenossen lesen, wo wurden Konventionen durchbrochen, veränderten sich vertraute Darstellungsmuster und mussten sich neue Wahrnehmungsgewohnheiten entwickeln?

Der Band verfolgt einen doppelten Zweck: Zum einen geht es um eine grundlegende didaktische und methodische Erläuterung, zum anderen können die zahlreichen Beispiele unmittelbar im Unterricht verwendet werden.

1. Die Bildinterpretation

Die Interpretation historischer Bilder ist traditionell eine Domäne der Kunsthistoriker; von diesen hat die „Historische Bildkunde", die sich mit der Analyse von Bildern aus der Sicht der Geschichtswissenschaft befasst, methodisch im Wesentlichen ihre Anleihen bezogen. Kunstgeschichtliche Analyseverfahren können auch der Orientierung für eine Bildanalyse im Geschichtsunterricht dienen. Neben einem solchen systematischen Zugang gibt es aber auch eine Fülle von handlungs- und produktionsorientierten Verfahren, die die Beschäftigung mit Bildern initiieren oder intensivieren können.

1.1. Bilder als Quellen

Das Erkenntnisinteresse des Historikers

Kunsthistorische Kenntnisse sind für den Historiker unerlässlich, wenn er sich mit Bildquellen beschäftigen will. Aber der Historiker hat oft andere Bilder im Auge als der Kunsthistoriker und er richtet andere Fragen an sie. Bei diesem steht zunächst die ästhetische Qualität im Vordergrund: Ihn interessiert das einzelne herausragende Kunstwerk und er will es so umfassend wie möglich in seiner Aussage und seinem Gehalt erschließen. Der Historiker dagegen betrachtet das Bild als historische Quelle; die ästhetische Qualität spielt dabei keine grundlegende Rolle. Die unzähligen Historiengemälde etwa, die im Wilhelminischen Kaiserreich entstanden sind, bezogen ihre zeitgenössische Bedeutsamkeit aus ihrer Thematik; ihr Stil war konventionell, ihr künstlerischer Wert zumeist gering. Deshalb fristen diese Bilder heute, sofern sie überhaupt erhalten sind, in der Regel ihr Dasein in den Magazinen der Museen, gezeigt werden sie kaum. Für den Kunsthistoriker sind sie unbedeutend; für den Historiker können sie eine wichtige Quelle dafür bilden, wie die Gesellschaft damals vergangene Ereignisse im Lichte ihrer Gegenwart sah oder ihre Gegenwart für später gedeutet und erinnert haben wollte.

Dass sich Historiker intensiver mit Bildern befassen mögen, ist schon oft gefordert worden. Die „Historische Bildkunde", die sich dies zum Ziel gesetzt hat, hat sich freilich nicht so recht als Teildisziplin der Geschichtswissenschaft etablieren können. Immerhin aber sind von ihr zahlreiche konzeptionelle und methodische Anregungen – oft übernommen aus anderen Bereichen – ausgegangen (programatisch Keyser 1935, Wohlfeil 1986, Tolkemitt/Wohlfeil 1991, Talkenberger 1994/1998, Treml 1997, Maurer 2002). Einige Grundgedanken seien hier skizziert.

Was Bildquellen zeigen – und was nicht

Bildquellen können zunächst als Zeugnisse für die materielle Kultur vergangener Zeiten dienen. Hans Holbein d. J. hat 1532 ein Porträt des Hansekaufmanns Georg Gisze gemalt, das diesen in seinem Kontor im Londoner „Stalhof" zeigt (Abb. 1.2, vgl. Mögenburg 1998). Wenn auf diesem Gemälde eine venezianische Glasvase und eine venezianische Glaskugel abgebildet sind, können wir zunächst sicher sein, dass es zur Zeit der Bildentstehung diese Gegenstände gegeben hat. Wir können weiterhin vermuten, dass entsprechende Handelsverbindungen zwischen Venedig und London existierten. Aber schon an dieser Stelle werden die Schlussfolgerungen, sollen sie sich allein auf das Bild stützen, problematisch: Vielleicht hat der Maler diese Gegenstände nur an einem anderen Ort kennen gelernt, sie aber ins Bild gesetzt, um zu

Abb. 1.2: Hans Holbein d. J., Der Kaufmann Georg Gisze, Öl auf Eichenholz (93,3 x 85,7 cm), 1532 (Staatliche Museen Preußischer Kulturbesitz, Berlin)

demonstrieren, wie betucht Gisze ist und über wie weit reichende Handelsbeziehungen er verfügt. Freilich musste die Darstellung ja auch für zeitgenössische Betrachter plausibel sein, und so wird Holbein nichts gemalt haben, was nicht wenigstens so gewesen sein könnte. Wie häufig wiederum der Besitz solcher Gläser in London damals gewesen sein mag, erfahren wir aus dem Bild nicht: Ein (Einzel-)Bild kann uns keine quantitativen Aussagen vermitteln.

REALIENKUNDLICHE INFORMATIONEN

Hier zeichnen sich bereits die Grenzen einer realienkundlichen Betrachtungsweise ab; in der Regel wird der Historiker für entsprechende Fragestellungen auch Text- und Sachquellen heranziehen müssen. Vor allem aber zeigen solche Überlegungen, dass man der Versuchung widerstehen muss, ein solches Gemälde als direktes Abbild von Wirklichkeit aufzufassen. Hat Gisze tatsächlich die Vase mit dem Nelkenstrauß auf seinem Arbeitstisch stehen gehabt? Wir wissen es nicht, und die Frage führt in die Irre: Der Nelkenstrauß ist in der Symbolsprache der Zeit zu verstehen als Zeichen der tiefen und wahren Liebe; Holbein wollte damit vermutlich auf die bevorstehende Hochzeit Giszes hinweisen. Wir dürfen dieses Bildmotiv also nicht realistisch auffassen, sondern müssen es als Symbol entschlüsseln und übersetzen. Dafür muss man die „Bildersprache" der jeweiligen Zeit lesen können, und hier ist der Historiker wiederum auf die Erkenntnisse der Kunstgeschichte angewiesen.

Über realienkundliche Informationen hinaus können Bilder vor allem Antworten auf sozial-, alltags-, kultur- und mentalitätsgeschichtliche Fragen geben. Sie sollten und sollen Ansichten von Herrschern verbreiten oder Herrschaftsvorstellungen legitimieren, religiöse oder andere „Welt-Bilder" popularisieren, den Gegner in politischen oder religiösen Auseinandersetzungen diffamieren, umgekehrt die eigene Sache propagieren und ihre Anhänger mobilisieren. Jenseits solcher gezielter Instrumentalisierung zeugen Bilder unter der Hand aber auch von gesellschaftlichen Wertvorstellungen, sozialen Beziehungen, den Wahrnehmungen und Gefühlen der Menschen, alltäglichen Verhaltensweisen und Haltungen, schließlich ihrem Verhältnis zur Außenwelt der Natur oder Technik. Gerade als Quellen für (kollektive) Vorstellungen, (Selbst-)Deutungen und Bewusstseinshaltungen erhalten Bilder ein besonderes Gewicht für neuere Strömungen und Fragestellungen der Geschichtswissenschaft. Dagegen können Bilder kaum Abläufe, Prozesse, Ideen oder Strukturen zeigen. Als Beispiel noch einmal Holbeins Gisze-Porträt: Das Bild dokumentiert das Selbstbewusstsein und die „Modernität" eines aufstrebenden Standes. Kleidung und wertvolle Accessoires sollen Reichtum und „Internationalität" demonstrieren, Arbeitsmittel wie das Geschäftsbuch (auf dem Regal) oder die Wechselbriefe (hinter den Leisten) stehen für die neue Rationalität des Handels- und Geldgeschäfts. Arbeitsweise, Lebensform und Mentalität der frühkapitalistischen Erwerbselite, als deren Repräsentant Gisze hier erscheint, sprengten herkömmliche Gesellschaftsvorstellungen des Mittelalters.

DER HISTORISCHE KONTEXT

Geht es um solche Zusammenhänge, dann reicht es nicht aus, eine Bildquelle gleichsam aus sich selbst heraus zu interpretieren. Natürlich ist die Untersuchung von Komposition, Motivik und Darstellungstechnik elementar. Wie bei einer Textquelle auch muss aber der Historiker – je nach Fragestellung – den engeren oder weiteren historischen Kontext ins Auge fassen: Was waren die Intentionen des Künstlers oder seiner Auftraggeber, wie ihr Verhältnis zueinander, an wen sollte sich das Bild richten, wie wurde es verbreitet oder präsentiert, wie rezipiert im Verständnishorizont der Zeit?
Solche Fragen lassen sich natürlich nicht anhand der Bilder selber, aber auch nicht anhand anderer Bilder beantworten: Bilder erzählen nichts über die Geschichte von Bildern, die oft interessanter sein kann als das Bild selber. Und Bilder sind von sich aus besonders auf „Kontextualisierung" angelegt. Denn sie bieten nur eine Momentaufnahme,

sie erzählen nicht: Wir wissen nicht, was sich vor oder nach dem Augenblick, der dargestellt ist, abgespielt hat – es sei denn, wir haben es mit einer Bildreihe, einer Bilderzählung, zu tun, wie wir sie etwa in einer Fotoreportage finden. Wenn wir uns das Vorher und Nachher eines Einzelbildes ausmalen wollen, benötigen wir wiederum Kenntnisse, die wir an das Bild herantragen und mit ihm in triftige Verbindung setzen.

1.2. Bilder im Unterricht interpretieren

Schülerinnen und Schüler sollten lernen, im Geschichtsunterricht mit Bildquellen methodisch abgesichert und nach begründeten Regeln umzugehen. Nur dann werden Bilder als Quellen ernst genommen. Damit vermittelt der Unterricht zugleich methodische Ansätze und Arbeitsverfahren, die für das Fach konstitutiv sind. Dass es sinnvoll ist, mit Bildern umgehen zu lernen, lässt sich aber auch allgemeiner begründen: Der Geschichtsunterricht kann in der heutigen Zeit der Bilderwelten und Bilderfluten dazu beitragen, den Blick für Bilder zu schärfen, die Sensibilität der Wahrnehmung und die Kritikfähigkeit zu erhöhen. Und insbesondere die Beschäftigung mit historischen Bildern kann zur Relativierung heutiger Darstellungsmittel, Sehweisen und Bildkonsumgewohnheiten führen. Dazu gehört auch eine bewusste Verlangsamung der Bildwahrnehmung: Ein Bild genau zu erschließen, setzt voraus, sich bei seiner Betrachtung Zeit zu lassen, genau hinzusehen, Entdeckungen zu machen, sich ins Bild hineinziehen zu lassen – Intensität statt schnellem Konsum.

DIDAKTISCHE BEGRÜNDUNGEN

Natürlich gelten diese Dinge noch in sehr viel stärkerem Maße für den Kunstunterricht, wenngleich hier in letzter Zeit die Didaktik mehr Wert auf eigene produktive ästhetische Tätigkeit der Schülerinnen und Schüler als auf die Bildbetrachtung gelegt hat. Auch die systematische Beschäftigung mit der Kunstgeschichte spielt heute im Kunstunterricht nur eine Nebenrolle. Dennoch gibt es beim Thema „historische Bilder interpretieren" eine Fülle von Überschneidungen und gemeinsamen Arbeitsmöglichkeiten zwischen Kunstunterricht und Geschichtsunterricht, und in vielen Fällen wird der Geschichtsunterricht auf Vorkenntnisse aus dem Kunstunterricht zurückgreifen können und müssen (vgl. Otto/Otto 1987, Unterrichtsmaterialien z.B. Kowalski 1982, Kirschenmann/Schulz 1999).

GESCHICHTSUNTERRICHT UND KUNSTUNTERRICHT

Detaillierte Interpretationen, in denen nicht nur das einzelne Bild selber genau untersucht, sondern auch den angesprochenen Fragen zu Künstler, Publikum und Kontext nachgegangen wird, werden im Geschichtsunterricht nur in den seltensten Fällen möglich sein. Diesen wissenschaftlichen Anspruch umzusetzen ist aber auch gar nicht nötig, wenn man Schülerinnen und Schülern eine methodische Grundausstattung im Umgang mit Bildern vermitteln will. Dennoch können Interpretationsmodelle, wie sie die Wissenschaft entwickelt hat, hilfreich sein, um die Beschäftigung mit Bildquellen sinnvoll zu strukturieren.

Die Historische Bildkunde bezieht sich in erster Linie auf ein Analyseschema, das der deutsch-amerikanische Kunsthistoriker Erwin Panofsky schon in den dreißiger Jahren entwickelt und verschiedentlich mit leichten Varianten vorgestellt hat. Panofsky unterscheidet drei Stufen der Bildinterpretation:

EIN ANALYSESCHEMA

1. die vorikonografische Bildbetrachtung
2. die ikonografische Bildanalyse
3. die ikonologische Bildinterpretation

	Gegenstand der Interpretation	Akt der Interpretation	Ausrüstung für die Interpretation	Korrektivprinzip der Interpretation (Traditionsgeschichte)
I	*Primäres*, oder *natürliches* Sujet – (A) tatsachenhaft, (B) ausdruckshaft –, das der Welt *künstlerischer Motive* bildet	*Vor-ikonographische Beschreibung* (und pseudoformale Analyse)	*Praktische Erfahrung* (Vertrautheit mit *Gegenständen* und *Ereignissen*)	*Stil*-Geschichte (Einsicht in die Art und Weise, wie unter wechselnden historischen Bedingungen *Gegenstände* und *Ereignisse* durch *Formen* ausgedrückt wurden)
II	*Sekundäres* oder *konventionales* Sujet, das die Welt von *Bildern*, *Anekdoten* und *Allegorien* bildet	Ikonographische Analyse	*Kenntnis literarischer Quellen* (Vertrautheit mit bestimmtenn *Themen* und *Vorstellungen*)	*Typen*-Geschichte (Einsicht in die Art und Weise, wie unter wechselnden historischen Bedingungen *bestimmte Themen* oder *Vorstellungen* durch *Gegenstände* und *Ereignisse* ausgedrückt wurden)
III	*Eigentliche Bedeutung* oder *Gehalt*, der die Welt „*symbolischer*" Werte bildet	*Ikonologische Interpretation*	*Synthetische Intuition* (Vertrautheit mit den *wesentlichen Tendenzen des menschlichen Geistes*), geprägt durch persönliche Psychologie und „*Weltanschauung*"	Geschichte kultureller Symptome oder „Symbole" allgemein (Einsicht in die Art und Weise, wie unter wechselnden historischen Bedingungen *wesentliche Tendenzen des menschlichen Geistes* durch bestimmte *Themen* und *Vorstellungen* ausgedrückt wurden)

Schema der Bildinterpretation von Erwin Panofsky (Erwin Panofsky, Ikonographie und Ikonologie. Eine Einführung in die Kunst der Renaissance, in: Sinn und Deutung in der bildenden Kunst, Köln 1978, S. 50)

Die vorikonografische Bildbetrachtung richtet sich auf das Wahrnehmen und Erkennen von Gegenständen, Figuren und Motiven und ihres Ausdrucks (schmerzliche Pose einer Figur, freundliche Atmosphäre eines Raumes). Bei der ikonografischen Analyse geht es darum, die Themen und Vorstellungen zu enthüllen, die mit bestimmten Motiven oder Allegorien gemeint sind: Eine weibliche Gestalt mit einem Pfirsich in der Hand personifiziert in der Renaissancemalerei die Wahrhaftigkeit. Für diese Entschlüsselung sind Kenntnisse der – zumeist durch die Literatur geprägten – Vorstellungswelt jener Zeit und der künstlerischen Darstellungstradition notwendig.

Auf der Stufe der ikonologischen Interpretation soll dann die eigentliche Bedeutung oder der Gehalt des Kunstwerkes erschlossen werden: „Er wird erfaßt, indem man jene zugrunde liegenden Prinzipien ermittelt, die die Grundeinstellung einer Nation, einer Epoche, einer Klasse, einer religiösen oder philosophischen Überzeugung enthüllen, modifiziert durch eine Persönlichkeit und verdichtet in einem einzigen Werk." (Panofsky 1978, S. 40) Panofsky hat am Beispiel von Leonardos „Abendmahl" verdeutlicht, was damit gemeint ist: „Solange wir uns auf die Aussage beschränken, Leonardo da Vincis berühmtes Fresko zeige eine Gruppe von dreizehn Männern rings um eine Speisetafel und diese Gruppe von Männern stelle das letzte Abendmahl dar, befassen wir uns mit dem Kunstwerk als solchem, und wir interpretieren seine kompositionellen und ikonografischen Züge als seine eigenen Eigenschaften oder Merkmale. Suchen wir jedoch das Fresko als ein Dokument der Persönlichkeit Leonardos oder der Kultur der italienischen Hochrenaissance oder einer bestimmten religiösen Einstellung zu verstehen, beschäftigen wir uns mit dem Kunstwerk als einem Symptom von etwas anderem, das sich in einer unabsehbaren Vielfalt anderer Symptome artikuliert, und wir interpretieren seine kompositionellen und ikonografischen Züge als spezifischere Zeugnisse für dieses andere." (Panofsky 1978, S. 41) Diese symbolische Bedeutung des Kunstwerks muss keineswegs vom Künstler intendiert gewesen sein; sie kann sich unbewusst ergeben und sogar von seiner eigentlichen Intention abweichen.

Dieser Dreischritt – Panofsky selber hat ihn systematisch dargestellt (Schema S. 15) – ist anspruchsvoll und insbesondere auf der dritten Stufe nicht leicht nachzuvollziehen und umzusetzen. Dennoch bietet er, in eine einfachere Form und Sprache übersetzt, eine sinnvolle Basis für die Beschäftigung mit Bildquellen auch in der Schule:

VEREINFACHTE FORM DES ANALYSESCHEMAS

1. *Bildbeschreibung:* Beschreibung dessen, was auf dem Bild zu sehen ist; Äußern von Eindrücken und Gefühlen
2. *Bildanalyse:* Erschließen von Thema und Inhalt, Identifikation von Personen; Untersuchung der Darstellungsmittel (Komposition, Technik, Perspektive, Farben, Symbole etc.)
3. *Bildinterpretation:* Zusammenfassende Deutung der Bildaussage im historischen Entstehungskontext

Während wir es auf der ersten Stufe mit einer gleichsam naiven Wahrnehmung des Bildes zu tun haben, sind auf den beiden folgenden Vorkenntnisse kunstwissenschaftlicher, kunstgeschichtlicher und allgemein historischer Art notwendig.

UNTERSUCHUNG DER DARSTELLUNGSMITTEL

Die Analyse der Darstellungsmittel – Stufe 2 – wird man im Geschichtsunterricht in der Regel nicht so intensiv betreiben wie im Kunstunterricht. Die nachfolgende Liste kann dennoch dabei helfen, auf wesentliche Gesichtspunkte (insbesondere bei der Untersuchung von Gemälden) zu achten.

Stichpunkte zur Analyse von Darstellungsmitteln

- *Gattung bzw. Darstellungstechnik*: Skulptur, Münze, Gemälde, Radierung, Fotografie etc. (vgl. Kap. 4)
- *Inhaltlicher Bildtypus*: Personenbild, Landschaftsbild, Karikatur etc. (vgl. Kap. 3)
- *Größe und Präsentationsform*: Einzelbild oder Reihe, privat oder öffentlich
- *Komposition*: Bildaufbau, Verhältnis von Vorder-, Mittel- und Hintergrund, Anordnungsschemata (Diagonale, Dreieck o. a. Figuren), hervorstechende Einzelelemente
- *Perspektive*: Aufsicht oder Untersicht (Vogelperspektive oder Froschperspektive), Zentralperspektive, unperspektivische Darstellung, Verhältnis zum Betrachter (ist die Szene isoliert, wird der Betrachter hineingezogen, blickt eine Figur aus dem Bild?)
- *Proportionen*: Verhältnisse einzelner Teile von Körpern oder Bauten, Proportionsschema (z. B. „Goldener Schnitt")
- *Lichtführung*: Hervorhebung einer Person oder eines Gegenstandes durch Helligkeit, gleichmäßige Beleuchtung oder Hell-Dunkel-Kontraste, sichtbare oder verdeckte Lichtquelle
- *Farbigkeit*: dominante Farben, Farbkontraste oder Ton-in-Ton, flächige Farbgebung, Konturen oder Punkte, naturalistische oder symbolische Farbgebung
- *Figurendarstellung*: Bewegung oder Ruhe, Mimik, Gestik

Abb. 1.3:
Hyacinthe Rigaud, Bildnis Ludwigs XIV., König von Frankreich, Öl auf Leinwand (277 x 194 cm), um 1700 (Musée National du Louvre, Paris) Nach der zeitgenössischen Porträttheorie des Roger de Piles (1708) sollten die Bilder den Betrachter über Stand und Art der dargestellten Person belehren: „Kurz, in diesen Arten von Stellungen muß es scheinen, als wenn die Bildnisse uns selbst anredeten, und zu uns – sprächen: z. E. Halt, siehe mich an, ich bin der unüberwindliche mit Majestät umhüllte König; Ich bin dieser tapfere Feldherr, der an alle Orte Schrecken hinbringt; oder auch, der durch sein gutes Betragen so viel wichtige Unternehmungen glücklich ausgeführt hat; Ich bin der große Minister, der alle Triebfedern der Staatskunst kannte; Ich bin diese obrigkeitliche Person, die eine vollkommene Weißheit und Redlichkeit vorzüglich unterscheidet. Ich bin der Gelehrte, der von den Wissenschaften ganz eingenommen ist ..." (Zit. nach Schoch 1975, S. 20)

Nehmen wir als Beispiel das Porträt Ludwig XIV. (1701) von Hyacinthe Rigaud (1659–1743), das in fast jedem Geschichtsbuch abgedruckt ist (Abb. 1.3; vgl. Carls 1988, Schoch 1975, S. 18–22, Vogel 1993). Diese Wahl hat gute Gründe, denn das Gemälde wurde als Herrscherbild schlechthin Vorbild für die Porträts absolutistischer Monarchen in ganz Europa. Auf der ersten Stufe wären etwa zu beschreiben: die selbstbewusste Figur des Königs, der den linken Arm herrisch in die Hüfte stemmt, den rechten raumgreifend von sich streckt, seine ernste Miene, die Perücke, der lange Mantel, mit dem man bestimmt nicht gehen kann, die seltsame Fußhaltung und

STUFE 1: BILDBESCHREIBUNG

die „Stöckelschuhe", die Krone, der „Stock" in seiner Hand; das alles macht einen imposanten, aber auch künstlichen, uns fremden Eindruck.

STUFE 2: BILDANALYSE

Der Inhalt des Bildes (Stufe 2) geht aus dem Titel hervor: Ludwig XIV. ist als König von Frankreich dargestellt. Wie hat der Maler das bewerkstelligt? Nun müssen die einzelnen Accessoires der Szenerie in ihrer symbolischen Bedeutung entschlüsselt werden – das geht wohl nicht ohne Hilfe der Lehrkraft: Der König schaut nicht deshalb ernst, weil er schlechter Laune ist; es ist seine Amtsmiene, die er zur Schau trägt. Mit dem Mantel muss man nicht gehen können; es ist der Krönungsmantel, außen mit goldenen Lilien, dem Symbol der Bourbonenherrscher, geschmückt, innen mit kostbarem Hermelin-Pelz gefüttert. Die Fußhaltung – der „Tanzmeisterschritt" – steht für Eleganz und Lebensart. Die Krone ist natürlich die französische Königskrone, der „Stock" das Zepter. Perücken trugen die Herren im Barock allgemein, die des Königs ist besonders lang und hoch und lässt ihn größer und majestätischer wirken.

Die Bildkomposition: Der König steht wie ausgestellt in der Bildmitte. Der Mantel dominiert im Mittelbereich des Bildes, der kleine Tisch links und der Sessel rechts sind mit demselben Lilienstoff versehen: Mantel, Krone und (Thron-)Sessel werden so als Herrschaftsinsignien miteinander verbunden. Blau mit Gold, Weiß und Rot (als Unter- und Hintergrundfarbe) dominieren das Bild. Gezeigt wird kein realistischer Raumausschnitt, sondern ein gezielt entworfenes Hintergrundensemble.

STUFE 3: BILDINTERPRETATION

Die zusammenfassende Interpretation des Bildes (Stufe 3) liegt auf der Hand: Der König wird als Herrscher inszeniert. Nichts an diesem Bild ist zufällig, jedes Detail hat Bedeutung. Schließlich hat der König selber dem Maler den Auftrag gegeben: So wollte er dargestellt werden und so wollte er gesehen werden. Ins Bild gesetzt ist der umfassende absolutistische, durch göttlichen Auftrag und Tradition legitimierte Herrschaftsanspruch des Königs. Es geht aber nicht wie im Mittelalter in erster Linie um das Amt, sondern um die Person nach dem Wahlspruch Ludwigs: L'etat c'est moi. Auch das weit überlebensgroße Format signalisiert dies. Aufgehängt wurde das Bild im Kronsaal des Versailler Schlosses, so hoch, dass die Füße in Augenhöhe des Betrachters waren. Wer am Hof verkehrte, bekam es zu sehen – das einfache Volk nicht.

BILDINTERPRETATION IM UNTERRICHTSKONTEXT

Natürlich muss und sollte man sich bei der Interpretation historischer Bilder in der Schule nicht sklavisch an dieses dreistufige Schema halten. Es dient vor allem der Bewusstmachung jener Schritte, die für eine umfassende Interpretation notwendig sind. In der Praxis lassen sich Akzente setzen, einzelne Punkte weglassen oder verbreitern (z. B. die Stufe 2 in zwei Einzelschritte aufteilen). In den meisten Fällen interpretiert man im Unterricht eine Bildquelle ja auch nicht gleichsam voraussetzungslos, sondern innerhalb eines thematischen Zusammenhangs, der von vornherein bestimmte inhaltliche Fragen an das Bild nahe legt. Rigauds Ludwig-Porträt wird im Kontext des Themas „Absolutismus" wahrscheinlich zuerst auf seine „Botschaft", also die allgemeine Aussage und Wirkung, befragt werden, ehe man sich in einem zweiten Schritt der Untersuchung einzelner Details der Darstellung zuwendet. Dieses Vorgehen entspräche dem Muster „These zur Bildbedeutung" und anschließend „Beleg und Begründung" – eine Umkehrung der Abfolge von Panofskys Stufen kann also im Unterricht genau so gut sinnvoll sein. Und schließlich: Nicht jedes Bild muss im Unterricht detailliert als Quelle erschlossen werden. Auch die eher „ganzheitlich-atmosphärische" Wahrnehmung von Bildern hat ihren Sinn: Bilder vermitteln – wenngleich oft gebrochen – einen imaginativen Eindruck vergangener Lebenswelten, wie er sich aus Textquellen nicht gewinnen lässt.

Die Bildsprache entschlüsseln

Haltungen und Zeichen, Symbole und Allegorien, die selbstverständlich zur Bildsprache vergangener Zeiten gehörten, heute zu entschlüsseln, ist nicht leicht. Mit Schülerinnen und Schülern ist es besonders schwierig: Sie werden immer auf Zusatzinformationen angewiesen sein. Das methodische Problem besteht darin, dass die Lehrkraft, wenn sie diese Informationen gibt, unter Umständen schon das Wesentliche von dem vorwegnimmt, was die Schülerinnen und Schüler erst erarbeiten sollen. Wenn zu Rigauds Bild erläutert wird, dass das weiße Futter im Mantel des Königs Hermelin und Hermelin ein kostbarer Pelz ist, bleibt nicht mehr viel hinzuzufügen. Wenn möglich, sollte man deshalb viel Raum für Mutmaßungen lassen, Erkundungsaufträge verteilen – am besten sollten einige Nachschlagewerke im Klassenzimmer zur Hand sein – und Hinweise nur sehr dosiert geben, z. B. indem man selber ein kleines Glossar erstellt, in dem die Schülerinnen und Schüler die notwendigen Informationen finden müssen und dann hinzuziehen können (als Grundlage dafür eignen sich z. B. Bruce-Mitford 1997, Sachs/Badstübner/Neumann 1998, Becker 1998; in Bibliotheken Henkel/Schöne 1967 oder Kirschbaum 1968). Besonders günstig ist es, wenn sich ein Bild durch einen zeitgenössischen Quellentext erläutern lässt.

SuS sind auf Infos angewiesen!

Beispiel für eine Symbolerläuterung

„*Nelke*, Staude mit spitzen, grasähnl. Blättern. Die Form v. Blatt u. Frucht wurde bildhaft als „Nagel“ gedeutet (daher der Name „Nägelein“, „Nagerl“) u. die N. wurde deshalb zum Symbol der Passion Christi. Die Pflanze erscheint häufig auf Darstellungen der Madonna mit dem Kinde. – Daneben begegnet sie auch auf zahlreichen Verlöbnisbildern des späteren MA u. der Renaissance, wohl als Liebes- u. Fruchtbarkeits-Symbol. – Später wurde die (vor allem rote) N. Symbol-Blume des 1. Mai als sozialist. Feiertags.“
(Becker 1998, S. 204)

1.3. Handlungsorientierte Unterrichtsverfahren

Sich auf Bilder einlassen

Das bisher vorgestellte und an Beispielen erläuterte Schema einer Bildinterpretation ist auf eine mehr oder minder systematische und analytische Auseinandersetzung mit Bildern ausgerichtet. Es gibt aber auch eine Fülle von handlungsorientierten Möglichkeiten, wie Schülerinnen und Schüler mit Bildern umgehen können. Diese Methoden können helfen, das Interesse an einem Bild zu wecken, sich auf ein Bild einzulassen, sie können die vertiefte Beschäftigung mit Details befördern oder Bilder in Zusammenhänge – mit anderen Bildern, anderen Sichtweisen und Zeiten – stellen. Die folgenden Vorschläge sind entsprechend dem Schema der Bildinterpretation von S. 16 geordnet; allerdings kann man hier zwischen den verschiedenen Stufen nicht immer eine klare Trennung vornehmen. Die meisten dieser Methoden eignen sich vorwiegend für niedrigere Klassenstufen; aber man darf nicht unterschätzen, welchen Reiz praktisches Tun auch auf Schülerinnen und Schüler der

Abb. 1.4: NSDAP-Reichsparteitag 1934, Totenehrung während des Appells von SA und SS in der Nürnberger Luitpoldarena, Foto von Heinrich Hoffmann (vgl. Abb. 4.15 a/b und den Kommentar, S. 175) (Heinrich Hoffmann/ SV-Bilderdienst)

Sekundarstufe II ausüben kann. Allerdings sollte man sich immer dessen bewusst sein, dass diese Methoden als Mittel der Erarbeitung und des Verstehens dienen sollen – Handlungsorientierung darf nicht zum Selbstzweck werden.

1. Bildbetrachtung – sich Bildern nähern

– *Bilder aushängen:*

Bevor man sich genauer damit beschäftigt, kann ein Bild im Klassenraum aufgehängt werden. Auf diese Weise wird es präsent, lädt ein zum Betrachten und zur allmählichen Annäherung. Ein Deutschlehrer berichtet, wie und warum er auf diese Weise eine Bildbetrachtung vorbereitet: „Wenn ich den Deutschunterricht in einer Klasse der Sekundarstufe I übernehme, tauche ich bereits nach wenigen Tagen mit Bohrer, Dübel und Wandhaken auf. Irgendwo an der Wand neben der Tafel muss ein Wechselrahmen mit bruchsicherem Glas, 50 cm x 70 cm, Platz finden, der von nun an Reproduktionen von Gemälden, manchmal Fotos von plastischen Kunstobjekten, zum Anschauen anbietet. Sie sollen so hängen, daß das Auge auch zwischendurch in ‚langweiligen' Stunden darauf ruhen kann. Kinder lernen heute schon beim Durchblättern ihrer Bilderhefte den ‚schnellen Blick'. Er ist selektiv, entnimmt Daten. Was nicht rasch (etwa durch Umblättern) weicht, was (wie z. B. mein Bild) beharrlich an der Wand hängen bleibt, droht ins Feld der Gewohnheiten überführt zu werden. Kunstwerke stellen jedoch eine Aufforderung zum verlangsamten Sehen dar. Damit Kinder dies lernen können, muß man Kunstwerke exponieren. Museen tun das in professioneller Weise. Wir tun es zuhause mit unserem Lieblingsbild, das wir sorgsam so aufhängen, daß unsere Augen immer wieder darauf ruhen können – in der Schule tut das niemand. […] Im Raum meiner Deutsch-Klasse hängt also acht Tage lang ein Bild, länger nicht, sonst wird es zur Dekoration." (Lange 1992, S. 49 f.)

„Kunstwerke exponieren"

Das Einzeichnen der Pfeile verdeutlicht, wie die Linien der Pflasterung, der Straße und der angetretenen Formationen bei den drei Hakenkreuzfahnen über der Tribüne zusammentreffen. Bewirkt wird dies durch die Form des Aufmarsches und den Standort des Fotografen (mit Obersicht) – das Muster der fotografischen „Inszenierung" wird erkennbar.

– *Bilder sammeln:*
Schülerinnen und Schüler können Bilder zu bestimmten Themen sammeln – im Schulbuch, in einer Klassen- oder Schulbücherei, in Bibliotheken oder zuhause. Das schärft ihre Wahrnehmung, und es entsteht eine selbst gemachte Bildreihe, die wiederum zur vergleichenden Deutung einlädt. Besonders interessant sind Längsschnittthemen (Herrscherbilder, Familienbilder, Frauenbilder, Kinderbilder), die sich über mehrere Epochen verfolgen lassen und kulturellen und gesellschaftlichen Wandel zum Vorschein bringen. Man kann auch ein einzelnes Bild als Ausgangspunkt für das Sammeln vorgeben.

SAMMELN UND PRÄSENTIEREN

– *Bilder ohne Zusatzinformationen präsentieren:*
Wird ein Gemälde ohne den Namen des Künstlers, den Titel und das Entstehungsjahr vorgestellt, ist der Spürsinn der Schülerinnen und Schüler herausgefordert: Welche Hinweise, die uns bei der Bildanalyse weiterhelfen, können wir im Bild selbst entdecken?

– *Bilder zerschneiden und als Puzzle präsentieren:*
Für das Zusammensetzen des Puzzles ist genaue Wahrnehmung des Bildes notwendig. Ein solches Puzzle lässt sich sehr einfach selber herstellen. Stabiler wird es, wenn man das Bild vor dem Zerschneiden mit dünner Pappe hinterlegt.

2. Bildanalyse

– *Bilder rastern:*
Anhand eines Rasters, das über eine Kopie des Bildes gezeichnet oder mit Folie oder Pergamentpapier auf ein Bild aufgelegt wird, kann man sich leichter über Einzelheiten verständigen. Das ist besonders nützlich bei Bildern mit vielen Details (vgl. Sauer 1991).

Abb. 1.5: Die Gemma Augustea (23 x 19 cm) verherrlicht Augustus als Lenker und Schützer des Reiches. Die Figuren und das Bildprogramm lassen sich am besten mit einer Umzeichnung und entsprechenden Erläuterungen entschlüsseln. (Geschichte lernen – Folienmappe 1998, S. 3)

Die dargestellten Personen

1	Tiberius
2	Victoria (Siegesgöttin)
3	Germanicus
4	Roma (Göttin der Stadt Rom)
5	Augustus
6	Oecumene (Göttin der bewohnten Erde)
7	Oceanus (Gott des Weltmeeres) oder Chronos (Gott der Zeit)
8	Italia oder Tellus (Göttin der Fruchtbarkeit oder des Landes)
9/12–16	Soldaten
10/11/ 17/18	gefangene Barbaren

– *Den Bildaufbau nachzeichnen:*

Durch Nachzeichnen können die Bildkomposition, die Perspektive oder Bewegungsrichtungen verdeutlicht werden. Auch hier sollte man eine Kopie oder eine Auflegefolie/Pergamentpapier benutzen. Das gilt für alle Verfahren, bei dem Schülerinnen und Schüler selber zeichnerisch an dem Bild arbeiten (Abb. 1.4). Raster und Nachzeichnung lassen sich auch verwenden, wenn das Bild mit dem Overhead-Projektor gezeigt wird.

NACH- UND UMZEICHNUNGEN

– *Umzeichnung eines Bildes herstellen:*

Die Schemaskizze lässt die wesentlichen Einzelelemente des Bildes erkennen (Abb. 1.5). Sie können direkt in der Skizze, in einer Legende oder mit Hilfe von Pfeilen benannt werden.

3. Bildinterpretation

– *Bilder mit Bildern oder anderen Quellen/Medien zusammenstellen:*

Die Aussagen, die Bilder, Texte, Lieder oder Statistiken zu einem Thema machen,

Abb. 1.6 a/b: Eine Straßenecke in Stuttgart-Möhringen Ende der Sechziger Jahre und 1998

können – in Kontrast oder Ergänzung – miteinander verglichen werden (vgl. dazu Abb. 2.2).

– *Eine Geschichte zu einem Bild erzählen:*
Bilder sind Momentaufnahmen; vor allem anhand von Ereignisbildern lassen sich Mutmaßungen über das Vorher und Nachher anstellen. Indem sie eine Geschichte zu einem Bild erzählen, können Schülerinnen und Schüler es in einen chronologischen und argumentativen Zusammenhang stellen. Er darf nicht frei fantasiert, sondern muss anhand des Bildes und im historischen Kontext begründbar sein (Abb. 1.7).

– *Sprech- oder Denkblasen in ein Bild einfügen:*
Mit dieser Methode können besonders gut unterschiedliche Perspektiven, die in einem Bild angelegt sind, von den Schülerinnen und Schülern nachvollzogen und zur Geltung gebracht werden (Abb. 1.7).

– *Bilder mit anderen Sinnen ergänzen:*
Bilder sprechen nur die visuelle Wahrnehmung an. Natürlich gehören aber zu dem, was auf Bildern dargestellt ist, zumeist auch Geräusche oder Gerüche. Bilder lassen sich um diese zusätzlichen bzw. fehlenden Sinnesdimensionen erweitern, indem die Schülerinnen und Schüler sie aus den Bildern heraus zu erschließen und historisch angemessen zu ergänzen versuchen.

BILDER KONTEXTUALISIEREN UND INSZENIEREN

– *Einen Bildauftrag formulieren:*
Damit wird die Intentionalität einer Bilddarstellung verdeutlicht. Ein Beispiel für einen entsprechenden Arbeitsauftrag: „Verfasst einen Brief, in dem Ludwig XIV. den Maler Hyacinthe Rigaud beauftragt, ein Porträt von ihm zu malen. Erläutert dem Maler eure Vorstellungen." (Abb. 1.3)

– *Bildszenen nachstellen oder nachspielen:*
Dieses Verfahren macht es möglich, Haltungen und Gefühle der Personen im Bild nachzuvollziehen. Die Schülerinnen und Schüler können dann in der Rolle der Personen ihr Befinden beschreiben und kommentieren (Abb. 1.7, vgl. Wippermann 1999).

– *Szenarien mit Figurenbildern erstellen:*
Personen, Gebäude, Geräte etc. können aus Bildern ausgeschnitten und zu zeittypischen Szenarien zusammengestellt werden (vgl. als entsprechende Anregung Mögenburg/Sauer 1998).

– *Bilder ergänzen und umgestalten:*
Durch das Ergänzen künstlich hergestellter Fragmente, durch das Aus- und Um-

Abb. 1.7: Robert Köhler, Der Streik, Gemälde (181,6 x 275,6 cm), 1886 (Deutsches Historisches Museum, Berlin)

malen von Bildern können eigene Kommentare und Deutungen von Bildern entstehen (vgl. am Beispiel eines Plakats Sauer 2000).

– *Fotomontagen oder Collagen herstellen:*

Schülerinnen und Schüler sammeln Bilder und setzen aus ihnen ein „Zeitpanorama" zusammen. Dabei entscheiden sie selber, welche Ereignisse, Personen o. Ä. sie berücksichtigen. Es entsteht eine bildliche Gesamtdeutung der Zeit. Besonders wenn in Gruppenarbeit verschiedene solcher „Zeitpanoramen" erstellt werden, wird deutlich, welche unterschiedlichen Akzente dabei gesetzt werden können (Sauer 1991).

BILDER KOMBINIERIEN UND KONTRASTIEREN

– *Historische Bilder und aktuelle Bilder einander gegenüberstellen:*

Der Kontrast verdeutlicht Veränderungen, beide Bilder historisieren sich wechselseitig. Ein Beispiel: Wenn man mittelalterlichen Monatsbildern moderne Pendants gegenüberstellt, tritt nicht nur die technische Entwicklung in Erscheinung, sondern auch, wie sehr sich die Bedeutung und Wahrnehmung der Jahreszeiten verändert hat – eine grundlegende mentalitätsgeschichtliche Einsicht.

Landschaftsbildern oder alten Fotografien können auch eigene Fotos gegenübergestellt werden. Am interessantesten ist es, wenn dafür möglichst der gleiche Standort und die gleiche Perspektive gewählt werden. Deutlich wird die historische Veränderung; aber das selbst gemachte aktuelle Bild schärft auch den Blick für die Darstellungsintention des historischen Bildes (Ausschnitt, Perspektive etc.) (Abb. 1.6 a/b).

Robert Köhler, „Der Streik“

Das Gemälde findet sich häufig in Schulbüchern abgebildet (vgl. von Specht 1992, Wippermann 1999). Die Möglichkeiten der Behandlung, die es bietet, werden aber in der Regel nicht ausgeschöpft. Das Bild zeigt keine bestimmte historische Situation. Man kann es als idealtypische Momentaufnahme in einer Auseinandersetzung zwischen Arbeitern und einem Unternehmer betrachten und dabei die sozialen und gesellschaftlichen Bedingungen der Zeit ins Spiel bringen.

Verschiedene methodische Verfahren bieten sich an.

- Auf einer Kopie, mithilfe von Pergamentpapier (Umzeichnung) oder auf einer Folie können die einzelnen Personengruppen markiert und benannt werden. Welche Haltung nehmen sie ein, welche Rolle spielen sie in der Situation?
- Auf einer Kopie des Bildes lassen sich einzelne Personen und Gruppen wie im Comic mit passenden Sprech- oder Gedankenblasen versehen. Neben den Akteuren der Auseinandersetzung sollten dabei auch die „Randfiguren“ (z. B. die Frau mit Kindern links) bedacht werden. So kommen unterschiedliche Perspektiven, Interessen oder Befürchtungen der Beteiligten zum Vorschein: Die junge Frau verfolgt gespannt das Gespräch zwischen dem Fabrikherrn und dem Wortführer der Arbeiter. Dieser weist mit ausgestrecktem Arm auf etwas hin, vielleicht auf seine erregten Kameraden: Warnt er davor, dass die Arbeitsniederlegung leicht in Gewalt umschlagen kann? Zwei Arbeiter – einer rechts vorne, der andere im Hintergrund – greifen schon nach Steinen, andere debattieren untereinander. In der Mitte versucht eine Frau, ihren Mann zurückzuhalten; sie fasst ihn an der Brust. „Was soll ich tun, was bleibt uns sonst noch übrig?“, könnte seine Gestik bedeuten.

- Das Gemälde lässt sich in der Klasse als „lebendes Standbild“ nachstellen. Dazu können die Schülerinnen und Schüler auch passende Spruchbänder oder Plakate anfertigen. Wie fühlt sich jede(r) in der Rolle, die er oder sie übernommen hat?
- Das Bild zeigt nur einen Augenblick in einem Ereignisablauf. Schülerinnen und Schüler können die Vorgeschichte dazu schreiben: Wie ist es zu dieser Situation gekommen? In einem zweiten Schritt lässt sich die Geschichte fortsetzen: Was könnte jetzt geschehen? Dafür müssen Kenntnisse zur Geschichte der „sozialen Frage“ herangezogen werden.
- Natürlich kann man auch in herkömmlicher Weise die Gestaltungsmittel des Künstlers untersuchen: Wie stellt er die Industrie und die verschiedenen Bauten dar, wie die Kleidung? Wie ist die Farbgebung des Bildes? Welche Komposition, welche Bewegungsrichtung sind erkennbar?

2. Einsatz und Präsentation von Bildern

Kapitel 1.2. und 1.3. haben die Frage behandelt, unter welchen Gesichtspunkten und mit welchen Verfahren Schülerinnen und Schüler sich Bilder nähern, sie untersuchen und deuten können. Hier geht es nun darum, an welcher Stelle im Unterrichtsverlauf, in welcher Kombination und in welcher Funktion Bilder eingesetzt werden können und was für Vor- und Nachteile die verschiedenen technischen Möglichkeiten der Präsentation bieten.

2.1. Ort und Funktion des Bildeinsatzes

Bilder zeigen Momentaufnahmen, Perspektiven eines Themas, verdichtete Deutungen. Seltener schildern sie Vorgänge und Abläufe, stellen sie Sachverhalte dar und erklären sie – es sei denn, es handelt sich um eigens zu diesem Zweck konzipierte Bildfolgen und Bildkompositionen. Bildquellen eignen sich deshalb oft eher für den Einsatz zu Beginn und am Ende einer Unterrichtsstunde oder -sequenz als in der Erarbeitungsphase. Bilder mit klar erkennbarer Darstellungsintention wie Rigauds Porträt von Ludwig XIV. (Abb. 1.4) bieten sich an, um in der Eingangsphase Fragestellungen aufzuwerfen oder Thesen zu entwickeln, die dann anhand einschlägiger Textquellen weiter untersucht werden können. Vielleicht noch dankbarer ist der Einsatz als Mittel der Zusammenfassung und Vertiefung in der Schlussphase des Unterrichts. Wenn das Thema Absolutismus behandelt worden ist, können die Schülerinnen und Schüler aufgrund ihres Vorwissens Rigauds Bild leicht als programmatische Darstellung absolutistischen Herrschaftsverständnisses deuten und dabei noch einmal dessen Grundzüge rekapitulieren. Besonders in diesem Fall kann der Wechsel des Mediums dazu beitragen, ein Thema noch einmal neu zu wenden und frische Motivation hervorzurufen.

Fragen und Thesen entwickeln

Zusammenfassen und vertiefen

Natürlich muss man sich dabei nicht auf Einzelbilder beschränken. Wie bei Textquellen auch ist beim Auftakt einer Stunde oder Sequenz eine kontrastierende und provozierende Gegenüberstellung zweier gegensätzlicher Bilder dafür geeignet, eine „kognitive Dissonanz" entstehen zu lassen und zur Überprüfung der gegensätzlichen Perspektiven herauszufordern – dasselbe gilt für pointiert widersprüchliche Deutungen, die am Ende zu einer eigenen Stellungnahme herausfordern können. Dazu Genaueres in Kapitel 2.2. Jedenfalls geht es bei solchen Gegenüberstellungen weniger um eine detaillierte Interpretation der Bilder, sie dienen eher als Sprech- und Denkanlässe.

Bilder gegenüberstellen

Für den Einsatz in der Erarbeitungsphase eignen sich besonders Einzelbilder oder Bildfolgen, die ein Thema in vielen Details behandeln. Das ist oft bei Genrebildern der Fall. Nehmen wir etwa die Gattung der Monatsbilder, von denen die aus dem Stundenbuch des Herzogs von Berry – um 1415/16 von den Brüdern Limburg gefertigt – sicher die bekanntesten sind. Dort werden die bäuerlichen Tätigkeiten des jeweiligen Monats idealtypisch nebeneinander vorgeführt.

Ähnlich komprimiert sind manche spätmittelalterlichen oder frühneuzeitlichen Darstellungen des Bergbauwesens. So gibt z. B. das Altarbild (Mitteltafel), das Hans Hesse 1521 für die Hauptkirche der sächsischen Bergbaustadt Annaberg gemalt hat, einen Überblick über sämtliche zeitgenössischen Techniken, die von den Schülerinnen und Schülern anhand des Bildes detailliert erarbeitet werden können (Abb. 2.1). Solche Darstellungen haben geradezu den Charakter von Lehr- und Schaubildern.

„Das gesamte Bergbaugeschehen ist um die Abbildung des mit einem geschulterten Grubenbeil scheinbar unbeachtet durch das geschäftige Revier schreitenden Bergbauheiligen Wolfgang (1) und die Simultandarstellung der Legende vom Auffinden des Erzes durch den alttestamentlichen Propheten Daniel geordnet. Danach zeigt ihm ein Engel (2) einen Schatzbaum, in dessen Gezweig sich ein Nest mit goldenen oder silbernen Eiern finden soll. Als er vergeblich in der Krone nach dem Schatz sucht, erscheint abermals der Engel und bedeutet ihm, nicht in den Zweigen, sondern an den Wurzeln zu suchen (3). Als Bergmann gekleidet und als ‚Knappius' (Bergknappe) bezeichnet, gräbt er mit der Spitzhacke ein Loch (4). Die Erzmulde liegt zur Aufnahme des reichen Erzfundes bereit (5). Damit wird unmittelbar zum Bergbaugeschehen übergeleitet.
Auffälligstes Merkmal der frühneuzeitlichen Bergwerkslandschaft sind die zahlreichen Steinhalden in einem Gebiet, das vorher offensichtlich bewaldet war, wie der Baumbestand auf den entfernten Hängen und die nachwachsenden niedrigen Nadelbäume im Vordergrund vermuten lassen. Die Ursache dafür ist der erhebliche Holzbedarf für die ober- und unterirdischen Grubenbauten, wie er auf dem Bild zu erkennen ist. Nicht zu sehen ist der hohe Bedarf an Holz zur Herstellung von Holzkohle für die Verhüttung der abgebauten Erze. Bei manchen Verfahren, Silbergehalt aus anderen Erzen zu gewinnen, wurde der Schmelzvorgang bis zwanzigmal wiederholt. All dies führte zu deutlichen ‚Waldverwüstungen'.
Die einzelnen Szenen des Bildes sollen in der Abfolge des Abbau- und Verarbeitungsprozesses betrachtet werden. Deutlich werden drei Grundmethoden des Erzabbaus unterschieden. Der Bergknappe unter dem Baum im Bildmittelgrund (4) hat mit einer Hacke, die neben ihm liegt, die oberste Bodenschicht abgehoben. Es ist jetzt dabei, mit einer Spitzhacke oberflächlich lagerndes Erz im Tagebau durch ‚Schürfen' abzubauen oder den Boden auf eine Erzlagerstätte direkt unter der Erdoberfläche zu untersuchen. Daneben gibt es zwei Formen des Abbaus ‚unter Tage'. An drei Stellen (6, 7, 8) sieht man das sog. Stollenmundloch für den horizontalen Vortrieb im Stollenabbau. Der rechte Stolleneingang (6) führt in einen Untergrund mit festem Gestein: der Stollen ist ohne irgendeinen Ausbau gegen herabfallendes Gestein vorangetrieben. An den beiden anderen Plätzen (7, 8) ist die Absicherung des Stollens gegen brüchiges Gestein durch sog. Streckenzimmerung zu erkennen. Der Vortrieb und der Erzabbau mit Schlegel und Eisen, den häufig auf Bergwerkswappen dargestellten Werkzeugen, ist nicht zu sehen. Dem Transport im Stollen dienen bereits seit dem Mittelalter die von Karrenläufern geschobenen Schubkarren. Der Karrenläufer im Hintergrund (9) kippt ‚taubes', nicht erzhaltiges Gestein auf eine Halde, derjenige im Vordergrund (10) transportiert das bereits zubereitete Erz zu der auf dem Bild nicht erkennbaren Verhüttung. Seit der frühen Neuzeit dienen auch kleine Holzwagen (Hunden bzw. Hunten) auf Holzschienen zum Transport von Erz und Abraum im Stollen (6). Geförderte Erze werden auch durch bespannte Erzkarren (11) oder durch Träger mit Erzmulden (12) transportiert.

Abb. 2.1:
Hans Hesse, Annaberger Altarbild, Mittelaltar des Bergknappschaftsaltars der Annenkirche, (183 x 153 cm), 1521

An mehreren Stellen dokumentiert der Maler den komplizierten, technisch aufwendigen Grubenbetrieb mit senkrechten Schächten in tieferliegende erzführende Schichten, der unterirdisch mit dem Stollenabbau verbunden ist. Der Einstieg und Ausstieg der Bergleute, das sog. ‚Ein- und Ausfahren', erfolgt über Leitern (13), die ‚Fahrten' genannt werden. Gegen Witterungseinflüsse ist die Öffnung zuweilen durch eine Holzhütte geschützt (14). Die Förderung des Erzes an die Oberfläche geschieht in Ledergefäßen, sog. Bulgen, mit Hilfe von Handhaspeln durch einen Schacht (15), dessen Ausgang ebenfalls überdacht sein kann (16). [...]"
(Mayer 1998, S. 9).

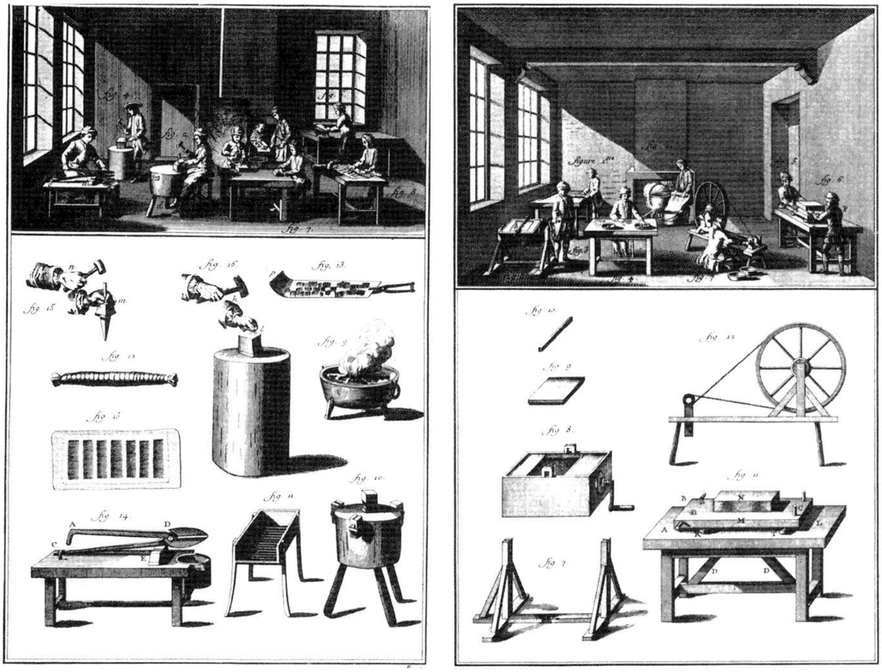

Abb. 2.2a/b: Nadelherstellung in einer Manufaktur, Kupferstiche aus Diderots „Encyclopédie", Bd. 22 (Tafelband 1), 1762

BILD UND TEXT KOMBINIEREN

„Wir wollen [...] als Beispiel die Herstellung von Stecknadeln wählen, ein recht unscheinbares Gewerbe, das aber schon häufig zur Erklärung der Arbeitsteilung diente. Ein Arbeiter, der noch niemals Stecknadeln gemacht hat und auch nicht dazu angelernt ist (erst die Arbeitsteilung hat daraus ein selbständiges Gewerbe gemacht), so daß er auch mit den dazu eingesetzten Maschinen nicht vertraut ist (auch zu deren Erfindung hat die Arbeitsteilung vermutlich Anlaß gegeben), könnte, selbst wenn er sehr fleißig ist, täglich höchstens eine, sicherlich aber keine zwanzig Nadeln herstellen. Aber so, wie die Herstellung von Stecknadeln heute betrieben wird, ist sie nicht nur als Ganzes ein selbständiges Gewerbe. Sie zerfällt vielmehr in eine Reihe getrennter Arbeitsgänge, die zumeist zur fachlichen Spezialisierung geführt haben. Der eine Arbeiter zieht den Draht, der andere streckt ihn, ein dritter schneidet ihn, ein vierter spitzt ihn zu, ein fünfter schleift das obere Ende, damit der Kopf aufgesetzt werden kann. [...] Ich selbst habe eine kleine Manufaktur dieser Art gesehen, in der nur 10 Leute beschäftigt waren [...] so waren die 10 Arbeiter imstande, täglich etwa 48000 Nadeln herzustellen, jeder also ungefähr 4800 Stück. Hätten sie indes alle einzeln und unabhängig voneinander gearbeitet, noch dazu ohne besondere Ausbildung, so hätte der Einzelne gewiß nicht einmal 20, vielleicht sogar keine einzige Nadel am Tag zustande gebracht.
[...] In jedem anderen Handwerk oder Gewerbe wirkt sich die Arbeitsteilung oder Spezialisierung ähnlich wie in diesem doch recht unbedeutenden Erwerbszweig aus, wenn auch in vielen von ihnen der gesamte Produktionsablauf nicht so stark zerlegt und auf einzelne Verrichtungen zurückgeführt werden kann. Sobald aber die Teilung der Arbeit in einem Gewerbe möglich ist, führt sie zu einer entsprechenden Steigerung ihrer Produktivität."
(Adam Smith, Der Wohlstand der Nationen, 1776, hrsg. u. übers. von Horst Claus Recktenwald, München 1974, S. 9 f.)

Ausdrücklich als solche gedacht sind jene Kupferstiche der Aufklärungszeit, die ihre Betrachter über alles Nützliche und Wissenswerte informieren sollten. Die Bildtafeln aus Diderots „Encyclopédie“ (1751–1780) sind dafür typisch. Solche Darstellungen können uns heute vor allem als Quellen und Beispiele für bestimmte technische Verfahren und Abläufe dienen: Die Arbeitsteilung in einer Manufaktur lässt sich an den Diderotschen Bildtafeln zur Nadelherstellung, die auch viele Nachahmer gefunden haben, gut demonstrieren. Dieses Beispiel ist deswegen besonders dankbar, weil auch Adam Smith es gewählt hat, um in seinem Buch über die „Wohlfahrt der Nationen“ (1776), der Grundlegung des Wirtschaftsliberalismus, das Prinzip Arbeitsteilung und seine Überlegenheit gegenüber dem herkömmlichen Produktionsverfahren zu erläutern. Bild und Text lassen sich hier im Unterricht also sehr gut koppeln (Abb. 2.2).

LEHR- UND SCHAUBILDER

Nur in Ausnahmefällen wird man allerdings Bilder als Hauptquellen in der Erarbeitungsphase einsetzen, in der Regel werden sie mit anderen Quellen kombiniert sein. Anders ist dies natürlich, wenn man bewusst die Auffassung eines Themas im Spiegel bildlicher Darstellungen behandeln will – auch dabei kommt wieder die Eigenart (und der didaktische Vorzug) von Bildern zum Tragen, dass sie solche Auffassungen oder Deutungen und ihre Unterschiede besonders deutlich zum Vorschein bringen.

2.2. Bilder zusammenstellen

Oft ist im Geschichtsunterricht die Arbeit mit mehreren, gezielt von der Lehrkraft oder in Unterrichtsmaterialien zusammengestellten Bildern ertragreicher als die Beschäftigung mit Einzelbildern – davon war eben schon die Rede. Hier soll noch einmal genauer beschrieben werden, welche Arten von Bildzusammenstellungen möglich sind und in welcher Funktion sie im Unterricht am sinnvollsten eingesetzt werden können. Folgende Formen von Bildzusammenstellungen lassen sich unterscheiden:

– *Thematisch-zeitgleiche Zusammenstellung*

Diese Art der Zusammenstellung eignet sich dafür, verschiedene Aspekte eines bestimmten Sachverhalts zu zeigen und diesen damit für Schülerinnen und Schüler bearbeitbar zu machen. Die Bilder stammen aus derselben Zeit bzw. zeigen eine gleiche Entwicklungsstufe. Man kann z. B. aus Buchmalereien oder Holzschnitten, die im Mittelalter bzw. in der frühen Neuzeit bäuerliche Tätigkeiten zeigen, eine Auswahl zusammenstellen, die möglichst umfassend die gesamte Bandbreite dieser Arbeiten zeigt. Dies ist etwas anderes als die vorgegebene Abfolge von Monatsbildern, für die im vorherigen Abschnitt das Stundenbuch des Herzogs von Berry genannt wurde. Eine solche Zusammenstellung lässt sich unter verschiedenen Gesichtspunkten untersuchen: Stand der Agrartechnik, die Rolle von Männern und Frauen, Erwachsenen und Kindern, die Nutzung von Natur und Umwelt durch den Menschen, die Abfolge der Arbeiten im Jahresrhythmus. Anhand einer umfänglicheren und klug ausgewählten Kombination dieser Quellen lässt sich Schülerinnen und Schülern ein Gesamtbild bäuerlicher Wirtschafts- und Lebensweise in dieser Zeit vermitteln.

VERSCHIEDENE ASPEKTE EINES SACHVERHALTS ZEIGEN

Als thematisch enger gefasstes Beispiel ist hier ein Arbeitsblatt aus der Zeitschrift „Geschichte lernen“ abgedruckt (Abb. 2.3), auf dem anhand von Holzschnitten die ver-

Abb. 2.3: Transportarten im Mittelalter, Holzschnitte, 15./16. Jh. (Zusammenstellung nach „Geschichte lernen“ H. 32/1993, S. 24)

schiedenen Transportarten im späten Mittelalter demonstriert werden: Der Mensch als „Lasttier“, das wirkliche Lasttier, ein leichter Eselskarren, ein schwerer, dreifach bespannter Pferdewagen und ein Kahn oder Binnenschiff. Im 7. Schuljahr, in dem diese Epoche behandelt wird, können Schülerinnen und Schüler die verschiedenen Transportarten zunächst beschreiben und benennen, die jeweilige Leistungsfähigkeit bedenken (welche Lasten lassen sich transportieren, wie schnell geht der Transport vonstatten, von welchen Verkehrswegen ist die Transportart abhängig, wie hoch sind die Kosten oder Investitionen?) und so zu einem Vergleich und einer Gesamteinschätzung der damaligen Möglichkeiten kommen. Eine Zusammenstellung solcher Art ist also für die inhaltliche Erschließung und Erarbeitung eines Themas geeignet.

– *Thematischer Längsschnitt/zeitliche Abfolge*

ENTWICKLUNG IN DER ZEIT ZEIGEN

Hier werden Bilder zusammengestellt, die eine Entwicklung in der Zeit zeigen. Diese Bilder stehen zueinander in der Beziehung eines „vorher – nachher“ und zugleich eines „anders als“. Schülerinnen und Schüler können daran die Erfahrung von Veränderung und Entwicklung machen. Die Behandlung einer solchen Reihe kann auch in eine Wertung („besser – schlechter“) münden. Bei dem Beispiel (Abb. 2.4 a–c) – wir bleiben damit beim Thema Transport – handelt es sich um eine technische Entwicklung im Zeitverlauf. Wiederum lässt sich anhand der Bilder (diesmal Fotos) über Transportkapazität und Geschwindigkeit reden und es lassen sich die jeweils erforderlichen technischen Voraussetzungen erarbeiten: In Bild b die Verlegung von Schienen (Verringerung des Rollwiderstandes, aber zugleich auch geringere Streckenflexibilität), in Bild c Stromversorgung und vor allem sichere Stromzuführung. Bild c ist älteren Datums als Bild b; dies zeigt, dass es sich nicht um eine glatte Ablösung der verschiedenen Beförderungstechniken handelt, sondern die einzelnen Entwicklungsstufen auch zeitlich parallel anzutreffen sind. Solche Längsschnittreihen lassen sich zu vielen Themen zusammenstellen, die mit technischen Entwicklungen, aber auch Alltagssituationen und -konstellationen (Arbeit, Wohnen, Kleidung, Familie, Schule, Lebensalter) zu tun haben.[2]

Abb. 2.4 a–c: Vom Pferdebus zur Straßenbahn – städtischer Personentransport. Pferdebus in Hamburg, Foto, o. J.

Pferdebahn in Werder bei Berlin, Foto um 1910

Straßenbahn in Berlin, Foto 1905

Ein beliebtes Beispiel im Schulbuch ist die Entwicklung der Textilherstellung – das Spinnen vom Spinnrocken über die Spinning Jenny bis zur modernen Textilfabrik (vgl. Geschichte und Geschehen 13, Stuttgart: Klett 1996, S. 148 f. und Geschichte konkret, Bd. 2, Hannover: Schroedel 1997, S. 204 f.). Der Aufschwung der Industrialisierung in Deutschland wird in

2 Vgl. etwa zum Thema Büroarbeit Burkhart 1995; zum Thema Wohnen Praxis Geschichte H. 5/1988, insbesondere den beigelegten „Bilderbogen“; eine Fülle von Bildern auch im Katalog Oikos 1992, sowie im Standardwerk „Geschichte des Wohnens“ (Birlmeier u. a. 1997 ff.) zum Thema Familie Lacey 1983, Kunst+Unterricht H. 90/1985 sowie Weber-Kellermann 1989; zum Thema Schule Alt 1960/65, Die weite Welt 1984, Schiffler/Winkler 1985, Engelbrecht 1995; zum Thema Kindheit Rühfel 1984, Hinkel 1988, von Gersdorff 2. Aufl. 1989, Kindheit in Köln 1989, Kunst+Unterricht H. 121/1988; zum Thema Alter Biegel 1993; zum Thema Tod Aries 1984.

Schulbüchern oft mit der Gegenüberstellung zweier Ansichten der Firma Krupp – aus der Gründungszeit und gegen Ende des Jahrhunderts – demonstriert. Größe, Macht, Fortschritt – gerade dies sollten die Selbstdarstellungen der Firmen in der wirtschaftlichen Blütezeit des Kaiserreiches demonstrieren. Deshalb muss man bei solchen Bildern – und anderen, die sich mit technischer Entwicklung befassen – Vorsicht walten lassen: Bildzusammenstellungen dieses Typs sollten kein plumpes Fortschrittsmodell nach dem Muster „Vom Einbaum zum Ozeanriesen" vermitteln, wie es früher Lehrtafeln und Schulwandbilder präsentiert haben.

KEIN SIMPLES FORTSCHRITTSMODELL

– *Motivischer Längsschnitt*

Eine andere Art von Längsschnitt ist die Zusammenstellung von Bildern, die ein bestimmtes Motivelement aufgreifen, variieren oder umdeuten. Das scheint zunächst eher von kunstgeschichtlichem Belang zu sein. Aber nehmen wir als Beispiel eine berühmte symbolhafte Darstellung der Menschen- und Bürgerrechte. Auf einem Plakat der Zeitschrift „Geschichte lernen" sind Adaptionen von Eugène Delacroix' berühmtem Revolutionsgemälde „Die Freiheit führt das Volk" zusammengestellt, das sich auf dem Pariser Juli-Aufstand von 1830 bezieht (Abb. 2.6). Schon in Delacroix' Bild der allegorischen weiblichen Freiheitsfigur ist eine Fülle von Vorbildern aus Kunst und Geschichte eingegangen: eine antike Münze für das Profil, die „Venus von Milo" für Entblößung und Körperhaltung, Jeanne d'Arc als heldenhafte Kämpferin, schließlich die „Marianne" als Verkörperung von Revolution und Freiheit. Delacroix' „Freiheit" wird nun wiederum zum historischen Zitat mit feststehender

ENTWICKLUNG HISTORISCHER DEUTUNGSMUSTER

„Menschen- und Bürgerrechte lassen sich schwer bildlich darstellen. Delacroix löste das Problem, indem er erstens realistisch den Kampf um ihre Durchsetzung als gegenwärtigen Prozeß einschließlich seiner sozialen Träger vorführte, indem er zweitens eine mit langen Traditionen gesättigte und vielfältige Bedeutungen tragende Allegorie hinzufügte und indem er drittens beide Ebenen in unwiederholbarer Spannung und schwebendem Gleichgewicht miteinander verknüpfte. Während Leid und Gewalt der Revolution fast sofort verschwanden und künftig ausgeklammert blieben, nahm die Tradition im Wesentlichen nur die allegorische Ebene auf. Bald trennten sich eine Linie der Zähmung und Vereinnahmung durch die Mächtigen im bürgerlichen Lager (‚die Freiheit ist mit der Verfassung vollendet') und eine Linie der Radikalisierung und Projektion im sozialistischen Lager (‚die Freiheit wird erst im Sozialismus verwirklicht'). Den einen wurde die Allegorie stillgestellte Vergangenheit, den anderen utopische Zukunft.
Mit der allgemeinen Bekanntheit des symbolischen Bildes wird Delacroix beliebig zitier- und verwendungsfähig. Die Instrumentalisierung schreitet fort, z. B. als Beschwörung und als Renaissance, als ironische Kritik oder als zynische Reklame. Die damit verbundene Entleerung, Abstraktion und Entwirklichung fordern geradezu zur Verballhornung auf; so wird ein Fortschrittssymbol zum Nonsens-Exempel. Immer weniger wird auch nur versucht, die gesellschaftlichen Akteure und die realen historischen Prozesse mit ins Bild zu bringen. Damit wird die Allegorie schließlich absolut aufgebraucht und unerträglich trivial. In diesem Prozess der gleichzeitigen Abstraktion und Vernutzung spiegelt sich wohl ein Stück des Umgangs mit den Menschen- und Bürgerrechten selbst."
(Bodo von Borries: „Die Freiheit führt das Volk" – ein Bild und seine Folgen. Kommentar zum Plakat, Beilage zu Geschichte lernen Heft 6/1988)

EUGÈNE DELACROIX, DIE FREIHEIT FÜHRT DAS VOLK

Abb. 2.5 a/b:
Afrikanische Paare,
Fotos o. J.
a: Ein Ovambo-Paar, Foto aus dem Album eines deutschen Kolonialherrn
b: Aus einer deutschen Kolonie

Bedeutung, mit Hilfe dessen spätere Künstler – in Anlehnung (1, 3, 4, 5, 7) oder in Kontrast (2, 6, 8) – eigene Botschaften transportieren; am Ende verflacht das Bild zu bloßer Parodie (9) und wird im Werbeplakat seines Sinnes entleert. Diese Bilder demonstrieren nicht nur die Wirkungskraft eines Symbols und die Bandbreite seiner Verwendung, sondern auch das schwindende Vertrauen in eine plakative heroische Aussage (vgl. auch Kaufmann 1996).

– *Kontrastive Gegenüberstellung*

Bei den bis jetzt vorgeführten Arten von Bildzusammenstellungen ging es um den Vergleich im Detail, anhand dessen sich ein Thema im Quer- oder Längsschnitt untersuchen lässt. Die folgenden Typen stellen nicht auf Analyse, sondern auf die schlaglichtartige Beleuchtung von Unterschiedlichkeiten (im Ausnahmefall auch Ähnlichkeiten) ab. Sie verblüfft oder verstört, fordert zu Stellungnahme oder Widerspruch heraus. Solche Zusammenstellungen – meist reichen dafür zwei Bilder – eignen sich besonders als Gesprächsanlass oder für die Hypothesenbildung zu Beginn des Unterrichts; an dessen Abschluss können sie ein eigenes Urteil der Schülerinnen und Schüler provozieren. Oft ist es sinnvoll, solche Bilder zunächst ganz ohne Legende zu präsentieren.[3]

GESPRÄCHSANLASS ODER HYPOTHESENBILDUNG

3 Günter Kaufmann (1992) hat einige anregende Hinweise zur Behandlung von „Doppelbildern" im Unterricht gegeben. Nach der hier skizzierten Systematik gehören diese „Doppelbilder" unterschiedlichen Formen der Gegenüberstellung an (motivische Reihe, kontrastive oder multiperspektivische Zusammenstellung).

Abb. 2.6: „Die Freiheit führt das Volk“ – ein Bild und seine Folgen

1. Eugène Delacroix, Die Freiheit führt das Volk, Öl auf Leinwand (260 x 325 cm), 1830 (Musée National du Louvre, Paris)
2. François Rude, Die Marseillaise, Plastik, 1832/34
3. Frédéric-Auguste Bartholdi, Freiheitsstatue New York, 1871–1884
4. Théophile Alexandre Steinlen, Plakat für die sozialistische Zeitschrift „Le Petit Sou“, 1901
5. John Heartfield, Die Freiheit selbst kämpft in ihren Reihen, Fotomontage, 1936
6. Fotomontage der Zeitschrift „Life“, 1970
7. Jürgen Waller, Freiheit 78, 1977/78
8. Gudrun Brüne, „Wacht auf, Verdammte dieser Erde“, Holzschnitt, 1978
9. Wolfgang Mattheuer, Hinter den sieben Bergen, Gemälde, 1973
10. „Eugène Delacroix, Erste (verworfene) Ölskizze zu ‚Die Freiheit führt das Volk‘“, Ausstellung „Überall ist Entenhausen“, o. J.
11. Fleischwerbung, 1988

(Beilage zu Geschichte lernen Heft 6/1988, Bildzusammenstellung und Kommentar von Bodo von Borries)

Die kontrastive Gegenüberstellung zeigt einen Bild-Gegensatz, der zeitlich, sozial oder kulturell begründet sein kann. Dafür gibt es eine Fülle von Möglichkeiten. In Bildkombination 2.5 a/b geht es um die erste und dritte Dimension. Die Gegenüberstellung der beiden afrikanischen Paare verfährt typisierend, denn es sind nicht dieselben Menschen auf den beiden Fotos abgebildet. Aber sie wirft Fragen auf: Ist diese Verwandlung ein Akt der Kultivierung oder der Entfremdung? Wie sehen wir

Abb. 2.7 a/b: Wohnen und Leben im Wilhelminischen Kaiserreich
a: Bürgerlicher Salon, Genregemälde von Hans Temple, 1895

solche Europäisierung heute, wie sahen sie die Weißen damals, wie die Betroffenen – das kann als Ausgangspunkt einer Erarbeitung dienen. Bildkombination 2.7 a/b zeigt eine soziale Differenz. Hier werden in zugespitzter Form äußerst gegensätzliche Wohn- und Lebenssituationen präsentiert, die aber der gleichen Zeit entstammen. Das animiert zur Frage nach politischen, gesellschaftlichen und sozialen Hintergründen, die solche Differenzen bedingen, und nach Versuchen, sie zu bekämpfen und zu verringern. Ein drittes Beispiel (Abb. 2.8 a/b) zeigt die Veränderung einer Landschaft in der Zeit. Diese Bilder eignen sich auch für eine detailliertere Besprechung. Allgemein aber kön-

b: Arbeiterwohnung in Berlin, Foto von Heinrich Lichte, 1908

Abb. 2.8 a/b: Das Jagsttal vor und nach der Flurbereinigung
a. Foto von 1966
b: Foto von 1990
(Zusammenstellung nach Praxis Geschichte Heft 4/1997, S. 39)

nen sie die Frage nach dem Umgang des Menschen mit der Natur aufwerfen oder zu einer Diskussion des Fortschrittsbegriffs anregen.

– *Ähnlichkeit und Wiederholung*

Mit demselben Effekt der Verblüffung oder Herausforderung arbeitet die umgekehrte Art von Zusammenstellung, die anhand von Bildern zum Vergleich zweier verschiedener historischer Situationen herausfordert.

Abb. 2.9 a/b: Historische Parallelen?
a: Der Duce verbeugt sich vor König Vittorio Emanuele III. am 30. Oktober 1922, Foto, 1922
b: Der „Führer" und Reichskanzler Hitler verbeugt sich vor Reichspräsident Hindenburg am „Tag von Potsdam" (21. März 1933), Foto, 1933

Abb. 2.10 a/b: Jugend im Nationalsozialismus
a: Jugend jubelt dem „Führer" zu, Berlin 16.3.1938, Foto, 1938 (Scherl, SV-Bilderdienst)
b: Ein Sechzehnjähriger als Luftwaffenhelfer in den letzten Kriegstagen, Foto, 1945 (SV-Bilderdienst)

Die Bildkombination 2.9 a/b (Hitler und Mussolini) regt zu Vermutungen und Fragen an, die als Hypothesen für eine nachfolgende Erarbeitung dienen können: War Mussolini das historische Vorbild Hitlers? Wie stand es um das Verhältnis zwischen alter Elite und neuer rechter Bewegung in Italien und Deutschland? Der Händedruck als symbolischer Akt – Verweis auf Realität oder propagandistischer Schachzug?

– *Kausale Verknüpfung*

Neben Kontrast und Ähnlichkeit ist die kausale Verknüpfung ein weiterer Aspekt, unter dem sich Bilder zusammenstellen lassen. Die Bilder einer solchen Reihe legen eine Ursache-Folge-Beziehung nahe (Abb. 2.10 a/b), deren Berechtigung oder Zwangsläufigkeit es wiederum zu untersuchen gilt: Musste die Herrschaft Hitlers, für den sich die jungen Menschen auf dem ersten Bild so begeistern, zu dem Ende führen, für das Bild b steht? War das damals absehbar, war es später noch vermeidbar? Sind diese Menschen am Krieg mitschuldig geworden oder waren sie selber nur verführte Opfer?

Abb. 2.11 a/b: Karikaturen zum Bau der Berliner Mauer a: Die Welt, 14. 8. 1961 b: Neues Deutschland, 23. 8. 1961

– *Multiperspektivische Zusammenstellung*
Bilder zeigen nicht Wirklichkeit, sondern präsentieren eine bestimmte Sichtweise auf ihr Thema. Deshalb ist es wie bei Textquellen auch sinnvoll, solche verschiedenen Perspektiven nebeneinander zu präsentieren. Der Unterschied zum Typus der kontrastiven Gegenüberstellung liegt darin, dass dort der Gegensatz im Gegenstand selber liegt, hier in der Art, wie er gesehen wird. Multiperspektivische Bildkombinationen vermitteln zunächst einmal eben die elementare Einsicht, dass Bilder in Hinsicht auf Darstellungsintentionen und -interessen befragt werden müssen. Und sie bilden gleichsam eine Gegenüberstellung zweier Thesen. Bei der Beschäftigung mit dem Thema kann dann einerseits die Triftigkeit dieser beiden Thesen, andererseits ihre Entstehung, Begründung und Funktion im historischen Kontext untersucht werden. Häufig sind für diesen Zweck Karikaturen ertragreich, denn sie bieten ohnehin besonders prägnante, zugespitzte Interpretationen eines Sachverhalts. Als eingängiges Beispiel hier zwei Karikaturen zum Bau der Berliner Mauer am 13. August 1961, die das Ereignis pointiert aus West- und Ostperspektive werten (Abb. 2.11 a/b).

Unterschiedliche Darstellungsintentionen und -interessen

Komplizierter steht es mit der Kombination der folgenden Bilder, die die Begegnung des spanischen Konquistadors Hernán Cortéz und des Aztekenherrschers Montezuma am 8. November 1519 aus indianischer und europäischer Perspektive zeigen (Abb. 2.12 a/b). Beide Bilder sind erst einige Zeit nach dem Ereignis entstanden. Das erste stammt aus dem sog. Codex Durán, einer Sammlung von aztekischen Darstellungen, die der spanische Mönch Diego Durán im 16. Jahrhundert zusammengestellt hat. Der Kupferstich Theodor de Brys ist 1599 als Illustration einer deutschen Ausgabe des Reiseberichts von Bartholomé de las Casas erschienen; der Dominikaner-Mönch setzte sich am spanischen Hof gegen die Misshandlung der Indianer ein. De Bry hat sich bei seinen Zeichnungen von Berichten anregen lassen, aber auch seine eigenen Vorstellungen von den Indianern und seine eigenen Erfahrungen mit den Spaniern ins Bild gesetzt. Entstanden ist eine mehrfach gebrochene Darstellung. Die spanischen Soldaten sind mit ihren Waffen und ihrer Kleidung sehr realistisch dargestellt. Ganz anders die Indianer. Sie kommen der massierten Truppe

Abb. 2.12 a/b: Die Begegnung zwischen Cortez und Montezuma am 8. November 1519
a: Codex Durán, 16. Jh. (Bibliotéca National, Madrid)

der Spanier in einem lockeren, ungeordneten Zug entgegen. Alle sind gänzlich nackt oder nur mit einem leichten Schurz bekleidet, die Schädel kahl; sie zeigen keinerlei indianische Züge; die meisten vollführen tänzerische Bewegungen. Ganz offenkundig hat de Bry hier seine Vorstellungen vom naturhaften „edlen Wilden“ umgesetzt. Dazu will freilich die Stadt im Hintergrund – es ist die Azteken-Hauptstadt Tenochtitlan gemeint – nicht recht passen, die eher südeuropäische Züge trägt. Während

b: Theodor de Bry, Kupferstich aus „Kurze Erklärung der für nembsten taten des Bartholomé de las Casas“, 1599

das Auftreten der geschenketragenden Indianer geradezu etwas Kindlich-Verspieltes an sich hat, wirken die Spanier, auch wenn Cortez seine Hand zum Gruß ausstreckt, bedrohlich. De Bry nimmt mit seiner Darstellung also keineswegs Partei für die Europäer; er selber war als Protestant aus den spanischen Niederlanden vertrieben worden. Aber er stilisiert die Indianer nach seinem vorgefassten Bild (vgl. die Indianerdarstellungen in de Brys Werk insgesamt in America de Bry 1990).
Völlig anders sieht denn auch die Selbstdarstellung der Azteken im Codex Durán aus. Sie tragen offenbar Festgewänder mit hohen Kopfbedeckungen, während sie Cortez zur Begrüßung einen Blumenkranz überreichen. Ihre Haltung wirkt ernst und feierlich. Dem Bild von de Bry viel ähnlicher ist die Darstellung der Spanier: Auch hier dominiert das Militärische. Einen besonderen Stellenwert nimmt das Pferd Cortez' ein, das von seinem Knappen gehalten wird – Pferde waren ja in Südamerika nicht heimisch und den Indianern unbekannt.

Bilder von Kulturzusammenstössen

Wir haben es bei den beiden Bildern also nicht einfach mit gegensätzlichen Perspektiven zu tun. Aber vor allem die Zeichnung der Indianer fällt so unterschiedlich aus, dass die Gegenüberstellung dazu anregt, die jeweiligen Informationsgrundlagen und Darstellungsintentionen genauer zu untersuchen und sich um ein eigenes Urteil vom Charakter dieses Kulturzusammenstoßes zu bemühen. Überhaupt sind Bilder solcher Kulturzusammenstöße – auf der einen Seite Europäer und Weiße, auf der anderen Seite die „Entdeckten" oder Kolonisierten – ein besonders dankbarer Gegenstand für multiperspektivische Bildkombinationen oder für kontrastive Gegenüberstellungen (das Bild des jeweils Anderen und Fremden).

2.3. Die technische Darbietung

Nur in seltenen Fällen lassen sich Bilder im Geschichtsunterricht als Originale präsentieren. Bei jenen Darstellungen, die den Kern des „Bilder-Kanons" ausmachen, wie er sich in den Geschichtslehrwerken findet, ist dies nicht möglich. Anders sieht es bei bestimmten Themen der Alltags- und Sozialgeschichte aus, die sich auf eine jüngere Zeit beziehen. Hier kann es zuweilen sehr ergiebig sein, wenn die Schülerinnen und Schüler gezielt die Fotoalben ihrer Familien durchforsten: Spiegeln solche Fotos die allmähliche Veränderung der Geschlechterrollen wider? Zeigen sie den wachsenden Wohlstand der Nachkriegszeit?

Originale im Unterricht: Fotos, Geldscheine, Briefmarken

Auch bei Projekten, die sich im weitesten Sinne mit Geschichte vor Ort befassen, kann man auf originäre Bilder – und das heißt in der Regel immer Fotobestände in Archiven oder in privater Hand – zurückgreifen. Hier trifft zu, was stets für derartige Vorhaben und für den Einsatz originärer Quellen im Geschichtsunterricht gilt: Selber zu forschen und mit Dokumenten zu arbeiten, die gleichsam eine Aura von Authentizität besitzen, übt einen besonderen Reiz aus und beflügelt das Interesse der Schülerinnen und Schüler.
Bildquellen, die relativ leicht als Original im Unterricht eingesetzt werden können, sind auch historische Geldscheine und Briefmarken (zu Geldscheinen Walter 1996 und Barlava 1998, zu Briefmarken Mögenburg 1998 und Sauer 2002; ohne Unterrichtsbezug Weise 1989). Sie dienen nicht zuletzt der Herstellung historischer und kultureller Identität, deshalb lässt sich mit ihnen gut bei Themen wie Kolonialismus und Entkolonialisierung oder Europa arbeiten.

In der Regel aber werden Bilder nur als Reproduktionen im Unterricht präsentiert. Dabei gilt es zu unterscheiden zwischen der Reproduktion auf Papier (im Schulbuch oder als Kopie), die jede einzelne Schülerin und jeder Schüler vor sich liegen hat, und der Projektion als Dia, Folie, mit dem Beamer oder dem Episkop. Ein einzelnes Buch mit einem Bild in der Klasse herumzureichen, bringt wenig; wer mit einem Bild arbeiten soll, muss es vor Augen haben.
Eine grundsätzliche Frage ist, inwieweit die Wiedergabe einen realistischen Eindruck vom Original vermittelt. Bei allen Gemälden, die sich als Abbildung im Schulbuch finden, ist dies naturgemäß nur sehr bedingt der Fall, denn sie sind in der Regel auf einen Bruchteil ihrer tatsächlichen Größe verkleinert. Details lassen sich schlechter erkennen, die Farbintensität ist geringer, es entsteht kein Eindruck von der Materialität des Objekts. Das Problem lässt sich nicht umgehen und gilt prinzipiell genau so für jeden Kunstband, mag er noch so opulent gestaltet sein (Kriterien für die Präsentation historischer Bildquellen vgl. schon bei Steinberg 1932). Die Konsequenz daraus sollte aber sein, im Schulbuch lieber nach dem Prinzip „multum, non multa" zu verfahren und eher weniger Bilder entsprechend großformatig abzudrucken als eine Sammlung von „Briefmarken" anzubieten. Ab und an gibt es allerdings auch den umgekehrten Fall, dass eher kleinformatige Objekte – eine Buchmalerei, eine Gemme oder eine Münze – verhältnismäßig groß präsentiert werden, was gerade in Relation zu anderen, stark verkleinerten

Abb. 2.13: Das Geschichtsbuch „Anno" fällt insgesamt eher durch eine großzügige Bildpräsentation auf. Dieses Gemälde von Paul Meyerheim freilich ist nahezu in Vignettengröße abgedruckt (Anno 3, S. 25, Abb. originale Größe). Nicht einmal die Originalmaße des Bildes (356 x 251 cm) sind angegeben. So wird sich der repräsentative, patriarchalisch empfundenen Besitzerstolz spiegelnde Charakter des Gemäldes den Schülerinnen und Schülern kaum erschließen und sie dürften wohl auch nicht in der Lage sein, die beigefügte Arbeitsfrage adäquat zu beantworten.

> „Wenn du Paul Meyerheims zwischen 1873 und 1876 gefertigtes Gemälde „Vor der Vollendung" beschreibst, bemerkst du vielleicht die Motive des Lokomotivfabrikanten August Borsig, der es zur Verschönerung seiner Villa in Berlin-Moabit in Auftrag gegeben hatte."
> (Anno. Ausg. Niedersachsen. Bd. 3: Von der Industriellen Revolution bis zum Ersten Weltkrieg, Braunschweig: Westermann 1998, S. 25)

Abb. 2.14: Robert Köhlers Gemälde „Der Streik" (vgl. Abb. 1.7) ist in Anno 3 (S. 43, Abb. originale Größe) nur in einem kleinen Ausschnitt abgebildet. Dass das Bild beschnitten ist, wird nicht erwähnt; auch der Name des Künstlers ist nicht genannt. Durch dieses Verfahren wird die Komposition des Bildes zerstört, seine Vielschichtigkeit kommt nicht zum Ausdruck. Die reizvollen Möglichkeiten der Interpretation, die das Gemälde bietet, werden so verschenkt.

Abbildungen gleichfalls einen unzutreffenden Eindruck vom Original hervorrufen kann. Eben weil im Druck eine größengetreue Wiedergabe in den allermeisten Fällen nicht möglich ist, sollten stets die Bildgattung bzw. -technik und die Originalmaße des Objektes angegeben werden. Das ist keineswegs nur eine Formalie: Schülerinnen und Schüler sollten erkennen können, ob sie ein metergroßes Wandbild oder eine Buchmalerei vor sich haben; denn die Unterschiede in der Ästhetik des Gegenstandes, in der Öffentlichkeit seiner historischen Darbietung und damit auch in seiner Wirkung spielen eine entscheidende Rolle für ein angemessenes Verständnis des Bildes (Abb. 2.13). Bilder sollten auch, soweit immer möglich, vollständig abgedruckt werden – wo es sich um Ausschnitte handelt bzw. Objekte verkürzt wiedergegeben sind, muss dies vermerkt sein (Abb. 2.14). Und schließlich ist es zuweilen sinnvoll, auch den Rahmen eines Tafelbildes zu zeigen; denn auch er kann Aufschluss über den historischen Präsentations- und Wirkungskontext geben.

FORMAT UND KOMMENTIERUNG

Eigentlich von selbst versteht sich, dass der Künstler, ggf. der originale Titel des Bildes und das Entstehungsjahr genannt sein sollten. Gleichfalls hilfreich sind Hinweise auf den Entstehungs- und Präsentationskontext. Ist das Bild Teil eines größeren Ganzen, eines Triptychons oder einer Fotoserie? Auch solche Informationen sind wichtig. Mit einer ausreichenden Kommentierung von Bildern liegt auch in neueren Geschichtsschulbüchern noch vieles im Argen. So ist z. B. im Schulbuch „Das waren Zeiten“, Bd. 2, Bamberg: Buchner 1998, S. 197) Eugène Delacroix' Gemälde „Die Freiheit führt das Volk“ (Abb. 2.6) nur mit dem Namen des Künstlers, dem Titel und dem Entstehungsjahr abgedruckt. Keine Schülerin, kein Schüler wird jedoch ohne weitere Hilfestellung verstehen, um was es in diesem allegorisch und mit vielen Verweisen versehenen Bild eigentlich geht.

ORIGINALE IM MUSEUM

Ein besonderer Glücksfall ist es, wenn Bilder, die im Unterricht behandelt werden, als Originale im Museum betrachtet werden können. Hier erhält man einen ganz anderen Eindruck von der Größe, Farbigkeit und Ausstrahlung des Bildes. Allerdings darf man natürlich die museale Präsentation nicht mit der historischen gleichsetzen. Ein Bild befand sich an einem besonderen Ort, in einer besonderen Atmosphäre und Beleuchtung, der Betrachter konnte es vielleicht nur aus einer bestimmten Entfernung oder einem bestimmten Blickwinkel sehen; und überhaupt hat es ja nur bei wenigen Bildarten eine breitere Öffentlichkeit der Wahrnehmung gegeben. Alle diese Besonderheiten kann man im Museum allenfalls andeuten – indem man etwa ein mittelalterliches Altarbild in einem Raum mit Dämmerlicht zeigt. Zu bedenken ist auch, dass eine detaillierte Arbeit mit Bildern, gerade wenn sie handlungsorientierte Verfahren umfassen soll, vor Ort im Museum kaum stattfinden kann. Es geht dort eher um den Gesamteindruck, während für die Detailarbeit in der Regel die Schule der bessere Ort ist.

FOTOKOPIEN

Die selben Schwierigkeiten und Forderungen wie für einen Buchabdruck gelten natürlich auch für Fotokopien (oder Ausdrucke selber eingescannter Bilder). Hinzu kommt hier noch das Problem der Druckqualität. Die Reproduktion sollte auf jeden Fall ein gewisses Qualitätsniveau erreichen – nur wenn die Bilder, die im Unterricht präsentiert werden, nicht hoffnungslos hinter den sonst üblichen Standards zurückbleiben, werden Schülerinnen und Schüler sie auch einer sorgfältigen Betrachtung für Wert befinden. Dazu gehört, dass farbige Bilder auch als Kopie möglichst in Farbe präsentiert werden sollten, jedenfalls soweit dies für eine angemessene Auffassung und Deutung des Bildes notwendig ist. Wer sich als Lehrkraft seine eigene Bildersammlung in Form von Fotokopien (dasselbe gilt für Scans oder Folien) zusammenstellt, sollte insgesamt die saubere Gestaltung dieses Arbeitsmittels – von der geraden Ausrichtung des Bildes auf dem Papier bis zur lesbaren Angabe von Künstler, Titel, Jahr, Format etc. – nicht gering schätzen.

Die Projektion von Dias und Folien oder mit dem Beamer hat gegenüber dem Papierdruck zwei wichtige Vorteile: Das projizierte Bild ist – bei genügend Raum und Projektionsfläche – größer und lichtstärker. Deshalb lässt in vielen Fällen diese Form der Wiedergabe eine eingängigere Vorstellung vom Ausdruck des Originals entstehen. Außerdem sind Details besser erkennbar und können genauer untersucht werden. Die Folienprojektion bietet weitere technische Vorzüge, die für eine intensive Arbeit mit Bildern grundlegend sind: Man kann das Bild beschriften oder mit Pfeilen versehen, einzelne Linien nachfahren oder Teile verdecken, also solche methodischen Vorgehensweisen zur Anwendung bringen, wie sie in Kapitel 1.3. beschrieben worden sind. Allerdings sind diese Verfahren auch einsetzbar, wenn man Papierdrucke mit einer Auflage aus Pergamentpapier versieht.[4]

DIAS UND FOLIEN

Wer Dia- oder Tageslichtprojektor einsetzen will, benötigt natürlich eine entsprechende Ausstattung in der Schule. Diese ist zumeist vorhanden; allerdings gibt es nur selten einen Fachraum für Geschichte, so dass die Lehrkraft den Projektor erst einmal in das Klassenzimmer transportieren muss, wo er gebraucht wird. Außerdem muss für die Projektion der Raum zumindest leicht abgedunkelt werden. Für die Vorführung eines einzelnen Bildes mag dieser Aufwand recht hoch erscheinen. Eine Binsenweisheit ist, dass man damit vertraut sein muss und sich vor der Stunde vergewissern sollte, wie und dass die Geräte funktionieren.

Die Wahl der Präsentationsweise bedeutet zugleich die Entscheidung für eine bestimmte Sozialform. Projektion heißt zunächst einmal Frontalunterricht. Die ganze Klasse kann das Bild sehen, die Aufmerksamkeit aller wird auf einen Punkt konzentriert. Einzel- oder Gruppenarbeit ist nur sehr bedingt möglich, etwa in Form von Beobachtungsaufgaben, die zunächst getrennt durchgeführt und deren Ergebnisse dann erst zusammengetragen werden. Bilddrucke, die allen Schülerinnen und Schülern vorliegen, bieten dafür bessere Möglichkeiten. Allerdings ist auch bei der Projektion durchaus ein Wechsel der Sozialform möglich, wenn man z. B. die Schülerinnen und Schüler ergänzend mit Arbeitsblättern (Kopien, Umzeichnungen) oder Zusatzmaterialien (Textquellen o. Ä.) versieht, an denen im wechselseitigen Bezug zum projizierten Bild gearbeitet werden kann.

BILDPRÄSENTATION UND SOZIALFORM DES UNTERRICHTS

4 Zahlreiche Diaserien werden vom FWU angeboten (www.fwu.de). Im Vergleich zu Filmen sind Dias bei den Landesbildstellen allerdings nicht sonderlich gefragt. Auch Verlage wie Klett oder Vista Point bieten Diaserien an, stellen jedoch keine neuen mehr her. Folienmappen sind von Klett, Klett Perthes, Friedrich und Cornelsen auf den Markt gebracht worden: Geschichte und Geschehen. Folienbilder, 4 Teile, Stuttgart/Leipzig: Klett 1996–2000; Folienbuch Geschichte. Bilder für den Unterricht, 4 Bde., Stuttgart/Gotha u. a.: Klett/Klett Perthes 1992–1996; Geschichte lernen – Folienmappe, Velber: Friedrich 1998; Foliensammlung Geschichte, 2 Bde., Berlin: Cornelsen 2001. Verschiedene Folienordner amerikanischer Herkunft (Karten und Abbildungen) bietet an der Verlag Transparencies to Educate (C.C.R.I. Numéro 1796, NL-7550 WB Hengelo). Entscheidend für den unterrichtlichen Nutzen ist bei solchen Materialien immer, wie ausführlich sie inhaltlich und methodisch kommentiert werden. Hier bieten die neueren Foliensammlungen erheblich mehr als die herkömmlichen Diaserien.

3. Bildtypen: Der thematische Aspekt

Kapitel 3 und 4 geben einen Überblick über verschiedene Bildtypen. Hier im Hinblick auf ein historisches Erkenntnisinteresse zu einer sinnvollen Systematik zu kommen, ist nicht ganz einfach. Kunstgeschichtliche Begriffe sind dafür nur sehr bedingt verwendbar. Es gilt verschiedene Aspekte zu berücksichtigen: die Inhalte von Bildern, die Intentionen der Darstellung, die Zeitebenen, also das Verhältnis von dargestellter Zeit und Darstellungszeit, die Ausführungstechnik und Präsentation sowie die Unterscheidung von Einzelbildern und Bildreihen. In Kapitel 3 werden Bilder nach thematischen Gesichtspunkten differenziert. Es werden zunächst zwei Grundtypen unterschieden: Bilder, die ihr Thema aus der Gegenwart (3.1.), und Bilder, die es (vorwiegend) aus der Vergangenheit nehmen (3.2.). Bei der Typenbildung macht mal der Inhalt (3.1.1. bis 3.1.5.), mal die Intention (3.1.6. bis 3.2.2.) und mal die Darstellungsweise (3.2.3.) das dominierende Merkmal aus. Der Beschreibung des Typus folgt ggf. ein knapper historischer Abriss. Im Mittelpunkt steht neben allgemeinen didaktischen Erwägungen die Vorstellung einiger Bilder, die besonders gut zeigen, inwieweit und unter welchen Gesichtspunkten sich der jeweilige Bildtyp für historische Fragestellungen und für den Einsatz im Unterricht eignet. Die Systematik zielt darauf ab, das für diesen Zweck Wichtigste zu erfassen; es gibt keinen Anspruch auf Vollständigkeit.

Unterscheidung von Bildtypen

Die Bilder, die in Kapitel 3 als Typen beschrieben werden, können mit ganz verschiedenartigen Techniken gefertigt sein. Nehmen wir als Beispiel das Personenbild, bei dem das Spektrum am weitesten ist: Es reicht vom Grabmal über das Gemälde oder die Münze bis zur Fotografie. Die verschiedenen Techniken und Verbreitungsformen stellt dann – nun von den Themen abgesehen – Kapitel 4 vor. Hier ist die Blickrichtung also umgekehrt: Diese Bildtypen können sich auf ganz verschiedene Themengattungen beziehen – Fotografien etwa als Personen-, Ereignis-, Alltags-, Landschafts- oder Stadtbilder. Dabei gibt es zuweilen Abgrenzungsprobleme: Soll man das Plakat eher unter die thematischen Bildtypen oder – als Teil der Druckgrafik – unter die Techniken einordnen? In solchen Fällen wird in beiden Kapiteln etwas über den Bildtyp gesagt. Ohnehin müssen die beiden Betrachtungsweisen immer wieder aufeinander bezogen werden.

3.1. Zeitgleiche Bilder

„Zeitgleiche Bilder“ nehmen ihren Gegenstand aus der Gegenwart oder der jüngeren Vergangenheit. Dargestelltes und Darstellung liegen auf einer Zeitebene. Solche Bilder können dem Historiker als Quellen für die dargestellte Sache wie für die Sichtweise auf sie dienen, die das Bild vermitteln will.

3.1.1. Personenbilder

Das Personenbild ist die Darstellung eines oder mehrerer Menschen. Das Bild soll einen nicht Anwesenden, evtl. auch einen Toten, re-präsentieren. Es soll an

Definition: Personenbild

Abb. 3.1: Evangeliar Ottos III., Buchmalerei, Kloster Reichenau (je 33,4 x 24,2 cm), um 998 (Bayerische Staatsbibliothek, München)

ihn erinnern, ihn ehren, ihn bekannt machen, ihn zuweilen aber auch kritisieren oder verspotten (zur Karikatur s. Kap. 3.1.7.). Traditionell wird oft unterschieden zwischen Bildnis und Porträt – das letzte als Darstellung von Menschen mit individueller Ähnlichkeit, das andere eher typisierend. Mehrere andere Unterscheidungen lassen sich vornehmen. Zunächst vom Gegenstand her: Man spricht vom Einzel-, Doppel- oder Gruppenbild. Eine besondere Form des Einzelbildes ist das Selbstporträt. Das Doppelbild zeigt zwei Menschen, die in einer besonderen Beziehung zueinander stehen, am häufigsten Paare. Die gängigste Form des Gruppenbildes ist das Familienbild.

ARTEN DES PERSONENBILDES

Personenbilder können aus ganz verschiedenen Kunstgattungen stammen, in ganz verschiedenen Techniken ausgeführt sein: Neben dem Gemälde spielt die Plastik mit Grabmälern (Grabplatte, Wandgrabmal, Epitaph), Standbildern oder Münzbildern eine wichtige Rolle, aber auch die Druckgrafik (Holzschnitt, Radierung, Kupferstich) und schließlich die Fotografie. Dabei kann man wiederum zwischen stärker

öffentlichen oder eher privaten Darstellungen differenzieren: Was im öffentlichen Raum steht wie viele Standbilder oder Grabmäler, wendet sich auch an ein breiteres Publikum. Das gilt genau so für die Bildmedien, die wie der Kupferstich reproduzierbar und auf Verbreitung angelegt sind. Gemälde richten sich, auch wenn sie eine politische Funktion haben, meist nur an einen kleineren Adressatenkreis, oft nur die Familie. Schon von ihrer Machart her gänzlich privat sind sehr kleinformatige Malereien (Medaillons) oder Plastiken (Gemmen und Kameen). Fotografien können dem öffentlichen wie dem privaten Bereich angehören.

Die ältesten Personenbilder stammen aus den frühen Hochkulturen, vor allem aus der höfischen Kunst Ägyptens. Die Mumienbilder gelten als erste realistische Porträts. Die griechische Plastik zeigte zumeist ein Idealbild von Göttern, Helden und Athleten. In römischer Zeit dominierte dann die möglichst realistisch gestaltete Büste; ihren Ursprung hat sie im Ahnenkult. In großem Stil wurden Herrscherbilder auf Münzen verbreitet, für den privaten Gebrauch oft Gemmen oder Kameen

GESCHICHTE DES PERSONENBILDES

Abb. 3.2: Max Koner, Kaiser Wilhelm II., Öl auf Leinwand, 1890 (ehem. Palais der Deutschen Botschaft, Paris) Das Bild greift den Gestus des absolutistischen Herrscherporträts auf und steigert ihn. Über seiner weißen Kürassieruniform trägt der Kaiser den preußischen Königsmantel mit dem Stern des Schwarzen Adlers, über dem Brustharnisch das Band des Schwarzen Adlerordens, dessen Großmeister der preußische König war. In der rechten Hand hält er den preußischen Marschallstab. Neben ihm auf dem Tischchen liegen der Reichsapfel und die Krone von Preußen. Haltung, Insignien, Hintergrund – die Ähnlichkeiten mit Rigauds „Musterbild“ sind nicht zufällig. Freilich ist dieser Typus – politisch wie historisch – nicht mehr zeitgemäß, das im Bild vermittelte Selbstverständnis, der Anspruch wirken aufgesetzt, überzogen, hybrid.

gestaltet. Auf Grabmälern finden wir auch Bilder von Menschen, die nicht zu den Vornehmen gehörten.

Mit dem Christentum trat an die Stelle des individuellen wieder das Idealbildnis. Weltliche und geistliche Herrscher wurden als Inhaber eines Amtes und einer Funktion gezeigt, versehen mit den dazugehörenden Attributen. Selbst die Grabplastik zeigt den Toten ohne Spuren des Alters, in der Blüte seiner Jahre. Erst im Spätmittelalter finden sich wieder realistische Darstellungen, vor allem in den Stifterbildnissen, mit denen sich die Auftraggeber religiöser Darstellungen selbst klein mit ins Bild setzen ließen.

Der Durchbruch des Individualporträts erfolgte in der Renaissancekunst. In der Plastik griff sie auf die antike Tradition zurück, in der Malerei war die Darstellung der besonderen und bedeutenden Person geradezu programmatisch für die Zeit. Das Porträt sollte nicht nur naturgetreu das äußere Erscheinungsbild zeigen, sondern auch den Charakter, den seelischen Ausdruck der Figur zum Vorschein bringen. Nicht nur Adelige, sondern auch Bürger wurden jetzt immer selbstverständlicher dargestellt und die Künstler malten sich sogar selbst. Im Barock gewann dann wieder der repräsentative Charakter des Bildnisses gegenüber der Individualität an Bedeutung. Das Bild sollte vor allem die gesellschaftliche Stellung des Porträtierten ausdrücken. Prunkvolle Ausstattung und repräsentative Attribute wurden üblich. Das höfische Porträt blieb zwar – wenn auch oft gebrochen – noch im 19. Jahrhundert üblich, aber zahlenmäßig gewannen die bürgerlichen Personenbilder immer mehr an Bedeutung. Und die Verbreitung der Fotografie hat den Typus Personenbild schließlich vollständig „demokratisiert“.

Seit dem 16. Jahrhundert wurden Personenbilder auch durch den Holzschnitt verbreitet. Reformation, Bauernkrieg, das ganze „Zeitalter der Konfessionalisierung“ bis zum Westfälischen Frieden: Ein breites Publikum lernte die Hauptfiguren der Geschehnisse von Luther bis Wallenstein in Mengen von Flugblattdrucken kennen. Ganz neue Dimensionen von Öffentlichkeit wurden dann durch die Verbindung von Fotografie und Massenmedien – erst die Druckmedien, dann das Fernsehen (bzw. Film) – erreicht.

Personenbilder haben bis in die Siebzigerjahre im Schulbuch eine entscheidende Rolle gespielt. In einer Zeit, in der die Historie zumeist sehr personalisiert dargestellt wurde, zeigten Bilder im Schulbuch vor allem jene „großen Männer, die Geschichte machten". Die Didaktik hat sich von einer solchen Sichtweise längst weit entfernt. Freilich sollte man das Kind nicht mit dem Bade ausschütten: Es ist sicher nicht falsch, wenn Schülerinnen und Schüler sich von den Akteuren der Weltgeschichte, um deren Namen man nicht herumkommt, auch im wörtlichen Sinne ein Bild machen können. Natürlich muss man in diesem Fall darauf achten, dass es sich tatsächlich um realistische Darstellungen handelt. Für die meiste Zeit des Mittelalters scheidet diese Möglichkeit aus – wir wissen nicht, wie Karl der Große aussah, und es ist wichtig, Schülerinnen und Schülern zu vermitteln, warum wir es nicht wissen können. Die üblicherweise abgedruckte Reiterstatuette aus dem Schatz der Kathedrale von Metz, die Karl zeigen soll, müsste also mit einer entsprechenden Erläuterung versehen werden. Aber auch aus Zeiten, in denen individuelle Porträts denkbar gewesen wären, liegt uns oft keine verlässliche Darstellung vor. Das gilt z. B. für Johannes Gutenberg oder Thomas Müntzer, von denen oft Bilder in Schulbüchern präsentiert werden. Diese sind jedoch meist nicht zeitgenössisch und auf jeden Fall nicht authentisch. Das ist kein Zufall: Erst für die Nachwelt sind diese Männer historisch bedeutsam geworden, für die Zeitgenossen waren sie es weit weniger. Solche Bilder sollten deshalb entweder gar nicht gedruckt oder eben wiederum entsprechend erläutert werden – auch die Tatsache, dass authentische Bilder fehlen, kann historisch ja gerade aufschlussreich sein.

Abb. 3.3: Franz Krüger, Friedrich Wilhelm IV. in seinem Arbeitszimmer, Ölgemälde (61 x 47 cm), 1846 (Franz Krüger/ Stiftung Preußische Schlösser und Gärten Berlin-Brandenburg)

Personenbilder im Geschichtsunterricht – das Problem der Authentizität

Aber weitaus bedeutsamer als dieses bloße Kennenlernen ist ein anderer Umgang mit den Bildern „großer Männer". Herrscherbilder sind eine der interessantesten Bildgattungen für den Geschichtsunterricht (allgemein Schoch 1975, Schramm/ Mütherich 1983, Barta-Fliedl 2001). Dabei liegt der Akzent darauf, die Intentionen der Darstellung zu untersuchen: Wie wird der Herrschaftsanspruch legitimiert, welche politische Programmatik ist erkennbar, mit welchen darstellerischen Mitteln wird dies beides inszeniert? Natürlich müssen dabei der historische Kontext und die Bildsprache der Zeit berücksichtigt werden. Eine längere Reihe solcher Herrscherbil-

Herrscherbilder

Abb. 3.4: Hitler kurz nach der Machtübernahme (Februar/März 1933) im klassischen Herrscherbild (Foto von Heinrich Hoffmann): Die Haltung ist aufrecht und starr, die Miene ernst. Der angewinkelte rechte Arm und die geballte linke Faust signalisieren Energie und Entschlossenheit. Der neue Reichskanzler präsentiert sich als Soldat (mit Uniform, Militärmantel und seinem im Ersten Weltkrieg erworbenen Eisernen Kreuz). Mantel und Haltung erinnern wie bei Wilhelm II. (Abb. 3.2) an Rigauds Gemälde von Ludwig XIV. Das Foto wurde auch als Ansichtskarte vertrieben.

der in verschiedenen Techniken kommt für den Unterricht infrage. Gängige Bilder sind für die Antike die Primaporta-Statue des Augustus (Petersen 1992, Künzel 1998, Methodenarbeit 1998, S. 39 f.), die Gemma augustea (Sauer 1998), römische Kaisermünzen, für das Mittelalter Miniaturen wie das Bildnis Otto III. im Reichenauer Evangeliar (Abb. 3.1) (Weilandt 1991, Weinfurter 1995), für den Absolutismus das Gemälde Ludwigs XIV. von Hyacinthe Rigaud (Abb. 1.3) oder Reiterstandbilder wie das des Großen Kurfürsten von Andreas Schlüter, eines der vielen einschlägigen Bildnisse Napoleons, schließlich für das 19. Jahrhundert die abenteuerlichen Maskeraden Wilhelm II. (Abb. 3.2). Zu dessen Zeit erlebte das Herrscherbild eine zuvor nicht gekannte Popularisierung, zum einen durch den Gemäldedruck, zum anderen durch das neue Medium der Ansichtskarte. Kaiser Wilhelm II. oder die Kaiserfamilie (siehe Abb. 3.9), aber auch regierende Landesfürsten und natürlich Bismarck zählten zu den beliebtesten Sujets des Mediums (vgl. hierzu May 1998, insbesondere S. 119–152, auch Stöckle 1985, S. 8 f.; zum Herrscherbild in Fibeln vgl. Teistler 1997). Als Kontrast zu solchen Bildern mit ausgeprägt repräsentativem Charakter eignen sich Darstellungen, die in zunächst überraschender Weise davon abweichen, etwa Tizians Bildnis Karls V. (Petersen 1993) oder Franz Krügers Gemälde von Friedrich Wilhelm IV. in seinem Arbeitszimmer (Abb. 3.3, Kroll 1995).

Moderner Personenkult

Demokratische Gesellschaften haben naturgemäß keine Herrscherbilder im engeren Sinne hervorgebracht. Anders steht es mit den diktatorischen Regimes des 20. Jahrhunderts. Stalin, Mussolini, Hitler oder Mao sind in zuvor nie gekanntem Ausmaß bildlich als Führer ihres Volkes propagiert worden. Massenhafte Bildproduktion machte sie geradezu allgegenwärtig. Der Personenkult bediente sich der modernen technischen Mittel: Fotografien in Zeitungen, als Ansichtskarten, auf Plakaten, Filme, aber auch Gemälde. Diese Bilder zeigen nicht wie die älteren Herrscherbilder eine Person, die durch ihr von Gott übertragenes Amt legitimiert ist. Der Führer legitimiert sich aus sich selbst heraus, durch seine Berufung, sein Charisma, seine Aura. Eben dies sollen die stilisierten Bilder zum Vorschein bringen, wobei man freilich oft genug auf das Arsenal traditioneller Herrscherposen zurückgreift (Abb. 3.4). Weil es um die Person und nicht das Amt geht, können

„Zwischen 1949 und 1976 gab es in China mehrere offizielle Porträts von Mao. Das letzte davon stammt aus den frühen sechziger Jahren. Sein glattes und frisches Gesicht ist unbewegt. Ein Kranz gebändigter Haare rahmt seine breite Stirn ein. Mit den Jahren variiert der Hintergrund – weiß, dunkelgrau oder schwarz –, je nach Publikation treten die Schatten mehr oder weniger hervor und läßt eine leichte waagerechte Bildverzerrung Maos Gesicht schmaler oder aber breiter werden. Und doch handelt es sich stets um dasselbe Gesicht, dieselben Schatten, dieselbe Uniformjacke mit streng geschlossenem Kragen und rundem Knopf, der an vier Löchern mit grauem Faden angenäht und farblich auf die Jacke abgestimmt wurde. Gewiß ging man von einer Fotografie aus, die man jedoch allmählich nachkolorierte, vergrößerte und von Hand oder mechanisch reproduzierte, häufig sogar farbig ausmalte und auf das Format überdimensionaler Plakate aufzog."
(Alain Jaubert, Fotos, die lügen. Politik mit gefälschten Bildern, Frankfurt a. M. 1989, S. 119)

Abb. 3.5: Mao als Ikone, Foto, nach 1960

diese Führer auch in unterschiedlichen Rollen inszeniert werden: Als militärischer Führer, als Redner, als Landesvater, als Kinderfreund. Während dies bei Hitler einige Zeit sehr intensiv betrieben wurde (vgl. Herz 1994), dominierten bei Stalin und Mao zumindest in späterer Zeit immer gleiche, geradezu ikonenhafte Bilddarstellungen, in denen sie dann auch wie Heilige alterslos in Erscheinung traten; entsprechende Retuschen trugen dazu bei, diese Bilder zu glätten und zu optimieren (Abb. 3.5).

Abb. 3.6: Der Feldherr des Dreißigjährigen Krieges – hier Wallenstein (Kupferstich o. J.). Das Muster der Darstellung ist stets dasselbe. Das Ross befindet sich, die beiden Vorderbeine erhoben, im Sprung. Dennoch zügelt es der Feldherr leicht mit einer Hand; in der anderen hält er den Feldherrenstab. Er trägt Brust-, Arm- und Beinharnisch, Halskrause bzw. Kragen, Knebel- und Spitzbart nach spanischer Mode. Man könnte die Köpfe der auf solchen Bildern Dargestellten austauschen. Beim Reiterstandbild konnte das Pferd aus statischen Gründen nur weniger kühne Sprünge machen; es musste ein drittes Bein am Boden haben oder eine zusätzliche Stütze erhalten.

Solche Herrscherbilder lassen sich als Reihe präsentieren: Bei gleich bleibender Grundprogrammatik geht es um den Vergleich verschiedenartiger Legitimationen und Darstellungsformen, die jeweils zeittypisch sind. Man kann aber auch mehrere Exemplare gleicher Machart nebeneinander stellen, um deren Besonderheiten klarer zum Vorschein zu bringen. Zum Beispiel ist die Grundidee des Reiterstandbildes oder eines entsprechenden Bildnisses stets dieselbe (Abb. 3.6). Das Pferd ist das Attribut des Herrschers oder Feldherrn. Wie er sein Pferd zügelt, so die Botschaft, wird er auch sein Land oder seine Truppen sicher lenken. Zur Herrscherpose gehört die Untersicht des Betrachters; beim Standbild ist sie durch Pferd und Sockel gleich doppelt gegeben, beim Bildnis wird sie durch die Perspektive bewirkt.

HERRSCHERBILDER ALS UNTERRICHTSREIHE

Zu heuristischen Zwecken lässt sich im Unterricht jene Definition verschiedener Idealtypen von Herrschaft nutzen, die Max Weber vorgenommen hat, wenngleich wir es oft mit Mischformen zu tun haben. Weber (1994, S. 179 ff.) unterscheidet zwischen traditionaler, charismatischer und rationaler Herrschaft. Bei der traditionalen Herrschaft beruht die Legitimation auf einer überkommenen, gottgewollten Ordnung. Symbole nehmen dort eine zentrale Rolle ein. Diesem Typus entspricht das mittelalterliche Herrscherbild. Die rationale Herrschaft beruht auf dem Glauben an eine vernunftgemäße Ordnung der Gesellschaft, an deren Spitze der Herrscher steht. Symbole und Insignien sind zwar noch vorhanden, im Mittelpunkt steht aber stärker die Person. Absolutistische Herrscherbilder zeigen den Übergang von der traditionalen (noch stark Ludwig XIV.) zur rationalen Herrschaft (etwa das Gemälde Friedrichs II. von Anton Graff, 1781). Ganz auf die Person abgestellt ist schließlich die charismatische Herrschaft; sie ist legitimiert durch die herausragenden Fähigkeiten der Führerpersönlichkeit, die es bildlich ins rechte Licht zu rücken gilt. Zu diesem Typus gehört bereits die napoleonische Herrschaft, wenngleich auf deren Bildern bewusst noch eine Fülle von traditionellen Elementen verwendet wird, die aber lediglich als repräsentative Versatzstücke fungieren (vgl. Schoch 1975, S. 49–88). So finden sich auf Jacques Louis Davids Bild der Kaiserkrönung sehr wohl übliche Accessoires und Figuren – umso krasser wirkt Napoleons „usurpatorische" Handlung, seine Selbstkrönung.

Sehen wir uns zwei der abgedruckten Bildnisse genauer an. Das Evangeliar Ottos III. (Abb. 3.1) ist um 998 im Benediktinerkloster Reichenau entstanden. Es war ein kulturelles Zentrum der Zeit und nahm bei der Buchmalerei eine führende Stellung ein. Die zwei Abbildungen, um die es geht, stehen in der Handschrift wie hier auf gegenüberliegenden Seiten (vgl. Weilandt 1991). Das rechte zeigt den Herrscher auf seinem Thron, auf dem Haupt die Krone, in der Hand Zepter und Globus als Insignien seiner Macht. Hinter ihm ist mit zwei Säulen und einem Vorhang eine Palastarchitektur angedeutet. An jeder Seite flankieren ihn zwei Männer, jeweils ein alter und ein junger, die rechts an ihren Waffen als Krieger, die links an Kutte, Bibel und Tonsur als Geistliche erkennbar. Auf dem linken Bild nähern sich vier Frauen mit Geschenken. Während sich alle Figuren zum Kaiser hinwenden, ist dieser in Frontalansicht dargestellt. Er ist auch weitaus größer abgebildet als die anderen Männer auf demselben Bild. Was ist die „Botschaft" dieses Bildes? Nicht nur die herkömmlichen Symbole demonstrieren die kaiserliche Herrschaft, auch die Bedeutungsperspektive hebt ihn als Hauptperson auf dem Bild hervor. Weltlicher Adel und hohe Geistlichkeit sind gleichberechtigt die tragenden Säulen seiner Herrschaft. Dabei ist nicht der Herrscher als Individuum, sondern der Inhaber des kaiserlichen Amtes gemeint. Die auf dem Bild selbst benannten Frauenfiguren – jedenfalls die ersten drei – personifizieren die Teile seines Reiches: Roma steht für die kaiserliche Krönungsstadt und das Gebiet südlich der Alpen, Gallia für den Nordteil westlich des Rheins (mit Aachen als Stadt der Kaiserkrönung), Germania für den östlich davon. Die vierte Frau, Sclavinia, steht für das Slawenland, das freilich nicht zum ottonischen Reich gehörte. Hier wird offenbar der Anspruch auf Weltherrschaft dokumentiert, wie er dem Reichsverständnis innewohnte – auch die Kugel in der Hand Ottos deutet darauf hin. Mit diesem Bild können die Schülerinnen und Schüler also nicht nur einiges über die Herrschaftsauffassung, sondern auch über die Bildsprache der Zeit erfahren.

DAS TRADITIONALE HERRSCHERBILD IM MITTELALTER – OTTO III.

Zu dem zweiten Bild, Krügers Gemälde von Friedrich Wilhelm IV. (Abb. 3.3), das zum Typus der rationalen Herrschaftsbilder gehört, die Erläuterung von Frank-Lothar Kroll:
„Krüger stellt den Monarchen abseits aller staatlichen Verpflichtungen und tagespolitischen Geschäftigkeit dar. Nicht die formelhaft-repräsentative Vergegenwärtigung *als Herrscher*, sondern die Sichtbarmachung der *privaten Existenz* Friedrich Wilhelms ist Gegenstand und Ziel des Gemäldes. Es reiht sich damit in die Gruppe der ‚Schreibtischbilder' ein, die im 19. Jahrhundert – neben Reiterporträt, Uniformbild, historischem Ereignisbild und Herrscherglorifikation – zu den beliebtesten Formen öffentlicher monarchischer Selbstdarstellung im Bild gehörte. Alle wesentlichen Merkmale dieser Bildgattung sind vertreten: Der bewußt geleistete Verzicht auf konventionelle Herrschaftszeichen, Hoheitsgebärden und Standesattribute; die Betonung der persönlich-individuellen Lebenssphäre des Porträtierten; die ihm zugewiesene Haltung ungezwungener Natürlichkeit, fern aller demonstrativen Zurschaustellung offizieller Amtswürde. Statt dessen suggeriert die von Krüger gewählte Behandlungsart des Sujets die Vorstellung eines häuslich-volksverbundenen ‚Landesvaters', der seinen ‚Untertanen' gleichsam für einen Augenblick Zutritt zu seinem Daseinsbereich gewährt, ihnen ein kurzes Eintauchen in die private Atmosphäre seines Arbeitskabinetts ermöglicht. [...] Die mit alledem deutlich gegebene Abkehr vom zeremoniellen Repräsentationsporträt – eine im übrigen durchaus epochentypische Tendenz, die auch in anderen Herrscherbildern des Vormärz und der Reichsgründungsära ihren Niederschlag gefunden hat – und die

DAS RATIONALE HERRSCHERBILD IM 19. JAHRHUNDERT – FRIEDRICH WILHELM IV.

gleichzeitig erfolgende Hinwendung zu einer privaten, fast intimen Auffassung des Herrschers ist Teil jenes umfassenden Verbürgerlichungsprozesses, der im 19. Jahrhundert weite Bereiche des öffentlichen Lebens ergriff und auf künstlerisch-kulturellem Gebiet sowohl die Wahl vieler Bildsujets als auch die Formen des Umgangs mit ‚Kunst' maßgeblich bestimmte. [...] Friedrich Wilhelm IV. erscheint bei Krüger in einem ausgesprochen *bürgerlichen Bezugsrahmen*. Nicht nur der vollkommen ‚unheroische', jede ‚herrschaftliche' Pathosformel vermeidende Habitus des Monarchen, sondern auch die gesamte Atmosphäre, innerhalb derer er sich bewegt, vermittelt einen den Lebensumständen des Bürgertums entsprechenden Eindruck. Das Bild des an seinem Arbeitsplatz weilenden und dort im Interesse des Allgemeinwohls wirkenden Monarchen – pflichtbewusst, fleißig und bescheiden: das war ein Herrscherideal ganz nach dem Geschmack des in seinem Verhalten von gleichartigen Einstellungen geprägten ‚bürgerlichen' Publikums. Dieses sah ‚seinen' König hier in ein Umfeld eingebettet, das mit den eigenen Wertmaßstäben und Lebensgewohnheiten weitgehend in Deckung stand, eine Situation wiedergab, die dem ‚bürgerlichen' Erfahrungsbereich entsprach und in Folge dessen eine umfassende Identifikation mit der Person des Monarchen und der von ihm vertretenen Herrschaftsform erlaubte."
(Kroll 1995, S. 215–217)

In diesem Kommentar wird deutlich, wie sich anhand des Bildes allgemeine historische Entwicklungsprozesse der Zeit fassen lassen. Freilich bedarf es dafür einer Folie, nämlich der Kenntnis des herkömmlichen repräsentativen Herrscherporträts. Im Vergleich mit diesem Bild wiederum lassen sich die übersteigerten Inszenierungen Kaiser Wilhelms II. (Abb. 3.2) gut als Rückfälle in ein spätabsolutistisches Selbstverständnis erkennen. Mit dem Genre des Herrscherbildes kann man auch bürgerliche Bildnisse vergleichen – Holbeins Gemälde von Georg Gisze (Abb. 1.2) wurde schon in Kapitel 1.2. behandelt. Besonders ergiebig sind Darstellungen aus dem 19. Jahrhundert, die das wachsende Selbstbewusstsein des Bürgertums durch die Übernahme adliger Repräsentationsgewohnheiten dokumentieren.

DAS FAMILIENBILD

Kommen wir zu einer anderen Gattung des Personenbildes, dem Familienbild. Es ist besonders geeignet für einen doppelten, nicht nur zeitlichen, sondern auch sozialen Vergleich. Anhand der folgenden Bildreihe sei dies skizziert. Natürlich lassen sich auch einzelne Bilder oder lediglich zwei Kontrastbilder sinnvoll untersuchen (vgl. zum Thema Familie Weber-Kellermann 1989, Kunst+Unterricht Heft 90/1985, Lorenz 1985).

Stichpunkte zur Analyse von Familienbildern

- Wie viele Personen sind abgebildet (wie viele Kinder, Kleinfamilie oder weitere Verwandte)?
- Um welche Familienmitglieder handelt es sich?
- Wie sind die Personen gekleidet? Welcher sozialen Schicht gehören sie an?
- Welche Haltung nehmen die Personen im Bild ein? Welche Stellung haben sie zueinander? Ist ein Kompositionsschema erkennbar? Demonstriert das Bild eine Familienhierarchie?
- Was ist auf dem Bild über die Lebensumstände der Familie erkennbar?
- Was ist die Intention der Darstellung? Warum wurde es so gemalt, fotografiert und ggf. verbreitet?
- Inwieweit ist das Bild zeittypisch?

Abb. 3.7: Daniel Chodowiecki, Friedrich Wilhelm II. und seine Familie, Radierung (6,7 x 10,1 cm), 1796 (Staatliche Museen zu Berlin – Preußischer Kulturbesitz, Kupferstichkabinett)

Abb. 3.7: Im Mittelpunkt des Bildes der preußischen Königsfamilie steht der König. Er hat vier Söhne: neben ihm der Kronprinz, der spätere König Friedrich Wilhelm III.; gegen den Tisch gelehnt links Prinz Ludwig; rechts vom König abgewandt Prinz Heinrich; ganz rechts Prinz Wilhelm. Links neben dem Kronprinzen die spätere Königin Luise, auf dem Arm ihren einjährigen Sohn, den späteren König Friedrich Wilhelm IV.; links neben ihr die Frau Ludwigs mit ihrem jüngsten Kind – das älteste geht davor mit erhobenen Armen auf den König zu; rechts steht die Tochter des Königs, Prinzessin Auguste, ganz rechts außen sitzt die Königin, neben ihr die Witwe Friedrichs des Großen, der links als Büste präsent ist. Obwohl es sich nicht um ein repräsentatives Gemälde handelt, wirkt die Aufstellung der Personen steif und gestellt, geradezu wie eine Bühnenszene. Die ausgestreckte Hand des Königs zeugt nicht von Zuwendung, eher weist sie den Betrachter auf den Familiennachwuchs hin. Zusammen mit König und Thronfolger steht dieser – als Zukunft der Dynastie – im Zentrum, die Frauen der älteren Generation sind am Rand platziert.

FAMILIENBILDER ALS UNTERRICHTSREIHE

Abb. 3.8: H. G. Rustige, Familie Farina aus Köln, Öl auf Leinwand 74,5 x 94 cm, 1837 (LWL – Landesmuseum für Kunst und Kulturgeschichte, Münster)

Abb. 3.8: Das Bild zeigt die Familie Farina aus Köln, die durch ihr „Kölnisch Wasser“ wohlhabend wurde. Dieses bürgerliche Familienbild hat deutlich intimeren Charakter. Vater und Mutter sitzen am Tisch, auch der Schwiegersohn, die anderen Familienmitglieder stehen. Die Eltern sind herkömmlicher und weniger elegant zurechtgemacht als die junge Generation – der Vater mit langer Biedermeierpfeife. Der Tisch ist reich gedeckt. Die Picknickszene hat zwar ländlich-bukolischen Charakter, aber sie findet im eigenen Garten oder besser Park statt. Hier wird gepflegter Reichtum zur Schau gestellt. Bürgerliches Erwerbsleben und bürgerliche Erwerbstugenden treten nicht in Erscheinung, lediglich ihr Ergebnis wird gezeigt.

Abb. 3.9: Kaiser Wilhelm II. mit seiner Familie, Ansichtskarte, 1906

Abb. 3.9: Dies ist ein klassisches Familienbild der Wilhelminischen Zeit. Der Vater überragt stehend die Familie, die Mutter sitzt im Kreis der zahlreichen Kinder – die Hierarchie tritt klar zu Tage. Auch bei den Kindern sind die Geschlechtsrollenunterschiede unübersehbar. Die drei älteren Jungen tragen – wie der Kaiser selbst – Uniform und nehmen eine entsprechend disziplinierte Haltung ein. Nur der Jüngste hat einen Matrosenanzug an – weit verbreiteter Ausdruck der Flottenbegeisterung in dieser Zeit. Ein wenig verspielter wirkt die Kleidung und Haltung der Mädchen. Dass das Bild als Ansichtskarte verbreitet wurde, belegt eine Art Modellcharakter.

Abb. 3.10: Familienfoto, um 1880

Abb. 3.10: Die Fotografie einer kleinbürgerlichen Familie zeigt genau dasselbe Kompositionsschema. Der Vater nimmt eine ernsthaft-männliche Haltung ein, seine linke Hand ruht beschützend und besitzergreifend zugleich auf der Schulter seiner

Abb. 3.11: Rudolf Otto, Bergbauernfamilie, 1930er Jahre

Gattin. Wie weit seine steife Haltung auch der langen Wartezeit beim Fotografieren geschuldet ist, bleibt dahingestellt. Der Hintergrund ist deutlich als Vorhang eines Fotostudios erkennbar. Die Fotografie hat für diese Familie ein Bild erst möglich gemacht – ein Gemälde wäre unerschwinglich gewesen.

Abb. 3.11: Ein bäuerliches Familienidyll propagiert dieses Gemälde von Rudolf Otto; es stammt aus der Zeit des Nationalsozialismus. Die vielköpfige Kinderschar sitzt um den Tisch versammelt, die meisten zeittypisch mit kurzer Lederhose und Hemd bekleidet. Die Mahlzeit ist frugal. Auf diesem Bild dominiert nicht der Vater, er sitzt eher am Rande. Im Mittelpunkt steht vielmehr die Mutter – sie füttert das Jüngste, so wird ihre sorgende Funktion für alle demonstriert. Offenkundig soll das Bild das Mutterschafts- und Familienideal der Zeit transportieren (vgl. die Zeitungsnachricht, vgl. auch die Familienbilder von Adolph Wissel in Bloth 1994).

„Berlin, 5. Januar. – Wie die Reichskammer der bildenden Künste mitteilt, hat das Rassenpolitische Amt der NSDAP die Bemerkung gemacht, daß in der Öffentlichkeit vielfach Darstellungen aus unserer Zeit auftauchten, die bildlich oder sinnbildlich die deutsche Familie bedauerlicherweise noch mit einem oder zwei Kindern zeigten. Der Nationalsozialismus bekämpfe mit Nachdruck das Zwei-Kinder-System, da es das deutsche Volk unrettbar dem Untergang zuführe. Er vertrete die Forderung nach mindestens vier Kindern in jeder Familie, um die heutige Bevölkerungszahl wenigstens zu halten. Wo immer die künstlerischen Notwendigkeiten es erlaubten – und das werde in der Mehrzahl der Fälle möglich sein –, solle auch der bildende Künstler, besonders der Maler und Gebrauchsgrafiker, sich das Ziel setzen, im Rahmen der künstlerischen Gestaltungsmöglichkeiten wenigstens vier deutsche Kinder zu zeigen, wenn eine ‚Familie' dargestellt werde."
(Frankfurter Zeitung vom 6.1.1937. Zit. nach Weber-Kellermann 1976, S. 266)

Abb. 3.12 (links oben): Familienfoto aus den Fünfzigerjahren

Abb. 3.13 (rechts oben): Familienfoto aus den späten Sechzigerjahren

Abb. 3.12: Dieses Foto stammt aus den Fünfzigerjahren; es zeigt ein anderes, ein kleinbürgerliches Idyll. Offenbar hat man sich materiell wieder einigermaßen konsolidiert: Das Wohnzimmer hat ein großes Fenster mit Blumenbank, der Junge links sitzt in einem Sessel. Jeder ist beschäftigt: Die Tochter spielt Blockflöte, der ältere Junge liest, die Mutter gießt Blumen, der Vater spielt mit dem jüngsten Sohn. Wohlwollend schaut die Mutter auf die beiden: Zeichnet sich hier eine Rollenaufweichung ab? Dass der Vater in Schlips und Kragen auf dem Boden liegt, lässt die Szene recht gestellt erscheinen. Oder ist er gerade von der Arbeit gekommen?

Abb. 3.14: Die „Kommune I", Foto, 1967 (Hesterberg, T./ SV-Bilderdienst)

Abb. 3.13: Dieses Bild signalisiert einen Rollentausch. Der Vater sorgt für das Baby – und hat seine Freude daran –, die Mutter liest inzwischen Zeitung. Die Familie ist auf drei Personen geschrumpft. Zeigt das Bild eine Ausnahmesituation (in dieser Familie und in dieser Zeit), oder steht es für eine veränderte Normalität? Nur anhand des Fotos lässt sich diese Frage nicht sicher beantworten.
Abb. 3.14: Die „Kommune“ als neue Lebensform: Provozierend zeigt das Foto alle Mitglieder nackt und „gleich“, wenngleich die Geschlechter erkennbar sind. Wie mag das Bild auf die Betrachter damals gewirkt haben? Was ist aus dem Modell geworden? Welche Formen von Familie oder anderem Zusammenleben gibt es heute, und wie ließen sie sich im Bild einfangen?

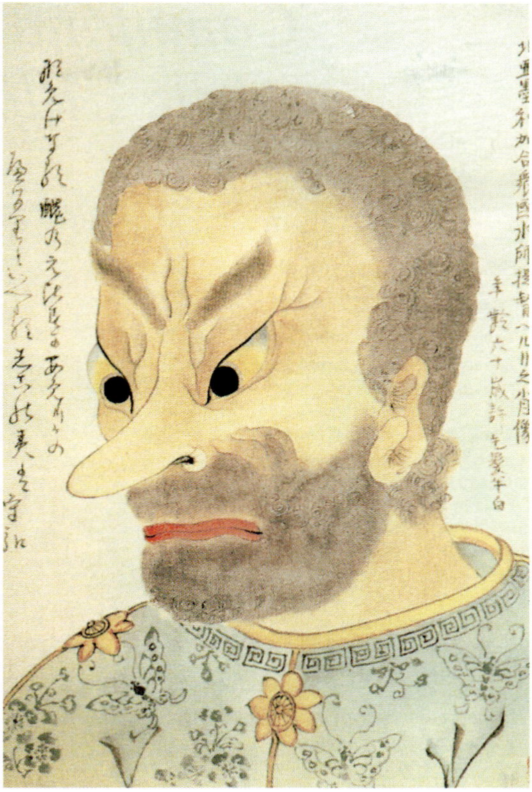

Abb. 3.15: Commander Perry in einem japanischen Farbholzschnitt um 1855

Die Reihe eröffnet eine Fülle von Möglichkeiten, soziale und mentale Veränderungen und zeittypische Voraussetzungen zu behandeln und schließlich eigene Erfahrungen von Schülerinnen und Schülern an den historischen Veränderungsprozess anzuschließen.

Bilder vom Fremden und Anderen

Ein weites Themenfeld, das hier nur kurz angesprochen werden kann, sind die Bilder vom kulturell Fremden oder Anderen. Dabei geht es im Wesentlichen um den europäischen Blick auf andere Kulturen. Der Begriff „Bilder“ ist in diesem Fall doppelt aufzufassen, wobei die beiden Bedeutungen sogleich wieder zusammenfallen: die Vorstellungen in den Köpfen der Menschen und materiell existierende Bilder. Der Kontakt Europas mit anderen Kulturen hat eine lange Tradition: griechischer Handel mit Ägyptern und Persern, der Zug Alexanders bis nach Indien, die Ausdehnung des Römischen Reiches, im Mittelalter dann Kreuzzüge und Pilgerreisen ins Heilige Land, die Handelskontakte der oberitalienischen Städte, Marco Polos China-Reise, die Entdeckungen und Eroberungen der Spanier und Portugiesen am Beginn der Neuzeit, die Entdeckung der Südsee im 18. Jahrhundert, schließlich die koloniale Aufteilung der Welt im 19. Jahrhundert.
Die bildlichen Darstellungen außereuropäischer Menschen vom Spätmittelalter bis zum Barock haben mit der Wirklichkeit nicht viel zu tun. Die Bewohner der fremden Länder, aber auch Landschaften, Tiere und Pflanzen wurden nach überlieferten

Auffassungen oder Berichten aus zweiter und dritter Hand dargestellt. Den wichtigsten Fundus exotischer Vorstellungen bildete von der Antike bis zum Beginn der Neuzeit der Alexanderroman. Im zweiten Jahrhundert v. Chr. entstanden, schildert er Alexanders Unterwerfung der ganzen Welt. In fernen Ländern stößt Alexander auf fremdartige Wesen. Menschen ohne Köpfe, mit Tierköpfen oder mit einem überdimensionalen Fuß, mit dem sie sich selber Schatten werfen können, gehörten seitdem zu den Topoi von Abenteuer- und Reisebeschreibungen.

DER BLICK DER EUROPÄER

Auch als die Europäer tatsächlich begannen, die fernen Welten kennen zu lernen und in Besitz zu nehmen, blieben die Bilder vom Fremden geprägt von eigenen Projektionen und Wunschbildern (vgl. Frübis 1995): Je nach der Zeit und ihren Denkweisen galten Indianer mal als Kannibalen, als edle Wilde oder gar als zivilisatorisch Überlegene. Genauso stereotype Bilder wurden auch von den Völkerschaften Afrikas und Asien entwickelt, sie verbreiteten sich in der Literatur, im Theater, in der Musik und in der Kunst. Exotismen – Turquerien und Chinoiserien, die Völkerschauen zur Jahrhundertwende (Lederbogen 1986) – wurden zu Modeerscheinungen. Bis heute haben solche exotischen Stereotype, z. B. in der Werbung, überlebt. Der am weitesten zugespitzte Typus des Bildes von Fremden oder Anderen ist das Feindbild, etwa auf einem Propagandaplakat oder in der Karikatur.

Zwei Bildbeispiele zum Aspekt Kulturzusammenstoß (Abb. 2.12 a/b) bzw. kulturelle Adaption (Abb. 2.5) wurden schon in Kapitel 2 behandelt. (Eine Fülle von Bildmaterial zu Europas Sicht auf die Anderen bietet der Ausstellungskatalog „Exotische Welten – europäische Phantasien“ 1987; vgl. auch Lorbeer/Wild 1991 und Mundus Novus 1992.) Dass sich aber umgekehrt auch die Anderen ihr Bild vom Europäer auf der Grundlage des Eigenen machten, sei am Beispiel Japan demonstriert. 1853 lief ein amerikanisches Geschwader unter Commander Perry in die Bucht von Tokio ein. Mit dieser Machtdemonstration öffneten die Amerikaner das Land, das sich bislang weitgehend abgeschottet hatte, westlichem Einfluss, der bald darauf einen rasanten Modernisierungsprozess in Gang setzte. Die sensationelle Neuigkeit von der Landung der Fremden verbreitete sich rasch, nicht zuletzt durch Holzschnitte; weil sich die Ausländer bis dahin nur – von den Japanern kontrolliert – in Yokohama ansiedeln durften, wurden diese Fremdendarstellungen Yokohama-e, d. h. Yokohama-Bilder genannt.

DER BLICK AUF DIE EUROPÄER

Ein solcher Holzschnitt zeigt Commander Perry (Abb. 3.15). Das Bild demonstriert, wie schwer es fällt, die Eigenarten des Anderen tatsächlich realistisch wahrzunehmen. Die fremdartige „Langnase“, die für die Ausländer ja sogar namengebend wurde, ist stark überdimensioniert. Besonders hervorgehoben ist auch die für Japaner ungewohnte Haarpracht: Japaner trugen keine Bärte und sie haben kein gelocktes Haar. Der Mund ist außergewöhnlich breit und gerade. Während in diesen Punkten hervorgehoben und überzeichnet wird, was dem Künstler unbekannt und ungewohnt war, ist er an anderer Stelle umgekehrt verfahren: Perrys Augen sind als „Schlitzaugen“ japanisiert.

Diese Holzschnitte sind aussagekräftige Quellen dafür, wie interessiert die Japaner die Europäer und ihre Gewohnheiten beobachteten (viele einschlägige Abbildungen in Dambmann 1988). Zugleich kann man anhand eines solchen Bildes gut in die generelle Problematik von „Fremdenbildern“ einführen. Die Verfremdung des Europäischen in den Augen der Anderen fällt Schülerinnen und Schülern stärker ins

Auge als der umgekehrte Fall, und grundlegende sozialpsychologische Mechanismen der Wahrnehmung – das Fremde in Beziehung zum Eigenen setzen, es kontrastieren oder adaptieren – lassen sich daran gut erkennen. Außer Zweifel steht freilich, dass die Bilder, die wir Europäer uns von den anderen gemacht haben, historisch sehr viel einflussreicher und – oft zum Schaden der Betroffenen – wirkungsmächtiger geworden sind.

3.1.2. Ereignisbilder

Unter dem Begriff „Ereignisbild" lassen sich alle jene Darstellungen fassen, die von einmaligen Geschehnissen berichten, ohne sie wie das Historienbild zu überhöhen oder ihnen eine kritische oder propagandistische Ausrichtung zu geben. Ziel ist also die Vermittlung von Nachricht und Information, lange Zeit für eine größtenteils analfabetische Bevölkerung. Dazu zählen lassen sich viele jener Holzschnitte, die die Flugblätter und Schriften, die „Zeitungen" der Frühen Neuzeit, bebilderten. Sie wurden später abgelöst durch Kupfer- oder Stahlstich und Lithografie. Eine besondere Spezies sind die Bänkelbilder, mit Hilfe derer die Bänkelsänger bis ins 19. Jahrhundert ihren Vortrag sensationalistischer Neuigkeiten illustrierten. Schließlich kann man den Großteil unserer heutigen Pressefotos darunter rechnen. Natürlich haben sich nicht nur die Techniken und Medien, sondern auch die Art der Öffentlichkeit und der Grad der Verbreitung geändert.

DEFINITION: EREIGNISBILD

Freilich zeigen uns die älteren Ereignisbilder nur in den seltensten Fällen die Sache so, wie sie ein Augenzeuge hätte wahrnehmen können. Der Holzschneider, der Kupferstecher haben das Ereignis nicht mit eigenen Augen gesehen, sondern ihre Information auch nur aus zweiter Hand erhalten. Sie haben die Szene so ins Bild gesetzt, wie sie ihnen einleuchtend und für ihr Publikum attraktiv schien. Das gilt besonders dann, wenn ein Bild nicht in unmittelbarer Zeitgenossenschaft zum Ereignis entstanden ist. Oftmals hat der Künstler sich auch durch andere Bilder anregen lassen, sodass sogar die Bildvorstellung selber eine vermittelte ist. Der Quellenwert solcher Bilder ist also äußerst beschränkt. Deshalb sollte man im Geschichtsschulbuch mit solchen Bildern zurückhaltend umgehen und stets deutlich machen, dass es sich nicht um eine authentische Darstellung handelt. Zumindest sollte das Bild datiert sein, damit der Entstehungszeitpunkt in Beziehung zum Zeitpunkt des dargestellten Ereignisses gesetzt werden kann.

DAS PROBLEM DER AUTHENTIZITÄT

Eine Unterscheidung zwischen Ereignisbild und Historienbild ist nicht immer eindeutig zu treffen. In Kapitel 3.2.1. wird am Beispiel des Ballhausschwurs gezeigt, wie dasselbe Ereignis einmal geradezu beiläufig dargestellt, das andere Mal mit historisch-symbolischer Bedeutung aufgeladen werden kann (Abb. 3.50 und 3.51). Aber es gibt auch häufig den dazwischen liegenden Fall von Bildern, die nicht nur die Sache selber zeigen, sondern sie auch inszenierend ausgestalten und deuten, ohne dass man gleich von einem Historienbild reden möchte. Wie so oft ist auch hier der Vergleich zweier Bilder hilfreich: Er kann verdeutlichen, inwieweit man sich auf den Realitätsgehalt eines Bildes verlassen kann, und klarer zum Vorschein bringen, wie dem Betrachter eine bestimmte Sichtweise des Ereignisses nahe gelegt werden soll.

EREIGNISBILD UND HISTORIENBILD

Günter Kaufmann (Kaufmann 1992) hat zwei Bilder untersucht, die beide die Enthauptung Karls I. von England am 30. Januar 1649 zeigen (Abb. 3.16 a/b) – nicht

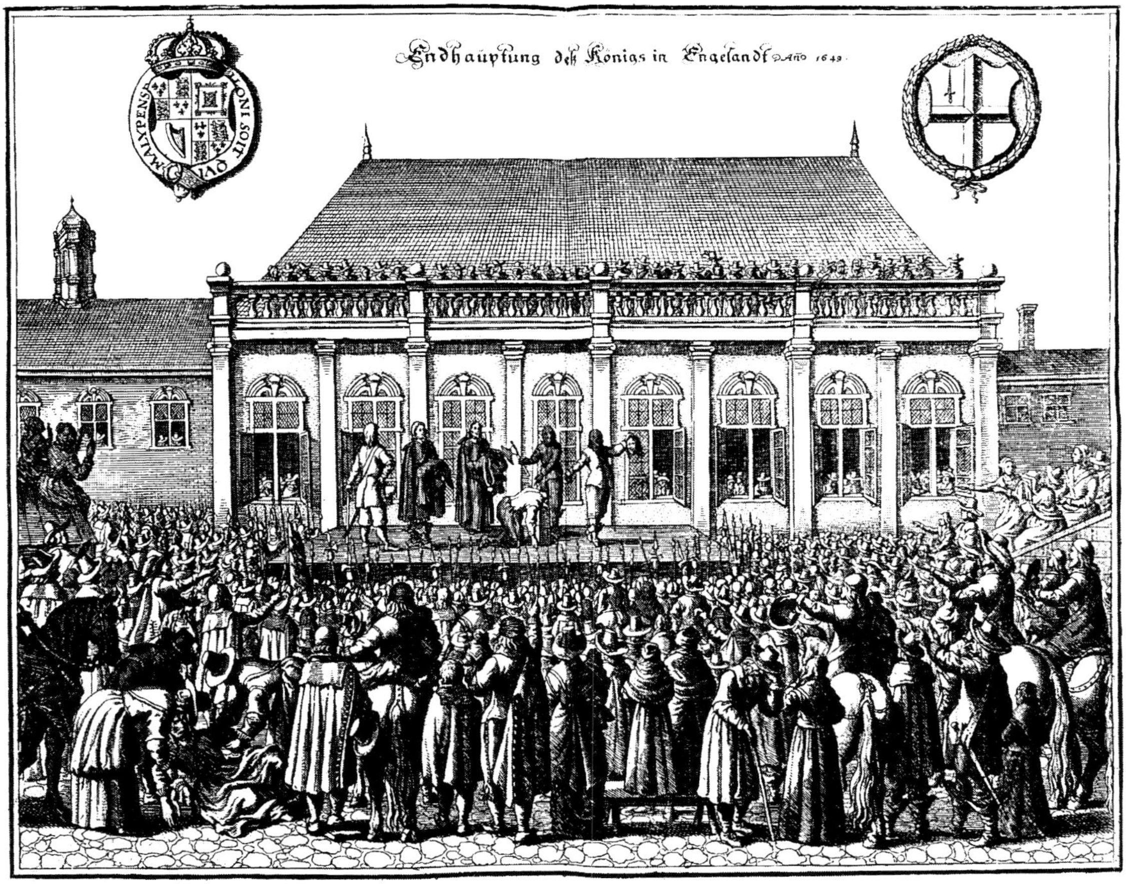

Abb. 3.16 a/b: Die Enthauptung Karls I. 1649 a: „Endhauptung deß Königs in Engelandt Ano 1649", anonymer deutscher Kupferstich aus dem Theatrum Europaeum Bd. 6, (23,5 x 30 cm), 1652

nur in zahlreichen Kupferstichen, sondern auch in Gemälden wurde diese Szene festgehalten. Beide Kupferstiche sind kurz nach dem Ereignis in Deutschland entstanden. Im Vergleich treten sowohl Übereinstimmungen wie Unterschiede zutage. Die Bildanlage stimmt fast vollständig überein. Freilich ist die Darstellung jeweils spiegelbildlich. Der Befund ist eindeutig: Hier hat ein Künstler beim anderen „abgekupfert", also die Bildvorlage unmittelbar auf die Kupferplatte durchgedrückt.

Jedoch fallen auch Unterschiede ins Auge, am deutlichsten am Gebäude (Fenster, Dachform, Zuschauer auf dem Dach). Die wesentliche Differenz liegt allerdings in der emblematischen Ausschmückung und der Untertitelung der Bilder. Bild a zeigt oberhalb der Szenerie links das Wappen des Königs, rechts das der Stadt London, die auf Seiten der Revolution stand – beide Parteien sind also neutral nebeneinander gestellt. In Bild b sind drei Medaillons zu sehen: In der Mitte Karl, rechts Cromwell, links der Parlamentsgeneral Fairfax, also Karls wichtigste politische und militärische Gegenspieler. Karls Bild ist von einer Wolke mit einer Engelsfigur zu jeder Seite eingefasst, die einen Palmenzweig und einen Lorbeerkranz tragen. Auch wenn die Szenerie nahezu dieselbe ist – hier wird dem Bild

b: „Abscheuliche unerhörte Execution / An weyland dem Durchleutig: vnd Groszmächtigsten Carl Stuart / König in Grosz Britannien, Franckreich vnd Irrland etc. vorgangen in London vor der Residentz Whitehall / dienstag den 30. Janua: 9. Februa: Anno 1649. Nachmittag zwischen 2. vnd 3 vhren.“, anonymer deutscher Kupferstich, (25 x 28 cm), 1649

offenbar eine ganz spezifische Deutung unterlegt: Karl als Opfer oder gar Märtyrer, der im Himmel Aufnahme findet. Diese antirevolutionäre Tendenz findet ihren Ausdruck auch in der Bildlegende, die von einer „abscheulichen unerhörten Execution“ spricht, während bei dem anderen Stich wiederum neutral von einer „Endhauptung“ die Rede ist. Welchen Quellenwert haben also die Bilder? Beide lassen erkennen, dass es sich bei der Hinrichtung um eine öffentliche Inszenierung, einen symbolischen Akt handelte, die den Wechsel der Herrschaftsform markieren sollte. Während Bild a den Vorgang gleichsam kommentarlos zeigt, wird er in Bild b von einer revolutionskritischen Deutung überlagert – das Bild wird also stärker zur Quelle für eine bestimmte Rezeption der englischen Ereignisse in Deutschland.

Eine so genaue Interpretation von Ereignisbildern (einschließlich Grenzfällen) wird sicherlich nur selten möglich sein. Sie kann vor allem exemplarisch ein Verständnis für diesen Typus entwickeln und verhindern helfen, dass solche Bilder gerade im Schulbuch von den Schülerinnen und Schülern gleichsam als Fotodokumente missverstanden werden.

3.1.3. Alltagsbilder

Das Genrebild

Das klassische Alltagsbild der Kunstgeschichte ist das Genrebild. Genrebilder stellen Szenen aus dem alltäglichen Leben dar. Es geht nicht um bestimmte Personen, um Individuen, sondern um typische, wiederkehrende Situationen, gleichsam Grundmuster menschlichen Verhaltens und Zusammenseins: Arbeit, Fest und Feier, Familienleben, Kinderspiel und Erziehung sind die Themen. Erst in der niederländischen Malerei des 16. und 17. Jahrhunderts ist die Wiedergabe von Alltagsszenen zu einer eigenen Gattung geworden, und Pieter Breughel d. Ä. mit seinen Bauernbildern ist ihr bekanntester Vertreter geblieben. In der französischen Genremalerei des 18. Jahrhunderts stand eher das höfische oder bürgerliche Leben im Mittelpunkt. In Deutschland wurden während des 19. Jahrhunderts vor allem die kleinbürgerlich-idyllischen Genrebilder von Karl Spitzweg und Ludwig Richter beliebt. Aber die Gattung konnte auch, wie bei William Hogarth oder Honoré Daumier, gesellschaftskritische Züge annehmen.

Pieter Breughels „Bauernhochzeit“

Für den Historiker sind Genrebilder mit ihrem Reichtum an realistischen Details vor allem als Quellen zur Alltags-, Sozial- und Kulturgeschichte interessant. Nehmen wir als Beispiel Pieter Breughels bekanntes Gemälde „Bauernhochzeit“ (Abb. 3.17; oben auf Seite 68) (Hagen/Hagen 1995, S. 66–71). Das Bild gibt uns Einblicke in die soziale Wirklichkeit des 16. Jahrhunderts. Da ist zunächst einiges über die wirtschaftliche Situation der Bauern zu erkennen. Das Festmahl findet auf der Tenne, im freien Raum einer Scheune, statt. Im Hintergrund ist ungedroschenes Getreide oder Stroh gespeichert – die Scheune ist gut und säuberlich gefüllt. Auch der Tisch ist reichlich gedeckt, und sicherlich ist genug Wein oder Bier vorhanden, um die vielen Krüge links im Vordergrund zu füllen. Die Teilnehmer des Mahls machen einen wohlgenährten und gesetzten Eindruck – es sind keine armen Bauern, die nur kümmerlich ihr Leben fristen. Den Bauern in den Niederlanden ging es zu dieser Zeit besser als in den meisten anderen Ländern. Es gab keine Leibeigenschaft und keine Dienste für die Feudalherren. Zwar besaßen diese die Grundherrschaft; aber die Bauern waren freie Pächter, und weil ihnen selbst der Ertrag zugute kam, waren sie an einer möglichst produktiven Wirtschaftsweise interessiert. Ein Bauernkrieg, wie er gut vierzig Jahre zuvor in großen Teilen Deutschlands stattgefunden hatte, wäre für die Niederlande nicht vorstellbar gewesen.

Dann lässt sich eine Fülle von kulturgeschichtlichen Beobachtungen machen, etwa zum Anlass des Festmahls, der Hochzeit. Der Bräutigam ist nicht zu sehen, vielleicht hat er gerade seinen Platz an der vorderen Stirnseite des Tisches verlassen. Hinter dem Platz der Braut an der Längsseite des Tisches ist ein Tuch gespannt, über ihr hängt die „Brautkrone“. Als einzige Frau trägt die Braut ihr Haar offen und ohne Kopfbedeckung, von ihrem Hochzeitskranz abgesehen. Damit wird es in Zukunft vorbei sein: Wie ihre verheirateten Nachbarinnen kommt sie nun „unter die Haube“. Völlig reglos, mit fast geschlossenen Augen und gefalteten Händen sitzt die Braut da. Am Festtag der Hochzeit sollte sie von aller körperlichen Arbeit frei sein – das wird hier demonstriert.

Andere Arten von Alltagsbildern

Aber es gibt noch andere Alltagsbilder als das klassische Genrebild kunstgeschichtlicher Definition. Zum Beispiel lassen sich für die griechische Antike Eindrücke vom Alltagsleben, Erkenntnisse über Fest und Feier, Sport und Kleidung, Arbeit oder Kindheit vor allem aus Vasenbildern gewinnen (Abb. 3.18, sehr ergiebig zum

Thema Kindheit Rühfel 1984, eine exemplarische Interpretation Walter 1992). In der römischen Antike können uns Mosaiken entsprechende Aufschlüsse geben. In vielen Fällen ist auch in Bildern, die in der Hauptsache etwas anderes zeigen, die Darstellung von Alltäglichem nebenbei eingeflossen. So sind etwa die religiösen Szenen auf mittelalterlichen Bildern vor einen zeitgenössischen Hintergrund gestellt, der vieles über die Sachkultur der Zeit verrät.[5]

Der Begriff „Alltag" muss sich auch nicht immer auf das Leben der „kleinen Leute" beziehen – auch Herrscher und Fürsten hatten ihren Alltag. Aber der Bildtypus Alltagsbild unterscheidet sich doch insofern vom Personenbild, als die soziale Bandbreite weitaus größer ist als bei jenem, bevor es sich durch die Fotografie endgültig „demokratisiert". Oft kann man auch Alltagsbilder geradezu als Gegenbilder definieren. Nehmen wir das Beispiel des Dreißigjährigen Krieges. Personen- und Ereignisbilder geben die Perspektive der „großen Männer" wieder, sie stellen Feldherren, Schlachten, Staatsaktionen dar. Dagegen bringen z. B. die Radierungen von Jacques Callot oder Hans Ulrich Franck die Perspektive „von unten" ins Spiel: Sie zeigen die Auswirkungen der Handlungen „von oben", die Gräuel des Krieges und die Leiden der Bevölkerung; in vielen Regionen Deutschlands konnte sie sich den Kriegsereignissen auf keine Weise entziehen, und auch die Söldner selber gehörten eher selten zu den Gewinnern des Krieges. Die Bilder 3.19 bis 3.20 verdeutlichen die unterschiedlichen Perspektiven. Der anonyme Flugblatt-Kupferstich 3.19 ist eine Schlachtdarstellung im typischen Stil der Zeit. Die Szene ist aus der Vogelperspektive in leichter Schrägansicht dargestellt. Die einzelnen Truppenkontingente treten deutlich in Erscheinung: Die Carrés der Pikeniere – nach dem Muster der berühmten spanischen Tercios –, umringt von Musketieren; Abteilungen von Reiterei, die schon miteinander ins Gefecht geraten sind; Artilleriestellungen in vorderster Front, eine taktische Neuerung des Krieges; schließlich am linken oberen Bildrand Bagagewagen. Gezeigt wird die Schlacht bei Stadtlohn, in der die Truppen Tillys die des Herzogs Christian von Braunschweig besiegten. Man kann dies der – aus der Sicht Tillys formulierten – Legende und den Beschriftungen im Text entnehmen. Ohne diese Hinweise wäre das Bild wohl auch für die Zeitgenossen lediglich ein beliebig austauschbares Schlachtenszenario gewesen. Die Perspektive ist gleichsam die des Sandkastenstrategen, der zu Übungszwecken Truppen-Symbole verschiebt.

Alltagsbilder und Ereignisbilder – der Dreißigjährige Krieg

Dagegen zeigt der Kupferstich von Callot (Abb. 3.20) die Folgen des Krieges für die Hauptleidtragenden, die Zivilbevölkerung:

„Marodeure sind in das Wohnhaus eines großen Bauernhofs eingedrungen. Den Hausherrn haben sie kopfüber in das offene Feuer gehängt, ein anderer Mann muss mit nacken Füßen ganz nah am Feuer sitzen, wo sie praktisch verbrannt werden.

5 Einen Bildfundus, auf den man für den Unterricht zurückgreifen kann, bietet zum Thema Alltag allgemein Schneider 1999, Kühnel 1986, Jacobeit 1986, 1987, 1995, Praschl-Bichler 1995; zum Thema Wohnen Praxis Geschichte Heft 5/1988, insbesondere der beigelegte „Bilderbogen"; eine Fülle von Bildern auch im Katalog Oikos 1992; zum Thema Ernährung Oikos 1992, Zischka/Obermeyer/Bäumler 1993, Laurioux 1992; zum Thema Kleidung Thiel 1997; zum Thema Familie Lacey 1983, Kunst+Unterricht Heft 90/1985 sowie Weber-Kellermann 1989; zum Thema Schule Alt 1960/65, Die weite Welt 1984, Schiffler/Winkler 1985, Engelbrecht 1995; zum Thema Kindheit Rühfel 1984, Hinkel 1988, von Gersdorf 2. Aufl. 1989, Kindheit in Köln 1989, Kunst+Unterricht Heft 121/1988; zum Thema Alter Biegel 1993; zum Thema Tod Ariès 1984.

Abb. 3.17: Pieter Breughel d. Ä., Bauernhochzeit, Öl auf Holz (114 x 163 cm), um 1568 (Kunsthistorisches Museum, Wien)

Abb. 3.18: Rotfigurige Trinkschale aus Vulci (30,5 cm Durchmesser), 490–480 v. Chr. (Staatliche Museen, Berlin, Antikensammlung). Der Blick fällt in eine Bronzegießerei: rechts der Schmelzofen, daneben oben Entwurfszeichnungen, verteilt diverse Werkzeuge. Links wird der fertige Korpus einer Statue bearbeitet, der Kopf muss noch aufgesetzt werden.

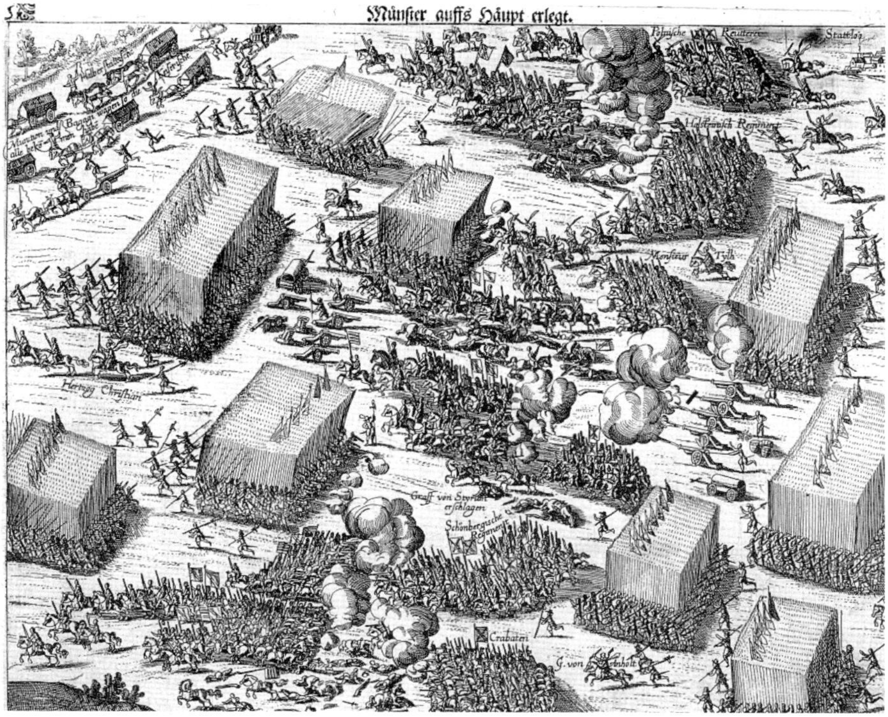

Abb. 3.19: „Warhafft und eigentlicher Bericht/ was massen Hertzog Christian von Braunschweig Armada den 6. August 1623 im Stifft Münster auffs Haupt erlegt.", Flugblatt-Kupferstich (20,8 x 27,6 cm), 1623 (Stadtmuseum Münster)

Abb. 3.20: Jacques Callot, Die Plünderung eines Bauernhofes,
Radierung aus der Reihe „Die Schrecken und der Jammer des Krieges" (9 x 19 cm), 1633 (Stadtmuseum Münster)

Der französische Text lautet in der Übersetzung:
„Die Schurken tun sich noch mit ihren Streichen groß, / verheeren alles ringsherum und lassen nichts mehr los,
der eine foltert, bis sie ihm das Gold verraten, / der andre stachelt auf zu tausend Missetaten,
und insgeheim vergehn sie sich an alt und jung / mit Diebstahl, Raub, Mord, Vergewaltigung."

Anderen Bewohnern drohen die Söldner, sie zu erstechen. All diese Arten der Folter sollen aus den Gepeinigten die vermuteten Verstecke von Geld, Schmuck und anderen Kostbarkeiten herauspressen. Die Frauen des Hauses werden von einzelnen oder mehreren Söldnern ergriffen und brutal vergewaltigt.

JACQUES CALLOT

Die Eindringlinge durchsuchen jeden Winkel des Hauses: Sie plündern die Vorratskammer mit den Weinfässern, durchwühlen die Truhen und nehmen Würste und Schinken von der Decke. Auch das Geflügel und Kleinvieh wird abgestochen und für den Raub zurechtgelegt.

Wenn die Marodeure das Haus verlassen, wird es einem Schlachtfeld gleichen. Die Bewohner, falls sie mit dem Leben davonkommen, werden gebrochen und geschunden zurückbleiben. Sie müssen in der ständigen Angst leben, dass sich eine solche Katastrophe immer wiederholen kann." (30-jähriger Krieg 1998, S. 152)

Anhand der beiden Bilder lässt sich noch einmal über die Begriffe Ereignis- und Alltagsbild nachdenken. Abb. 3.19 ist zweifellos als Ereignisbild angelegt; es geht um die Nachricht von einem bestimmten Geschehen, auch wenn die Art der Darstellung austauschbar ist. Mit dem Bild 3.20 möchte der Künstler dagegen eine idealtypische Szene des Krieges zeigen, die an kein genaues Datum und an keinen Ort gebunden ist, sondern sich so oder ähnlich immer wieder und überall, wo der Krieg wütet, abspielen kann.

3.1.4. Landschaftsbilder

Landschaftsbilder sind weitaus jünger als Personendarstellungen, und es gibt sie naturgemäß nur in der Malerei (und in der Fotografie). Solange es in der Kunst darum ging, Göttliches und Heiliges, Idealvorstellungen des Menschen oder die Großen der Welt abzubilden, diente die Natur allenfalls als Hintergrund und Staffage, wurde sie unspezifisch und formelhaft ausgeführt – so auch die längste Zeit im Mittelalter. Es scheint, als hätten erst mit der Entwicklung der städtischen Kultur – gleichsam aus der Distanz und im Kontrast – die Künstler Natur als bildwürdigen Gegenstand wahrgenommen. Ambrogio Lorenzetti hat auf seinem monumentalen Fresko im Rathaus von Siena zum ersten Mal eine Landschaft mit individuellen Zügen dargestellt, freilich ganz aus der Perspektive der Stadt. Und im Stundenbuch des Herzogs von Berry präsentieren die Brüder Limburg die bäuerlichen Tätigkeiten nicht mehr in Einzelszenen, sondern binden sie in Landschaftsdarstellungen ein. Die Renaissancekünstler trieben genaue Naturstudien, erste figurenlose Landschaftsdarstellungen entstanden. Die große Zeit der Landschaftsmalerei begann dann im 17. Jahrhundert und in den Niederlanden, hier wurde sie zur eigenen Bildgattung. Bei Pieter Breughel d. Ä. trägt die Landschaft zwar schon eine Fülle realistischer Einzelzüge, die Gesamtkomposition aber dient einer gleichnishaften Aussage. Künstler wie Rembrandt oder Jacob van Ruisdael malten dann gänzlich realistische Landschaftsbilder. Besondere Untergattungen wie Seestücke oder Marinemalerei bildeten sich heraus. Als Gegenmodell zur realistischen Naturdarstellung entwickelte sich der Typus der Ideallandschaft: In der höfischen Malerei wurde – wie in der Schäferdichtung – die Natur zur stilisierten Idylle, zur wohl geordneten Parklandschaft mit antikisierenden Elementen (Architektur). Im 19. Jahrhundert kam dann mit den Romantikern wiederum ein neues Naturverständnis auf. Natur diente als Ausdruck, Spiegel oder Sinnbild menschlicher Empfindungen und

GESCHICHTE DES LANDSCHAFTSBILDES

Verhältnisse. Nicht die Gegenständlichkeit der Natur, sondern Lichtwirkung und Farbkomposition standen – auf andersartige Weise – bei Impressionisten und Expressionisten im Vordergrund. Wenn Künstler heute Landschaftsbilder malen, geht es zumeist um den Aspekt der bedrohten und zerstörten Natur. In der zweiten Hälfte des 19. Jahrhunderts setzte auch die Popularisierung der Landschaftsmalerei ein. Zur Ausstattung des bürgerlichen Wohnzimmers gehörte bald ein Naturbild – ein Seestück, ein Sonnenuntergang, eine Hochgebirgsszene. Geradezu sprichwörtlich geworden ist der auf einer Waldeslichtung röhrende Hirsch. Solche Bilder wurden zunächst als Ölgemälde arbeitsteilig in Reihenproduktion gefertigt, später dann auch als Farbdrucke verbreitet.

Unter welchen Gesichtspunkten können Landschaftsbilder für den Historiker und für den Geschichtsunterricht für Interesse sein? Bedeutsam ist vor allem ihr unmittelbarer „realienkundlicher" Quellenwert. Landschaftsbilder zeigen, wie die Natur zu einem bestimmten Zeitpunkt aussah, wie der Mensch mit ihr umging und sie nutzte, wie sie sich und er sie veränderte. Landschaftsbilder sind also vor allem Quellen für alltags- oder umweltgeschichtliche Fragestellungen. Welche übergreifende Intention der Künstler hatte, ob sein Bild reine Landschaftsdarstellung ist oder Gleichnischarakter hat, in welchem Stil er es gemalt hat, das alles ist dafür weitgehend unerheblich; es kommt auf das realistisch wiedergegebene und erkennbare Detail an.

Der Quellenwert von Landschaftsbildern

Wie unterschiedlich ein Kunsthistoriker und ein Historiker Landschaftsbilder sehen und was alles der Historiker aus ihnen ablesen kann, haben Henry Makowsky und Bernhard Buderath demonstriert (Buderath/Makowsky 1983). Hier sind unter dem Aspekt „Waldnutzung und Waldschädigung" drei Bildbeispiele aus dem Band abgedruckt, die auch schon mit einem weiteren für eine Posterbeilage der Zeitschrift „Geschichte lernen" ausgewählt worden sind (Geschichte lernen Heft 4/1988). Makowsky hat diese Bilder folgendermaßen kommentiert:

Abb. 3.21:

„Bevor es dem Menschen gelang, das Wasser der Flüsse zu bändigen, begleiteten ausgedehnte Laubholzwälder, die Auwälder, die Ufer der Flüsse und bedeckten weithin die tieferen Flußniederungen. Die regelmäßigen Überschwemmungen versorgten die Wälder mit einem Überschuss an Nährstoffen. So konnte sich hier der Pflanzenwuchs fast urwaldartig entwickeln. Solche Auwälder mit dicken Eichen und Tümpeln, wie sie Jan Brueghel der Ältere noch malen konnte, sind heute aus Mitteleuropa bis auf geringe Reste verschwunden. Der Mensch hat sie in Wiesen umgewandelt. Die Flußwiesen gehören zu den jüngsten Landschaftsformen, die vom Menschen geschaffen wurden. [...]

Waldnutzung und Waldschädigung

An den offenen Wassertümpeln siedelten sich Pflanzenarten an, deren Samen das Wasser oft von weither mitgeführt hatte. Einige Pflanzenarten erweiterten so ihr Verbreitungsgebiet. Die vielen Wasserflächen im Wald waren Brutstätten für verschiedene Mückenarten. Sie machten es dem Menschen jahrhundertelang schwer, fast unmöglich, diesen Teil der Landschaft auf Dauer zu besiedeln. Der Mensch konnte hier auch nicht, wie er es sonst praktizierte, sein Vieh vorschicken, um den Wald aufzulichten. Vor den blutgierigen Schwärmen von Mücken und Stechfliegen nahmen die Viehherden fluchtartig Reißaus. Fischer und vor allen Dingen die Jäger fanden hier jedoch eine reiche Beute, es wimmelte hier von Fischen und Wild."

Jan Breughel d. Ä., „Waldinneres mit Jagdszene"

Abb. 3.21: Jan Breughel d. Ä., Waldinneres mit Jagdszene, Gemälde (25,5 x 34,5 cm), um 1593 (Noortmann & Brod, London)

Abb. 3.22: Thomas Gainsborough, Holzsammler macht einem Milchmädchen den Hof, Gemälde (107 x 127 cm), 1755 (Woburn Abbey)

Abb. 3.23: Caspar David Friedrich, Der Abend, (Tageszeiten-Zyklus), um 1821, Öl auf Leinwand, 22 x 31 cm © Landesmuseum Hannover

Abb. 3.22:
„Läßt sich der Ertrag der Felder nicht steigern, wollen immer mehr Mäuler gestopft werden, dann bleibt nur noch die Möglichkeit, in den Wald zu gehen. Auch in unseren Breiten wurden jahrhundertelang Wirtschaftsweisen geübt, die heute in der Dritten Welt die Wälder schleichend zerstören. Daß es hierzulande nicht zu landesweiten ökologischen Zusammenbrüchen kam, verdanken wir nicht der Einsicht unserer Altvorderen, sondern dem Klima. Die regenreiche Witterung verhinderte, abgesehen von einzelnen immer wieder auftretenden Dürreperioden, daß sich die stete Übernutzung der Wälder zu bleibenden Schäden ausweitete.
In Gainsboroughs Bild sind die wichtigsten Faktoren, die die Wälder zerstören, konzentriert dargestellt. Da ist das Vieh, das im Walde zur Weide getrieben wird. Das Vieh verhindert eine natürliche Regeneration des Waldes. Nur die Sträucher, die nicht abgefressen werden, Pflanzen mit Dornen und Giftstoffen in Rinde und Früchten, können sich ausbreiten. Der aufgelichtete Waldboden vergrast. Samen und Waldfrüchte, wenn sie nicht schon vorher vom Vieh gefressen, vom Menschen gesammelt wurden, haben kaum eine Möglichkeit, im verdichteten Pflanzenpolster Fuß zu fassen. [...]
Brot aus dem Wald, diese Form der Urwechselwirtschaft, wie der Fachausdruck heißt, wurde dort betrieben, wo sehr arme und schwierig zu bewirtschaftende Böden

Thomas Gainsborough, „Holzfäller macht einem Milchmädchen den Hof“

vorherrschten. Das waren die Höhen und Hanglagen der Mittelgebirge, das waren aber auch die großen Sandflächen des flachen Landes."
Abb. 3.23:
„‚Wer hat dich, du schöner Wald, aufgebaut so hoch da droben?' Diese Frage eines Zeitgenossen, des Freiherrn von Eichendorff, hat der Maler Caspar David Friedrich in seinen Bildern erstmals in der Geschichte der Landschaftsmalerei gleich mehrfach klar und ablesbar beantwortet: Die Förster und Waldbesitzer. Den Industriebetrieben des Bergbaus, der Metallverhüttung und auch der Salzproduktion lag daran, möglichst viel Holz von einer Fläche zu bekommen. Das war bei der bäuerlichen Laubwaldbewirtschaftung nicht möglich. Auch lag den industriellen Großverbrauchern gar nicht so viel an Laubholz. Im Gegensatz zu den Bauern waren ihnen Fichten, Tannen und Kiefern willkommener. Das Holz dieser Baumarten war leichter, ließ sich besser verarbeiten. Und noch etwas wurde immer wichtiger: Nadelholz wuchs schneller als Eichen und Buchen heran. Die Sorge um den vollen Geldbeutel, nicht die Sorge um den Wald, stand Pate an der Wiege einer der größten Umwälzungen, die das Bild vieler Landschaften Mitteleuropas verändern sollte. [...]

CASPAR DAVID FRIEDRICH, „DER ABEND"

Der im Bild vorgestellte Wald ist, forstlich gesehen, ein ‚Altersklassenbestand'. Die Bäume haben in diesem Fall die gleiche Höhe, nahezu die gleichen Stammdurchmesser, das gleiche Alter. Dieser Wald wurde von Menschenhand angelegt und nach forstlichen Gesichtspunkten in jahrelanger Pflege und Nutzung aufgebaut."
Eine solche Reihe lässt sich, dann mit Fotografien, bis in die Gegenwart fortsetzen; zwei Bilder zum Thema Umwelt sind ja schon in Kapitel 2.2. gezeigt worden (Abb. 2.8 a/b). Sicher werden die Beobachtungen, die Schülerinnen und Schüler an diesen Bildern machen können, mangels genauer Vorkenntnisse nicht derart ins Detail gehen können – aber Hauptgesichtspunkte und die große Linie der Entwicklung sind auch für sie erkennbar.

INDUSTRIALISIERUNG UND NATURVERÄNDERUNG

Völlig neue Dimensionen erreichte die Naturveränderung mit der Industrialisierung, die im 18. Jahrhundert in England begann und bald auf andere europäische Staaten übergriff. Waren zunächst noch einzelne Industriebauten weitgehend eingebettet in die Natur, so entstanden bald ganze industrielle Landschaften. Um sie darzustellen, mussten die Landschaftsmaler zu einer neuen Farbgestaltung greifen: Gegenüber den traditionellen Landschaftsfarben wie Grün und Blau wurden Rot, Gelb und Schwarz in ihrem Kontrast zu den neuen „Industriefarben".
Bis zum Ersten Weltkrieg und über das Aufkommen der Fotografie hinaus hat die Malerei den Industrialisierungsprozess begleitet. In den Bildern spiegeln sich die unterschiedlichsten Wahrnehmungen, Beurteilungen und Deutungen der Industrialiserung wider. Am Anfang stand die Fabrik als technisches Detail in einer noch natürlichen Landschaft. In der romantischen Fabrikruine – nach dem Vorbild der Burgruine – war die Industrie selber dem natürlichen oder vorgeblich natürlichen Verfall ausgesetzt. Dann wurde die wachsende Industrie immer stärker als Bedrohung für Mensch und Natur interpretiert: Industrielandschaften als Apokalypse, Hölle und Inferno. Umgekehrt ließen sich solche Landschaften oder einzelne Fabriken aber auch positiv als sauberes, geordnetes, rational gestaltetes Ensemble darstellen; das gilt vor allem für die gleichsam porträtistischen Darstellungen von Industriebetrieben im späteren 19. Jahrhundert, die sich die Betriebsleitungen gerne anfertigen ließen (vgl. Beneke/Ottomeyer 2002, für den Unterricht Sauer 1999, S. 117 f.).

Abb. 3.24: Altartafel, 15 Jh. (Kunstmuseum Basel, Öffentliche Kunstsammlung)

Im Vergleich der Bilder zeigt sich, wie sich die Industrie und zugleich mit ihr auch ihre Wahrnehmung ändert. Natürlich gilt es die künstlerischen Darstellungsmittel zu untersuchen: erkennbare Gegenstände (Bauten), Farbgebung, Lichtführung, Perspektive und Format.

3.1.5. Stadtbilder

Ansichten von Städten, Plätzen und Straßen gab es auf Bildern lange Zeit vor der Entstehung der Vedutenmalerei als eigenständiger Gattung (vgl. allgemein Tlusty 1998). Mittelalterliche Bilder stellten die Szenen aus biblischen Erzählungen oder aus Heiligenlegenden, die ihr eigentliches Thema waren, in die Wirklichkeit ihrer

Abb. 3.25: Darstellung Nürnbergs in der Weltchronik des Hartmann Schedel, Holzschnitt, 1493

Zeit. An die Stelle des Goldgrundes traten allmählich Landschaften oder städtische Ansichten. Dabei handelt es sich nicht um bestimmte Gegenden und Orte, sondern um Idealbilder, die aber dennoch in den Details realistisch dargestellt sind. Deshalb können solche Bilder als Quellen dafür dienen, wie es in einer Stadt aussah, aber vielleicht mehr noch dafür, was in der Sicht der Zeit die Besonderheit einer Stadt ausmachte.

Abb. 3.24, eine Altartafel aus dem 15. Jahrhundert, zeigt im Vordergrund eine Szene aus einer Heiligenlegende: St. Martin teilt seinen Mantel mit einem Bettler. Den Hauptteil des Hintergrundes bildet eine Stadtansicht. Sie verdichtet gleichsam formelhaft alles das, was für die Zeitgenossen mit der Vorstellung einer Stadt verbunden war (vgl. Boockmann 1985, allgemein Boockmann 1986). Die Stadt ist durch eine Mauer mit Türmen befestigt; die genaue Darstellung des Stadttores hat sich der Künstler erspart. Durch das Tor und über die Mauer hinweg sind zwei weitere Elemente des Stadtbildes zu sehen: Kirchen und Steinhäuser. Im Torbogen erkennbar ist die Vierung einer großen Kirche mit einem Dachreiter, rechts an der Mauer ein ebenfalls mit Dachreiter versehenes kleineres Kirchenschiff; offenbar soll das eine die – zentral gelegene – Pfarrkirche, das andere eine oft am Rande gelegene Bettelordenskirche darstellen – beides typische Versatzstücke von „Stadt".

MITTELALTERLICHE „BILDFORMEL STADT"

Dasselbe gilt für die städtischen Häuser. Mindestens eines ist so hoch, dass es über die Mauer blickt. Die Übersteigerung der Höhendarstellung war noch bis ins 17. Jahrhundert üblich, deswegen scheint dieses Haus übermäßig groß geraten zu sein. Aber Stadthäuser waren tatsächlich hoch im Vergleich zu ländlichen Gebäuden, sie wurden – zumindest in den besseren Gegenden der Stadt – auf

Abb. 3.26: Matthaeus Merian d. Ä., „Marckt in Bremmen“, Kupferstich, o. J.

beschränktem Raum in die Höhe gebaut, besonders schmal meist an der Straßenfront. Auch die Aufteilung der Häuser, die man durch den Torbogen sieht, ist typisch. Im Erdgeschoss konnte die Diele zugleich als Durchfahrt genutzt werden, in den Obergeschossen wohnte man, das Dach diente als Speicher. Die beiden Häuser auf unserem Bild haben, an den Fenstern erkennbar, im ersten Stock offenbar größere Wohnräume. Das Erdgeschoss des zweiten Hauses wird als Ladenlokal genutzt, vielleicht von einem Handwerker. Auch das ist charakteristisch für die Stadt: Während auf dem Lande nur auf Bestellung produziert wurde, arbeiteten viele Handwerker in der Stadt schon auf Vorrat und brauchten deshalb einen Laden, um ihr Angebot feilbieten zu können. In ihren Details mag man die Altartafel auch als Alltagsbild betrachten können: Insgesamt geht es, von der Darstellung der Martins-Szene abgesehen, um die die Präsentation der „Bildformel Stadt“.

Die Stadt als genuines Bildthema

Im ausgehenden 15. Jahrhundert wurde die Stadt an sich zum Thema künstlerischer Darstellungen, vor allem in der Grafik (vgl. als Überblick Behringer/Roeck 1999). Den Anfang machte Hartmann Schedel mit seiner „Weltchronik“ (1493), es folgten die „Cosmographia Universalis“ des Sebastian Münster von 1543 und das „Theatrum Urbium“ von Georg Braun und Franz Hogenberg (1572/1618). Diese Holzstiche gaben realistische Bilder der jeweiligen Städte, dienten der Information von Gelehrten, Fürsten und Kaufleuten. Gedruckt wurden sie nur in kleiner Auflage, sie waren teuer, nur Wohlhabende konnte sie sich leisten. Zeigen sollten sie auch den Reichtum und die Pracht der Städte, die in dieser Zeit an Bedeutung zunahmen und endgültig zu Zentren von Wirtschaft und Kultur wurden. Die Darstellung Nürnbergs in der Schedelschen Weltchronik zeigt bei allem Realismus zugleich eine

Stilisierung (Abb. 3.25): Das Stadtbild ist verdichtet, die Höhendimension wird überbetont; ins Auge springen besonders die Befestigungsanlagen und die Türme der Stadt. Diese Form der Darstellung ist typisch für die Zeit.

DARSTELLUNGSTOPOI – AUSSEN UND INNEN

Nach ähnlichem Muster gestaltet sind auch die meisten der Kupferstiche, die Matthaeus Merian d. Ä. in seiner „Topographia Germaniae" (1642 ff.) veröffentlichte. Dabei handelte es sich nicht nur um Außen-, sondern auch um Innenansichten der Städte. Diese sollten zugleich ein Bild geben von der inneren, der politischen und wirtschaftlichen Verfassung der Stadt. Der „Marckt in Bremmen" (Abb. 3.26) öffnet sich dem Betrachter wie eine Bühne. Gerahmt ist er rechts vom alten Rathaus, links vom prächtigen Kaufmannshaus. Den Hintergrund bildet eine Reihe reich verzierter Bürgerhäuser. Im Vordergrund des Platzes sieht man rechts die Rolandsfigur, Zeichen der bürgerlichen Freiheit und Gerichtsbarkeit in vielen norddeutschen Städten, links den Oktaeder mit Pranger und Schandsäule. Auf dem Platz stehen oder flanieren Gruppen von Bürgern im Gespräch und beim Handeln. Gezeigt wird gleichsam die großzügige und ordentliche bürgerliche Schauseite der Hansestadt.

VEDUTENMALEREI

Als bei den Nordeuropäern die Italienreisen in Mode kamen, begann die große Zeit der Vedutenmalerei. Sie sollte Reise- und Erinnerungsbilder liefern. Auch hier kommen naturgemäß eher die schönen Seiten der Stadt zur Geltung: Es geht um die Stadt als gelungenes architektonisches Ensemble, nicht um den Alltag der Menschen und die sozialen Verhältnisse. Zwar erreichte in dieser Zeit die Gattung kunstgeschichtlich ihren Höhepunkt, historisch ist sie, von der Orts- und Architekturgeschichte abgesehen, weniger von Interesse.

STADT UND INDUSTRIALISIERUNG

Die Stadt als Lebenswelt des Menschen wurde im 19. und 20. Jahrhundert verstärkt zum Thema. Wie nie zuvor veränderte sich die Stadt unter dem Einfluss der Industrialisierung. Die Bevölkerung wuchs rapide. Mauern oder Wallanlagen, die oft noch bis ins 19. Jahrhundert hinein die Städte von ihrem Umland abgrenzten und ihnen ein geschlossenes Bild verliehen, wurden geschleift. Ganze Stadtlandschaften entstanden. Gewerbeansiedlungen und Arbeitervorstädte legten sich um die alte Stadt. Massiv veränderte der Verkehr die Stadt: Alte Bebauung musste neuen Straßen weichen, Bahnhöfe und Bahnanlagen entstanden. Die Stadt, vor allem die Großstadt, wurde am Ende des Jahrhunderts zum Sinnbild der Modernität. Sie stand für eine neue, urbane Lebensweise mit weniger sozialen Bindungen und größerer Individualität, für Massenkonsum und Massenunterhaltung in Warenhäusern, Kinos und Kabaretts. Die Menschen nahmen diese Veränderungen unterschiedlich und ambivalent wahr. Die Befürworter waren von der neuen Lebensweise fasziniert. Die Stadt stand für Tempo und Dynamik der neuen Zeit. Die Kritiker sahen die Stadt als Ort sittlichen Verderbens und kulturellen Verfalls. Der Großstadtmensch erschien ihnen entwurzelt, vereinzelt und oberflächlich, und die Überschaubarkeit und Ruhe des Landes und der Natur wurden als heile Gegenwelt beschworen.

Die Veränderung der Stadt lässt sich unter verschiedenen Gesichtspunkten in Bildern festmachen. Zunächst das Gesamtbild der Stadt; hier tritt der Wandel am deutlichsten in einer längsschnitthaften Bildreihe in Erscheinung. Das „Geschichtsbuch" präsentiert untereinander drei Ansichten der Stadt Dortmund, die aus unterschiedlichen Zeiten stammen, aber in etwa denselben Blickwinkel zeigen (Abb. 3.27 a–c). Das obere Bild zeigt die Reichsstadt Dortmund in ihrer Blütezeit. Nach dem damals gängigen Schema der Stadtdarstellung mit überbetonter Höhendimension dominieren die Kirchen das Bild. Eine starke Befestigungsmauer umschließt die Stadt und bildet eine klare Trennungslinie zwischen Stadt und Land. Daran hat sich knapp dreihundert Jahre später im mittleren Bild wenig verändert. Noch immer ist das Stadtbild klar konturiert, nur dass die Mauer einem baumbestandenen Wall gewichen ist. Von der großen Reinoldikirche abgesehen, treten die Kirchtürme nur noch wenig in Erscheinung. Das ist zum einen der veränderten, in den Größenverhältnissen realistischeren Darstellungsweise geschuldet, zum anderen mag man darin Spuren einer gewissen „Verwahrlosung" erkennen, die ein Zeitgenosse um die Jahrhundertwende konstatiert hatte: Offenbar hatte so manche Kirche ihren Turmschmuck verloren, und auch das hat die Silhouette der Stadt verändert. Vereinzelt steigt eine Rauchfahne empor: Ein Hinweis auf erste industrielle Etablissements? Viel tief greifender aber ist der Wandel, der sich in den 50 Jahren danach vollzogen hat. Man erkennt die Stadt nicht wieder. Das geschlossene Stadtbild gibt es nicht mehr, ein Gewirr von Bauten füllt das gesamte Bild. Zwar sind noch Kirchtürme zu erkennen, aber stärker ins Auge fallen die rauchenden Schlote.

STADTANSICHT
IM WANDEL

Eine solche Gegenüberstellung kann – besonders bei einer so weiten Zeitspanne – Schülerinnen und Schülern sehr gut den massiven und rapiden Umbruch der städtischen Umwelt demonstrieren, den die Industrialisierung mit sich gebracht hat. Besonders interessant ist es natürlich, wenn man dafür Abbildungen vom eigenen Wohnort findet, und wie stets bei solchen Längsschnitten lässt sich die Reihe der Bilder, ggf. mit eigenen Fotografien, bis in die Gegenwart fortsetzen.

Auch über den Wandel der inneren Verhältnisse der Stadt lässt sich in Bildern vieles ablesen. Der Verkehr schwoll an, die Straßen änderten ihren Charakter. Anhand der Gegenüberstellung Abb. 3.28 a/b lässt sich vergleichen, welche Individual- und Massenverkehrsmittel vertreten sind, wie der Straßenraum genutzt und von wem er in Anspruch genommen wird. Auch hier bietet sich natürlich ein Vergleich mit den späteren Zeiten der Massenmotorisierung an, die in Deutschland bzw. in der Bundesrepublik ja erst in den Sechzigerjahren unseres Jahrhunderts einsetzte. Zu zentralen Orten der Städte wurden die Bahnhöfe. Sie waren beliebte Bildobjekte auf Ansichtskarten, jenem neuen Medium, das in der Regierungszeit Wilhelms II. aufkam und zugleich seine klassische Phase erlebte (Dumjahn 1978). Solche Bilder dokumentieren die Verbindung von technischem Fortschritt, ökonomischem Nutzen und einer baulichen Repräsentativität, wie sie bislang nur bei Kirchen, Schlössern und Rathäusern üblich war – die Bahnhöfe als Kathedralen einer neuen Zeit.

VERKEHR

Eine Fülle von Bildern gibt es zu den sozialen, insbesondere den Wohnverhältnissen in der Stadt zu Zeiten der Industrialisierung. Das können Ansichten von Straßen und Häusern oder aber Innenansichten von Wohnungen sein; freilich kommen wir hier in den Bereich der Alltagsbilder. Mit der Fotografie erhöhte sich der dokumentarische Wert des Stadtbildes für die Ortsgeschichte.

SOZIALE
VERHÄLTNISSE

Bilder spiegeln aber nicht nur realistisch wider, wie sich das Gesicht der Stadt verändert. Mit ihren jeweiligen Darstellungsmitteln haben Künstler ihre Auffassung von der Stadt, ihre Faszination, ihre Kritik oder ihre Befürchtungen ins Bild gesetzt. Bei den Impressionisten ging es um die Atmosphäre der Stadt, ihre Belebtheit und

MENTALITÄTS-
GESCHICHTE: MALER
ALS SEISMOGRAFEN
DER ZEIT

Abb. 3.27: Ansichten der Stadt Dortmund im Vergleich (Geschichtsbuch Bd. 3, Bielefeld: Cornelsen 1986, S. 86)
a: Franz Hogenberg, Kupferstich, um 1570
b: Wilhelm Müller, Aquarell, um 1847
c: Friedrich Gottlieb Müller, Lithographie, um 1895

Claude Monet

Betriebsamkeit, ihre Großzügigkeit, wiedergegeben mit Licht- und Farbwirkungen, denen gegenüber Form und Perspektive zweitrangig werden. In Claude Monets Gemälde „Boulevard des Capucines“ (Abb. 3.29) – eine der neuen Prachtstraßen

Abb. 3.28:
Die Entwicklung der städtischen Verkehrsverhältnisse
a: Berlin, Pariser Platz und Unter den Linden, Radierung, um 1820
b: Berlin, Potsdamer Platz, kolorierte Ansichtskarte, um 1910

des von Baron Haussmann neugestalteten Paris – treten Passanten und Droschken vornehmlich als dunkle Flecken auf dem hellen Pflaster in Erscheinung. Die einzelnen Figuren sind selbst im Vordergrund kaum zu erkennen, hinten verdichten

Abb. 3.29: Claude Monet, Boulevard des Capucines, Öl auf Leinwand (61 x 80 cm), 1873 (Staatliches Puschkin Museum für Bildende Künste, Moskau)

sie sich zu einem Pulk. Baum- und Hausreihe bilden eine diagonale Fluchtlinie. Im Hintergrund verschwimmen Astwerk und Bebauung mit dem Himmel. Die Farben sind, von wenigen Tupfen abgesehen, gedeckt und kühl. Die Stadt wird gezeigt als Ort flanierender Lebensweise und bürgerlicher Massenkultur.

GEORGE GROSZ

Ganz anders stellt sich das Bild der Stadt in expressionistischen Gemälden dar. Beängstigend, drohend, aber auch noch faszinierend scheint George Grosz in seinem Ölbild „Metropolis" (Abb. 3.30) die Stadt zu sehen. Es dominieren Masse und Hektik. Perspektive und Größenverhältnisse stimmen nur bei dem Häuserblock im Mittelpunkt des Bildes, ansonsten lösen sie sich auf. Nach hinten zu stapeln sich die Bauten immer höher hinauf. Auffallend die vielen Schilder und Reklamen. Das Eilen der Menschen wirkt ziellos. Die Figuren, die beiden Straßenzüge, besonders der rechte mit der perspektivisch verzerrten Straßenbahn, geben dem Bild eine ungeheure Dynamik. Die ganze Szenerie glüht geradezu in Rot, nur wenige Blau-, Gelb- und Grüntöne kommen zur Geltung – die Beleuchtung lässt sich keiner Tageszeit zuordnen, sie wirkt wie bei einem Brand.

Abb. 3.30: George Grosz, Metropolis, Öl auf Leinwand (100 x 102 cm), 1916/17 (Sammlung Thyssen-Bornemisza, © VG Bild-Kunst)

Nehmen wir als drittes Beispiel Ludwig Meidners expressionistisches Gemälde „Ich und die Stadt“ (Abb. 3.31). Hier ist überhaupt kein Stadtbild mehr erkennbar. Häuser, Dächer, Schornsteine, ein Kirchturm treten als unverbundene collagenhafte Elemente von Stadt in Erscheinung. Ohne klare Abgrenzung gehen sie in einen aufgewühlten, gewittrigen Himmel über. Die Gesetze von Größe, Perspektive und Statik haben keine Gültigkeit mehr: Die ganze Stadt scheint zu torkeln, ist aus den Fugen geraten. In seinem Selbstbildnis zeigt der Künstler die Wirkung, die diese Lebenswelt auf den Menschen hat. Das Bild ist hart mit starken Kontrasten konturiert. Eine knochige Hand greift zum Kinn, die Augen sind weit aufgerissen. Der Gesichtsausdruck zeigt Angst und Entsetzen.

Ludwig Meidner

In allen drei Bildern – Monet, Grosz, Meidner – geht es nicht um ein realistisches Bild der Stadt, aus dem der Historiker Erkenntnisse über Bauweisen oder Alltagsleben gewinnen könnte. Die Künstler setzen vielmehr ihre Wahrnehmung der Stadt ins Bild: als bürgerliche Metropole, als Moloch, als Stätte des Untergangs. Und sie verleihen damit als Seismografen der Veränderung vorhandenen Sichtweisen besonders deutlich Ausdruck. Der Quellenwert solcher Bilder liegt also nicht im Dokumentarischen, sondern im Bereich der Mentalitätsgeschichte.

Abb. 3.31: Ludwig Meidner, Ich und die Stadt, Öl auf Leinwand (60 x 50 cm), 1913 (Privatbesitz, © Ludwig Meidner-Archiv, Jüdisches Museum der Stadt Frankfurt am Main)

Ludwig Meidner hat eine „Anleitung zum Malen von Großstadtbildern" verfasst: „Das erste ist: daß wir sehen lernen, daß wir intensiver und richtiger sehen als unsere Vorgänger. Die impressionistische Verschwommenheit und Verundeutlichung nützt uns nichts [...] Wir können unsere Staffelei nicht ins Gewühl der Straße tragen, um dort (blinzelnd) ‚Tonwerte' abzulesen. Eine Straße besteht nicht aus Tonwerten, sondern ist ein Bombardement von zischenden Fensterreihen, sausenden Lichtkegeln, zwischen Fuhrwerken aller Art und tausend hüpfenden Kugeln, Menschenfetzen, Reklameschildern und dröhnenden, gestaltlosen Farbmassen."
(In: Kunst und Künstler. XII. Jahrgang/1914; zit. nach: Stadtbilder 1987, S. 251)

Abb. 3.32: Die Stadt und der Verkehr von Morgen (Das neue Universum 76, Stuttgart 1959, Vorsatzbild)

Idealbilder der Stadt

Ein letzter Aspekt sei nur angedeutet, nicht weiter ausgeführt. Seit der Renaissance gab es Vorstellungen von Idealstädten (Kruft 1989, Stadt und Utopie 1982). In der Renaissance wurden Bebauung, Straßen und Plätze gleichmäßig innerhalb eines kreisförmigen oder Rechteckrasters angeordnet. Das Kennzeichen barocker Idealpläne war die axiale Ausrichtung der Bebauung auf das Schloss, wie sie etwa in Karlsruhe oder Mannheim umgesetzt worden ist. Solche Stadtutopien waren nicht bestimmt durch eine funktionale Orientierung an den Bedürfnissen der vorgestellten Bewohner, allenfalls bei den Stadtbefestigungen spielte dies eine Rolle. Vielmehr sollte die bauliche Ordnung der Stadt eine übergreifende Idee – im Barock eben die Ordnung des Staates – widerspiegeln. Das lässt sich auf Stadtgrundrissen leicht erkennen. Deshalb kommt für diesen Aspekt eher die Arbeit mit Plänen als mit Bildern infrage. Seit dem 19. Jahrhundert und dem sprunghaften Anwachsen der Städte spielten dann Überlegungen zur Gliederung der Bebauung, zur Ordnung des Verkehrs, zur Trennung verschiedener Funktionszonen die entscheidende Rolle. Utopische Entwürfe orientierten sich immer stärker am technischen Fortschrittsglauben der Zeit; was machbar schien, galt oft auch als erstrebenswert.

Abb. 3.32 zeigt ein gleichsam naives Zukunftsbild der Stadt, auf dem Verkehrsfragen im Vordergrund stehen. Es stammt aus dem technisch-naturwissenschaftlichen Jugendjahrbuch „Das neue Universum" von 1959. Die Vorstellung einer „Megalopolis" scheint nicht beängstigend, sondern durchaus erwünscht zu sein. Die Autos sind kaum utopisch, sondern entsprechen ziemlich genau dem amerikanischen Stil der Zeit. Die Straßen nehmen zwar breiten Raum in Anspruch, zeigen aber eine für unsere Gegenwart geradezu idyllische Leere. Die Einschienenbahnen schließlich sind bis heute nicht über das Versuchsstadium hinaus gekommen. Im Vergleich mit heutigen Verhältnissen, aber auch heutigen Problemen und Diskussionen lässt sich gut erkennen, von welchen historisch-technischen Voraussetzungen her solche Zukunftsvorstellungen entwickelt wurden und als wie zutreffend oder unzutreffend sich ihre Prognose erwiesen hat.

TECHNISCHE UTOPIE

3.1.6. Plakate

DEFINITION: PLAKAT

Das Plakat ist ein öffentlicher Anschlag: er soll informieren, werben, Zustimmung heischen, Gegner diffamieren, zur Aktion bewegen (grundlegend und detailliert Kämpfer 1985, zur Didaktik Schneider 1999). Plakate sind ein Massenmedium, sie richten sich zumeist in großer Stückzahl an ein breites Publikum. Sie sollen auch den schnellen und uninteressierten Betrachter erreichen, deshalb müssen sie Aufmerksamkeit hervorrufen. Entsprechend auffällig, eingängig und wirkungsvoll müssen sie gestaltet sein: großes Format, flächige Farbgebung, grafische Elemente und markante Schrift sollen im Zusammenspiel den „plakativen" Effekt erzielen. Natürlich gibt es auch reine Wortplakate, sie bleiben hier unberücksichtigt.

ENTWICKLUNG DES BILDPLAKATS

Nach der Verbreitung des Buchdrucks wurde zunächst der öffentliche Anschlag schriftlicher Mitteilungen üblich, zuweilen schon begleitet von einem Holzschnitt oder später Kupferstich. Die Erfindung der Lithografie erleichterte die Vervielfältigung und eröffnete neue Gestaltungsmöglichkeiten (Farbdrucke, Verbindung von Bild und Schrift). Der Durchbruch des Bildplakats kam in den Neunzigerjahren des 19. Jahrhunderts; Voraussetzung dafür war die Entwicklung des gerasterten Mehrfarbendrucks, aber auch die Entstehung einer breiten, vornehmlich städtischen Adressatenschaft. Drei wichtige Themenfelder lassen sich unterscheiden. Zeitlich am Anfang stehen Kunst und Kultur, die anspruchsvolle Werbung für Theater, dann Kabarett oder Film, verbunden vor allem mit dem Namen Henri Toulouse-Lautrec. Für den Historiker bedeutsamer als diese Künstlerplakate ist freilich – zweitens und drittens – die massenhafte politische und kommerzielle Plakatwerbung; auch auf sie hatten die jeweiligen künstlerischen Strömungen der Zeit deutlichen Einfluss.

GESCHICHTE DES POLITISCHEN PLAKATS

Am gängigsten und wohl auch am ertragreichsten ist der Einsatz von politischen Plakaten als Quellen im Geschichtsunterricht. Die große Zeit dieser Quellengattung begann in Deutschland mit dem Ersten Weltkrieg. Nach den Erfahrungen von 1849 hatten überall in Deutschland die Behörden die – wie es hieß – „öffentliche Beeinflussung durch Bild und Schrift", also die politische Plakatierung, erheblich eingeschränkt oder ganz untersagt. Nur die Obrigkeit selber und die Gerichte hatten das Recht zum öffentlichen Anschlag. Parteien und Verbände durften lediglich ihre Versammlungen bekannt machen. Erlaubt waren gewerbliche Plakate. 1854 erhielt Ernst Litfaß durch einen Vertrag mit dem Polizeipräsidenten von Berlin das Recht, öffentlich Plakate anzubringen, im Jahr darauf errichtete er seine erste Werbesäule – der Name Litfaßsäule ist bis heute erhalten geblieben.

Im Ersten Weltkrieg begannen die Krieg führenden Staaten, das Plakat als Propagandamedium zu nutzen. Den Anfang machten die Alliierten, Deutschland folgte erst gegen Kriegsende. Während der Weimarer Zeit wurden dann die Plakate zu einem bevorzugten Instrument der politischen Auseinandersetzung zwischen den Parteien. Insbesondere die Nationalsozialisten, aber auch die Linksparteien betrieben seit Ende der Zwanzigerjahre eine massive und systematische Plakatwerbung. Wie alle anderen Medien wurde dann unter der NS-Herrschaft auch die Plakatwerbung staatlich kontrolliert und funktionalisiert. Plakate warben für die Partei und ihre Gliederungen und propagierten die Errungenschaften des Systems. Sie warnten vor Judentum und Bolschewismus, sie feierten alles Soldatische und Militärische: So sollten sie zur Ideologisierung und Militarisierung der Gesellschaft und damit zur Kriegsvorbereitung beitragen.

Deutschland

Mit der Entwicklung und Pluralisierung der Massenmedien Presse, Funk und schließlich Fernsehen nahm nach dem Zweiten Weltkrieg die Bedeutung politischer Plakate immer stärker ab. Heute sehen wir sie fast nur noch zu Wahlkampfzeiten, in der Regel reduziert auf den Typ des reinen Personenplakats, das einen Politiker bekannt machen und ein bestimmtes Image vermitteln soll.

Wirft man einen Blick auf die außerdeutsche Geschichte, fällt vor allem ins Auge, welche maßgebliche Rolle das politische Plakat seit der Revolution in Russland bzw. der Sowjetunion gespielt hat. Für eine weitgehend analfabetische Adressatenschaft war das auf Bilder und wenige Schlagworte konzentrierte Plakat das Medium der Wahl. Besonders in den Zwanzigerjahren gab es ein weites Spektrum an Gestaltungsweisen, bei denen unmittelbar die Einflüsse der avantgardistischen Kunst zur Geltung kamen (Agitation 1993, Kämpfer 1985). Nach dem Zweiten Weltkrieg blieben Plakate in den sozialistischen Ländern ein beliebtes Propagandamittel, allerdings zunehmend geprägt durch die simplen Darstellungsweisen des sozialistischen Realismus. In vielen Ländern der ehemaligen „Dritten Welt“ spielen Plakate als Mittel der Masseninformation und -beeinflussung heute noch immer eine weitaus wichtigere Rolle als in Europa.

Sowjetunion

Politische Plakate sind in unseren Geschichtsschulbüchern in großer Zahl vertreten, naturgemäß am häufigsten zu den Themen Weimarer Republik, Nationalsozialismus und Nachkriegszeit. Noch immer wird viel aus jenem Fundus geschöpft, den Friedrich Arnold unter dem Titel „Anschläge“ erstmals 1963, dann in veränderter und erweiterter Form 1972 und 1985 zusammengestellt hat (Arnold 1985; vgl. mit engerem thematischen Zuschnitt für Deutschland Diederich/Grübling 1989, Langguth 1995, Paul/Schock 1987, Wasmund 1986, Wenisch 1996; Wahlplakate zu Bundestagswahlen in mehreren FWU-Serien). Abgesehen von der Beschäftigung mit Einzelplakaten sind verschiedene Zusammenstellungen sinnvoll. Die Gegenüberstellung von Plakaten, die verschiedene Parteien oder Bewegungen anlässlich von Wahlen oder in Umbruchsituationen angefertigt haben, erhellt schlaglichtartig das Spektrum der zeitgenössischen politischen Positionen und lässt die jeweiligen Ziele, Gegner und Adressaten erkennbar werden. Solche

Politische Plakate in Geschichtsbüchern

Möglichkeiten der Zusammenstellung für den Unterricht

kontrastiven Zusammenstellungen bieten sowohl für die Endphase der Weimarer Republik wie für die Zeit unmittelbar nach dem Zweiten Weltkrieg die Schulbücher „Anno“ und „Geschichte und Geschehen“, in denen überhaupt besonders häufig Plakate abgedruckt sind (Geschichte und Geschehen Abb. 3.33 a–d sowie Bd. A4, Stuttgart: Klett 1997, S. 178; Anno Bd. 4, Braunschweig: Westermann 1997, S. 60 u. 148; vgl. auch die Beilagen mit Plakatabbildungen zur Zeitschrift „Praxis Geschichte“, H. 6/1988 sowie H. 5/1989). Das Schulbuch „Geschichte konkret“ zeigt eine Gegenüberstellung von ost- und westdeutschen Wahlplakaten (Bd. 3, Hannover: Schroedel 1998, S. 203). Umgekehrt lassen sich verschiedene Plakate präsentieren, mit denen sich eine Gruppierung an unterschiedliche Adressaten wendet (Zusammenstellung von NS-Plakaten ebenfalls in „Geschichte konkret“ Bd. 3, S. 154 f.).

Man kann aber auch anhand von Plakaten die Entwicklung einer Partei, einer Bewegung oder Ideologie im Längsschnitt verfolgen. Nicht nur Konstanz oder Wandel der Programmatik, sondern auch die gegebenenfalls zeittypische Veränderung der Darstellungsmittel wird daran deutlich (vgl. Langguth 1995). Eine andere Möglichkeit, Gegensätze zu akzentuieren, ist die Kombination der jeweiligen Feindbilder, wie sie etwa die Kriegsgegner im Ersten und Zweiten Weltkrieg mit Hilfe von

Plakaten gezeichnet haben – es geht um die Verfestigung bestimmter Stereotype und ihre propagandistische Inszenierung. Ähnliches lässt sich wiederum auch im Längsschnitt verfolgen: Wenn man die Darstellungen des Bolschewismus oder „des Bolschewiken" von der Weimarer Zeit bis in die Bundesrepublik – oder umgekehrt die „des Kapitalisten" in den sozialistischen Staaten und über den kommunistischen Parteien – verfolgt, tritt die Variation einer stets ziemlich gleich bleibend angelegten Motivik zutage. Auch eine thematisch ausgerichtete Längsschnittbildung ist möglich: Sie bietet z. B. das Schulbuch „Wir machen Geschichte" zum Thema Erster Mai an (Bd. 3, Frankfurt a. M.: Diesterweg 1996, S. 162 f.), andere Themen wie Frauen oder Frieden wären denkbar.

Abb. 3.33 a–d: Wahlplakate aus der Endphase der Weimarer Republik: SPD, DNVP, KPD, NSDAP

Weil es bei Plakaten vor allem um Intention und Wirkung geht, sind Zusatzinformationen über ihre Verbreitung stets wünschenswert: Hingen sie im ganzen Land an jeder Ecke, waren sie nur lokal zu sehen oder gab es sie gar nur als Entwurf? Längst nicht immer lässt sich das feststellen.

Interpretationsbeispiele: Parteienplakate aus der Weimarer Republik

Als Beispiel einige Hinweise zur Interpretation der in „Geschichte und Geschehen" (Abb. 3.33 a–d) abgedruckten Plakate. Alle vier waren in den Jahren 1930 und 1932 massenhaft in Deutschland verbreitet. Auf Bild a wirbt die SPD 1930 für sich selber mit einem Bedrohungsszenario. Die „Feinde der Demokratie" sind gleich dreifach personifiziert. Im Vordergrund ein fast ganz schwarz gezeichneter, nur mit wenigen weißen Konturen versehener SA-Mann, deutlich markiert durch das Hakenkreuz an

Stichpunkte zur Analyse von Plakaten

1. Erster Eindruck
Was springt ins Auge, was ist der Blickfang des Plakates?
2. Analyse der einzelnen Elemente
- *Bildmotiv*: Gegenstände oder Figuren (mehrere oder einzelne); Gegner, Eigene oder Opfer; Feindbilder oder Heldenfiguren (Identifikationsangebot oder Vaterfigur, personalisiert, als Stereotyp oder als Allegorie?).
- *Bilddarstellung*: Größe, Proportionen, Perspektive, Haltung, Dynamik, realistische oder karikierende Darstellung etc. Hier kommen im Wesentlichen in Kapitel 1 (S. 16) genannten Stichworte zum Tragen.
- *Text/Schrift:* Textmenge und Texttyp (Information, Argument, Parole), Schriftgröße, Schriftart
- *grafische Elemente, Symbole*
- *Farbe:* dominierende Farbe, Flächigkeit, Farbkontraste, Farbe in den Einzelelementen
- *Beziehung der Elemente:* Dominanz von Text oder Bild, Kompositionsschema, bestimmter Kunststil, bestimmte Technik (z. B. Fotomontage oder Collage)

3. Interpretation
Adressat, Aussage/Botschaft, Intention, Gesamtcharakter (agressiv, dynamisch, argumentierend, karikierend), (vermutliche) Wirkung

seiner Schirmmütze. Seine Hände sind klobig. In der Linken hält er einen Dolch, die Rechte streckt er nach dem Betrachter aus. Der Gesichtsausdruck – wenngleich nur angedeutet – wirkt hart, der Mund ist geöffnet wie zum Anbrüllen oder auch nur heftigen Atmen. Die schwarze Figur nimmt mehr als die Hälfte des Bildes ein, scheint sich geradezu aus ihm herauszulösen und auf den Betrachter zuzukommen.
SPD Hinter ihr zwei weitere, nur schemenhaft gezeichnete Feindfiguren, beides Soldaten. Der Linke, mit dem roten Stern und darinnen Hammer und Sichel gekennzeichnet, steht offenbar für die Gefahr des Bolschewismus. Der Rechte trägt einen Reichswehrhelm, links daneben ist die Spitze eines Bajonetts erkennbar; sein Kopf scheint ein Totenschädel zu sein – hier ist wohl eine militärische Bedrohung von Rechts oder eine Allegorie des zum Tod führenden Militarismus gemeint.

Die eigene Sache, für die geworben wird, tritt nur durch die Schrift in Erscheinung. Mit den Worten „Hinweg damit" verspricht die SPD, die Bedrohung zu beseitigen. Die zwei Schriftzüge vor schwarzem Hintergrund sind leicht gekippt, das soll der Aussage Dynamik verleihen. Neben der Hintergrund- und Schriftfarbe Gelb dominiert Rot als die Farbe der Sozialdemokratie. Das Plakat hinterlässt einen ambivalenten Eindruck. Die Bedrohung ist eindrucksvoll ins Bild gesetzt, sie wirkt massiv und konkret, springt dem Betrachter gleichsam an. Das Rettungsversprechen bleibt dagegen eher undeutlich und inkonkret; wir können nur spekulieren, ob das Plakat im erwünschten Sinne auf den zeitgenössischen Betrachter gewirkt haben mag.

DNVP Das Plakat der DNVP von 1932 (Abb. 3.33 b) bietet eine Positivfigur und ein Feindbild zugleich. Im Mittelpunkt des Bildes steht Hindenburg. Sein Gesicht wirkt wie gemeißelt. Die rechte Hand hat er erhoben, eine beruhigende, fast segnende Gebärde. Nach unten löst sich seine Gestalt im langen Gehrock auf. Wie ein Denkmal oder aber eine überdimensionale Geistererscheinung ragt der Reichspräsident über einer tumultartigen Szene auf, durch die senkrechten Linien bzw. ihr Fehlen in der Mitte mit einer Art Gloriole versehen. Die Szene unter ihm stellt den Reichstag dar; die Abgeordneten fuchteln erregt mit den Armen, offenbar redet alles durcheinander, und der Reichstagspräsident versucht vergeblich, mit seiner Glocke die Ruhe wieder herzustellen. Ein klassisches Stereotyp von Rechts (und Links): das Parlament als undisziplinierter Haufen, als „Schwatzbude". Der schwarz-weißen Zeichnung ist plakativ die kräftige rote Schrift gegenüber gestellt, bezeichnenderweise Fraktur.

Der Kontrast der Bildteile ist klar, die Botschaft vor dem Hintergrund der politischen Situation eindeutig. Seit Anfang Juni regiert Franz von Papen als Reichskanzler ohne parlamentarische Mehrheit. Der Reichstag ist aufgelöst, nun stehen am 31. Juli Neuwahlen an. Eine parlamentarische Mehrheit für von Papen, der sich allein auf die DNVP stützen kann, steht nicht zu erwarten. Nach Artikel 54 der Weimarer Verfassung ist die Regierung vom Vertrauen des Parlaments abhängig. Dieses Recht will die DNVP zugunsten des Reichspräsidenten beseitigen, deshalb die Diffamierung des Reichstags und die Stilisierung Hindenburgs. Interessant ist, wie hier der Begriff „Alleinherrschaft" propagandistisch umgedeutet wird für einen Angriff auf die parlamentarische Verfassung.

Mit ganz ähnlichen bildlichen Versatzstücken arbeitet das Plakat der KPD aus demselben Wahlkampf (Abb. 3.33 c). An der Stelle der „Schwatzbude" Parlament steht hier ein ovaler Tisch. Um ihn sind führende rechte Politiker versammelt. Dargestellt ist offenbar von Papen – mittig in der Position des Vorsitzenden – mit seinem Kabinett. Aber auch Hitler sitzt mit am Tisch (drei Plätze weiter links). Drei Personen sind mit Stahlhelm, Pickelhaube und Militärmütze als Angehörige der Reichswehr oder militärischer Verbände gekennzeichnet. Die anderen Herren sieht man nur von hinten; ganz offenkundig handelt es sich um Vertreter der Wirtschaft, an Zylindern und feisten Nacken als „Kapitalisten" erkennbar. An diesem Tisch, das wird suggeriert, kungeln die Mächtigen miteinander. So stellt sich aus der Perspektive der hier werbenden KPD das „System" dar, also die Verfassung des Staates, die es zu beseitigen gilt.

KPD

Wie im SPD-Plakat ist der Schriftzug schräg gestellt, dazu in bewegter Schreibschrift ausgeführt. Die Partei selber ist mit einer mächtigen roten Gestalt ins Bild gesetzt, nicht als individuelle Person wie bei Hindenburg, sondern als Typus des Arbeiters. Die einschlägigen Accessoires: Schiebermütze, offene Jacke, Hose mit Gürtel (statt Hosenträgern), Hemd ohne Kragen. Sein Gesichtsausdruck ist grimmig entschlossen. Mit gespreizten Beinen und ausgestrecktem Arm ist er mitten in der Bewegung: gleich wird seine Faust auf die Tischgesellschaft niedersauen. Wie beim DNVP-Plakat wird hier also sowohl ein Feindbild wie eine Identifikationsfigur geboten, beides als Stereotyp.

Im Vergleich zu diesem Plakat wirkt das NSDAP-Plakat (Abb. 3.33 d) erstaunlich zurückhaltend. Es ist für die politische Werbung der Nationalsozialisten, sonst polemisch und offensiv, auch ziemlich untypisch. Eine Menschenmenge strömt auf den Betrachter zu. Im Vordergrund sind einzelne Gesichter und Gestalten erkennbar, hinten setzt sich die Masse nur noch schemenhaft fort. Offenbar sollen die Personen vorne unterschiedlichen sozialen Schichten entstammen: in der Mitte ein

NSDAP

Abb. 3.34: El Lissitzky, Mit dem roten Keil – Schlag die Weißen, (48,3 x 58,5 cm), 1919 (Collection Van Abbemuseum, Eindhoven, The Netherlands Fotograf: Peter Cox, Eindhoven, The Netherlands/ © VG Bild Kunst, Bonn 2011)

Arbeiter, rechts und links vielleicht Angestellte, der rechte vermutlich aus ehemals höherer Position, dahinter eine junge Frau mit Kind, ihr folgend eine ältere … Sie alle haben ein gemeinsames Schicksal: Arbeitslosigkeit. Das steht nirgendwo geschrieben, ist aber für den Zeitgenossen ganz unmissverständlich. Die Gesichter der Menschen wirken hart, verbittert, trostlos; die gleichförmig bräunliche Farbgebung der Kreidelithografie verstärkt diesen Eindruck. Dieses ganze Heer von Arbeitslosen, ja geradezu das gesamte Volk, eint ein Gedanke, der den Text des Plakates bildet: „Unsere letzte Hoffnung: Hitler". Gezeigt wird also weder ein Feindbild noch eine Identifikationsfigur, sondern eine dritte Gruppe: die Wähler als Opfer der Verhältnisse. Es gibt auch keine Parole, keine Ansprache durch die Partei; der Plakattext ist gleichsam die Sprechblase der Abgebildeten. Wer sich in derselben Lage befindet wie diese, so wird suggeriert, muss auch zwangsläufig dasselbe denken und hoffen. Üblicherweise spielte die Personalisierung, die Werbung mit dem Bild Hitlers, bei den Plakaten der NSDAP eine große Rolle, erst recht natürlich nach der Machtübernahme. Auf diesem Plakat findet Personalisierung sozusagen nur durch die Hintertür statt: Hitler taucht im Bild nicht auf, aber sein Name wird beschworen – in großen Versalien steht er im unteren Teil des Bildes. Die Partei tritt überhaupt nicht in Erscheinung, weder mit ihrem Namen noch durch Embleme; es geht allein um Hitler als vermeintlichen Heilbringer.

Unzureichende Nutzung im Schulbuch

Ein solcher Vergleich kann also Schülerinnen und Schülern verschiedene Typen und Elemente von Gestaltung und Ansprache des Betrachters in Plakaten deutlich

Abb. 3.35: Nikolaj Dolgorukov, Schaffen wir eine mächtige Basis der Industrialisierung im Osten, Farblithographie (101 x 68 cm), 1931 (Museum für Gestaltung Zürich, Plakatsammlung Fotograf: Franz Xaver Jaggy © ZHdK)

werden lassen. In den Schulbüchern wird diese Möglichkeit auch dort, wo entsprechende Bildzusammenstellungen angeboten werden, nicht wirklich ausgeschöpft; denn genauere Fragen und Hinweise zum historischen Kontext fehlen praktisch immer. Deshalb kann trotz des oft reichen Materialangebots eine Bilanz der Nutzung von Plakaten als Quellen in Schulbüchern nicht recht zufrieden stellen; daran ändern auch nichts die mittlerweile vorhandenen Methodenarbeitsteile.[6] Auch die hier abgedruckten Zusammenstellungen sind unzureichend erschlossen, eine rühmliche Ausnahme bildet die der NS-Plakate aus „Geschichte konkret". Als Lehrkraft kann man sich natürlich auch gut selber aus dem bei Arnold angebotenen Fundus bedienen und mit Schülerinnen und Schülern eine größere Zahl von Plakaten untersuchen – gerade beim Thema Weimar ist das besonders dankbar.

SOWJETISCHE PLAKATE

Will man Plakate nicht nur bei der deutschen Geschichte als Quellen nutzen und insbesondere zeigen, wie sich verschiedene künstlerische Stilrichtungen auf die Gestaltung politischer Plakate ausgewirkt haben, so ist die Geschichte der Sowjetunion besonders interessant (vgl. als Unterrichtsentwurf Henke-Bockschatz 1999). Geradezu legendär geworden ist El Lissitzkys Plakat aus dem Bürgerkrieg: „Mit dem roten Keil – Schlag die Weißen" (1919) (Abb. 3.34). Der politische Konflikt zwischen Roten und Weißen wird auf eine außerordentlich eingängige konstruktivistische Bildformel gebracht. Zum – in den politischen Begriffen schon gegebenen – Farbgegensatz kommt der Kontrast der Formen: Der dynamische rote Keil zerstört die

EL LISSITZKY: BÜRGERKRIEG

„weiche", geschlossene Form des weißen Kreises; dass die Hintergrundflächen schräg stehen und der Keil etwas von oben kommt, erhöht die Intensität der Bewegung. Obwohl die Darstellung ungegenständlich ist, lässt die Aussage mit nur wenigen Worten nichts an bildlicher Klarheit zu wünschen übrig.

Nach der siegreichen Beendigung des Bürgerkrieges wurde die Plakatkunst wie die Kunst überhaupt in den Dienst des „sozialistischen Aufbaus" gestellt. Extreme konstruktivistische Ausrichtungen wurden befehdet. Aber Konstruktion und Montage von gemalten oder fotografischen Elementen blieben wesentliche und charakteristische Techniken der Plakatgestaltung. Ein relativ beliebig ausgewähltes Plakat zu einem außerordentlich trockenen Thema vermag das zu verdeutlichen.

NIKOLAJ DOLGORUKOV: INDUSTRIALISIERUNG

Nikolaj Dolgorukov hat es 1931 angefertigt: „Schaffen wir eine mächtige Basis der Industrialisierung im Osten!" (Abb. 3.35) Der Gesamteindruck ist nicht durch Bilder, sondern durch das grafische Zusammenwirken der Elemente bestimmt: Fotos in Schwarz-Weiß und Farbe, teils freigestellt, schwarze und rote Zeichnungen, die Luftskizze eines Industriekomplexes, eine Landkarte. Die Motive Hochöfen, Schornsteine und Kräne werden variiert. Flächen und filigrane Zeichnung (die Kräne, der Plan) überlagern einander. In unregelmäßiger Aufteilung dominieren unterschiedliche Farbtöne das Bild: Braun, Grau, Rot und Grün. Es gibt zwei Standrichtungen, die eine senkrecht, die andere um etwa 45 Grad nach links ge-

6 „Geschichte und Geschehen" (Bd. A4, Stuttgart: Klett 1997, S. 46) informiert über die Wirkungsabsichten von Plakaten, bleibt aber im Hinblick auf Analyseverfahren sehr allgemein; genauere Hinweise und Einzelinterpretationen zu Plakaten dort finden sich in Sauer 2000, S. 7–10. „Geschichte konkret" (Bd. 3, Hannover: Schroedel 1998, S. 146 f.) gibt Erläuterungen zur Entwicklung der Plakatkunst und der Drucktechnik; sehr gelungen sind die Anregungen zum Entwurf eigener Plakate, die zugleich Einsichten in die Funktion der Gestaltungselemente eröffnen. „Rückspiegel" (Bd. 4, Paderborn: Schöningh 1996, S. 76 f.) bietet ein nützliches, wenngleich sehr allgemeines Analysemodell (eine Grafik) und Beispielbilder an. „Wir machen Geschichte" zeigt Plakatbeispiele zum Thema Erster Mai und stellt knapp die wichtigsten Gesichtspunkte der Analyse zusammen. „Geschichtsbuch Oberstufe" (Bd. 2, Berlin: Cornelsen 1996, S. 435–438) gibt einen relativ ausführlichen historischen Überblick und behandelt als einziges Buch auch nicht-politische Plakate genauer.

Abb. 3.36: Leonid Golovanov, „Die Frauen in den Kolchosen – sind eine große Kraft" / J. Stalin, Offset mehrfarbig (59 x 82 cm), 1947 (Museum für Gestaltung Zürich, Plakatsammlung Fotograf: Franz Xaver Jaggy, © ZHdK)

kippt, parallel zur Diagonale des Plakats. Kurzum: Das Plakat zeigt Aspekte und Assoziationen zum Thema „industrieller Aufbau", und in der Form der Montage ist dies adäquat umgesetzt – es ist ja kein Zufall, dass der Begriff „Montage" aus dem Bereich der Technik stammt.

Schon in den Zwanzigerjahren entstand der neue Stil des sozialistischen Realismus. Er sollte das Heroische und Vorbildhafte des „sozialistischen Aufbaus" zeigen. Positive Helden, Parteilichkeit, Volkstümlichkeit und Massenverbundenheit lauteten die Schlagworte des sozialistischen Realismus in Kunst und Literatur. 1934 wurde er zu verbindlichen Doktrin. Leonid Golovanovs Plakat „Die Frauen in den Kolchosen – sind eine große Kraft" (ein Zitat von Stalin) (Abb. 3.36) demonstriert besonders eindrücklich die Merkmale dieser Richtung. Das Plakat ist ein Gemälde im realistischen Stil der Historienmalerei des 19. Jahrhunderts. Zwei Frauen stehen in einem Meer von Ähren, das rechts bis an den Horizont reicht. Sie blicken ruhig auf einen bestimmten Punkt in der Ferne. Beide tragen Arbeitskleidung und Kopftücher, und beide haben – nicht gerade üblich für einen normalen Arbeitstag – ihre Orden angelegt. Warum die beiden dort stehen, weshalb sie ihre Orden tragen, wohin sie schauen, darüber kann man nur Mutmaßungen anstellen. Die beiden Frauen werden nicht in irgendeiner Tätigkeit gezeigt, die Stalins Urteil belegen könnte, sie werden lediglich als offenbar vorbildhafte Persönlichkeiten und Charaktere zur Schau gestellt.

LEONID GOLOVANOV: KOLCHOSBEWEGUNG

Eine Bildreihe wie diese kann demonstrieren, wie in einem zentralistischen Regime sich nicht nur die Inhalte der Plakatwerbung, sondern auch die gestalterischen Mittel im schnellen Wandel offizieller Kunstanschauungen verändern.

Bisher war nur von Beispielen für politische Plakate die Rede. Aber auch Plakate aus dem Bereich der kommerziellen Werbung und der Kultur und Unterhaltung eignen sich als Quellen für den Geschichtsunterricht. Sie können Aufschlüsse zur Alltags-

und Mentalitätsgeschichte geben. In Schulbüchern kommen solche Plakate fast überhaupt nicht vor. Eine Ausnahme ist „Anno“ (Bd. 4, Braunschweig: Westermann 1997), das dreimal entsprechende Zusammenstellungen bietet: einmal amerikanische Filmplakate aus den Zwanzigerjahren (S. 12), dann Werbung für Kino, Kabarett und Parfüm aus Berlin für dieselbe Zeit (S. 52 f.), schließlich Werbung für „Heidi“ und „Coca Cola“ aus den Fünfzigerjahren (S. 208). Hinweise, auf welchem Wege man welche Erkenntnisse daraus gewinnen könne, werden indes nicht gegeben. Gerade ein Querschnitt für verschiedene Anzeigen kann jedoch ein sehr informatives Zeitbild ergeben. Als Beispiel die Zusammenstellung von Plakaten der Fünfzigerjahre in der Zeitschrift „Geschichte lernen“ (Abb. 3.38). Was war für die Zeitgenossen damals interessant, womit haben sie sich beschäftigt, wodurch ließen sie sich ansprechen?

WERBEPLAKATE ALS ZEITPANORAMA

Im Kino liefen Heimatfilme („Grün ist die Heide“, „Der Förster vom Silberwald“) – heile Welt der Natur und des Dorfes. Die Sissi-Filme kamen auf – auch Kaiserinnen sind nur Menschen und haben ihre Schicksale. Kriegsfilme wie „Rommel“ oder „El Alamein“ zeigten, dass die Wehrmacht einen tapferen und ehrlichen Kampf gekämpft hatte – mit dem Hitlerregime hatte sie nichts zu tun. In Werbeplakaten spiegelte sich der materielle Wiederaufstieg: Hier noch das Motorrad (DKW), dort schon der „Umsteiger“ vom Zweirad auf den Kabinenroller, schließlich die Limousine. Dann die Anfänge der Amerikanisierung: die ersten Western („Rauchende Pistolen“) – noch waren die deutschen Filme erfolgreicher als die amerikanischen –, und natürlich Coca Cola. Für die Zigaretten ist jetzt nicht nur der englische Name („Big Ben“) attraktiv, geworben wird auch mit dem „Friedensformat“. Überall also der Krieg als Folie: Bei der Erinnerung und vermeintlichen Aufarbeitung, bei der Ausblendung und Flucht in die Idylle, beim steigenden Wohlstand und bei der kulturellen Adaption von Seiten der ehemaligen Kriegsgegner und Sieger.

Betrachten wir als Beispiele dafür, wie auch Werbeanzeigen als historische Quellen dienen können, zwei Werbeplakate aus dem Kaiserreich etwas genauer (Abb. 3.37 a/b, vgl. auch Klevšová 1983). Beide werben für Fahrräder der Firma Opel und beide tun das mit der Darstellung junger Damen. Auf dem Plakat von 1891 trägt die junge Frau ein langes Kleid, eine geschnürte Taille, Handschuhe und einen Hut. Sie ist also genau so gekleidet wie als Spaziergängerin; obgleich es sich mit dem langen Kleid gewiss nicht gut radeln lässt, entspricht sie den herkömmlichen Anstandsregeln. Zwei Männer blicken ihr nach – bewundernd oder verwundert? Das Bild zeigt die Freude an der neuen Art der Fortbewegung, aber es scheint auch zugleich um Nachsicht und Verständnis zu werben – zwar benutzt die Dame ein neues Vehikel, aber sonst hält sie sich an die Konventionen.

FAHRRADWERBUNG – WANDEL DER FRAUENROLLE

Anders Abb. 3.37 b aus dem Jahre 1898. Der Ausstellungskatalog des Historischen Museums Frankfurt, in dem dieses Bild abgedruckt ist, kommentiert es folgendermaßen: „Auf und zugleich vor einer einheitlich gelben Fläche steht eine Radfahrerin in violettem, sportlichem Kostüm vor ihrem Rad. Durch die Korrespondenz der runden Formen – Räder, Siegerkranz hinter dem Kopf und das ‚O‘ des roten Firmenschriftzuges oben – werden das Rad und der Firmenname eng aneinander gebunden. Das Plakat knüpft an eine neue Wertvorstellung der umworbenen Frauen an, indem es den emanzipatorischen Wert des Radfahrens betont: Die Radfahrerin nimmt eine selbstbewußte, raumgreifende Körperhaltung ein, sie hat sich von den überkommenen, einengenden Traditionen befreit.“ (Linsenhoff/Wettengl/Junker 1986, S. 438)

Abb. 3.37 b: Werbeplakat für Opel-Fahrräder, Farblithographie (79,5 x 49,7 cm), 1898 (historisches museum Frankfurt)

Abb. 3.37 a: Werbeplakat für Opel-Fahrräder, Chromolithographie (70 x 36,2 cm), 1891 (historisches museum Frankfurt)

Bei der Darstellung der Frau glauben die Werber jetzt nicht mehr ängstlich auf die bürgerlichen Konventionen Rücksicht nehmen zu müssen; sie sind sogar der Meinung, mit einem emanzipatorischen Frauenbild Käufer für ihr Produkt gewinnen zu können – eine kleine mentalitätsgeschichtliche Facette im langwierigen Prozess der weiblichen Emanzipation.

Eine dem Plakat eng verwandte, aber wesentlich jüngere Bildart ist das Poster. Verbreitet hat es sich im Zuge des weltweiten politisch-kulturellen Umbruchs gegen Ende der Sechzigerjahre. Die Aufmachung ist gleichfalls plakativ; aber anders als das Plakat wird es nicht öffentlich zu Werbezwecken ausgehängt, sondern dient im privaten Bereich der Dokumentierung einer bestimmten Überzeugung und

POSTER

Abb. 3.38: Werbeplakate aus den Fünfzigerjahren (Zusammenstellung aus Geschichte lernen Heft 35/1993, S. 18 f.)

Gesinnung, zumeist bei jungen Leuten. Poster können deshalb gleichfalls als Quellen für die Mentalitätsgeschichte dienen – das berühmte Che-Guevara-Bild oder das ehemals weitverbreitete Anti-Vietnamkriegs-Poster „Why“ mit dem fallenden Soldaten mögen als Beispiele genügen.

1950

1950

1954

1953

1954

1950

1

1953

Plakate sind – wie eingangs gesagt – eine auf Wirkung ausgerichtete Kunstgattung; und bei ihrer Gestaltung kommen die unterschiedlichsten Techniken zur Geltung. Beides zusammen legt es nahe, dass Schülerinnen und Schüler sich auch produktiv mit Plakaten befassen. Freilich sollte es dabei nicht um bloße Herstellung eines beliebigen Produktes gehen. Geschichtsdidaktisch ertragreicher ist eine historische Simulation: Schülerinnen und Schüler erstellen ein Plakat, wie es zum Beispiel eine bestimmte Partei oder Gruppierung in einer bestimmten historischen Situation hätte erstellen können. Dafür muss man sich zunächst über die Ziele der Gruppe – Grundlage dafür kann ein entsprechender programmatischer Text sein – und den Anlass des Plakates informieren, sich über dessen Inhalt verständigen, geeignete Materialien für ein Bild finden, Bild und Text entwerfen, dann im Detail und unter Wirkungsgesichtspunkten ausgestalten – ein befriedigender, weil produktionsorientierter Arbeitsprozess, der aber nicht im freien Raum stattfindet, sondern historisch situiert ist und die Schülerinnen und Schüler zu historisch triftigem Argumentieren und Imaginieren herausfordert.

Plakate im Unterricht selbst herstellen

3.1.7. Karikaturen

Karikaturen sind Zeichnungen, meist Einzelbilder und konzentriert auf ein Objekt und eine Aussage. Sie bieten pointierte, kritische, tendenziöse Urteile über Personen, politische Ereignisse und gesellschaftliche Verhältnisse; mit ihnen richten sie sich an ein zeitgenössisches Publikum. Der Karikaturist will den Betrachter zum Nachdenken provozieren, Fragen und plötzliche Einsichten hervorrufen. Dafür stellt er sein Objekt in ungewohnter, verfremdender, entlarvender Weise dar (italienisch caricare = überladen, übertreiben). Die Karikatur kann befreiendes Gelächter oder Spott hervorrufen, sie kann aber auch ernst, verzweifelt, zynisch oder bösartig sein – die Grenzen sind fließend. Karikaturen sind Mittel der politischen Auseinandersetzung, und deshalb waren Umbrüche und Krisenzeiten wie die Französische Revolution und die Revolution von 1848/49 auch stets Blütezeiten der Karikatur.

Definition: Karikatur

Karikierende Darstellungen von Personentypen und -gruppen gab es schon in Altertum und Mittelalter. Seine erste große Zeit erlebte dann das Schmäh-, Schand- oder Spottbild – so die damaligen deutschen Begriffe – während der Reformation und

Abb. 3.39: Hans Sebald Beham, Satire auf das üppige Mönchtum, Holzschnitt, 1521 (Staatliche Museen zu Berlin – Preußischer Kulturbesitz, Kupferstichkabinett) Der von den Lastern „Hochmut", „Üppigkeit" und „Habsucht" gegängelte Mönch wird von einem Bauern, getrieben durch die „Armut", gezwungen, die Bibel zu essen.

Abb. 3.40: James Gillray, „Tiddy Doll, der große französische Pfefferkuchenbäcker, zieht einen Schub frischgebackener Könige aus dem Ofen", Karikatur, 1806

> „An Physiognomie und Galauniform erkennbar, zieht Napoleon, eine Schürze umgebunden, mit dem Schieber kleine frischgebackene Könige aus dem Ofenloch. Die Aufschriften ‚Bayern', ‚Württemberg' und ‚Baden' bezeichnen sie näher. Im Hintergrund der Backstube knetet Talleyrand den Teig künftiger Aktivitäten für Polen, die Türkei usw. Das Kreuz auf seinem Hintern erinnert an die Flexibilität Talleyrands, der unter den Bourbonen Bischof von Autun war. Die Monarchen von Holland, Spanien und Österreich wurden bereits vom ‚korsischen Zerstörungsbesen' ins ‚Aschloch für zerbrochene Pfefferkuchen' gefegt. Ein gefüllter Korb mit ‚echten korsischen Königlein' wartet auf Export und Verbrauch. Als Heizmaterial verwendet der Pfefferkuchenbäcker Kanonenkugeln."
> (Grünewald 1979, S. 32)

Geschichte der Karikatur

Gegenreformation. Im Kampf gegen Papst und katholische Kirche war das Bild eine wichtige Waffe, denn es konnte auch von jenen verstanden werden, die des Lesens nicht kundig waren. Hunderte von Flugblättern und Flugschriften prangerten die theologische und moralische Verworfenheit der Papstkirche und ihrer Vertreter, aber auch die Eigenarten und Schwächen Luthers und der reformatorischen Bewegung an; als Holzschnitte, später auch als Kupferstiche konnten diese Bilder in großer Zahl vervielfältigt werden (Abb. 3.39).

Im England des 18. Jahrhunderts entwickelte sich dann die Karikatur im heutigen Sinne zum Medium von Sozial- und Gesellschaftskritik – die englische Verfassung verbriefte die bürgerlichen Rechte, es gab keine Zensur; William Hogarth, James Gillray, Thomas Rowlandson und Georges Cruikshank waren ihre wichtigsten Vertreter. Während der Französischen Revolution wurde die Karikatur auch zum Propagandainstrument gegenüber Frankreich, zunächst gegen die jacobinischen Exzesse, dann gegen Napoleon. Der kleine, nach Großem strebende Korse bot sich als Objekt geradezu an: Gillray schuf die Figur des Little Boney (Klein-Bonaparte, auch

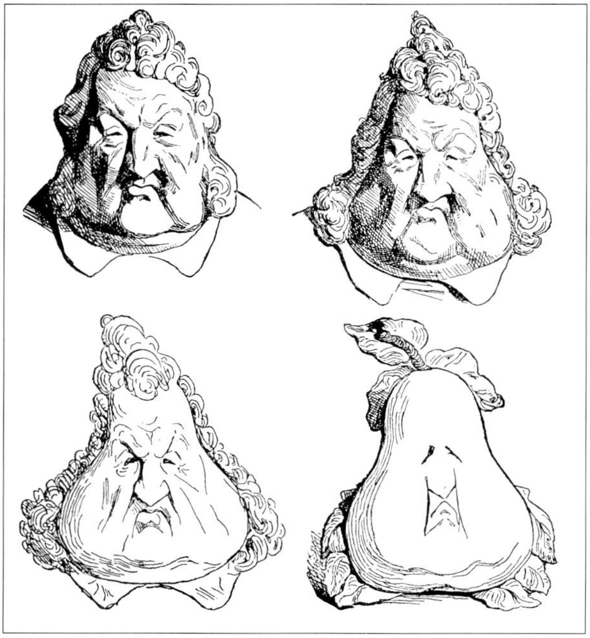

Abb. 3.41: Charles Philipon, Birnenkarikatur auf König Louis-Philippe, 1831

„kleiner Knochen") (Abb. 3.40). Die Begeisterung für Napoleon-Karikaturen griff von England auf den Kontinent über, insgesamt entstanden mehr als zweitausend. Nach seiner Niederlage wurden jene Darstellungen beliebt, die seinen Werdegang in Stufenaltern zeigen. Dem Aufstieg bis zur Kaiserkrönung folgt der Abstieg bis zur Verbannung. Die zyklische Anlage als „Lebenstreppe" präsentiert diesen Prozess als zwangsläufig, geradezu naturgegeben.

Mit der Revolution wurde die Karikatur aber auch innerhalb Frankreichs populär, und vor allem in der Revolution von 1830 spielte sie eine große Rolle. Noch im selben Jahr entstand die Zeitschrift „Caricature", 1832 der „Charivari", zu deren Zeichnern Honoré Daumier zählte. Technische Voraussetzung für dieses Medium war die Erfindung der Lithografie. 1831 erschien in der „Caricature" die berühmte Porträtkarikatur Charles Philipons, die den „Bürgerkönig" Louis Philippe als Birne darstellte (Abb. 3.41). Sie machte Louis Philippe nicht nur im Bilde lächerlich, sondern enthielt auch eine begriffliche Anspielung (die Birne = la poire bedeutet zugleich im übertragenen Sinne Dummkopf). Die Birne verselbstständigte sich schnell als Symbol, und noch in der Gegenwart haben nach dem Regierungsantritt Helmut Kohls deutsche Karikaturisten darauf zurückgegriffen.

KARIKATUR-ZEITSCHRIFTEN

Die französischen Blätter fanden schnell Nachahmung. In England entstand 1841 der „Punch", 1842 wurden in Deutschland die „Freikugeln", 1844 die „Fliegenden Blätter" gegründet. Das Jahr 1848 war dann die große Zeit der Karikaturen und der Karikaturzeitschriften („Kladderadatsch", „Eulenspiegel"); nach der Niederlage der Revolution wurden sie freilich rasch verboten oder passten sich als Familienwitzblätter an.

KAISERREICH

Im Kaiserreich vertraten der „Kladderadatsch" und der „Simplizissimus" (seit 1896) eine bürgerliche liberale Richtung; der 1879/84 gegründete „Wahre Jakob" war die satirische Zeitschrift der Arbeiterbewegung. Der „Simpel" konnte mit Thomas Theodor Heine, Olaf Gulbransson, Eduard Thöny und Karl Arnold die bekanntesten Namen aufbieten.

Im Ersten Weltkrieg diente die Karikatur als Propagandainstrument gegen den militärischen Gegner – er wurde als Bestie, Schlächter, Kindermörder dargestellt.

WEIMARER REPUBLIK

Die Weimarer Republik bot den Karikaturisten größere Freiheiten als das Kaiserreich. George Grosz war der bekannteste von ihnen. John Heartfield entwickelte mit seinen Collagen neue Formen der Bildsatire. „Die Pleite", „Der Knüppel" und „Eulenspiegel" waren scharf linke oder kommunistische Zeitschriften, „Lachen links“ und wieder der „Wahre Jakob“ erschienen bei der SPD. Mit der Machtübernahme des Nationalsozialismus mussten sie ihr Erscheinen einstellen; es überlebte allerdings der „Eulenspiegel“, in dem nun vor allem antisemitische (vgl. Abb. 3.42) und antikommunistische Karikaturen erschienen. Die Tradition des antisemitischen bzw. antijudaistischen Spottbildes reicht bis in die Reformationszeit zurück. Im Wilhelminischen Kaiserreich wurden Bildpostkarten mit antisemitischen Motiven geradezu zu einem eigenen Genre (Beimel 1990, Gold/Heuberger 1999). Hier zeigt sich: Meist, aber nicht immer ist die Karikatur eine Waffe gegen die Herrschenden; umgekehrt können sich diese auch die Bildsatire dienstbar machen.

Abb. 3.42: „Der ‚Herr der Welt‘“, Karikatur aus dem „Stürmer“

ANTISEMITISCHE KARIKATUR

In der Zeit des Kalten Krieges war vor allem im Osten die Karikatur ein beliebtes Mittel der ideologischen Auseinandersetzung. Der Gegner freilich bekam sie kaum zu Gesicht, sie diente eher dazu, auf der eigenen Seite die Anderen herabzusetzen und zu diffamieren. Die Karikaturen, die sich auf die DDR selber bezogen, waren zurückhaltend und systemkonform. Aber auch in der Bundesrepublik war die Karikatur zunächst weniger bissig als im Kaiserreich und in der Weimarer Zeit; Grundsatzkritik war in Zeiten, als mit dem „Wirtschaftswunder“ Zufriedenheit und Stolz auf das Erreichte gerade wieder wuchsen, als Nestbeschmutzung verpönt. In den Siebzigerjahren wurden dann das Angebot und das inhaltliche Spektrum der Karikatur wieder breiter, nahm die Schärfe zu. Verschiedentlich kam es zu Rechtsstreitigkeiten – abgewogen werden musste zwischen Pressefreiheit einerseits und dem Verbot der Verunglimpfung von Personen (Strafgesetzbuch § 185 Beleidigung, § 187a üble Nachrede und Verleumdung gegen Personen des politischen Lebens) oder des Staates und seiner Symbole (§ 90a). Alles in allem aber genießen Karikaturisten hier heute weitgehende Freiheit – ihre öffentliche Wirksamkeit hat dies eher verringert

BUNDESREPUBLIK UND DDR

als erhöht. Für die vorwiegend komische, oft fantastisch-absurde Zeichnung hat sich heute auch der englische Begriff Cartoon eingebürgert, die Abgrenzung zur Karikatur ist fließend.

Der Quellenwert von Karikaturen

Karikaturen zeigen keine historischen Sachverhalte; sie sind Quellen dafür, wie Menschen etwas gesehen und beurteilt haben, und sie lassen als Werturteile meist an Deutlichkeit kaum zu wünschen übrig. Das macht sie für den Unterricht besonders interessant (vgl. zur Didaktik Marienfeld 1990, Pandel 1999). Aber sie bieten auch besondere Verständnisschwierigkeiten, denn sie arbeiten mit übertragener Bedeutung. Das Objekt der Darstellung wird verfremdet; es bleibt erkennbar, wird aber zugleich neu gedeutet. Das kann z. B. durch die Verzerrung oder Überzeichnung einer Person geschehen; die Darstellung des Äußeren dient als moralischer Spiegel, in dem ihre Eigenschaften oder Handlungsweisen in Erscheinung treten. Mit diesem Verfahren arbeitet das Birnen-Porträt Louis Philippes, ebenso die Juden-Karikatur des „Stürmer". Die Verfremdung kann aber auch durch Allegorisierung geschehen, wenn etwa ein reformatorisches Flugblatt den Papst als Untier anfeindet, wenn Politiker in die Rolle von Fabeltieren gesteckt werden oder der Deutsche als Michel, der Engländer als John Bull und der Amerikaner als Uncle Sam figuriert. Am gängigsten aber ist die Übertragung einer Person oder Sache in einen anderen Gegenstandsbereich, der dem Betrachter durch Alltag oder durch Tradition vertraut ist: Bismarck wird zum Lotsen oder zum Weichensteller, Gorbatschow zum Zauberlehrling.

Darstellungsweise und Deutungsprobleme

Deshalb müssen Karikaturen immer erst „übersetzt" werden: Es gilt, die gemeinte Person oder den Sachverhalt wie die Art und den Bereich der Übertragung zu identifizieren, ihr Verhältnis zu klären und so zu einer Deutung zu gelangen. Hinzu kommt eine Fülle von Bezügen, Anspielungen und Symbolen, die aus dem zeitgenössischen kulturellen Alltagswissen schöpfen und vom späteren Betrachter nicht mehr spontan verstanden werden, sondern erst entschlüsselt werden müssen. Elementar dafür ist natürlich die Kenntnis der historischen Situation: Man muss wissen, worauf sich der Zeichner mit seinem Urteil bezieht und wie seine Position einzuordnen ist; dazu braucht man grundlegende Informationen über den Zeichner,

Karikaturen analysieren

Stichpunkte zur Analyse von Karikaturen

Die einzelnen Punkte müssen nicht in dieser Abfolge und mit gleichem Gewicht behandelt werden, sollten aber insgesamt zur Geltung kommen.
- *Beschreibung*: Was zeigt die Karikatur?
- *Thema*: Wer oder was ist gemeint (Personen, Ereignis, Gegenstand)?
- *Historischer Bezug und Kontext*: In welcher historischen Situation ist die Karikatur entstanden?
- *Darstellungsmittel*: Welche Zeichen und Symbole, Übertreibungen und Verzerrungen, welche Übertragungsbereiche hat der Karikaturist verwendet (dazu Kasten S. 105)?
- *Position/Aussage/Tendenz/Intention*: Wie urteilt der Karikaturist über die betreffende Person, das Ereignis, den Gegenstand? Von welcher Position aus urteilt er? Welche Adressaten will er ansprechen, und was will er bei diesen erreichen?

Zeichen und Bezüge – was man bei Karikaturen entschlüsseln muss

„– Personifikationen auflösen: Engel in Frieden, Geier in Pleite, Mars in Krieg, Marianne in Frankreich, Michel in Deutschland etc.
– Symbole deuten: Krone, Zepter, Hammer und Sichel, Hakenkreuz, Hitlerbärtchen etc.
– Die im Mensch-Tier-Vergleich steckenden Eigenschaften erkennen: Krebs (geht rückwärts), Maulwurf (ist blind) etc.
– Natürliche Metaphern verstehen: drohendes Unwetter, steigende Flut, schwarz – weiß, groß – klein, dick – dünn, mager – fett, trocken – nass etc.
– Politische Metaphern kennen: Gleichgewicht, Abschreckung, Entspannung etc. [...]
– Historische Personen identifizieren und benennen [...]: Napoleon, Bismarck etc.
– Historische Bildzitate als solche erkennen: der ‚Lotse verlässt das Schiff', die Verstrickung des Laokoon etc.
– Visualisierte Redensarten wieder in Sprache übersetzen können: alle in einem Boot sitzen, den Riemen enger schnallen, den Brotkorb höher hängen etc."
(Pandel 1999, S. 279 f.)

den Erscheinungsort und -zeitpunkt der Karikatur. Schließlich ist oft noch der Text in die Interpretation einzubeziehen, auch er oft satirisch, also uneigentlich, formuliert. Umgekehrt können Karikaturen aber auch in die politische Vorstellungswelt, in Argumentationsweisen und rhetorische Topoi einer Zeit einführen.

EINSATZ IM UNTERRICHT

Wegen dieser Schwierigkeiten lassen sich Karikaturen eher erst in den höheren Klassenstufen einsetzen; ohnehin liegen sie als Quellen erst für einen Zeitraum vor, dessen Behandlung im chronologischen Durchgang der Sekundarstufe I später stattfindet. Ein unterrichtspraktischer Vorzug der Karikatur ist, dass es sich meist um eine Strichzeichnung handelt, die man problemlos in Kopie den Schülerinnen und Schülern vorlegen kann. Einzelne themenbezogene Karikaturen lassen sich für die unterschiedlichsten Gegenstandbereiche des Geschichtsunterrichts heranziehen, und die Schulbücher weisen ein reiches Angebot auf. Darüberhinaus gibt es eine ganze Reihe einschlägiger Sammlungen (Arnscheidt 1998, Dollinger 1972, Fuchs 1901–1904, 1921, Haese/Schütte 1990, Klant 1983 u. 1984, Krüger/Krüger 1981, Lammel 1995, Langemeyer 1984, Marienfeld 1989, Olbrich 1979, Piltz 1976, Wendel 1925).

„SCHLÜSSELKARIKATUREN"

Einzelkarikaturen lassen sich ertragreich in der Einstiegs- und Schlussphase des Unterrichts einsetzen: Mit ihrer zugespitzten Aussage regen sie zur eigenen Thesen- und Urteilsbildung an. Karikaturen können geradezu dazu dienen, einen bestimmten Vorgang, eine Regierungszeit, ein System, eine Epoche schlaglichtartig zu charakterisieren und gleichsam auf einen Nenner zu bringen. Hier einige Beispiele für solche „Schlüsselkarikaturen".

KAISERREICH

Abb. 3.43: Ein älterer Mann im Vordergrund und Mittelpunkt des Bildes wird von einer Menschenmenge umringt. Der Mann trägt zivil – Pelerine, Regenhut, einen Stock –, alle anderen tragen Uniformen. Einige der Personen sind tatsächlich von Berufs wegen Uniformträger, etwa der Schutzmann links, die Militärs zu Pferde und im Wagen. Aber der Zeichner hat das Prinzip der Uniformierung ins Groteske gesteigert:

Abb. 3.43: Lyonel Feininger, „Ein Zivilist, ein Zivilist", Karikatur, 1899

Uniformen tragen auch der Bäckerjunge, sämtliche Frauen, die Kinder und sogar der Hund. Der Zivilist erscheint als Außenseiter und Exot – die Bildunterschrift unterstreicht das noch einmal. Die Bildaussage ist eindeutig: Feininger zielt auf die prägende Rolle des Militärs im Kaiserreich, seine gesellschaftliche Reputation und seinen Vorbildcharakter, an dem sich die bürgerlich-zivile Welt orientiert. Das zeitgenössische Kaiserreich wird als militarisierte Gesellschaft gezeigt und durch die absurd-überspitzte Darstellungsweise dem Spott ausgesetzt. Im Unterricht kann die Karikatur – wie oben gesagt – entweder als These für entsprechende Untersuchungen oder als Ausgangspunkt für eine zusammenfassende Diskussion über die Gesellschaft des Kaiserreichs genommen werden.

AUFSTIEG DER NSDAP

Abb. 3.44: Diese Doppelkarikatur zeigt in der Grundanlage zweimal dasselbe Bild. Der Effekt liegt in der Variation. Ein Mann – an Frisur, Bart und Hakenkreuz unschwer als Hitler zu erkennen – präsentiert sich und seine Partei (in Form eines Firmenschildes) vor einem Publikum, das nur als Kopfreihe von hinten gezeigt wird. Um welches Publikum es sich jeweils handelt, wird in der Bildunterschrift gesagt. Im Bild selber ist es an der Kopfbedeckung erkennbar: Die „Proleten" tragen Schiebermützen, die „zahlungsfähigen Kreise" Zylinder, beide Gruppen in typisierter Einförmigkeit. Für jedes Publikum preist Hitler seine Partei mit einem anderen Schild an: groß hervorgehoben im Namenszug ist jeweils das, was für das betreffende Publikum zugkräftig ist. Die Hitlerfigur selber ist überspitzt dargestellt, sie wirkt fast wie ein Puppenkasper: eine übertriebene Gestik, oben fordernd, unten einschmeichelnd, eine allzu elegante Uniform mit Wespentaille, das Hakenkreuz nicht nur auf der Brust, sondern sogar auf den Manschettenknöpfen. Absicht des Zeichners ist es offenkundig, Hitler und die NSDAP, die in den Reichstagswahlen von 1930 gerade zur zweitstärksten Partei geworden ist, als politische Rosstäuscher zu entlarven. Hitler, so die Aussage, hat kein klares politisches Programm, sondern erzählt jedem, was er hören will – es geht allein um den Erfolg. Damit ist sicherlich ein wesentliches Merkmal für den Aufstieg der NSDAP, aber auch für die Zustimmung beschrieben, die die Nationalsozialisten nach der Machtübernahme mehr und mehr fanden:

Abb. 3.44: Jacobus Belsen, „Das Firmenschild", Karikatur, 1930, erschienen in „Der Wahre Jacob", 1931

Man bot Vielen Vieles. Wie dies propagandistisch und später durch wirtschaftliche, sozialpolitische o. a. Maßnahmen bewerkstelligt wurde, kann ausgehend von der Karikatur im Unterricht untersucht werden.

Freilich müssen die Aussagen von Karikaturen, die dann von den Schülerinnen und Schülern überprüft oder diskutiert werden, keineswegs immer „richtig" sein,

Abb. 3.45: Boris Angeluschow, „Volksbegeisterung“, Karikatur, 1934

d. h. eine Sichtweise zeigen, die mit den rückblickenden Einschätzungen der Geschichtswissenschaft übereinstimmen. Bei den beiden gerade besprochenen Karikaturen ist dies im Wesentlichen der Fall. Genauso gut kann ein Bild aber auch eine heute als falsch erkannte und/oder ausgesprochen parteiische Position vertreten. Nehmen wir als Beispiel eine sowjetische Karikatur von 1934 (Abb. 3.45). Die „Volksbegeisterung“ unter der NS-Herrschaft wird als gewaltsam erzwungen dargestellt. Für den weitaus größten Teil der deutschen Bevölkerung und eine lange Zeit der NS-Herrschaft trifft diese Aussage nicht zu – dennoch oder gerade deswegen kann die Karikatur natürlich Ausgangspunkt einer entsprechenden Untersuchung oder Diskussion sein.

NS-Herrschaft

Abb. 3.46: „Aber ich bitt' Sie, mit so einem lieben G'sichterl studiert man doch nicht!“, Karikatur aus den „Fliegenden Blättern“, 1908/09

Besonders reizvoll ist die Gegenüberstellung einander widersprechender Karikaturen, die unterschiedliche Urteile und Perspektiven offenbaren – vom Thema abgesehen ermöglicht sie die Einsicht in den parteiischen und tendenziösen Charakter der Karikatur. Ein Beispiel dafür wurde schon in Kapitel 2 gegeben (Abb. 2.11 a/b). Auch chronologische Gegenüberstellungen und thematische Reihen mit Karikaturen sind möglich. Als beliebige Beispiele seien genannt die Geschichte des Antijudaismus und Antisemitismus in der Karikatur (Beimel 1990, Fuchs 1921) – hier kommen auch motivische Gesichtspunkte ins Spiel – oder die Entwicklung des Deutschlandsproblems, das immer ein bei Karikaturisten besonders beliebtes Sujet war (Marienfeld 1990). Auch die Veränderung des Geschlechterverhältnisses in den letzten hundert Jahren lässt sich gut im Spiegel der Karikatur demonstrieren. Während Abb. 3.46 die chauvinistische Überheblichkeit des Mannes gegenüber den einsetzenden weiblichen Emanzipationsbestrebungen dokumentiert (wenn auch zugleich kritisiert), hat die Zeichnerin in Abb. 3.47 die Situation umgekehrt: Die Frau verfolgt ihre Karriere, der Mann muss sich anpassen und wird mit dem Verweis auf diffuse soziale Aktivitäten abgespeist. Wie weit damit 1973 schon Realität gemeint ist, wie weit es sich um eine Utopie oder doch um eine satirische Verdrehung der tatsächlich immer noch sehr anderen Verhältnisse handelt, wäre zu diskutieren.

THEMATISCHE REIHEN

Grundsätzliche Einsichten in die Machart von Karikaturen lassen sich im Unterricht gut gewinnen, wenn diese als motivische Reihe behandelt werden. Nehmen wir als Beispiel die berühmte Punch-Karikatur „Dropping the pilot" – die deutsche Übersetzung „Der Lotse geht von Bord" setzt den Akzent verkehrt. Keine Karikatur ist so oft wie diese aufgegriffen und zitiert worden. Hier kommt als weitere Ebene der Vergleich zwischen der Originalkarikatur und der Adaption – und der jeweils zugrunde liegenden historischen Situation – hinzu. Das Original, als bekannt vorausgesetzt, wird dabei als Folie verwendet, in bloßer Wiederholung, in Umkehrung oder in völliger Verfremdung. Aber gerade dadurch wird die Funktion der bildhaften Aussage besonders deutlich (Abb. 3.48 a–f; vgl. komprimiert Smula 1990, ausführlicher Guratzsch 1991). Gleichfalls gut für eine solche Reihe eignet sich das Laokoon-Motiv (vgl. Antiken 1998, Abb. 6, 7, 26–29) oder die New Yorker Freiheitsstatue (vgl. Tlusty 1977).

MOTIVISCHE REIHEN

Abb. 3.47: Marie Marcks, „Der Ruf nach Bremen", Karikatur, 1973

a
b
JOHNSON
c
d
KANZLER-
KANDIDATEN
'80

> **Stichpunkte zur Analyse der motivischen Reihe**
>
> „– Wer ist symbolisch mit dem Schiff/Boot gemeint?
> – Wie charakterisiert der Karikaturist die Personen?
> – Welche Rolle spielt das Meer/Wasser?
> – Welche realen Personen sind in der Karikatur dargestellt und um welchen politischen Vorgang handelt es sich?
> – Wie wertet der Karikaturist den politischen Vorgang bzw. die Rolle der einzelnen Personen?
> – Inwieweit hat der heutige Karikaturist die Bild- und Textelemente bzw. die Symbolik der klassischen Vorlage übernommen, wo und wie hat er sie verändert?
> – Wieweit ist jeweils die Kenntnis der Vorlage zum Verständnis der Karikatur erforderlich?“
> (Smula 1990, S. 50)

Abb. 3.48: Karikaturen als motivische Reihe – „Der Lotse geht von Bord“
a: „Dropping the pilot“ („Der Lotse geht von Bord“), Karikatur von John Tenniel, Punch 29. 3. 1890
b: „Der Lotse besteigt das Schiff“, Karikatur im „Kladderadatsch“ vom 10. 5. 1925. Diese Karikatur auf Hindenburgs Wahl zum Reichspräsidenten greift Tenniels Zeichnung wieder auf. Der Vergleich mit der Folie – Umkehrung der Bewegungsrichtung – lässt die historische Einschätzung deutlich werden: Deutschland hat wieder einen Lotsen.
c: „Der Lotse geht an Bord“, Karikatur im Kölner Stadtanzeiger, März 1969. Gustav Heinemanns Wahl zum Bundespräsidenten wird als Signal zum „Kurswechsel“ interpretiert. Mit Kiesinger und Strauß beäugen gleich zwei „Kapitäne“ misstrauisch den Lotsen.
d: „Die Lotsen wollen an Bord“, Karikatur von Horst Haitzinger, Volksblatt/Nebelspalter 1979. Bei der Bundestagswahl 1980 streiten Strauß und Albrecht darüber, wer der Lotse werden darf. Aber auch mit der Entscheidung zwischen ihnen wäre es noch nicht getan, denn noch bestimmt Bundeskanzler Schmidt als Kapitän den Kurs – der dann tatsächlich die Wahl gegen den Unions-Kandidaten Strauß gewinnt. (© Horst Haitzinger)
e: „Der Lotse geht von Bord“, Karikatur von Horst Haitzinger, Bunte 1984. Genscher übergibt Bangemann den FDP-Vorsitz und zieht sich auf das Amt des Außenministers zurück. Eine weitgehende Verfremdung der Vorlage: Das FDP-Schiff – ein leckes Ruderboot – ist längst gesunken. (© Horst Haitzinger)
f: „Der Lotse will nicht von Bord“, Karikatur von Luis Murschetz, Die Zeit 20. 10. 1989. Auch bei dieser Karikatur auf den bevorstehenden Sturz Honeckers ist die Zeichnung Tenniels stark verfremdet. Zum Abgang zwingt ihn eine anonyme Masse, das Schiff – mit der Flagge als „Staatsschiff DDR“ ausgewiesen – hat schon heftig Schlagseite, und der Weg Honeckers führt geradewegs ins Wasser. (© Luis Murschetz)

3.2. „Geschichtsbilder"

DEFINITION: GESCHICHTSBILD

Der Begriff „Geschichtsbilder" soll hier jene Abbildungen bezeichnen, die ihren Gegenstand nicht aus der Gegenwart ihrer Entstehungszeit, sondern aus der Vergangenheit nehmen. Im Hinblick auf die behandelte Zeit sind diese Bilder Darstellungen; Quellen sind sie in Bezug auf ihre Entstehungszeit. Ein Historienbild des 19. Jahrhunderts, das uns eine Szene aus der Stauferzeit zeigt, sagt uns wenig über das Mittelalter, aber viel über die Vorstellungen und Projektionen seiner Entstehungszeit. Vor allem in der populären Vermittlung von Geschichte werden zeitgleiche Bilder und „Geschichtsbilder" häufig miteinander verquickt (vgl. Abb. 1.1); Aufgabe des Geschichtsunterrichts sollte es gerade sein, solche Kategorien auseinander zu halten und auf diese Weise bei Schülerinnen und Schülern quellenkritisches Bewusstsein anzubahnen.

Freilich ist die Kategorie des „Geschichtsbildes" auch nicht ganz unproblematisch. Denn Historienbilder greifen ja nicht nur historische, sondern auch gegenwärtige Stoffe auf – allerdings mit der Intention der Historisierung. Genauere Überlegungen dazu finden sich im Kapitel 3.2.1. Und Comics sind nicht immer nur Darstellungen, sondern manchmal auch (zeitgleiche) Quellenbilder; insgesamt und auf die Zwecke des Geschichtsunterrichts bezogen, spielt dies freilich eine Nebenrolle.

3.2.1. Historienbilder

DEFINITION: HISTORIENBILD

Historienbilder stellen geschichtliche Ereignisse, religiöse, mythisch-sagenhafte oder auch literarische Inhalte dar. Der Stoff wird verdichtet und überhöht in einem dramatischen und spektakulären Moment; im Mittelpunkt steht häufig die große, handelnde und gestaltende Einzelpersönlichkeit. Historienbilder dienen der verherrlichenden Erinnerung, der historischen Legitimation der Gegenwart oder zeigen eine Verheißung für die Zukunft. Eben wegen dieser Zwecke sind sie nicht selten von Herrschenden in Auftrag gegeben oder gekauft worden.

Das Historienbild ist in erster Linie ein „Geschichtsbild". Es behandelt ein Thema aus der Vergangenheit, so wie es sich der Künstler (oder der Auftraggeber) von der Gegenwart her vorstellt. Für die behandelte Zeit ist es also keine Quelle, sondern eine Darstellung und Deutung. Eine Quelle dagegen ist es für seine Entstehungszeit, für die historischen Vorstellungen, rückwärts gewandten Projektionen oder Traditionsbildungen der Zeitgenossen. Vor allem im 19. Jahrhundert, der Blütezeit des Historienbildes, haben sich die Künstler freilich auch gegenwärtige Ereignisse zum Thema genommen. Diese Bilder sind eigentlich keine „Geschichtsbilder". Dargestellte und darstellende Zeit sind hier nicht verschieden, sondern gleich. Dennoch ist es angebracht, auch hier von Historienbildern zu sprechen. Denn die Gegenwart wird hier nicht wirklich als Gegenwart gezeigt, sondern so, wie sie als künftige Vergangenheit gesehen werden soll. Erst dieser Blickwinkel lässt sie bedeutsam werden. Das Bild nimmt gleichsam den längerfristigen Prozess der Historisierung und allmählichen Urteilsbildung vorweg und verlagert ihn in die Gegenwart. Das macht – nach dem hier vertretenen Verständnis – auch den Unterschied zum Ereignisbild aus. Das Sujet, etwa Schlachtszenen, ist oft dasselbe, die Intention der Wiedergabe ist eine andere: beim Ereignisbild die gleichsam nachrichtliche Beschreibung, beim Historienbild eben die Historisierung, die

DAS HISTORIENBILD ALS DARSTELLUNG UND QUELLE

Übertragung ins symbolhafte, überdauernd Bedeutsame. Historienbilder können also sowohl die Gegenwart historisieren wie die Vergangenheit aktualisieren.

Historienbilder haben eine lange Tradition. Schon ägyptische Reliefs und Wandmalereien aus der Zeit der Ersten Dynastie (um 2900 v. Chr.) haben die kriegerischen Taten der Pharaonen idealisiert im Bild festgehalten. Ähnliches ist aus der chinesischen, japanischen und indischen Malerei überliefert. Aus römischer Zeit ist die Trajanssäule – in der besonderen Form der Bildgeschichte – die bekannteste Historiendarstellung, im Mittelalter der Teppich von Bayeux (um 1080). Aber nicht historische, sondern religiöse Stoffe dominierten die Bildkunst des Mittelalters: Religiöse Bilder sind praktisch immer Historienbilder, sie greifen zurück auf die biblische Geschichte oder schildern Heiligenlegenden.

GESCHICHTE DES HISTORIENBILDES

Die eigentliche Geburtsstunde des Historienbildes indes war die Renaissance (vgl. Petersen 1985). Erst hier entwickelte sich ein historisches Bewusstsein im modernen Sinn, das Vergangenheit und Gegenwart unterscheidet, Erfahrungen von Andersartigkeit, Vergleiche und Bezüge möglich macht. Die Antike wurde als Thema wieder entdeckt. Auf die realistische Wiedergabe historischer Details kam es den Künstlern dabei freilich nicht an, es mangelte ihnen auch an genauen Kenntnissen: Auf Albrecht Altdorfers Gemälde „Alexanderschlacht“ (1529) bevölkern Tausende von Rittern im Stil des 16. Jahrhunderts die Szene – die Heerführer Alexander und Dareios sind nur an Namensschildern erkennbar. Umgekehrt wurde aber auch die Gegenwart historisiert: Der antike oder christliche Rahmen sollte ihr die tiefere Bedeutung geben. Im Barock nahm die Wertschätzung der Historienmalerei weiter zu. Die Bilder sollten die auftraggebenden Fürsten verherrlichen und die dargestellten Personen idealisieren. Dabei bedienten sich die Künstler des ganzen Arsenals mythologischer, religiöser und allegorisch-symbolischer Traditionen und Darstellungsweisen, die ohne weiteres mit historisch-realistischen Szenerien vermischt wurden. Es entstanden aber auch die ersten Gemälde, die in rein realistischer Form die Bedeutung von Personen und Ereignissen nur durch den gewählten Moment und durch die Bildkomposition zum Ausdruck brachten – Diego Velázquez' Gemälde „Die Übergabe von Breda“ (1634/35) ist das berühmteste Beispiel dafür.

RENAISSANCE

Einen neuen öffentlichen Stellenwert erreichte die Historienmalerei in der Französischen Revolution mit den Gemälden von Jacques Louis David. David trat zunächst für die revolutionäre Propaganda („Der Schwur im Ballhaus“, 1791, „Der ermordete Marat“, 1793), dann für die Legitimation der napoleonischen Herrschaft ein („Napoleon, die Alpen überschreitend“, 1799, „Kaiserkrönung“, 1806/7). Die Krönung Napoleons wurde geradezu von Anfang an als Historiengemälde inszeniert, mit Bezügen auf die christliche ebenso wie auf die antike Tradition (Schult 1992). Und schon bei den Proben arrangierte und kontrollierte David Ausstattung und Auftreten der Personen im Hinblick auf die erwünschten theatralischen Effekte.

FRANZÖSISCHE REVOLUTION

Die Blütezeit der Historienmalerei wurde dann jedoch das 19. Jahrhundert. Verschiedene Momente kamen zusammen: In den entstehenden Nationen erwachte das Interesse an der eigenen Vergangenheit, der Glaube an die Rolle und die Macht der Geschichte wuchs, der Historismus beförderte die genaue Erforschung und damit die historisch exakte Wiedergabe von Details. Zwar gab es auch die epigonale Wiederbelebung der religiösen Thematik durch die Nazarener, aber im Mittelpunkt stand

Vorwort.

Die deutsche Geschichte ist nicht nur für die Literatur, sondern auch für die bildende Kunst eine Quelle künstlerischer Anregung geworden. Zahlreiche bildnerische Meisterwerke historischen Inhalts geben unseren Kunstsammlungen Reiz, unseren Plätzen Schmuck, unseren historischen Stätten Beredsamkeit. Ferne Zeiten rücken heran, Helden treten uns lebendig gegenüber, gewaltige Taten spielen sich sichtbar vor unseren Augen ab, deutlich zeigt uns die Vorzeit Sitte und Brauch, Haus und Herd, Waffe und Gewand. Wer vermöchte z. B. eine faßbarere und fesselndere Geschichte des größten Preußenkönigs zu erzählen, als es der Altmeister Menzel in seinen Gemälden und Zeichnungen getan hat? Wer kann die kühnen Taten des treuen Sandwirts vom Passeiertale lebendiger verkünden, als es Franz Defregger gelungen ist? Und nicht nur Gestalten und Ereignisse versinnlicht uns ein gutes Bild; es zeigt uns auch die maßgebenden Charakterzüge der Geschilderten und die geheimen Ursachen, aus denen die Ereignisse hervorgingen. Aus dem Bismarckbild von Lenbach leuchtet die ganze weltbewegende Kraft und Einsicht des Verherrlichten, und aus dem Gemälde Kampfs vom „Choral von Leuthen" spricht in eindringlichen Zügen der Geist einer Armee, die ihrem Führer zum Sieg verhelfen mußte. Dazu kommt, daß das Geschaute dem Gedächtnis länger und lebendiger erhalten bleibt als die durch das Wort übermittelte Vorstellung. Besonders dem schlichten Mann, an dem das bloße Wort leicht vorüberrauscht, dem kindlich einfältigen Gemüt, das in dem Wort die Wahrheit nicht immer zu finden weiß, prägt sich eine Geschichte in Bildern oft untilgbar ein und „ebnet der Wahrheit den Weg, indem sie ihr die Schönheit als Herzensgewinnerin vorausschickt". Daher die Wirkung der mittelalterlichen Holzschnitte!

So möchte auch unser „Bildersaal" in recht vielen Familien die deutsche Geschichte eindringlicher reden lassen und das Herz unseres Volkes mit patriotischer Begeisterung und nationalem Stolz erfüllen. Dieses Ziel hofft er um so eher zu erreichen, als der Hauptteil seiner Abbildungen bedeutende Gemälde, ja allgemein anerkannte Meisterwerke der bildenden Kunst wiedergibt. Es sei nur an die Holzschnitte nach Werken von Piloty, Menzel, Diez, Kampf, Prell, A. v. Werner, Bleibtreu, Schuch, Lenbach, Spangenberg, Gehrts u. a., sowie an die stattliche Reihe von Kunstbeilagen nach Porträts berühmter Meister erinnert. Und damit schließt sich unser Unternehmen der großen Bewegung an, die seit etwa einem Jahrzehnt Künstler und Pädagogen gleichermaßen ergriffen hat und hervorgegangen ist aus der Erkenntnis, daß die bildende Kunst in unserem Volksleben nicht die Stellung einnimmt, die ihr gebührt. Musik und Litteratur können infolge des Buchdrucks in alle Häuser gelangen und sich heimisch machen; daher kommt es auch, daß die veredelnde Wirkung dieser Zweige der Kunst wesentlich deutlicher zu erkennen ist, als dies bei der Malerei, Bildhauerei und Architektur der Fall ist. Der bildenden Kunst fehlt eben jene Vorbedingung für ein lebendiges Wirken. Aber schon regt sich's allerorten; vielfach ist man bestrebt, dem Volke für geringen Preis die Mittel zur

XI

Abb. 3.49: Vorwort zum „Bildersaal deutscher Geschichte", 1900 (Bildersaal deutscher Geschichte. Zwei Jahrtausende deutschen Lebens in Bild und Wort, hrsg. von Adolf Bär und Paul Quensel, Stuttgart/Berlin/Leipzig 1900, S. XI)

der historische Stoff. In Deutschland dominierte – bei einem weiten Spektrum von Themen (vgl. den Überblick bei Hager 1989, S. 315–334) – nach den Freiheitskriegen der Rückbezug auf die germanische Zeit und das mittelalterliche Kaisertum. Bald rückte der Staufermythos in den Vordergrund, erhebend und tragisch zugleich. Er kündete nicht nur von „des alten Reiches Herrlichkeit", sondern ließ auch die Hoffnung auf eine Erneuerung des Reiches in der Zukunft keimen. Durch die Reichsgründung wurde diese Erneuerung Realität: Damit bewahrheitete sich einerseits die geschichtlich begründete Zukunftsvorstellung, wurde andererseits das neue Reich historisch legitimiert – die Hohenzollern als Nachfahren der Staufer. Historienbilder entstanden in nie da gewesener Zahl, sie galten als vornehmste Gattung der Malerei. Adolph Menzel, Julius Schnorr von Carolsfeld, Peter Cornelius, Alfred Rethel oder Anton von Werner galten als ihre wichtigsten Vertreter in Deutschland.

Deutsches Kaiserreich

König Louis Philippe hatte in Versailles mit der „Galerie des Batailles" ein französisches Nationalmuseum eingerichtet. 33 Historienbilder schilderten große militärische Siege aus der Geschichte Frankreichs. Nachahmung fand es zunächst mit dem Arsenal in Wien, dann mit dem Bayerischen „Wittelsbacher Museum" und schließlich mit dem Berliner Zeughaus. Aber nicht nur die Fürstenhäuser kauften Historiengemälde oder gaben sie in Auftrag, auch die Städte wollten nun ihre Lokalhistorie durch die Ausmalung öffentlicher Gebäude, vor allem der Rathäuser, pflegen. Es gab sogar Vereine, die sich die „Förderung des vaterländischen Geschichtsbildes" zur Aufgabe machten, so die „Verbindung für historische Kunst", die von 1854 bis 1933 Wanderausstellungen organisierte. Und die Historienmalerei popularisierte sich in einem Maße, von dem wir uns heute gar kein rechtes Bild mehr machen. Gemäldedrucke oder Holzstiche nach Gemälden erschienen in den illustrierten Zeitschriften, in denen die historischen Stoffe immer beliebter wurden. Historienbilder wurden als Wandbilder und Bilderbögen, auf Ansichtskarten und als Sammelbilder gedruckt. Prachtbände wie der „Bildersaal deutscher Geschichte" (1900) (Abb. 3.49), geradezu Kompendien der Historienmalerei, waren der Schmuck bürgerlicher Wohnzimmer. Und natürlich drangen Historienbilder auch in die Bücher für den Geschichtsunterricht ein. Sie erfreuten sich äußerster Beliebtheit beim Publikum und prägten nachhaltig das öffentliche Geschichtsbewusstsein und das nationale Selbstverständnis.

Öffentliches Geschichtsbewusstsein und nationale Identität

Mit dem Ersten Weltkrieg hatte nicht nur in Deutschland das Historienbild seinen Zenit überschritten. In einer naiven Rezeption war es als authentische Abbildung der Wirklichkeit wahrgenommen worden, die scheinbare fotografische Genauigkeit galt sogar als Qualitätskriterium; in dieser Hinsicht lief nun die Fotografie dem Historienbild den Rang ab. Als Symbolbilder behielten die Gemälde aus dem Kaiserreich in national gesinnten Kreisen allerdings noch lange ihre Bedeutung. Gleichsam ein Nachhall sind die bis in die Sechzigerjahre verbreiteten Sammelbilder (z. B. als Beigabe zu Zigaretten und Haferflocken), die sich einer historisierenden Darstellungsweise bedienen.

Die Intention der kollektiven Sinnstiftung und die Gestaltungsmittel der Historiengemälde wurden noch einmal aufgegriffen im sozialistischen Realismus. Auch hier ging es nicht darum, eine Szene authentisch abzubilden, sondern gleichsam eine höhere, verdichtete Wirklichkeit zu zeigen. Auf nationale Identitätsbildung wiederum zielen die monumentalen Fresken und Mosaiken des Muralismo ab, mit denen

Historienbilder des 20. Jahrhunderts

mexikanische Künstler wie Diego Rivera die Geschichte aus indianischer Sicht gegen die kulturelle Überformung durch die Spanier präsentierten. Ein berühmtes Historienbild, das sich einer für das Genre ganz ungewohnten, weil nicht realistischen Darstellungsweise bedient, ist Pablo Picassos „Guernica" (1937).

Neue, den sozialistischen Realismus überschreitende Ausdrucksformen hat auch Werner Tübke in seinem Monumentalgemälde über den Bauernkrieg „Frühbürgerliche Revolution in Deutschland" (1983–87) gefunden, das in einem eigenen „Panoramamuseum" in Bad Frankenhausen, dem Ort einer historischen Schlacht des Krieges, beheimatet ist. Tübke greift auf eine Fülle historischer Stoffe, Gestalten, Motive und Symbole zurück und verknüpft sie zu einem großen Zeitbild. Eine klare Botschaft sucht man vergeblich: Tübkes Bild ist vielschichtig und wirft eher Fragen auf, als dass es sie beantwortet – eine neue, ungewohnte Art von Historiengemälde.

HISTORIENBILDER IM GESCHICHTSSCHULBUCH

In unseren Geschichtsschulbüchern sind verschiedene Historienbilder abgedruckt: Davids „Ballhausschwur" und die „Kaiserproklamation" von Anton von Werner gehören zum mehr oder weniger festen Bestand. Gleichgültig, ob es sich um ein Geschichtsbild oder ein zeitgleiches Bild handelt – elementar wäre der Hinweis darauf, dass ein Historienbild eine bestimmte Vorstellung davon zeigt, wie sich der Künstler Vergangenheit vorstellt oder wie er Gegenwart gesehen haben will. Dass Geschichtsschulbücher diese Grundeinsicht in den Charakter der Gattung Historienbild vermitteln, ist jedoch beileibe nicht selbstverständlich. „Anno" (Bd. 2, Braunschweig: Westermann 1997, S. 159) druckt Davids „Ballhausschwur" mit einer Unterschrift ab, die suggeriert, die Sache habe sich genau so abgespielt, wie es das Bild zeigt: „Der Ballhausschwur vom 20. Juni 1789. In der Mitte Präsident Bailly, der den Text des Eides vorliest." Weder der Name des Künstlers noch der Titel des Bildes werden im Übrigen genannt. Hinzu kommt, dass wie so oft nicht das Originalbild Davids, eine lavierte Federzeichnung, gezeigt wird, sondern das Gemälde, das Jean-Pierre-Marie Jazet erst 1825 nach dieser Zeichnung angefertigt hat.

EXEMPLARISCHE INTERPRETATION IM UNTERRICHT

Wer so mit Historienbildern umgeht, verschenkt ihren wesentlichen Lerneffekt. Historienbilder sind Quellen für die Vorstellungswelt ihrer Entstehungszeit, sie zeigen prägnanter als andere Bilder bestimmte Deutungs- und Wirkungsabsichten. Deshalb lässt sich an ihnen besonders gut zeigen, dass Bilder immer mehr oder weniger durch solche Intentionen beeinflusst sind und nicht einfach Wirklichkeit an sich wiedergeben; und es lässt sich an ihnen studieren, mit welchen Mitteln der Künstler seine Wirkungsabsichten zur Geltung bringt. Zu diesem Zweck sollte im Geschichtsunterricht auf jeden Fall einmal ein Historienbild exemplarisch genau interpretiert werden, um den Schülerinnen und Schülern grundlegende Einsichten in die Gattung zu vermitteln. Dabei sollte stets auch die Wahrnehmung und Wirkung der Bilder, ihr öffentlicher Gebrauch, in den Blick genommen werden.

JACQUES LOUIS DAVIDS „BALLHAUSSCHWUR"

Bleiben wir beim Beispiel „Ballhausschwur". Die von David angewandten Kunstgriffe werden besonders deutlich, wenn man ein anderes Bild zum Vergleich hinzuzieht. Der Zeichner Prieur und der Stecher Berthault haben viele Szenen aus der Französischen Revolution im Kupferstich festgehalten, auch jene, als sich am 20. Juni 1789 sechshundert Delegierte in der königlichen „Tennishalle" beim Versailler Schloss versammelten und schworen, nicht eher auseinander zu gehen, bis Frankreich eine neue Verfassung erhalten habe. Das Bild (Abb. 3.50) zeigt die Szene aus Obersicht und ziemlicher Entfernung. Der Präsident der Versammlung, Jean Sylvain Bailly,

Abb. 3.50: Prieur/ Berthault, Der Ballhausschwur zu Versailles, Kupferstich, 1789

Abb. 3.51: Jacques Louis David, Schwur im Ballhaus, lavierte Federzeichnung (65 x 105 cm), 1791 (Musée National du Château, Versailles)

steht auf einem Tisch und hat gerade den Eid verlesen, die Abgeordneten stimmen ihm durch Handaufheben zu. Obwohl einzelne Abgeordnete auf Stühle gestiegen sind, macht die Menge doch einen geordneten Eindruck. Oben an den Fenstern sind einige Zuschauer zu sehen. Das Bild vermittelt kaum Stimmung. Das liegt vor

allem an der ungeschickt gewählten Perspektive: Die Hälfte der Bildfläche besteht aus Wand, die Abgeordneten sind nur klein und flächenhaft zu sehen.
Ganz anders bei David (Abb. 3.51). Bei ihm stehen Betrachter und Menge auf einer Höhe, man hat geradezu das Gefühl, in das Bild hineingezogen zu werden. Bailly ist sogar dem Betrachter zugewandt, er kehrt sich – höchst unrealistisch – von den Abgeordneten ab. An seiner Hand treffen die Hauptlinien der im Vordergrund ausgestreckten Arme zusammen. Die Menge wirkt einerseits unüberschaubar, auf der anderen Seite hat David viele einzelne Abgeordnete genauestens porträtiert und kleine Gruppen detailliert in Szene gesetzt (genaue Hinweise in Juneja 1997). Aber nicht nur die enthusiastische Menge hat David arrangiert, sondern auch den Lichteinfall von links und die wehenden Vorhänge – sie symbolisieren die Erleuchtung („Aufklärung") der Abgeordneten. Und schließlich sieht man durch eines der Fenster, wie das Dach der Schlosskapelle, die eigentlich vom Ballhaus aus nicht sichtbar war, von einem Blitz getroffen wird – gleichfalls ein höchst symbolisches Detail. Das fertige Gemälde sollte eine Größe von 9 mal 6 Metern erreichen und den Sitzungssaal der Nationalversammlung schmücken. Dafür setzte es ein neues Selbstverständnis ins Bild: Das Volk in Gestalt der Abgeordneten als Souverän, dargestellt als Masse wie in seinen einzelnen Individuen. Der Vergleich der beiden Bilder zeigt schnell: Während der Kupferstich eher beliebig und beiläufig wirkt, liegt Davids Bild ein bis ins Letzte auskomponiertes Programm zugrunde, in dem nichts dem Zufall überlassen ist.

Anton von Werner und Adolph Menzel

Ein anderes Historienbild, das sich in fast jedem Schulbuch findet, ist Anton von Werners Kaiserproklamation (vgl. Gaethgens 1990, Bartmann 1993/97, S. 332–368, für den Unterricht Pandel 1998). Es gehört, gemeinsam mit Adolph Menzels „Flötenkonzert Friedrich des Großen in Sanssouci" (1852), zu jenen Historiengemälden, die im deutschen Kaiserreich am wirkungsmächtigsten wurden: „Durch unzählige Reproduktionen prägten Menzels ‚Flötenkonzert' und Werners ‚Kaiserproklamation' das nationale Bewusstsein mehrerer Generationen. Die Darstellung des preußischen Königs in einem privaten Moment, ‚in seinen Erholungsstunden', und die des Staatsaktes in Versailles haben dazu beigetragen, die unter preußischer Führung erreichte Vereinigung der deutschen Staaten im Publikum zu verankern: Königlich-preußische Vergangenheit und kaiserliche Gegenwart wurden in zwei Bildern komplementär verbunden und suggerierten daher nationale Identität in einem Augenblick, als das neue Reich dringend der Beschwörung von Vergangenheit, besonders der preußischen, bedurfte." (Forster-Hahn 1993/1997, S. 80)

Anton von Werners „Kaiserproklamation"

Noch weit über das Ende des Kaiserreichs hinaus waren Reproduktionen der „Kaiserproklamation", insbesondere der letzten, der „Friedrichsruher Fassung", ein beliebter Wandschmuck in national gesinnten Kreisen. Bis in die jüngste Zeit hat man von Werners Gemälde als eine geradezu fotodokumentarische Wiedergabe des Geschehens aufgefasst – der zeitgenössische Kunsthistoriker Franz Kugler sprach lobend von der „daguerrothypartigen Realität" seiner Bilder und von Werner selber bezeichnete sie als „Urkunden" (ebd.). Gerade die Genauigkeit und Realität der Details indes täuscht darüber hinweg, dass es sich bei der „Kaiserproklamation" um eine Inszenierung und Stilisierung des Ereignisses handelt.
Nur drei Tage vor der Kaiserkrönung vom 18. 1. 1871 wurde von Werner im Auftrage des Kronprinzen nach Versailles gerufen. Offizieller Auftraggeber war dann jedoch der Großherzog von Baden: Das Bild sollte ein Geschenk der deutschen Fürsten an

den Kaiser werden. Von Werner fertigte – von zahlreichen Skizzen und Entwürfen abgesehen – im Laufe der Jahre drei Fassungen der „Kaiserproklamation" an. Das erste Bild, die so genannte Schlossfassung, erhielt Kaiser Wilhelm I. am 22. März 1877 als Geschenk zu seinem achtzigsten Geburtstag überreicht. Eine zweite Fassung des Gemäldes (1882) stellte von Werner für das Berliner Zeughaus her, das nach der Reichsgründung zu einer Ruhmeshalle preußisch-deutscher Geschichte umgebaut wurde. Am bekanntesten ist die dritte, die so genannte Friedrichsruher Fassung geworden; Wilhelm übergab sie am 1. März 1885 Bismarck zu dessen siebzigstem Geburtstag. Das Bild ist mit einem Prunkrahmen versehen, der eine Widmung der kaiserlich-königlichen Familie an Bismarck trägt.

In der Schlossfassung (Abb. 3.52a) hat sich der Maler selber mit ins Bild gesetzt – das sollte die Authentizität des Gemäldes unterstreichen. Tatsächlich hat von Werner ja den Krönungsakt miterlebt und ihn skizziert. Aber der Maler hat mit seinem Bild nicht einfach eine Wiedergabe des Ereignisses, sondern eine historische Deutung und Würdigung geliefert. Festgehalten ist nicht Bismarcks Verlesung der Proklamation, sondern jener Moment, in dem der Großherzog von Baden sein Hoch auf den neuen Kaiser ausbringt. Die deutschen Fürsten stehen im linken Drittel des Bildes, hervorgehoben auf einer Estrade; die akklamierenden Offiziere ihnen gegenüber nehmen den größten Bildraum ein – die Reichsgründung erscheint als Werk der Fürsten, aber mehr noch der Militärs, innerhalb derer vor allem Preußen und Bayern in Waffenbrüderschaft vereint sind. Von Werner hat, entgegen der Realität, den Boden des Saales um zwei Stufen angehoben, die links im Bild erkennbar sind; dadurch wird der ganze Vorgang gleichsam auf ein Denkmalssockel gestellt. Der zweite Akzent des Bildes liegt in der historischen Abrechnung mit Frankreich. Die Bilder, Allegorien und Inschriften des Spiegelsaals verherrlichten die Taten Ludwig XIV., und gerade deswegen war er zum Schauplatz der Kaiserproklamation bestimmt worden. Diese historische Folie – Revanche für die deutschen Niederlagen unter Ludwig XIV., unter dem Frankreich zur europäischen Vormacht geworden war – zeigt von Werner, indem er die Bildausstattung des Saales mit in sein Gemälde einbezieht. Am meisten ins Auge fällt die Kartusche (im Übergang von der Wand zur Decke, nahezu in Bildmitte), die an den französischen Rheinübergang 1672 erinnert.

SCHLOSSFASSUNG

Die Zeughausfassung wurde im Krieg zerstört, es existiert nur eine verhältnismäßig schlechte Fotografie (Bartmann 1993/97, S. 353). Dieses Bild rückt eine andere Perspektive in den Vordergrund, nämlich die preußische, und die Friedrichsruher Fassung (Abb. 3.52b) verstärkt dies noch. Hier wird die Reichsgründung gleichsam als innerpreußische Angelegenheit dargestellt: Im Zentrum des Bildes stehen Wilhelm und seine drei Paladine Bismarck, Moltke und Roon. Bismarck in seiner weißen Paradeuniform der Kürassiere zieht den Blick des Betrachters besonders auf sich; tatsächlich hat er in Versailles einen blauen Waffenrock getragen, seinen weißen Koller hatte er vergessen. Und Roon hatte wegen Krankheit an der Zeremonie gar nicht teilgenommen. Der Maler hat diese beiden „Fehler" korrigiert. Und er hat bewusst einen Anachronismus vorgenommen: Bismarck trägt den Orden Pour le Mérite, den er erst 1884 verliehen bekommen hat. Gerade an diesen „Fälschungen" wird deutlich, dass es von Werner nicht um die direkte Wiedergabe der Wirklichkeit, sondern um die Präsentation ei-

FRIEDRICHSRUHER FASSUNG

ner tieferen historischen Wahrheit, wie er sie sah, ging. Die drei Fassungen des Gemäldes dokumentieren zum einen verschiedene Perspektiven, zum anderen aber eine zunehmende Stilisierung der Darstellung: Das Historiengemälde zeigt das Ereignis so, wie es in seiner historischen Bedeutung gesehen und überliefert werden soll. Es verwundert nicht, dass die Friedrichsruher Fassung, in der von Werner die Stilisierung am weitesten getrieben hat, am beliebtesten und verbreitetsten geworden ist.

Abb. 3.52a: Anton von Werner, Die Proklamierung des Deutschen Kaiserreiches am 18. Januar 1871 im Spiegelsaal von Versailles, Öl auf Leinwand („Schlossfassung") (434 x 732 cm), 1877 (ehemals Berliner Stadtschloss, Kriegsverlust)

Die Erläuterungen zu David und von Werner demonstrieren verschiedene methodische Umgangsweisen mit dem Bildtypus. Bei David geht es um den Kontrast mit einem gleichsam naiven Bild, der die Inszenierung Davids zum Vorschein treten lässt; bei von Werner zeigen die verschiedenen Fassungen den Prozess zunehmender Inszenierung des selben Bildes. Das Spektrum einschlägiger Bilder, die im Unterricht in ähnlicher Weise analysiert werden können, ist weit. Besonders eignen sich solche Gemälde, in denen sich in der Gründungszeit der Nationalstaaten bestimmte nationale Legenden bildlich manifestiert oder verdichtet haben. So hat etwa Isidore Pils 1849 seine Vorstellung davon ins Bild gesetzt, wie Rouget de Lisle, der Verfasser und Komponist der „Marseillaise", diese am 25. April 1792 zum ersten Mal vorgetragen hat (Abb. 3.53). Freilich hat dies in Wirklichkeit nicht der Komponist selber getan, sondern der Bürgermeister von Straßburg, in dessen Haus das Treffen stattfand. Auch hier also hat ein Maler die Geschichte korrigiert, um die „tiefere Wahrheit" zeigen zu können. Bis sie 1879 zur Nationalhymne avancierte, wurde die Marseillaise in Frankreich – je nach historischer Situation – mal bejubelt

und mal verboten. Am Ende des 19. Jahrhunderts hing das Gemälde von Pils in allen französischen Rathäusern und wurde in den Schulbüchern abgedruckt. Einen amerikanischen Mythos stellt Emanuel Leutzes Historiengemälde „Washingtons Übergang über den Delaware“ (1848–50) dar (Abb. 3.54, vgl. Popp 2003). Grimmige Entschlossenheit, wie sie Washington auf dem Bild gegenüber den Fährnissen der Natur demonstriert, wird auch zum Sieg im Unabhängigkeitskrieg führen. Leutze hat später die Sitzungsräume des Kapitols mit Szenen aus der amerikanischen Geschichte geschmückt.

Bei der Renovierung der Kaiserpfalz in Goslar wurde der Hauptsaal, der so genannte Kaisersaal, mit 52 Historiengemälden von Hermann Wislicenus versehen

Abb. 3.52b: Anton von Werner, Die Proklamation des Deutschen Kaiserreiches am 18. Januar 1871 im Spiegelsaal von Versailles, Öl auf Leinwand („Friedrichsruher Fassung“) (167 x 202 cm), 1885 (Bismarck-Museum, Friedrichsruh)

Abb. 3.53: Isidore Pils, Die Marseillaise, Gemälde, 1849

Abb. 3.54: Emanuel Leutze, Washingtons Übergang über den Delaware, Ölgemälde (387,5 x 644,5 cm), 1848–50 (Metropolitan Museum of Art, New York)

(Abb. 3.55). Die Wandmalereien kreisen um drei Themen: die mittelalterliche Kaiserherrlichkeit, das Märchen von Dornröschen und die Reichsgründung von 1871. Die Verknüpfung liegt auf der Hand: Das deutsche Reich ist in einen Dornröschenschlaf versunken und wird nun zu neuem Leben erweckt: „In dem Mittelbild der Kaiserpfalz von Goslar finden sich alle Elemente der offiziellen Nationalstaatsideologie des deutschen Kaiserreiches: Gründung des deutschen Reiches von 1871 ausschließlich durch die deutschen Fürsten, und vor allem durch Wilhelm I., König von Preußen, unter tatkräftiger Mitwirkung von Bismarck, Moltke und Roon. Ferner das Kaiserreich von 1871 als Wiederaufrichtung des mittelalterlichen Kaiserreichs, das als Vorläufer des deutschen Nationalstaats angesehen wird. Und dann die borussische Staatslegende des 19. Jahrhunderts, der ‚Beruf' Preußens und seines Hohenzollernhauses, Deutschland zu einen." (Hanisch 1997, vgl. S. 28, genauer dort S. 26–29).

Abb. 3.55: Hermann Wislicenus, Die Wiedererrichtung des Deutschen Kaiserreiches durch Kaiser Wilhelm den Großen, Fresko in der Goslarer Kaiserpfalz, 1880/1882

Gleich mehrere Bilder hat Wladimir A. Serow unter dem Titel „Lenin verkündet die Sowjetmacht (25. Oktober 1917. Zweiter Allrussischer Sowjetkongress)" gemalt (vgl. Ferenczi 2000). Die erste Fassung, für die Serow 1948 den Stalinpreis erhielt, stammt von 1947, eine zweite von 1954, eine dritte von 1962. Fassung 1 und 3 (Abb. 3.56 a/c) stimmen weitgehend überein. Beide zeigen den Auftritt Lenins vor einer revolutionären Versammlung. Lenins übergroße Gestalt scheint geradezu über der Menge zu schweben. Mit seiner Handbewegung will er die Menschen zur Ruhe und zum Zuhören bringen; zugleich wirkt sie wie ein Gestus der Verkündigung. Auf der ersten Fassung sind hinter Lenin drei historische Personen abgebildet: Stalin, Swerdlow und Dserschinskij, der spätere Chef der Geheimpolizei (Tscheka, dann GPU). In Wirklichkeit haben diese drei keineswegs eine so herausgehobene Rolle gespielt. Wie es der offiziellen Doktrin entsprach, hat Serow Stalin als Helfer und Vertrauten Lenins und damit als seinen geborenen Nachfolger und Erben ins Bild gesetzt. Die Wahl der beiden anderen Personen war eher Verlegenheit. Fast alle führenden Funktionäre von damals waren in Ungnade gefallen und verurteilt worden, die Erinnerung an sie war getilgt; Swerdlow und Dserschinskij, beide relativ früh gestorben (1919 und 1926), waren unbelastet und konnten abgebildet werden. Nach der 1956 beginnenden Entstalinisierung war diese Hervorhebung Stalins nicht mehr zeitgemäß. Die drei namhaften Figuren hinter Lenin wurden in der Fassung von 1962 (Abb. 3.56c) durch drei anonyme Revolutionäre ersetzt. Außerdem nutzte Serow die Gelegenheit, um einige Personen im Publikum stärker als Typus herauszustellen. (Diese Fassung war auch – ohne Jahresangabe – abgedruckt im letzten DDR-Schulbuch „Geschichte. Lehrbuch für Klasse 8“, Berlin: Volk und Wissen 1989, S. 247.) Bereits 1955 hatte Serow ein Gemälde angefertigt, das die Szene aus einem ganz anderen, weniger dramatisierenden Blickwinkel zeigt (vgl. Abb. 3.56b). Auf diesem Bild ist Dserschinskij noch zu sehen, aber Stalin, gestorben 1953, bereits getilgt. Serow hat also sein Gemälde der jeweils

Abb. 3.56a/c: Wladimir Serow, Lenin verkündet die Sowjetmacht
a: Ölgemälde, 1947, als Briefmarke
b: Ölgemälde, 1955, als Briefmarke
c: Ölgemälde, 1962

Anpassung an herrschende Sichtweisen

offiziellen Lesart der Geschichte angepasst. Allen drei Bildern gemeinsam ist die Stilisierung des historischen Moments an sich. Lenin hat in seiner kurzen Eröffnungsrede auf dem Kongress zwar geäußert, die Macht solle auf die Räte übergehen, aber vollzogen war damit die Etablierung des Rätesystems noch längst nicht. Auch hier wird also – typisch für das Genre – ein komplexer historischer Prozess momenthaft in einer Einzelszene verdichtet, die im Nachhinein mit historischer Bedeutsamkeit aufgeladen wird. Beide Bilder hatten im Übrigen enorme Breitenwirkung, sie wurden vielfach reproduziert, sogar auf Briefmarken – ein besonders alltagsorientierter Weg zur Popularisierung eines „Geschichtsbildes".

Wladimir A. Serows „Lenin verkündet die Sowjetmacht"

Alle gezeigten und erläuterten Bilder eignen sich für eine exemplarische Annäherung an die Gattung, die zugleich allgemeine Einsichten in die Quellengattung Bild (Perspektivik, Intention, Deutung, Wirkung) eröffnet.

3.2.2. Rekonstruktionszeichnungen

Auch Rekonstruktionszeichnungen gehören zu den „Geschichtsbildern". Der Begriff Rekonstruktion stammt aus der Archäologie und der Kunstwissenschaft. Er meint eine wissenschaftlich kontrollierte Wiederherstellung von Bau- und Kunstwerken, deren originaler Zustand nicht mehr unmittelbar erkennbar ist, sondern nur noch mit archäologischen Verfahren oder aus schriftlichen Quellen, Urkunden oder Plänen erschlossen werden kann. Rekonstruktion unterscheidet sich einerseits von der Restauration erhaltener Überreste, andererseits von der Anastylose, der bloßen Zusammenstellung aufgefundener originaler Teilstücke; Rekonstruktion ist Nachbau oder Nachbildung, die ggf. originale Teile mit einbeziehen kann.

Definition: Rekonstruktion

Es bleibt freilich noch immer ein weites Feld von Verfahren und Erzeugnissen, die unter den Begriff fallen. Zunächst gibt es die Rekonstruktion einer ursprünglichen Bauform und mit möglichst gleichen Materialien im Maßstab 1:1. Dabei kann mal die Wiederherstellung eines bestimmten Gebäudes wie beim Wiederaufbau der Dresdner Frauenkirche, mal die Veranschaulichung vergangener Lebensformen wie etwa im Pfahlbaumuseum Unteruhldingen, mal wie bei der experimentiellen Archäologie die wissenschaftliche Erprobung und Überprüfung im Vordergrund stehen.

Wie sehr solche Rekonstruktionen trotz ihres wissenschaftlichen Anspruchs von den historischen Bedingungen ihrer Entstehungszeit abhängig sein können, zeigen die vor allem in der zweiten Hälfte des 19. Jahrhunderts vorgenommenen Wiederaufbauten deutscher Burgen. Insbesondere nach der Reichsgründung, die auch als Erneuerung mittelalterlicher Stauferherrlichkeit aufgefasst wurde, wurden sie zu Sinnbildern einer heroischen Zeit und alter deutscher Größe. Viele Burgen wurden weitaus mächtiger und prächtiger wieder aufgebaut, als sie je gewesen waren – nicht als wissenschaftliche Rekonstruktionen, sondern im Sinne vorgestellter Idealbilder. Solche mittlerweile historisch gewordenen Rekonstruktionen vermitteln uns weniger Einsichten über die Entstehungszeit des Originalbauwerks als über die Denkweise jener Zeit, in der sie vorgenommen worden sind. Andere Formen der Rekonstruktion sind das Modell oder die Rekonstruktionszeichnung. Beide können zur Vorbereitung einer 1:1-Rekonstruktion genutzt werden. Sie können aber auch als eigenständige Darstellungen

Verschiedene Formen der Rekonstruktion

Rekonstruktionszeichnung eines Dorfes der Salierzeit

Ein Auszug aus dem ausführlichen Kommentar, der die Grundlagen der Rekonstruktion erläutert und die Probleme reflektiert:
„Das Bild stellt den Versuch dar, ein ‚idealtypisches' salisches Dorf im Landschaftsraum der Mittelgebirgsschwelle zeichnerisch zu rekonstruieren. Dies bleibt allerdings trotz der recht günstigen Forschungssituation immer noch ein Wagnis, und nichts wäre falscher als die Behauptung: So (und nicht anders) ist es gewesen! Dabei erscheint die Gesamteindruck (das heißt die Lage der Gehöfte, der Kirche und die Infrastruktur) noch einigermaßen abgesichert – liegen dem doch gut dokumentierte archäologische Befunde zugrunde. Dagegen bleiben aber in der zeichnerischen Umsetzung der Details doch erhebliche Unsicherheiten. Dieses betrifft insbesondere alles Aufgehende der Gebäude (Häuser, Kirche und Turm), aber auch das Aussehen der Zäune und Brücken, denn deren über die Erde reichende Holzbauteile waren meist schon nach wenigen Generationen vergangen, und selbst dort, wo der Steinbau Eingang fand, wurden diese Bauteile bald ersetzt.
Einen gewissen Ersatz liefern Bilderhandschriften, vor allem die seit dem 14. Jahrhundert einsetzenden Stundenbücher, die in ihren Kalenderillustrationen eine Fülle gerade aus dem bäuerlichen Leben geschöpfter und, wie der Vergleich mit Bodenbefunden beweist, wirklichkeitsnaher Informationen bereitstellen. Verwendet man diese Vorlagen vorsichtig-zurückhaltend, das heißt stets mit der Tendenz zur Vereinfachung der Bildaussage, so können auch die Rekonstruktionen der Baukörper unseres Bildes einen hohen Grad von Wahrscheinlichkeit beanspruchen.
Als Gesamtbild basiert unsere Zeichnung jedoch in erster Linie auf den Ergebnissen der Ausgrabung in der Wüstung Holzheim bei Fritzlar/Hessen, deren Befunde (und Funde) soweit wie irgend möglich eingearbeitet wurden. [...]
Wenn auch Holzheim als die gegenwärtig am umfassendsten ausgegrabene hochmittelalterliche Siedlung in Deutschlands Mittelgebirgsraum angesprochen werden kann, so darf doch die Frage nicht übergangen werden, ob die Ergebnisse von Holzheim als repräsentativ für die salische Epoche anzusehen sind. Um dieses schwierige Problem zutreffend einschätzen zu können, werden bei der folgenden Analyse des Bildes möglichst alle (publizierten) Befunde von salischen Ausgrabungsplätzen herangezogen. Erst aus dieser Gesamtschau aller Ergebnisse werden die allgemeinen oder idealtypischen Züge des salischen Dorfes, aber auch seine möglichen regionalen Ausprägungen hervortreten."
(Norbert Wand, Das Dorf der Salierzeit: ein Lebensbild
(Publikation zur Ausstellung „Das Reich der Salier 1024–1125", Speyer 1992)
© Jan Thorbecke Verlag, Sigmaringen

BELIEBTHEIT VON REKONSTRUKTIONEN

der Veranschaulichung und Verlebendigung historischer Sachen und Verhältnisse dienen – von der Dampfmaschine bis zum mittelalterlichen Dorf (Abb. 3.57). Rekonstruktionen sind bei der Vermittlung von Geschichte in Mode gekommen. Man findet sie in Freilichtmuseen, soweit diese nicht über Originale verfügen, in Orts- oder Heimatmuseen – vom Stadtmodell bis zur Inszenierung eines Wohnzimmers der Fünfzigerjahre. Rekonstruktionszeichnungen sind inzwischen das wichtigste Element in historischen Jugendsachbüchern, und auch in den Geschichtsschulbüchern trifft man sie immer häufiger an. Ganz neu sind mit Hilfe des Computers vorgenommene

VIRTUELLE REKONSTRUKTIONEN AM COMPUTER

virtuelle 3D-Rekonstruktionen. Ludwig II. wollte Schloss Falkenstein, eine Burgruine bei Pfronten im Allgäu, zu einem ähnlichen Märchenschloss wie Neuschwanstein ausbauen. Über Pläne kam das Vorhaben nicht hinaus. Anhand dieser Unterlagen haben

1998 Computerspezialisten den Schlossbau virtuell umgesetzt – die Rekonstruktion eines nie fertig gestellten Gebäudes (Abb. 3.58). Man kann die vollständig ausgestatteten Räumlichkeiten begehen, erlebt sogar den Wechsel von Licht und Schatten im Tagesablauf. Lagen hier genaue Pläne zugrunde, so stützen sich die Computeranimationen zur wohl wichtigsten neolithischen Stadtsiedlung Çatal Höyük in Anatolien, die das Zentrum für Kunst und Medientechnologie in Karlsruhe zusammen mit dem Archäologischen Institut der Universität Cambridge vorgenommen hat, allein auf archäologische Befunde (Abb. 3.59).

Solche Computerrekonstruktionen sind nichts grundsätzlich Neues, aber sie perfektionieren bisher übliche Verfahren. Dabei werden Vorzüge und Probleme der Rekonstruktion besonders deutlich. Rekonstruktionen liefern Ansichten von historischen Dingen, die ohne sie nicht möglich wären. Dadurch können sowohl dem Wissenschaftler wie etwa einem Ausstellungsbesucher neue Informationen vermittelt und Eindrücke eröffnet werden. Die wissenschaftliche Rekonstruktion sollte freilich auch immer erkennen lassen, welche Erkenntnisse über den Gegenstand tatsächlich abgesichert sind und wo es sich lediglich um Vermutungen oder Spekulationen handelt. Je realistischer und detaillierter indes eine Rekonstruktion ist, desto größer ist die Gefahr, dass sie keine Fragezeichen mehr setzt und den Betrachter durch ihre vermeintliche Authentizität überwältigt: Wer virtuell durch die Zimmer eines Hauses von Çatal Höyük spaziert, kann sich schlecht des Eindrucks erwehren, so und nicht anders müsse es dort ausgesehen haben.

Dieser Illusionismus ist die Hauptgefahr, wenn es um die Verwendung von Rekonstruktionszeichnungen in den Jugendsachbüchern und Schulbüchern geht. Naturgemäß sind sie besonders beliebt bei jenen Themen, bei denen wir über keine oder

Abb. 3.57: Bilder, die Ansichten von Dörfern zeigen, gibt es erst aus dem späten Mittelalter oder der beginnenden Neuzeit. Für die Zeit davor sind wir auf Rekonstruktionen angewiesen. Hier das Beispiel einer wissenschaftlich sorgfältig abgesicherten Rekonstruktionszeichnung eines Dorfes der Salierzeit (Norbert Wand, Das Dorf in der Salierzeit: ein Lebensbild (Publikation zur Ausstellung „Das Reich der Salier 1024–1125", Speyer 1992) © Fanny Hartmann

Abb. 3.58: Computerrekonstruktion nach Bauplänen – Schloss Falkenstein. Das königliche Bett sollte als Altar inszeniert werden.

schlecht geeignete Bildquellen verfügen. Die Zeitspanne reicht von der Steinzeit bis zur ägyptischen Hochkultur, vom Frühen bis ins Hochmittelalter. In den Jugendsachbüchern, die sich mit diesen Zeiten befassen, sind Rekonstruktionszeichnungen die beherrschende Bildgattung. Aber nur in den seltensten Fällen wird erläutert, dass es sich um eine Rekonstruktion handelt und was eigentlich eine Rekonstruktion ist. Häufig werden Bildquellen und Rekonstruktionszeichnungen unkommentiert nebeneinander verwendet. Sie werden damit auf eine Stufe gestellt, die wissenschaftlich und didaktisch grundlegende Unterscheidung von Quelle und Darstellung entfällt. Die Darstellung erscheint sogar als das bessere, richtigere Bild, weil sie oft detaillierter ist, mehr Anschauung und Information liefert und den Leser stärker als die Quelle emotional anspricht.

Rekonstruktionszeichnungen in Jugendsach- und Geschichtsschulbüchern

Das Problem verschärft sich dadurch, dass die Rekonstruktionszeichnungen, die wir in Jugendsachbüchern finden, von sehr unterschiedlicher Machart und Qualität sind. Die Zeichnungen von David Macaulay[7] etwa setzen den Akzent im Technisch-

7 David Macauly, Wo die Pyramiden stehen/Eine Stadt wie Rom/Es stand einst eine Burg/Sie bauten eine Kathedrale. Die deutschen Originalausgaben sind im Artemis Verlag (Zürich/München), die Taschenausgaben bei dtv junior (München) erschienen. Die wichtigsten Verlage für historische Jugendsachbücher überhaupt sind Tessloff (Reihe „Was ist was", „So lebten sie zu Zeiten der …", „Die Welt des/der …"), Gerstenberg („Sehen, Staunen, Wissen"), Artemis und ÖBV. Dabei handelt es sich im Übrigen nur selten um deutsche Eigenproduktionen, zumeist sind sie englisch-amerikanischer, zuweilen auch französischer oder italienischer Provenienz.

Abb. 3.59: Computerrekonstruktion eines Hauses in Çatal Höyük, Inneneinrichtung mit Wandmalereien

Gegenständlichen (Abb. 3.60). Es geht um die Erkennbarkeit des konstruktiven Details: Die gesamte Bildkomposition ist funktional darauf ausgerichtet. Schon die Ausführung als schwarz-weiße Strichzeichnung macht das deutlich. Diese Art von Bild kommt einem eng gefassten, wissenschaftlichen Verständnis von Rekonstruktionszeichnung sehr nahe.

Anspruchsvoll sind auch die Zeichnungen von Peter Conolly, von dem verschiedene Bände zur griechischen und römischen Zeit stammen.[8] Häufig stellen sie Gegenstände, z. B. militärische Ausrüstung, dar. Aber viele seiner Bilder treten doch schon sehr viel stärker als vermeintlich direkte Abbildungen vergangener Realität in Erscheinung: Sie sind farbig, sie zeigen komplett ausgemalte Szenerien, und besonders die Personen werden nicht nur als Sozialtypen präsentiert, sondern als Individuen mit entsprechender Physionomie ausgestaltet (Abb. 3.61). Und es finden sich bei Conolly auch Bilder, die man – obwohl die Ausstattungsdetails stimmen mögen – gar nicht mehr als Rekonstruktionen, sondern nur noch als Illustrationen bezeichnen kann, weil sie nicht auf Vermittlung von Information, sondern auf Dramatik und Atmosphäre abzielen (Abb. 3.62). Es sind sozusagen Historienbilder

ILLUSIONISMUS: REKONSTRUKTIONSZEICHNUNGEN ALS MODERNE HISTORIENBILDER

8 Peter Connolly, Das Leben zur Zeit des Jesus von Nazareth, Hamburg/Nürnberg: Tessloff 6. Aufl. 1996; Die römische Armee, Hamburg: Tessloff 1988; Ein römischer Legionär. Tiberius Claudius Maximus, Nürnberg: Tessloff 1990; Hannibal und die Feinde Roms, Nürnberg: Tessloff 1978/1989.

Abb. 3.60: Als Rekonstruktionszeichnung erkennbar – eine römische Stadtstraße (David Macaulay, Eine Stadt wie Rom. Planen und Bauen in römischer Zeit © 2006 Bibliographisches Institut/Sauerländer, Mannheim)

für Jugendliche; ein großer Teil der Bilder in Jugendsachbüchern lässt sich dieser Spezies zuordnen. Bei ihnen geht es nicht um einzelne Sachgesichtspunkte, sondern um möglichst pralle, umfassende, oft sogar überladene Lebensbilder vergangener Zeiten. Selbst die im Detail so faszinierenden Zeichnungen einer mittelalterlichen Stadt von Jörg Müller, die inzwischen in diversen Schulbüchern abgedruckt sind, bieten insgesamt ein überwältigend lebensvolles und allzu buntes Bild mittelalterlichen Lebens (Müller u. a. 1995). Typisch für diese Art der Darstellung sind auch die meisten Burgenbilder: Da werden riesenhafte und verschachtelte Anlagen gezeigt, die von einer starken Besatzung gegen Hunderte von Angreifern verteidigt werden; mit dem in der Realität vorfindbaren Einzelfall haben solche überhöhten Idealdarstellungen wenig zu tun (Abb. 3.63). Historienbilder dieser Art können eher desorientierend wirken: Sie präsentieren auf eingängige Weise die Schauseite einer bunten und unterhaltsamen vergangenen Welt. Von den tatsächlichen Lebensformen und Existenzbedingungen lassen sie wenig erahnen, und sie überdecken die Mühe, die es bereitet, sich jenen anhand von Quellen anzunähern. Nun wäre es freilich allzu puristisch und didaktisch engstirnig, aufgrund solcher Bedenken auf den Einsatz von Rekonstruktionszeichnungen im Schulbuch und im Unterricht allgemein gänzlich zu verzichten. Aber man sollte sich dabei an einige Regeln halten:

REGELN FÜR DEN EINSATZ IM UNTERRICHT

– Es sollten nur Rekonstruktionszeichnungen verwendet werden, die dem Begriff gerecht werden, also wissenschaftlich abgesichert bestimmte Gegenstände und Verfahren verdeutlichen. Genreszenen im Stil von Historienbildern, bei denen Atmosphäre und Dramatik im Vordergrund stehen, sind fragwürdig. Allerdings: Die Grenzen innerhalb der Gattung sind fließend.
– Rekonstruktionszeichnungen und historische Bildquellen sollten beim Abdruck nicht so miteinander verquickt werden, dass für Schülerinnen und Schüler die Unterschiede zwischen den Bildarten verwischen.
– Rekonstruktionszeichnungen sollten als solche ausgewiesen werden. Das Minimum ist die Nennung des Begriffs. Besser ist eine Erläuterung oder sind ergänzende Formulierungen in der Bildlegende, die deutlich machen, dass es sich nicht um eine Quelle, sondern um eine Darstellung handelt, und die damit die Bildaussage relativieren. Vorbildhaft ist der Kommentar zu einigen Ausschnitten aus den schon erwähnten Stadtbildern von Jörg Müller, der in „Wir machen Geschichte“ gegeben wird: „Rekonstruktionszeichnungen müsst ihr mit einer gewissen Vorsicht betrachten: Sie zeigen uns nicht wie eine Fotografie die Wirklichkeit, sondern sie verdeutlichen, wie es gewesen sein könnte, wie man sich die damalige Wirklichkeit vorstellt. Alle Zeichnungen in diesem Buch beruhen auf sicheren wissenschaftlichen Erkenntnissen, so dass wir davon ausgehen können, dass das, was sie zeigen, der Realität sehr nahe kommt.“ (Bd. 1, Frankfurt a. M.: Diesterweg 1996, S. 9)

DIE GATTUNG ERLÄUTERN

– In den meisten Schulbüchern wird mittlerweile der Umgang mit bestimmten Quellen und Medien in gesonderten Abschnitten erläutert. Ein solches exemplarisches Methodenlernen wäre auch bei Rekonstruktionszeichnungen sinnvoll – nicht nur im Schulbuch, sondern auch sonst im Unterricht. Man kann zunächst darüber informieren, welche Erkenntnisse eigentlich einer Rekonstruktionszeichnung zugrunde liegen und wie man sie gewinnt. Vorbildhaft in dieser Hinsicht ist etwa der Band von Mike Corbishley „Die Welt der Römer“ (Hamburg: Tessloff 1987), der eingangs über Quellen und archäologische Verfahren informiert. In den Schulbüchern bieten nur „Wir machen Geschichte“ (Bd. 2, Frankfurt a. M.: Diesterweg 1996, S. 20 f.) und „Expedition Geschichte“ (Bd. 3, Frankfurt a. M.: Diesterweg 1997, S. 46f.) einen entsprechenden Methodenabschnitt an. Dann lassen sich zeitgenössische Bildquellen und Rekonstruktionen miteinander vergleichen (so in „Expedition Geschichte“, S. 47). Man kann auch unterschiedliche Rekonstruktionen einander gegenüberstellen, um zu demonstrieren, dass die Ergebnisse durchaus unterschiedlich ausfallen können.

EXEMPLARISCHES METHODENLERNEN

Abb. 3.61: Bunte Szenerie – der Tempel von Jerusalem (Peter Connolly, Das Leben zur Zeit des Jesus von Nazareth, Hamburg: Tessloff 1984, S. 4/5)

Abb. 3.62: Dramatik statt Information – der jüdische Aufstand 64 n. Chr. (Peter Connolly, Das Leben zur Zeit des Jesus von Nazareth, Hamburg: Tessloff 1984, S. 73)

Abb. 3.63: Eine Riesenburg und mittelalterliche Massenkämpfe auf einem Poster der Zeitschrift „Treff“

Und schließlich können Schülerinnen und Schüler sich selber – aus der Perspektive späterer Forscher – an Rekonstruktionszeichnungen für Gegenstände, Situationen und Verfahren unserer Zeit versuchen; dafür müssen sie zunächst die Funktion und die möglichen Ausführungsweisen einer Rekonstruktionszeichnung reflektieren.

Rekonstruktionszeichnungen als Quellen

Historienbilder – darum ging es im vorigen Kapitel – sagen mehr über die Zeit, in der sie entstanden sind, als über jene, die sie darstellen. Das gilt auch für Rekonstruktionszeichnungen, die den Charakter von Historienbildern haben. Insbesondere ältere Bilder lassen sich deshalb wiederum als Quellen für die Sichtweisen ihrer Zeit nutzen. Das trifft zu etwa auf historische Schulwandbilder: Ein Vergleich dreier Darstellungen eines germanischen Gehöfts aus dem Kaiserreich, der NS- und der Nachkriegszeit lässt den jeweiligen Zeitgeist in Erscheinung treten (Müller 1984, 1988). 1889 werden die Germanen als wilde, urtümliche Jäger präsentiert, als mythische Gestalten der deutschen Vorgeschichte. 1935 treten sie als wehrhafte Bauern in Erscheinung. 1952 sind alle kriegerischen Aspekte verschwunden, das Bild zeigt friedliche Geschäftigkeit in einer Vielzahl von Kulturtechniken – gleichsam ein germanisches „Wirtschaftswunder“.

3.2.3. Historische Comics

Auch historische Comics gehören zur Gattung der „Geschichtsbilder“: Sie handeln von einer vergangenen Zeit, nicht von ihrer Entstehungszeit, sind also Darstellungen von, nicht Quellen für Geschichte. Comics sind Bildgeschichten. Das unterscheidet sie von allen anderen bislang in Kapitel 3 vorgestellten Bildarten. Deshalb einige Bemerkungen zu Bildgeschichten – von denen Comics keineswegs die einzigen sind – vorweg. Einzelbilder zeigen, davon war schon in Kapitel 1.1. die Rede, Momentaufnahmen ohne Vorher und Nachher. Sie erzählen keine Geschichte. Allenfalls der Betrachter selber kann diese Bilder aufgrund einschlägiger historischer oder kunstgeschichtlicher Kenntnisse in seinem Kopf kontextualisieren und historisch plausible Geschichten dazu entwerfen. Anders dagegen ist es – der Begriff ist zunächst bewusst neutral gewählt – bei Bildsequenzen. Das Spektrum solcher Folgen reicht von der Trajanssäule in Rom über den Teppich von Bayeux, über mittelalterliche Glasfenster und Bildchroniken, die Bilderbögen, Bänkeltafeln oder Bildgeschichten (z. B. Wilhelm Busch) des 19. Jahrhunderts bis zu den Fotoreportagen des Zwanzigsten. Diese Bildsequenzen unterscheiden sich in der Art der Komposition und in der Dichte der Verknüpfung. Bei der Trajanssäule haben wir es eher mit einer additiven Reihung von Einzelbildern zu tun, die zwar im Groben chronologisch organisiert sind, aber auch idealtypisch gleichsam zeitlose Szenen wiedergeben. Anders ist es etwa bei den Bänkelbildern, die in chronologischer Abfolge mit einem definierten Anfang und Ende von einem bestimmten, sehr eng umgrenzten und meist spektakulären Ereignis oder Vorfall erzählen – hier ist der Begriff Bildgeschichte tatsächlich angebracht. Ausdrücklich als Reihe behandelt werden solche Bildsequenzen nur selten. Karl Ballhauses bekannte Sozialreportage „Ein Tag im Leben des arbeitslosen Schlossers Karl Döhler“ (Ballhause 1981) kommt zwar in vielen Schulbüchern vor, aber nur in Einzelbildern. Gerade mit dieser Fotoreihe kann man Schülerinnen und Schüler zu eigenen Erzählhandlungen und damit zu einer Deutung der Bilder und zu einer Verknüpfung mit historischem Hintergrundwissen führen (vgl. Pandel 1988).

BILDSEQUENZEN UND BILDGESCHICHTEN

Comics sind eine moderne und sehr komplexe Form der Bildgeschichte (vgl. zum Comic allgemein Grünewald 1982 und 1991, Platthaus 2000 (1998); zum historischen Comic Pandel 1994 und 1999 sowie insgesamt Geschichte lernen Heft 37/1994 „Geschichte im Comic“, auch Semel 1999, Näpel 2002). Die ersten erschienen am Ende des 19. Jahrhunderts in amerikanischen Tageszeitungen („The Katzenjammer Kids“ von Rudolph Dirks, 1897). Seit 1929 gab es eigene Comic-Hefte und Alben. Neben Kinder- und Tiercomics entstanden nun Abenteuer- und Science-Fiction-Comics. „Mickey Mouse“ (seit 1930) und „Donald Duck“ (1938), aber auch „Superman“ (1938) und als erster historischer Comic „Prinz Eisenherz“ (1937) wurden weltberühmt. In Deutschland waren Comics lange Zeit verrufen. Bis zur Mitte der Sechzigerjahre wurden sie in regelrechten Kampagnen, sogar mit „Bücherverbrennungen“, als „Schund“ verfolgt. Erst seit Ende der Sechzigerjahre haben sie sich mit unterschiedlichen Spielarten als eigenständige Kunstgattung durchgesetzt. Wie andere solche Gattungen auch umfasst sie ein weites Spektrum an Themen, Gestaltungsweisen und Qualitäten.

GESCHICHTE DES COMICS

GESTALTUNGSMITTEL

Ein besonderes Kennzeichen des Comics ist (fast immer) die Verbindung von Bild und Text. Der Text kann als Unterschrift – so bei Prinz Eisenherz – oder innerhalb der Zeichnungen als Erzähltext (Blocktext) oder direkte Rede (die comic-typischen Sprech- und Denkblasen) in Erscheinung treten. Das einzelne, heute meist farbige Bild („Panel“) steht in einem Rahmen. Durch diesen und einen weißen Zwischenraum ist es vom vorhergehenden und nachfolgenden Bild abgegrenzt. Zugleich markiert dieser so genannte Hiatus einen Zeitsprung – nur durch ihn ergibt sich eine fortschreitende Erzählung, das einzelne Bild ist statisch. Die zeitlichen Abstände zwischen den einzelnen Bildern können unterschiedlich groß sein: Durch weitere Abstände wird das Tempo gerafft, durch kürzere verbreitert es sich bis hin zur Zeitlupe. Die Schnitt-Technik der Bildabgrenzungen macht aber auch Vor- und Rückblenden oder Blicke auf verschiedene, parallel ablaufende Handlungen möglich. Nicht nur diese Elemente sind vom Film entlehnt; wie der Film arbeitet auch der moderne Comic mit „Kamerafahrten" und „-schwenks" und mit unterschiedlichen „Kameraeinstellungen".

Historische Comics: Faktizität und Fiktionalität

Comics, die in vergangenen Zeiten spielen, haben sich in den letzten Jahren geradezu zu einer eigenen Untergattung entwickelt (eine Comicografie in Munier 2002, S. 119–143).[9] Diese historischen Comics – genauer müsste man eigentlich von Geschichtscomics sprechen, weil sie selber nicht historisch sind – sind wie historische Romane eine fiktionale Gattung. Sie erzählen Geschichten über die Geschichte. Und wie bei Romanen auch ist es bei ihnen um das Verhältnis von Faktizität und Fiktionalität unterschiedlich bestellt. Mal dient eine historische Situation nur als Kulisse, mal sind Comic-Handlung und historischer Hintergrund eng verzahnt; mal spielen historische Personen eine Hauptrolle, mal treten sie nur gleichsam als Merkzeichen für die historische Situierung auf. In den meisten modernen Comics – anders als in älteren pseudohistorischen Reihen wie „Falk" oder „Sigurd" – ist die Erzählung geschichtlich präzise verortet und wird der historische Kontext genau genommen – von den allgemeinen Konstellationen der Zeit bis ins Ausstattungsdetail. Solche Comics sind historisch triftig: Ihre Geschichten sind zwar nicht authentisch, aber sie hätten sich am Ort und in der Zeit so zugetragen haben können.

Nutzen für den Geschichtsunterricht

Worin kann der Nutzen solcher historischer Comics für den Geschichtsunterricht oder weitergefasst für die historische Orientierung und Vorstellungsbildung von Schülerinnen und Schülern liegen? Die Gesichtspunkte und Argumente sind bei diesen „Geschichtserzählungen in Bildern" nahezu dieselben wie bei fiktionalen historischen Erzähltexten. Die Vermittlung von Geschichte im Unterricht ist oft noch immer stark begrifflich abstrakt ausgerichtet. Historische Comics setzen solche Begriffe in Bilder um, konkretisieren sie an Fällen und Beispielen und machen sie anschaulich. Sie bewirken über Individualisierung und Dramatisierung Anteilnahme, Betroffenheit und Identifikation. Sie setzen eine Geschichte „von unten" und „der da unten" ins Bild, die wir sonst zwar historisch erschließen können, die uns aber nicht als solche zusammenhängend in Quellen überliefert ist. Und sie zeigen eine Fülle historischer Details alltäglichen Lebens. Kurzum:

9 Einige Alben sind speziell als Lerncomics für Geschichte – mit Jugendlichen als Hauptzielgruppe – entwickelt worden. Die Reihe „Abenteuer, Burgen und Turniere" (Hannover: Schlütersche 1996) wirkt reichlich gewollt und aufgesetzt kindertümelnd. Professioneller dagegen der anlässlich des Jubiläums 1998 erschienene Comic „Des Volkes Freiheit" (Die Revolution von 1848/49 in Baden und Württemberg, Stuttgart: Ehapa/Haus der Geschichte Baden-Württemberg 1998). Eine Fülle von Anspielungen auf die Gegenwart fordert den kriminalistischen Spürsinn der Leser heraus, bricht freilich auch die Atmosphäre zugunsten des vordergründigen Effekts. Der anlässlich des zehnjährigen Jubiläums des Mauerfalls erschienene Comic „Geht doch rüber!" (Fünf Jahrzehnte deutscher Geschichte. Stuttgart: Ehapa/Haus der Geschichte Baden-Württemberg 1999) schildert exemplarisch die Geschichte einer Familie. Alle relevanten politischen Ereignisse darin einzubeziehen, geht nicht ohne gewisse Zwänge.

Abb. 3.64: „Wie Blätter im Sturm" von Benoit Sokal und Alain Populaire (Hamburg: Carlsen 1990, S. 28) spielt im Dreißigjährigen Krieg. Die Menschen sind dem Geschehen ausgeliefert. Düstere Atmosphäre, Dunkelheit und Regen beherrschen die Erzählung. Die Menschen sind heruntergekommen und mitgenommen – die Figurendarstellung wird fast bis zur Karikatur zugespitzt. Der Zeichner verwendet extreme Paneelformate: Hochformate als schnelle, dramatische Gegenschnitte, Querformate für eine metaphorische Zeitbetrachtung

Solche Comics können helfen, Vorstellungswelten von Geschichte in den Köpfen von Schülerinnen und Schülern entstehen zu lassen (Abb. 3.63).

Das Problem der Suggestion und Überwältigung

Allerdings darf man auch die Probleme und Risiken, die dabei auftauchen können, nicht übersehen. Voraussetzung für die eben skizzierten positiven Effekte von Comics ist deren historische Triftigkeit. Größer noch als bei fiktionalen Texten ist bei den Bildgeschichten die Gefahr der Suggestion und emotionalen Überwältigung: Die konkrete, geschlossene, in sich stimmige Bilderwelt kann als realitätsnäher und „wahrer" aufgefasst werden als das, was in Quellen und Schulbuchdar-

Stichpunkte zur Analyse historischer Comics

- *Inhalt*: Welche Geschichte wird erzählt?
- *Personen*: Welche Figuren (Identifikations- und Feindfiguren) werden angeboten und wie werden sie dargestellt?
- *Historischer Kontext*: Wie genau (Ort, Zeit) ist der historische Hintergrund definiert? Wie werden Geschichte und Hintergrund verknüpft (historische Ereignisse und Personen, historische Gesamtkonstellationen, bestimmte Sozialtypen)? Wie werden historische Personen dargestellt und bewertet? Welches Geschichtsbild vermittelt der Comic?
- *Dramaturgie*: Wie wird die Geschichte erzählt (Zeitablauf, Zeitsprünge, Rückblende, Vorausschau, Nebenhandlungen, Rahmenhandlungen, Personen als Erzähler)? (vgl. Kasten Schaubild S. 138)
- *Zeichenstil*: Welche künstlerischen Stilmittel sind erkennbar (realistische Darstellung, Atmosphäre, Dynamik der Figurengestaltung, Paneelformate, Perspektiven, Einstellungen, Farbe etc.)?

COMICS ANALYSIEREN

stellungen sperriger, bruchstückhafter und weniger eingängig in Erscheinung tritt. Aus diesem Grunde sollte man historische Comics, wenn man sie in den Geschichtsunterricht einbezieht, auch kritisch untersuchen. Im Idealfall geht es dabei um die „Ganzschrift", im Notfall kann man sich auf einzelne Schlüsselszenen beschränken.[10]

HANDLUNGSORIENTIERTE ZUGÄNGE

Handlungsorientierte Zugänge ergeben sich aus dem Prinzip Bildgeschichte und der Bild-Text-Kombination: Wie bei der oben erwähnten Fotoreportage lässt sich auch ein Comic (Auszug) in durcheinander gebrachten Einzelbildern präsentieren; beim Versuch, die Bilder zu ordnen, erproben die Schülerinnen und Schüler eigene Erzählentwürfe. Und das Weglassen der Blasen- und Blocktexte animiert zum genauen Betrachten der Bilder und zum Einfügen eigener, anhand der Bilder zu begründender Texte. Einsichten in die Gestaltungsweise von Comics können Schülerinnen und Schüler natürlich auch gewinnen, indem sie selber welche entwickeln. Die einzelnen Arbeitsschritte entsprechen dem üblichen Ablauf der Comicproduktion (s. Kasten S. 138 unten).

HISTORISCHE COMICS SELBER MACHEN

Für historische Comics kommt noch ein wichtiger und didaktisch besonders ertragreicher Schritt hinzu. Damit die Ausstattungsdetails stimmen, müssen sich die Schülerinnen und Schüler zunächst über die Zeit, von der der Comic handeln soll, informieren – indem sie sich Bilder ansehen und einschlägige Nachschlagwerke konsultieren (Kulturgeschichten, Architektur-, Kostüm-, Möbellexika etc.). Natürlich

10 Natürlich lassen sich auch unterschiedliche Comicdarstellungen ein und desselben Themas miteinander vergleichen, z. B. die anlässlich des Jubiläumsjahres 1992 entstandenen Kolumbus-Comis: Enzo Biagi/Milo Manara/Giancinto Gaudenzi, Kolumbus, Hamburg: Carlsen 1992; Erich L. Nussbaumer/Ronald Putzker, Einsam stirbt Kolumbus, Hamburg: comicplus 1992; José Mercader, Columbus und die Folgen, Bonn: Pahl-Rugenstein Nachf. 1991; während Biagi u. a. die herkömmliche Kolumbus-Geschichte erzählen, demontieren Nussbaumer/Putzker die Figur des „großen Mannes" und verspottet Mercader die gesamte Entdeckungsgeschichte mit seinen Cartoons.

Ein Schaubild zur Dramaturgie eines Comics anfertigen

„Für die Analyse bietet es sich an, den Erzählstrang mittels einer Linie zu veranschaulichen. Diese durchgezogenen Linie markiert die linear-chronologische Erzählung. Rahmenhandlung, Parallelhandlungen, verzweigte Handlungen (Handlungsstränge, die auseinander-, parallel- und wieder zusammenlaufen) wie eventuell Wechseln der Erzählebene (Traum, Erinnerung, Tagebuch u. a.) können signifikant im Schaubild deutlich gemacht werden (Wellenlinien, gestrichelte oder unterschiedlich farbige Linien, Verlauf der Linien, Unterbrechung usw.). Illustrativ werden prägnante Panels (z. B. Anfang, Höhe- und Wendepunkte, Ende), die das Geschehen tragenden Akteure oder wichtige Dinge aus der Comicgeschichte entnommen (fotokopiert, durchgepaust oder einfach notierte Nummern gemäß der Seiten-/Paneelzählung) und an entsprechender Stelle in das Schaubild eingeklebt.“ (Grünewald 1991, S. 88 f.)

muss dabei auch berücksichtigt werden, in welchem sozialen Umfeld die Geschichte spielt. Das produktionsorientierte Arbeiten macht also zunächst einmal eigene „Forschungen“ notwendig und motiviert dazu (vgl. Wolst 1994).
Comics gehören außerhalb der Schule zur beliebtesten Lektüre von Kindern und Jugendlichen. Eine genaue Beschäftigung mit historischen Comics wird auch immer zu einer allgemeinen „Leseerziehung“ beitragen, die den kompetenten, keineswegs immer analytisch-reflexiven, aber kenntnisreichen und urteilsfähigen Umgang mit der Gattung zum Ziel hat.

Der Comic als gezeichnetes Geschichtsbuch

Nicht zum Typus des fiktionalen Geschichtscomics gehört der Comic als gezeichnetes Geschichtsbuch, wie ihn etwa die Hitlerbiografie von Dieter Kalenbach (Friedemann Bedürftig/Dieter Kalenbach, Hitler, zweibändige Ausgabe Hamburg: Carlsen 1989, einbändige Ausgabe Hamburg: Carlsen 1993) repräsentiert. Auch Art Spiegelmans berühmter Maus-Comic (Die Geschichte eines Überlebenden, zwei Teile, Reinbek: Rowohlt 1989/92) ist eine – allerdings in gebrochener und verfremdeter Form präsentierte – biografische Geschichte.

Der Comic als Quelle

Ein besonderer Fall ist der Comic als Quelle für seine Entstehungszeit. Comics als historische Quellen sind dann besonders aufschlussreich, wenn sie eine politisch-didaktische Funktion haben: Die chinesischen Comics aus dem Sammelband „Das

Einen historischen Comic selber machen

- *Handlungsentwurf*: Worum es in der Geschichte geht
- *Drehbuch*: Bildfolge und Text in Stichworten
- *Entwürfe für die Zeichnungen*: Layout einer Seite, Paneelformate, Einzelbilder (Personen, Hintergrund, Ausschnitt, Perspektiven, Einstellungen, Raum für Sprechblasen etc.)
- *Reinzeichnungen, Kolorierung, Letterung*

Mädchen aus der Volkskommune" (Reinbek 1972) vermitteln uns ein Bild davon, wie maoistische Lehren und Verhaltensnormen auf populäre und eingängige Weise vermittelt werden sollten. Auch historische Stoffe werden dort im Hinblick auf aktuelle Zielsetzungen historisch-politischer Erziehung präsentiert. Das demonstriert etwa der Comic über den englisch-chinesischen Opiumkrieg 1840–42 im selben Band (genauer und für den Unterricht Chun Ming/Lange 1994).

Auch in Japan sind Comics, die Mangas, ein wichtiger Teil der Alltagskultur. Japan hat sich nie in vergleichbarem Maße wie Deutschland zu den Verbrechen bekannt, die seine Truppen im Zweiten Weltkrieg begangen haben. Entsprechend wird in Yoshinori Kobayashis voluminösem Kriegscomic „Senso Ron" der Krieg als japanische Selbstverteidigung gegenüber dem Westen dargeboten und das Massaker von Nanking, eines der schlimmsten japanischen Kriegsverbrechen, in Zweifel gezogen. Hier spiegelt ein Comic als Quelle das Geschichtsbild einer Nation wider. Dass Comics aber auch auf sehr persönliche und eigenständige Weise *zeitgleiche* Geschichte reflektieren können, zeigen diverse Alben, die in jüngster Zeit den Bosnienkrieg zum Thema genommen haben (vgl. im Überblick bei Platthaus 1999).

4. Bildtypen: Technik, Präsentation und Verbreitung

In Kapitel 3 wurde eine Unterscheidung von Bildtypen unter thematischen Gesichtspunkten vorgenommen. Hier geht es nun um den materiellen Aspekt, der den thematischen ergänzt und sich mit ihm gleichsam zu einem systematischen Raster kreuzt: Mit welcher Technik werden Bilder gefertigt, wie teuer ist das Material, wie aufwendig die Herstellung? Ist ein Bild ortsgebunden oder transportabel, kann es vervielfältigt werden, wie ist das Format, wird es in einem öffentlichen oder privaten Ort präsentiert? Diese Fragen werden bei der Betrachtung von Bildern als historischen Quellen kaum einmal in allgemeiner Form erörtert. Dabei ist es wichtig, dass Schülerinnen und Schüler zumindest eine ungefähre Vorstellung davon haben, welche Technik zu welchem Zeitpunkt existent und verbreitet war, was sich mit dieser Technik darstellen ließ, wer sich als Auftraggeber welche Art von Bildern leisten konnte, wie viele Menschen bestimmte Bilder überhaupt zu Gesicht bekamen und auf wen sie demzufolge wirken konnten. Der Überblick ist nach den Hauptgattungen der Kunst – Plastik, Malerei, (Druck-)Grafik – gegliedert, hinzu kommt die Fotografie. Wiederum geht es nicht um Vollständigkeit und nur partiell um kunstgeschichtliche Aspekte im engeren Sinne. Es sollen lediglich in aller Kürze einige Stichworte genannt werden, die für unser Thema – Bilder als historische Quellen, Bilder im Geschichtsunterricht – bedeutsam sind. Um die künstlerische Handschrift der jeweiligen Zeit geht es an dieser Stelle nicht, das ist Gegenstand von Kapitel 5.

FRAGESTELLUNG UND INTENTION

4.1. Plastik

Plastiken sind dreidimensionale Kunstwerke, die durch die Gestaltung und Formung eines Materials entstehen. Als Materialien können Stein, Holz, Metall, Ton, Elfenbein u. a. dienen. Der Terminus Plastik soll hier als Sammelbegriff fungieren; traditionell unterscheidet man auch nach ihrer Technik zwischen Plastiken und Skulpturen: Bei der Skulptur wird Material abgetragen (Stein, Holz), bei der Plastik Material angetragen oder modelliert (Metall, Ton, Gips, Wachs). Von der Form her differenziert man zwischen der Voll- oder Rundplastik und dem Relief.

DEFINITION: PLASTIK

Hauptgegenstand der Vollplastik ist immer die menschliche Gestalt gewesen. Das beginnt bereits mit den so genannten Venusstatuetten der Altsteinzeit. In Ägypten wurden Götter und Göttinnen, Pharaonen und ihre Gemahlinnen als Skulpturen in Stein oder Holz dargestellt, allerdings nicht als völlig freie Figuren, sondern angelehnt an Wände oder Säulen. Im antiken Griechenland war es die menschliche Idealfigur, sei es als Gott, Heros, Politiker oder Sportler. In der christlichen Kunst der Spätantike und des frühen Mittelalters wurde dann allein der Gekreuzigte als vollplastische Figur dargestellt. Erst seit der Romanik war die Vollplastik wieder stärker verbreitet; sie stand aber nicht isoliert, sondern diente als Bauplastik der Ausschmückung von Kirchen und fand sich als Grabfigur, aber auch als Holzschnitzerei in der Altargestaltung. Die Renaissance belebte die Darstellungsweise der Antike

VOLLPLASTIK

wieder. Neben der kirchlichen und weltlichen Auftragskunst fertigte man nun auch in größerer Zahl Kleinplastiken ohne Auftrag für einen wachsenden städtischen Markt. Bis ins 20. Jahrhundert wurde dann das Denkmal zu einer Hauptspielart der Plastik, zunächst in Renaissance und Barock als fürstliches Reiterstandbild, seit dem 19. Jahrhundert dann in den unterschiedlichsten Ausführungen (Kriegerdenkmal, Nationaldenkmal etc.). Seit dem 18. Jahrhundert setzte sich immer mehr das individuelle gegenüber dem idealen Bildnis des Menschen durch. Die Bildhauerkunst des 20. Jahrhunderts ist durch Einflüsse „naiver" außereuropäischer Kunst (Afrika, Ozeanien) und durch Abstraktion bestimmt.

RELIEF

Das Relief ist aus der Ritzzeichnung entstanden. Am „versenkten Relief" der ägyptischen Kunst ist das noch deutlich zu erkennen: Die Umrisse der Figuren werden in eine Fläche so eingekerbt, dass zur Figur hin eine leichte Rundung entsteht. Umgekehrt ist die Darstellungsweise beim Flach- oder Hochrelief: Hier werden die Flächen um die Figuren herum abgetragen, so dass diese hervortreten. Bleiben sie als glatte Fläche stehen, handelt es sich um ein Flachrelief, werden sie durchmodelliert, um ein Hochrelief, das auch schon in die Vollplastik übergehen kann. Eine Sonderform des Reliefs sind Gemmen und Kameen, in einen Edelstein oder Halbedelstein geschnittene Bilder. Ist das Bild vertieft, sprechen wir von einer Gemme, ist es erhaben, von einer Kamee. (Eine der schönsten und größen Kameen der römischen Zeit, die „Gemma Augustea", eignet sich besonders für die Behandlung im Geschichtsunterricht (Sauer 1998)). Obwohl das Relief dreidimensional ist, ist es zugleich auch flächenhaft. Das erlaubt – anders als bei der Vollplastik – auch die Wiedergabe von größeren, handlungsbestimmten und gleichsam erzählenden Szenen.

HERSTELLUNGSAUFWAND

Vollplastik und Relief unterscheiden sich also in ihren Darstellungsmöglichkeiten und damit auch in ihrem Quellencharakter. Vollplastiken sind, jedenfalls ab einer gewissen Größe und Detailliertheit, aufwendige Kunstwerke. Das gilt sowohl für das Material wie für die künstlerische Bearbeitung. Natürlich kommt es darauf an, wie teuer und wie schwer zu bearbeiten das Material ist: Marmor ist etwas Anderes als Sandstein. Besonders kompliziert ist der Guss von Metallplastiken. Von der Antike bis in die Renaissance war der Bronzeguss eine der wichtigsten künstlerischen Techniken. Für einen solchen Guss muss zunächst ein Modell der Figur hergestellt werden. Das Negativ dieses Modells bildet dann die Gussform. Diese Modelle hat man früher aus Wachs gefertigt, als äußere Form Sand verwendet. Beim Guss bringt die heiße Bronze das Wachs zum Schmelzen und ersetzt es (Wachsausschmelzverfahren). Bei einer Tonform schmilzt das Wachs durch das Brennen.

VOLLPLASTIK – AUFTRAGGEBER UND THEMEN

Vollplastische Bildnisse waren teuer, sie konnten nur von öffentlichen und reichen privaten Auftraggebern finanziert werden. Es handelt sich fast ausschließlich um Personenbilder. Viele von ihnen – in römischer Zeit und seit der Renaissance – fallen in die Gattung Herrscherbild (vgl. Kap. 3.1.1.). Auch wo der Kreis der Auftraggeber und Dargestellten breiter war, wie etwa bei den römischen Porträtbüsten, beschränkte er sich auf die führenden Schichten: Für sie gehörte die Ahnenverehrung mit zur gesellschaftlichen Legitimation und Standespflicht. Die figürlichen Denkmäler, entstanden im 15. Jahrhundert, blieben gleichfalls zunächst Herrschern und Heerführern vorbehalten, später kamen ausgezeichnete Gelehrte und Künstler – auch bürgerlicher Herkunft – hinzu. Eine Art „Demokratisierung" fand beim Kriegerdenkmal statt, das seit den napoleonischen Kriegen nicht mehr nur hohe Militärs, sondern auch gewöhnliche Soldaten zeigt, derer als Opfer gedacht wird, am weitesten verallgemeinert im „Grabmal des unbekannten Soldaten". Kriegerdenkmäler im zeitlichen Wandel oder im nationalen Vergleich zu untersuchen, ist ein dankbares Thema für eine Zusammenarbeit von Kunst- und Geschichtsunterricht.

KRIEGERDENKMÄLER

Stichpunkte zur Analyse von Kriegerdenkmälern

„1. Wo steht das Denkmal (z. B. Zentrum der Stadt, großer Platz, Erhebung vor der Stadt, Hain, Friedhof ...) und was könnte damit beabsichtigt sein (z. B. ständige Präsenz im Alltag, Gemeinsamkeit von Zivil- und Kriegstoten, Ruhe der Natur)?
2. Wie lassen sich die [...] Kriegerdenkmäler klassifizieren (z. B. Mahnmal, Erinnerungsmal, Siegesdenkmal, Heldendenkmal; oder auch Regimentsdenkmal, Gemeindedenkmal usw.)?
3. Wie unterscheiden sich Denkmäler in ihrem äußeren Erscheinungsbild und was könnte dies bedeuten (z. B. Obelisk, Säule, Kubus, Wand)?
4. Was fällt bei einem Vergleich plastischer [...], monumentaler [...] und architektonischer Denkmäler [...] auf? Welche Denkmäler erscheinen am aussagekräftigsten oder aggressivsten?
5. Welche Symbole oder Allegorien (z. B. Eisernes Kreuz, Schwert, Adler, Germania, Lorbeerzweig, Fahne usw.) tauchen immer wieder auf und welche Ideen verbergen sich hinter ihnen?
6. Was sagen Inschriften aus? Welche Änderungen lassen sich im Laufe der Zeit feststellen? Wie werden die Hinterbliebenen angesprochen (‚... den künftigen Geschlechtern zur Nacheiferung' oder ‚... den Lebenden zur Mahnung')?
7. Haben Veränderungen der gesellschaftlichen und politischen Lage konzeptionelle und inhaltliche Veränderungen der Kriegsdenkmäler bewirkt?
8. Welcher Wandel in der öffentlichen Funktion bzw. Rezeption der Kriegerdenkmäler läßt sich feststellen [...]?"
(Schneider 1989, S. 58)

Aus den vollplastischen Darstellungen der menschlichen Gestalt können wir aber auch viel über das Menschenbild, die geistigen und religiösen Vorstellungen der jeweiligen Zeit ablesen (vgl. Kap. 5): In Ägypten sollte das Bildnis den Menschen verewigen, ihn über den Tod hinaus bewahren. Die griechische Kunst rückte die Gestalt als solche in den Mittelpunkt: Sie wird von allen Seiten wichtig genommen. Innere und äußere „Schönheit" gehen Hand in Hand; geistig-seelische Vorzüge ließen sich deshalb auch durch eine ästhetisch ansprechende Gestaltung des menschlichen Körpers zum Ausdruck bringen. Im Christentum dagegen waren das Innere und die Orientierung auf das Jenseits wichtiger als das Äußere, die vollplastische Menschendarstellung passte nicht zu dieser Auffassung.

PLASTIK UND MENSCHENBILD

Beim Relief ist das Spektrum von Auftraggebern und Themen breiter. In römischer Zeit war es üblich, dass auch einfache Bürger und sogar Nicht-Bürger Grabmäler mit Reliefs schmücken ließen. Aus ihnen können wir zusätzlich zum Text etwas über die berufliche Position eines Verstorbenen oder seinen militärischen

RÖMISCHE RELIEFS

Werdegang erfahren. Aber römische Reliefs geben auch oft, über die Gattung Personenbild hinaus, Auskunft über alltägliche Geschehnisse und Verrichtungen (Abb. 4.1).

Wer waren die Adressaten von Plastiken? Statuen standen oft im öffentlichen Raum und sollten öffentlich wirken, eine Botschaft – die Legitimation von Herrschaft, eine Staatsidee, eine religiöse Vorstellung, ein Menschenbild – vermitteln; für Denkmäler gilt dies ohnehin. Das ist der Aspekt der Intention oder Demonstration; die Breitenwirkung war indes naturgemäß begrenzt, denn alle Plastiken sind ja ortsgebunden und werden nicht vervielfältigt, sieht man von den in römischer Zeit beliebten Replikaten griechischer Kunstwerke oder der „serienmäßigen“ Herstellung von Herrscher-Statuen ab. Nur wer vor Ort war, konnte also ein solches Bildnis sehen, und selbst das nicht immer: Flügelaltäre etwa waren oft den größten Teil des Jahres geschlossen, und nur selten erhielten die Gläubigen Gelegenheit, die Schnitzereien (oder Malereien) darauf zu bewundern. Der Hinweis scheint banal zu sein, aber es ist wichtig, im Zeitalter der überall verfügbaren fotografischen Abbildungen daran zu erinnern, dass die Wahrnehmung und damit auch die Wirkung von Bildern lange Zeit daran gebunden war, dass jemand ein Original persönlich und direkt in Augenschein nahm. Davon ausgenommen ist nur eine

Abb. 4.1: Die „Igeler Säule“ (Anfang 3. Jh. n. Chr.) ist das Grabmal der reichen römischen Familie der Sekundinier. Die Südseite zeigt außer der Grabinschrift drei größere Reliefszenen. Über dem zentralen Familienbild ist in einem schmalen Fries ein Familienmahl dargestellt. Die beiden anderen Reliefs geben Auskunft über das Geschäft der Familie, den Tuchhandel. Oben ist eine Tuchprobe dargestellt – Kunden prüfen die Qualität; unten rechts ist abermals eine Tuchprobe zu sehen, links daneben wird Geld gezahlt und gezählt. Das aufwendige Grabmal soll den Reichtum und die gesellschaftliche Stellung der Familie vor Augen führen, die Bilder zeigen deren Quelle. (Nachzeichnung, Rheinisches Landesmuseum Trier)

Abb. 4.2 a/b: Die Rückseiten zweier Augustus-Denare. Während die Vorderseite das Bild des Herrschers zeigte, warb die Rückseite mit seinen Verdiensten. Das Ährenbündel auf Münze a soll versinnbildlichen, dass Augustus die Nahrungsversorgung gesichert habe. Münze b soll an den – aus römischer Sicht – Sieg über die Parther erinnern. Der Besiegte, an Kleidung und Barttracht als Nicht-Römer kenntlich, unterwirft sich kniend und gibt ein römisches Feldzeichen zurück, das bei einer früheren Niederlage verlorengegangen war – eine solche Schande wiedergutzumachen, war besonders wichtig.

besondere Art reliefartiger Darstellung, nämlich das Münzbild. Bis zur Erfindung des Bilderdrucks war die Münze die einzige Möglichkeit, ein Bild massenhaft zu verbreiten. Seit dem Hellenismus und vor allem im Rom des Prinzipats und der Kaiserzeit haben die Herrscher dies genutzt, um ihr – stilisiertes und idealisiertes – Bildnis unters Volk zu bringen und ihre Verdienste um das Reich bekannt zu machen (Abb. 4.2).

4.2. Malerei

Malerei ist die farbige Gestaltung von Flächen, in Abgrenzung von der dreidimensionalen Plastik und der in der Regel farblosen und linearen Grafik. In Kunstwissenschaft und Kunstgeschichte unterscheidet man die Hauptbereiche der Wandmalerei, der Tafelmalerei und der Buchmalerei. Hinzu kommt die Malerei im Kunstgewerbe (z. B. Porzellan- und Vasenmalerei) und die Gestaltung farbiger Flächen nicht im direkten Farbauftrag, sondern durch Zusammenfügen von Einzelelementen (Glasmalerei, Mosaiken).

Die älteste dieser Gattungen ist die Wand- und Deckenmalerei. Sie wird entweder als Freskomalerei auf noch feuchtem oder als Seccomalerei auf trockenem Putz ausgeführt. Die Wandmalerei begann schon mit den vorgeschichtlichen Höhlenbildern; sie haben magisch-kultischen Charakter. Aus den Frühen Hochkulturen und dem antiken Griechenland ist wenig überliefert, die Malereien sind im Laufe der Zeit zerstört worden. Mehr erhalten ist aus römischer Zeit, insbesondere in Pompeji und Herkulaneum ist durch den Ausbruch des Vesuvs 79 n. Chr. manches bewahrt worden (mythologische und Genreszenen). Bemerkenswert ist die Verknüpfung mit der Architektur durch illusionistische Effekte. In der spätantiken und frühchristlichen Kunst, vor allem im Byzanz, wurde dann das Mosaik bevorzugt; es

Maltechniken und -materialien

„Heute kann man für künstlerische Arbeiten alle möglichen Farbsorten (Aquarell-, Gouache-, Tempera-, Öl-, Pastellfarben usw.) und dazu passende Malgründe (Papier, Karton, Holz, Putz, Leinwand und Metall) fertig kaufen. Früher gehörte das Herstellen von Malfarben zu den Werkstattgeheimnissen, die der Meister an Lehrlinge und Gesellen weitergab. Die verschiedenen organischen und anorganischen Rohstoffe mußten mit Mörser und Stößel zu einem feinen Pulver zerrieben werden, dem Farbpigment oder Farbmittel, das dann mit einem Bindemittel verknetet werden konnte. Aufbewahrt wurde die Malfarbe z. B. in Muscheln.

FARBSORTEN

Die verschiedenen Farbsorten erhalten ihre typischen Eigenschaften durch die jeweiligen Bindemittel. Bei Aquarellfarben und Gouache ist das Bindemittel ein Gummi arabicum oder Dextrin, bei Tempera Leim oder Kasein, bei Ölfarben sind es trocknende Öle, bei Acrylfarben Harze. Um die Farben zu verdünnen, benutzt man Malmittel. Das sind Wasser bei Aquarell, Gouache und Deckfarben, Terpentinöl bei Ölfarben, Harzlösungen bei Acrylfarben. Firnis ist eine Schutzschicht, die zum Schluss auf Tempera- und Ölgemälde aufgezogen wird.
Zunächst wurden farbige Erden, Kreiden und Kohle als Farbstoffe verwendet, die durch Brennen ihren Farbton ändern können (gebrannte Siena); pflanzlicher und tierischer Herkunft waren z. B. Krapplack (aus der Krappwurzel), Karminlack (aus Schildläusen), aus Edelstein z. B. Ultramarin (aus Lapislazuli). Heute können vergleichbare Pigmente chemisch hergestellt werden.

AQUARELL

Aquarellmalerei (ital.: Acquarello = Wasserfarbe) ist eine Maltechnik, bei der Farbe durchscheinend (lasierend) aufgetragen, Mischen mit deckendem Weiß vermieden wird. Helligkeit und Dunkelheit ergeben sich durch die Farbtöne und die Dichte des Farbauftrages. Die hellen Bildpartien malt man zuerst. Meist wird mit Bleistift zart vorgezeichnet, diese Vorzeichnung bleibt oft stehen. Werden die Farben so aufgetragen, daß die Konturen verwischen, spricht man von lavierender Malweise (franz.: laver = waschen). Eine lavierte Zeichnung ist eine mit wäßriger Farbe ‚angetuschte' Federzeichnung. In der Buchmalerei – schon bei den ägyptischen Totenbüchern – wurde die Aquarellmalerei vorrangig angewendet. Malgrund war Pergament. Seit dem 15. Jahrhundert wird Aquarellieren für Skizzen und Entwürfe gebräuchlich [...]. Malgrund ist Papier, das nun in Papiermühlen hergestellt wird. – Dürer benutzte Aquarellfarben für Landschaften und Stillleben. Erst mit Turner [...] u. a. wird das Aquarell endlich als selbstständiger Bildtypus anerkannt, der zu mehr als nur zu Vorarbeiten taugt. Im Expressionismus war es vor allem der Blaue Reiter, der die besonderen Gestaltungsmöglichkeiten des Aquarells nutzte. – Die ersten abstrakten Aquarelle stammen von Kandinsky und Klee.

GOUACHE

Gouache oder Guasch (franz.: Gouache und ital.: Guazzo = Deckfarbenmalerei) verwendet deckende Wasserfarben (ihnen ist Deckweiß beigemischt) im Unterschied zu den lasierenden Aquarellfarben. Sie hellen beim Trocknen auf. Verwendet wurden sie vor allem in der mittelalterlichen Miniaturmalerei und in der Bildnismalerei des 15.–19. Jahrhunderts.

TEMPERA

Temperamalerei (lat.: temperare = mischen) erkennt man an ihrer matten und deckenden Farbschicht. Sie war vor der Ölmalerei bis ins 15. Jahrhundert bevorzugte Technik. Temperafarben trocknen schnell, leider hellen sie dabei auf; diese Wirkung muß beim Malen bedacht werden. Die Farbpigmente werden mit Bindemitteln versetzt, die sowohl wasserlöslich als auch wasserfest abbinden können. Bindemittel, mit denen man sich aus käuflichem Farbpulver selbst Temperafarben herstellen kann, sind z. B. Kasein (Kaseintempera) und Leinölfirnis (gemischt mit

Eigelb ergibt sich je nach Ölgehalt Eitempera oder Öltempera). Temperafarben kann man auch als Malgrund für Ölfarben benutzen. Sie eignen sich also auch als Untermalung.
Ölfarbe entsteht durch Vermischen der Farbpigmente in Pulverform mit Öl (Leinöl) als Bindemittel. Wurden bis ins 15. Jahrhundert die Tafelbilder vorwiegend mit Temperafarbe gemalt, so erhielt die Verwendung der Ölfarbe entscheidenden Anstoß durch van Eyck, der die Technik verbesserte und durch seine Bilder bekannt machte. Ölfarbe trocknete zunächst zu langsam, bis ein schnell trocknender Firnis die Lösung brachte. Nun verfügte man über eine Farbe, die beständiger war als Tempera, zudem wasserfest und im Farbton satter. Maltechnisch brachte sie mehrere Vorteile. Man kann sie während des Malens verändern, man kann lasierend malen, d. h. transparente Lagen von Farben übereinander auftragen, man kann sie spachteln und pastos (griech.: teigig) auftragen, ja unmittelbar aus der Tube auf den Malgrund drücken. [...] Die Elastizität der Ölfarbschicht gestattet es, die getrocknete Leinwand vom Rahmen zu nehmen und aufzurollen, ein weiterer Vorteil. [...] Leinwand heißt der auf einen Keilrahmen gespannte Malgrund aus Leinen, auch dann, wenn er aus Baumwolle oder Hanf besteht. Leinwand wird seit dem 15. Jahrhundert bevorzugt in der Ölmalerei verwendet, vorher malte man auf Holz. Damit die Farbe besser steht und hält, trägt man zunächst eine Grundierung auf (ausgenommen bei Aquarell-, Deckfarben- und Pastellmalerei). Man kann sie heute schon fertig kaufen oder aus einem (weißen) Farbpigment, Kreide und Bindemittel, z. B. Leinöl, selbst herstellen. ÖL
Pastellkreiden bestehen wie Ölkreiden und Wachsstifte aus gepreßtem Farbstaub, dem geringe Mengen verschiedener Bindemittel zugesetzt sind. Leonardo und seine Zeitgenossen benutzten Pastellkreiden noch zurückhaltend, um in ihren Kreide- oder Rötelzeichnungen Wangen oder Haare zu betonen. Im Barock des 17. Jahrhunderts entstanden bereits Porträts von Herrschern und Adligen mit diesem Material, im Rokoko wurde es ausgiebig [...] verwendet. [...] Vom 19. Jahrhundert an waren Pastellkreiden verbreitet, u. a. bei den Impressionisten.“ PASTELL
(Johannes Eucker (Hrsg.), Kunstlexikon. Kompaktwissen für Schüler und junge Erwachsene, Frankfurt a. M. 1995, S. 227–230)

ist wesentlich aufwendiger, aber auch weitaus haltbarer als die Wandmalerei. Waren Wandbilder in der römischen Zeit vor allem Ausweis von privatem Reichtum und Geschmack, so traten sie nun in den Dienst der christlichen Verkündigung.
Die große Zeit der Wandmalerei war die Romanik. Die großen Flächen der Kirchen boten den geeigneten Grund für die Vermittlung der Heilsgeschichte. An den Wänden wurden vor allem Szenen aus dem Leben Christi und aus dem Alten Testament dargestellt, die Apsis über dem Altar zeigte das Bild Christi oder der Gottesmutter (eine auch für Unterrichtszwecke geeignete Einführung in Bildprogramme mittelalterlicher Kirchen geben Goecke-Seischab/Ohlemacher 1998, S. 33–53). So konnte die christliche Botschaft der großen Mehrheit der Gläubigen, die des Lesens nicht mächtig war, einprägsam im Bild vermittelt werden. Mit dem Übergang zur Gotik gingen diese Bildflächen zugunsten von Säulenreihen und Fenstern verloren. Nun übernahm zunächst die Glasmalerei, dann auch das Tafelbild die Aufgabe, die christliche Lehre bildlich zu popularisieren. Einen Höhepunkt erlebte die Wandmalerei noch einmal im Barock, wo sie häufig eine enge Verbindung mit der Architektur WANDMALEREI

einging. Seit dem Mittelalter war die Wandmalerei also fast ausschließlich eine kirchliche, seit Renaissance und Barock dann auch eine herrschaftliche Kunst. Aber sie popularisierte sich auch in der – vor allem äußeren – Bemalung von Privathäusern; noch heute ist im süddeutschen Raum Fassadenmalerei an Bauern- und Bürgerhäusern üblich.

20. Jahrhundert

Zu einer Renaissance der Wandmalerei kam es noch einmal im mexikanischen „Muralismo" nach der Revolution von 1910. Monumentale Wandbilder, auch Mosaiken, sollten nicht nur die Gegenwart der Revolution verherrlichen, sondern auch die Geschichte aus eigener, gegen die ehemaligen spanischen Kolonialherren gerichteter Perspektive präsentieren: die präkolumbianische Zeit, den Kampf gegen Conquista und Klerus. Auch hier dient also die Wandmalerei der öffentlichen und plakativen Verbreitung eines „Weltbildes". Und schließlich kann man die heutigen Graffiti-Bilder als eine moderne Variante des Wandbildes betrachten: Der Sprayer bemächtigt sich des öffentlichen oder fremden privaten Raumes, um persönlichen Anschauungen oder individuellem Lebensgefühl Ausdruck zu verleihen.

Mosaiken

Auch Mosaiken haben eine lange Geschichte. Es gab sie schon in den orientalischen Hochkulturen; ihre Blütezeit hatten sie in der römischen Antike und dem christlichen Byzanz. In den noch feuchten Putz an Boden, Wand oder Decke werden nach einer Skizze farbige Würfel aus Stein, Keramik oder Glas eingedrückt und anschließend poliert. Komplizierte Bilder oder Bildteile fertigte man zum Teil auch in der Werkstatt vor und setzte sie dann komplett ein. Solche Mosaikteile waren transportabel, man konnte sogar mit ihnen als Versatzstücken handeln. Im römischen Reich waren Mosaiken ein Hauptschmuck in Palästen, Villen oder Thermen. Das Bodenmosaik herrschte vor. Die Bilder zeigten mythologische Szenen, jahreszeitliche Bilder, Zirkus-, Jagd- oder Alltagssituationen.

Alexandermosaik

Mosaiken sind oft besser erhalten als Wandbilder und kommen daher oft eher als Bildquellen in Betracht. Das wohl bedeutendste überlieferte und in Geschichtsschulbüchern am häufigsten abgedruckte römische Mosaik ist freilich eine Nachbildung: Das Alexandermosaik aus Pompeji stammt aus dem 1. Jahrhundert v. Chr. Es zeigt den Sieg Alexanders über den Perserkönig Dareios III. in der Schlacht bei Issos. Dabei handelt es sich um die leicht veränderte Kopie eines griechischen Gemäldes vom Ende des vierten Jahrhunderts v. Chr., also nahezu zeitgenössisch zum historischen Ereignis. Das Bild ist deshalb eher ein Beleg für die sonst kaum überlieferte griechische Wandmalerei als für die römische Mosaikkunst.

Byzanz

In der frühchristlichen und byzantinischen Zeit wurde das Mosaik zum bevorzugten Kirchenbild (Abb. 4.3, vgl. Geschichte und Geschehen Folienbilder 2, S. 13–15, sowie Möllers 1999): Mosaiken schmückten nun vor allem Wände, Kuppeln und Gewölbe. Der Bilderstreit – darf man Gott, Christus oder Heilige im Bild anbeten? – und das vorübergehende Bilderverbot (726–787) führten allerdings zur Zerstörung vieler frühbyzantinischer Mosaiken. Im 9. Jahrhundert bildete sich dann ein bestimmtes Schema zur Ausschmückung byzantinischer Kirchen heraus: Christus in der Kuppel, die Gottesmutter, meist flankiert von Erzengeln in der Apsis, darunter die Kirchenväter; Propheten, Evangelisten und Apostel im unteren Bereich der Kuppel, an den Wänden schließlich ein erzählender Festtagszyklus.

Die byzantinische Mosaiktradition reichte bis ins 15. Jahrhundert; in der oströmischen Kirche hatte sie die Funktion, die im Westen Wand- und später Glasmalerei

Abb. 4.3: Byzantinisches Mosaik in der Kirche San Vitale in Ravenna (270 x 410 cm), 546–548. In der Apsis der Kirche sind, einander gegenüberliegend, zwei Opferprozessionen dargestellt, die eine von Kaiser Justinian I. (Bild), die andere von seiner Gemahlin Theodora angeführt. Es sind die beiden einzigen erhaltenen kaiserlichen Zeremonienbilder der christlichen Antike. Das Herrscherpaar war nie in Ravenna – im Bilde aber sollte es am Sitz des Statthalters für Italien präsent sein. Dass der weltliche Herrscher in einer Kirche und sogar im Altarraum abgebildet wird, belegt auch, welchen Einfluss in Glaubensfragen und Kirchensachen er hatte – der Heiligenschein, mit dem das Herrscherpaar versehen ist, weist gleichfalls auf die Verbindung von Staat und Kirche hin. Neben Justinian ist als zweite Hauptperson durch Größe und individuelle Züge Bischof Maximian hervorgehoben. Das Mosaik zeigt die auch für Ikonen typische idealisierende Darstellungsweise, in der die Figuren frontal und flächenhaft starr dargestellt sind; sie scheinen zu schweben und wirken wie entrückt.

zukam. Die schon erwähnten mexikanischen Wandmosaiken des 20. Jahrhunderts konnten auf eine alte präkolumbianische Mosaik-Tradition in Mittelamerika und im Andenraum zurückgreifen.

Mit dem Übergang vom romanischen zum gotischen Kirchenbau löste in der westlichen Kirche die Glasmalerei die Wandmalerei als Kirchenschmuck und bildliches Mittel der Verkündigung ab. Die Mauermasse wurde stärker durchformt und gegliedert, die glatten Wandflächen nahmen ab; statt dessen wurden die Fensterflächen größer. Die Glasmalerei ist eine ausschließlich europäische Kunst. Der Name führt eigentlich in die Irre: Es handelt sich im Grunde nicht um Malerei, sondern um eine Mosaiktechnik. Der Künstler fertigt zunächst eine farbige Zeichnung in Originalgröße an. Dann schneidet er farbige Glasstücke zu und stellt sie zu

GLASMALEREI

den erwünschten Bildern zusammen. Erst ab 1300 wurden Techniken entwickelt, mit denen die einzelnen Glasstücke in sich farblich oder durch Ornamente verziert werden konnten (Aufschmelzen und Ausschleifen von oberflächengefärbtem Glas). Die Glasstücke werden mit Hilfe von Bleistegen und Bleihalterungen („Ruten" in H-Form) miteinander verbunden. Die Stege sind aber zugleich auch ein künstlerisches Mittel: Sie bilden die Umrisse der Figuren und die Hauptlinien der Zeichnungen. Die Darstellungstechnik mit Farbflächen und Linien eignete sich besonders gut, um die Bildauffassung der Zeit umzusetzen: Eine flächige, unperspektivische Gestaltung sollte die Figur nicht realistisch, sondern gleichsam abstrahiert als Symbol oder Funktionsträger zeigen. Die Fenster stellen oft ganze Bildgeschichten in Einzelszenen dar, die man der Reihe nach „lesen" kann (vgl. Mögenburg 1988).

TECHNIK

Die Glasfenster bewirkten in den gotischen Kirchen eine ganz besondere Atmosphäre. Wenn die Sonne das Glas durchscheint, leuchten die Farben. Der hohe, weite Raum wird von farbigem Licht erfüllt, farbige Muster fallen auf Pfeiler und Bögen. In der Kathedrale von Chartres, im Straßburger Münster oder Notre Dame in Paris können wir solche Glasfenster noch heute in großer Zahl bewundern; wie überwältigend allerdings der Eindruck auf die Zeitgenossen gewesen sein muss, die nirgendwo anders Farben in dieser Intensität erlebten, können wir nur bedingt nachvollziehen. Im Laufe der Jahrhunderte sind dann viele Glasmalereien durch einfache Fensterscheiben ersetzt worden – man wollte mehr Licht im Innenraum der Kirche gewinnen. Erst seit dem späten 19. Jahrhundert ist die Technik der Glasmalerei im kirchlichen und weltlichen Bereich wieder belebt worden.

BUCHMALEREI

Ebenfalls vorwiegend religiöse Funktion – aber eine ganz andere als Glas- und Wandmalerei – hatte die Buchmalerei. Man spricht auch von Miniaturen; der Begriff stammt von dem lateinischen Wort „Minium" für die rote Farbe, die dabei hauptsächlich verwendet wurde. Mit Bildern, Randornamenten und ausgestalteten Initialen geschmückt wurden zunächst religiöse Handschriften, vor allem Evangeliare. Solche „Bücher" waren ohnehin kostbar, denn vor der Erfindung der Papierherstellung (in Europa) und des Buchdrucks wurden sie von Hand auf Pergament geschrieben. Die Verzierung durch Buchmalereien sollte sie verschönern und ihren Wert weiter steigern; dazu diente auch der Einband, der mit Gold, Silber oder Elfenbein beschlagen und mit Edelsteinen besetzt sein konnte. So sollte demonstriert werden, wie wichtig und teuer das Wort Gottes den Gläubigen war. Diese Werke wurden im Auftrag weltlicher oder auch geistlicher Herrscher und Fürsten als Weihegaben der Kirchen hergestellt. Sie entstanden in den Schreibstuben der Klöster. Die Maler waren Spezialisten, und unter einzelnen Herrschern – besonders Karl dem Großen und den Ottonen – entstanden bestimmte Malschulen. Gemalt wurde als Federzeichnung, mit Aquarell- und Deckfarben; für diese war bis ins 14. Jahrhundert der Goldgrund charakteristisch, vor dem die Figuren standen. Dargestellt wurden in der Regel zu Beginn jedes Evangeliums der entsprechende Evangelist, ihm zugeordnet war ein geflügeltes (Fabel-)Wesen (Matthäus ein Engel, Markus ein Löwe, Lukas ein Stier, Johannes ein Adler). Auch Christus wurde abgebildet, zumeist auf seinem Thron, aber auch an den Stationen seiner Passion.

EVANGELIARE

Seit dem 13. Jahrhundert wurde allmählich das Pergament durch das billigere Papier abgelöst. Auch reiche Adelige leisteten sich ihre eigenen Privathandschriften; während ein Evangeliar nur liturgische Funktion hatte, dienten Stundenbücher

(Gebetbücher für Laien) und Psalter der privaten Andacht. Aber auch weltliche Themen wurden nun im Rahmen der höfischen Kultur in Büchern behandelt und mit Buchmalereien ausgeschmückt: Chroniken, Geschichtswerke und Dichtungen, Darstellungen des ritterlichen Lebens, Tugendspiegel oder Lehrbücher über Tiere und Kräuter. Die Große Heidelberger Liederhandschrift aus dem frühen 14. Jahrhundert zeigt in ihren Bildern die ganze Bandbreite des ritterlich-höfischen Lebens; sie wurde von einem Bürgerlichen, dem Züricher Ratsherrn Rüdiger Manesse, in Auftrag gegeben. Das Alltagsleben der bäuerlichen Bevölkerung ist besonders detailliert dargestellt im Stundenbuch des Herzogs von Berry. Die Brüder von Limburg, von denen dieses Werk stammt, haben an den Höfen von Paris, Bourges und Dijon einen verfeinerten, naturalistischen Darstellungsstil eingeführt; auch die Umgebung, in der die bäuerlichen Arbeiten angesiedelt sind, Landschaften und Bauten sind wirklichkeitsgetreu wiedergegeben.

STUNDENBÜCHER UND WELTLICHE MINIATUREN

Auch wenn sich das Spektrum der Themen wie der Auftraggeber und Käufer allmählich sogar bis in bürgerliche Kreise ausweitete – die Buchmalerei blieb eine exklusive Kunst, selten und teuer. Einfache Menschen bekamen solche Bilder nie zu Gesicht. Ihr Ende fand die Buchmalerei ziemlich rasch durch die Erfindung des Buchdrucks um 1440. Die gedruckten Bücher wurden nun auch mit gedruckten Bildern versehen. Diese Illustrationen waren zwar weitaus weniger kunstvoll, aber viel einfacher herzustellen und viel preiswerter. Nun konnten sich auch weniger betuchte Menschen Bücher und Bilder leisten.

TAFELMALEREI

Der jüngste und in der neueren Zeit wichtigste Zweig der Malerei ist die Tafelmalerei. Wand-, Glas- und Buchmalerei nutzen Bildträger, die durch die Architektur bzw. den Text vorgegeben sind. Allein die Tafelmalerei hat einen separaten Bildträger, der nur dieser Funktion dient; in der Regel ist das Bild mit einem Rahmen versehen. Die frühesten Tafelbilder waren die ägyptischen Mumienporträts. Kleine auf Holz gemalte Bildnisse wurden am Kopf in die Bandagierung der Mumien eingefügt. Das erweckte den Eindruck, der Tote sähe als Lebender wie durch ein Fenster aus der Mumie heraus. In der kultisch-religiösen Tradition dieser Erinnerungsbilder stand die frühchristliche Ikonenmalerei, die ebenfalls im ägyptischen Raum entstand und in der oströmischen Kirche zentrale Bedeutung gewann. Ikonen zeigen auf Holz gemalte heilige Figuren oder Szenen, zumeist mit einem Goldgrund. Die ältesten stammen aus dem 5. und 6. Jahrhundert. Die Bilder der Heiligen galten als geoffenbart; sie wurden nicht als bloßes Abbild, sondern als unmittelbare Vergegenwärtigung der Person angesehen, die so in ihrem Bild angebetet werden konnte. Deshalb wurden die Bildnisse ohne Veränderung der Züge immer wieder kopiert, und das Herstellen von Ikonen selber war ein heiliger Vorgang. Manchmal schrieb man Ikonen sogar Wunderkraft zu. Das änderte sich erst im Bilderstreit. Die Bildanbetung wurde als Götzendienst kritisiert, die Bildherstellung verboten, viele Ikonen wurden zerstört. Auf dem Konzil von 787 wurden Bilder wieder zugelassen, jedoch nur als Abbild und Repräsentation einer Figur, das die Gläubigen zwar verehren, aber nicht unmittelbar anbeten sollten. Im ganzen Balkan, in Russland oder Armenien sind Ikonen bis heute verbreitet.

IKONEN

ALTARBILDER

In der westlichen Kirche hatte die Tafelmalerei zunächst keine Bedeutung. Erst im 13. Jahrhundert, mit dem Rückgang der Wandmalerei, entstanden die ersten Altarbilder. Sie blieben bis ins 18. Jahrhundert das Hauptgebiet der Tafelmalerei.

Im 15. und 16. Jahrhundert entwickelte sich dann auch das freie, nicht an den Altar gebundene Tafelbild. Die technischen Voraussetzungen verbesserten sich durch die Einführung der Leinwand als Malgrund, sie machte größere Formate möglich und erhöhte die Flexibilität. Schon in der römischen Kaiserzeit hatte es das Tafelbild als Wandschmuck gegeben, der beweglich war und beliebig ausgetauscht werden konnte. Das wurde in der Renaissance immer wichtiger. Gemälde wurden zur Ware, nicht allein der Adel, auch das aufstrebende Bürgertum schmückte damit sein Heim. Die Vielfalt der Sujets nahm zu, neben religiöse traten allegorische, mythologische und historische Darstellungen, vor allem aber Porträts. In der niederländischen Malerei des 16. und 17. Jahrhunderts entstanden dann spezielle Gattungen wie Stillleben, Landschafts- oder Genremalerei.

Vervielfältigung und Popularisierung von Gemälden

Bis in die Gegenwart blieb das Gemälde jene Gattung der Malerei, an der sich die wichtigsten künstlerischen Entwicklungen vollzogen und die den höchsten Grad öffentlicher Aufmerksamkeit und Repräsentativität erreichte. Gemälde hingen nicht nur in öffentlichen und privaten Sammlungen, sondern schmückten Säle und Salons. Von ihrer Exklusivität ging im 19. Jahrhundert freilich viel verloren. Bis dahin konnten sich nur öffentliche oder betuchte private Käufer Gemälde leisten, sie waren auch meist die Auftraggeber. Je breiter das bürgerliche Publikum wurde, desto mehr kam auch billige, auf Vorrat gefertigte Serienware in Mode. Ein tiefer Einschnitt war die Erfindung der Lithografie am Ende des 18. Jahrhunderts (zum Verfahren Kap. 4.3.). Hatte man zuvor Gemälde nur im Kupferstich, also stark verfremdet, reproduzieren können, so wurde jetzt ein farbiger Nachdruck möglich. Es gab sogar Firmen, die sich auf den Gemäldedruck spezialisierten; mit geeigneten Druckmaschinen erreichte man Drucke mit bis zu 1,40 m Seitenformat und damit in vielen Fällen die Größe des Originals. Ein weiterer Schritt in dieselbe Richtung war die Erfindung des Lichtdrucks 1868. Bei diesem Flachdruckverfahren wird eine lichtempfindlich gemachte Glasplatte durch ein Halbtonnegativ belichtet; mit Hilfe eines chemischen Prozesses wird bewirkt, dass nur die belichteten Stellen die Druckfarbe annehmen. Diese Technik war Mitte der Siebzigerjahre so ausgereift, dass sich damit ausgezeichnete Farbdrucke herstellen ließen. Der Lichtdruck wurde vor allem für die hochwertige Reproduktion von Gemälden in kleinen Auflagen – bis zu 1500 Drucke mit einer Platte – verwendet. 1893 kam dann die Einführung des Mehrfarbenrasterdrucks. Voraussetzung dafür war die Entwicklung der Autotypie 1882. Von einer Fotografie wird ein gerastertes Negativ hergestellt, aus diesem in einem chemografischen Verfahren eine gleichfalls gerasterte Druckplatte aus Zink. Durch Überlagerung mehrerer Raster lassen sich Farbdrucke herstellen – das ist bis heute das Prinzip geblieben. Mit dieser Technik kam es nun endgültig zur Popularisierung des Gemäldes in reproduzierter Form. Gemäldedrucke – die Wiedergabe eines Meisterwerks oder der berüchtigte röhrende Hirsch – schmückten jetzt auch die kleinbürgerlichen Wohnzimmer.

Reproduktionstechniken: Lithografie, Lichtdruck, Mehrfarbenrasterdruck

Panorama

Eine im 19. Jahrhundert zeitweise außerordentlich beliebte Sonderform war das Panorama, ein Rundbild, das durch entsprechende Beleuchtung und zum Teil plastische Gestaltung des Vordergrunds die Illusion vermittelte, der Betrachter befinde sich mitten im Geschehen (Oettermann 1980). Beliebt waren vor allem Landschafts- und Stadtbilder sowie Schlachtendarstellungen, die z. B. als Jahrmarktsattraktionen dienten.

An Malerei aus antiker Zeit ist wenig überliefert, aber es gibt eine Ausnahme, die Vasenmalerei. Mehr als 400.000 bemalte Gefäße haben Archäologen gefunden. Die zeitliche Spanne reicht von etwa 1000 v. Chr. bis zum Beginn der römischen Herrschaft über Griechenland um 150 v. Chr. „Vasen“ ist ein Sammelbegriff, der keramische, aus Ton gebrannte Gefäße für verschiedenste Zwecke umfasst. Vorratsbehälter, Schöpf- und Gießkannen, Misch- und Trinkkrüge oder Salbgefäße wurden als Alltags- oder Festgeschirr, als Opfergeschenk oder Grabbeigabe verwendet. Bis etwa 700 v. Chr. arbeiteten die Künstler vorwiegend mit ornamentalen Mustern. Bei den Figurendarstellungen danach unterscheidet man zwei Haupttechniken, den schwarzfigurigen Stil der archaischen Zeit bis zur Mitte des 6. Jahrhunderts v. Chr. und den nachfolgenden rotfigurigen Stil. Beim schwarzfigurigen Stil wurde das Gefäß mit eisenhaltigem Tonschlicker, also geschlämmtem, feuchtem Ton, bemalt, der beim Brennen schwarz wurde; Zeichnungen innerhalb der Figuren oder Gegenstände wurden frei gekratzt. Das ergab eine Art von schwarzem Scherenschnitt auf rotem Grund. Umgekehrt das Verfahren beim rotfigurigen Stil: Dort bemalte der Künstler den Hintergrund mit dunklem Schlicker und sparte die Figuren aus. Das ermöglichte vor allem eine differenziertere Gestaltung innerhalb der Figuren mit lebendigerer Bewegung, plastischer Ausformung und Perspektivik. Dargestellt wurden Szenen aus Mythologie und Alltag – bis zu den Genrebildern des 16. und 17. Jahrhunderts waren dies die einzigen Malereien, die ausdrücklich Alltag darstellen wollten (vgl. Abb. 3.18). Griechische Vasen waren beliebte Exportartikel. Als Massenwaren waren sie in jedermanns Hand – Vasenmalereien sind zusammen mit Münzen die Bildgattung, die vor Erfindung der Druckkunst sowohl geografisch wie sozial die weiteste Verbreitung fand.

Vasenbilder

4.3. Druckgrafik

Druckgrafiken sind Bilder, die zunächst auf einem Druckstock ausgeführt und dann von dort durch Aufpressen auf Papier oder ein anderes Material übertragen und vervielfältigt werden. Das Spektrum der Techniken und Untergattungen ist weit, es reicht vom Holzschnitt bis zum Plakat. Hier geht es nur um die wichtigsten Stationen der Entwicklung.

Definition: Druckgrafik

Am Anfang der Geschichte des Bilddrucks steht der Holzschnitt. Er gehört zu den Hochdruckverfahren. Auf einer Holzplatte wird die Vorzeichnung spiegelbildlich aufgetragen. Dann werden mit Schneidemessern alle Partien, die nicht drucken sollen, entfernt und die stehen gebliebenen Partien eingefärbt. Es entsteht ein Bild mit relativ kräftigen, gleichmäßig gefärbten Linien. Es gibt aber auch das umgekehrte, gleichsam negative Verfahren des Weißlinienschnitts, in dem der Hintergrund schwarz in Erscheinung tritt und die Bildkonturen weiß bleiben. Schon lange vor der Jahrtausendwende wurde die Holzschnitttechnik in China verwendet. In Europa war der Textildruck – mit Ornamenten oder Tiermotiven – Vorläufer des Holzschnitts. Mit der Verbreitung des Papiers seit 1400 kamen die ersten (einseitig bedruckten) Einblattdrucke auf. Zunächst wurde der Holzstock mit der Hand aufs Papier gedrückt, dann umgekehrt das Papier auf das Holz aufgelegt und angerieben. Nach der Erfindung des Buchdrucks um 1440 verwendete man auch für den Holzschnittdruck die maschinelle Presse. Die Erfindung des Buchdrucks brachte zugleich den Durch-

Holzschnitt

Der Reiſſer.

Ich bin ein Reiſſer frü vnd ſpet/
Ich entwürff auff ein Linden Bret/
Bildnuß von Menſchen oder Thier/
Auch gewechß mancherley monier/
Geſchrifft/auch groß Verſal buchſtaben/
Hiſtori / vnd was man wil haben/
Künſtlich/daß nit iſt außzuſprechen/
Auch kan ich diß in Kupffer ſtechen.

Der Form ſchneider.

Ich bin ein Formen ſchneider gut/
Als was man mir für reiſſen thut/
Mit der federn auff ein form bret
Das ſchneid ich denn mit meim geret/
Wenn mans deñ druckt ſo find ſichſcharff
Die Bildnuß/wie ſie der entwarff/
Die ſteht/denn druckt auff dem papyr/
Künſtlich denn auß zuſtreichen ſchier.

Abb. 4.4: Der Reißer und der Formschneider. Holzschnitte und Verse von Hans Sachs aus dem Band „Stände und Handwerker“ von Jost Amman

Das Bild als Massenprodukt

bruch des Holzschnitts als Buchillustration (seit etwa 1460). Von den rund 27.000 Büchern, die bis 1500 gedruckt wurden, war ein Drittel mit Bildern versehen. Von einem Druckstock konnte man mehrere hundert Abzüge anfertigen.

Es war geradezu revolutionär, dass Bilder nun in größerer Zahl vervielfältigt werden und auch einfache Leute sie in die Hand bekommen konnten; Wand- und Tafelmalereien hatten diese zuvor nur in den Kirchen bewundern können, und die edlen Buchmalereien hatten sie ohnehin nie zu Gesicht erhalten. Das Bild wurde zum Massenprodukt und zur Ware, die nicht mehr auf Bestellung, sondern auf Vorrat gefertigt wurde. Die Nachfrage nach religiösen Andachtsbildern war groß, aber auch profane Themen waren gefragt: Vor allem Spielkarten verbreiteten sich als Holzschnittdrucke rasch. Andere Bilder dienten der Verbreitung von Nachrichten, der Unterhaltung und Belehrung. Bebildert wurden Chroniken, Reisebeschreibungen,

Erbauungsliteratur, Fabeln oder Schwänke. Aber nicht nur Populäres wurde mit Hilfe der neuen Technik vervielfältigt. Mit einer Fülle von Illustrationen versehen wurden anspruchsvolle und wertvolle Bücher wie die Schedelsche Weltchronik (1493), die sich mit ihren nahezu 2.000 Holzschnitten an reiche und gebildete Käufer wendete. Neben der Fülle einfacher Bilder stellten besonders in Deutschland viele Künstler wie Albrecht Dürer, Hans Baldung Grien, Lucas Cranach d. Ä. und Albrecht Altdorfer Holzschnitte her. Lagen hier Entwurfszeichnungen und Schnitt in einer Hand, so spielte sich im Allgemeinen mit der Zeit eine Arbeitsteilung zwischen dem „Reißer" und dem „Formschneider" ein (Abb. 4.4).

FLUGBLÄTTER UND FLUGSCHRIFTEN

Der Holzschnitt war das bildliche Massenmedium des 15. und 16. Jahrhunderts (vgl. Scribner 1991, Schilling 1990, 1991). Neben der Buchillustration gewann besonders das Flugblatt an Bedeutung. Ein Bild mit einem kurzen Text, als Wandanschlag oder von fliegenden Händlern verkauft, diente nicht nur der Vermittlung von Nachrichten, sondern auch der Kritik an sozialen oder religiösen Verhältnissen und Gegnern. In der Reformation, im Bauernkrieg, aber auch in der langen Zeit der „Konfessionalisierung" bis zum Dreißigjährigen Krieg waren Flugblätter und die umfangreicheren Flugschriften das wichtigste Mittel öffentlicher Auseinandersetzung und Propaganda. Die Reformation gewann ihre allgemeine Wirksamkeit und Verbreitung erst durch den Buchdruck, und der Bilddruck trug zusätzlich zur konfessionellen und politischen „Mobilisierung" weiter Bevölkerungsschichten bei, die immer noch kaum durch das geschriebene, sondern eher durch das gesprochene Wort und eben durch das Bild erreichbar waren (vgl. Abb. 3.39).

FARBHOLZSCHNITT

Zu Beginn des 16. Jahrhunderts wurde auch ein geeignetes Verfahren für den Druck von Farbholzschnitten entwickelt. Jede Farbe erhält dabei einen eigenen Druckstock, und dieser Druckstock wird nur mit jenen Teilen des Bildes versehen, die in dieser Farbe erscheinen bzw. in mehreren Farben übereinander gedruckt werden sollen. Die Schwarzplatte trägt die Umrisse der Zeichnung. Diese Technik war aufwendig und nicht leicht zu beherrschen: Der Schnitt der verschiedenen Druckstöcke musste genau aufeinander abgestimmt sein, und beim Druck mussten die einzelnen Farbauszüge genau übereinander passen. Wegen dieser Probleme, aber auch wegen der dominierenden Schwarz-Weiß-Ästhetik hat der Farbholzschnitt nur wenig Verbreitung gefunden – fast überhaupt nicht in Deutschland, stärker in Italien.

DAS PROBLEM DER NACHTRÄGLICHEN KOLORIERUNG

Dennoch bekommen wir in heutigen Geschichtsschulbüchern und anderen illustrierten historischen Büchern häufig farbige Holzschnitte zu sehen. Dabei handelt es sich freilich fast nie um originale Farbholzschnitte, sondern um nachträglich kolorierte. Die Kolorierung kann zu verschiedenen Zeiten vorgenommen worden sein, auch zeitgenössisch. In der Regel aber haben wir es mit Kolorierungen zu tun, die nicht auf einem Originaldruck, sondern erst für einen späteren Wiederabdruck mit den modernen Farbdruckverfahren der Lithografie und des Mehrfarbenrasterdrucks stattgefunden haben. Mit den technischen Möglichkeiten, farbige Bilder zu Papier zu bringen, wuchs auch die Vorliebe für solche Kolorierungen. Heute ist unsere Bildästhetik ganz überwiegend von Farbe bestimmt. Und so sind sogar seriöse Bildagenturen dazu übergegangen, ursprünglich schwarz-weiße Bilder wie Holzschnitte oder auch Kupferstiche für Bücher und Magazine, die ihre Farbseiten auch farbig nutzen wollen, nachzukolorieren. Schulbücher schließen sich diesem Trend offenbar an: Besteht die Wahl zwischen Vorlagen in Schwarz-Weiß und Farbe, wird die Farbe

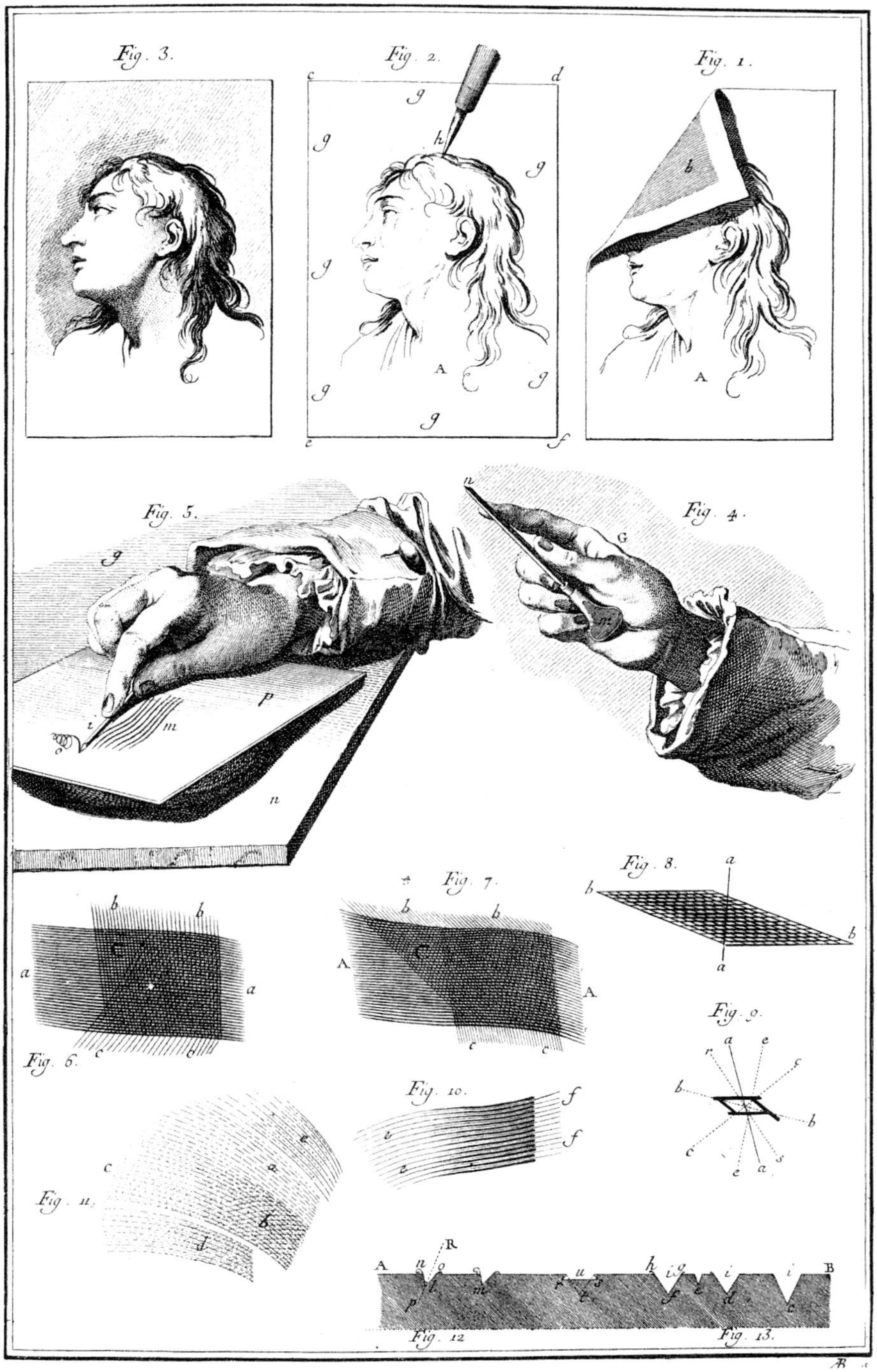

Abb. 4.5: Darstellung der Kupferstichtechnik. Kupferstich aus Diderots „Encyclopédie", Bd. 26 (Tafelband 5), 1767

gewählt – Beispiele dafür finden sich überall. Betrachtet man die Bilder allerdings als Quellen und nicht nur als Illustrationen, dann erscheint dieses Verfahren als äußerst

Abb. 4.6: Kupferdruckwerkstatt: Einfärben der Kupferplatte mit Tampon über einem Kohlebecken (Fig. a), Blankwischen der Oberfläche (Fig. b), Kupferdruckpresse (Fig. 1), Druckvorgang (Fig. 2), Tisch mit fertigen Drucken (Fig. 3), Arbeitstisch des Kupferdruckers mit Geräten. Kupferstich aus Diderots „Encyclopédie", Bd. 27 (Tafelband 6), 1769

fragwürdig. Denn die Bildquelle sollte möglichst im Zustand ihrer Entstehungszeit präsentiert werden. Nur so können Schülerinnen und Schüler einen Eindruck von der Wahrnehmungs- und Wirkungsästhetik der Zeit gewinnen – heute durchgeführte Kolorierungen sind unhistorisch und führen zu falschen Vorstellungen.

Japanischer Holzschnitt

In Europa ging seit Beginn des 17. Jahrhunderts die große Zeit des Holzschnitts zu Ende; der Kupferstich trat an seine Stelle. Gerade in jener Zeit aber nahm der Holzschnitt in Japan einen großen Aufschwung, im 18. Jahrhundert auch als Farbholzschnitt. Während die Malerei auf das Jenseits orientiert war oder das Diesseits symbolhaft deutete, ging es im Holzschnitt um Alltagsgeschehnisse, um die Schilderung des „vorbeifließenden Lebens". Genres wie das Schauspielerbildnis, das Sportbild oder die erotische Szene bildeten sich heraus. Diese Bilder, Ukiyo-e genannt, wurden in hohen Auflagen gedruckt. Für uns Europäer können sie vor allem als Quellen für den Alltag der fremden Kultur dienen.

Kupferstich

Nur wenige Jahrzehnte später als der Holzschnitt entstand in Europa der Kupferstich. Er hatte seinen Ursprung im Goldschmiedehandwerk. Goldschmiede färbten ihre Eingravierungen ein und druckten sie ab, um Musterblätter für weitere Arbeiten zu erhalten. Der Kupferstich ist eine Tiefdrucktechnik. In eine glatte Kupferplatte werden mit einem Stichel die Linien des Bildes seitenverkehrt eingeschnitten. In die Vertiefungen wird Farbe gerieben, die nichtdruckende Oberfläche anschließend vor dem Druck sorgfältig gesäubert (Abb. 4.5 und 4.6). Im Gegensatz zum Holzschnitt, der auf kräftige Linien und klare Schwarz-Weiß-Kontraste angelegt ist, kann man im Kupferstich sehr viel feinere Striche ziehen und sogar Halbtöne wiedergeben. Damit lassen sich Effekte wie Tiefendarstellung, Licht und Schatten, also geradezu malerische Wirkungen erzielen. Allerdings bedarf es dazu einer ausgefeilten Technik, und als Buchillustration musste der Kupferstich vom Text separat gedruckt werden (Abb. 4.6).

Abb. 4.7: „Ey du kleiner grausamer Mensch! Fi! schäme dich. Wer das kleinste Thierchen martern kann; hat gewisz ein böses Herz." Kupferstich von J. Penzel nach Zeichnung von Daniel Nikolaus Chodowiecki. Abbildung zum „Elementarwerk" von Christian Gotthilf Salzmann, 1787. Salzmann war einer der führenden Pädagogen der Aufklärungszeit.

Wie den Holzschnitt hat auch den Kupferstich Albrecht Dürer in Deutschland zur künstlerischen Blüte gebracht. Umfangreiche Kupferstichwerke waren die beiden Reihen „Sammlung von Reisen in das westliche Indien" und „Sammlung von Reisen in das östliche Indien", begonnen 1590 von dem Frankfurter Kupferstecher und Verleger Theodor de Bry (vgl. Abb. 2.12b). Dessen Schwiegersohn und Nachfolger, Matthäus Merian d. Ä. (vgl. Kap. 3.1.5., S. 77 ff.) brachte seit 1635 das Monumentalwerk „Theatrum Europaeum" und seit 1642 die „Topographia Germaniae" heraus, beide fortgesetzt von seinem Sohn. In Kupferstichtechnik ausgeführt sind auch die vielen Schau- und Lehrtafeln, die als Buchillustrationen in der Aufklärungszeit zur Information und Belehrung der Bevölkerung beitragen sollten: Bilder sollten zeigen, wie berühmte Männer, Städte, Tiere und Pflanzen aussehen, sie sollten vorführen, wie technische Produkte hergestellt werden und funktionieren oder wie sich Kinder nach den Vorstellungen der Zeit angemessen zu verhalten haben (Abb. 4.7).

Kunstwerke und Bildungsmittel für ein gehobenes Publikum

Kupferstiche waren – aufs Ganze gesehen – künstlerisch anspruchsvoller und aufwendiger herzustellen als Holzschnitte. Zwar gab es auch Einzelblätter, die im Bild über aktuelle Ereignisse unterrichten sollten. Kupferstiche in illustrierten Bücher aber waren nach Anspruch, Inhalt und Preis keine Lektüre für den gemeinen Mann, sondern eher für ein gehobenes Publikum aus Bürgertum und Adel. Die Entstehung von Kupferstichkabinetten im 18. Jahrhundert zeigt, dass diese Bilder sowohl als Kunstwerke wie als Bildungsmittel hoch geschätzt wurden.

Gemälde-reproduktion

Mit seiner differenzierten Darstellungsweise eignete sich der Kupferstich auch zur Reproduktion von Gemälden; ein großer Teil der Werke war diesem Zweck gewidmet, und es gab Stecher, die sich ganz darauf spezialisierten. Im 19. Jahrhundert übernahm der Stahlstich diese Aufgabe. Seine Vorzüge: Von einer Kupferplatte waren etwa 1000 Abzüge möglich; üblich waren aber nur drei- bis vierhundert, weil die Platte schnell abnutzte und die Qualität der Bilder nachließ. Beim Stahlstich war die Auflagenhöhe unbegrenzt. Außerdem erlaubte das Material eine noch feinere Linienführung, und das prädestinierte diese Technik für die Reproduktion von Gemälden.

Zur eigenständigen künstlerischen Technik wurde der Stahlstich nie, er blieb ein Verfahren der Reproduktion und Buchillustration. Wenn ein Kupfer- oder Stahlstecher Gemälde oder andere Kupferstiche reproduzieren wollte, machte er sich die Sache manchmal leicht, indem er die Vorlage seitenrichtig auf seiner Platte abbildete; das gedruckte Bild erschien dann seitenverkehrt (vgl. Abb. 3.16 a/b) – daher stammt der Begriff „abkupfern".

Abb. 4.8: Lithografische Presse aus dem „Lehrbuch der Steindruckerey" von Aloys Senefelder, Holzstich, 1818

Stahlstich

Dem Kupferstich eng verwandt ist die Radierung. Während dort der Künstler die Platte mit dem Stichel direkt bearbeitet, wird hier die Zeichnung mit Säure eingeätzt. Man überzieht die Platte aus Kupfer oder Zink mit einer säurebeständigen Schicht (Wachs, Harz, Asphalt und Mastix) und färbt sie mit Ruß. In diese Schicht ritzt man mit Nadeln die Linien des Bildes ein; die Platte wird an diesen Stellen freigelegt, aber nicht versehrt. Im Ätzbad frisst dann die Säure an den freigelegten Stellen Vertiefungen in die Platte ein. Der Vorteil gegenüber dem Kupferstich ist, dass noch stärker „malerische" Wirkungen erzeugt werden können. Der Nachteil: Von einer Platte können weniger Abzüge von gleicher Qualität angefertigt werden. Für den Historiker von Interesse sind vor allem die Kupferstiche und Radierungen von Jaques Callot (Dreißigjähriger Krieg), Daniel Chodowiecki (Alltagsszenen) oder William Hogarth (Sittenbilder).

Radierung

Abermals einen großen Sprung in der Verbreitung und Popularisierung von Bildern brachte die Lithografie, entwickelt zwischen 1796 und 1798 von Aloys Senefelder. Die Lithografie (Steindruck) ist das erste Flachdruckverfahren, d. h. druckende und nichtdruckende Flächen liegen auf einer Ebene. Verwendet wurden dicke Kalkschieferplatten, die Wasser und Fett aufnehmen, später dann Metallplatten. Das Verfahren ist im Kern einfach: Die Zeichnung wird direkt mit Fettfarbe auf den Stein aufgebracht. Dann wird der Stein gewässert; die fettfreien Stellen nehmen Wasser an, die Zeichnung stößt es ab. Umgekehrt ist es mit der ebenfalls auf Fettbasis aufgebauten Druckfarbe: Die Zeichnung nimmt die Farbe an, nicht aber die gewässerte Fläche. Verwendet man mehrere Steine mit unterschiedlichen Farbauszügen, so lassen sich Farbdrucke anfertigen. Gegenüber den bisherigen Hoch- und Tiefdrucktechniken bot das Verfahren mehrere Vorteile: Der Künstler konnte sein Bild direkt mit Kreise oder Tusche auf die glatte Fläche auftragen, auch

Lithografie

Halbtöne waren möglich. Es konnten große Formate gedruckt werden – die neue Technik eignete sich besonders gut für Gemäldereproduktionen und bildete die technische Voraussetzung für das Aufkommen des Plakats. Und die Druckplatte nutzte nicht ab, die Zahl der Abzüge war praktisch unbegrenzt (Abb. 4.8).

HOLZSTICH

Die neue Technik verbreitete sich schnell in ganz Europa. Zunächst wurde sie vor allem für die farbige Reproduktion von Gemälden und für den Druck von Buchillustrationen genutzt. Dafür verwendete man jetzt auch Holzstiche, die mit feinerem Werkzeug und aus härterem Holz als die Holzschnitte erstellt wurden, deshalb detaillierter waren und öfter reproduziert werden konnten. Dann gewann die Lithografie als eigenständige Kunstgattung immer größere Bedeutung, am Ende des Jahrhunderts vor allem in Form des Plakats (Henri Toulouse-Lautrec) (vgl. Kap. 3.6.).

NEUE MASSENMEDIEN: BILDERBOGEN UND ANSICHTSKARTE

Auch für populäre Bildmedien wie Bilderbögen wurde die neue Technik genutzt. Bilderbögen – am bekanntestens die „Neuruppiner" des Verlages Gustav Kühn – waren gleichsam die Vorläufer der späteren Illustrierten. Von aktuellen Ereignissen bis zur Völkerkunde behandelten sie alle möglichen Themen; sie sollten informieren, belehren, unterhalten und erbauen (Brakensiek u. a. 1993, Iwitzki 1994). Im letzten Drittel des 19. Jahrhundert kam das neue Medium der Ansichtskarte hinzu (Jaworski 2000, Kümin/Kumschick 2001, May 1998/2002/2003, Schneider 1999/1999; nützliche CD-ROM-Editionen sind 10.000 Ansichtskarten 2001 sowie Der Erste Weltkrieg 2002). Dies alles führte abermals zu einer erheblichen Ausweitung der Bildverbreitung und des Bildgebrauchs.

DRUCKVERFAHREN UND MASSENPRESSE

Auch die Entwicklung der Druckverfahren wirkte sich aus. 1812 erfand Friedrich König die Schnellpresse mit Rollendruck, bei dem ein Druckzylinder auf der ebenen Druckform abrollt. Das war die technische Voraussetzung für den Aufschwung des Zeitungswesens im 19. Jahrhundert, für Aktualität und hohe Auflagen. In der Illustriertenpresse und bei den Familienzeitschriften kamen die neuen Techniken des Text- und Bilderdrucks zusammen; hier war die Lithografie der Vorläufer der Fotografie. Es gab aber auch eigene Karikaturenblätter wie Caricature und Charivari in Frankreich oder den Punch in England. Mit diesen Entwicklungen des 19. Jahrhunderts erhielt der Umgang mit Bildern einen anderen Charakter, der uns heute selbstverständlich ist: Die Bilder verloren das Besondere und Außergewöhnliche; Bilder jeglicher Art wurden alltäglich, verfügbar und – als Reproduktion – erschwinglich. Die Fotografie hat dies dann noch weitergeführt, als Bild selbst wie als Möglichkeit, andere Bilder abzubilden.

4.4. Fotografie

DER BEGINN

Das Prinzip der Camera Obscura war schon im Altertum bekannt, und bereits Maler und Zeichner der Renaissance hatten sich ihrer als Hilfsmittel bedient. Das Problem lag darin, das durch den Lichteinfall entstehende Bild aufzuzeichnen und dauerhaft zu machen. 1727 entdeckte Johann Heinrich Schulze die Lichtempfindlichkeit des Silberchlorids. Mit Hilfe von Schablonen stellte er „Lichtbilder" her, die jedoch nicht haltbar waren. Etwa seit der Wende zum 19. Jahrhundert arbeiteten dann verschiedene Praktiker und Gelehrte daran, das Bild der Camera Obscura zu fixieren. 1826 gelang dem Franzosen Joseph Nicephore Niepce die erste dauerhafte, bis heute überlieferte Abbildung auf einer mit Asphalt beschichteten Zinnplatte.

Die Belichtungszeit für diese „Heliographie" („Sonnenzeichnung") betrug acht bis zehn Stunden. 1839 entwickelte der Maler Louis Jacques Daguerre das nach ihm benannte Verfahren der Daguerreotypie – es gilt als eigentlicher Beginn der Fotografie (zur Fotogeschichte vgl. vor allem Deutsche Fotografie 1997, Frizot 1998, Newhall 1982, Dewitz/Scotti 1996, Starl 1995). Er machte eine versilberte Kupferplatte mit Joddämpfen lichtempfindlich. Die Belichtungszeit reduzierte sich auf zwanzig bis dreißig Minuten. Das schloss zunächst noch die Aufnahme nicht völlig unbewegter Objekte aus. Außerdem zeigten die Fotos die Objekte seitenverkehrt. Und Daguerreotypien waren Unikate – sie konnten nicht vervielfältigt werden.

Daguerreotypie

Ein Konkurrent der beiden Franzosen war der englische Grundbesitzer und Privatgelehrte Fox Henry Talbot. Er erfand 1840/41 ein Positiv-Negativ-Verfahren mit Papier; von einem Negativ konnten damit beliebig viele Abzüge hergestellt werden. Allerdings waren diese Bilder unscharf und den Daguerreotypien qualitativ weit unterlegen. Erst nach der Jahrhundertmitte setzte sich Talbots Technik durch. Der englische Bildhauer und Fotograf Frederick Scott Archer verwendete für das Negativ statt Papier eine Glasplatte, auf der mit Hilfe von Kollodium eine Silberhalogenidschicht aufgetragen wurde. Die Aufnahmen damit wurden schärfer und feinkörniger als die Daguerreotypien. Aber das Verfahren war aufwendig, denn die Platten mussten nach der Aufnahme noch vor Ort in nassem Zustand entwickelt werden. Der Fotograf brauchte dafür eine komplette transportable Dunkelkammerausrüstung; sie wog an die hundert Kilo. Als Material für die Abzüge kam gelblich-braunes Albuminpapier in Gebrauch – diese Tönung ist für die Fotografie des 19. Jahrhundert charakteristisch. Wegen der Bildqualität dominierte das „nasse Kollodiumverfahren" dennoch zunächst in der zweiten Jahrhunderthälfte. Erst in den Achtzigerjahren wurde die nasse durch die „Trockenplatte" ersetzt, bei der Gelatine an die Stelle des Kollodiums trat.

Das „nasse Kollodiumverfahren"

1887 stellten dann die Amerikaner Hanibal Goodwin und George Eastman den ersten Rollfilm her, und ein Jahr später brachte Eastman die dazugehörige Rollfilmkamera, die Kodak, auf den Markt. Jetzt konnte man einen ganzen Film abfotografieren und die Bilder erst später entwickeln lassen. Außerdem ließ die höhere Lichtempfindlichkeit Aufnahmen von bewegten Objekten und aus freier Hand ohne Stativ zu. Mit der Leica von 1924 etablierte sich schließlich das heute vorherrschende Kleinbildformat. 1906/7 wurde die Farbfotografie entwickelt, und seit Mitte der Dreißigerjahre konnte man Farbfilme genau so leicht handhaben wie Schwarz-Weiß-Filme.

Rollfilm und Kleinbild: Kodak und Leica

Fotodruck

Zunächst war es technisch nicht möglich, Fotografien direkt abzudrucken. Man fertigte statt dessen nach Fotovorlagen Holzstiche an. Erst der Lichtdruck (1868) ermöglichte den Abdruck von Fotos in Zeitschriften und Zeitungen. Die Voraussetzung für den massenhaften Bilddruck schuf allerdings erst die Rastertechnik (1882), mit deren Hilfe die Bilder gemeinsam mit dem Text gedruckt werden konnten. Nach der Jahrhundertwende konnte man auch aus farbigen Fotos direkt farbige Drucke anfertigen – davon profitierte vor allem die Ansichtspostkarte, das neue Massenmedium der Zeit. Durch die Fotografie wurden aber auch alle Arten von Bildkunstwerken, die vorher nur an Ort und Stelle zu betrachten waren, beliebig reproduzierbar. Gemälde, Wandbilder oder Plastiken konnte man nun einfach fotografieren und die Fotos drucken. Schon in den Sechzigerjahren des 19. Jahrhunderts

Andere Bilder mit Fotos reproduzieren

„Gegenwärtig, nachdem die Erfindung gemacht ist, das im Spiegel reflektierte Bild durch chemische Mittel festzuhalten und auf sehr wohlfeile Art zu vervielfältigen, ist es auch dem ärmeren Bürger möglich gemacht, seinen Nachkommen das getreue Bild seiner Gesichtszüge und seiner Person zu hinterlassen und sie dadurch an seine Tugenden zu erinnern ... Diese Photographien werden die Ahnenbilder des Bürgertums der Neuzeit bilden, als teure Vermächtnisse für die Nachkommen der Familie einen unschätzbaren Wert besitzen, und zur Fortpflanzung und Förderung der Bürgertugenden in der Zukunft gewiss kräftig anspornend mitwirken." (Photographische Correspondenz 1865, zit. nach Breymayer 1997, S. 41)

wurden entsprechende systematische Sammlungen (zunächst in Schwarz-Weiß) in Angriff genommen. Die Verhältnisse verkehrten sich: Mussten vorher die Betrachter zu den Bildern kommen, löste jetzt die Fotografie die Bilder aus ihrem Kontext und machte sie mobil.

PORTRÄTFOTOGRAFIE

Mit der Fotografie wurde das Bild endgültig massenhaft, in Produktion, Reproduktion und Konsum. Die wichtigste Gattung war zunächst die Porträtfotografie. Bereits 1848 wurden in Paris fast hunderttausend Porträtfotos angefertigt. Das Foto popularisierte das Porträt und bedrohte die Existenz der Porträtmalerei – umgekehrt nutzten allerdings auch die Künstler die Kamera als „Skizzenblock". Zunächst diente die Fotografie dem Bürgertum der repräsentativen Selbstdarstellung (vgl. Kastentext und Breymayer 1997), sie übernahm dabei die traditionellen Porträtposen der Malerei. Beliebt waren auch Bilder für Visitenkarten im Format 6 x 9, die ab 1854 in Mode kamen. Bald war die Porträtfotografie aber genauso für niedere Schichten erschwinglich. Deren Hochzeits- oder Familienfotos entstanden im Studio oder wurden von Fotografen angefertigt, die auf dem Lande oder in den städtischen Hinterhöfen umherzogen – die Hintergrundleinwand war dabei obligatorisch.

DOKUMENTARISCHE FOTOGRAFIE

Ein anderer Zweig war die Reisefotografie. Jounalisten und Künstler hielten ihre Eindrücke in Bildern fest. In dieser Tradition stehen sowohl die heutigen Urlaubsschnappschüsse wie die anspruchsvollen professionellen Reise-Bildreportagen von Zeitschriften wie National Geographic oder Geo. Gegen Ende des Jahrhunderts wurde die Fotografie dann auch dazu genutzt, soziale Missstände zu dokumentieren. Berühmt geworden sind die sozialkritischen Fotobände von John Thomson („Street Life in London", 1887) und Jacob A. Riis („How the other Half lives", 1890), die Fotos italienischer Einwanderer in New York von Lewis W. Hine oder die Großstadtbilder von Heinrich Zille. Und der amerikanische Bürgerkrieg war der erste Krieg, der in großem Ausmaß durch Fotos dokumentiert wurde.

PRESSEFOTOGRAFIE

Nach dem Ersten Weltkrieg setzte sich das Foto als Zeitungsbild endgültig durch. Den Anfang machten schon vor dem Krieg die neuen, wöchentlich erscheinenden „Illustrierten", und es entstand der neuartige Typus der Bildreportage mit dem Foto als Hauptelement (vgl. Weise 1997). Für die „Berliner" und die „Münchner Illustrierte" arbeiteten berühmte Fotografen wie Felix A. Man und Erich Salomon. Zum führenden Medium der Pressefotografie wurde dann seit 1936 die Zeitschrift „Life". Was die bürgerlichen Massenblätter vormachten, wurde an den Rändern des politischen Spektrums nachgeahmt: Auf der kommunistischen Seite war es (seit 1924) die „Arbeiter Illustrierte Zeitung" – sie entwickelte am Ende der Zwanzigerjahre unter dem Einfluss von John Heartfield eine innovative Fotoästhetik mit Bildreihen und -montagen, die politische und soziale Kontraste zur Darstellung brachten (Willmann 1975). Auf der rechten Seite gab es (seit 1926) den „Illustrierten Beobachter" der NSDAP, der allerdings bis zur Machtübernahme der Nationalsozialisten quantitativ keine große Rolle spielte.

Im Nationalsozialismus wurde das Pressefoto ganz in den Dienst der offiziellen Ideologie und Propaganda gestellt. Er war geradezu eine Bilderdiktatur. An erster Stelle stand die Stilisierung Hitlers, dessen Bild die Fotos seines „Leibfotografen" Heinrich Hoffmann in den unterschiedlichsten Szenerien und Rollen – als militärischer Führer, Parteiführer, Erbauer der Autobahn, Staats- oder Privatmann – unters Volk brachten. Außerdem dienten Fotos dazu, die Inszenierungen des Regimes mit den immer gleichen Versatzstücken von Menschenmassen, Uniformen und Fahnen zu dokumentieren oder besser: ein zweites Mal zu inszenieren. Die visuelle Hervorhebung des „Führers" gegenüber der Masse der Gefolgschaft wurde in der Berichterstattung über solche Veranstaltungen dann mit fotografischen bzw. mit gestalterischen Mitteln (Kontrast, Großaufnahme, Untersicht) noch einmal verstärkt. Die Dokumentarbände über die Reichsparteitage oder die Bildbände Hoffmanns über Hitler bieten dafür Ansichtsmaterial zuhauf (vgl. Hertz 1994, auch Abb. 4.15 a/b). Bis heute bestimmen diese offiziellen Fotos unsere Bildvorstellungen von jener Zeit (Welzel 1995). In ähnlicher Weise funktionalisiert und reglementiert wurde die Fotoberichterstattung dann noch einmal in der DDR (vgl. Kasten S. 164).

Die „Bilderdiktatur" des Nationalsozialismus

Fotografische Inszenierung

Mit der Entwicklung des Kleinbildformats in den Zwanzigerjahren nahm auch die private Fotografie einen heftigen Aufschwung. Fotografieren wurde billiger und technisch immer einfacher, die „Knipserei" griff um sich. Vollends selbstverständlich wurde das private Bild dann nach dem Zweiten Weltkrieg: Der Fotoapparat gehörte zu den Konsumartikeln, die sich in der Bundesrepublik, aber auch in den anderen westlichen Industriestaaten ein immer größerer Teil der Bevölkerung problemlos leisten konnte. Automatische Belichtung und Entfernungseinstellung haben seit den Achtzigerjahren die letzten technischen Hürden beseitigt. Durch die Verbreitung der Amateurfotografie ist eine völlig neue Situation historischer Überlieferung privaten Lebens entstanden. Man kann sich das leicht an Fotos aus der eigenen Familiengeschichte verdeutlichen, so weit sie nicht etwa im Zweiten Weltkrieg verloren gegangen sind. Daguerreotypien dürften nur in wenigen, damals gesellschaftlich entsprechend gestellten Familien erhalten sein. Bis zum Ersten Weltkrieg gibt es gewöhnlich einzelne Fotografenfotos zu besonderen Anlässen, erste Alltagsszenen dann vielleicht aus den Zwanzigerjahren – wenn wir unseren Kindern Fotos von Vorfahren aus jener Zeit zeigen wollen, haben wir in der Regel nur Einzelstücke zur Verfügung. Unsere eigenen Kinder werden auf eine Fülle von Fotos der Eltern und Großeltern, auf einen breiten Strom der Überlieferung zurückgreifen können.

Private Fotografie und Überlieferung in Bildern

Noch einmal: Die Fotografie hat Bilder wie nie zuvor massenhaft gemacht – privat wie in ihrer öffentlichen Nutzung und Verbreitung durch den Druck. Das hat, zusammen mit den laufenden Bildern des Films, auch die Sehgewohnheiten der

Stefan Wolle hat das im Fotojournalismus der DDR propagierte Menschen- und Gesellschaftsbild voller Ironie beschrieben:

„Die alten Fotos aus der DDR haben ihren eigenen Zauber. Man durchblättere die Tageszeitungen, die wenigen Illustrierten oder die gehobenen Journale mit bildkünstlerischem Anspruch, die Botschaft der Bilder ist überall die gleiche: In der sozialistischen Gesellschaft herrschten Schönheit, Harmonie, Sauberkeit, Ordnung und Geborgenheit.

SOZIALISTISCHE FOTO-IKONOGRAFIE

Die Visualisierung dieser Schlüsselbegriffe der SED-Diktatur schuf ein Bildprogramm von der strengen Schönheit und Regelhaftigkeit eines orthodoxen Ikonostas. Ein jedes Ding und ein jeder Mensch hatten in der Gesellschaft wie in der Ikonografie ihren festen Platz. Die überlieferte Bilderwelt wirkte wie eine Illustration der Phrasen, Parolen und Gesänge, die 40 Jahre lang das Land überschwemmt und tiefe Spuren zurückgelassen haben.

Ein Arbeiter in blauer Joppe hielt in seiner kräftigen Faust den Hebel der Maschine oder ein Werkstück, die Genossenschaftsbäuerin saß fröhlich lachend auf ihrer Kartoffelvollerntemaschine, der Wissenschaftler im weißen Kittel blickte aufmerksam auf die Reagenzglasprobe, der Geistesschaffende im dunklen Anzug sah gedankenvoll in die lichte Zukunft, der Grenzsoldat bewachte ernst und entschlossen die Errungenschaften des Sozialismus. In der Freizeit lasen die Menschen ein wertvolles Buch oder waren im Volkskunstzirkel aktiv, und die jungen Pioniere lernten fleißig, sammelten Altstoffe und waren glücklich bei Sport und Spiel. [...] Der Arbeiter war stets kraftvoll, der Angehörige der werktätigen Intelligenz klug und gebildet, der Student wissensdurstig, der Parteifunktionär gesammelt und verantwortungsvoll. Wenn eine führende Persönlichkeit der Partei- und Staatsführung den Werktätigen wichtige Hinweise gab, lauschten die Anwesenden mit einem unnachahmlichen Ausdruck verklärter Hingabe. Es ist vor allem dieses dümmlich-verklärte Lächeln, das sich als Kontinuum durch die Bildsprache der DDR zieht. Die Fotografie dokumentierte diesen DDR-typischen Gesichtsausdruck, gleichzeitig aber schuf sie ein verbindliches mimisches Muster, dem sich anzunähern lohnendes Ziel war. Die Fähigkeit, ein inneres Leuchten über endlose und tödlich langweilige Referate durchzuhalten, war bereits der halbe Erfolg auf der Karriereleiter im SED-Staat."
(Wolle 1997, S. 194)

Menschen einschneidend verändert. Fotografische Bilder werden nicht mehr als Besonderheiten oder Kostbarkeiten genau betrachtet, sondern als selbstverständliche Massenware flüchtig konsumiert. Es gibt aber auch Fotos, die berühmt werden, weil sie ein bestimmtes Ereignis, eine Situation oder eine Zeitstimmung von allgemeiner Bedeutsamkeit in besonders eingängiger und treffender Weise einfangen. Das Foto aus dem Jahre 1968, das den südvietnamesischen Polizeichef Nguyen Ngoc Loan bei der Erschießung eines (vermeintlichen) Vietcong zeigt, hat viel dazu beigetragen, die öffentliche Meinung der USA gegen den Vietnamkrieg zu beeinflussen – das Bild ist zum Symbol von Skrupellosigkeit und Unrecht geworden. Umgekehrt demonstriert das Foto aus demselben Jahr, das einen tschechischen Arbeiter, seine Brust entblößend und darbietend, vor einem sowjetischen Panzer zeigt, Empörung, Verzweiflung und Widerstandswillen des Volkes gegenüber den übermächtigen Besatzern. Die

FOTOS ALS „IKONEN"

Reihe ließe sich beliebig fortsetzen. Solche Fotos werden – schon zeitgenössisch, aber auch durch ständig wiederholte „Zitierung" – zu Sinnbildern, aufgeladen mit einer allgemeinen, über das, was sie eigentlich zeigen, hinausreichenden Bedeutung – von Ikonen ist in jüngster Zeit gerne die Rede (Brink 1998). Fotografien können solche tiefe Wirkung auch deswegen erzeugen, weil man ihnen einen Sonderstatus gegenüber anderen Bildern zubilligt: Fotografien seien objektiv, sie zeigten die Realität selber. In der Tat erlauben Fotografien eine hohe Annäherung an die Wirklichkeit, und das macht sie auch als Quellen für den Historiker besonders wertvoll (zu Fotografien als Quellen Hartwig 2002, Jäger

Abb. 4.9 a/b: Der Bau der Berliner Mauer am 13. August 1961. Die beiden Fotos dokumentieren dasselbe Ereignis, jedoch aus sehr unterschiedlicher Perspektive und mit ganz anderer Aussage. Bild a zeigt einen weiten Ausschnitt. Zu sehen sind Sichtblenden, Panzersperren und die Mauer. Ein Bauarbeiter ist dabei, eine Lücke zu schließen; ein Soldat steht neben ihm. Im Vordergrund beobachtet ein alliierter Soldat das Geschehen. Das Foto hat nüchtern-dokumentarischen Charakter. Bild b dagegen ist dramatisch und emotionalisierend. Ein älterer Bauarbeiter trägt eben mit seiner Kelle Mörtel auf. Wenn er die neuen Steine aufgesetzt hat, wird er nicht mehr zu sehen sein – bewacht von dem Uniformierten, mauert er sich gleichsam selber ein. Perspektive und Ausschnitt bewirken eine symbolhafte Verdichtung der Bildaussage: die DDR als Gefängnis. (AP/SV-Bilderdienst) (Zusammenstellung nach Hannig 1986)

Abb. 4.10: Ein Foto aus dem Bericht des SS- und Polizeigenerals Jürgen Stroop über die Niederschlagung des Ghetto-Aufstandes in Warschau 1943. Die originale Bildlegende lautet: „Mit Gewalt aus Bunkern hervorgeholt." Dieses Foto wird in der Presse (und in Schulbüchern) sehr häufig abgebildet, aber meist als Ausschnitt oder zumeist mit Beschnitt. Selbst von den großen Bildagenturen sind nur leicht beschnittene Bildvorlagen erhältlich. Je nach Ausschnitt wird die Bildaussage unterschiedlich akzentuiert. a: „Allein gezeigt (Foto oben), drückt der kleine Junge mit den erhobenen Händen Angst und Verlorenheit aus."

b: „Wird er mit dem Soldaten abgebildet, der das Gewehr auf ihn richtet, erscheint er vor allem als schutzloses Opfer einer bedrohlichen Macht."

2000, Kerbs 1989, Sauer 2002). Sie bieten eine Fülle von alltagsgeschichtlichen Erkenntnissen: Wie sahen Städte, Häuser, Wohnungen aus, wie Fabriken und Werkzeuge, wie kleideten sich die Menschen? Im Grunde lassen sich unter allen in Kapitel 3 genannten thematischen Bildgattungen Fotografien als Quellen heranziehen. Allerdings bedürfen auch Fotos einer genauen quellenkritischen Betrachtung. Denn die Art, in der sie Wirklichkeit zeigen, wird auf vielerlei Weise beeinflusst. Das beginnt mit dem

FOTOS ALS ALLTAGSGESCHICHTLICHE QUELLEN

c: „Sieht ihn der Betrachter zusammen mit der Frau, die den Blick auf ihn richtet, wird er vermuten, es handele sich um eine Mutter, die ihren Sohn schützen möchte, dies aber als ebenfalls Bedrohte nicht kann."

d: „Werden die Frau, der Junge und der Soldat gemeinsam gezeigt, verbinden sich diese Wahrnehmungsmuster miteinander. Auffallend ist, daß die Personen, die auf dem großen Bild links zu sehen sind, nur selten gezeigt werden. Vielleicht ist das darauf zurückzuführen, daß sie in die ‚Dramaturgie' zwischen dem Jungen, der Frau und dem Soldaten nicht einbezogen sind." (Zusammenstellung nach und Zitate aus „Mit dem Gebetsmantel zum Gegenangriff" 1994, S. 101–103)

Keine direkte Widerspiegelung von Wirklichkeit

Augenblick des Fotografierens. Der Fotograf entscheidet sich für ein bestimmtes Motiv. Er wählt einen Ausschnitt und eine bestimmte Perspektive (Abb. 4.9 a/b). Schon sein Standpunkt kann eine Parteinahme bedeuten: Es ist ein Unterschied, von welcher Seite einer Barrikade aus z. B. 1919 die Kämpfe in Berlin fotografisch dokumentiert worden sind. Das Foto hält nur einen Moment fest; wie andere Bilder auch zeigt es kein Davor und Danach, es sei denn, es handelt sich um eine Bildreihe. Auch die technischen Mittel entscheiden mit darüber, in welcher Weise auf dem Foto Wirklichkeit festgehalten wird: Was für ein Objektiv wird benutzt? Ein Teleobjektiv staucht die Entfernungen und rückt die Gegenstände enger zusammen, ein Weitwinkelobjektiv bewirkt einen panoramaartigen Effekt. Durch die Wahl von Blende und Belichtungszeit kann das Bild heller oder dunkler, kontrastreicher oder -ärmer ausfallen und kann eine unterschiedliche Schärfentiefe erreicht werden – jeder Hobbyfotograf kennt das. Und auch die Lichtempfindlichkeit des Films und das Fotopapier bestimmen mit, wie im Moment des Fotografierens Wirklichkeit abgebildet wird.

AUFNAHMETECHNIK

Die Möglichkeiten der Beeinflussung setzen sich weiter fort: Beim Entwickeln und bei der Reproduktion von Fotos können wiederum bestimmte Ausschnitte gewählt werden (Abb. 4.10 a–d). Fotos können retuschiert werden; diese nachträgliche „Verbesserung" war bei Porträtfotos bis etwa zum Ersten Weltkrieg ganz üblich. Diktatorische Regimes haben immer versucht, ihre Darstellung im fotografischen Bild unter Kontrolle zu halten. Auf dem Gebiet der Retusche hat sich besonders die Sowjetunion hervorgetan: Wer politisch in Ungnade fiel, wurde auf den Fotos, die öffentliche Verbreitung fanden, wegretuschiert. Sein Bild sollte getilgt werden – eine fotografische damnatio memoriae (Abb. 4.11 a/b, vgl. auch 3.56 a/b). Umgekehrt kann man Personen auf Bilder ummontieren und sogar verschiedene Bilder miteinander kombinieren, und natürlich lassen sich Fotos zu Reihen und Tableaus zusammenstellen. Die Möglichkeiten für nachträgliche Bildveränderungen sind vielfältig, die Ergebnisse waren allerdings oft nicht sonderlich überzeugend. Den Fälschern unterliefen peinliche Fehler, etwa wenn sie eine Person beseitigten, deren Schatten aber vergaßen, oder ein herrenloser Arm auf dem Foto zurückblieb. Diesen Kinderschuhen ist die Retusche mittlerweile entwachsen. In Zeiten digitaler Bildbearbeitung sind nachträgliche Veränderungen kaum mehr erkennbar; und sie sind auch kaum noch überprüfbar, denn bei der digitalen Kamera gibt es kein Negativ mehr, anhand dessen man die nachträglichen Überarbeitungen mit der Originalaufnahme vergleichen könnte. Wir werden Fotos als Belege in Zukunft immer vorsichtiger verwenden müssen.

RETUSCHE

Ein weiteres Problem ist, dass der alltägliche Umgang mit Fotos in der Presse ganz anders ist als der von Historikern. Es ist völlig normal und ein bewusstes Gestaltungsmittel, Fotos zu beschneiden und besonders interessante Ausschnitte auszuwählen. Will man ein Foto als Quelle präsentieren, darf man so nicht vorgehen. Dennoch ist dies in populären historischen Bildbänden, in Zeitschriften und auch Schulbüchern gang und gäbe, ohne dass die Bearbeitung vermerkt würde. Die Skrupel, mit Fotos auf diese Weise zu hantieren, sind sehr viel geringer als etwa bei Gemälden; es dominiert ein unreflektierter, alltagsbezogener Umgang mit Fotos, die so unter der Hand – trotz der Bedeutung, die man ihnen zuschreibt – zu Bildquellen zweiter Klasse werden.

AUSSCHNITT UND BESCHNITT

Aber fotografische Bilder werden nicht nur durch die technischen Bedingungen der Aufnahme und die eventuelle nachträgliche Bearbeitung beeinflusst oder verfälscht. Zunächst einmal ist zu prüfen, ob die Situation, die sie zeigen, überhaupt jene ist, die sie zu zeigen vorgeben. Oft bilden gerade Fotos, die gleichsam als „Schlüsselbilder" berühmt geworden sind, nicht reale, sondern wiederholte und nachträglich gestellte Szenen ab: Wie Philipp Scheidemann vom Reichstagsgebäude aus die Republik ausruft, wie deutsche Soldaten 1939 einen Schlagbaum an der polnischen

NICHT-AUTHENTISCHE „IKONEN"

Abb. 4.11 a/b:
Stalins Retuschen
a: „Dieses Gruppenbild, das im April 1925 beim 14. Parteitag aufgenommen wurde, sollte ein klassisches Beispiel stalinistischer Fotomanipulation werden.“
b: „Dasselbe Bild, das 1939 und 1949 in Stalin-Bibliographien abgedruckt wurde, hatte man so retuschiert und arrangiert, daß nur noch vier Personen übrigblieben, 60 Prozent der Kongreßteilnehmer waren aus der Geschichte ausgelöscht worden.“
(Bildlegenden aus King 1997, S. 100 f.)

Wie das Symbolfoto des Händedrucks von Torgau entstand

Ein amerikanischer Soldat erzählt deutschen Reportern:
„Ein Fotograf kam auf uns zu und sagte, er wolle das Zusammentreffen der Russen und Amerikaner rekonstruieren. Er suchte ein paar Freiwillige. Ich erklärte mich bereit mitzumachen. Einer von uns, der ein paar Brocken russisch konnte, sprach einige Soldaten der Roten Armee an, ob sie auch mit aufs Foto wollten; so kam die bunt gemischte Runde zusammen. Immerhin gehörten wir ja alle zu Einheiten, die bei den ersten ‚Link-ups' mit dabei waren. [...] Der Fotograf gab ständig Anweisungen: ‚Nein, nicht die Hand geben – nur einander entgegenstrecken, bitte!' Der Soldat links von mir auf dem Bild, ich glaube Metzger hieß er, wollte immerzu in die Kamera schauen. ‚Nein', rief der Fotograf, ‚schaut die Sowjets an.' Dann schoß er das erste Foto – wir blickten brav zu den Sowjets. Zur Sicherheit wollte er noch eine zweite Aufnahme machen. Jetzt hielt es Metzger nicht mehr aus: Als der Auslöser klickte, starrte er in die Kamera."
(Knopp 1994, S. 51–53)

Grenze niederlegen, wie nach der Eroberung Berlins ein Rotarmist die sowjetische Flagge auf dem Reichstag hisst, wie sich amerikanische und sowjetische Soldaten bei Torgau zum ersten Mal die Hand reichen – das alles sind keine originalen, sondern nachträglich für den Fotografen zurechtgemachte Szenen. Sicher ist es kein Zufall, dass gerade diese Bilder, gleichsam „Historienfotos", oft zu Ikonen werden, weil sie in besonderer Verdichtung eine tiefere Bedeutung zeigen.

Informationen über den Entstehungskontext

Deshalb ist es wichtig zu wissen, wann eine Fotografie entstanden ist, was sie darstellt, wer fotografiert hat und in wessen Auftrag er dies ggf. getan hat. Bei Texten sind solche quellenkritischen Grundinformationen ganz üblich, bei Fotos nicht. Das bezieht sich zunächst auf die Präsentation: In fast allen Schulbüchern fehlen genauere Angaben zu historischen Fotografien, und nicht selten kommt es vor, dass falsche oder zumindest irreführende Informationen zum Gegenstand oder zum Datum gemacht werden (Kaufmann 1997, Hamann 2002).

Bildagenturen

Oft ist man bei diesen Informationen auf die Angaben der Bildgeber angewiesen. Das können Museen und Archive sein, sehr häufig aber auch Bildagenturen; insbesondere Zeitungen und Zeitschriften, bei denen die Bildbeschaffung schnell gehen muss, greifen auf deren Angebot zurück. Die wichtigsten historischen Bildagenturen in Deutschland sind das Bildarchiv Preußischer Kulturbesitz, das Archiv für Kunst und Geschichte, die Agentur Foto Marburg, die Ullstein-Bildagentur und die Bildagentur Süddeutscher Verlag; BPK, AKG und Foto Marburg bieten nicht nur Fotos an, sondern auch Reproduktionen aller möglicher Bildarten. Alle diese Agenturen haben durchaus den Anspruch auf exakten und soliden Umgang mit dem Bildmaterial. Dennoch sind auch hier die Angaben zu Bildern des Öfteren lückenhaft und im Falle von Fotos zuweilen ganz unzureichend oder gar falsch.

Falsche Angaben

Ein Beispiel aus persönlicher Erfahrung: Als ich beim Bildarchiv Preußischer Kulturbesitz Bilder zum Thema NS-Reichsparteitage bestellte, bekam ich ein bekanntes Foto zugesendet, das ich jedoch lokal nicht zuordnen konnte (Abb. 4.12). Gezeigt war eine der typischen Masseninszenierungen. Aber das Gelände wies eine Erhebung auf, die es auf dem Reichsparteitagsgelände in Nürnberg nicht gab, und auch das Rednerpodium

Abb. 4.12: Hitler beim Erntedankfest auf dem Bückeberg bei Hameln 1934, Foto von Heinrich Hoffmann. Hier wurden ähnliche Mittel der Inszenierung angewendet wie bei den Reichsparteitagen – bei der Veranstaltung selber wie beim Foto (vgl. Abb. 1.4).

und die Treppe, die Hitler emporschreitet, waren dort in dieser Form nicht zu finden. Ein Vergleich mit einem Bildband von Heinrich Hoffmann zeigte dann, dass es sich um ein Foto vom „Reichserntedankfest" auf dem Bückeberg bei Hameln – dazu noch aus einem anderen Jahr – handelte. Mag man hier mit relativ geringem Aufwand den Fehler richtigstellen können – möglich ist dies nur bei eigener Kenntnis, die zumindest kritische Fragen aufwirft. Wo man etwa bei Gemälden auf die Erkenntnisse der Kunstgeschichte zurückgreifen kann, fehlt bei Fotografien zumeist eine entsprechende Grundlagenarbeit, und bei der Masse der verwendeten Fotos ist sie wohl auch nur von Fall zu Fall denkbar.[11]

11 Dieter Reifarth und Viktoria Schmidt-Linsenhoff konstatieren gerade bei Fotografien von Naziverbrechen, die ja – oft auch juristisch – eine besondere Bedeutung als Bildquellen haben, eine bemerkenswerte Zurückhaltung der Historiker in Sachen Quellenkritik: „Auffällig – und für Neonazis zur Ausschlachtung anregend – ist jedoch der unkritische und oberflächliche Umgang von Publizisten und Historikern mit diesen Fotografien und ihren Aussagen. Dies ist sicher nicht als Gleichgültigkeit gegenüber dem Abgebildeten zu erklären, sondern als eine verständliche Berührungsscheu. Jeder, der sich auf die Bilder einlässt, mit ihnen arbeitet, sie nicht nur als emotionalisierende Illustration des Grauens wahrnimmt, sondern versucht, ihre Botschaft genau zu entziffern, wird überrascht sein: von dem Mangel der Herausgeber an quellenkundlicher Sorgfalt, von dem Verzicht auf die Benennung der abgebildeten Orte, Menschen und Ereignisse, von dem Verzicht auf jegliche Informationen über die Herkunft, die Fundumstände und die Parteilichkeit des Fotos und schließlich von der miserablen Abbildungsqualität der immer wieder retuschierten und reproduzierten Reproduktionen." (Reifarth/Schmidt-Linsenhoff 1983/1995, S. 476 f.) Mangelnde quellenkritische Sorgfalt muss man leider auch der Ausstellung „Vernichtungskrieg. Verbrechen der Wehrmacht 1941–1944" vorwerfen (vgl. Musial 1999, Schmidt-Neuhaus 1999, Ungvary 1999). Eine Fülle von interessanten Einzelstudien gerade zum Thema Nationalsozialismus bietet die Zeitschrift Fotogeschichte. Beiträge zur Geschichte und Ästhetik der Fotografie, Marburg 1981 ff. (erscheint vierteljährlich).

Abb. 4.13: Demonstrationsbild um 1968. Mögliche Bildunterschriften aus unterschiedlicher Perspektive: „Brutaler Polizeiterror gegen jugendliche Demonstranten." – „Polizeibeamte setzen sich gegen linken Mob zur Wehr." (Hug, F./ Munich press/ SV-Bilderdienst)

Abb. 4.14: Inflationszeit 1923. Mögliche Bildunterschriften aus unterschiedlicher Perspektive: „Jugendliche am Rande des Existenzminimums – nur Mundraub hilft überleben." – „Das Weimarer System lässt auch die Moral verlottern – Diebstahl eines Jugendlichen auf offener Straße."

Die Bildlegende als Interpretationsvorgabe

Unsere Wahrnehmung eines Fotos wird ganz wesentlich durch die Bildlegende bestimmt. Pointiert formuliert: Die Bildunterschrift sagt uns, was wir auf dem Foto sehen sollen. Das lässt sich leicht anhand von Fotos verdeutlichen, die sehr unterschiedliche Kommentierungen und Deutungen aus gegensätzlichen Perspektiven zulassen. Es bietet sich an, solche Versuche und Übungen mit Bildunterschriften oder Kurzberichten auch mit Schülerinnen und Schülern durchzuführen und dabei die zeitgenössische Perspektive vorzugeben: Bei Abb. 4.13 eine Studentenzeitschrift gegen die „Bildzeitung", bei Abb. 4.14 ein liberales gegen ein nationales Blatt. Schülerinnen und Schüler sollten lernen, so weit wie möglich Fotos selber zu befragen und sich nicht vorgefertigte Deutungen suggerieren zu lassen. Auch im Umgang mit dem Schulbuch ist das wichtig, denn auch dort werden Fotos mit deutenden und wer-

Stichpunkte zur Analyse von Fotos

Bildentstehung
- Situation und Zeitpunkt
- Fotograf, ggf. Auftraggeber, Zielpublikum

Bildinhalt und -gestaltung
- Thema: Szene oder Motiv
- einzelne Objekte: Personen, Gegenstände, Konturen, Flächen
- Aufbau/Kompositionsschema: Vordergrund, Mittelgrund, Hintergrund, Blickachsen, Größenverhältnisse
- technische Mittel: Ausschnitt, Perspektive (Normal-, Unter-, Obersicht), Einstellung (Nähe zum Objekt), Brennweite, Farbe
- emotionaler Ausdruck: Stimmung, Atmosphäre, Parteinahme

Bildbearbeitung und -präsentation
- nachträgliche Bearbeitung: Retusche, Beschnitt, Montage
- Zusammenhang der Präsentation (mit anderen Bildern, auf Bildseiten)
- Bildlegende, Kommentar (dem Bild unterlegte Bedeutung)

Zusammenfassung
- Welche Informationen über die Vergangenheit lassen sich der Fotografie entnehmen? Lassen sich Schlüsse aus dem Foto ziehen, Vermutungen anstellen?
- Welche Fragen wirft die Fotografie auf, die anhand des Bildes selber nicht beantwortet werden können?
- Welche Botschaft, welche Deutung ihres Gegenstandes vermittelt die Fotografie? Handelt es sich um eine gewollte Wirkung, mit welchen Mitteln wird sie erzielt?

FOTOS ANALYSIEREN

tenden Bildunterschriften versehen, die sie von Quellen zu Belegen degradieren (vgl. Hannig 1989).

Einsichten darin, wie Fotos zu Propagandazwecken dienen können, lassen sich Schülerinnen und Schülern am besten anhand von NS-Fotos vermitteln. An ihnen wird besonders deutlich, dass Fotos nicht einfach Wirklichkeit abbilden. Ohnehin handelt es sich in vielen Fällen um eine bereits inszenierte Wirklichkeit, die dann in den Fotos noch ein zweites Mal präpariert wird. Bilder von Reichsparteitagen, wie sie sich in den meisten Schulbüchern finden, sind dafür gute Beispiele. Aber es kommt auf eine genaue Analyse der Fotos in der Form, in der sie veröffentlicht wurden, an: Außer Ausschnitt, Einstellung und Perspektive geht es um Beleuchtung, Bewegung, Konturen und Symbole. Der Aufbau der Bilder wird meist besonders deutlich, wenn man wichtige Linien und Umrisse nachzeichnet (Abb. 4.15 a/b, vgl. auch Abb. 1.4). Um nachvollziehen zu können, wie Bilder präsentiert und in einen Wirkungszusammenhang gestellt werden, empfiehlt es sich auch, ganze Illustriertenseiten mit Bild und ggf. Texten und sogar einmal einen der vielen Bildbände von Heinrich Hoffmann im Hinblick

FÜR INTERPRETATIONSÜBUNGEN BESONDERS GEEIGNET: NS-FOTOS

Abb. 4.15a: Hitler grüßt Teilnehmer und Zuschauer, NSDAP-Reichsparteitag 1933, Foto von Heinrich Hoffmann

auf die Komposition zu untersuchen.
In unserer visuell geprägten Welt neigen wir dazu, nur das für existent zu halten, was im Bilde vorweisbar ist. Wie sehr das in die Irre führen kann, lässt sich leicht an der eigenen Familiengeschichte, wie sie in Fotoalben dokumentiert ist, klar machen. In erster Linie vertreten sind die Feste und Feiern und die Urlaube; das Alltagsleben tritt kaum einmal in Erscheinung. Genauso überliefern Fotos nicht etwa die

Abb. 4.15b: Die „Weihestunde“ der Politischen Leiter auf dem Zeppelinfeld mit dem „Lichtdom“, NSDAP-Reichsparteitag 1936, Foto von Heinrich Hoffmann/ SV-Bilderdienst

Abb. 4.15a: „In Hitlers Wagen sitzen Rudolf Heß und Baldur von Schirach, die in dieser Szene als ‚Ministranten' fungieren, wozu freilich ihre Fröhlichkeit nicht ganz passt. Die Figur Hitlers dominiert das Bild. Die Menschenmenge ist nur in einem kleinen Ausschnitt erkennbar, wird aber unwillkürlich über den linken Bildrand hinaus dorthin weitergedacht, wohin sich Hitlers Gruß richtet. Hitler ist in Seitenansicht und mit leichter Untersicht aufgenommen. Ab der Gürtellinie wirkt seine Figur vor dem Hintergrund des Himmels wie freigestellt. Zwei Bewegungsrichtungen korrespondieren miteinander: Der Wagen fährt nach rechts, Hitlers Arm zeigt nach links. Dieser Arm hat denselben Raum zur Verfügung wie Hitlers Oberkörper – das rückt die Geste in den Mittelpunkt des Bildes. Bezogen auf die Menschenmenge darunter wird Hitlers Gruß zur segnenden Gebärde: Durch den ‚Führer' erhält die Versammlung gleichsam erst ihre höhere Weihe."
Abb. 4.15b: „Speer hat seinen ‚Lichtdom' zum ersten Mal auf dem Reichsparteitag 1936 eingesetzt. Die Beleuchtung lässt die – noch nicht vollständig angetretenen – Menschenmassen als unregelmäßiges Muster, gleichsam als Teppich erscheinen. Dahinter und darüber erheben sich wie Säulen die Strahlen der Flak-Scheinwerfer, die etwa die Hälfte des Bildes einnehmen. Im Kontrast mit der Flächigkeit der Formationen kommt die Höhe des angestrahlten Himmels besonders stark zur Geltung; horizontale und vertikale Dimension – abgegrenzt durch die klare Struktur der Tribünensäulenhalle – kontrastieren miteinander und erzeugen ein Gefühl von Größe und Raum – der ‚Dom' im Bild."
Ähnlich komponiert ist auch das auf Seite 20 gezeigte Foto (Abb. 1.4): „Während des Appells von SA und SS in der Luitpoldarena nimmt Hitler die ‚Totenehrung' vor. Begleitet von seinen ‚Ministranten', den SA- und SS-Führern, ist er von der Tribüne zum Ehrenmal geschritten und verharrt dort minutenlang schweigend; im Jahr zuvor hatte allein der inzwischen ermordete SA-Stabschef Röhm Hitler begleitet. Freie Fläche ringsum hebt den ‚Führer' mit seinen Begleitern von den angetretenen Formationen ab. Die Menschen darin sind in der Masse kaum als solche erkennbar. Sie dienen als Kulisse, werden gleichsam zu einem Ornament, das die Linienführung der Pflasterung fortsetzt. Die Obersicht verstärkt diesen Eindruck. Die Linien von Pflasterung, Straße und Formationen treffen pfeilförmig bei den drei Hakenkreuzfahnen über der Tribüne zusammen. So erhält das Bild Dynamik. Hitler und das Symbol der ‚Bewegung' werden in Beziehung zueinander gesetzt, der Betrachter wird gleichsam in das Bild hineingezogen. Bilder dieses Typs sind für die NS-Ästhetik besonders typisch; man findet sie nicht nur bei anderen Großveranstaltungen wie der Olympiade oder den Bückeberger Erntedankfestfeiern, sondern sogar bei Appellen in Konzentrationslagern o. ä."
(Sauer 1997, S. 62)

Vergangenheit in ihrer ganzen Breite, sondern heben hervor, was den Zeitgenossen jeweils darstellungs- und dokumentationswürdig erschien. Natürlich versteht sich das eigentlich von selbst und gilt für alle Arten von Bildern, aber beim Foto muss es besonders betont werden: Auch in dieser quantitativ-thematischen Hinsicht kann von einfacher Spiegelung der Realität nicht die Rede sein. Deshalb stellt sich immer auch die Frage nach der Repräsentativität von Fotos. Können wir aus einem Bild, das nach dem Kriegsbeginn 1914 jubelnde Menschen zeigt, schließen, dass damals alle gejubelt haben? Wer nicht begeistert war, blieb zuhause – davon gibt es kein Foto. In sehr vielen Fällen muss man also, um Fotos richtig einschätzen zu können,

Repräsentativität

noch zu anderen Quellen greifen – eine weitere Einschränkung einer allzu naiven „Fotogläubigkeit".

Quellenkritik im Geschichtsunterricht

Gerade weil sie so eingängig und uns vertraut scheinen, weil sie auf den ersten Blick wenig Fragen aufwerfen, stellen Fotos in mancher Hinsicht eine besonders schwierige Art von Bildquelle dar. Hier kommt es darauf an, Kurzschlüsse zu vermeiden und vermeintliche Sicherheiten zu erschüttern. Schülerinnen und Schülern sollte deutlich werden, dass auch historische Fotos nicht einfach vergangene Wirklichkeit spiegeln, sondern eine bestimmte Form der Wahrnehmung zeigen, die durch technische Vorgaben, vor allem aber durch mehr oder minder offenkundig wirksame Darstellungsintentionen des Fotografen oder anderer Beteiligter – ob Retuscheure, Bildredakteure oder Schulbuchmacher – bestimmt wird (zum Umgang mit Fotos im Geschichtsunterricht Geschichte lernen H. 91/2003, Hamann 2002, Klenner/Witt 2000, Sauer 2003a/b, Wunderer 2000).

5. Visuelle Handschriften

Verschiedene Zeiten haben ihre eigenen „visuellen Handschriften", ihre besonderen bildlichen Ausdrucksformen und Darstellungsmöglichkeiten. Nur wer sie einigermaßen kennt, kann ein Bild als Kunstwerk, aber auch als Quelle angemessen deuten: Ein mittelalterliches Bild lässt sich nur dann entschlüsseln, wenn man weiß, dass die Gestik der dargestellten Personen nicht realistisch, sondern symbolhaft gemeint ist. Was wir heute erst lernen müssen, war den Zeitgenossen selbstverständlich; die Bilder entsprachen ihrem Rezeptionshorizont, der umgekehrt durch diese geformt wurde.

Nun kann man einwenden, sich im Geschichtsunterricht damit zu beschäftigen, führe zu weit in den Bereich der Kunstgeschichte, und deren Vermittlung sei in der Schule schließlich Aufgabe des Kunstunterrichts. In der Tat läuft der Geschichtsunterricht hier Gefahr, auf fremdem Terrain zu dilettieren. Aber zum einen hat die Geschichte im Kunstunterricht umso mehr an Raum verloren, je stärker in den letzten beiden Jahrzehnten das Konzept der ästhetischen Erziehung in den Vordergrund getreten ist.[12] Dass Schülerinnen und Schüler kunstgeschichtliche Grundkenntnisse erwerben, kann man nicht voraussetzen. Zum anderen soll es hier keineswegs um einen „Crash-Kurs"-Kunstgeschichte gehen, sondern nur um einzelne Fingerzeige auf das, was als elementare Kenntnis für Schülerinnen und Schüler notwendig erscheint. Eine Erläuterung und Diskussion von Epochenbegriffen, der Gleichzeitigkeit des Ungleichzeitigen, der Bedeutung einzelner Künstler findet nicht statt. Die Hinweise beschränken sich auf einige wenige, typisierend beschriebene Zeiträume und Entwicklungsschritte; dazu gehört ein gewisser Mut zur Banalität.[13] Geht es um Details und die genaue Deutung einzelner Bilder, wird die Fachhistorikerin wie der Geschichtslehrer ohnehin zunächst einmal kunstgeschichtlichen Sachverstand zurate ziehen müssen.

Verhältnis zur Kunstgeschichte

Grundlegende Kenntnisse

Erst recht gilt dies für die beiden letzten Abschnitte dieses Kapitels, die sich mit außereuropäischen Kulturräumen befassen. Die dreitausend Jahre währende Kunstgeschichte Chinas kann man nicht in fünfzig Zeilen zusammenfassen. Es geht lediglich darum, an ausgewählten Beispielen – für China die Malerei, für Afrika die Plastik – die Andersartigkeit nichteuropäischer Kunst vor Augen zu führen. Auch diese Kulturen haben ihre eigenen visuellen Handschriften, deren Verständnis uns naturgemäß noch weitaus schwerer fällt als das vergangener Epochen europäischer Kunstgeschichte.

Andersartigkeit nichteuropäischer Kunst

Die Texte können in höheren Klassen auch direkt von Schülerinnen und Schülern gelesen werden; zusammen mit den Bildbeispielen lassen sie sich unmittelbar für den

---

12 Dagegen scheinen populäre Überblicksdarstellungen zur Kunstgeschichte momentan geradezu in Mode zu sein. Vgl. etwa Beckett 1995, Krauße 1995, Geschichte der Kunst 1997, Kunst 1997. Speziell an junge Leser wendet sich Partsch 1997.

13 Vereinzelt werden solche Hinweise auch in den Geschichtsschulbüchern gegeben, so etwa in „Wir machen Geschichte" (Bd. 1, Frankfurt a. M.: Diesterweg 1996, S. 56) zum Thema Ägypten, in „Anno" (Bd. 2, Ausg. Niedersachsen, Braunschweig: Westermann 1997, S. 9) zur Veränderung der Darstellungsweisen vom Mittelalter zur Renaissance, in „Geschichte und Geschehen Oberstufe" (Bd. 1, Ausg. A, Stuttgart u. a. 1995) und in „Das waren Zeiten" (Bd. 2, Bamberg: Buchner 1998, S. 17–19) gleichfalls zum Thema Renaissance und im „Geschichtsbuch Oberstufe" (Bd. 1, Berlin: Cornelsen 1995, S. 51) als Längsschnittvergleich von weiblichen Skulpturen. Besonders bemerkenswert ist der entsprechende Abschnitt zu einer außereuropäischen Kultur (Benin/Nigeria) im „Geschichtsbuch" für die Sekundarstufe I (Bd. 3, Berlin: Cornelsen 1986, S. 196–199).

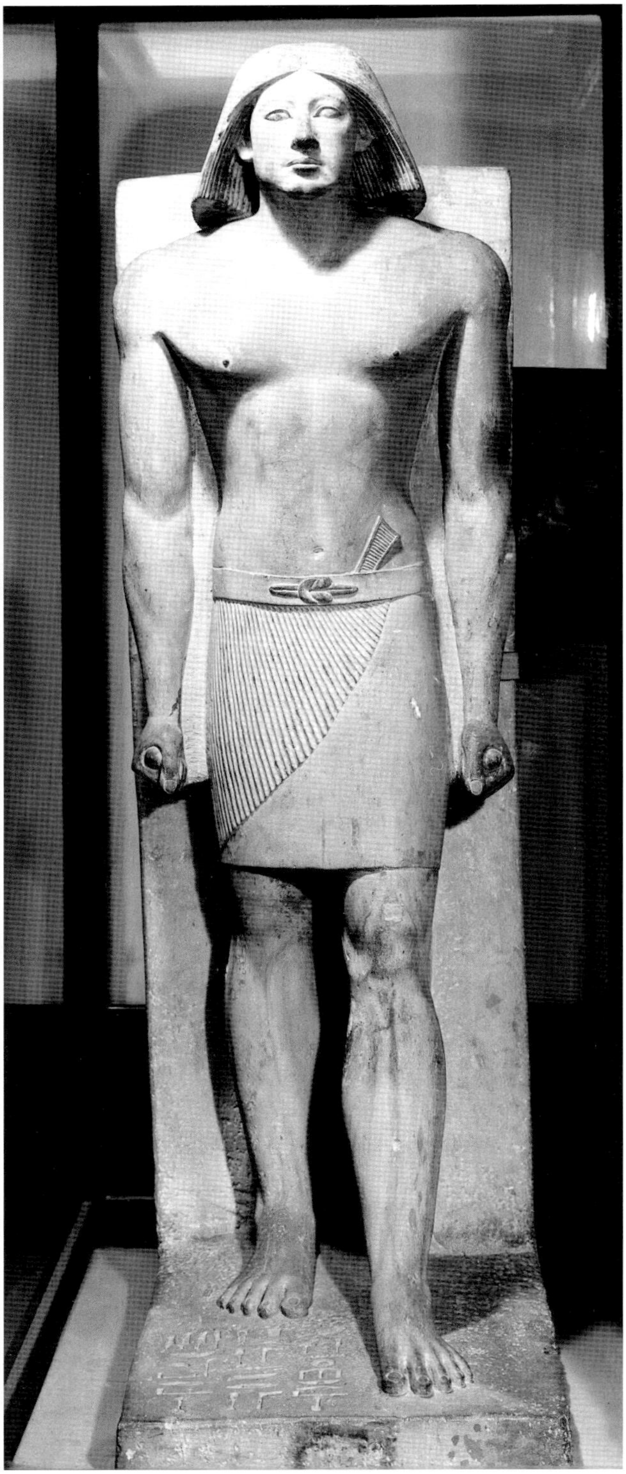

Abb. 5.1: Statue von Ranofer, Oberpriester von Memphis (Höhe 180 cm), 5. Dynastie (2563–2423 v. Chr.). Die Figur hat Boden- und Rückenplatte und nimmt die typische Haltung ein: Schrittstellung der Füße, geballte Fäuste, Anspannung der Muskeln. Der Blick ist in die Ferne gerichtet.

Unterricht verwenden. Aus den Abbildungen lassen sich auch vergleichende Reihen zusammenstellen, bei denen die Eigenheiten der jeweiligen Kulturepoche bzw. des Kulturraumes besonders deutlich zum Vorschein treten; am besten dafür eignen sich die Plastiken. Ein methodisches Verfahren, mit Hilfe dessen die Schülerinnen und Schüler die jeweilige Darstellungsweise intensiver wahrnehmen und nachempfinden können, ist das „Standbild". Sie können versuchen, die Haltungen der Figuren in den Plastiken oder Bildern einzunehmen. Auf der Basis dieser Erprobung können Fragen von Proportionen, Ponderation, Perspektive und dem Stil der Zeit insgesamt sehr viel leichter besprochen werden.

5.1. Ägypten

Die ägyptische Kunst hat sich in wesentlichen Grundzügen über dreitausend Jahre kaum verändert. Statuen sind immer auf die Frontalansicht ausgerichtet (Abb. 5.1). Sie zeigen gleichsam die schöne, repräsentative Seite des Körpers. Das Gesicht ist symmetrisch aufgebaut, der Blick nach vorne, in die Weite gerichtet. Schultern und Gürtellinie liegen im rechten Winkel auf der senkrechten Körperachse. Typisch sind Basisplatte und Rückenpfeiler. Durch sie erhält die Figur Halt und Orientierung innerhalb eines definierten Raumes. Im Vergleich mit den späteren griechischen Plastiken der klassischen Zeit wirken diese ägyptischen Standfiguren statisch. Dennoch zeigen sie in ihrer verbreitetsten Haltung Momente von Bewegung – oder besser Bewegungsfähigkeit. Die Beine stehen in Schrittstellung, der linke Fuß ist vorgesetzt, allerdings liegt auch die Ferse des rechten, sich gerade abhebenden Fußes auf dem Boden auf. Wie es der realistischen Bewegungshaltung entspricht, ist in Ausgleich und Entsprechung zur Fußposition die rechte Schulter nach vorne genommen. Die Arme hängen seitlich am Körper herab, aber die Fäuste sind geballt, Arm- und Brustmuskeln angespannt. Die Figur verharrt zwar, scheint aber zugleich bereit zur Aktion zu sein. Diese strengen Darstellungsregeln galten allerdings vornehmlich für repräsentative Porträts hoher Personen, von Göttern, Pharaonen und wichtigen Beamten. Bei den einfachen Leuten war es eher wichtig, ihre Tätigkeiten möglichst realistisch zu zeigen.

PLASTIK

Noch deutlicher treten die Besonderheiten ägyptischer Kunst im zweidimensionalen Wandbild oder Relief zutage (Abb. 5.2). Es gibt keine perspektivische Darstellung. Dreidimensionalität wird abgebildet, indem verschiedene Betrachtungsweisen

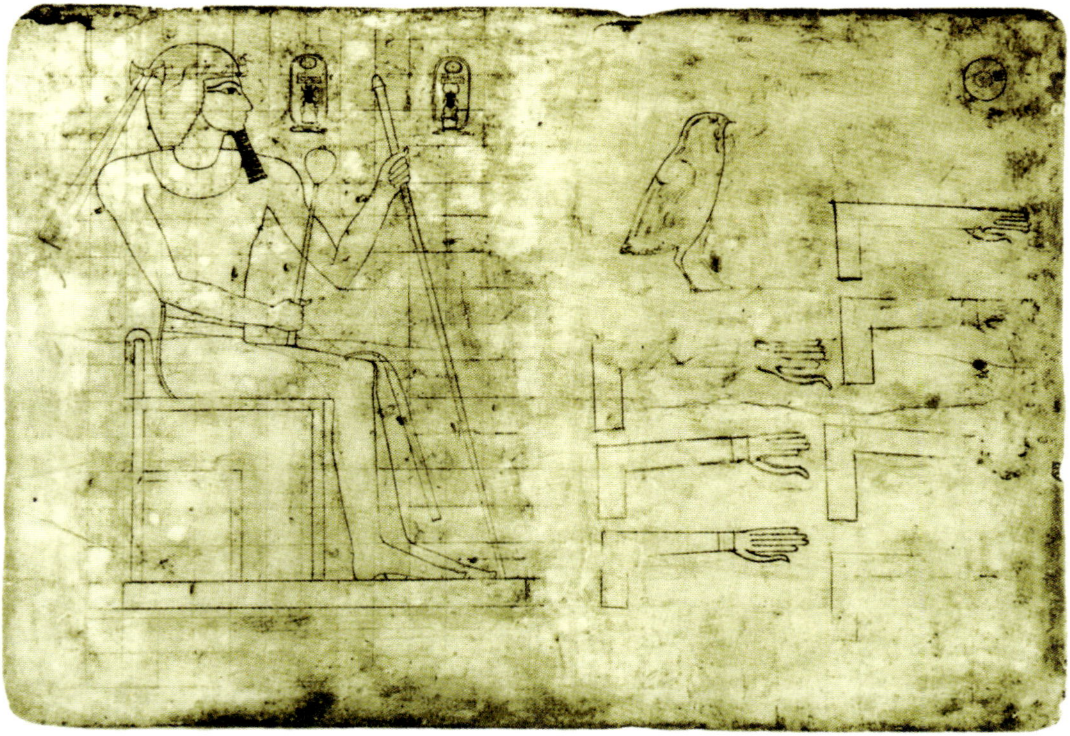

Abb. 5.2: Entwurfszeichnung für ein Relief Tutmosis III. auf einem hölzernen Zeichenbrett (37 x 55 cm), um 1450 v. Chr. Deutlich erkennbar sind die Proportionslinien und die typische Vermischung von Frontal- und Seitenansicht. (British Museum, London)

– Frontalansicht und Profil – miteinander kombiniert werden. Der Hintergrund hat keine eigene Funktion, er dient lediglich als Bildträger. Das Bild ist so nicht Abbildung von Realität, sondern spiegelt eine bestimmte Auffassung von Realität wider, in der das für wichtig Gehaltene besonders hervorgehoben wird und jeder Körperteil so dargestellt wird, wie er einzeln am besten zu erkennen ist. Köpfe, Beine und Füße werden im Profil dargestellt, das im Gesichtsprofil dem Betrachter zugewandte Auge, Oberkörper und Nabel frontal. Die Füße stehen nebeneinander, die Finger werden möglichst vollständig gezeigt. Verschiedene Körperteile sollen sich möglichst wenig überschneiden – das kann zu seltsamen Körperhaltungen und zu einer Überlänge der Gliedmaßen führen.

WANDBILD UND RELIEF

Die Reliefzeichnung baut auf einer strengen formalen Struktur auf. Sie wird beherrscht von einem Proportionskanon, der die Grundmaße des menschlichen Körpers festlegt. Ausgehend von einer Standlinie werden entsprechende Proportionslinien auf die Fläche aufgetragen, an ihnen richten sich die Personendarstellung und das Verhältnis verschiedener Bildelemente aus. Die Bilder haben stets klare Umrisse; Licht- und Schattenwirkungen kommen nicht vor. Vorgeschrieben ist auch die Farbgebung für die Wandmalereien: Die Hautfarbe der Männer ist braunrot, die der Frauen gelb, und auch die im Bild auftretenden Hieroglyphenzeichen haben ihre jeweils eigene Farbgebung. Die Größe der Figuren richtet sich nach ihrer gesellschaftlichen Bedeutung. Der Mann als Familienoberhaupt wird größer als die Frau dargestellt. Kinder sehen aus wie kleine Erwachsene.

FORMALE VORGABEN

Insgesamt erscheint also die ägyptische Kunst als weitgehend formalisiert. Auf diese Weise spiegelt sich nicht nur in den Inhalten, sondern auch im Formenkanon der übergreifende Gesichtspunkt wider, in der künstlerischen Darstellung das Gleichbleibende, das Wesen der Dinge und die Ordnung der Welt zum Ausdruck zu bringen. Deshalb hatten die Personenbilder auch keine Porträtähnlichkeit, es waren Idealbilder, auch wenn sie bestimmte Menschen darstellten. Zeit tritt in den ägyptischen Bildern nicht in Erscheinung: Es sind keine Momentaufnahmen einer bestimmten, vergänglichen Situation, sondern Darstellungen des Gültigen und Dauernden. Bilder verdichten sich nahezu zu Zeichen und Symbolen, wie dies ja auch bei den Hieroglyphen der Fall ist. Die meisten Abbilder von Menschen hatten religiöse Funktion: Sie sollten als neue Wohnstätte für die Seelen der Verstorbenen dienen, in ihrer Gestalt konnten die Toten Opfergaben und Gebete in Empfang nehmen. Der Bedeutung herkömmlicher Formen und Normen entsprach die Auffassung von künstlerischer Arbeit. Den Begriff und Beruf des Künstlers gab es nicht; diejenigen, die die Bilder herstellen, wurden als Handwerker angesehen.

5.2. Griechische Antike

Die griechische Kunst der klassischen Zeit (5./4. Jahrhundert v. Chr.) brachte Neuerungen mit sich, die die europäische Zivilisation bis in die Gegenwart tief greifend beeinflusst haben. Was sich veränderte, wird an der Plastik am deutlichsten. Die Plastiken in der archaischen Zeit orientieren sich noch an orientalischen und ägyptischen Vorbildern und übernehmen deren schematische Körperdarstellung. Die Kunst der klassischen Zeit basiert dann auf einer anatomisch genauen Wahrnehmung und Gestaltung des unbekleideten menschlichen Körpers, Bewegung und Emotionen werden dargestellt. Die Künstler wollen ein Idealbild des Menschen zeigen, das durch Schönheit und Gleichmaß gekennzeichnet ist. Dahinter steht die Leitvorstellung der Ausgewogenheit von Körper und Geist, der Übereinstimmung von innerer moralischer Qualität, Bildung und äußerem Erscheinungsbild. Der diesseitige, selbstbewusste Mensch steht im Mittelpunkt: Das bildet sich darin ab, dass die Plastik zur Freifigur (aus Bronze oder Marmor) wird. Sie wird nicht mehr umgrenzt, wird von allen Seiten gleichmäßig wichtig genommen und gestaltet. Und vor allem ändert sich die Haltung, in der die menschliche Standfigur dargestellt wird. An die Stelle der Achsensymmetrie tritt der Kontrapost. Die Last des Körpers ruht auf einem Standbein, das Spielbein bleibt frei und beweglich. Dadurch ergibt sich ein Wechsel von Bewegung und Gegenbewegung. Mit der Schrägstellung des Beckens (Standbeinseite höher) korrespondieren die entgegengesetzte Schrägstellung der Schultern und das leichte Anwinkeln des Kopfes zur Standbeinseite hin. Beim Doryphoros (Abb.5.3) kommt die Armhaltung hinzu: Der Arm auf der Standbeinseite hängt frei, der andere, der ursprünglich den Speer hielt, ist angewinkelt und gespannt. Die

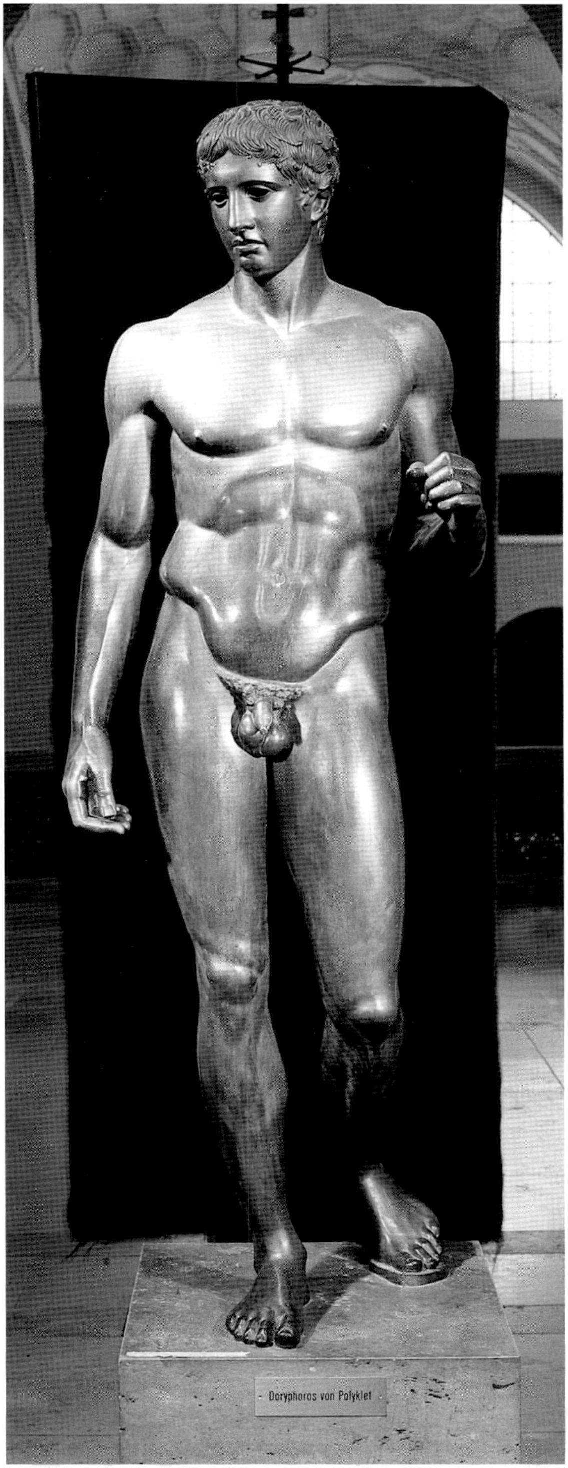

Abb. 5.3: Der Doryphoros (Speerträger) des Polyklet, im nicht erhaltenen Original eine Bronzefigur von ca. 440 v. Chr., Marmorkopie. Der Doryphoros zeigt in idealer Weise die Gewichtsverteilung und das Bewegungsspiel des Kontraposts.

gleichmäßige Gewichtsverteilung (Ponderation) gibt ein lebendiges, harmonisches Bild des Menschen, in dem die Gegensätze von Belastung und Gelöstheit, von Ruhe und Bewegung ausgeglichen sind.

IDEALBILD DES MENSCHEN

Von griechischer Malerei ist – von der Vasenmalerei abgesehen – so gut wie nichts erhalten. Hier entwickeln sich Züge der Perspektive wie die Verkürzung von Gliedmaßen und die räumliche Darstellung von Gegenständen, Schattenwirkungen werden wiedergegeben. Freilich bezieht sich diese Perspektivik immer nur auf Details des Bildes, zu einer einheitlichen Raumkonstruktion von einem Blickpunkt aus kommt es nicht. In römischen Wandbildern entwickelte sich die Perspektivik dann weiter.

Anders als in Ägypten waren die griechischen Künstler namentlich bekannt und zu ihrer Zeit hoch angesehen. Die griechische Kunst gewann für viele Epochen Vorbildcharakter. Zu römischer Zeit wurde sie übernommen und nachgeahmt; fast alle griechischen Skulpturen sind uns nur in römischen Nachbildungen überliefert. Die Renaissance wiederum entdeckte die römische Kunst neu, und im 18. Jahrhundert kam man deren griechischen Wurzeln auf die Spur – das wurde zur Grundlage des Klassizismus.

REZEPTION

5.3. Mittelalter

CHRISTENTUM ALS GRUNDLAGE

Die mittelalterliche Kunst Europas ist geprägt durch das Christentum. Die griechische Antike hatte die menschliche Gestalt in das Zentrum ihres Interesses gestellt. Auch die Götter konnten in dieser Form dargestellt werden; man stellte sie sich wie Menschen mit ihren Tugenden und Lastern vor. Es gab keine grundlegende Trennung von Diesseits und Jenseits, und deshalb konnten die irdischen, sinnlich wahrnehmbaren Erscheinungen auch in religiös bestimmten Kunstwerken abgebildet werden.

Ganz anders im Christentum: Das Diesseits ist nur ein Durchgangsstadium zum Jenseits, es hat in der Regel keinen eigenen Darstellungswert. Die Kunst hebt sich ab von der realistischen Darstellungsweise, wie sie sich vor allem in der antiken Plastik herausgebildet hatte. Die Darstellung wird zeichenhaft, erhält Verweischarakter: Nicht was sie abbildet, sondern was sie bedeutet, ist wichtig. Der nackte Körper wird nicht mehr gezeigt: Er gilt nicht als schön, sondern als sündig.

ZEICHEN UND SYMBOLE

Diese Veränderung erreicht in der romanischen Buchmalerei der ottonischen Zeit ihre volle Ausprägung (vgl. Abb. 3.1). Das Bild konzentriert sich auf das Wesentliche. Die Figuren sind flächig gemalt, ohne Licht und Schatten, und zumeist nach einem symmetrischen Grundschema (Kreis, Oval, Dreieck) angelegt. Auch wo Zeitgenossen, weltliche oder geistliche hohe Herren, abgebildet sind, gibt es keine Porträtähnlichkeit. Die Gesichter sind länglich-oval und tragen einen klaren Umriss. Die Gestik der Person ist hervorgehoben, sie hat sprechenden, symbolhaften Charakter. Die Bilder sind unperspektivisch, die Proportionen der Figuren und der Umgebung stimmen nicht. Wer wichtiger ist, wird größer abgebildet; das ist die so genannte Bedeutungsperspektive. Die Figuren sind durch feststehende Attribute gekennzeichnet: Heilige tragen eine Aureole (der Begriff leitet sich ab von der Goldfarbe, lat. aureum), jeder Evangelist hat sein Tiersymbol, Herrscher ihren Thron und ihre Insignien, das Buch steht für die christliche Lehre.

Umgebung und Hintergrund werden meist nur angedeutet und formelhaft vereinfacht: Ein Rundbogen steht für ein Haus oder eine Burg, wenige Bäume bezeichnen eine ganze Landschaft. Ein bestimmter Ort ist nicht erkennbar. Auch die Farben sind nicht naturalistisch, sondern haben symbolische oder hervorhebende Bedeutung: Goldgrund symbolisiert göttliches Licht und Unendlichkeit, zugleich signalisiert er die Kostbarkeit der Darstellung. Außer Gold stehen auch Purpur und Scharlachrot für Würde und Bedeutsamkeit. Die Bilder sind typisiert und stilisiert; sie meinen nicht das Individuum, den einmaligen und besonderen Vorgang, sondern sie sind überpersönlich, überzeitlich, überörtlich.

Einer gleichsam transzendentalen Wirkung, die durch das Material besonderen Ausdruck findet, ist auch die Glasmalerei der Gotik verpflichtet. Die bemalten Fenster lösen die Mauern auf und schaffen ein farbiges Raumlicht – der Materie und der Realität entrückte Bilder. Aber die Gestaltungsregeln lockern sich. In der höfisch verfeinerten Buchmalerei des 14. Jahrhunderts zeichnet sich dann schon der allmähliche Übergang zur Renaissance ab: Die Konzentration auf das Zeichenhaft-Wesentliche wird abgelöst durch die Darstellung naturalistisch gesehener Szenerien.

Das Zentrum mittelalterlicher Kunst bildet zunächst der Kirchenbau. Die Plastik ist als Bauplastik, vor allem als Portalfigur, eng mit ihm

Abb. 5.4: Säulenfiguren am nördlichen Seiteneingang des Königsportals der Kathedrale von Chartres (Höhe 192,5 cm), um 1140/50. Die Figuren sind überlängt und in die Säule integriert; über ihren Köpfen ein Architekturbaldachin.

Abb. 5.5: Marienfigur am Bamberger Dom, um 1235/37. Die Skulptur steht in bewegter kontrapostischer Haltung vor der Architektur. Vermutlich hat der Bildhauer antike Statuen aus römischer Zeit gekannt.

verbunden. Wie die Buchmalerei wendet sich auch die romanische Skulptur von einer wirklichkeitsnahen Darstellung ab und beschränkt sich auf wesentliche Merkmale. Die Figuren sind frontal, mit zurückhaltendem Ausdruck abgebildet. Die Säulenfiguren der französischen Kathedralen stehen im Übergang von der Romanik zur Gotik (Abb. 5.4). Sie sind überlängt, die Gewänder sind stilisiert, die Falten verlaufen vertikal. Die Arme liegen eng am Körper an, die Füße zeigen nach unten, sie nehmen keine Standhaltung ein – das gibt den Figuren etwas Schwebendes. Alles zusammen unterstreicht den Eindruck der Streckung. Unter den Füßen befindet sich eine Konsole, über dem Kopf ein Baldachin.

Im 13. Jahrhundert löst sich dann die gotische Skulptur stärker von der Architektur und entwickelt sich zur Vollfigur (Abb. 5.5). Der antike Kontrapost wird wieder aufgegriffen. Er tritt freilich längst nicht so deutlich in Erscheinung, da die Figuren ganz vom Gewand bedeckt sind. Jedoch erhält dadurch der Faltenwurf eine s-förmige, schwingende Bewegung, die die Körperform gleichsam durchscheinen lässt – eine Entwicklung zu neuer Körperlichkeit und Wirklichkeitsnähe, wie sie sich dann in der Renaissance umfassend vollzieht.

5.4. Renaissance

Ebenso einschneidend wie der Übergang von der Antike zum Mittelalter war der vom Mittelalter zur Renaissance. Das theozentrische Weltbild wird abgelöst von einem Denken, in dessen Zentrum der Mensch steht. Humanistische Gelehrte und Künstler entdecken die Antike als Vorbild. Mensch und Natur werden in neuer Weise wahrgenommen und untersucht. Die Künstler der Renaissance verstehen sich zugleich als Techniker und Wissenschaftler, sie erforschen die Anatomie des menschlichen Körpers. Die Kunst wendet sich wieder einer realistischen Darstellungsweise zu. Das gilt für die Wiedergabe des menschlichen Antlitzes und Körpers ebenso wie für den Raum und den Hintergrund eines Bildes. Neben kirchliche treten profane – öffentliche und private – Auftraggeber. Kunst wird zum Repräsentationsobjekt des aufstrebenden Bürgertums, zunächst in den reichen oberitalienischen Stadtstaaten. Wie die Auftraggeber gewinnen auch die Künstler selber ein neues Selbstbewusstsein und öffentliches Ansehen. Sie verkörpern geradezu den Typus des neuen, allseitig gebildeten und schöpferischen Renaissancemenschen.

Die Plastik löst sich von ihrer Bindung an die (sakrale) Architektur, zum Hauptgegenstand wird die – oft im öffentlichen Raum – freistehende, rundplastische menschliche Figur. Im Mittelalter wurde der menschliche Körper immer mit Gewändern bedeckt; nun stellt wie in der Antike die Plastik den Menschen nackt in seiner natürlichen Schönheit, vollkommen und harmonisch, dar (Abb. 5.6). Auch Kontrapost und Ponderation werden wieder aufgegriffen – das bleibt bis zur Moderne das Prinzip für die Gestaltung der menschlichen Statue. Neben Idealbilder tritt die Porträtplastik: Sie soll das Individuum in seiner Einzigartigkeit zeigen, seine Besonderheiten und Leistungen für die Nachwelt festhalten. Deshalb wird auch das Reiterstandbild zu einer beliebten Gattung der Plastik.

Abb. 5.6: Donatellos David, Bronzeguss (Höhe 170 cm), um 1430/40. Der David ist die erste freistehende Bronzefigur seit der Antike. Gezeigt wird das Schönheitsideal eines nackten menschlichen Körpers, freilich nicht eines athletischen, sondern eines geschmeidigen jugendlichen. Der Kontrapost ergibt sich dadurch, dass David seinen linken Fuß auf Goliaths abgeschlagenes Haupt gesetzt hat. Die Hüfte schwingt leicht und elegant zur Seite. Der linke Arm ist angewinkelt, die Hand hält noch den Stein, mit dem David Goliath getötet hat. Der mit Blüten verzierte Hut und die langen Haare unterstreichen die jugendliche Leichtigkeit und Bewegtheit der Figur. Donatello hat den David vermutlich nach einem lebenden Modell gearbeitet – auch das war gegenüber dem Mittelalter ganz neu. (Museo Nazionale del Bargello, Florenz)

Abb. 5.7: Masaccio, Die Heilige Dreifaltigkeit, Fresco in Santa Maria Novella, Florenz (680 x 475 cm), um 1425. Masaccio hat hier zum ersten Mal in der Geschichte der Kunst einen Raum gemalt, den man genau vermessen kann und von dem sich ein Grundriss zeichnen lässt. Die Figuren der beiden Stifter vorne, von Maria und Johannes, des Gekreuzigten und von Gottvater, der das Kreuz hält, scheinen hintereinandergestaffelt auf verschiedenen Linien zu stehen (vgl. Zeichnung S. 187). Hinzu kommt der Effekt der aufsteigenden Höhe. Auch das Tonnengewölbe ist perspektivisch genau gemalt. Neu ist auch, dass die Stifter jetzt die gleiche Größe wie die Heiligen haben – in der mittelalterlichen Malerei war das undenkbar. Und die vier anderen Figuren sind im Profil bzw. Halbprofil dargestellt; das ist typisch für das Porträt in der Frührennaissance.

Die wichtigste Neuerung in der Malerei ist die Entwicklung der Zentralperspektive (Abb. 5.7): Die Welt wird nicht mehr aus einer übergreifenden, deutenden Vorstellung heraus abgebildet, sondern vom Standpunkt und aus dem Blickwinkel des Menschen. Das zweidimensionale Bild wird gleichsam zu einem Fenster, das den Blick in einen scheinbar realen, begehbaren Raum freigibt. Diesen illusionistischen Raum konstruiert der Künstler nach den Gesetzen der Mathematik und der Geometrie; Maße und Abstände der dargestellten Gegenstände lassen sich anhand des Bildes berechnen. Beliebt sind auch geometrische Schemata für den Bildaufbau (gleichschenkeliges Dreieck, Pyramide, Kreis). Die perspektivische Darstellung bleibt bis zum Beginn der Moderne ein grundlegendes Prinzip der Malerei.

ZENTRALPERSPEKTIVE

Zur geometrischen kommt später die so genannte Luft- oder Farbperspektive. Die Maler entdecken, dass weiter entfernte Gegenstände auch ihre Farbe und ihre Konturen ändern: Sie werden bläulich, heller und schemenhafter. Auch auf diese Weise wird jetzt Distanz ins Bild gesetzt. Mit der Perspektive verbindet sich die realistische Darstellung von Details, wie sie insbesondere im Porträt in Erscheinung tritt. Auch der Hintergrund gewinnt nun eigene Bedeutung. Landschaften werden nicht mehr nur zeichenhaft angedeutet, sondern ausgemalt. Der Landschaftshintergrund gewinnt eine neue Funktion für das Bild als realistische Verortung oder als Träger von Ausdruck und Stimmung.

LUFT- ODER FARBPERSPEKTIVE

Die epochale Hinwendung zum Menschen als Individuum und Persönlichkeit findet ihren Ausdruck in der Porträtmalerei. Das Porträt soll die Eigenart des Abgebildeten zum Vorschein bringen. Er wird in eine Umgebung gestellt, die seine Verdienste und seinen Wirkungskreis verdeutlicht. Nicht nur Regenten, auch erfolgreiche Kaufleute und schließlich auch geistliche Würdenträger lassen sich auf diese Weise malen. Der

HINWENDUNG ZUM INDIVIDUUM

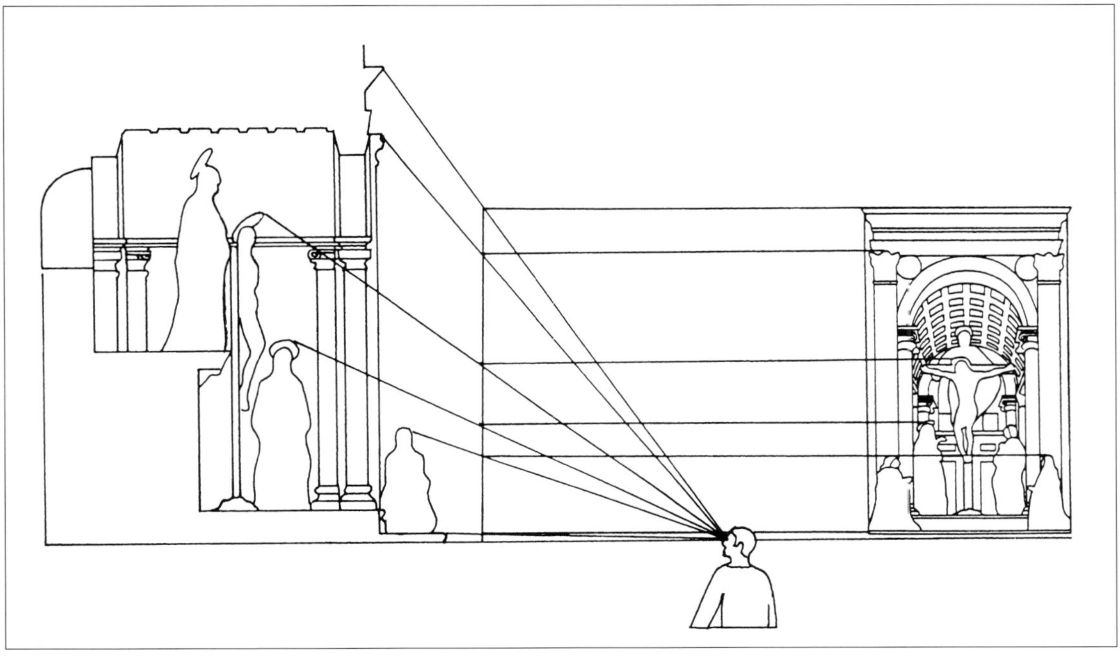

Kreis der Auftraggeber wächst, das Tafelbild entwickelt sich zum repräsentativen Raumschmuck, private Häuser und Paläste werden mit Wandmalereien versehen.
Freilich: Die Malerei wird mit den realistischen Neuerungen nicht einfach zu einer Art Vorform der Fotografie. Es soll nicht bloß das Sichtbare dargestellt werden, sondern das Wesen einer Erscheinung, ihre Bedeutsamkeit soll zum Ausdruck kommen. Dazu dient auch die Verwendung von Symbolen und Allegorien (vgl. Abb. 1.2).

5.5. Impressionismus und Beginn der Moderne

Abkehr vom Realismus

Die wirklichkeitsgetreue perspektivische Bildauffassung, wie sie in der Renaissance entwickelt wurde, bestimmte die europäische Kunst über mehrere Jahrhunderte. Erst in der zweiten Hälfte des 19. Jahrhunderts zeichnete sich dann mit der impressionistischen Malerei eine veränderte Sichtweise ab, die sich im 20. Jahrhundert dann – in verschiedenen Ausdrucksformen – durchsetzte. Wenngleich die Vorgeschichte des Impressionismus weiter zurückreicht, spielte dabei doch auch die Entwicklung der Fotografie eine Rolle: Ging es allein um den Realismus, konnten die Künstler mit dem Foto nicht konkurrieren; ihre Stärke lag in anderen, besonderen und subjektiven Wahrnehmungsweisen.

Subjektive Wahrnehmung und Empfindung

Die Impressionisten, die in den Siebzigerjahren in Paris als Gruppe auftraten, wollten nicht ein bedeutsames Thema realistisch oder idealisierend darstellen, wie das bisher der Fall gewesen war. Ihnen ging es vielmehr um den äußerlichen, momenthaften Eindruck zufälliger und alltäglicher Gegenstände und Situationen (vgl. Abb. 3.29). Wesentlich ist nicht die Sache selber, sondern ihre Wahrnehmung und Empfindung durch den Betrachter. Bei der Wiedergabe dieser Eindrücke, der Impressionen, kommt es den Künstlern vor allem auf die Licht- und Farbenwirkung an. Sie verwenden mit Vorliebe wenige Spektralfarben in komplementärer Gegenüberstellung (Rot – Grün, Gelb – Violett, Blau – Orange). Und die Farbgebung entspricht immer weniger der tatsächlichen Gegenstandsfarbe. Außerdem verwenden sie eine besondere Malweise: Die Farben werden nebeneinander unvermischt in einzelnen, kurzen Pinselstrichen aufgetragen – der so genannte Pointillismus treibt später diese Technik auf die Spitze. Wer nahe vor dem Bild steht, sieht nur einzelne Punkte, erst mit genügendem Abstand werden die Konturen und die Komposition deutlich. Diese neue Maltechnik macht die Bilder heller, leuchtender. Lichtbrechungen und Flimmereffekte lassen sich so besonders gut wiedergeben. Der Verzicht auf konturierende Farbkontraste reduziert zugleich die Körperlichkeit der Gegenstände. Und die Farbe gibt keine Perspektive mehr wieder: Vorder- und Hintergrund sind gleich hell und gleich scharf oder unscharf. Aber auch die zeichnerische Perspektive wird immer unwichtiger, Gegenstände und Formen im Bild verschwimmen, werden flächig oder bewusst aus verschiedenen Perspektiven dargestellt. Das alles ist für die Zeitgenossen neu und ungewohnt, und mit entsprechenden Widerständen haben die impressionistischen Künstler zu kämpfen.

Maltechnik und Farbwirkungen

So beginnt mit dem Impressionismus die Abkehr von der realistisch-gegenständlichen Malerei. Manches daran – der Verzicht auf Gegenstandsfarbe und Perspektive – erinnert an die Malerei des Mittelalters. Während freilich dort die Wiedergabe der Wirklichkeit durch konventionelle Deutungsmuster bestimmt war, tritt sie nun gerade in ihrer subjektiven Wahrnehmung in Erscheinung. Die Auflösung und

Zerlegung des Gegenstands, das Primat der Farbe, markiert den Weg in die Kunst der Moderne: zum Expressionismus, in dem die Farbe ganz zum Ausdrucksträger für subjektive Empfindungen wird, zum Kubismus, der die Gegenstände völlig in ihre Bestandteile zerlegt und nach eigenen, von der natürlichen Wahrnehmung abweichenden Regeln neu montiert, und zur modernen Farbfeldmalerei, bei der der Gegenstand überhaupt keine Rolle mehr spielt und es nur noch um Farbwirkungen und Wahrnehmungseffekte geht.

Die Moderne: Auflösung der Gegenständlichkeit

5.6. China

Die Landschaftsmalerei hat in der chinesischen Kunst traditionell einen höheren Stellenwert als in Europa. Dabei hat Landschaft immer auch symbolische Bedeutung: In der Natur tritt der Rhythmus von Entstehen und Vergehen in Erscheinung. „Schan Schui", Berge und Wasser, sind die chinesischen Begriffe für Landschaft. Berge und Wasser machen auch die Hauptelemente der Landschaftsdarstellung aus: Die Berge bilden das „Knochengerüst" der Natur, das Wasser ist deren „Blut". Zugleich repräsentieren sie das männliche lebenerzeugende und das weibliche lebengebärende Prinzip. Neben der mächtigen Natur tritt der Mensch meist nur klein und nebensächlich in Erscheinung. Es geht also um das ganze System des Kosmos: Wer Landschaft betrachtet, versenkt sich zugleich in existenzielle Fragen.

Elemente der Landschaftsmalerei

Während in der abendländischen Malerei – zumindest seit der Renaissance – jeder Künstler bestrebt ist, seinen persönlichen Stil zu entwickeln, geht es in China zunächst darum, die Tradition mit einem fest gefügten Kanon von Darstellungsformen zu erlernen und fortzuführen: Komposition, Gegenstände, Größenverhältnisse, Maltechniken sind vorgeschrieben (vgl. den Text von Wang Wei S. 190). Die Technik der Landschaftsmalerei geht aus der Kalligrafie hervor, benutzt werden die selben Arbeitsmittel: Mit Tusche und Pinsel wird auf Papier oder Seide gemalt. Oft verbindet man auch Bild und Kalligrafie miteinander. Anders als bei der europäischen Tafelmalerei muss der Malgrund flach liegen, um ein Verlaufen zu verhindern. Der Künstler muss eine klare Bildvorstellung zügig umsetzen: Änderungen sind nicht möglich, weil die Tusche sofort einzieht.

Wesentliche Ausdrucksmittel der Landschaftsmalerei mit Tusche sind Linien und Punkte. Berge, Flüsse und Seen, Tiere und Pflanzen, Häuser, Tempel und Menschen tauchen als wichtigste und immer wiederholte Bildbestandteile auf (Abb. 5.8). Durch Andrücken und Abheben des weichen Pinsels entstehen Verdickungen und Verdünnungen des Strichs. Farbe wird kaum verwendet, die Form ist das Wesentliche. Perspektive, Körperhaftigkeit, Licht- und Schattenwirkungen spielen ebenfalls keine große Rolle. Für westliche Begriffe hat diese Malerei eher grafischen Charakter. Eine Zentralperspektive mit einem einheitlichen Fluchtpunkt gibt es nicht. Oft werden verschiedene Perspektiven verwendet, wird der Vordergrund aus der Vogelperspektive, der Hintergrund als Frontalansicht dargestellt. Im Vordergrund dominieren kräftige Konturen, der Hintergrund verliert sich nebelhaft im Unendlichen; so erzielt der Künstler Tiefenwirkung. Nähe und Ferne, Fülle und Leere kontrastieren und korrespondieren miteinander und versinnbildlichen Erhabenheit und Unendlichkeit der Natur. Vieles wird nur angedeutet und der Fantasie des Betrachters überlassen.

Maltechnik und Darstellungsweisen

Abb. 5.8: Unbekannter chinesischer Maler, Landschaft, Tusche auf Seide (43,6 x 106,6 cm), 13. Jahrhundert, (Nationalmuseum Tokio). Vorder- und Hintergrund sind klar getrennt. Vorne sind die Konturen deutlich, hinten verwischen sie sich, Wasser, Land und Himmel gehen ineinander über – das vermittelt Tiefenwirkung. Die Gegenstände – wenige Versatzstücke: Berge, Bäume, Häuser, eine Brücke, die über dem Wasser zu schweben scheint – sind nicht flächig, sondern linear dargestellt.

Der Maler Wang Wei (699–759) hat eine Anweisung zum Malen von Landschaften formuliert; vieles davon lässt sich in dem abgedruckten Bild wiederfinden:
„Beim Malen von Landschaften sollte die Vorstellung [von rhythmischen Formen] den Pinsel führen. Zehn Fuß hoch die Berge, ein Fuß hoch die Bäume, ein Zoll groß die Pferde und ein Zehntel groß die Menschen. Ferne Gesichter lassen keine Augen erkennen, ferne Bäume lassen keine Zweige erkennen. Ferne Berge lassen kein felsiges Gestein erkennen, sehen aber fast so aus wie Augenbrauen; fernes Wasser lässt kein Kräuseln erkennen, reicht jedoch hinauf bis zu den Wolken am Himmel. [...] Beim Betrachten einer Landschaft achtet man zunächst auf den Gesamteindruck und dann auf die Klarheit oder Dichte der Stimmung. Eine Reihe hoher Gipfel sollte man in ihrer ganzen Majestät darstellen. Zu viele stiften nur Verwirrung. Zu wenige lassen das Bild langweilig und kraftlos erscheinen. Das richtige Mittelmaß also, mit deutlich herausgearbeiteten Abständen voneinander. Berge, die in der Ferne liegen, sollten nicht an Berge im Vordergrund grenzen, auch sollte fernes Gewässer nicht mit nahe gelegenem in Verbindung stehen. Tempel und Hütten kann man an einen abgeschiedenen Ort inmitten der Berge setzen; eine kleine Brücke kann sich ruhig über einer stillen Uferböschung befinden. [...] Zu den Bäumen: Die weit entfernten sind flach und blaß, während die im Vordergrund hoch und grünlich getönt sein sollen. Blätter passen zu zarten jungen Zweigen und blätterlose Bäume zeigen kräftige starre Äste. Kiefernstämme haben eine schuppenartige Zeichnung, während die Rinde der Zypressen Schlangenlinien aufweist. Auf erdigem Boden steigt ein Baumstamm gerade auf und die Wurzeln sind lang; auf felsigem Gestein windet und krümmt er sich in eigentümlicher Weise. Sehr alte Bäume haben viele starke Krümmungen und scheinen fast abgestorben, während ein Winterwald dürftig und öde sein sollte."
(Zit. nach: Anita Rolf, Kleine Geschichte der chinesischen Kunst, Köln 1985, S. 105 f.)

Die üblichen Präsentationsformen der chinesischen Malerei sind – von der Wandmalerei abgesehen – Quer- oder Hängerollen, Albumblätter, Fächer und Stellschirme. Rollbilder werden in der Regel eingerollt aufbewahrt und nur zu besonderen Anlässen und für kurze Zeit betrachtet. Querrollen – oft mehrere Meter lang – kann der Betrachter nur in einzelnen, armspannenweiten Abschnitten wahrnehmen; schon das schließt perspektivische Gesamtkompositionen aus. Einzelne Blätter und Bildserien stellt man zu Alben zusammen; auch sie werden in Schutz- und Schmuckbehältern aufbewahrt und nur für die bewusste Betrachtung hervorgeholt – Ruhe, Konzentration, Kontemplation sind die Voraussetzung dazu. Dieser gleichsam intime Bildgebrauch blieb immer eine Sache der Gebildeten.

PRÄSENTATIONSFORMEN: ROLLBILDER, STELLSCHIRME, ALBEN

5.7. Afrika

PLASTIK

Die Kunst Schwarzafrikas südlich der Sahara ist vor allem Plastik. Das wichtigste Material ist Holz – weil es im heißen Klima schnell zerfällt, sind kaum Werke überliefert, die vor dem 19. Jahrhundert entstanden sind. Aber auch Metall, Stein, Ton oder Elfenbein werden verwendet; bekannt sind vor allem die Bronzeplastiken der westafrikanischen Kulturen wie Benin oder Ife. Dabei handelt es sich um höfische Kunst verhältnismäßig stark strukturierter und hierarchisierter Gesellschaften, die die Herrscher darstellt und ihre Taten verewigt. Sonst überwiegt die religiöse und rituelle Kunst. Neben figürlichen Darstellungen werden Masken und Puppen, aber auch Gebrauchsgegenstände wie Hocker und Gefäße plastisch ausgestaltet.

„NAIVE KUNST"?

Als europäische Künstler um die Jahrhundertwende die afrikanische Plastik entdeckten, waren sie begeistert von deren Ausdruckskraft. Sie deuteten sie als naiv-expressionistisch. Freilich wird das der Sache nicht gerecht. Skulpturen oder Masken stellen in der Regel nicht das Lebewesen selber, sondern seinen „Geist" dar. Und sie entspringen nicht individueller künstlerischer Anschauung, sondern entsprechen einer traditionellen Darstellungskonvention. Die Formensprache ist geprägt durch die kulturelle Verständigungsgemeinschaft von Stamm oder Staat, an der alle teilhaben, die sich von anderen solchen Gemeinschaften unterscheidet und die auf diese Weise Identität und Zusammenhalt bekräftigt – ob das Kunstwerk nun dem religiösen Kult, dem Ahnengedenken oder der Verehrung eines Herrschers dient. Und auch seine Bedeutung erhält das Kunstwerk

Abb. 5.9: Afrikanische Holzskulptur, Reliquiarfigur der Fang, Gabun/ Westafrika (Höhe 54 cm) (Völkerkundemuseum der Universität Zürich, Sammlung Coray) Die Ahnendarstellung ist statisch, frontal und symmetrisch. Kopf und Hals – der die Dicke des Rumpfes hat – sind überproportioniert. Kopf, Körper und Beine nehmen jeweils ein Drittel der Figur ein.

oft erst durch die Einbindung in diesen Kontext, durch seinen rituellen Gebrauch. Wer eine afrikanische Tanzmaske als Ausstellungsobjekt in einem Museum betrachtet, kann nur erahnen, welchen lebendigen Ausdruck, welche magisch-zeremonielle Wirkung und Bedeutung sie bei einem Tanz in flackerndem Feuerschein, in der Bewegung und mit starken Licht- und Schatteneffekten gehabt haben mag.

Trotz aller Unterschiede in dem weiten Kulturraum Schwarzafrikas lassen sich einige gemeinsame Kennzeichen der Plastik nennen (Abb. 5.9). Am häufigsten dargestellt wird die menschliche Figur, die Ahnen, Geister, Götter oder Zauberer verkörpert. Sie ist frontal ausgerichtet, klar gegliedert und auf das Wesentliche konzentriert.

DARSTELLUNGSMERKMALE

Bei Ahnenfiguren ist oft der Kopf als Sitz des Geistes überdimensioniert. Bei den Frauen werden die Brüste, der Leib und der Nabel hervorgehoben; sie stehen für Fruchtbarkeit und Lebenskraft. Die symmetrischen, geschlossenen Figuren wirken auf uns statisch; in der afrikanischen Tradition steht diese Haltung für Kraft und Dynamik.

Literaturverzeichnis

1848 – Aufbruch zur Freiheit. Ausstellungskatalog, Frankfurt a. M./Berlin 1998.
Agitation zum Glück. Sowjetische Kunst der Stalinzeit, Ausstellungskatalog, Bremen 1993.
Albrecht, Stefan, Bäuerliche Arbeit in Ägypten. Multiperspektive Quellenarbeit, in: Geschichte lernen H. 82 (2001), S. 49–53.
Alt, Robert, Bilderatlas zur Schul- und Erziehungsgeschichte, 2 Bde., Berlin 1960/1965.
Altrichter, Helmut (Hrsg.), Bilder erzählen Geschichte, Freiburg i. Br. 1995.
America de Bry 1590–1634. America oder die Neue Welt. Die „Entdeckung" eines Kontinents in 346 Kupferstichen, bearb. u. hrsg. von Gereon Sievernich, Berlin/New York 1990.
Andratschke, Thomas, „Deme Ersamen syriacuß Kallen te Lunde up Staelhueff Sy desse breff". Holbein der Jüngere: Berufsethos und Selbstdarstellung der Stalhofkaufleute, in: Praxis Geschichte H. 1/2001, S. 20–24 (dazu Folie).
Antiken auf die Schippe genommen. Bilder und Motive aus der Alten Welt in der Karikatur, Ausstellungskatalog, Mainz 1998.
Ariès, Philippe, Bilder zur Geschichte des Todes, München/Wien 1984.
Arnold, Friedrich, Anschläge. 220 politische Plakate als Dokumente der deutschen Geschichte 1900–1980, Ebenhausen 1985.
Arnscheidt, Grit, Mit Zorn und Eifer. Karikaturen aus der Revolution 1848/49. Der Bestand des Reiss-Museums Mannheim, München/Berlin 1998.

Ballhause, Walter (Hrsg.), Zwischen Weimar und Hitler. Sozialdokumentarische Fotografie 1930–1933, München 1981.
Bätschmann, Oskar, Einführung in die kunstgeschichtliche Hermeneutik. Die Auslegung von Bildern, Darmstadt 1992.
Barlava, Desirée, „Novus Ordo Seclorum – Die Geburt unserer Nation war der Beginn einer neuen Geschichte". Selbstverständnis und Selbstdarstellung der Amerikaner im Spiegel der ONE-Dollar-Note, in: GWU 49, 1998, H. 11, S. 702–708.
Barta-Fliedl, Ilsebill, Familienporträts der Habsburger. Dynastische Repräsentation im Zeitalter der Aufklärung, Wien 2001.
Bartmann, Dominik (Hrsg.), Anton von Werner. Geschichte in Bildern, München 1993.
Baxandall, Michael, Die Wirklichkeit der Bilder. Malerei und Erfahrung im Italien des 15. Jahrhunderts, Frankfurt a. M. 1984.
Becker, Udo, Lexikon der Symbole, Freiburg/Basel/Wien 1998.
Behringer, Wolfgang/*Roeck*, Bernd (Hrsg.), Das Bild der Stadt in der Neuzeit 1400–1800, München 1999.
Beimel, Matthias, „Hab'n Sie nicht den kleinen Cohn geseh'n?". Antisemitische Kartengrüße aus dem Kaiserreich, in: Geschichte lernen H. 5/1988, S. 25–30.
Benecke, Sabine/*Ottomeyer*, Hans (Hrsg.), Die zweite Schöpfung. Bilder der industriellen Welt vom 18. Jahrhundert bis in die Gegenwart, Ausstellungskatalog 2002.
Benevolo, Leonardo, Die Geschichte der Stadt, Frankfurt/New York 1983.
Berghoff, Hartmut (Hrsg.), Konsumpolitik. Die Regulierung des privaten Verbrauchs im 20. Jahrhundert, Göttingen 1999.
Bergmann, Klaus, Die Fünfziger Jahre im Plakat, in: Geschichte lernen H. 35/1993, S. 18–20.
Bergmann, Klaus/*Schneider*, Gerhard, Das Bild, in: Pandel, Hans-Jürgen/Schneider, Gerhard (Hrsg.), Handbuch Medien im Geschichtsunterricht, Düsseldorf 1985, S. 409–448.
Bergmann, Klaus/*Schneider*, Gerhard, Das Bild, in: Pandel, Hans-Jürgen/Schneider, Gerhard (Hrsg.), Handbuch Medien im Geschichtsunterricht, Neuausgabe Schwalbach/Ts. 1999.
Bertsch, Christoph, Industrielle Revolution in der Bildenden Kunst des 19. Jahrhunderts, in: Guderian, Dietmar (Hrsg.), Technik und Kunst (Technik und Kultur Bd. 7), Düsseldorf 1994.
Biegel, Gerd (Hrsg.), Geschichte des Alters in ihren Zeugnissen von der Antike bis zur Gegenwart. Ausstellungskatalog, Braunschweig 1993.
Bilder des 20. Jahrhunderts. Fotos, die man nie vergißt. Eine Dokumentation unserer Geschichte, Augsburg 1999.

Bilder vom alten Menschen in der niederländischen und deutschen Kunst 1550–1750, Ausstellungskatalog, Braunschweig 1994.

Bilder, die lügen. Hrsg. vom Haus der Geschichte der Bundesrepublik Deutschland, Ausstellungskatalog, Bonn 1998.

Blickle, Peter u. a., Macht und Ohnmacht der Bilder. Reformatorischer Bildersturm im Kontext der europäischen Geschichte, München 2002.

Bloth, Ingeborg, Adolf Wissel. Malerei und Kunstpolitik im Nationalsozialismus, Berlin 1994.

Bohrmann, Hans (Hrsg.), Politische Plakate, Dortmund 1984.

Boockmann, Hartmut, Über den Aussagewert von Bildquellen zur Geschichte des Mittelalters, in: Wissenschaft, Wirtschaft, Technik. Studien zur Geschichte. Wilhelm Treue zum 60. Geburtstag, München 1969. Wiederabdruck in: Boockmann, Hartmut, Wege ins Mittelalter. Historische Aufsätze, hrsg. von Dieter Neitzert, Uwe Israel und Ernst Schubert, München 2000.

Boockmann, Hartmut, Eine spätmittelalterliche Stadt. Vorschläge für die Verwendung eines Bildes im Geschichtsunterricht, in: GWU 36, 1985, H. 4, S. 271–276.

Boockmann, Hartmut, Die Stadt im späten Mittelalter, München 2. Aufl. 1987.

Boockmann, Hartmut, Das Zentrum einer spätmittelalterlichen Stadt, in: GWU 47, 1996, H. 12, S. 745–752.

Borries, Bodo von, „Die Freiheit führt das Volk" – Ein Bild und seine Folgen. Posterbeilage mit Kommentar zu Geschichte lernen H. 6/1988.

Borries, Bodo von, Geschichtslernen und Geschichtsbewußtsein. Empirische Erkundungen zu Erwerb und Gebrauch von Historie, Stuttgart 1988.

Brakensiek, Stefan/*Krull*, Regine/*Rockel*, Irina (Hrsg.), Alltag, Klatsch und Weltgeschehen: Neuruppiner Bilderbogen, ein Massenmedium des 19. Jahrhunderts, Bielefeld 1993.

Braunfels, Wolfgang, Abendländische Städtebaukunst. Herrschaftsform und Baugestalt, Köln 1977.

Braunfels, Wolfgang, Die Kunst im Heiligen Römischen Reich Deutscher Nation, 8 Bde., München 1979 ff.

Brednich, Rolf Wilhelm/*Hartmann*, Andreas (Hrsg.), Populäre Bildmedien, Göttingen 1989.

Breymayer, Ursula, Geordnete Verhältnisse: Private Erinnerungen im kaiserlichen Reich, in: Deutsche Fotografie. Macht eines Mediums 1870–1970, Bonn/Köln 1997.

Brink, Cornelia, Ikonen der Vernichtung. Öffentlicher Gebrauch von Fotografien aus nationalsozialistischen Konzentrationslagern nach 1945, Berlin 1998.

Bruce-Mitford, Miranda, Zeichen und Symbole. Die verborgene Botschaft der Bilder, Stuttgart/Zürich 1997

Buderath, Bernhard/*Makowsky*, Henry, Die Natur dem Menschen untertan – Ökologie im Spiegel der Landschaftsmalerei, München 1983.

Bulle, Klaus/*von Reeken*, Dietmar, Die Unternehmerfamilie Lahusen. Bürgerlichkeit und bürgerliche Selbstdarstellung, in: Geschichte lernen H. 54/1996, S. 59–66.

Buntz, Herwig/*Popp*, Harald, Das Bild als Quelle. Historienbilder als Quellen im Geschichtsunterricht, in: Altrichter, Helmut (Hrsg.), Bilder erzählen Geschichte, Freiburg i. Br. 1995.

Buntz, Herwig, Die Arbeit mit Bildquellen im Geschichtsunterricht, in: Praxis Geschichte H. 2/2002, S. 4 f.

Carls, Ottmar/*Rieger*, Wolfgang, Herrschaftsauffassung Ludwigs XIV., in: Praxis Geschichte H. 4/1988, S. 28–32.

Chun Ming, He/*Lange*, Thomas, Der Opiumkrieg. Wunder Punkt und Wendepunkt der chinesischen Geschichte, in: Geschichte lernen H. 37/1994, S. 34–39.

Cillessen, Wolfgang (Hrsg.), Krieg der Bilder. Druckgraphik als Medium politischer Auseinandersetzung im Europa des Absolutismus, Berlin 1997.

Criegern, Axel von, Bilder interpretieren, Düsseldorf 1981.

Dambmann, Gerhard, Wie Japan den Westen entdeckte. Eine Geschichte in Farbholzschnitten, Stuttgart 1988.

Danelzik-Brüggemann, Christoph/*Reichardt*, Rolf (Hrsg.), Bildgedächtnis eines welthistorischen Ereignisses. Die Tableaux historiques de la Révolution française, Göttingen 2001.

Demke, Elena, „Ich sehe was, was du nicht siehst". Analyse alter Fotografien anhand von Wilhelm Genazinos Album „Auf der Kippe", in: Geschichte lernen H. 91/2003, S. 43–47.
Demke, Elena, Ansichten vom „Mauerbau", in: Geschichte lernen H. 91/2003, S. 48–53.
Der erste Weltkrieg in deutschen Bildpostkarten, hrsg. vom Deutschen Historischen Museum, CD-ROM, Berlin 2002.
Deutsche Fotografie. Macht eines Mediums 1870–1970, Bonn/Köln 1997.
Dewitz, Bodo von/*Scotti*, Roland (Hrsg.), Alles Wahrheit! Alles Lüge! Photographie und Wirklichkeit im 19. Jahrhundert. Die Sammlung Robert Lebeck, Ausstellungskatalog Amsterdam/Dresden 1996.
Die weite Welt im Klassenzimmer. Schulwandbilder zwischen 1880 und 1980, Ausstellungskatalog, Köln 1984.
Diederich, Reiner/*Grübling*, Richard, Stark für die Freiheit. Die Bundesrepublik im Plakat, Hamburg 1989.
Dirlmeier, Ulf u. a. (Hrsg.), Geschichte des Wohnens, 5 Bde., Stuttgart 1997–1999.
Dittmer, Lothar/*Siegfried*, Detlef (Hrsg.), Spurensucher. Ein Praxisbuch für historische Projektarbeit, Weinheim/Basel 1997.
Dobmeier-Feigl, Susanne, Fotos als Ikonen. Iwo Jima und „Ground Zero", in: Geschichte lernen H. 91/2003, S. 58–61.
Dohm, Annekatrin, Historisches Lernen an Comics – untersucht an Art Spiegelmans Maus, Oldenburg 1999.
Dolle-Weinkauff, Bernd, Comics. Geschichte einer populären Literaturform in Deutschland seit 1945, Weinheim/Basel 1990.
Dollinger, Hans, Lachen streng verboten! Die Geschichte der Deutschen im Spiegel der Karikatur, München 1972.
Doosry, Yasmin, Vom Dokument zur Ikone. Zur Rezeption des Auschwitz-Albums, in: Dies. (Hrsg.), Representations of Auschwitz. 50 Jahre Fotografie, Malerei und Grafik, Museum Auschwitz-Birkenau, Oswiecim 1995, S. 95–104.
Dreißigjähriger Krieg, Münster und der Westfälische Frieden, Ausstellungskatalog, 2 Bde., Münster 1998.
Duby, Georges/*Perrot*, Michelle, Geschichte der Frauen im Bild, Frankfurt a. M. 1995.
Dumjahn, Horst Werner, Bahnhöfe im Spiegel alter Postkarten, Hildesheim 1978.

Engelbrecht, Helmut, Erziehung und Unterricht im Bild. Zur Geschichte des österreichischen Bildungswesens, Wien 1995.
Erdmann, Elisabeth, Bilder sehen lernen. Vom Umgang mit Bildern, in: Praxis Geschichte H. 2/2002. S. 6–11.
Ermacora, Beate, Aspekte des Industriebildes im 19. Jahrhundert, in: Das Bild der Industrie in Österreich, Ausstellungskatalog, Insbruck 1988.
Eucker, Johannes (Hrsg.), Kunstlexikon. Kompaktwissen für Schüler und junge Erwachsene, Frankfurt a. M. 1995.
Exotische Welten – Europäische Phantasien, Ausstellungskatalog, Stuttgart 1987.

Faust, Manfred, Politische Karikaturen im Geschichtsunterricht der Sekundarstufe I, in: GWU 31, 1980, H. 2, S. 739–753.
Ferenczi, Caspar, Oktoberrevolution und Stalinismus, in: Geschichte und Geschehen, Folienbilder, Leipzig u. a. 2000, Teil 4, S. 3–5.
Flacke, Monika (Hrsg.), Auftragskunst der DDR 1949–1990, München 1995.
Folienbuch Geschichte. Bilder für den Unterricht, 4 Bde., Stuttgart/Gotha 1992–96.
Foster-Hahn, Françoise, Die „formende Kraft" historischer Bilder. Adolph Menzels und Anton von Werners Darstellungen deutscher Geschichte, in: Bartmann, Dominik: Anton von Werner. Geschichte in Bildern, München 1993.
Freiheit, Gleichheit, Brüderlichkeit. Bilder von der Französischen Revolution. Mit Erläuterungen und einem Nachwort von Ingo Groth, Dortmund 1982.
Frizot, Michel, Neue Geschichte der Fotografie, Köln 1998.
Frübis, Hildegard, Die Wirklichkeit des Fremden. Die Darstellung der Neuen Welt im 16. Jahrhundert, Berlin 1995.
Fuchs, Eduard, Die Juden in der Karikatur, München 1921.

Fuchs, Eduard, Die Karikatur der europäischen Völker vom Altertum bis zur Neuzeit, 3 Bde., Berlin 1901–1904.

Gaehtgens, Thomas, Anton von Werner. Die Proklamierung des Deutschen Kaiserreiches. Ein Historienbild im Wandel preußischer Politik, Frankfurt a. M. 1990.
Gersdorff, Dagmar von, Kinderbildnisse aus vier Jahrtausenden. Aus den Sammlungen Berliner Museen, Berlin 2. Aufl. 1989.
Geschichte der Kunst. Malerei, Plastik, Architektur im europäischen Kontext, Stuttgart u. a. 1997.
Geschichte lernen – Folienmappe, Velber 1998.
Geschichte lernen H. 5/1988: Bilder im Unterricht.
Geschichte lernen H. 18/1990: Politische Karikaturen.
Geschichte lernen H. 37/1994: Geschichte im Comic.
Geschichte lernen H. 91/2003: Historische Fotografie.
Geschichtsbilder. Historisches Lernen mit Bildern und Karikaturen. Handreichung für den Geschichtsunterricht am Gymnasium, Donauwörth 2001.
Geschichte und Geschehen Folienbilder, 4 Teile, Stuttgart/Leipzig 1996–2000.
Giesen, Josef, Europäische Kinderbilder. Die soziale Stellung des Kindes im Wandel der Zeit, München 1966.
Goecke-Seischab, Margarete Luise/*Ohlemacher*, Jörg, Kirchen erkunden, Kirchen erschließen, Lahr/Kevelaer 1998.
Gold, Helmut/*Heuberger*, Georg (Hrsg.), Abgestempelt. Judenfeindliche Postkarten. Auf der Grundlage der Sammlung Wolfgang Haney, Frankfurt a. M. 1999.
Grüner, Christiane, Licht ins Dunkel. Zur Analyse sozialdokumentarischer Fotografien im Unterricht, in: Geschichte lernen H. 91/2003, S. 54–57.
Grünewald, Dietrich, Karikatur im Unterricht, Weinheim/Basel 1979.
Grünewald, Dietrich, Comics. Kitsch oder Kunst. Die Bildgeschichte in Analyse und Unterricht. Ein Handbuch zur Comic-Didaktik, Weinheim/Basel 1982.
Grünewald, Dietrich, Vom Umgang mit Comics, Berlin 1991.
Guratzsch, Herwig, „Der Lotse geht von Bord". Zum 100. Geburtstag der weltberühmten Karikatur, Hannover 1991.
Gutschke, Bettina/*Schultz-Gutschke*, Heiner, Menschenrechte im Bild, in: Geschichte lernen H. 6/1988, S. 48–57.

Haese, Klaus/*Schütte*, Wolfgang U., Frau Republik geht pleite. Deutsche Karikaturen der Zwanziger Jahre, Leipzig 1990.
Hagen, Manfred, Das politische Plakat als zeitgeschichtliche Quelle, in: Geschichte und Gesellschaft 4, 1978, H. 3, S. 412–436.
Hagen, Rose M. und Rainer, Bildbefragungen, 3 Bde., Köln 1993/95/97.
Hager, Werner, Geschichte in Bildern. Studien zur Historienmalerei des 19. Jahrhunderts, Hildesheim/Zürich/New York 1989.
Haibl, Michaela, „Baumhängen". Zu Authentizität und Wirklichkeit einer Fotografie, in: Dachauer H.e 14, 1998, S. 278–288.
Hamann, Christoph, Blockadebilder und Bildblockaden. Über den Einsatz von Fotos im Geschichtsunterricht, in: Geschichte – Erziehung – Politik H. 5/1998, S. 278–283.
Hamann, Christoph, „Die Wendung aufs Subjekt". Zum Foto des Jungen aus dem Warschauer Ghetto 1943, in: GWU 51, 2000, H. 12, S. 727–741.
Hamann, Christoph, Bilderwelten und Weltbilder. Fotos, die Geschichte(n) mach(t)en, Berlin 2002.
Hanisch, Manfred, Historienmalerei und nationale Sinnstiftung, in: Mattl, Siegfried/Stuhlpfarrer, Karl/Tillner, Georg (Hrsg.), Bild und Geschichte, Innsbruck/Wien 1998.
Hannig, Jürgen, Wie Bilder „Geschichte machen". Dokumentarfotografie und Karikatur, in: Geschichte lernen H. 5/1988, S. 49–53.
Hannig, Jürgen, Bilder, die Geschichte machen. Anmerkungen zum Umgang mit „Dokumentarfotos" in Geschichtslehrbüchern, in: GWU 40, 1989, S. 10–32.
Harms, Wolfgang u. a. (Hrsg.), Deutsche Illustrierte Flugblätter des 16. und 17. Jahrhunderts, Bd. 1, Teil 1, Tübingen 1985.

Hartewig, Karin, Stichwort „Fotografien“, in: Maurer, Michael (Hrsg.), Aufriß der Historischen Wissenschaften, Bd. 4: Quellen, Stuttgart 2002.
Haskell, Francis, Die Geschichte und ihre Bilder. Die Kunst und die Deutung der Vergangenheit, München 1995.
Haupert, Bernhard/*Schäfer*, Franz Joseph, Ein neues Fenster zur Vergangenheit – Fotos als Quellen im Geschichts- und Politikunterricht, in: Thomas Lange (Hrsg.), Geschichte – selbst erforschen. Schülerarbeit im Archiv, Weinheim/Basel 1993.
Hauptstadt. Zentren, Residenzen, Metropolen in der deutschen Geschichte. Kunsthalle Bonn, Ausstellungskatalog, Bonn/Köln 1989.
Henke-Bockschatz, Gerhard, Neue Zeit – neuer Mensch? Politische Plakate aus den Anfangsjahren der UdSSR, in: Geschichte lernen H. 72/1999, S. 49–54.
Henke-Bockschatz, Gerhard, „Migrant-Mother“. Eine Ikone aus der Zeit der großen Depression, in: Geschichte lernen H. 91/2003, S. 32–35.
Henkel, Arthur/*Schöne*, Albrecht (Hrsg.), Emblemata. Handbuch zur Sinnbildkunst des 16. und 17. Jahrhunderts, Stuttgart 1967.
Herz, Rudolf, Hoffmann und Hitler. Fotografie als Medium des Führer-Mythos, München 1994.
Hesse, Klaus, NKWD-Massaker, Wehrmachtsverbrechen oder Pogrommorde? Noch einmal: die Fotos der „Tarnopol-Stellwand“ aus der „Wehrmachtsausstellung“, in: GWU 51, 2000, H. 12, S. 712–726.
Heydecker, Joe J., Das Warschauer Ghetto. Fotodokumente eines deutschen Soldaten aus dem Jahr 1941, München 1983, Neuaufl. 1999.
Hinkel, Hermann, Zur Funktion des Bildes im deutschen Faschismus. Bildbeispiele – Analysen – Didaktische Vorschläge, Gießen 1975.
Hinkel, Hermann, Bilder vermitteln Geschichte? Illustrationen und Bilder in Geschichtsbüchern, in: Geschichtsdidaktik H. 2/1978, S. 116–129.
Hinkel, Hermann, Kunst und Geschichte. Ein Thema und seine didaktische Relevanz, in: Kunst+Unterricht H. 58 (1979), S. 20–28.
Hinkel, Hermann, Kinderbildnisse. Ausgewählte Kunstwerke vom Mittelalter bis zur Gegenwart, Köln 1988.
Hoffmann, Detlef, Fotografie als historisches Dokument, in: Fotogeschichte 5, 1985, H. 15, S. 3–14.
Hoffmann, Detlef, Fotografierte Lager. Überlegungen zu einer Fotogeschichte deutscher Konzentrationslager, in: Fotogeschichte H. 54 (1994), S. 3–20.
Hoffmann, Marhild, Zwischen Höhlenmalerei und Cyberspace. Eine literarische Bildersammlung (Sammelrezension von Neuerscheinungen zum Thema Bild – Geschichte – Gesellschaft), in: Das Parlament Nr. 41, 8. 10. 1999, S. VIII f.
Hofmann, Werner (Hrsg.), Eva und die Zukunft. Das Bild der Frau seit der Französischen Revolution, München/Hamburg 1986.
Hofstätter, Hans H. (Hrsg.), Geschichte der Kunst und der künstlerischen Techniken. Bd. 1: Wandmalerei, Tafelmalerei, Bd. 2: Zeichnung, Aquarell, Miniatur, Bd. 4: Steinplastik, Holzplastik, Bd. 5: Metallplastik, Tonplastik, Wachsbildnis, Berlin 1968.
Hughes, Robert, Bilder von Amerika. Die amerikanische Kunst von den Anfängen bis zur Gegenwart, München 1997.
Hüppauf, Bernd, Der entleerte Blick hinter der Kamera, in: Heer, Hannes/Naumann, Klaus (Hrsg.), Vernichtungskrieg. Verbrechen der Wehrmacht 1941–1944, Hamburg 2. Aufl. 1995.

Imhof, Arthur E., Geschichte sehen. Fünf Erzählungen nach historischen Bildern, München 1990.
Imhof, Arthur E., Im Bildersaal der Geschichte oder Ein Historiker schaut Bilder an, München 1991.
Israel, Uwe, Zwei Bildquellen zum Augsburger Reichstag von 1530, in: GWU 46, 1995, H. 2, S. 81–95.
Iwitzki, Angelika, Europäische Freiheitskämpfe. Das merkwürdige Jahr 1848. Eine neue Bilderzeitung von Gustav Kühn in Neuruppin, Berlin 1994.

Jacobeit, Sigrid u. Wolfgang, Illustrierte Alltagsgeschichte des deutschen Volkes. Bd. 1: 1550–1810, Köln 1986; Bd. 2: 1810–1900, Köln 1987; Bd. 3: 1900–1945, Münster 1995.
Jäger, Jens, Photographie: Bilder der Neuzeit. Einführung in die Historische Bildforschung, Tübingen 2000.
Jaubert, Alain, Fotos, die lügen. Politik mit gefälschten Bildern, Frankfurt a. M. 1989.
Jaworski, Rudolf, Alte Postkarten als kulturhistorische Quellen, in: GWU 51, 2000, H. 2, S. 88–102.
Juneja, Monica, „Senden Sie Ihr Porträt, Herr Deportierter ...". Ein neuer Staatskörper in Davids „Ballhausschwur", in: Geschichte lernen H. 60/1997, S. 34–60.
Jung, Michael, Comics, in: Pandel, Hans-Jürgen/Schneider, Gerhard (Hrsg.), Medien im Geschichtsunterricht, Düsseldorf 1985.
Jung, Michael, Das Plakat, in: Pandel, Hans-Jürgen/Schneider, Gerhard (Hrsg.), Medien im Geschichtsunterricht, Düsseldorf 1985.

Kaemmerling, Eckehard (Hrsg.), Ikonographie und Ikonologie. Theorien – Entwicklung – Probleme, Köln 1979.
Kammerlohr, Otto, Epochen der Kunst. Neubearbeitung hrsg. von Werner Broer u. a., München 1996–1998.
Kämpfer, Frank, „Der rote Keil". Das politische Plakat. Theorie und Geschichte, Berlin 1985.
Kämpfer, Frank, Propaganda. Politische Bilder im 20. Jahrhundert. Bildkundliche Essays, Hamburg 1997.
Kaufmann, Günter, Doppelbilder – Anregungen zum Umgang mit historischen Bildquellen, in: GWU 43, 1992, H. 11, S. 659–680.
Kaufmann, Günter, Gesetzestafeln als Bildschmuck neuer Ordnungen. Die Säkularisierung und Profanisierung eines historischen Bildmotivs, in: GWU 47, 1996, H. 5/6, S. 301–319.
Kaufmann, Günter, Der Händedruck von Potsdam – die Karriere eines Bildes, in GWU 48, 1997, H. 5/6, S. 295–315.
Kaufmann, Günter, Neue Bücher – alte Fehler. Zur Bildpräsentation in Schulgeschichtsbüchern, in: GWU 51, 2000, H. 2, S. 68–87.
Keller, Harald, Das alte Europa. Die hohe Kunst der Stadvedute, Stuttgart 1983.
Kerbs, Diethart, Methoden und Probleme der Bildquellenforschung, in: Revolution und Fotografie. Berlin 1918/19, Berlin 1989, S. 241–262.
Keyser, Erich, Das Bild als Geschichtsquelle (Historische Bildkunde H. 2), Hamburg 1935.
Kindheit in Köln. Die Bestände des Kölnischen Stadtmuseums, bearb. von Helmut Hahne, Köln 1989.
King, David, Stalins Retuschen. Foto- und Kunstmanipulationen in der Sowjetunion, Hamburg 1997.
Kirschbaum, Engelbert, Lexikon der christlichen Ikonographie, 8 Bde., Rom/Freiburg/Basel/Wien 1968.
Kirschenmann, Johannes/*Schulz*, Frank, Bilder erleben und verstehen. Einführung in die Kunstrezeption (Arbeitsh. für den Kunstunterricht ab Kl. 10), Leipzig 1999.
Klant, Michael, Schulspott. Karikaturen aus 2500 Jahren Pädagogik, Hannover 1983.
Klant, Michael, Universität in der Karikatur. Böse Bilder aus der kuriosen Geschichte der Hochschulen, Hannover 1984.
Klein, Heijo, Sachwörterbuch der Drucktechnik und der grafischen Kunst, Köln 3. Aufl. 1977.
Klepšová, Dagmar, Technische Werbeplakate um die Jahrhundertwende, in: Kultur und Technik 7, 1983, H. 2, S. 66–70.
Klenner, Adrian/*Witt*, Dirk, Armut am Ende des 19. Jahrhunderts in Fotografien. Vermittlung einer Arbeitstechnik, in: Geschichte lernen H. 78/2000, S. 61–65.
Klingender, Francis D., Kunst und Industrielle Revolution (engl. 1968, dt. 1974), Neuaufl. Frankfurt a. M. 1976.
Klotz, Heinrich, Die Entdeckung von Çatal Höyük. Der archäologische Jahrhundertfund, München 1997.
Knopp, Guido, Bilder, die Geschichte machten, München 1992.
Knopp, Guido, 100 Jahre. Die Bilder des Jahrhunderts, München 1999.
Köstler, Andreas/*Seidl*, Ernst (Hrsg.), Bildnis und Image. Das Portrait zwischen Intention und Rezeption, Köln/Weimar/Wien 1998.

Koschatzky, Walter, Die Kunst der Graphik. Technik, Geschichte, Meisterwerke, München 8. Aufl. 1985.
Kosthorst, Daniel/*Lappenküper*, Ulrich, 50 Jahre im Bild. Bundesrepublik Deutschland, Köln 1999.
Kowalski, Klaus, Methoden der Bildanalyse (Arbeitsh. für die Oberstufe des Gymnasiums), Stuttgart 1982.
Krätz, Otto, Das ideale Bild der Fabrik. Die Werke des Industriemalers Otto Bollhagen (1861–1924), in: Kultur und Technik H. 4/1993, S. 26–33.
Krause, Alfried, Die politische Karikatur im Geschichtsunterricht, Berlin 1978.
Krauße, Anna-Carola, Geschichte der Malerei von der Renaissance bis heute, Köln 1995.
Kroll, Frank-Lothar, „Bürgerkönig" oder „König von Gottes Gnaden"? Franz Krügers Porträt Friedrich Wilhelms IV. als Spiegelbild zeitgenössischer Herrschaftsauffassungen, in: Altrichter, Helmut (Hrsg.), Bilder erzählen Geschichte, Freiburg i. Br. 1995.
Kruft, Hanno-Walter, Städte in Utopia. Die Idealstadt vom 15. bis zum 18. Jahrhundert zwischen Staatsutopie und Wirklichkeit, München 1989.
Krüger, Herbert/*Krüger*, Werner (Hrsg.), Geschichte in Karikaturen. Von 1848 bis zur Gegenwart, Stuttgart 1981.
Kühnel, Harry (Hrsg.), Alltag im Spätmittelalter, Graz/Wien/Köln 3. Aufl. 1986.
Kümin, Beatrice/*Kumschick*, Susanna (Hrsg.), Fremde Welten auf frühen Ansichtskarten aus der Sammlung des Völkerkundemuseums Zürich, Zürich 2001.
Künzl, Susanna, Augustus – ein neues Bild für einen neuen Herrscher. Zur Panzerstatue des Augustus von Primaporta, in: Praxis Geschichte H. 6/1998, S. 52 f.
Künzl, Susanna, Hellenistische Königsporträts, in: Praxis Geschichte H. 4/2000, S. 26–29.
Kunst und Propaganda. Sowjetische Plakate bis 1953, Ausstellungskatalog, Zürich 1989.
Kunst+Unterricht, H. 43/1977: Karikatur.
Kunst+Unterricht, H. 90/1985: Familienbilder.
Kunst+Unterricht, H. 121/1988: Kinderbildnisse.
Kunst. Romanik – Gotik – Renaissance – Barock, Stuttgart/Zürich 1997.

Lahrkamp, Helmut, Dreißigjähriger Krieg – Westfälischer Frieden, Münster 1997.
Lammel, Gisold, Deutsche Karikaturen. Vom Mittelalter bis heute, Stuttgart/Weimar 1995.
Lampe, Klaus, Das Bild im Geschichtsunterricht, in: Süssmuth, Hans (Hrsg.), Historisch-politischer Unterricht, Medien, Stuttgart 1973.
Lange, Günther, Die Bilder zum Sprechen bringen. Über kulturelle Praxis im Deutschunterricht, in: Praxis Deutsch H. 113/1992, S. 49–56.
Langemeyer, Gerhard u. a. (Hrsg.), Bild als Waffe. Mittel und Motive der Karikatur in fünf Jahrhunderten, München 1984.
Langguth, Gerd (Hrsg.), Politik und Plakat. Fünfzig Jahre Plakatgeschichte am Beispiel der CDU, Bonn 1995.
Laurioux, Bruno, Tafelfreuden im Mittelalter. Die Eßkultur der Ritter, Bürger und Bauersleut, Augsburg 1992 (Paris 1989).
Lauterbach, Burkhart (Hrsg.), Großstadtmenschen. Die Welt der Angestellten, Ausstellungskatalog, München 1985.
Le Goff, Jaques, Das Mittelalter in Bildern, Stuttgart 2002.
Lebeck, Robert/*Kaufmann*, Gerhard, Viele Grüße ... Eine Kulturgeschichte der Postkarte, Dortmund 1985.
Lederbogen, Jan, Fotografie als Völkerschau, in: Fotogeschichte H. 22/1986, S. 47–64.
Lochmann, Tomas (Hrsg.), „Anticomix". Antike Comics, Ausstellungskatalog, Basel 1999.
Lorbeer, Marie/*Wild*, Beate (Hrsg.), Menschenfresser – Negerküsse. Das Bild vom Fremden im deutschen Alltag, Berlin 1991.
Lorenz, Angelika, Das deutsche Familienbild in der Malerei des 19. Jahrhunderts, Darmstadt 1985.
Lüdtke, Alf, Industriebilder – Bilder der Industrie? Industrie- und Arbeiterphotographie von der Jahrhundertwende bis in die 1930er Jahre, in: Historische Anthopologie 3, 1993, S. 394–430.

Lüdtke, Alf, Historische Fotos. Die Wirklichkeit der Bilder, in: Dittmer, Lothar/Siegfried, Detlef (Hrsg.), Spurensucher. Ein Praxisbuch für historische Projektarbeit, Weinheim/Basel 1997.
„Mit dem Gebetsmantel zum Gegenangriff". Juden im Bild der Bundesrepublik, hrsg. von der Alten Synagoge Essen, Essen 1994.
Mai, Ekkehard (Hrsg.), Historienmalerei in Europa. Paradigmen in Form, Funktion und Ideologie, Mainz 1990.
Marienfeld, Wolfgang, Die Geschichte des Deutschlandproblems im Spiegel der politischen Karikatur, Hannover 1989.
Mattl, Siegfried/*Stuhlpfarrer*, Karl/*Tillner*, Georg (Hrsg.), Bild und Geschichte (Wiener Zeitgeschichte-Studien Bd. 2), Innsbruck/Wien 1998.
Maurer, Michael, Stichwort „Bilder", in: Ders. (Hrsg.), Aufriß der historischen Wissenschaften, Bd. 4: Quellen, Stuttgart 2002.
May, Otto, Ansichtskarten als Spiegel von Mentalität und Untertanenerziehung in der Wilhelminischen Ära (1888–1918), Hildesheim 1998.
May, Otto, Inszenierung der Verführung. Die Ansichtskarte als Zeuge einer autoritären Erziehung im III. Reich, Hildesheim 2003.
May, Otto, Vom Wachsen lassen zum Führen. Die Ansichtskarte als Zeuge einer versäumten Erziehung zur Demokratie in der Weimarer Republik, Hildesheim 2003.
Mayer, Ulrich, Umgang mit Bildern, in: Geschichte lernen H. 28/1992.
Mayer, Ulrich, Erzbergbau als Grundlage städtischen Reichtums: Bergbauszenen im Annaberger Altarbild von 1521, in: Geschichte lernen – Folienmappe, Velber 1998, S. 8–10.
Mayer, Ulrich, Freizeitvergnügen und Spiegel der Gesellschaft: Pieter Bruegels „Kinderspiele", in: Geschichte lernen – Folienmappe, Velber 1998, S. 12–14
Mayer, Ulrich, Feldherrenbild und Arme-Leute-Bild. Foto-Inszenierungen aus dem Ersten Weltkrieg, in: Geschichte lernen H. 91/2003, S. 36–39.
Merian, Matthaeus, Deutsche Städte. Veduten aus der Topographia Germaniae. Mit einer Einleitung von Friedrich Schnack, Hamburg 4. Aufl. 1963.
Methodenarbeit im Geschichtsunterricht, Berlin 1998.
Meurer, Thomas, Die Eisenbahn in der deutschen Kunst. Die künstlerische Rezeption der Technik im 19. und frühen 20. Jahrhundert, Vitterschlick/Bonn 1989.
Milton, Sybil, Argument oder Illustration. Die Bedeutung von Fotodokumenten als Quelle, in: Fotogeschichte H. 28 (1988), S. 61–90.
„Mit dem Gebetsmantel zum Gegenangriff". Juden im Bild der Bundesrepublik, Ausstellungskatalog, Essen 1994.
Mögenburg, Harm, „... um die Gläubigen mitzureißen". Das Bilderfenster in der Gotischen Kathedrale, in: Geschichte lernen H. 5/1988, S. 42–47.
Mögenburg, Harm, Der Monat März aus dem Stundenbuch des Herzogs von Berry (mit Folie), in: Geschichte lernen H. 11/1989, S. 26.
Mögenburg, Harm, Der Hansekaufmann: Hans Holbeins Bild von Georg Gisze, 1532, in: Geschichte lernen – Folienmappe, Velber 1998, S. 11 f.
Mögenburg, Harm, Europäische Expansion im Spiegel von Kolonialbriefmarken, in: Geschichte lernen – Folienmappe, Velber 1998, S. 22–24.
Mögenburg, Harm/*Sauer*, Michael, Sozialtypen des Krieges. Handlungsorientiertes Arbeiten mit Figurenbildern, in: Geschichte lernen H. 65/1998, S. 40–43.
Möllers, Sabine, Kein Kaiser in Ravenna. Das Justiniansmosaik von San Vitale zu Ravenna, in: Praxis Geschichte H. 3/1999, S. 56 f.
Müller, Jörg/*Siegfried*, Anita/*Schneider*, Jürg E., Auf der Gasse und hinter dem Ofen. Eine Stadt im Spätmittelalter, Aarau/Frankfurt a. M./Salzburg 1995.
Müller, Martina, „Jugurtha". Die Metamorphose eines antiken Schurken zum Comic-Helden, in: Geschichte lernen H. 37/1994, S. 40–45.
Müller, Rainer A. (Hrsg.), Bilder des Reiches, Sigmaringen 1997.
Müller, Rainer A., Das „Heilige Römische Reich Deutscher Nation" in allegorischen Darstellungen, in: Ders. (Hrsg.), Bilder des Reiches, Sigmaringen 1997.
Müller, Walter, Schulwandbilder als Spiegel des „Zeitgeistes"?, in: Die weite Welt im Klassenzimmer. Schulwandbilder zwischen 1880 und 1980, Ausstellungskatalog, Köln 1984.

Müller, Walter, Schulwandbilder als Spiegel des „Zeitgeistes". „Germanisches Gehöft" 1889, 1935, 1952, in: Geschichte lernen H. 5/1988, S. 18–24.
Mundus Novus. Amerika oder Die Entdeckung des Bekannten. Das Bild der Neuen Welt im Spiegel der Druckmedien vom 16. bis zum frühen 20. Jahrhundert, Essen 1992.
Munier, Gerald, Geschichte im Comic. Aufklärung durch Fiktion? Über Möglichkeiten und Grenzen des historisierenden Autorencomics der Gegenwart, Hannover 2000.
Munier, Gerald, Historische Themen im Comic. Ein Überblick, in: Geschichte lernen H.37/1994, S. 4–7.
Musial, Bogdan, Bilder einer Ausstellung. Kritische Anmerkungen zur Wanderausstellung „Vernichtungskrieg. Verbrechen der Wehrmacht 1941 bis 1944", in: Vierteljahrshefte für Zeitgeschichte 47, 1999, H. 4, S. 563–592.

Näpel, Oliver, Die Phänomenologie des Comics, in: Handro, Saskia/Schönemann, Bernd (Hrsg.), Methoden geschichtsdidaktischer Forschung, Münster 2002.
Newhall, Beaumont, Geschichte der Photographie, München 1984 (New York 1982).

Obenaus, Herbert, Das Foto vom Baumhängen – ein Bild geht um die Welt, in: Gedenkstätten-Rundbrief 68/1995, S. 3–8.
Oettermann, Stephan, Das Panorama. Die Geschichte eines Massenmediums, Frankfurt a. M. 1980.
Oikos – Von der Feuerstelle zur Mikrowelle. Haushalt und Wohnen im Wandel, Ausstellungskatalog, Gießen 1992.
Olbrich, Harald u. a. (Hrsg.), Sozialistische deutsche Karikatur 1848–1948. Von den Anfängen bis zur Gegenwart, Berlin (Ost) 1979.
Otto, Gunter/*Otto*, Maria, Auslegen. Ästhetische Erziehung als Praxis des Auslegens von Bildern und in Bildern, Velber 1987.

Paczensky, Gerd von/*Dünnebier*, Anna, Kulturgeschichte des Essens und Trinkens, München 1994/1999.
Pandel, Hans-Jürgen, Visuelles Erzählen, in: Pandel, Hans-Jürgen/Schneider, Gerhard (Hrsg.), Medien im Geschichtsunterricht, Düsseldorf 1985.
Pandel, Hans-Jürgen, Bildlichkeit und Geschichte, in: Geschichte lernen H. 5/1988, S. 10–17.
Pandel, Hans-Jürgen, Ein Tag im Leben des arbeitslosen Schlossers Karl Döhler. Visuelles Erzählen mit Dokumentarfotos, in: Geschichte lernen H. 2/1988, S. 53–57.
Pandel, Hans-Jürgen, Amerikaauswanderung im 19. Jahrhundert, in: Geschichte lernen H. 33/1993, S. 37–43.
Pandel, Hans-Jürgen, Industrialisierung im Bild. Drei verschiedene Blicke in eine Maschinenfabrik, in: Geschichte lernen H. 41/1994, S. 54–58.
Pandel, Hans-Jürgen, Bild und Film. Ansätze zu einer Didaktik der „Bildgeschichte", in: Schönemann, Bernd/Uffelmann, Uwe/Voit, Hartmut (Hrsg.), Geschichtsbewusstsein und Methoden historischen Lernens, Weinheim 1998.
Pandel, Hans-Jürgen, Comics. Gezeichnete Narrativität und gedeutete Geschichte, in: Pandel, Hans-Jürgen/Schneider, Gerhard (Hrsg.), Handbuch Medien im Geschichtsunterricht, Neuausgabe Schwalbach/Ts. 1999.
Pandel, Hans-Jürgen, Karikaturen. Gezeichnete Kommentare und visuelle Leitartikel, in: Pandel, Hans-Jürgen/Schneider, Gerhard (Hrsg.), Handbuch Medien im Geschichtsunterricht, Neuausgabe Schwalbach/Ts. 1999.
Pandel, Hans-Jürgen, Visuelles Erzählen. Zur Didaktik von Bildgeschichten, in: Pandel, Hans-Jürgen/Schneider, Gerhard (Hrsg.), Handbuch Medien im Geschichtsunterricht, Neuausgabe Schwalbach/Ts. 1999.
Pandel, Hans-Jürgen/*Schneider*, Gerhard (Hrsg.), Handbuch Medien im Geschichtsunterricht, Neuausgabe Schwalbach/Ts. 1999.
Pandel, Hans-Jürgen, Stichworte „Comics" und „Karikaturen", in: Lernbox – Methodenratgeber Geschichte, Velber 2000.
Panofsky, Erwin, Ikonographie und Ikonologie. Eine Einführung in die Kunst der Renaissance, in: Ders., Sinn und Deutung in der bildenden Kunst, Köln 1978 (Erstveröffentlichung 1939), S. 36–67.

Panofsky, Erwin, Zum Problem der Beschreibung und Inhaltsdeutung von Werken der bildenden Kunst, in: Kaemmerling, Eckehard (Hrsg.), Ikonographie und Ikonologie. Theorien – Entwicklung – Probleme, Köln 1979.
Partsch, Susanna, Haus der Kunst. Ein Gang durch die Kunstgeschichte von der Höhlenmalerei bis zum Graffiti, München u. a. 1997.
Paul, Gerhard, Aufstand der Bilder. Die NS-Propaganda vor 1933, Bonn 1990.
Petersen, Traute, Historienmalerei. Programm und Probleme, in: GWU 36, 1985, H. 8, S. 565–576.
Petersen, Traute, Die Augustusstatue von Prima Porta, in: Folienbuch Geschichte, Bd. 1, Stuttgart u. a. 1992, S. 28–31.
Petersen, Traute, Karl V., in: Folienbuch Geschichte, Bd. 2, Stuttgart u. a. 1993, S. 33–36.
Pieske, Christa, Bilder für jedermann. Wandbilddrucke 1840–1940, München 1980.
Piltz, Georg, Geschichte der europäischen Karikatur, Berlin (Ost) 1976.
Platthaus, Andreas, Von der Geschichte gezeichnet. Am Beispiel Bosniens: Im Krieg gibt es kein objektives Bild, doch die Comiczeichner bemühen sich angesichts des Grauens um neue Reportageformen, in: FAZ 8.4.1999, S. 56.
Platthaus, Andreas, Im Comic vereint – Eine Geschichte der Bildgeschichte, Frankfurt a. M./ Leipzig 2000 (zuerst Berlin 1998).
Popp, Susanne, Der kühne Aufbruch in der Morgenröte. Emanuel Gottlieb Leutze: „Washington crossing the Delaware“ (1850/51), in: Praxis Geschichte H. 4/2003, S. 48–50.
Praschl-Bichler, Gabriele, Alltag im Barock, Graz/Wien/Köln 1995.
Praxis Geschichte H. 2/2002: Bilder als Quelle.

Reifarth, Dieter/*Schmidt-Linsenhoff*, Victoria, Die Kamera der Täter, in: Heer, Hannes/Naumann, Klaus (Hrsg.), Vernichtungskrieg. Verbrechen der Wehrmacht 1941–1944, Hamburg 2. Aufl. 1995. Zuerst erschienen in Fotogeschichte H. 3, 1983.
Rieder, Heinz, Die Völker läuten Sturm. Die Europäische Revolution 1948/1949, Gernsbach 1997.
Robin, Marie-Monique, Die Fotos des Jahrhunderts, Köln 1999.
Roeck, Bernd, Visual turn? Kulturgeschichte und die Bilder, in: Geschichte und Gesellschaft 29, 2003, H. 2, S. 294–315.
Roters, Eberhard/*Schulz*, Bernhard, Ich und die Stadt. Mensch und Großstadt in der deutschen Kunst des 20. Jahrhunderts, Ausstellungskatalog Berlin 1987.
Rühfel, Hilde, Kinderleben im klassischen Athen. Bilder auf klassischen Vasen, Mainz 1984.

Sachs, Hannelore/*Badstübner*, Ernst/*Neumann*, Helga, Christliche Ikonographie in Stichworten, München 7. überarb. Aufl. 1998.
Sander, Gerd (Hrsg.), August Sander. „In der Photographie gibt es keine ungeklärten Schatten!“, Ausstellungskatalog, Bonn 1995.
Sauer, Michael, „Schnitt mit dem Küchenmesser“. Fotomontage als Zeitpanorama, in: Geschichte lernen H. 19/1991, S. 44–48.
Sauer, Michael, Modernisierung und Untertanenerziehung. Volksschule im Kaiserreich, in: Geschichte lernen H. 54/1996, S. 19–24.
Sauer, Michael, Inszenierung als Verführung und Überwältigung. Die NS-Reichsparteitage, in: Geschichte lernen H. 57/1997, S. 60–66.
Sauer, Michael, Kunst als Propaganda und Herrschaftslegitimation: die Gemma Augustea, in: Geschichte lernen – Folienmappe, Velber 1998, S. 2 f.
Sauer, Michael, Bäuerliche Arbeit im Jahresablauf: die Salzburger Monatsbilder von 818, in: Geschichte lernen – Folienmappe, Velber 1998, S. 4 f.
Sauer, Michael, Eine politische Legende im Bild: der „Dolchstoß“, in: Geschichte lernen – Folienmappe, Velber 1998, S. 24 f.
Sauer, Michael, Das Leitbild der Frau im Wandel: Persilwerbung vom Kaiserreich bis zum Nationalsozialismus, in: Geschichte lernen – Folienmappe, Velber 1998, S. 27 f.
Sauer, Michael, Industrialisierung. Die Entstehung der modernen Welt, Leipzig 1999.
Sauer, Michael, Bilder (Stichworte zur Geschichtsdidaktik), in: GWU 51, 2000, H. 2, S. 114–124.

Sauer, Michael, Wahlplakate aus der Weimarer Republik, in: Geschichte und Geschehen, Folienbilder, Leipzig u. a. 2000, Teil 4, S. 7–10.
Sauer, Michael, Stichworte „Bilder“ und „Fotos“, in: Lernbox – Methodenratgeber Geschichte, Velber 2000.
Sauer, Michael, „Nein! Mich zwingt ihr nicht!“ Interpretation eines Ruhrkampf-Plakates, in: Geschichte lernen H. 77/2000, S. 43–45.
Sauer, Michael, Nase seitwärts, Auge vorn. Menschendarstellung in der ägyptischen Kunst, in: Geschichte lernen H. 82/2001, S. 24–26.
Sauer, Michael, Kopftuch – Krone – Krummstab. Der Pharao und seine Herrschaftssymbole, in: Geschichte lernen H. 82/2001, S. 54–56.
Sauer, Michael, Fotografie als historische Quelle, in: GWU 53, 2002, H. 10, S. 570–593.
Sauer, Michael, Originalbilder im Geschichtsunterricht – Briefmarken als historische Quelle, in: Schneider, Gerhard (Hrsg.), Die visuelle Dimension des Historischen, Schwalbach/Ts. 2002.
Sauer, Michael, Fotos im Geschichtsunterricht, in: Geschichte lernen H. 91/2003, S. 8–16, (2003a)
Sauer, Michael, Von der Analyse bis zum Experiment. Handlungsorientiert mit Fotos arbeiten, in: Geschichte lernen H. 91/2003, S. 17–23. (2003b)
Sauer, Michael, Hitler im Bild. Nationalsozialistische Fotopropaganda, in: Geschichte lernen H. 91/2003, S. 29–31. (2003c)
Schattner, Thomas, Der Tod des Jean Paul Marat. Zum Verhältnis von Kunst und Politik in der Französischen Revolution, in: Geschichte lernen H. 60/1997, S. 52–56.
Schiffler, Horst/*Winkeler*, Rolf, Tausend Jahre Schule. Eine Kulturgeschichte des Lernens in Bildern, Stuttgart/Zürich 1985.
Schilling, Michael, Bildpublizistik in der frühen Neuzeit. Aufgaben und Leistungen des illustrierten Flugblatts in Deutschland bis um 1700, Tübingen 1990.
Schilling, Michael, Illustrierte Flugblätter der frühen Neuzeit als historische Bildquellen. Beispiele, Chancen und Probleme, in: Tolkemitt, Brigitte/Wohlfeil, Rainer (Hrsg.), Historische Bildkunde. Probleme – Wege – Beispiele, Berlin 1991.
Schmid, Hans-Dieter, Dias, in: Pandel, Hans-Jürgen/Schneider, Gerhard (Hrsg.), Medien im Geschichtsunterricht, Düsseldorf 1985.
Schmidt, Hans-Günther, Historienmalerei als Quelle. Drei Gemälde Anton von Werners, in: Geschichte lernen H. 5/1988, S. 61–66.
Schmidt-Linsenhoff, Victoria/*Wettengl*, Kurt/*Junker*, Almut (Hrsg.), Plakate 1880–1914. Inventarkatalog der Plakatsammlung des Historischen Museums Frankfurt, Frankfurt a. M. 1986.
Schmidt-Neuhaus, Dieter, Die Tarnopol-Stellwand der Wanderausstellung „Vernichtungskrieg – Verbrechen der Wehrmacht 1981–1944“. Eine Falluntersuchung zur Verwendung von Bildquellen, in: GWU 50, 1999, H. 10, S. 596–603.
Schmitt, Hanno/*Link*, Jörg-W./*Tosch*, Frank (Hrsg.), Bilder als Quellen der Erziehungsgeschichte, Bad Heilbrunn 1997.
Schnack, Friedrich, Die Welt der Arbeit in der Kunst, Stuttgart o. J.
Schnapper, Antoine, Jacques-Louis David und seine Zeit, Würzburg 1981.
Schneider, Gerhard, Kriegerdenkmäler, in: Geschichte lernen H. 8/1989, S. 52–58.
Schneider, Gerhard, Kriegspostkarten des Ersten Weltkriegs als Geschichtsquellen, in: Udo Arnold/Peter Meyers/Uta C. Schmidt (Hrsg.), Stationen einer Hochschullaufbahn. Festschrift für Annette Kuhn, Dortmund 1999.
Schneider, Gerhard, Kriegspropaganda auf Postkarten des Ersten Weltkriegs, in: Serbien muß sterbien! Begleith. zur Ausstellung des Stadtarchivs Hannover, Hannover 1999.
Schneider, Gerhard, Das Plakat, in: Pandel, Hans-Jürgen/Schneider, Gerhard (Hrsg.), Handbuch Medien im Geschichtsunterricht, Neuausgabe Schwalbach/Ts. 1999.
Schneider, Gerhard (Hrsg.), Die visuelle Dimension des Historischen, Schwalbach/Ts. 2002.
Schneider, Rolf, Vor 1000 Jahren. Alltag im Mittelalter, Augsburg 1999.
Schoch, Rainer, Das Herrscherbild in der Malerei des 19. Jahrhunderts, München 1975.
Schödel, Dieter, Nacherleben und sich einfühlen. Fotos im historischen Lernen in der Grundschule, in: Geschichte lernen H. 91/2003, S. 24–28.
Schoenberger, Gerhard, Der gelbe Stern. Die Judenvernichtung in Europa 1933–1945, Hamburg 1960.

Scholl, Lars K., Der Industriemaler Otto Bollhagen 1861–1924, Herfurt 1992.
Schramm, Percy-Ernst/*Mütherich*, Florentine, Die deutschen Kaiser und Könige in Bildern ihrer Zeit, München 2. Aufl. 1983.
Schülerduden: Die Kunst, hrsg. von Meyers Lexikonredaktion Kunst unter Leitung von Gerhard Kwiatkowski, Mannheim u. a. 1983.
Schult, Richard, „... das Schiff der Revolution in den von ihm bestimmten Hafen zu bringen". Jacques-Louis David und die Krönung Napoleons, in: GWU 43, 1992, H. 12, S. 728–742.
Scribner, Robert W., Reformatorische Bildpropaganda, in: Tolkemitt, Brigitte/Wohlfeil, Rainer (Hrsg.), Historische Bildkunde. Probleme – Wege – Beispiele, Berlin 1991.
Sehsucht: Das Panorama als Massenunterhaltung des 19. Jahrhunderts. Ausstellungskatalog, hrsg. von der Kunst- und Ausstellungshalle der Bundesrepublik Deutschland, Bonn 1993.
Seht her, Genossen! Plakate aus der Sowjetunion, kommentiert mit einem Nachwort von Klaus Waschik, Dortmund 1982.
Semel, Stefan, Comics im Problemorientierten Geschichtsunterricht: Die spinnen, die Comicer, in: Uffelmann, Uwe (Hrsg.), Neue Beiträge zum Produktionsorientierten Geschichtsunterricht, Idstein 1999.
Semel, Stefan, Faszination gegen Argumentation. Die Konfessionalisierung der Bilderwelten, in: Geschichte lernen H. 84/2001, S. 43–49.
Semel, Stefan, Glaubenskampf als Bilderkampf. Ein Beispiel konfessioneller Bildpropaganda, in: Geschichte lernen H. 84/2001, S. 40–42.
Sonntag, Werner, Gruß von der Bahn. Die Eisenbahn auf alten Postkarten, Stuttgart 1978.
Specht, Agnete von, Robert Köhlers Gemälde „Der Streik" als Historienbild, in: Dies. (Hrsg.), Streik. Realität und Mythos, Ausstellungskatalog Deutsches Historisches Museum, Berlin 1992.
Spenner, Stefan, „Tu supplex ora, tu protege tuque labora". Die Stände der Christenheit in zwei Darstellungen aus Spätmittelalter und Renaissance, in: Geschichte lernen H. 79/2001, S. 43–47.
Stadt und Utopie. Modelle idealer Gemeinschaften, Ausstellungskatalog, Berlin 1982.
Stadtbilder. Berlin in der Malerei vom 17. Jahrhundert bis zur Gegenwart, Ausstellungskatalog, Berlin 1987.
Stahl, Michael, „Schön und gewaltig". Der griechische Bürgerstaat und sein Menschenbild, in: Geschichte lernen H. 75/2000, S. 62–65.
Starl, Timm, Knipser. Die Bildgeschichte der privaten Fotografie in Deutschland und Österreich von 1880 bis 1980, Ausstellungskatalog, München 1995.
Steffens, Ulrika, Raffaels „Heilige Familie Canigani". Ein traditionelles Motiv in neuer Gestalt, in: Geschichte lernen H. 79/2001, S. 15–18.
Steinberg, Sigfried H., Die Illustrierung historischer Bücher, in: Vergangenheit und Gegenwart 22, 1932, S. 662–672.
Stöckle, Wilhelm, Das deutsche Kaiserreich. Ansichtskarten und Texte aus der Wilhelminischen Zeit 1888–1918, Stuttgart 1985.
Stöckle, Wilhelm, Deutsche Ansichten. 100 Jahre Zeitgeschichte auf Postkarten, München 1982.
Stöver, Ina, Möglichkeiten des Einsatzes von schriftlichen Quellen und Bildern im Geschichtsunterricht, in: Geschichtsdidaktik H. 3/1978, S. 203-208.
Sydow, Wulfhild, „Alle Bewohner jauchzten". Der Transport einer Kolossalstatue: ein Bild – zwei methodische Kooperationsformen, in: Geschichte lernen H. 82/2001, S. 57–65 (dazu Folie).

Talkenberger, Heike, Von der Illustration zur Interpretation: Das Bild als historische Quelle, in: Zeitschrift für Historische Forschung 21, 1994, S. 289–314.
Talkenberger, Heike, Historische Erkenntnis durch Bilder. Zur Methode und Praxis der Historischen Bildkunde, in: Goertz, Hans-Jürgen (Hrsg.), Geschichte. Ein Grundkurs, Reinbek 1998.
Teistler, Gisela, Von der Kaiserverehrung zum Führerkult. Personenkult in Fibeln der Kaiserzeit und im Dritten Reich, in: Internationale Schulbuchforschung 19, 1997, H. 3, S. 285–305.
Tenfelde, Klaus, Bilder von Krupp. Fotografie und Geschichte im Industriezeitalter, München 1994.

Thiel, Erika, Die Geschichte des Kostüms. Die europäische Mode von den Anfängen bis zur Gegenwart, Berlin 6. Aufl. 1997.
Tietenberg, Annette (Hrsg.), Das Kunstwerk als Geschichtsdokument, München 1999.
Tlusty, Volker; Die Freiheitsstatue – ein Symbol in der Karikatur. Anregung für den Unterricht, in: Kunst+Unterricht, H. 43/1977, S. 42–45.
Tlusty, Volker, Stadt und Stadtbilder. Arbeitsmaterialien für den Kunstunterricht, München 1998.
Tolkemitt, Brigitte/*Wohlfeil*, Rainer (Hrsg.), Historische Bildkunde. Probleme – Wege – Beispiele, Berlin 1991.
Treml, Manfred, „Schreckensbilder" – Überlegungen zur Historischen Bildkunde. Die Präsentation von Bildern an Gedächtnisorten des Terrors, in: GWU 48, 1997, H. 5/6, S. 279–294.
Treml, Manfred, Bildquellen, in: Schreiber, Waltraud (Hrsg.), Erste Begegnungen mit Geschichte. Grundlagen historischen Lernens, Bd. 1, Neuried 1999.
Triumph und Tod des Helden. Europäische Historienmalerei von Rubens bis Manet, Ausstellungskatalog, Köln/Zürich/Lyon 1987/88.
Türk, Klaus (Hrsg.), Arbeit und Industrie in der bildenden Kunst, Wiesbaden 1997.

Uppendahl, Herbert, Die Karikatur, in: Pandel, Hans-Jürgen/Schneider, Gerhard (Hrsg.), Medien im Geschichtsunterricht, Düsseldorf 1985.
Ungváry, Krisztián, Echte Bilder – problematische Aussagen. Eine quantitative und qualitative Analyse des Bildmaterials der Ausstellung „Vernichtungskrieg – Verbrechen der Wehrmacht 1941–1944", in: GWU 50, 1999, H. 10, S. 584–595.

Vavra, Elisabeth (Hrsg.), Bild und Abbild vom Menschen im Mittelalter, Klagenfurt 1999.
Vogel, Iris, Der Sonnenkönig, in: Folienbuch Geschichte 2, Stuttgart u. a. 1993, S. 49 f.
Vorsteher, Dieter (Hrsg.), Parteiauftrag: Ein neues Deutschland. Bilder, Rituale und Symbole der frühen DDR. Katalog zur Ausstellung des Deutschen Historischen Museums, Berlin 1996.

Wagener, Elmar, „Und eher ist alles in die Luft zu sprengen … Das Gemälde „Der Streik" (1886), in: Praxis Geschichte H. 2/2001, S. 22–25 (dazu Folie).
Wagner, Monika, Die neue Welt der Dampfmaschinen. Industriebilder des 19. Jahrhunderts, in: Kunst und Technik in den Zwanziger Jahren, Ausstellungskatalog, München 1980.
Waibl, Gunther, Fotografie und Geschichte, 3 Teile, in: Fotogeschichte H. 21/1986, S. 3–12, H. 22/1986, S. 3–10, H. 23/1987, S. 3–12.
Walter, Uwe, Aristokraten und Hopliten im frühen Griechenland, Eine Interpretation der sogenannten „Chigi-Kanne", in: GWU 43, 1992, H. 1, S. 41–51.
Walter, Uwe, Germania, Zahnrad, Hansaruhm. Der „Blaue Hunderter" von 1908 als Quelle für die Mentalität der Wilhelminischen Epoche, in: Geschichte lernen H. 54/1996, S. 55–58.
Walter, Karin, Die Ansichtskarte als visuelles Massenmedium, in: Maase, Kaspar/Kaschuba, Wolfgang (Hrsg.), Schund und Schönheit. Populäre Kultur um 1900, Köln u. a. 2001, S. 46–61.
Wasmund, Klaus, Politische Plakate aus dem Nachkriegsdeutschland. Zwischen Kapitulation und Staatsgründung 1945 bis 1949, Frankfurt a. M. 1986.
Weber, Max, Wirtschaft und Gesellschaft. Studienausgabe, hrsg. von J. Winckelmann, Köln/Berlin 1964.
Weber-Kellermann, Ingeborg, Die Familie, Frankfurt a. M. 1976.
Weber-Kellermann, Ingeborg, Die Kindheit. Kleidung und Wohnen, Arbeit und Spiel. Eine Kulturgeschichte, Frankfurt a. M. 1979.
Weber-Kellermann, Ingeborg, Frauenleben im 19. Jahrhundert. Empire und Romantik, Biedermeier, Gründerzeit, München 2. Aufl. 1988.
Weidemann, Bernd, Lernen mit Bildmedien. Psychologische und didaktische Grundlagen, Bd. 1: Mit den Augen lernen, Weinheim/Basel 1991.
Weilandt, Gerhard, Das Huldigungsbild im Evangeliar Kaiser Ottos III. in seinem geschichtlichen Zusammenhang, in: GWU 42, 1991, H. 9, S. 535–548.

Weinfurter, Stefan, Sakralkönigtum und Herrschaftsbegründung um die Jahrtausendwende. Die Kaiser Otto III. und Heinrich II. in ihren Bildern, in: Altrichter, Helmut (Hrsg.), Bilder erzählen Geschichte, Freiburg i. Br. 1995.
Weise, Andreas, Landkarten, Entdecker, Konquistadoren. Kartographisch-philatelistische Streifzüge durch die Entdeckungsgeschichte der Erde, Gotha 1989.
Weise, Bernd, Fotojournalismus. Erster Weltkrieg – Weimarer Republik, in: Deutsche Fotografie. Macht eines Mediums 1870–1970, Bonn/Köln 1997.
Welzer, Harald, Die Bilder der Macht und die Ohnmacht der Bilder. Über Besetzung und Auslöschung von Erinnerung, in: Ders. (Hrsg.), Das Gedächnis der Bilder. Ästhetik und Nationalsozialismus, Tübingen 1995.
Wendel, Friedrich, Das neunzehnte Jahrhundert in der Karikatur, Berlin 1925.
Wenisch, Siegfried (Hrsg.), Plakate als Spiegel der politischen Parteien in der Weimarer Republik, Ausstellungskatalog, München 1996.
Wilharm, Irmgard (Hrsg.), Geschichte in Bildern. Von der Miniatur bis zum Film als historische Quelle, Pfaffenweiler 1995.
Willmann, Heinz, Geschichte der Arbeiter-Illustrierten Zeitung 1921–1938, Berlin (Ost) 1975.
Wippermann, Herbert, Industrialisierung und soziale Frage. Robert Köhler: Der Streik, in: Geschichte und Geschehen Folienbilder, Teil 3, Leipzig u. a. 1999, S. 21 f.
Wirth, Andrzej, „Es gibt keinen jüdischen Wohnbezirk in Warschau mehr". Stroop-Bericht, Neuwied 1960.
Wohlfeil, Rainer, Das Bild als Geschichtsquelle, in: HZ 243, 1986, S. 91–100.
Wolf, Sylvia, Politische Karikaturen in Deutschland 1848/49, Mittenwald 1982.
Wolf-Graaf, Anke, Die verborgene Geschichte der Frauenarbeit. Eine Bildchronik, Weinheim/Basel 1983.
Wolle, Stefan, Die Diktatur der schönen Bilder. Zur politischen Ikonographie der SED-Diktatur, in: Deutsche Fotografie. Macht eines Mediums 1870–1970, Bonn/Köln 1997.
Wolst, Christa, Einen historischen Comic selber machen. Die erste Druckmaschinenfabrik der Welt, in: Geschichte lernen H. 37/1994, S. 28–33.
Würfel, Maria, Interpretation von Bildern als Quellen, in: Hey, Bernd u. a., Umgang mit Geschichte. Geschichte erforschen und darstellen – Geschichte erarbeiten und begreifen, Stuttgart 1992, S. 169–202.
Wunderer, Hartmann, Schneidige Jungs und artige Kinder. Postkarten aus Krisenzeiten, in: Geschichte lernen H. 91/2003, S. 40–42.
Wunderer, Hartmann, Bilder von Massen, in: Geschichte lernen H. 91/2003, S. 62–65.

Zámecnik, Stanislaw, Das „Baumhängen und die umstrittenen Fotografien aus der Sicht des ehemaligen Häftlings, in: Dachauer H. 14, 1998, S. 289–293.
10.000 Ansichtskarten. Deutschland um 1900 im Bild. CD-ROM-Edition, Berlin 2002.
Zischka, Ulrike/*Ottomeyer*, Hans/*Bäumler*, Susanne (Hrsg.), Die anständige Lust. Von Eßkultur und Tafelsitten, Ausstellungskatalog, München 1993.
Zwahr, Hartmut, Herr und Knecht. Figurenpaare in der Geschichte, Leipzig/Jena/Berlin 1990.

Register

1. Personen- und Werkregister

Die gerade gedruckten Seitenzahlen bezeichnen Erwähnungen überhaupt, die kursiven Abbildungen.

2. Sachregister

Bildnachweis

Archiv für Kunst und Geschichte: 2.12a, 1.3, 2.4a/b, 3.16b, 3.26, 3.29, 3.30, 3.51, 3.54, 3.55, 4.3, 4.5, 4.8, 5.7
Archiv Weber-Kellermann: 3.10, 3.11
Arnold, Friedrich, Anschläge. 220 politische Plakate als Dokumente der deutschen Geschichte 1900–1980, Ebenhausen: Langewiesche-Brandt 1985: 3.33a–d
Basler Mission/Johannes Leimenstoll: 2.6b
Bayerische Staatsbibliothek, München: 3.1, 3.4
Bibliographisches Institut/Sauerländer, Mannheim: 3.60
Bibliothek für Bildungsgeschichtliche Forschung des Deutschen Instituts für Internationale Pädagogische Forschung: 4.7
Bildarchiv Preußischer Kulturbesitz: 1.2, 2.7a/b, 2.9b, 3.2, 3.7, 3.9, 3.18, 3.25, 3.28a, 3.52a/b, 4.4, 4.6, 4.12, 4.14, 4.15a, 5.6
Bildmaterial Schloss Falkenstein, CD-ROM, Autodesk, bb-digital, München: 3.58
British Museum, London: 5.2
Bulloz, Paris: 3.53
Conolly, Peter, Das Leben zur Zeit des Jesus von Nazareth, Hamburg: Tessloff 1984: 3.61, 3.62
Deutsches Historisches Museum: 1.7
Edelmann Foto, Möhringen: 1.6a
Freiheit, Gleichheit, Brüderlichkeit. Bilder von der Französischen Revolution, Dortmund 1982: 3.50
Fuchs, Eduard, Die Karikatur der europäischen Völker, Berlin 4. erw. Aufl. 1921, Beilage: 3.41
Geschichte mit Pfiff: 1.1
Haitzinger, Horst: 3.48d–e
Hartmann, Fanny: 3.57
Hirmer Fotoarchiv: 4.2a/b, 5.1
Historisches Museum, Frankfurt a. M.: 3.37a/b
Historisches Museum, Hannover: 3.12
Hochschule für Gestaltung, Karlsruhe (Heinrich Klotz†, Monique Mulder): 3.59
Jüdisches Museum, Frankfurt: 3.31
King, David: Stalins Retuschen. Foto- und Kunstmanipulationen in der Sowjetunion, Hamburg: Hamburger Edition 1997: 4.11a/b
Kunsthistorisches Museum, Wien: 3.17
Kunstmuseum Basel/Hans Hinz, Artothek: 3.24
Lotos Film/Thiem, Kaufbeuren: 5.3
Luftbild Albrecht Brugger/Schnepf Fotofachlabor: 2.8a/b
LWL – Landesmuseum für Kunst und Kulturgeschichte, Münster: 3.8
Märkisches Museum, Witten: 2.5a
Metropolitan Museum of Art, New York: 3.54
Murschetz, Luis: 3.48f
Museum für Gestaltung Zürich, Plakatsammlung: 3.35, 3.36
Niedersächsisches Landesmuseum, Hannover: 3.23
Noortmann & Brod, London: 3.21
Piltz, Georg, Geschichte der europäischen Karikatur, Berlin (Ost) 1976: 3.43
Rheinisches Landesmuseum, Trier: 4.1
Sächsische Landesbibliothek, Dezernat Deutsche Fotothek: 2.1
Sokal, Benoit/Populaire, Alain, Wie Blätter im Sturm, Hamburg: Carlsen 1990: 3.64
Staatliche Museen zu Berlin – Preußischer Kulturbesitz, Kupferstichkabinett: 3.39
Staatliches Historisches Museum, Moskau: 3.56b
Stadtmuseum Münster: 3.19, 3.20
Stiftung Preußische Schlösser und Gärten Berlin-Brandenburg: 3.3
SV-Bilderdienst; DIZ, München: 1.4, 2.10a/b, 3.14, 4.9b, 4.13, 4.15b
The Hybrid Culture. What happened when East and West met, Tokyo: Cosmos 1984: 3.15
Treff H. 10/1998, Beilage, Velber: Velber Verlag: 3.63
Ullstein Bilderdienst: 2.4c, 3.28b
Universitätsbibliothek Kiel: 3.16a
Van Abbemuseum, Eindhoven: 3.34
Viereck, Holger: 1.6b
Völkerkundemuseum der Universität Zürich, Sammlung Coray: 5.9
Der Wahre Jacob, 1931: 3.44
Wirth, Andrzej, „Es gibt keinen jüdischen Wohnbezirk in Warschau mehr". Stroop-Bericht, Neuwied/Berlin/Darmstadt: Luchterhand 1960: 4.10a–d
Woburn Abbey: 3.22
Württembergisches Landesmuseum, Stuttgart: 3.40

Nicht in allen Fällen ist es gelungen, den Rechteinhaber ausfindig zu machen. Berechtigte Ansprüche werden im üblichen Rahmen abgegolten.